야생의
존재

BEASTLY
Copyright © 2023 by Keggie Carew
All Rights reserved.
Korean translation copyright @ 2025 by KINDSbook.
Korean translation rights arranged with CANONGATE BOOKS LIMITED through EYA Co., Ltd.

야생의 존재

BEASTLY
KEGGIE CAREW

사람과 동물,

우리가
관계 맺었던
모든 순간의
역사

케기 커루 지음
정세민 옮김

가지
KINDS
BOOK

추천사

기립 박수를 보내고 싶은 방대한 역작이다. 케기 커루가 온 힘으로 그린 큰 그림을 보고 나면 우리 문명과 야생의 관계가 어디서부터 어긋났는지 정교히 짚는 일이 가능해진다. 한쪽이 다른 한쪽을 일방적으로 착취하는 관계가 이대로 지속될 리 없다. 이 책에는 절멸에 대한 절망뿐 아니라 회복을 향한 의지가 함께 담겨 있기에, 읽고 나면 더 힘찬 걸음을 옮기고 싶어진다. 덧붙여, 당당하고 신랄한 문체도 근사했다. 비인간 존재를 사랑하는 모두에게 권한다.

_**정세랑** 소설가

인간과 동물이 만나 생성된 모든 특이점에 관한 역사다. 역사, 문학, 철학, 인류학, 동물행동학, 다윈의 난초, 나치 총독의 사냥, 과거를 숨긴 환경 영웅, 월트 디즈니의 밤비가 공포영화가 된 이유 등 당신이 듣지 못한 동물 이야기가 다 있다. 이 책으로 우리는 잃어버린 야생과의 연결을 회복할 수 있는 두툼한 지적 컬렉션을 얻게 됐다. 자연에 대한 욕심을 녹이는 마법 같은 이 책을 나는 꺼내 읽기 좋게 책상 가까운 곳에 두었다. (팁: 스마트폰으로 책 속 장면을 영상과 사진으로 찾아보며 읽어보라. 새로운 차원의 독서가 펼쳐진다.)

_**남종영** 환경저널리스트, 《동물권력》 저자

4만 년 동안 우리 영혼과 몸에 새겨진 아름답고 원초적인 동물과의 유대, 그리고 그것을 회복하려는 사람들의 이야기를 돌아보는 여정은 감동적이다. 이 유대의 풍요와 경이를 스스로 착취와 훼손으로 바꿔버린 탓에 우리는 불안과 상실을 겪고 있다. 우리 자신을 회복하는 유일한 길은 그들과 함께 생명으로 가득 찬 금빛 이음선을 잇는 것이다. 이 책이 전하는 '야생의 자각'이, 더 이상 기회를 놓치지 말라고 우리를 깨운다.

_**천명선** 수의인문사회학자, 서울대학교 수의학과 교수

현지에서 쏟아진 찬사

"예상치 못한 감동과 놀라움을 안겨주는 책. … 황홀하고 경이로우며 강렬한 울림."

_필립 샌즈 《인간의 정의는 어떻게 탄생했는가》 저자

"신비롭고 기이한 이야기들을 따라가다 보면 점점 엇나가는 우리와 자연의 관계가 눈앞에 흥미롭게 펼쳐진다."

_데이브 굴슨 생태학자, 《침묵의 지구》 저자

"(우리가) 동물과 맺은 복잡한 관계를 통찰력 있게 풀어낸 인상 깊은 이야기."

_가이아 빈스 과학 저널리스트, 《인류세, 엑소더스》 저자

"동물의 세계에 마음이 끌린다면, 지구의 과거와 현재, 미래가 궁금하다면, 아니 세상을 조금이라도 신기하게 느낀다면 이 책은 당신을 위한 것이다. 눈이 부시고 기쁘다가도 정신이 번쩍 든다."

_《아이리시 타임스》

"지구를 공유하는 동물들에 대한 우리의 모순된 태도를 날카롭게 들여다본다. … 인간과 동물의 관계사를 환상적이고 진심 어린 시선으로 풀어낸 책."

_《가디언》

"야생과 다시 이어지는 길을 비추는 다정하고 지혜로운 책."

_《인디펜던트》

"《야생의 존재》는 자연의 모든 존재가 소중하다는 겸허한 믿음을 다시금 일깨운다."

_《옵저버》

"《야생의 존재》를 읽으면 마치 숲속을 맨발로 조심스럽게 걷는 기분이 든다."

_《뉴 스테이츠먼》

"많은 이야기가 마음에 남는다. 음악을 이루는 음처럼 차곡차곡 쌓이는 이야기들. … 활력을 불어넣는 발상으로 가득 찬 책이다."

_《퍼스펙티브》

"상상에서 시작해 공감과 열정으로 완성한 책. … 읽다 보면 웃음이 터지고 동물의 집념에 감탄하게 되며 아픈 세상에 눈물이 흐른다. 그러다 어느 순간 내 안의 칭얼대는 동물적, 포유류적 자아가 깨어난다."

_〈커트 바이 더 리버〉

"다른 생명과 더 윤리적이고 조화롭고 행복하게 살아가는 길을 고민해본 적이 있는 이에게 이 책을 꼭 권하고 싶다."

_**칼 플린** 《버려진 섬들》 저자

"한 명도 빠짐없이 읽어야 하는 책. … 처음부터 끝까지 완벽하다."

_**제임스 홀랜드** 작가

"우리에게 딱 필요한 분노와 즐거움, 열정이 담겨있다. 인간이라면 누구나 읽어야 하는 책."

_**클레어 풀러** 작가

"《야생의 존재》를 읽으면 세상을 바라보는 시각이 달라질 것이다."

_**코르넬리아 파커** 조각가, 설치미술가

"《야생의 존재》는 할 말을 잃게 만든 몇 안 되는 책 중 하나다."

_**브리짓 스트로브리지** 자연보호운동가

일러두기

— 도서 제목과 언론매체 이름은 《 》, 예술 작품과 논문, 보고서 등의 제목은 〈 〉로 표기했다.
— 본문의 */** 표시는 저자의 각주이며, [ ] 안의 내용은 옮긴이나 편집자가 이해를 돕기 위해 덧붙인 것이다.

패트릭 월시, 도움을 주신 데 대해 깊은 감사를 드립니다.

조너선, 전부 다 고마워요.

목차

추천사 5
현지에서 쏟아진 찬사 6
머리말 16
더하는 말 21
여는 글_ 뜻밖의 만남 23

I 야생의 존재
좋은 사고의 도구 29
자유를 넘어서 42
야수 장사 55
다시 자연으로 69

II 오 주여
폭군인가 목자인가 89
슈가캔디 마운틴 96
베스티어리로 역행하다 109
구분하라, 그리고 지배하라 118
창조자와 파괴자 129

III 내면의 동물

나의 세계, 너의 세계 153

죄와 벌 173

보상 182

거울아 거울아 192

짚 더미 성의 염소 왕 208

IV 누가 멍청한 동물인가

동물과 이야기하자 217

동물에 관해 이야기하자 237

V 공유지의 비극

낙원 253

핏빛 전장 276

아득한 아름다움 294

거름 사이에 피어난 제국 314

VI 죽인 자, 먹을지어다 1
죽여주는 즐거움 331
시체성애자의 포옹 353
핏빛 스포츠 364
꺼져가는 불꽃, 타오르는 욕망 386

VII 문제는 환경이야, 바보야
왜가리 피로 물든 튤립 403
불가사리 던지기 415
있으면 좋고 없어도 그만 아닌가? 426
고래는 똥을 남기고 하마는 비밀을 남긴다 445

VIII 죽인 자, 먹을지어다 2
햄샌드위치 471
달콤한 단죄 497

IX 돌이킬 수 없다는 분노

바람과 함께 사라지다 515
울 수 있어 다행이야 523
이렇게 헤어질 순 없어 535
파리를 삼킨 할머니 546
늑대와 함께 춤을 555
에취, 에취 571
나는 짖기로 했다 578

X 금빛 이음선

알 게 뭐람 597
무인지대 616
그게 죄는 아니잖아 632
호랑이, 호랑이 640

참고자료 657
주석 657
감사의 말 684
사진 및 인용문 출처 688
찾아보기 692

나는 야생동물의 진정한 삶을 보여줄 조각을 모으기 위해 나섰다. 그동안 우리는 야생동물을 어리석고 야만적인 짐승으로 여겨왔지만 사실 그들을 그렇게 묘사한 우리가 겁쟁이이자 거짓말쟁이였을지도 모른다. 진실을 찾는 여정은 충격적이면서도 기쁨이 가득했다. …

어니스트 톰슨 시턴, 《사냥감의 삶(Lives of Game Animals)》 2부, 1925

머리말

이 빌어먹을 책. 처음에는 그저 낮은 윙윙거림에 불과했다. 뭔가 자꾸 신경을 긁었다. 몇 년 동안 차곡차곡 쌓이더니 점점 더 크게 울려 퍼졌고 사라질 기미가 보이지 않았다. 원래 불안해하는 성격이 아닌데도 상실감과 불안이 끊임없이 나를 따라다녔다. 하지만 나만의 문제는 아니었다. 세상 전체가 불안에 휩싸였다. 우리는 곤경에 처했고 누군가 경고하고 있었지만 정작 귀 기울이지 않았다. 내가 어떤 길을 택하든 결국 같은 곳으로 되돌아갔다. 계속해서 같은 문제와 마주쳤다. 인류가 이 행성의 또 다른 주민들, 우리의 동물 이웃들과의 관계에서 큰 실수를 저질러 버린 것이다. 도대체 어떻게 이런 일이 벌어진 건지 알고 싶었다. 그즈음 나는 한 장의 사진을 받았다. 사진에는 커다란 멧돼지, 소녀, 빵 한 덩어리, 촛대 그리고 12시를 가리키는 시계가 찍혀있었다. 마치 되돌릴 수 없는 마법에 걸린 듯했다. 그렇게 기나긴 여정이 시작됐다.

나는 인간과 동물 사이의 역설적인 관계를 담은 방대한 이야기를 추적하고 싶었다. 그 이야기는 약 4만 년 전으로 거슬러 올라간다. 한 인간이 그리폰 독수리 날개의 가늘고 속이 빈 노뼈에 다섯 개의 손가락 구멍을 뚫고, 그 숨결 같은 음이 흐르는 강물과 나뭇잎의 속삭임 속에 스며들던 순간. 그때부터 지금까지 정말 많은 일이 있었다. 우리는 야성적 본능을 따라 '문명'의 길을 걷고, 종교의 굴레를 지나 과학이라는 창을 들여다보며 신의 죽음(스포일러 주의: 어느 연극 속 주인공처럼 신은 끝내 죽지 않는다)을 목격했다. 이제 신과 같은 기술을 손에 쥔 채 질주하며 생물권의 모든 생명을 손아귀에 넣었다. 우리는 이 행성에서 가장 똑똑한 존재로 여겨지는, 아프리카에서 기원한 거대 영장류다. 38억 년에 걸친 자연선택과 진화를 통해 다른 수많은 생명체처럼 정교하게 설계된 내면과 아름답게 빚어진 외형을 갖추며 세상에 적응해 왔다. 하지만 지금 우리는 이 세상을 하나하나 해체하고 있다. 마치 못을 하나씩 빼내듯이.

    나는 우리가 살고 있는 세상과 우리 자신에 대해 가르쳐 줄 수 있는 동물들과 만났던 순간을 찾아 나섰다. 눈에 띄지 않을 만큼 작은 생명체부터 세상에서 가장 뛰어난 지혜를 지닌 존재들까지 찬찬히 살펴보았다. 그러던 중, 2021년에 발견된 세계 최대 규모의 물고기 번식지를 알게 됐다. 남극 웨들해의 차가운 수면 아래 300미터에 6000만 개의 빙어 둥지가 약 400제곱킬로미터[서울 면적의 약 65퍼센트]에 걸쳐 펼쳐져 있다. "맙소사!" 한 생물학자가 소리쳤다. 과학자들은 믿을 수 없었다. 요나빙어는 창백한 청회색을 띤 60센티미터 길이의 물고기로, 가시 등지느러미와 부채형 배지느러미를 지니고 있다. 피부를 통해 산소를 흡수하기 때문에 혈액은 헤모글로빈 없이 맑고 투명하다. 이들은 지름 약 1미터 크기의 원형 둥지를 파고 그 안에 평균 1735개의 노란빛 알을 낳는다. 연구 선박이 원격 카메라로 해저를 조사하던 중 끝없이 이어지는 둥지들을 포착했다. 이전까지 우리가 알던 가장 큰 번식지는 고작 둥지 60개 규모에 불과했다. 이 발견을 통해 우리는 아직 모르고 있는 것이 얼마나 많은지, 또 다른 생태계에 개발의 손을 대기 전에 잠시 멈춰야 할 이유는 무엇인지 깨닫게 된다.

동물은 우리의 마음, 삶, 땅, 문명에 깊숙이 뿌리내렸고 앞으로도 우리의 미래를 빚어갈 것이다. 그들이 없었다면 우리는 이 자리에 있을 수 없었을 것이다. 동물은 우리를 위해 일하고 우리를 보호해 주었다. 자연을 정화하고 꽃가루를 나르고 때로는 우리의 발이 되어주었다. 그것도 모자라 분변과 살, 가죽과 뼈 그리고 새끼들까지 아낌없이 내어주었다. 동물은 우리에게 중요한 존재다(정작 우리는 그들에게 그다지 중요하지 않겠지만). 그러나 동물을 담기에는 우리가 준비한 그릇이 너무 작다. 요즘 사람들은 자연을 이야기할 때 '생물다양성'이라는 무미건조한 단어로 모든 것을 일축해 버린다. 얼굴도 없고 색깔도 생기도 없는 단어. 마치 세제처럼. "생물다양성!"이라고 외치면 모든 것이 깨끗이 씻겨 내려갈 것만 같다. 우리가 굳이 신경 쓸 이유가 있을까 싶을 정도로 무감각한 단어다. 이 단어에는 머리를 어지럽히고 심장을 뛰게 하며 정신을 번쩍 들게 하고 피부를 전율케 하는 생명의 눈부신 경이가 담겨있지 않다.

하지만 우리는 종의 경계를 넘어 깊은 유대감을 이루는 동물이다. 8초 만에 64개의 음을 내는 굴뚝새, 1만 6000킬로미터를 넘나드는 고래의 노래, 늑대의 울음소리, 바우어새의 사랑이 깃든 둥지, 딱정벌레의 반짝이는 등딱지, 1500미터 상공에서 날개를 펼친 채 잠든 제비, 새끼를 품은 해마를 보며 감동하는 사람들이 많다.

영국 유전학자 잭 홀데인은 "세상이 멸망하는 이유는 경이로움이 부족해서가 아니라 그 경이로움을 느끼지 못하기 때문"이라고 말했다.

우리는 도대체 무엇을 더 바라는 걸까? 코뿔소, 강돌고래, 돼지발가락담치[담치는 홍합의 다른 이름이다], 나그네비둘기 같은 생명체가 만들어지기까지 거의 40억 년이 걸렸지만 사라지는 데는 채 몇십 년도 걸리지 않았다. 그리고 그렇게, 영원히 사라져 버렸다. 지금 이 순간, 생명체들과의 관계를 돌아보는 것보다 중요한 일이 있을까? 동물이야말로 핵심이다. 다양성과 풍요로움, 바로 여기에 동물 세계의 강점이 있다. 우리를 구원할 존재들은 이미 주변에 있다.

이 책은 사랑을 담은 편지와 같다. 강렬한 감정이 깃들어 있다. 우리 안에서 본능적으로 솟구치는 감정이며, 우리가 직면한 문제만큼 중요하다. 이 앞에서 수동적이고 객관적인 자세는 아무런 의미가 없다. 나는, 아니, 우리는 이 문제에 깊게 연루되어 있다. 우리는 이야기하는 동물이다. 우리의 관계에 관한 이야기가 우리를 이루고 있으며, 그 이야기를 통해 세상을 이해한다. 만약 앞으로 나아갈 길이 있다면 그 길도 결국 우리 이야기 속에 있을 것이다.

크로아티아 전역이 황새 한 마리의 귀환을 기다린다.
오스트리아의 동물학자는 열대 담수어가 어떤 결정을 내리는 순간을 지켜본다.
말을 잃었던 남자가 재규어를 만나 목소리를 되찾는다.
한 미국인이 불가사리를 바다로 던지며 자연의 이치를 깨닫는다.

일본 야쿠자 조직이 해삼을 두고 바다 위에서 총격전을 벌인다.

인도 사냥꾼이 야생 표범과 그 새끼를 안고 범람하는 강을 건넌다.

고릴라가 농담을 건넨다.

흰돌고래가 인간의 목소리를 흉내 낸다.

아프리카 소년은 친구를 삼킨 악어에게서 중요한 교훈을 배운다.

이 책은 소녀, 멧돼지 그리고 촛대가 함께 담긴 사진 한 장에서 비롯됐다.

저자 주
책에서 '동물'이라는 단어는 주로 인간이 아닌 존재를 뜻하지만 때로는 그렇지 않을 수도 있다. 그때그때 상식에 따라 이해해 주길 바란다.

더하는 말

    이 4만 년에 걸친 장대한 이야기를 마무리하는 제10부 '금빛 이음선'은 자연이 기회만 있으면 얼마나 놀라운 속도로 회복할 수 있는지 보여준다. 동물은 아무런 대가 없이 생태계를 지탱하며 그 생태계는 우리가 숨 쉴 산소, 먹을 음식, 깨끗한 물을 제공하고 이산화탄소를 흡수한다. 그뿐만 아니라 동물은 영양을 되살리고 꽃가루를 나르며 씨앗을 흩뿌리고 토양을 일구고 물을 맑게 하며 땅과 바다를 풍요롭게 한다. 동물과의 관계는 지구에서 가장 중요한 연결고리다. 눈에 보이지 않는 미생물부터 대지를 누비는 거대한 동물까지, 그들이 있어야만 생태계는 제 역할을 할 수 있다. 그들이 사라지면 균형을 잃고 무너지고 만다.

    건강한 생태계의 자연스러운 흐름은 우리가 직면한 심각한 위기들을 해결할 열쇠를 쥐고 있다. 화재와 홍수, 토양 황폐화, 곤충 감소, 탄소 포집 같은 문제들 말이다. 동물은 이 생태계를 유지하고 돌보는 핵심 일꾼들이다. 2023년 예일대학교 연구에 따르면 상어, 늑대, 수달, 소, 얼룩말, 물고기, 들소, 코끼리, 고래, 이 아홉 가지 주요 동물군이 매년 64억 톤의 이산화탄소를 추가로 흡수한다고 한다. 이는 지구 평균 기온 상승을 1.5도 이하로 억제하는 데 필요한 탄소 흡수량에 맞먹는 수치다. 이 사실을 하늘에 대문짝만하게 써서 세상 모두에게 알리고 싶다. 동물이 수천 년에 걸쳐 자연스럽게 해온 일을 대신할 기술은 어디에도 없다.

'기술이 우리를 구할 것'이라며 쏟아붓은 수십억 달러 중 일부만이라도 자연 복원에 투자한다면 희망이 있을지도 모른다. 바로 여기에 가장 실질적이고 확실한 해결의 실마리가 있다. 시간이 없다. 개인들과 비정부기구들은 이미 움직이기 시작했다. 전 세계 곳곳에서 생태계를 되살리고 끊어진 자연을 다시 잇기 위한 프로젝트들이 속속 진행되고 있다. 비버, 들소, 수달, 고래 같은 생태계 핵심종들이 하나둘 돌아오고 있다.

전쟁과 부, 권력은 언제나 자연보다 우선시되었다. 만약 자연이 우선이었다면 세상은 어떻게 달라졌을까? 우리의 동물 이웃 하나하나가 얼마나 경이로운 생태계의 수호자인지 제대로 알았다면 어땠을까? 그리고 그들의 미래와 삶의 터전인 바다, 강, 초원, 습지, 늪을 우리가 함께 지켜주었다면? 망가진 행성에서 우리의 집을 다시 그리려면, 먼저 그들의 집을 그려야 한다. 생명은 서로를 지탱하며 이어진다. 동물은 우리를 구할 수 있다. 하지만 역설적으로, 이제 그들을 구할 수 있는 유일한 존재는 바로 우리다.

케기 커루, 2024

여는글

뜻밖의 만남

나는 조너선을 기다리고 있다. 집에 도착할 때가 됐는데, 울타리 너머로 고개를 내밀어 그가 오는지 살펴봤지만 보이지 않는다. 개들과 늦은 산책에 나선 그는 늘 다니던 대로 '한 바퀴'를 돌기로 했다. 들판을 지나 다리를 건너고 언덕을 올라 집 뒤쪽 오솔길로 내려오는 익숙한 경로다. 날은 점점 어두워지는데 대체 어디에 있는 걸까?

조너선은 머리 위에 가면올빼미를 얹은 채, 언덕 중턱에 서있다.

그는 올빼미가 산울타리를 따라 가시자두나무 위를 조용히 정찰하며 날아다니는 모습을 지켜보고 있었다. 잠시 공중에 멈춰 퍼덕이는 올빼미의 날개는 전사의 머리 장식을 떠올리게 했다. 올빼미는 탐조등처럼 빛나는 눈과 귀로 풀밭을 훑으며 사냥감을 찾고 있었다. 이렇게 이른 시간에 나온 걸 보면 새끼들에게 줄 먹이를 구하고 있는 듯했다. 개들은 길을 따라 앞서가고 있지만 조너선은 한 발짝도 움직이지 않고 그대로 서있었다. 올빼미는 30미터쯤 떨어진 기둥 위에 내려앉아 개들을 주시했다. 조너선은 여전히 미동도 하지 않았다. 반려인이 왜 멈췄는지 궁금한 듯, 개들은 방향을 바꿔 올빼미가 있는 쪽으로 다가갔다. 올빼미는 기둥 위에서 몸을 고쳐 세우더니 곧 개들을 피해 날아올랐다. 그리고 이내 조너선을 향해 곧장 날아왔다. 조너선은 머리 높이쯤에서 직선으로 날아드는 올빼미를 보며 숨을 죽인 채 얼어붙었다. 희미한 하트 모양의 흰 얼굴, 그 안에 강렬하게 빛나는 둥글고 검은 눈, 짧고 날카로운 부리가 또렷하게 드러났다. 캐러멜 빛 깃털은 마치 작은 다이아몬드를 흩뿌린 듯 은은하게 빛났다.

올빼미는 바로 눈앞에서 가볍게 몸을 띄우더니 발톱을 뻗었다. 그러고는 깃털처럼 가볍고 바람처럼 부드럽게 조너선의 머리 위에 내려앉았다.

그렇게 조너선은 머리 위에 올빼미를 얹은 채 어스름이 짙어지는 자줏빛 하늘 아래 길 한가운데 서있다. 올빼미는 몸을 돌려 개들이 있는 방향을 응시한다. 올빼미의 발톱은 송곳처럼 날카롭다. 올빼미가 자리를 잡고 앉아있는 동안 조너선은 깃털 사이로 전해지는 따뜻한 체온을 느낀다. 개들은 멈춰서서 머리 위에 올빼미를 얹고 있는 조너선을 올려다본다. 어리둥절한 듯 귀를 앞뒤로 움직이며 상황을 이해하려 애쓴다. 조너선은 꼼짝도 하지 않은 채 속으로 외친다. '내 머리 위에 올빼미가 있어! 내 머리 위에 올빼미가 있다고!'

올빼미는 개들을, 개들은 올빼미를 바라보며 고요에 잠겼다. 모두가 멈춰선 채 침묵 속에서 서로의 존재를 느꼈다. 몇 분 남짓 흘렀을 뿐이겠지만 시간은 멈춘 듯 길게 늘어졌다. 내가 남편의 행방을 애타게 궁금해하던 그때, 조너선은 아무 말도 움직임도 없이 그 순간에 온전히 스며들었다. 인간과 야생이 어스름 속에서 하나로 이어지며 숨결처럼 스친 은빛 찰나였다. 올빼미에게는 스쳐가는 순간이었을지 모르지만, 조너선의 기억에는 그 송곳 같은 발톱처럼 날카롭고 선명하게 새겨질 시간이었다. 조너선은 여전히 그 자리에 서있었다. 자줏빛 하늘은 점점 더 짙어지고, 개들은 그 사이에서 조너선과 올빼미를 번갈아 올려다보았다. 모든 존재가 정적 속에서 이어진 무언의 교감에 머물렀다. 그러다 마침내… 정말로 마침내, 조너선은 천천히 고개를 옆으로 기울였고 올빼미는 부드럽게 날아올랐다. 자신의 기둥이 갑자기 움직이는 것을 보며 올빼미가 무슨 생각을 했을는지는 아무도 알 수 없다.

I

야생의 존재

너는 우리의 일부였니, 아니면 여전히 우리의 일부니
우리를 위해 왔니, 아니면 우리에게서 온 거니
우리가 받은 그 무엇보다 귀한 너
넌 틀림없이 우리와 함께 있구나

그레이스 잉골드비, 《돌아갈 수 없는 곳의 흑새들(Blackbirds from the point of no return)》

좋은 사고의 도구

기억하는 한, 생명의 세계와 마주할 때마다 시간은 한없이 느리게 흘렀다. 파리를 거미줄로 감싸는 거미를 지켜보고, 알을 안전한 곳으로 옮기는 개미 떼를 구경하며, 기묘하고 다채로운 생명들의 할로윈 축제 같은 형광 바다를 손으로 헤치던 순간들. 그 순간들 덕분에 나는 지금 이곳에 있다. 그런 경험을 할 때면 난 내가 누구인지조차 잊은 채 태양을 나누고 별의 피를 이어받은 지구의 흐름에 섞여 든다.

어린 시절의 깨달음은 먼 훗날 우리를 구원할 원초적인 길을 열어준다. 애덤 니컬슨은 저서 《바닷새의 울음소리》에서, 어릴 적 아버지와 함께 스코틀랜드 헤브리디스의 시안트 제도에서 바닷새 떼를 처음 봤을 때의 압도감을 회상했다. '30만 마리의 새들이 공중과 바다에서 우리를 둘러싸고 있었다. 요란하게 펄떡이며 끊임없이 변화하는 세상이었다. 모든 것이 태초 그대로 살아있었다.' 거칠고 생명력 넘치는 혼돈과 소동이었다. 여과 없이 펼쳐진 이 광경은 창조의 본질을 꿰뚫어 볼 수 있는 창구였다. 여덟 살 소년의 눈앞에 마치 생명의 심연이 펼쳐진 듯했다. '그것이 내가 세상을 바라보는 기준이 됐다.'

그게 전부다. 무언가 우리 안에서 불꽃을 피운다. 인간과 동물 사이에 놓인 이 도화선이 4만 년 넘게 불꽃을 일으켜 왔다.

야성의 시절

선사시대 동굴 벽화를 처음 발견한 이는 여덟 살 소녀 마리아 산스 데 사우투올라다. 1879년 마리아의 아버지이자 아마추어 고고학자인 돈 마르셀리노는 스페인 북부 알타미라 언덕의 동굴 바닥에서 뼈나 석기 유물들을 찾고 있었다. 옆에서 깜빡이는 불빛 아래 천장을 올려다보던 마리아가 갑자기 외쳤다. "토로스, 토로스[스페인어로 '황소들'이라는 뜻]! 아빠, 황소 그림이에요!" 수천 년 동안 암석에 가려져 세상에 드러나지 않았던 이 동굴은 1868년 한 사냥꾼이 개를 쫓다 우연히 발견했지만 이후 제대로 조사된 적이 없었다. 벽화를 본 돈 마르셀리노는 이것이 구석기시대의 작품이라 확신했지만 교회와 고고학자들은 그의 주장을 완강히 부정했다. 그림 속 동물들은 너무도 생생하고 경이로웠으며 대단히 사실적이었다. 원시인들이 어떻게 이토록 뛰어난 예술 작품을 창조할 수 있단 말인가? 벽화는 현대의 위작으로 의심받았고 돈 마르셀리노는 공개적으로 망신을 당했다. 그가 세상을 떠난 지 14년이 흐른 1902년, 프랑스의 저명한 고고학자 에밀 카르타이야크는 학술지 《인류학》에 〈회의론자의 고백〉이라는 글을 기고하며 자신의 잘못을 인정했다.

　1965년에 우리 가족은 알타미라를 찾았다. 그때 나는 마리아와 같은 여덟 살이었다. 구불구불 얽힌 통로와 낮은 천장의 거대 동굴은 아찔한 지옥 같았지만 동시에 가슴을 두근거리게 했다. 그 시절엔 좁은 사다리를 타고 아찔한 낭떠러지를 내려가 화려하게 장식된 동굴 속 깊고 서늘한 곳까지 갈 수 있었다. 무서우면서도 넋이 나갈 만큼 매혹적이었다. 지하 세계의 눅눅한 석회석 냄새는 낯설고 차가웠다. 돌처럼 굳어버린 폭포와 거대한 종유석, 주변을 감도는 알 수 없는 생명체들의 오싹한 존재감. 머리 위로는 들소들이 질주했으며, 피로 그린 황톳빛 멧돼지와 사슴, 고대 말들이 어찌나 근육질인지, 마치 수천 년의 세월을 뛰어넘어 그림을 뚫고 나올 듯했다. 한때는 나처럼 살아 숨 쉬었던, 뛰고 돌진하던 생명체들. 가이드는 곰의 발톱 자국을 가리켰다. 사람들은 왜 이 깊고 캄캄한 곳에 생생한 추격 장면을 남기려 했을까? 어린 나조차도 동물과 그들을 그린 이들 간의 끈끈한 연을 짐작할 수 있었다.

　선사시대 예술가들은 19세기 작가들보다 동물의 움직임을 훨씬 더 사실적으로 묘사했다. 사진작가 에드워드 마이브리지가 1878년 사진 연작 〈달리는 말〉에서 증명해 낸 말의 걸음걸이를 동굴의 화가들은 이미 알고 있었다. 그럴 수밖에 없었다. 얼마나 예리하게 관찰하느냐에 생사가 걸려있었으니까. 동굴 벽화를 통해 우리는 선사시대 사람들의 사고방식을 엿볼 수 있다. 인류학자 클로드 레비스트로스가 말한 것처럼 동물은 '좋은 사고의 도구'였다. 이 동굴 신전을 보면 인간이 세상의 중심에 있지 않다는 점이 두드러진다. 인간은 거의 등장하지 않으며, 그려진 것이라곤 창을 든 막대 인간 몇몇과 스텐실로 찍힌 손자국들뿐이다. 그에 반해 동물들은 마치 숭배하듯 정성을 들여 그려놓았다. 이 지하 갤러리는 생과 사의 드라마가 펼쳐지는 불빛 가득한 극장처럼 보인다. 배우들은 위대한 사냥을 재현하며 창을 휘두른다. 깜빡이는 불빛 속에서 그림자들이 춤추듯 움직이고 사슴뿔을 단 반인반수들의 실루엣이 드러난다. 바위 뒤에서 목소리가 들려오고 이야기꾼의 속삭임이 울려 퍼진다. 올빼미의 울음소리, 들소의 울부짖음, 새의 공기골로 만든 피리에서 새어 나오는 날카로운 소리, 덜거덕거리는 씨앗주머니 소리, 가죽을 두드리는 북소리, 나무를 치는 소리가 어우러진다. 수정과 종유석으로 장식된 무대를 보며 관객들은 공포에 휩싸여 비명을 지른다. 또 다른 세계로의 문이 열린다. 감각이 넘쳐나는 오늘날에서 2만 년간 잠들어 있던 어둠 속 무대로 돌아가는 문.

그 시절 우리는 작은 가족 단위로 살아갔다. 스무 명에서 서른 명 남짓이 함께 사냥을 나서고 먹을 것을 찾아다니며 아이들을 지키고 돌봤다. 동굴이나 바위 아래 아늑한 거처를 마련하고 장작을 나르며 불을 피웠다. 아주 강하지도 빠르지도 않았던 우리는 날카로운 창과 석기, 교묘한 꾀와 협력, 고기를 다루고 요리하는 기술, 그리고 언어라는 도구로 부족함을 메웠다. 오록스[멸종된 야생 소]나 들소 한 마리를 잡으면 며칠은 배를 든든히 채울 수 있었다. 우리는 온갖 식물과 견과류, 버섯, 뿌리, 열매, 씨앗의 이름과 쓰임새를 꿰뚫고 있었다. 어디에서 물을 마셔야 하는지, 흰개미 둑과 새 둥지를 어떻게 찾아야 하는지도 터득했다. 새들의 노랫소리에 귀를 기울이고 개구리 울음소리를 들으며 자연을 읽었다. 우리의 추적 본능은 날카롭고 감각은 예민했으며 귀는 작은 소리 하나 놓치지 않았고 발은 민첩하게 움직였다. 자연 그대로의 음식을 먹으며 맑은 공기와 물로 생명을 이어갔다. 서류를 작성하거나 세금을 낼 필요는 없었지만 해야 할 일은 언제나 끝이 없었다. 사슴처럼 빠르지는 않아도 몸을 단단히 단련해야 했다. 선사시대 조상들의 뼈는 우리에게 이렇게 속삭인다. 어린 시절 숱한 위험을 견디고 다치지 않고 결핵에 걸리지 않으며 사자에게 잡아먹히지만 않는다면, 환갑을 넘기고 80세까지 살 수 있었을 것이라고.

불은 우리의 힘이었다. 고기를 익혀 먹어 소화가 훨씬 빨라졌고, 덕분에 우리의 뇌는 더 크고 복잡하게 발달할 수 있었다. 불의 역할은 단순히 음식을 조리하는 데서 끝나지 않았다. 거처를 따뜻하게 데우고 환하게 밝히는 것은 물론, 사냥감을 몰아내는 데에도 쓰였다. 우리는 지식을 모으고 함께 사냥하며 수확물을 나누었다. 그렇게 비로소 우리에게는 '시간'이 생겼다. 매머드 상아를 조각할 시간, 망토를 꿰매고 바느질할 시간, 모닥불 곁에 둘러앉아 이야기를 나누고 동굴 벽에 그림을 그릴 시간. 불은 우리를 다른 존재들과 구별 짓는 도구가 됐다. 불빛 아래로 동물을 불러들였고 그 빛은 인간과 동물을 하나로 묶었다. 우리는 동물의 생명을 빼앗았고 동물은 우리에게 죽음을 내어주었다. 그렇게 얽히고설킨 모든 순간에는 영혼 세계의 신비가 조용히 배어있었다. 모스크바에서 북동쪽으로 약 200킬로미터 떨어진 숭기르 유적지에는 3만 년 전의 무덤이 남아있다. 성인 남자와 소년 두 명이 함께 묻힌 자리 곁에는 화려하게 장식된 상아 창과 사슴 뿔이 놓여있다. 그들의 손목에는 상아 팔찌가 걸려있으며 머리에는 여우 이빨로 만든 머리 장식이 씌워져 있다. 그 머리 장식 하나를 만드는 데만 여우 60마리의 턱뼈가 필요했다. 세월이 흘러 수의는 흔적도 없이 사라졌지만 그들 곁에는 여전히 1만 3000개가 넘는 매머드 상아 구슬로 만든 정교한 장식이 남아있다.

100만 년 동안 우리는 중간에 낀 신세였다. 사냥감을 쫓으면서 동시에 다른 포식자에게 쫓기는 나날을 보냈다. 하지만 기술이 눈부시게 발전하며 상황은 완전히 달라졌다. 우리는 덫과 올가미를 설치하고 그물과 창 던지개를 능숙하게 다뤘다. 정교하게 만든 활로 화살을 더 멀리, 더 강하게 쏘며 목표를 정확히 겨냥했다. 그 결과 우리 손에 닿지 않을 만큼 크거나 위험한 사냥감은 없어졌다. 때로는 동물 무리를 절벽 끝으로 몰아 떨어뜨리고, 환호성을 내지르며 절벽 아래로 내려가 고기를 잔뜩 챙겼다. 그렇게 손에 넣은 고기는 말리고 소금에 절여 나중을 위해 저장했다.

고기가 있는 곳이라면 어디든 따라갔다. 약 3만 년 전 마지막 빙하기 동안 인류는 이주하는 동물들의 발자취를 따라 북반구로 이동했다. 프랑스 중부에서부터 알래스카까지 이어지는 매머드 스텝, 그 광활하고 차가운 초원에 발을 내디뎠다. 털매머드, 들소, 와피티사슴, 말들이 널려있었다. 우리는 매머드 상아를 도구로 써서 임시 거처를 짓고 고기를 저장할 얼음 저장고를 팠다. 우리는 사냥하고 또 사냥했다. 사냥감이 줄어들수록 점점 더 숙련된 사냥꾼이 되어갔다. 매머드들은 북쪽으로 점차 이동했고, 구부러진 상아로 눈 덮인 툰드라를 파헤치며 살아갔다. 그들의 발걸음은 땅을 비옥하게 만들어 말과 들소들이 먹이를 찾을 길을 열어주었다. 그러다 약 1만 년 전 가장 외딴 지역을 제외하고는 모든 매머드가 자취를 감췄다. 임신 기간이 길고 적은 수의 자손을 낳는 대형 포유류는 번식 속도에 한계가 있었다. 시베리아 해안에서 200킬로미터 떨어진 브랑겔섬에 고립된 한 매머드 무리는 바다 수위가 높아진 덕에 6000년 더 살아남았다. 그러나 3700년 전 기자 피라미드가 건설된 지 1000년이 지난 후, 인간이 브랑겔섬에 발을 디디면서 마지막 매머드까지 완전히 사라졌다.

영구동토층에서 빙하기 동물의 유해와 흔적이 드러나며, 우리는 그들의 삶을 위장의 내용물과 상아의 나이테에서 읽어낼 수 있게 됐다. 따스한 계절도 있었고 혹독한 계절도 있었다. 매머드 디마는 태어난 지 한 살도 되지 않아 진흙 웅덩이에 빠지고 말았다. 위장에는 자기 털과 흙만 남아있고 그를 살릴 음식은 아무것도 없었다. 기생충에 시달려 쇠약해진 몸은 버티지 못했고 디마는 진흙에서 빠져나오지 못한 채 생을 마감했다. 디마의 어미는 주변을 떠나지 못하고 울부짖으며 포식자들이 접근하지 못하도록 애썼지만 디마는 끝내 진흙 속에서 익사하고 말았다. 그 가까이에는 생후 30일 된 새끼 매머드 리우바도 있었다. 리우바는 비교적 잘 먹으며 건강하게 자라던 중이었다. 하지만 진흙 덩어리가 기도를 막으면서 숨을 쉬지 못하고 질식했다. 리우바는 가족을 따라 강을 건너던 중 사고를 당했던 걸까? 아니면 얼어붙은 호수 위에서 발을 헛디뎠던 걸까? 그 작은 위장 속에는 어미의 젖이 4만 1800년 동안 그대로 남아있었다.

상아 길이가 4미터인 수컷 스텝매머드는 몸무게가 6톤이 넘었을 것이다. 동굴 벽화에서도 볼 수 있듯이 스텝매머드의 등 뒤에는 혹이 있는데 낙타의 혹처럼 지방을 저장하는 역할을 했다. 속털 위에 기름지게 엉겨 붙은 보호털은 길이가 1미터에 달했다. 귀는 열 손실을 최소화하기 위해 작게 진화했으며 항문을 가리는 피부 덮개 역시 체온을 유지하는 데 중요한 기능을 했다. 프랑스 남서부에 있는 10킬로미터 규모의 루피냐크 동굴에서는 매머드를 묘사한 그림이 158점 발견됐다. 그중 일부는 항문을 덮는 독특한 피부 구조와 먹이를 찾기 위해 두 갈래로 갈라진 코끝을 정교하게 묘사하고 있다. 1799년에는 시베리아에서 매머드의 완전한 골격이 최초로 발견됐는데 복원 과정에서 작은 실수가 있었다. 뼛조각을 맞추던 사람들이 상아를 잘못 끼워 넣어 원래 안쪽으로 휘어야 할 상아가 바깥쪽으로 휘어진 채 조립되고 말았다.

매머드가 냈던 소리는 이제 상상으로만 그려볼 수 있다. 몸속 깊은 곳에서 울려 퍼졌던 묵직한 진동, 코에서 터져 나와 빙하의 바람을 타고 퍼졌던 거친 울음소리, 그리고 대지를 뒤흔들며 얼음을 쩍 갈라놓는 날카로운 소리까지.

매머드가 사라질 거라고는 아무도 상상하지 못했다. 더구나 매머드의 멸종으로 생태계 전체가 무너질 것이라고는 생각하지 못했다. 10만 년 동안 지구에는 가장 광활하고 풍요로운

육상 생태계가 펼쳐져 있었다. 빙하기의 차갑고 메마른 기후에도 비옥한 토양 위로 다양한 식물이 자라났고 초대형 초식동물이 아프리카 사바나에 견줄 만큼 수를 늘려갔다. 성체 매머드 한 마리는 하루에 약 200킬로그램의 초목을 뜯어 먹으며 막대한 양의 배설물을 남겼다. 이 부산물이 대지의 비료가 되어 끊임없이 영양을 순환했다. 그러나 매머드라는 자연 엔진이 멈추자 초원은 점차 툰드라 식물로 뒤덮였다. 초식동물에게 먹히지 못한 식물은 물에 잠기거나 얼어붙었고 시간이 흐르며 산성 이탄으로 변했다. 결국 풀이 더 이상 자라기 어려운 땅이 되어갔다. 빙하 속에 남은 기후의 흔적을 살펴보면, 당시 대기 중 이산화탄소 농도가 심하게 감소한 것을 알 수 있다. 포유류학자이자 고생물학자인 팀 플래너리는 이렇게 묻는다. 혹시 매머드라는 거대 엔진이 멈추면서 시베리아 늪지대에 남은 식물들이 탄소를 가두게 된 것은 아닐까?[1] 어쩌면 그때 인간은 이미 기후에 간접적으로 영향을 미치는 존재였을까? 약 1만 3000년 전 빙하기 말기에 찾아온 한랭 현상이 해수면을 안정시키고 약 8000년간 그 상태가 지속되면서 인류는 점점 더 멀리 퍼져나가며 성장할 수 있었다.

우리가 발을 디딘 곳마다 멸종이 뒤따랐다. 3000만 년 동안 지구를 누비던 검치호랑이는 인간이 나타난 지 단 2000년 만에 흔적도 없이 사라졌다. 유럽에서는 매머드, 코뿔소, 동굴곰이 자취를 감췄고 아메리카 대륙에서는 말과 마스토돈, 심지어 몸길이 6미터, 무게 4톤에 달하는 거대 땅늘보까지 사라졌다. 호주로 가보자. 약 4만 5000년 전 이곳에서는 거대 유대류들이 인간에게 아무 저항도 못 한 채 쓰러졌다. 키 3미터 몸무게 500킬로그램에 달하던 날지 못하는 새, 일명 '파멸의 악마 오리[고대 호주에 서식한 조류 '불로코르니스'의 별명]'야, 안녕. 3톤짜리 웜뱃 디프로토돈아, 안녕. 그리고 70킬로그램짜리 쥐캥거루야, 너도 안녕.

동물이 사라진 자리에선 먹히지 못한 식물들이 무성하게 자라 숲을 이루었다. 숲이 커질수록 점점 더 화재에 취약해졌고 이러한 변화는 인간에게 유리하게 작용했다. 인간은 땅을 개간하고 더 많은 사냥감을 손에 넣었다. 육상 거대동물은 본래 포식자에게 쫓겨본 적이 없었기 때문에 위험을 감지하는 법을 몰랐고 진화할 틈도 없었다. 결국 살아남은 것은 인간을 피해 숨는 방법을 터득한 동물들뿐이었다. 이들은 아프리카에서 인간과 함께 진화하며 공존한 종들로, 지금도 그곳에서 간신히 명맥을 잇고 있다.

다시 미래로

프랑스 쇼베 동굴에는 약 3만 6000년 전의 동물 벽화가 남아있다. 이 벽화는 1994년 동굴 깊숙이 찬바람이 불어오기 전까지 누구의 눈에도 띄지 않았다. 벽화 속에는 사자, 털코뿔소, 매머드 등 19종의 동물이 떼를 지어 달려가는 모습이 생생하게 담겨있다. 영화감독 베르너 헤어조크는 특별 허가를 받아 이 신비로운 동굴을 카메라에 담았다. 그렇게 탄생한 3D 다큐멘터리 〈잊혀진 꿈의 동굴〉의 끝자락에서, 헤어조크는 기묘한 후일담을 덧붙인다. 동굴곰 두개골 190개가 쌓여있는 뼈 더미와 벽화를 지나 관객은 어느새 헤어조크가 그려낸 '인간 이후'의 미래로 빨려 들어간다. 쇼베 동굴에서 불과 30킬로미터 떨어진 곳에는 프랑스 최대의 원자력 발전소가 있다. 이 발전소에서 흘러나오는 뜨거운 냉각수는 지하 수로를 따라 인근에 인공적으로 조성된 열대 온실에 공급된다. 카메라가 검은 물속을 비추자 하얗고 날카로운 발톱이 달린 파충류의 발이 서서히 모습을 드러낸다. 헤어조크는 이 생명체가 열대 생태계의 악어들로부터 태어난 돌연변이 알비노 자손이라고 설명한다. 희미한 달빛처럼 은은히 빛나는 신비로운 생명체가 물 위로 천천히 떠오르고, 클로즈업된 분홍빛 눈이 끝없는 동굴 입구를 지키는 보석처럼 반짝인다. 이 악어는 전 세계에 100마리도 채 남지 않은 알비노 악어 중 하나로, 사실 루이지애나에서 촬영용으로 데려온 것이다. 그러나 이런 사실은 헤어조크에게 중요하지 않다. 그의 상상은 인간의 손에서 흔들리던 창끝에서 시작해 조용히 잠들어 있던 거대한 권능을 지나 우리의 요람에서 무덤까지 끝없이 이어진다. 영화의 마지막은 이렇게 속삭이는 듯하다. 이제 인간은 이곳에 존재하지 않는다고. 2억 년을 살아남은 악어들이야말로 이 땅의 진정한 주인이라고. 하지만 현실에서, 유리 수조에 갇힌 이 악어들은 물과 공기 사이를 느릿하게 맴도는 것 외에는 할 수 있는 게 없다. 한편, 길 건너 쇼베 동굴 안에서는 여전히 선사시대의 사냥이 이어지고 있다.

    이 모든 걸 어떻게 이해해야 할까? 엔딩 크레딧이 흐르고 마지막 장면이 나온다. 3만 2000년 전 누군가 바위에 손을 대고 붉은 황토색 물감을 흩뿌렸다. 마치 말라붙은 피처럼 바위 위에 남은 그 손자국은 지금까지 지구를 거쳐 간 1000억 명의 인간이 남긴 수많은 흔적 중 하나에 불과하다.

자유를 넘어서

하지만 네가 나를 길들인다면, 우리는 서로를 필요로 하게 될 거야.

_앙투안 드 생텍쥐페리, 《어린 왕자》

고대 그리스의 노예였던 이솝은 뛰어난 지혜뿐 아니라 못생긴 외모로도 잘 알려져 있다. 전하는 이야기에 따르면 그는 약 2500년 전 동물 우화를 들려주며 자유를 얻었다고 한다. 어느 날 밤 바짝 마르고 굶주린 늑대가 잘 먹고 살찐 가정견을 만난다. 늑대는 개가 배불리 먹고 따뜻하게 지내는 모습이 부러워 점점 그런 편안한 삶에 마음이 끌린다. 하지만 길을 걷던 중 늑대는 개의 목에 털이 벗겨진 자국을 발견하고 그게 무엇인지 묻는다. 개는 사슬에 묶일 때 생긴 흔적이라며 대수롭지 않게 넘긴다. 그 말을 들은 늑대는 주저 없이 몸을 돌려 숲으로 달아난다. 아무리 맛있는 음식과 화려한 삶이라 해도 자유와 맞바꿀 수는 없으니까.

문 앞의 늑대

　야생동물은 본능적으로 인간을 피해 달아난다. 나는 정원에서 여러 해 동안 명금류에게 먹이를 주었지만 새 모이대를 채우려고 다가가면 녀석들은 늘 고마움도 모른 채 날아가 버렸다. 하지만 동물들끼리는 조화롭게 어울리는 경우가 많다. 생쥐와 울새가 함께 어울리고, 사슴과 멧비둘기가 곁에 머물며, 심지어 여우와 토끼도 사냥 중이 아닐 때는 사이좋게 지낸다. 그러나 인간은 예외다. 인간이 없는 환경에서 진화한 야생동물만이 우리에게 호기심 어린 관심을 보인다. 야생동물 사진작가 린지 맥크레는 키가 120센티미터에 이르는 황제펭귄이 천천히 다가와 그의 곁에 털썩 앉았던 순간을 회상한다. 비현실적이면서도 자연스러운 그 광경에 경외심까지 느꼈다고 한다. 고아가 된 새끼 동물은 인간을 더 쉽게 신뢰한다. 갓 부화한 새끼 거위는 자신을 돌봐줄 준비가 된 인간 부모를 본능적으로 각인한다. 새끼 수달, 새끼 사자, 새끼 침팬지도 비교적 쉽게 길들일 수 있다. 그러나 수만 년 동안 인간 사회와 함께 살아온 동물은 단 한 종뿐이다. 우리가 가장 사랑하는 이 동물은 아이러니하게도 인간이 오랫동안 집요하게 박해해 온 존재의 후손이다. 가장 친한 친구이자 한때 가장 두려워했던 적. 바로 개다.

　늑대와 인간이 처음 관계를 맺게 된 이유에 대해 이런 가설이 있다. 늑대들이 뼈와 음식 찌꺼기를 찾아 사냥꾼과 채집인들이 머무는 동굴 근처를 어슬렁거리기 시작했고 이 과정에서 서로에게 이득이 되는 거래가 이루어졌다는 것이다. 곰이 동굴에 접근하지 못하게 막아주거나 사냥감을 쫓아주는 대가로 음식을 얻었다는 이야기다. 하지만 나는 이 가설이 미심쩍다. 성체 늑대를 길들여 본 적이 있는가? 결코 쉬운 일이 아니다. 아마도 우리가 늑대 굴을 찾아내 그곳에서 새끼를 훔쳐 왔을 가능성이 더 크다. 부족 사회에서는 사냥꾼들이 야생동물의 새끼를 잡아 와 아이들에게 선물로 주는 일이 흔했다. 그런 새끼 중 일부는 장난감처럼 잠깐 아이들과 함께하다 죽거나 자라서 결국 식탁 위에 올라가는 운명을 맞곤 했다. 하지만 그중 살아남은 동물은 가족의 일원이 되기도 했다. 늑대는 그들만의 사회적 특성 덕분에 인간과 유난히 잘 맞았다. 늑대는 강한 서열 체계를 가지고 있으며 지위에 민감하고 사회성이 뛰어나다. 충성심과 애정을 표현하는 능력도 탁월하다. 가족 간의 유대가 끈끈하고, 필요에 따라 공격자나 방어자가 되기도 한다. 게다가 자기 굴을 깨끗하게 유지하려는 습성이 있고 무엇보다도 배우는 속도가 매우 빠르다. 시베리아 알타이산맥에서 발견된 개과 동물의 두개골 DNA 분석에 따르면, 현대 가정견의 조상은 약 3만 3000년 전으로 거슬러 올라간다.*

이렇게 카니스 루푸스 파밀리아리스 *Canis lupus familiaris* [개의 학명]에 대해 알아가며 우리는 동물 세계와 한층 더 가까워졌다. 그러나 이제 다시 한번 멀어질 시간이다. 이번에는 농부의 삶으로 돌아가 보자.

공존과 갈등

1만 2000년 전 빙하기가 끝나고 기후가 따뜻해지면서 인류의 삶은 큰 변화를 맞이했다. 인구가 늘어나고, 우리는 강과 호수 근처에 정착해 땅을 갈고 씨앗을 뿌리며 농사를 짓기 시작했다. 더 이상 먹이를 쫓아다니며 떠돌 필요가 없었다. 먹거리를 직접 재배하거나 동물을 우리 안에 가두어 기르기만 하면 됐다.

우리의 관심은 무리를 이루고 서열을 따르며 인간의 통제 아래 들어올 가능성이 있는 동물에게로 향했다. 하지만 조건을 모두 충족하는 동물은 놀랍게도 극히 적었다. 어떤 동물은 길들일 수는 있었지만 완전한 가축화(동물을 길들이는 것을 넘어 인간의 필요에 맞게 야생 조상과 유전적으로 구별될 정도로 개량하는 것)가 어려웠다. 가축으로 적합하려면 몇 가지 조건을 만족해야 한다. 지나치게 겁이 많거나 신경질적이어서는 안 되고, 끊임없이 탈출하려는 동물도 부적합하다. 예컨대 비옥한 초승달 지대에서 가장 많이 사냥하는 가젤은 적합하지 않았다. 시속 80킬로미터로 달리고 9미터를 훌쩍 뛰어올라 울타리에 부딪쳐 스스로 다치는 가젤은 농사에 전혀 도움이 되지 않았다. 판다처럼 특정 음식만 먹는 까다로운 동물도 기르기 어렵다. 인간을 위협할 정도로 크고 공격적인 동물, 예컨대 하마도 가축화 후보에서 제외됐다. 초식동물이라도 물거나 발길질을 한다

---

*   이 두개골은 해부학적으로 개와 매우 유사하며, DNA 분석 결과 늑대보다 가정견에 더 가까운 것으로 밝혀졌다. 이를 통해 카니스 루푸스 파밀리아리스의 기원이 기존 추정보다 1만 5000년 더 오래되었음을 확인했다.

면 역시 가축으로 적합하지 않았다. 그래서 얼룩말은 쟁기를 끌 동물로 선택받지 못했다. 얼룩말은 성질이 사납기로 악명 높다. 올가미를 씌우려 하면 매번 몸을 낮춰 피하고, 동물원에서도 호랑이보다 얼룩말이 더 많은 사육사를 다치게 한다. 월터 로스차일드 남작은 얼룩말을 길들인 몇 안 되는 사람 중 하나였다. 얼룩말 다섯 마리(그리고 얼룩말로 위장한 말 한 마리)가 끄는 마차를 몰고 버킹엄 궁전까지 간 일화가 유명한데, 그는 알렉산드라 공주가 얼룩말을 쓰다듬으려 할까 봐 내내 걱정했다고 한다. 그의 얼룩말 중 하나가 이미 '부주의한' 마부를 죽인 적이 있었기 때문이다. 얼룩말 어미가 새끼를 지키는 모습을 보면 이들의 사나운 본성을 쉽게 알 수 있다. 치타에게도 이빨을 드러내며 앞발을 휘두르는 어미 얼룩말의 모습은 그야말로 맹렬하다.

가축화의 또 다른 조건은 새끼를 어미로부터 떼어낼 수 있어야 한다는 것이다. 또한 새끼가 빨리 자라야 하는데 이 조건에서 코끼리는 탈락했다. 가축으로 적합한 동물은 튼튼하고 순종적이고 좁은 공간에서도 무리 지어 생활할 수 있을 만큼 관용적이어야 한다. 더불어 영역싸움을 하지 않고 포획 상태에서도 잘 번식해야 한다. 이 모든 조건을 만족하는 동물은 많지 않았다. 간혹 야크 같은 예외를 제외하면 선택지는 다섯 종류로 좁혀졌다. 양과 염소*는 약 1만 1000년 전 아시아무플론과 베조아르아이벡스에서 가축화됐다. 소는 약 1만 년 전 오록스에서, 돼지는 약 9000년 전 유라시아 멧돼지에서, 말은 약 6000년 전에, 그리고 닭은 약 5000년 전 아시아에서 가축화됐다. 어깨 높이 2미터에 거대한 뿔이 난 오록스를 길들이는 과정은 상상만으로도 숨이 막힌다. 그런 동물에게서 우유를 짜내려던 첫 시도는 얼마나 대담했을까. 이 모든 과정이 단숨에 이루어진 것은 아니다. 가축들은 무리를 지어 도망치기 일쑤였고 작물을 짓밟거나 물을 오염시키는 일도 다반사였다. 게다가 가축화된 동물은 포식자들에게도 손쉬운 먹잇감이 됐다. 바로 이 시점에서 인간과 자연의 1만 2000년에 걸친 긴 전쟁이 시작된다.

시간이 흐르며 인간은 마치 신이라도 된 것처럼 행동하기 시작했다. 인간에게 유용한 특성을 가진 동물만 선별적으로 번식시키고 그렇지 않은 개체들은 가차 없이 도태시켰다. 고기, 단단한 체격, 풍성한 털, 뛰어난 적응력, 온순한 성격과 같은 특성이 선택의 기준이 됐다. 이런 과정은 어딘가 섬뜩한 구석이 있다. 마치 농장 동물들의 《시녀 이야기》[마거릿 애트우드의 디스토피아 소설]가 펼쳐지는 듯하다. 더 이상 빠르거나 민첩할 필요가 없어진 동물들은 점점 느려지고 살이 찌기 시작했다. 오늘날의 양은 넘어지면 스스로 일어나는 것조차 버거워한다. 똑똑할 필요마저 사라지면서 몇 세대 만에 가축들은 인간에게 완전히 의존하게 되었고, 몸집은 커졌지만 뇌는 점점 작아졌다. 그럼에도 인간이 바꿀 수 없는 것들이 있었다. 동물들은 여전히 무리 속에서 사회적 행동을 이어가고 놀이를 즐기며 새끼를 돌보고 보호하려는 본능을 간직했다. 인간이 먹을 것과 잠자리를 마련해 주고 돌봐주기만 하면 동물의 삶은 걱정 없는 평온으로 채워졌다. 대신 인간은 고기와 우유, 따뜻

---

* 둘 다 염소아과에 속한다.

한 털과 질긴 가죽, 풍부한 비료와 묵묵한 노동력을 얻을 수 있었다.

인구가 늘면서 계층이 생기고 통치 체계가 자리 잡기 시작했다. 지도자가 나타나고 일꾼이 생겼다. 사냥과 채집으로 자유롭게 살아가던 시절은 역사의 뒤안길로 사라졌다. '호랑이, 호랑이, 빛나는 불꽃이여'[윌리엄 블레이크가 자연의 경이로움을 노래한 시 구절]라며 자연을 찬미하는 시를 지을 시간도 더 이상 남아있지 않았다. 풍요롭고 다채로운 식단도, 하루하루를 새로움으로 채우던 날들도 과거의 일이 됐다. 빠른 판단력과 재치, 동시에 여러 가지 일을 능숙하게 해내던 날렵한 솜씨마저 필요하지 않게 됐다. 정착 생활은 우리 삶을 완전히 바꿔놓았다. 우리의 뼈가 그 변화를 증명한다. 농사는 허리를 휘게 만들었고, 날씨가 나쁘거나 들짐승이 습격이라도 하면 농작물은 속수무책이었다. 가축은 끊임없이 먹이를 요구했으며 질병에 쉽게 무너졌다. 우리의 기대 수명은 감소하고 몸집은 작아졌으며 심지어 뇌마저 작아졌다. 결국 우리는 우리 자신을 가축처럼 길들인 셈이다.

그렇다고 해서 과거로 돌아갈 수는 없었다. 이미 먹여야 할 입이 너무 많고, 그동안 들인 시간과 노력은 우리를 돌이킬 수 없는 길로 내몰았다. 이제는 작물과 가축을 지키고 언제 닥칠지 모를 위협을 감시할 사람이 필요했다. 그렇게 우리는 가장 가까운 친구의 더 똑똑한 형제를 악마화하기 시작했다.

늑대의 두 얼굴

유라시아인의 마음속에 이토록 깊게 새겨진 생명체가 또 있을까? 늑대는 단순히 양을 노리는 데 그치지 않는다. 그는 할머니마저 잡아먹을 수 있는 존재다. 이솝과 오비디우스, 루터와 그림 형제, 브램 스토커, 마중석[중국 명나라 문학가], 밀턴까지. 셀 수 없이 많은 이들이 늑대를 빌려 인간의 두려움과 불안을 이야기해 왔다. 동화 《빨간 모자》속 귀스타브 도레의 삽화를 떠올려 보자. 늑대는 빨간 모자를 쓴 소녀와 나란히 서있다. 등을 돌린 채 고개만 살짝 돌려 소녀를 바라보는 늑대. 그 눈빛에 어딘지 모르게 속내가 드러난다. 통통한 팔을 늘어뜨린 채 장난스러운 미소를 짓는 소녀와 위엄 넘치는 늑대의 자세. 그리고 늑대의 눈 한쪽에 희미하게 스치는 하얀 달빛. 그 모두가 묘한 긴장과 유혹을 만들어 낸다. 늑대가 무슨 속셈을 품고 있는지 알 것 같으면서도 어쩐지 그를 껴안고 싶어진다. 이 어긋난 매력의 근원은 아마도 불안과 흥분이 맞닿는 경계에 있을 것이다. 인간과 늑대 사이의 오래된 애증은 바로 그 불안과 흥분의 줄다리기 속에서 시작되었는지 모른다.

늑대만큼 인간이 가혹하고 무자비하게 다룬 생물이 또 있었을까? 가축을 습격한 늑대에게 돌아가는 응징은 단순히 가축을 잃어버린 데 대한 복수가 아니었다. 마치 사랑하는 딸을 빼앗긴 부모의 분노처럼 폭력적이었다. 늑대는 해 질 녘 어스름 속에서 조용히 발걸음을 옮긴다. 은밀하고 강하며 무엇보다 영리하다. 하지만 인간의 눈에는 그렇게 보이지 않았다. 그들은 탐욕스럽고 욕망에 눈이 멀었으며 기만에 능한 존재로

묘사되곤 했다. 거짓말쟁이, 유혹자, 도둑. 중세시대의 늑대는 어둠 속에서 우리의 심장을 두드리는 공포의 상징이었다. 경계를 늦추는 순간 우리도 늑대처럼 변할지 모른다는 불안이 사람들 마음속에 도사리고 있었다. 늑대는 인간의 오랜 적이었다. 양 떼를 위협하는 늑대는 예수와 대립하는 상징으로 취급받았다. 성경 속에서 기어 나오고 교회의 석조 장식에서 튀어나왔다. 때로는 아이들에게 젖을 먹이는 존재로도 그려졌지만 어떤 이야기에서도 늑대는 죽음을 피하지 못했다. 우리는 냄비를 두드리며 늑대의 숨소리를 쫓아내고 구덩이로 몰아넣었다. 늑대의 울음소리가 밤하늘에서 사라진 지 오래다. 그리고 이제 와서 우리는 늑대를 그리워한다. 우리가 그리워하지 않더라도 이 땅은 늑대를 그리워하고 있다. 왜냐고? 그 이유는 곧 알게 될 것이다.

1998년 조너선과 나는 늑대에 대한 소문을 좇아 스페인과 포르투갈 국경의 외딴 산악지대로 향했다. 단 한 번이라도 늑대를 보고 싶다는 간절한 마음으로 한 달을 걸었다. 발밑에서는 편암이 바스락거렸고 작은 마을 밖 사과나무 아래에서 잠을 청하곤 했다. 언덕은 불타는 화로 같았고 짐은 갈수록 더 무겁게 느껴졌다. 나는 당나귀를 사자고 졸랐지만 소용없었다(누가 말렸는지는 말 안 해도…). 몬테시뉴 마을 위, 해발 1500미터. 거대한 알 같은 바위들이 드문드문 자리 잡은 그곳에서 우리는 멀리 5킬로미터쯤 떨어진 절벽 너머로 하얗게 빛나는 융단 같은 무언가를 발견했다. 뇌를 뜨겁게 데우는 열기에 헛것을 봤나 싶었지만 망원경으로 들여다보니 어마어마한 양 떼였다. 가까이 다가가자 바람을 타고 방울 소리가 울렸고 양치기 두 명과 늑대처럼 생긴 개들이 보였다. 그날 밤 우리의 불빛을 보고 한 양치기가 작은 개 한 마리와 함께 캠프로 찾아왔다. 그는 와인을 구하러 왔다고 했다. 작은 개는 그의 발 주위를 빙글빙글 돌며 발레를 추듯 애교를 부렸다. 양치기는 삐뚤빼뚤한 돌무지 같은 이를 드러내며 천진난만한 웃음을 터뜨렸다. "브라보! 브라보!" 그 웃음에 날것 그대로의 자유와 어린아이 같은 순수함이 가득했다. 나는 당시 존 버거의 《끈질긴 땅Pig Earth》을 읽고 있었다. 양치기가 책을 거꾸로 집어 든 채 크게 웃음을 터뜨렸을 때, 나는 '이 책은 당신 이야기예요'라고 말하고 싶었다. 우리는 부드러운 치즈와 말린 살구를 나누며 밤을 보냈다. 그는 63세로, 100킬로미터나 떨어진 스페인에서 왔으며 앞으로 석 달은 집으로 돌아가지 않을 예정이라고 했다. "양이 몇 마리나 있나요?" 내가 물었다. "6000마리 있소." "그럼 늑대는요?" 그가 웃음을 터뜨리며 대답했다. "늑대? 절대, 절대 볼 수 없다네!" 하지만 어릴 적에는 늑대를 총으로 쐈다며 장난스럽게 "빵! 빵!" 소리를 냈다. 다음 날 아침 우리는 망원경으로 그를 지켜봤다. 그는 향기로운 관목과 돌 사이를 넘나들며 양 6000마리를 이끌고 있었다. 긴 꼬리를 늘어뜨린 양 떼가 끝없이 이어지는 하얀 파도처럼 일렁였다. 방울 소리는 맑고 은은하게 퍼졌고 하늘은 눈부실 만큼 푸르렀다. 현실이라기보다는 꿈속에서나 볼 법한 장면이었다. 타오르는 하늘 아래서 물결치는 하얀 무리가 춤을 추는 듯했다.

며칠 뒤 우리는 근처 파피앙 마을에서 18세기 늑대 함정을 발견했다. 높이 2미터에 달하는 두 개의 돌담이 64미터에 걸쳐 점점 좁아지며 깊은 구덩이로 이어지는 원형 우리를 이루었다. 늑대가 더 이상 도망칠 수 없는 마지막 종착지. 위에서 내려다보면 마치 거대한 열쇠 구멍처럼 보인다. 그곳은 메아리가 울려 퍼지는, 비통함이 깃든 장소다.

고지대 시에아에서 보낸 마지막 날에는 숨 막히는 습기가 온몸을 짓눌렀다. 우리는 짙은 구름 속에서 한 치 앞도 보이지 않는 길을 더듬어 나갔다. 나는 바위 위에 털썩 주저앉아 무거운 배낭에 몸을 기댔다. 마치 뒤집힌 벌레처럼 꼼짝하지 못했다. 희미하고 단조로운 풍경 속에서 먼지투성이로 지친 채 멍하니 허공을 보던 그때, 어둠 저편에서 길고 깊은 울음소리가 들려왔다. 나는 깜짝 놀라 몸을 번쩍 세웠다. 그리고 또다시 똑같은 울음소리가 들려왔다. 잘못 들은 게 아니었다.

그 울음소리는 척추를 타고 온몸으로 퍼지며 본능 깊숙이 잠들어 있던 기억을 일깨우는 전율을 안겼다. 우리는 눈을 크게 뜨고 서로를 바라보았다. 마치 주문에 걸린 듯 숨을 죽인 채 기다렸다. 그러다 우리도 그 울음소리에 답하듯 늑대처럼 울부짖었다. 하지만 소리는 다시 들려오지 않았다.*

6000년 전 인간은 새로운 미래를 열어줄 생물을 탐욕스러운 눈으로 바라보았다. 단순히 짐을 나르거나 식량이 되는

---

* 2021년 조너선과 나는 북부 포르투갈로 돌아갔다. 그곳에는 이제 250~300마리의 이베리아 늑대가 서식하고 있었다. 반면 시에라모레나 지역의 건강한 늑대 두 무리는 2005년에 멸종했다.

데 그치지 않고 그 이상의 가능성을 품은 존재, 바로 말이다. 말은 우리에게 더 빠르게, 더 멀리 나아갈 자유를 선사했다. 흉추와 요추가 맞물려 이루는 단단한 골격, 탄력 있는 힘줄에서 나오는 유연한 움직임, 단단한 발굽 그리고 강력한 둔근까지. 우리는 말의 힘과 지구력은 물론이고 그 척추의 안정성(조금 불편했지만 그런 건 곧 해결할 수 있을 터였다)마저 탐냈다. 무엇보다 중요한 건 말을 길들일 수 있다는 사실이었다. 결국 우리는 말의 본성을 꺾는 데 성공한다.

그렇게 우리는 말을 타고 전쟁터로 나아갔다. 약탈하고 침략하며 식민지를 세웠다. 선사시대 동물 벽화에 가득한, 질주하는 야생동물의 생명력과 역동성은 어디에서도 찾아볼 수 없게 됐다.

도시가 성장하면서 권력자들이 등장했다. 그들은 자신의 권위를 드러내며 정치적 경쟁 상대를 억누르고자 했다. 힘을 과시하는 것만으로는 부족했다. 사람들의 시선을 사로잡고 그들에게 즐거움을 줄 수 있는 권력의 상징이 필요했다. 가장 강력한 야생동물을 정복하는 것만큼 웅장하고 상징적인 장면이 있을까? 누가 진정한 통치자인지 확고히 보여주기 위해 바로 '사냥'이라는 장엄한 광경이 탄생했다.

야수 장사

보라. 사자가 발톱을 휘두르는 순간이다. 화살 하나가 사자의 두 눈 사이에 박히고 또 다른 화살이 단단한 가죽 아래로 깊숙이 파고든다. 근육이 뒤틀리며 살 속으로 말려 들어간다. 암사자는 축 늘어진 다리를 질질 끈다. 눈에서 불꽃이 일고 귀는 완전히 뒤로 젖혀졌다. 숨을 들이쉴 때마다 콧구멍이 오므라들고 잔주름은 파도처럼 꿈틀댄다.

나는 그 앞에 멈춰 서있다. 폐 속 공기가 얼어붙은 듯하다. 대영박물관 10a 전시실. 아슈르바니팔의 사자 사냥, 기원전 645년. 벽을 따라 이어지는 조각들은 고대 아시리아의 니네베 북궁에서 옮겨온 것으로 왕의 권력과 위엄을 장엄하게 드러낸다. 아시리아의 마지막 왕 아슈르바니팔은 말이 끄는 전차를 타고 울타리로 두른 사냥터에 들어선다. 이곳은 자연의 황야가 아니다. 오직 사냥을 위해 만든 폐쇄형 경기장이다. 서른 마리가 넘는 사자들이 풀려난 듯 보이지만 실제로는 갇혀있다. 병사들은 칼과 창을 휘두르고 끝이 갈라진 채찍으로 사자들을 몰아붙인다. 팽팽하게 당긴 목줄에 묶인 마스티프[근육질의 대형견 품종]들이 긴장 속에서 낮게 으르렁거린다.

내 발밑에는 쓰러진 사자가 머리를 늘어뜨린 채 눈을 감고 커다란 앞발을 천천히 핥고 있다. 다정한 몸짓이 낯설고도 이질적이다. 나는 경외와 두려움이 뒤섞인 마음으로 그 장면을 본다. 화살에 온몸이 찔린 암사자는 뒤집힌 채 몸을 떨고 있다. 이런 장면을 마주할 준비는 되어있지 않았다. 울부짖음은 멎었지만 고통은 생생하게 전해져 온다. 이것은 실제로 일어났던 일이다. 2500년 전 이 사자들은 뜨거운 피를 대지에 쏟았고 조각가들은 그 장면을 돌 위에 새겼다. 조각된 사자들의 모습은 숨이 멎을 정도로 정교하다. 전차 바퀴 사이에서 사자 한 마리가 몸을 일으키자 옆에 있던 신하가 사자의 갈비뼈에 창을 찔렀고 아슈르바니팔은 사자의 목 깊숙이 칼을 꽂았다. 왕을 위한 스포츠이자 왕의 방식대로 치르는 승부. 인간 왕과 야생 왕의 대결이다. 이런 방식으로 왕은 백성을 지키고 자신의 권력을 다졌다.

사자 한 마리는 뒷다리를 굽힌 채 앉아있다. 온몸의 힘줄은 팽팽히 당겨져 차가운 돌 속에서도 정맥이 뛰는 듯하다. 발톱은 땅을 단단히 움켜쥐고 있다. 이마를 꿰뚫은 화살에 혀가 튀어나오고 갈기는 화관처럼 머리를 감싸고 있다. 놀라운 것은, 이 장면의 중심이 왕이 아니라 사자라는 점이다. 사람 형상으로 조각된 왕은 장식일 뿐이다. 왕의 가슴은 돌처럼 차가워 숨결조차 느껴지지 않는다. 너무도 멀고 비현실적으로 보인다. 조각 속에서 인간의 형상은 획일적이고 무표정하며, 감정도 움직임도 없다. 하지만 사자는 다르다. 사자들은 생명으로(그리고 죽음으로) 타오른다. 거칠고 강렬하며 날것 그대로의 감각이 살아있다. 이 장면에서 눈길을 사로잡는 것은 사자들이다. 조각가는 사람보다 사자의 본질을 더 잘 이해한 듯하다. 조각가의 손끝에서 사자들의 피가 돌 속으로 스미고 생명력이 깨어났다. 나는 웅크리고 앉아 모든 장면을 눈에 담고는 마지막까지 시선을 떼지 못하다가, 마침내 자리를 떠났다.

오늘날 아슈르바니팔 시대의 사냥 방식은 더 이상 왕들의 스포츠가 아니다. 이제 이 사냥은 치과의사들, 권력자들, 부유한 사업가들의 놀이가 되어버렸다. 사람들은 이를 '통조림 사냥Canned hunting'이라 부른다. 남아프리카의 울타리 안에서 암사자를 사냥하는 데 드는 비용은 단 4000파운드[약 740만 원]로, 탄자니아에서 야생 사자를 사냥하는 비용의 절반도 안 된다. 최근엔 석궁을 사용하는 사냥이 인기를 끌고 있다. 사자를 집단 사육하는 농장들이 끊임없이 사자를 공급하며 다양한 체험활동도 제공한다. 돈만 내면 새끼 사자를 안아볼 수 있고, 1500파운드[약 270만 원]를 내면 2주 동안 농장에서 일하며 새끼 사자들을 '자연으로 돌려보내는' 활동에 참여할 수도 있다. 그러나 그런 활동의 끝은 뻔하다. 결국 사자의 머리는 벽에 걸리고 뼈는 주술 의식에 쓰일 것이다. 베트남, 라오스, 태국에서는 사자 뼈 거래가 성행 중이다. 2007년 호랑이 사육이 금지된 이후 사자가 그 자리를 대신하게 됐다. 1970년 아프리카 대륙에는 약 40만 마리의 사자가 살았지만 지금은 2만 마리도 채 되지 않는다. 반면 남아프리카의 사자 농장 약 200곳에서는 8000마리에 가까운 사자들이 좁은 울타리 안을 배회하고 있다. 참으로 잘 돌아가는 사업이다. 결국 모든 것은 인간의 욕망, 더 정확히는 깊숙한 불안을 드러낸다. 중국 전통 의학 시장에서 사자 뼈와 코뿔소 뿔을 구매하는 사람들은 대개 두려움에 사로잡혀 있거나 이미 지친 사람들이다. 그리고 트로피 사냥꾼[짐승의 머리나 가죽 같은 전리품을 노리는 상업적 사냥꾼]? 그들은 언제나 더 크고 강한 것을 원한다.

피에 대한 갈증은 또 다른 피를 부른다. 처음에는 작은 잔혹함으로도 만족하겠지만 점점 자극에 무뎌지며 더 강렬하고 끔찍한 것을 갈망한다. 고대 로마는 이런 욕망을 끝까지 밀어붙이며 인간이 상상할 수 있는 잔혹함의 한계를 뛰어넘었다. 콜로세움의 미로 같은 지하 통로를 걷다 보면, 그곳에 스민 공기에서 노예들이 마지막 순간에 남긴 광기의 흔적을 느낄 수 있다. 80개의 수직 통로를 통해 죄수와 검투사, 흥분에 휩싸인 동물들이 덫문을 넘어 투기장으로 끌려 올라온다. 좁디좁은 우리 속 어둠에서 벗어나 눈부신 빛 아래로 던져진 순간, 잠시나마 자유인가 착각했을지도 모른다. 그러나 환상은 곧 피와 공포, 배설물의 냄새, 관중의 우레 같은 환호성에 짓눌려 산산조각 난다. 제국 전역에서 끌려온 동물은 끝도 없이 다양했다. 코끼리, 기린, 오록스, 들소, 바버리사자, 흑표범, 표범, 카스피호랑이, 악어, 코뿔소, 하마, 곰까지. 투기장은 온갖 야생 동물의 피로 물든 잔혹한 무대였다. 황제 트라야누스는 120일 동안 경기를 열어 1만 1000마리의 동물을 학살하며 군중의 잔혹한 욕망을 충족시켰다. 황제 코모두스는 초승달 모양의 화살을 발명해 타조의 목을 단번에 잘라냈고, 머리 없는 타조가 뛰어다니는 기괴한 장면은 관중에게 섬뜩한 즐거움을 안겼다.

'야수 처형damnatio ad bestias'을 선고받은 죄수들은 맹수들에게 던져져 죽었다. 이러한 처형은 단순히 죽음으로 끝나지 않았다. 종종 극적인 연출을 더해 더 끔찍한 장면이 됐다. 예컨대 그리스 신화 속 프로메테우스가 독수리에게 간을 쪼이는 대신, 말뚝에 묶인 채 곰에게 찢기는 모습으로 변형됐다. 사자는 본능적으로 인간을 공격하지 않았기 때문에 사람을 목표로 삼도록 굶주리거나 혹독한 훈련을 받아야 했다. 콜로세움은 80개의 입구가 있는 웅장한 경기장으로 한 번에 5만 명의 관중을 수용할 수 있었다. 서기 80년에 시작된 개막전을 기점으로, 피로 물든 잔혹한 오락은 무려 500년 동안 이어졌다.

2000년 전 로마로 수천 마리의 위험한 동물을 생포해 운반했다는 사실은 상상만으로도 경이롭다. 1880년대 독일의 동물 상인 칼 하겐베크는 회고록 《야수와 인간》에서 그 과정의 일부를 흥미진진하게 들려준다. 하겐베크의 아버지는 함부르크에서 생선 장사를 하며 부업으로 사자, 치타, 원숭이 등을 기르는 작은 동물원을 운영했다. 하겐베크가 열네 살 때 아버지로부터 "생선 장수가 될래, 아니면 동물 상인이 될래?"라는 질문을 받았을 때 답은 이미 정해져 있었다. 대형 야생동물을 사랑했던 그는 이들을 포획하는 일에 평생을 바쳤다.

하겐베크의 기록은 이렇다. 기린이나 영양, 타조를 잡으려면 말을 타고 그들이 완전히 지칠 때까지 끝없이 추격해야 한다. 얼룩말을 포획하는 일은 훨씬 더 대규모의 작업이다. 최대

2000명을 동원해 무리를 포위하고, 절벽으로 둘러싸인 건조한 협곡처럼 도망칠 수 없는 장소로 몰아넣어야 했다. 그런 다음, 미안하지만, 긴 채찍을 휘두르며 완전히 기진맥진하게 만든 뒤에야 그들을 묶을 수 있었다. 코끼리와 어린 하마는 함정에 빠뜨려 잡았고, 개코원숭이는 물웅덩이 근처에서 두 갈래로 갈라진 막대기로 눌러 움직이지 못하게 한 뒤 입을 막고 몸을 묶었다. 이후 천으로 감싸 두 사람이 막대에 매달아 나르는 방식이었는데, 그렇게 잡힌 개코원숭이는 마치 '커다란 훈제 소시지' 같았다고 한다. 한편, 아비시니아(오늘날 에티오피아)에서는 극적인 사건이 벌어졌다. 포획된 개코원숭이들이 울부짖자 언덕에서 은빛 회색 갈기를 가진 망토개코원숭이 3000여 마리가 몰려왔다. 이들은 압도적인 숫자로 인간 포획자들을 제압해 철장을 부수고 동료들을 풀어주는 데 성공했다. 만세! 갈기를 휘날리며 이빨을 드러내고 땅을 강하게 내려치며 전진하는 모습은 그야말로 위풍당당했다. 이 장엄한 전투 속에서, 다친 새끼 개코원숭이가 '적진 한가운데에서 커다란 수컷의 품에 안겨 구출되는' 장면도 목격됐다.[2]

그러나 안타깝게도 포획 동물 대부분은 운이 좋지 못했다. 달빛이 부드럽게 내려앉은 사막을 가로지르며 길게 늘어선 캐러밴이 느릿느릿 움직이는 장면을 상상해 보라. 굴레를 맨 코끼리들이 몰이꾼들과 나란히 걷고 그 뒤를 따라가는 기린의 그림자가 사막에 길게 드리운다. 하겐베크는 우리에 갇힌 동료들 곁에서 뛰어다니며 '귀청이 찢어질 듯한 울음소리'를 내던 야생 개코원숭이들의 모습을 생생히 기록했다. 사자와 표범은 낙타가 끌고 갔고 다른 동물들은 나무틀에 묶여 공중에 매달린 채로 운반됐다. 수단의 아트바라에서 '홍해의 출항지'*로 이어지는 6주간의 여정은 험난하기 그지없었다. 어린 동물들에게 줄 신선한 우유를 마련하기 위해 양과 염소를 모는 목동들, 육식 동물들에게 먹일 신선한 고기를 준비하는 인부들도 함께했다. 홍해를 건너 수에즈를 지나 열차로 알렉산드리아에 도착한 뒤에는 트리에스테, 제노바, 마르세유 같은 유럽 항구로 향하는 배에 올랐다. 마지막으로 열차를 타고 함부르크에 도착하기까지, 상상조차 어려운 3개월간의 고된 여정이었다. 이 길고 험난한 여정 속에서 살아남지 못한 동물은 살아남은 동물의 먹이가 되는 비극적인 운명을 맞았다.

하겐베크는 막대한 손실에도 아랑곳하지 않았다. 그의 사냥꾼들은 세계 곳곳을 누비며 동물원과 전시장을 채울 희귀한 동물을 찾아 헤맸다.** 그 모든 잔혹함에도 불구하고 '야생동물의 왕'이라 불린 하겐베크는 자신이 돌보는 동물에게는 남다른 애정을 기울였다. 동족과 떨어진 동물에게는 특별한 친구를 사귈 기회도 주었는데 한 수컷 캥거루는 암컷 코끼리와 깊은 우정을 나누었다. 코끼리가 코로 캥거루를 다정히 쓰다듬곤 했다. 하겐베크의 가장 큰 업적은 동물원의 개혁, 즉 동물의 자연 서식지를 재현하려는 노력이다. 철창을 없애고 해자를 대신 설치했으며 감금장치는 눈에 띄지 않게 설계했다. 바

---

*   아트바라에서 약 480킬로미터 떨어진 포트수단.
** 그의 '이국적인' 전시품은 동물에만 국한되지 않았다[하겐베크는 이국의 사람들을 데려다 '인간 전시'까지 진행했다]. 라플란드인은 순록과 함께 전시장을 거닐었고 이집트인은 종이 공예로 만든 피라미드 모형 주변을 천천히 돌아다녔다. 이들 역시 비극적인 운명을 피할 수 없었다. 이누이트 여덟 명은 천연두로 목숨을 잃었고 수족 인디언 중 일부는 홍역과 폐렴으로 생을 마감했다.

위처럼 보이는 장식과 페인트칠을 한 야자수, 이국적인 풍경은 동물들에게 가짜 자유를 제공했다. 그러나 이 모든 변화는 인간의 눈속임에 불과했다. 동물에게 그러한 착각은 별 의미 없었을 것이다. 하겐베크의 마음을 가장 무겁게 짓누른 건 그의 '유인원'들이다. 고릴라들은 '향수병'에 걸려 음식을 거부하며 우울하게 몸을 웅크린 채 비참한 말로를 맞곤 했다. 하겐베크는 이렇게 적었다. '언젠가는 이 거대한 유인원들을 적절히 돌보는 방법을 알아낼 수 있을 것이다.' 1908년 하이니케라는 독일 중위가 어린 고릴라를 유럽으로 데려오며 '흑인 소년 두 명'을 고릴라의 '상시 동료'로 삼고자 했는데, 그게 하겐베크가 꿈꾸던 해결책은 아니었을 것이다.[3]

어릴 적 엄마와 함께 런던동물원에 간 기억이 있다. 그날의 경험은 그리 유쾌하지 않았다. 나는 속으로 생각했다. 기린은 대체 뭘 하고 있는 걸까? 물론 기린은 아무것도 하지 않고 있었다. 코끼리는 힘없이 축 처진 채 무기력하게 서있기만 했다. 우리가 동물원을 떠난 뒤 그 코끼리는 어디로 갔을까? 아마 어디에도 가지 않았을 것이다. 그런 모습을 보며 어쩐지 부끄러운 마음이 들었다. 그때 우리 앞에 까치 한 마리가 나타났다. 까치는 경쾌한 걸음으로 길을 따라 걸어갔다. 적어도 까치는 자신이 무엇을 하는지 알고 있는 듯했다. 다른 동물과는 달랐다. 엄마는 답답했겠지만 내가 보고 싶었던 건 바로 그 까치였다. 하지만 까치는 곧 날아가 버렸다. 마음이 움츠러들었다. 피터팬이 그림자를 잃었을 때처럼 무언가 중요한 것을 잃은 기분이었다. 나는 그저 집에 가고 싶었다. 동물들은 그럴 수도 없었겠지만.

그때도 지금도 동물원에 갇힌 동물에게 자유를 되찾을 기회는 거의 없다. 하지만 그 동물이 문어라면 이야기가 달라진다. 문어는 탈출의 귀재다. 뼈가 없어서 눈보다 약간 큰 틈만 있어도 스르르 빠져나갈 수 있다. 2016년 뉴질랜드의 한 수족관에서 '잉키'라는 문어가 탈출한 적이 있다. 잉키는 수조를 빠져나와 50미터나 되는 배수관을 따라 바다로 돌아갔다. 오타고에서는 한 문어가 조명을 향해 물줄기를 뿜어 전기 설비를 고장 내고 자유를 쟁취했다. 문어의 기묘한 행동을 관찰하는 재미보다 전기 설비를 고치는 데 드는 비용이 더 커지자 결국 문어를 보내주고 말았다. 또 다른 문어는 배수 밸브를 촉수로 막아 물을 더 채우려다 실험실 전체를 물바다로 만들어 버렸다. 사실 문어를 수조에 넣으면 종종 일어나는 일이다. 시애틀 아쿠아리움의 '루크리샤 맥이블'이라는 문어는 수조 안의 모든 장치를 하나하나 분해하며 시간을 보냈다. 이유는 단순했다. 너무 심심했기 때문이다.

1959년 하버드의 과학자 피터 듀스는 '찰스'라는 문어를 연구했다. 찰스는 물 위로 눈을 내밀고 사람들에게 물을 뿜는 데 온 시간을 쏟았다. 레버를 당기면 보상을 받는 실험에 순순히 협조했던 다른 문어들, 버트럼과 앨버트와는 대조적이었다. 듀스는 찰스가 과거에 어떤 일을 겪었기 때문에 이런 행동을 하는 것이라고 결론 내렸다. 당시에는 척추도 없는 동물이 저마다 고유한 성격을 가질 수 있다는 생각 자체를 하지 못했다. 또 다른 과학자는 해동한 오징어(문어에게는 질 낮은 먹이)를 문어에게 먹이로 준 뒤 겪은 일을 기록했다. 문어는 과학자가 돌아올 때까지 기다렸다가 보란 듯이 오징어를 배수구에 버렸다. 시애틀 아쿠아리움에서는 롤랜드 앤더슨[연체동물 연구 생물학자]이 기발한 실험을 고안했다. 사육사 두 명에게 똑같은 옷을 입혀 한 명은 문어에게 먹이를 주고 다른 한 명은 문어를 거친 막대기로 찌르게 한 것이다. 예상대로 문어들은 막대기로 찌르는 사람은 피하고 먹이를 주는 사육사를 가까이 했다.

문어가 얼마나 영리한 생물인지 우리는 점점 더 깊이 알아가고 있다. 문어는 본래 포식자에게 쫓기는 쪽이다. 그렇기에 탁월한 관찰력을 지녔다는 사실은 그리 놀랄 일이 아닐지도 모른다. 또한 문어의 끈질긴 탈출 성향은 자신이 갇혀 있음을 인식한 채 이를 절대 받아들이지 않겠다는 의지를 드러낸다. 그렇지 않고서야 어떤 해양생물이 오래 머물 수 없는 공기 속으로 제 몸을 내던지겠는가? 상어에게 쫓기는 게 아니라면 정말 간절히 그곳을 떠나고 싶어서일 것이다. 문어의 탈출을 본능에 의한 행동이라고만 보기 어렵다. 연구에 따르면 이는 치밀하게 계획된 행동이다. 문어는 주로 아무도 보지 않는 밤에 탈출을 감행하는데, 그때 옆 수조에 있는 게를 몰래 훔쳐 먹기도 한다. 바다로 돌아간 문어는 다시 탈출하려 하지 않는다.

문어의 삶은 단순히 먹이를 먹는 데서 그치지 않는다. 문어는 사냥하고 숨고 헤엄치며 본능이 이끄는 대로 자유롭게 살아간다. 아카데미상을 수상한 다큐멘터리 〈나의 문어 선생님〉에서 크레이그 포스터 감독은 케이프타운 앞바다에 펼쳐진 해저의 다시마 숲으로 1년간 매일 잠수하며 한 문어와 교감했다. 바다 바닥에서 조개껍데기와 해초로 몸을 감춘 채 조용히 숨어있던 문어를 처음 발견했을 때, 크레이그는 그 놀라운 생존 본능에 깊이 감탄했다. 그러나 수많은 인상적인 순간 중에서도 가장 잊을 수 없는 장면은 문어가 은빛 물고기 떼와 어우러졌던 때다. 물고기 떼 아래에서 문어는 긴 촉수를 바닷물 결처럼 부드럽게 흩날리며 유유히 떠있었다. 그 광경을 지켜보던 크레이그는 문득 깨달았다. 문어는 지금 사냥하는 것도, 숨어있는 것도, 도망치는 것도 아니다. 문어는 그저 놀고 있었다.

───※───

때로는 나쁜 일에서 좋은 일이 비롯되기도 한다. 1966년 대히트를 기록한 영화 〈야성의 엘자〉는 조이와 조지 애덤슨 부부가 암사자 새끼 엘자를 구조해 키운 뒤 야생으로 돌려보낸 이야기를 담고 있다. 이 영화에 출연한 배우 버지니아 맥케나와 빌 트래버스는 이후 또 다른 영화 〈'천천히'라 불린 코끼리 An Elephant Called Slowly〉를 제작한다. 이 영화에는 케냐 정부가 런던동물원에 선물하기 위해 야생에서 데려온 두 살배기 코끼리 폴리폴리[스와힐리어로 '천천히 천천히'라는 뜻]가 등장한다. 두 배우가 코끼리보호활동가인 데이비드와 대프니 셸드릭 부부와 함께 나이로비에서 폴리폴리를 처음 만났을 때, 이 어린 코끼리는 울타리에 몸을 부딪치며 괴로워하고 있었다. 그 모습이 너무 참담해서 촬영이 가능할지조차 확신할 수 없었다.

셸드릭 부부는 깊은 상처를 입은 어린 코끼리를 보살피기 시작했다. 얼마 지나지 않아 폴리폴리는 버지니아의 표현대로 '내가 만난 가장 온순하고 사랑스럽고 다정한 코끼리'로 변했다. 그러나 케냐 정부의 입장은 단호했다. 만약 촬영 후 폴리폴리를 런던으로 보내지 않으면 또 다른 아기 코끼리를 야생에서 잡아 오겠다는 것이다. 참으로 아이러니한 상황이었다. 당시 케냐 곳곳에서는 〈야성의 엘자〉 사운드트랙이 라디오를 통해 흘러나오고 있었다. 맷 먼로의 부드러운 목소리로 '바람처럼 자유롭게'라는 노랫말이 울려 퍼졌지만, 정작 케냐 정부는 노래가 전하는 자유와 해방의 메시지를 철저히 외면했다. 결국 폴리폴리는 런던 리젠트파크로 옮겨졌고 그곳의 악명 높은 콘크리트 사육장에서 홀로 지내야 했다. 물 한 방울 없는 해자로 둘러싸인 섬 같은 공간에서 폴리폴리는 또 다른 고립된 존재로 살아가게 됐다.

1982년 대프니 셸드릭은 케냐 자택에서 영국에 있는 빌과 버지니아에게 편지를 보냈다. 편지에는 폴리폴리가 '다루기 어려운' 존재가 되어버렸다는 소식이 적혀있었다. 빌과 버지니아는 마음을 굳게 먹고 폴리폴리를 만나러 갔는데, 그들이 만나는 순간을 담은 흑백 사진이 있다. 폴리폴리가 해자 너머로 최대한 코를 뻗어 그들에게 닿으려 하던 모습을 보면 가슴이 미어진다. 코끼리 가죽 속에 갇힌 영혼은 자신을 찾아온 이들에게 전하고 싶은 말이 목 끝까지 차올랐겠지만 표현할 방법이 없었다. 빌과 버지니아는 폴리폴리에게 더 나은 삶을 선물하고자 캠페인을 시작했고, 1983년 마침내 동물원은 폴리폴리를 휩스네이드야생공원으로 보내 다른 코끼리들과 함께 살도록 허락했다. 그러나 이송 과정은 참담했다. 폴리폴리는 기운을 잃고 발을 다쳤으며 일주일 뒤 '삶의 의지를 잃었다'는 결론 아래 안락사됐다. 그때 폴리폴리는 겨우 열몇 살이었다.

정말이지 끔찍한 일이었다. 이 일로 큰 고통을 겪은 빌과 버지니아는 1984년 장남 윌과 함께 주체크Zoo Check라는 감시단체를 만든다. 폴리폴리의 짧은 생애에서 일어난 비극을 계기로 새로운 희망이 싹텄다. 주체크는 이후 본프리재단Born Free Foundation으로 발전했고 이 재단은 지금까지도 전 세계에서 포획된 야생동물을 위해 끊임없이 싸우고 있다. 전화 인터뷰에서 윌 트래버스는 유럽 최초의 코끼리보호구역을 세울 장소를 찾았다고 말했다. 지형, 기후, 강수량, 온도 범위를 고려할 때 코끼리 50~60마리를 수용하기에 적합한 곳이며, 계획을 실현하려면 2200만 파운드[약 406억 원]가 필요하다고 했다. 이 시대 부호라면 그저 작은 돈처럼 여길 수도 있는 액수다. 이 일을 해낼 수 있다면 얼마나 기쁠까?

동물원 같은 곳이 멸종위기종을 보호할 수 있다는 주장도 있다. 실제로 많은 동물원이 종 보존활동에 기여하고 있지만, 전반적으로 동물원에 대한 내 생각은 어릴 적과 다르지 않다. 우리는 여전히 고릴라를 '우리'에 가두어 놓고 '전시'한다. 런던동물원은 고릴라 세 마리를 위한 우리를 짓는 데 530만 파운드[약 98억 원]를 썼다. 그에 반해 야생에서 고릴라를 보호하기 위한 차량과 훈련된 인력은 턱없이 부족하다. 결국 비즈니스일 뿐이다. 동물원에서 진행하는 번식 프로그램이 멸종위기종을 구한다는 착각을 불러일으킬 수 있지만 동물원에서 태어난 동물 대부분은 야생으로 돌아가지 못한다. 특히 대형 동물에게 동물원은 그저 비참한 곳일 뿐이다. 공감이 안 되는가? 우리는 록다운[코로나19 때처럼 특수 상황에서 이동을 제한하거나 특정 지역을 봉쇄하는 조치]만으로도 숨 막히는 답답함을 느꼈다.

그 답답함 속에서 평생을 살아야 한다면 어떤 기분일까? 북극곰, 호랑이, 사자는 넓은 땅을 자유롭게 가로지르며 살아가는 존재다. 반면에 동물원에 갇힌 호랑이와 사자의 공간은 야생의 1만 8000분의 1 크기다.* 북극곰은 자연에서보다 100만 배 좁은 공간에서 지낸다. 이 동물들의 생리적인 본능은 말한다. 움직여라, 떠나라, 자유로워져라! 아프리카코끼리는 야생에서 세 배 더 오래 산다. 심지어 노동하는 아시아코끼리도 동물원에서 살아가는 코끼리보다 더 오래 산다. 가자동물원에서는 새끼 사자들의 발톱을 제거해 아이들에게 장난감으로 내어 준다. 영국에서는 코끼리의 75퍼센트가 과체중이고 16퍼센트만이 정상적으로 걷는다. 이것이 진실이다.

　　록다운 전에 동물원은 종종 파티 장소로 임대됐다. 음악이 끝없이 울려 퍼졌고 불꽃놀이가 밤하늘을 수놓았으며 술 취한 사람들이 바나나를 던지며 떠들어 댔다. 이제 우리가 동물에게 선고했던 종신형을 끝낼 때가 왔다. 자연에서 보낼 세월을 빼앗긴 채 갇혀있는 동물에게서 도대체 무엇을 배울 수 있다는 말인가? 밥때만 기다리며 제자리를 빙글빙글 도는 동물들. 매일 반복되는 기다림.

　　동물들은 오늘도 이솝 우화에 등장하는 늑대처럼 빠르게 뛰어가는 꿈을 꾼다.

다시 자연으로

1913년 3월 21일 성금요일[부활절 직전 금요일]. 작가 에드워드 토머스는 봄을 찾아서** 자전거를 타고 남런던을 떠나 서머싯의 퀀톡 언덕으로 향한다. 폭우가 쏟아지자 그는 새를 파는 가게의 처마 밑으로 몸을 피한다. 머리 위로 늘어선 작은 새장 속에서 푸른머리되새들이 힘없이 짹짹거린다. '상처 입은' 새는 1실링, 비교적 깔끔한 새는 1실링 6펜스에 팔리고 있었다. 창 안에서는 붉은가슴방울새(2실링 6펜스)들이 15센티미터 크기의 철창에 부딪히며 날아다녔다. 참고로 어항 속 금붕어가 평생 헤엄치는 반경도 고작 15센티미터 정도다.

새에 대해 잘 아는 토머스는 황금방울새가 3월에 깃털이 빠진 게 이상하다고 여겼다. 황금방울새는 보통 여름이 끝나 번

---

* 런던동물원의 360만 파운드[약 66억 원]짜리 호랑이 우리 면적은 2500제곱미터에 불과하다.
** 《봄을 찾아서(In Pursuit of Spring)》는 토머스가 이 여행에서 영감을 받아 쓴 책의 제목이다.

식기가 지난 후에야 털갈이한다. 이 황금방울새는 5실링 6펜스에 팔리고 있었다. 그때 비를 피해 처마 밑으로 세 사람이 더 들어왔다. 그중 한 사람이 가게 안으로 들어가자 주인은 푸른머리되새가 들어있는 새장 하나를 꺼냈다. 몇 분 후 손님은 '무언가가 안에서 퍼덕이는 종이봉투'를 들고 가게를 나섰다. 비가 그치자 그는 자전거를 타고 길을 떠났고, 토머스도 같은 방향으로 자전거를 몰았다. 앞서가던 그 남자는 한 정원 앞에서 멈춰 섰다. 토머스는 그가 종이봉투를 열어 수컷 푸른머리되새를 자작나무 덤불 속으로 날려 보내는 장면을 목격했다.

푸른머리되새를 풀어준 남자는 토머스의 봄 여행 내내 몸과 마음을 따라다니는 그림자 같은 존재가 됐다. 존경과 멸시가 뒤섞인 감정을 느끼며 토머스는 그 남자와 여러 차례 마주쳤다. 어느 날은 도로 한가운데서 날씨 방향계 그림을 그리고 있는 남자를 발견했다. 자전거를 타고 지나가던 젊은이들이 그의 행동을 비웃으며 지나쳤다. 토머스는 자신이 하지 못한 일을 대신한 남자를 가만히 바라보았다. 아니, 어쩌면 토머스도 그렇게 한 적이 있었던가? 앞서가던 그 낯선 남자는 토머스가 갈망했으나 결코 닿을 수 없었던 또 다른 자아였던 걸까? 그 남자의 존재는 토머스에게 막연한 불안을 안겨주었다. 단순히 스쳐 지나가는 타인이 아니라, 어쩌면 우리 모두를 비추는 상징일지도 모른다는 생각이 문득 스쳤다. 도플갱어든 문학적 장치든, 그 남자는 우리가 바라고 꿈꾸는 모습을 담고 있다. 우리 안에 갇혀있으나 언젠가 해방되고 싶어 하는 자아, 바로 그 모습이다. 동물과 인간, 자유와 억압의 경계를 넘나들며 이 이야기를 쓰는 내내 나는 그 생각을 품고 있다.

2019년 5월, 나는 폴란드 동쪽 끝 비아워비에자 숲 깊은 곳에 자리한 낡은 산림관리소의 나무 베란다에 서있었다. 햇살이 가득 내려앉은 숲속 빈터. 가장 가까운 도로도 숲길을 따라 8킬로미터나 떨어져 있다. 사람이 떠난 지 10년도 넘었지만 어린 양치식물이 자라 풀밭을 감싸고 파란 붓꽃이 드문드문 피어있었다. 회색이 감도는 분홍빛 화강암 바위 위에는 둥글고 매끈한 돌이 절묘한 균형을 이루며 놓여있다. 이곳은 시간이 멈춘 듯, 마지막 사람이 떠난 순간 그대로 머물러 있다.

나에게 이곳은 순례지다. 이 숲, 그리고 이곳에서 살던 두 사람은 이 책에 생명을 불어넣은 영혼들이다. 나는 나무 난간을 따라 손을 뻗는다. 오래된 참나무 뿌리로 만든 모빌이 서까래에 매달려 있다. 마치 선사시대의 거대한 새가 날갯짓을 멈춘 채 공중에 떠있는 것만 같다. 저쪽에 우물이 있고 그 옆엔 장작 창고. 그리고 숲으로 이어지는 작은 오솔길이 보인다. 조너선은 어딘가로 사라졌다. 그는 이곳을 누구보다 잘 알고 있다. 현재와 과거가 맞닿는 공간, 지에진카Dziedzinka[산림관리소 이름. 동식물학계 사람들의 모임 장소로도 유명했다]. 야생과 길들임의 경계가 흐려지고, 우연이라 불리는 운명이 두 낯선 이를 이곳으로 데려왔다. 전혀 다른 세상에서 온 두 사람. 36년 동안 이곳은 숲속에서 나온 생명들이 인간의 마음속에 스며들던 신비로운 장소였다. 처음에는 야생 멧돼지 새끼 한 마리가 나타났고 그다음엔 온갖 생명체가 뒤따랐다. 자연의 법칙이 뒤집히고 경이로운 아름다움이 피어났다.

2년 전 출판 일을 도와주는 패트릭 월시가 흑백 사진 한 장을 보내왔다. 그는 종종 엉뚱하지만 흥미로운 이야기를 던져주곤 했다. 이를테면 '러시아의 곰 동굴 속에서 한 달을 버틴 끝에 구조된 남자'라든지 '스노볼이라는 이름의 춤추는 앵무새' 같은 것들 말이다. 하지만 이번엔 사뭇 달랐다. 그 사진은 단번에 나를 멍하게 만들었다. 사진 속은 19세기풍의 낡은 시계와 화려한 황동 램프로 가득한 다이닝 룸이다. 그 한가운데 거대한 멧돼지가 있다. 뒷다리로 몸을 지탱한 채, 두꺼운 원형 나무 테이블 위에 앞발과 거친 주둥이를 올려놓은 모습이다. 멧돼지의 존재감은 압도적이다. 긴 머리를 땋은 소녀가 테이블에 빵 부스러기를 흩뿌려 놓았고, 멧돼지는 킁킁거리며 그 냄새를 맡고 있다. 뒤로는 촛불이 흔들리는 촛대가 보이고 시계는 정확히 12시를 가리키고 있다. 마치 기묘한 동화나 우화의 한 장면 같다. 하지만 단순히 기이한 풍경이라기엔 뭔가 더 있었다. 비현실적이면서도 이상할 정도로 자연스러운 분위기가 사진 전체를 감싸고 있다. 누군가의 비밀스러운 세계를 몰래 들여다보거나 잘 꾸민 연극무대를 바라보는 느낌이 들었다. 현실과 비현실의 경계가 희미한 사진은 낯설면서도 묘하게 익숙했다. 한동안 그 사진에서 눈을 뗄 수 없었다.

　링크를 눌러보니 사진이 세 장 더 있었다. 아까 그 소녀가 카펫 위에 웅크려 누워있고 옆의 침대에서 멧돼지와 커다란 개가 잠들어 있다(베개에 머리를 얹은 멧돼지를 주목하라). 그 오른쪽에서는 중년 여성이 의자에 앉아 레이스를 꿰매고 있는데 그녀의 팔걸이 위에는 부엉이가 자고 있다.

　스크롤을 내리니 이번엔 숲속 공터가 나왔다. 같은 소녀가 무릎을 세워 앉아있고, 까마귀 한 마리가 그녀의 무릎 위에 앉아 고개를 기울이며 속삭이듯 부리를 살짝 벌리고 있다. 까마귀의 검은 깃털 사이로 햇살이 부드럽게 퍼졌다. 또 다른 사진에서는 소녀가 어린 사슴 무리를 이끌고 눈 덮인 숲길을 걷고 있다. 사진을 볼수록 경이로움이 차올랐다.

하지만 그녀는 사실 '소녀'가 아니다. 27세의 시모나 코사크다. 때는 1970년, 장소는 폴란드 비아워비에자 숲의 지에진카. 나는 폴란드어 텍스트를 구글 번역기에 넣어가며 그녀의 이야기를 구성하는 조각들을 모아가기 시작했다.

시모나 코사크는 화가와 시인으로 유명한 폴란드의 유서 깊은 가문에서 태어났다. 그녀는 달빛 아래에서 눈 덮인 지에진카를 처음 본 순간, 이곳이 자신의 집이 될 것임을 직감했다. 긴 여정은 끝났다. "여기가 아니면 어디에도 갈 수 없어요." 그녀가 말했다. 오두막은 전기도 없고 정원에 우물이 있을 뿐, 숲길을 따라가야만 닿을 수 있는 고립된 곳이었다. 시모나는 단순하고 고요한 삶을 원했다. 인간에게서 최대한 멀리 떨어져 자연 속에서 조용히 살고 싶었다. 당시 산림관리소로 쓰이던 이 오두막은 두 동으로 나뉘어 있었는데, 그녀를 성가시게 만드는 문제가 하나 있었다. 바로 나머지 절반에 살고 있는 바르샤바 출신의 남자였다. '오래 버티지 못할 거야.' 시모나는 생각했다. 남자 역시 단순하고 조용한 삶을 원해 이곳에 왔으며, 시모나가 겨울을 견디지 못할 것으로 봤다.

시모나는 동물학자로 산림연구소에 근무하며 숲속 야생동물과 환경의 생태적 관계를 연구했다. 그녀는 늘 논란의 중심에 있었고, 그녀를 좋아하기보다는 불편해하는 이들이 더 많았다. 그리고 당신도 이미 짐작했겠지만, 그녀를 성가시게 했던 남자는 그녀의 동반자가 됐다. 그의 이름은 레흐 빌체크. 야생 사진작가인 그는 어느 날, 태어난 지 하루 된 야생 멧돼지 새끼를 집으로 데려왔다.

빌체크의 사진은 한번 보면 눈을 뗄 수 없을 정도로 강렬하다. 나는 가능한 한 많은 사진을 찾아 저장했다. 그렇게 마주한 까마귀, 코라섹. 숲을 지배하는 왕이자, 어쩌면 이곳에서 가장 독특하고 눈에 띄는 존재다. 이보다 더 영리하고 교활하며 탐욕스러운 까마귀를 상상할 수 있을까? 코라섹의 반짝이는 눈, 석탄처럼 검고 매끄러운 날개, 무엇이든 훔칠 준비가 된 날카로운 부리. 사진 속 까마귀는 풀로 만든 둥지 위에서 등을 대고 뒹굴고 있다. 다리를 아무렇게나 벌리고 부리에는 꽃 한 송이를 문 채, 장난기 어린 눈빛으로 나를 바라본다. 그 눈빛에 교활함과 기대감이 서려있다. 꽃을 살짝 건드리거나 빼앗으려 하면 까마귀는 곧바로 날아오르며 까악! 까아악! 날카로운 소리를 내지르다가 이내 돌아와 또 다른 장난을 시작했다.

코라섹은 시모나의 땋은 머리를 잡아당기고 레흐의 오토바이 뒤에 올라타고, 개의 꼬리를 쥐고 늘어지고 멧돼지의 꼬리를 끌어당겼다. 레흐의 신발끈을 풀고 황새를 공격하고 하얀 닭을 쫓아다녔다. 시모나가 스쿠터를 수리하면 어깨 너머로 들여다보았고, 카메라를 향해 곧바로 날아들었다. 이글거리는 눈빛과 예리한 부리로 망설임 없이 직진했다. 히치콕이라면 코라섹 같은 까마귀를 얻기 위해 카메라 장비라도 내주

었을 것이다. 나는 코라섹의 눈을 깊이 들여다본다. 이 까마귀는 무대 위의 코미디언처럼 우스꽝스럽게 걸었다. 짝을 유혹할 때면 검고 번쩍이는 깃털을 우아한 목도리처럼 부풀리며 자신을 뽐냈다. 악마처럼 귀엽고 매혹적인 모습이다.

멧돼지의 이름은 자브카다. 시모나는 한여름 풀밭에 누워 자브카의 어깨에 머리를 기댄 채 두 손을 자브카의 주둥이 아래 받치고 있다. 자브카는 거친 털로 덮인 얼굴에 은근한 미소를 띠고 있다. 햇살이 둘의 얼굴을 따스하게 감싼다. 달콤한 꿈. 시간이란 영원한 거짓말. 그때는 그랬다. 이제는 아니다. 멧돼지의 흙냄새, 소녀의 머리칼에서 나는 향기, 발밑에서 바스러지는 낙엽 냄새가 한데 섞인다. 요정, 도깨비, 숲의 정령. 숲속에서 멧돼지와 잠든 소녀. 이 엄청난 사진들이라니.

2년 동안 시모나는 내 머릿속을 떠나지 않았다. 그리고 지금, 나는 여기 있다. 숲속 정원, 오소리 새끼들이 뛰놀던 곳, 코라섹이 당나귀를 쫓아다니던 곳, 자브카가 낮잠을 자던 곳, 여우가 햇볕 아래 몸을 둥글게 말던 곳, 고라니와 사슴이 마치 인간이 존재하지 않는 세상인 듯 거닐던 곳. 시모나는 2007년에 세상을 떠났다. 레흐는 2018년 12월 그녀의 뒤를 따랐다. 나는 창문 가까이 다가가 안을 들여다본다. 먼지 쌓인 벽지, 코트가 걸려 있던 못, 레흐가 함께한 세월 끝에 만든 두 동의 연결문이 보인다.

내일 우리는 시모나의 조카 조안나를 만난다. 기대와 긴장이 묘하게 뒤섞인 감정이 든다. 나는 바위 옆 풀밭에 다리를 꼬고 앉아 매끈한 알 모양의 돌을 손바닥으로 감싼다.

진화생물학자 에드워드 오스본 윌슨은 바이오필리아 Biophilia, 즉 생명에 대한 사랑이라는 개념을 통해 인간과 자연, 그리고 그 안의 생명들이 맺는 깊은 유대감을 설명했다. 그는 우리가 본능적으로 자연과 연결되어 있으며 그 뿌리는 인간이 다른 생명체와 더 가까이 공존하던 먼 과거에 닿아있다고 보았다. 이 본능은 우리가 다른 생명체를 바라보고 가까이하고 싶어 하는 욕구로 나타난다. 그리고 그 순간 우리는 아무런 이유 없이도 평온함과 기쁨, 충만함을 느낀다. 그것이야말로 이 이야기를 움직이는 원동력이자 본질이다.

※

1993년 크로아티아의 작은 마을 브로드스키 바로시 근처. 퇴직한 관리인 스테판 보키치는 날개를 다친 암컷 황새를 발견했다. 사냥꾼의 총에 맞고도 살아남았지만 다시는 날 수 없는 상태였다. 스테판은 황새를 집으로 데려와 말레나라는 이름을 붙여주었다. 그는 매일 물고기를 잡아 먹이고 여름이면 굴뚝 위에 둥지를 만들어 주었으며, 겨울이면 차고에 따뜻한 보금자리를 마련해 주었다. 둘은 함께 산책하고, 차를 타고 강으로 낚시를 다녔다. 어느새 스테판의 삶은 말레나를 중심으로 돌아가기 시작했다. 그는 말했다. "황새는 나의 전부야."

스테판은 말레나가 외로움을 느낄까 봐 걱정했다. 그렇게 10년이 흘렀다. 말레나는 여름이면 지붕 위 둥지에서, 겨울이면 차고에서 지냈다. 그러던 2003년 봄, 푸른 하늘에서 수컷 황새 한 마리가 날아와 말레나의 둥지 옆에 내려앉았다. 스테판은 두 황새가 서로 목을 젖혀 구애하는 모습을 지켜보았다. 그는 새로 온 황새에게 클레페탄이라는 이름을 붙였다. 얼마 지나지 않아 말레나는 알을 품었고 클레페탄은 먹이를 구하러 날아다녔다. 두 황새는 함께 새끼 세 마리를 키워냈다. 여름이 끝나자 클레페탄은 1만 3000킬로미터를 날아 남아프리카로 떠났다. 그리고 이듬해 봄에 다시 돌아왔다. 그해도, 또 그다음 해도, 겨울이면 남쪽으로 떠났다가 봄이면 어김없이 돌아왔다. 스테판과 말레나는 매년 클레페탄을 기다렸다. 클레페탄이 떠나고 나면 말레나는 열흘 정도는 쓸쓸해 보였다.

　시간이 흐르면서 두 황새의 이야기는 사람들에게 알려졌고 어느새 크로아티아 전역이 클레페탄의 귀환을 기다리게 됐다. 많은 이들이 밀레나의 둥지를 생중계로 지켜보았다. 2018년 클레페탄은 예정보다 3주나 늦게 도착했지만 결국 돌아온 것에 모두가 환호했다. 클레페탄은 해마다 약 200만 마리의 철새가 사냥꾼들의 총에 맞아 희생되는 위험한 길을 지나야 했다. 스테판은 혹여 클레페탄이 돌아오지 못할까 두려웠고, 만약 그렇게 된다면 상실감을 감당할 자신이 없었다.

　2020년 4월, 죽었다는 소문이 돌던 클레페탄이 다시 둥지로 돌아왔다. 그리고 2021년 말레나는 긴 생을 마감한다.* 말레나와 클레페탄은 함께 새끼 66마리를 길러냈다. 스테판, 말레나, 클레페탄. 이들은 저마다의 방식으로 사람들의 마음을 움직였고 철새 보호의 중요성을 일깨웠다.

---

*　황새의 평균 수명은 35년으로, 기록상 가장 장수한 야생 황새는 39년을 살았다.

─❋─

잠자리는 세상에서 가장 빠르고 오래된 곤충 가운데 하나다. 헬리콥터 따위는 명함도 못 내민다. 잠자리는 그 누구도 따라올 수 없는 비행 능력을 지녔다. 앞으로, 뒤로, 위로, 아래로. 순식간에 방향을 틀고 허공에 가만히 멈춰 서있다가 눈 깜짝할 사이에 돌진한다. 사냥하며 하늘을 가르고 거침없이 날아오른다. 그렇게 3억 년 동안 하늘을 지배해 왔지만 다른 모든 생명과 마찬가지로 점점 설 자리를 잃어가고 있었다.

2014년 조너선과 나는 잠자리 애호가인 루어리 맥켄지 도즈의 강연을 들으러 갔다. 루어리는 잠자리 한 마리가 자신의 몸에 내려앉던 순간을 이야기했다. 평소 곤충에 특별한 관심이 있던 것도 아니지만 그날만큼은 걸음을 멈추고 잠자리를 들여다보았다고 한다. 그리고 이내 완전히 매료됐다. 눈, 몸통, 무늬, 색깔, 날개, 다리. 마치 잠자리목目의 사절이 자신을 찾아온 듯한 기분이 들었다. 그날 이후 루어리는 잠자리를 위해 살아가기로 했다. 1989년 그는 영국 노샘프턴셔에서 유럽 최초의 잠자리보호구역을 만들기 시작한다. 불과 몇 년 만에 보호구역에서 발견되는 잠자리가 5종에서 16종으로 늘어났고, 근처 방앗간을 개조해 만든 잠자리박물관에는 2만 2000명이 넘는 방문객이 다녀갔다. 그는 연못이 있는 곳이라면 어디든 찾아가 물을 흐리고 생태계를 어지럽히던 잉어를 치우고 토착 수생식물을 심었다. 그의 손길이 닿는 곳마다 보호구역이 생겨났고, 그 열정이 금세 주변으로 퍼져나갔다.

야생을 위해 무언가 하고 싶던 우리도 행동에 나섰다. 작은 땅을 사서 호수를 만들고 토착 식물을 심어 잠자리가 머물 공간을 조성하기로 했다. 그리고 실제로 그렇게 했다. 우리는 잉글랜드 윌트셔와 도싯의 경계에 자리한 8만 9000제곱미터의 땅을 손에 넣었다. 비옥함과는 거리가 먼, 울퉁불퉁한 점토질 대지였다. 작은 시냇물이 흐르고 사초 무성한 습지가 펼쳐진 그곳엔 참나무 몇 그루가 듬성듬성 서 있고 조림 보조금 사업으로 심은 물푸레나무, 피나무, 단풍나무들이 플라스틱 보호대에 둘러싸인 채 자라고 있었다. 우리는 습지를 덮고 있던 묘목을 걷어내고 강연을 열 수 있도록 헛간을 손봤다. 올빼미가 쉴 둥지를 만들고 박쥐가 머물 상자를 설치했으며 야생 벌을 위해 통나무 벌통도 놓았다. 그렇게 언더힐[윌트셔에 있는 마을 이름]에서 우리만의 '다시 자연으로' 프로젝트를 시작했다. 그리고 곧 깨달았다. 한 생명이 살아갈 터전을 되찾아 주면 그곳에는 셀 수 없이 많은 생명이 함께 돌아온다는 것을.

끝없는 몰두

선구적인 영국 생물학자 빌 해밀턴은 유년기부터 자연사에 심취한 덕분에 세상에 대한 독창적인 이론을 세울 수 있었다고 한다. '구제 불능일 정도로' 곤충에 매료되었던 해밀턴은 처음에는 개미나 벌처럼 군집을 이루는 곤충들에 주목해 자연선택이 사회적 행동에 미치는 영향을 연구했다. 이후 생명체 간의 상호연결성에 관심을 돌리고 제임스 러브록이 '가이아'라고 부른 지구의 자가조절 능력을 탐구하기 시작했다. 그는 생명체들이 공중으로 솟구치는 극단적인 기상 현상에도 흥미를 느꼈다. 스코틀랜드에서는 청어가 비처럼 내렸고, 미국에서는 우박 속에 개구리가 들어있었으며, 지구 표면에서 50킬로미터나 떨어진 곳에서 곰팡이 포자가 발견됐다. 해밀턴은 해양 표면의 플랑크톤, 세균, 미생물들이 대기 중으로 떠오른 뒤 구름을 형성하고 다시 지구 표면으로 떨어져 각종 서식지로 퍼지며 대기 대류에 어떠한 영향을 미치는지 살펴보았다.*[4] 그러나 그는 2000년 콩고 출장 중 걸린 말라리아의 합병증으로 63세에 사망했고, 연구는 중단됐다. 그가 남긴 글 중에 〈내가 선택한 매장 방식과 그 이유〉가 있다. 그는 아마존 열대우림에서 골프공만 한 몸집에 무지갯빛이 도는 보라색 날개를 지닌 큼직한 배설물 딱정벌레가 동물 사체를 처리하는 모습을 보고 이렇게 썼다.

> 내가 죽으면 내 몸을 브라질의 숲으로 옮기도록 돈을 남길 것이다. 우리가 닭을 보호하듯, 내 몸도 주머니쥐나 독수리로부터 안전하게 놓아주길 바란다. 큼직한 배설물 딱정벌레들이 나를 묻을 것이다. 내 몸으로 들어와 나를 묻고 내 살을 파먹으며 살아갈 것이다. 딱정벌레 새끼들과 내 후손들이 존재하는 한 나는 죽지 않으리라. 나는 지렁이도 추한 파리도 아닌, 황혼 속에서 윙윙거리는 거대한 벌처럼 살아갈 것이다. 나는 수많은 형체로 변해 오토바이 떼처럼 휘몰아치며, 등 뒤에 펼친 아름다운 날개로 별빛을 가르며 브라질 광야를 날아갈 것이다. 결국 나도 보라색 딱정벌레처럼 돌 아래에서 빛날 것이다.[5]

현실적으로 불가능한 일이었다. 서류작업도 힘들고 시신을 옮길 방법도 없었다. 대신, 그의 이탈리안 동반자 루이사는 해밀턴이 살았던 옥스퍼드 근처 위덤 마을의 교회 묘역에 있는 그의 무덤 옆 벤치에 이런 추모글을 새겨두었다.

빌, 이제 당신의 몸은 위덤 숲속에 누워있지만 당신은 사랑했던 숲으로 다시 돌아갈 거예요. 당신은 딱정벌레로만 살아가지는 않겠죠. 바람에 실려 대류권까지 올라간 수십억 개의 곰팡이와 해조류 포자 중 하나로 다시 태어날 거예요. 그 포자들은 구름을 이루고 바다를 건너며 떠돌다가 다시 비가 되어 떨어지죠. 그렇게 당신은 몇 번이고 하늘을 오가며 결국 아마존 숲의 범람한 강물에 한 방울 빗물로 섞일 거예요.

결국, 다시 자연으로 돌아가는 것이다.

---

* 해밀턴은 어떤 생물은 바람을 만들고 또 어떤 생물은 얼음 결정의 씨앗이 되어 미생물을 다시 땅으로 내려오게 할 수도 있다고 생각했다. 생물이 퍼지기 위해 진화한 방식이 예상치 못한 변화를 불러올 수 있다는 것이다.

II

오 주여

인간이란 참으로 걸작품이 아닌가!
이성은 얼마나 고귀하고, 능력은 얼마나 무한한가!
생김새와 움직임은 얼마나 깔끔하고 놀라운가!
행동은 얼마나 천사 같고, 이해력은 얼마나 신 같은가!
이 지상의 아름다움이요 동물의 귀감이지!

윌리엄 셰익스피어, 《햄릿》

폭군인가 목자인가

여섯 살 때 나를 당혹스럽게 한 그림이 있다. 학교에서 받은 킹 제임스 성경의 첫 번째 컬러 삽화다. 두 남자가 각자의 장작더미 앞에 서있다. 앞쪽 장작더미는 엉망이다. 거칠게 쌓인 돌 제단 위에 젖은 짚이 아무렇게나 흩어져 있고 매캐한 연기가 자욱하게 피어오른다. 그 앞에는 덥수룩한 머리에 검은 털가죽을 걸친 남자가 몸을 비틀며 괴로운 표정을 짓고 있다. 그의 뒤로는 빛나는 금발의 남자가 서있는데, 얼굴은 수염 없이 말끔하고 부드러운 하얀 털옷을 두르고 있다. 마치 신화 속의 영웅처럼 두 팔을 높이 치켜든 그의 장작더미에서는 연기가 맑고 곧게 하늘로 솟아오른다. 그런데 가까이 들여다보니 충격적인 장면이 숨어있다. 짚불 사이에 어린 양 한 마리가 축 늘어져 있는 것이다.

하나님은 왜인지 아벨이 어린 양을 바친 제사는 기쁘게 받았으면서 카인이 정성껏 바친 곡식 제물은 외면했다. 너무나 불공평하다. 어린 양에게도 그 어미에게도. 그리고 무엇보다 자식들을 공평하게 대해야 할 아버지로서 하나님답지 않은 처사였다. 나는 당연히 카인이었다. 연기에 눈이 따갑고 가족 중 유독 나만 피부색이 어두웠다. 헝클어진 머리를 하고 학교에서는 늘 말썽꾸러기 취급을 받았다. 잘못된 일을 했다는 이유로, 어른들의 기대를 채우지 못했다는 이유로 꾸중을 들었고 그 부당함이 몹시도 억울했다. 나는 저 금발 남자가 도무지 마음에 들지 않았다.

그런데 인간이 처음으로 흘린 피가 하나님을 기쁘게 하기 위한 것이었다니. 하나님이 어린 양을 직접 먹으려는 것도 아닐 텐데. 에덴동산이 평화로운 공존의 세계였다면 도대체 왜 이 살생을 부추긴 걸까? 하나님은 대체 무엇을 원했던 걸까? 성경 이야기는 세상을 이해하는 데 도움을 주는 교훈이라지만 나는 이 이야기에서 아무런 답도 얻지 못했다. 카인은 '땅을 가는 농부'였다. 그런데 양을 훔쳐서라도 바쳐야 했던 걸까?

에덴은 은밀한 유혹으로 가득한 곳이었다. 나뭇가지마다 탐스러운 과일이 주렁주렁 열렸고 새는 노래했으며 동물은 사람을 두려워하지 않았다. 모든 것이 풍요롭고, 벌거벗었어도 부끄러울 게 없었으며, 완전한 채식주의 낙원이기도 했다. 그곳에는 단 하나의 규칙만 존재했다. 선악과는 절대로 먹지 말 것. 그런데 하나님은 이미 교활한 뱀을 그곳에 풀어두셨다. 결말은 뻔했다(그런데 가만히 생각해 보면, 아담과 이브가 선과 악의 개념조차 몰랐다면 뱀의 유혹에 넘어갔다는 말이 과연 성립할 수 있을까?). 결국 아담과 이브는 옷 한 벌만 걸친 채 에덴에서 쫓겨났다. 그 가죽옷은 어디서 난 걸까? 더 놀라운 건 이 작은 실수가 2000년 넘게 인간의 비극적인 운명을 설명하는 원형 서사가 됐다는 점이다. 이 이야기는 남자에게도 여자에게도, 심지어 뱀에게도 가혹했다. 이제 이 신화를 믿는 사람은 거의 없지만 그 잔재는 여전히 우리를 옭아매고 있다.

우리는 풍요로운 동산에서 쫓겨나 엉경퀴가 무성한 황량한 땅을 일구며 살아가야 했다(엉경퀴 씨앗을 좋아하는 황금방울새에게는 오히려 좋은 환경이었겠지만). 그리고 결국 우리는 죽었다. 그럼에도 인간은 하나님 형상을 따라 창조되었으며 바다의 물고기와 하늘을 나는 새, 그리고 '땅을 기어다니는 모든 것'을 다스릴 권리를 부여받았다. 하지만 그 생명들은 더 이상 길들여진 존재가 아니었다. 황야*를 떠돌며 거칠고 자유롭게 살아가는 야생의 존재였다. 우리는 그들을 길들이고 스스로 번성하라는 명령을 받았다. 기원전 5~6세기에 이 성경을 기록한 사람들에게 성지는 분명 정복해야 할 거친 땅이었을 것이다. 그 시절엔 오늘날처럼 메마른 사막이 아니었다. 사자, 늑대, 곰, 표범, 하이에나, 오릭스, 독수리, 콘도르, 황새, 타조, 악어, 하마까지 우글거리던 울창한 '광야'였다.

구약성서는 하나님이 진노하여 이 땅을 황폐하게 만든 모습을 이렇게 그리고 있다.

그리로 지날 자가 영원히 없으리로다. 당아새와 고슴도치가 그 땅을 차지하며 올빼미와 까마귀가 그곳에 살 것이라. 여호와께서 그 위에 혼돈의 줄과 공허의 추를 드리우

---

* 황야를 뜻하는 'wilderness'라는 단어는 길들지 않고 제멋대로인 것을 의미하는 노르드어 'will', 짐승을 뜻하는 고대 영어 'déor'에서 유래했다. 황야란 인간의 손길이 닿지 않는 야생의 짐승들이 살아가는 곳이었다.

실 것인즉 … 그 궁궐에는 가시나무가 나며 그 요새에는 엉겅퀴와 찔레가 자라서 승냥이의 처소와 타조의 거처가 될 것이니 들짐승이 이리와 만나고 숫염소가 그 동류를 부르며 올빼미가 거기서 쉬며 안식처를 찾으며 … 부엉이가 거기서 보금자리를 틀고 알을 낳아 까고 그 그늘에 모으며 솔개들도 각각 짝과 함께 거기 모이리라.[6]

광야는 한때 저주였다. (하지만 이제 그 땅을 되찾아야 한다. 그곳이 품고 있는 거친 자유까지 함께.)

인류는 끝없이 번성했다. 하지만 하나님은 곧 '사람의 죄악이 세상에 가득함'을 보고 인간을 창조한 것을 후회했다(그러니 아벨의 제물만 받아들인 게 불공평하다고 했던 내 말이 괜한 투정은 아닌 거다). 그래서 홍수를 내려 인간을 지구에서 쓸어버리기로 한다. 단, 노아와 그의 가족만은 예외였다(큰 실수를 하셨어요, 하나님). 종種의 씨앗을 실은 방주와 함께 그들은 살아남았다. 물이 빠지자 노아는 짐승과 새를 잡아 번제를 드린다. 하나님은 그 '향기로운 냄새'를 맡고 다시는 이 땅을 물로 심판하지 않겠다고 약속한다. 그리고 노아는? 포도원을 가꾸고 취할 때까지 술을 마신다. 이어지는 가족 싸움, 그리고 또다시 늘어나는 인구. 같은 이야기가 끝없이 반복될 뿐이다. 이것도 하나님에게 또 하나의 실패였을까? 기후 위기가 닥친 지금 하나님은 그 약속을 깨려는 건 아닐까? 하나님의 뜻은 늘 오락가락했다. 대체 무엇을 원했던 걸까? 앞뒤가 맞지 않는 말들, 어디로 튈지 모르는 보상과 처벌. 지금이라면 이런 것을 학대적 관계라고 부를지도 모르겠다. 절대자의 비위를 맞추려 애쓰지만 언제 어떤 일이 벌어질지는 아무도 알 수 없다.

그리고 하나님은 노아에게 말했다. '땅의 모든 짐승이 너희를 두려워하며 무서워하리니' '모든 산 동물은 너희의 먹을 것이 될지라.' 그 순간 생명체들의 운명은 결정됐다. 구약의 기록자들은 말을 아끼는 편이었지만 한 가지는 분명했다. 고기가 타는 냄새는 하나님을 기쁘게 했다. 어쩌면 그들도 꽤 괜찮은 바비큐를 즐겼던 게 아닐까. 실제로 구약에는 고기 굽는 냄새가 곳곳에 배어있고 오늘날 텍사스 육류 산업에서도 이를 인용한다. '네 하나님 여호와께서 네게 허락하신 대로 네 지경을 넓히신 후에 네 마음에 고기를 먹고자 하여 이르기를 내가 고기를 먹으리라 하면 네가 무릇 마음에 원하는 대로 고기를 먹을 수 있으리니. (신명기 12:20)'

이렇게 해서 농업과 신앙은 손을 잡았다. 송아지, 수소, 염소, 숫양, 멧비둘기 그리고 끊임없이 바쳐진 어린 양들. 이 모든 것은 풍요로운 수확을 위해 흘려야 했던 피다.

작품의 이면

대부분의 창세 신화는 인간이 동물 위에 군림하는 구조를 취하고 있다. 또한 많은 문명은 정착한 땅을 파괴하고 그곳에 살던 생명들을 몰아냈다. 창세기의 창조 이야기는 그 어떤 신화보다 오랫동안 논란을 일으켰으며 시대를 초월해 끊임없이 되풀이됐다. 인간이 신의 형상대로 창조되었든 신이 인간의 모습으로 형상화되었든, 그 속에는 필연적으로 오만이 깃들어

있다. '정복하라'는 말이 '말살하라'로 변하는 데 걸린 시간은 지질학적으로 보면 몇 초에 불과했다. 신도 이를 알고 있었을 것이다. 결국 여우에게 닭장을 맡긴 셈이 아니던가.

불교, 힌두교, 자이나교 공동체에서는 동물이 조금 더 나은 대접을 받았다. 이들 종교의 핵심 덕목 중 하나는 '아힘사Ahimsa', 즉 모든 생명을 해치지 않고 존중하는 태도다. 산스크리트어로 '해를 끼치지 않음'을 뜻하는 이 개념은 4000년 전 베다Vedas('지식'이라는 뜻)의 기록까지 거슬러 올라간다. 동물은 단순히 자원이 아니라 하나의 생명이었고 때로는 신성한 존재로 숭배됐다. 인도에서 태어나는 소는 운이 좋았다. 젖을 내어 사람들을 먹여 살리는 존재였기 때문이다. 마하트마 간디는 소를 '연민의 시'라 불렀으며 소의 눈에서 다음과 같은 외침을 읽었다. '당신은 우리를 죽여 고기를 먹거나 다른 방식으로 학대하기 위함이 아닌, 우리의 친구이자 보호자가 되기 위해 부름을 받은 것입니다.' 그러나 우유를 생산하는 암소를 신성시하면서도 함께 태어났다 버려지는 수송아지 문제는 외면했다.* 중국에서 2000년 넘게 삶을 지배해 온 도道 사상은 인간이 자연을 관찰함으로써 본래의 이치를 배울 수 있다고 보았다. 도가는 모든 생명에 대한 경외를 강조하며 '날아다니든 꿈틀거리든, 함부로 생명을 해치지 말라'고 가르쳤다. 또한 동물의 자연스러운 상태를 방해하는 행위(이를테면 가두는 것)도 경계했다. 노자는 따뜻한 목소리로 가르친다. '겨울에는 땅속에서 겨울잠을 자는 곤충을 파헤치지 말라.' '새나 짐승을 놀라게 하지 말라.'⁷

얼간이들

개리 라슨의 만화 중에 하나님이 세상을 창조하는 장면이 있다. 하나님은 요리사 모자를 쓰고 주방 작업대에 서있으며 벽에 걸린 시계의 모서리가 살짝 보인다. 냄비 속에는 플럼 푸딩 대신 육지와 바다가 뚜렷하게 나뉜 지구가 담겨있다. 하나님 뒤쪽 선반에는 다양한 재료가 든 봉지와 병이 놓여있다. '새' '곤충' '크릴' '황인' '백인' '흑인' '파충류' '양서류'라고 적힌 것들이다. 주방 작업대에는 '나무'라고 적힌 초록색 봉지 하나가 보인다. 하나님 머리 위에 떠있는 생각 풍선에는 이렇게 써있다. '그리고 약간의 재미를 위해….' 하나님은 창조물에 간을 하려고 양념통을 손에 쥐는데 그 통에는 '얼간이들'이라고 적혀있다.

---

* 간디는 결국 유제품 산업의 잔인한 관행에 반대하며 우유를 끊었다.

슈가캔디 마운틴

네 다리는 좋고, 두 다리는 더 좋다!

_조지 오웰, 《동물농장》

    조지 오웰의 《동물농장》은 자유를 꿈꾸는 농장 동물들의 우화다. 이야기는 나이 든 수컷 멧돼지 메이저의 꿈에서 시작된다. 죽음을 예감한 메이저는 동물들을 큰 헛간으로 불러 모아 그들이 처한 비참한 현실을 일깨운다. 새끼를 빼앗기고 노동력을 착취당하며 결국에는 몸과 삶마저 송두리째 잃게 될 운명을 경고한다. 그리고 메이저는 언젠가 반드시 정의의 날이 올 것이라 예언하며 동물들의 마음속에 더 나은 세상의 꿈을 심어준다. 마틴 루터 킹이 오웰의 이야기에서 영감을 받았다는 건 아니지만, 억압받는 이들의 자유에 대한 갈망은 언제나 혁명을 불러왔다. 오웰은 러시아 혁명을 풍자하기 위해 농장 동물을 내세워 지배 구조 속에 숨어있는 폭정을 날카롭게 그려낸다. 그 안에서 우리는 인간 본성의 어두운 이면을 마주하게 된다. 그러나 현실에서도 《동물농장》에서도 권선징악 따위는 없다. 신은 아무것도 해결해 주지 않으며 희망은 착취당할 뿐이다. 메이저는 사흘 만에 세상을 떠난다. 영리한 어린 돼지들은 메이저의 사상을 동물주의라는 이념으로 정리하고 이를 일곱 계명으로 구체화한다.* 동물들은 더 나은 삶을 꿈꾸며 '황금빛 미래의 시간'을 노래한다. 하지만 그 꿈은 모지스라는 큰까마귀가 퍼뜨린 거짓말 앞에서 흔들린다. 모지스는 '슈가캔디 마운틴'이 있다고 말한다. 죽은 동물이 구름 너머로 가면, 거기서는 누구나 자유롭고 배부르게 살 수 있다는 것이다. 달콤한 설탕 조각과 아마씨 케이크, 신선한 클로버가 넘쳐나는 곳. 너무나도 달콤해 마치 진짜처럼 들리는 이야기다. 농장의 권력을 쥔 돼지 관리자들은 점점 메이저의 꿈을 왜곡하기 시작한다. 권력에 눈이 먼 돼지 나폴레옹은 개들을 훈련해 무력으로 농장을 장악하고, 선전으로 동물들의 사고를 통제한다. 결국 농장의 구조는 처음과 다를 바 없이 반복된다. 《동물농장》에서 '황금빛 미래의 시간'을 꿈꾸었던 말 복서를 기다리고 있던 것은 도축장으로 향하는 수레였다. 그리고 모지스가 말한 슈가캔디 마운틴은 끝내 구름 뒤에 숨은 채 모습을 드러내지 않는다. 《동물농장》에서 문제가 된 것은 이념 그 자체가 아니라 그것이 변질되는 과정이었다. 이 농장 이야기는 조금 있다가 다시 하도록 하자.

---

*   1. 두 다리로 걷는 자는 누구든지 적이다. 2. 네 다리로 걷거나 날개를 지닌 자는 모두 친구다. 3. 어떤 동물도 옷을 입어서는 안 된다. 4. 어떤 동물도 침대에서 자서는 안 된다. 5. 어떤 동물도 술을 마셔서는 안 된다. 6. 어떤 동물도 다른 동물을 죽여서는 안 된다. 7. 모든 동물은 평등하다.

전능하고 자비로운 신의 존재를 이 세상의 고통과 나란히 놓고 생각하기란 쉽지 않다. 특히 세속의 낙원이 무참히 짓밟히는 현실을 마주할 때는 더욱 그렇다. 에덴의 유혹은 너무도 강하고 우리가 받은 형벌은 가혹하며 그 고통은 끝도 없이 이어진다. 구원의 교리는 언젠가 찾아올 평화를 약속한다. 지금의 불행에 대한 보상은 나중에 온다고 말한다. 하지만 나는 이 부분을 받아들이기가 어렵다. 미래의 평화라는 개념은 지금 싸우고 나중에 보상받겠다는 사고방식과 너무도 닮아있다. 낙원의 유혹이 강한 이유는 그곳에 권력이 있기 때문이다.

동물에게 기독교는 뚜렷한 답을 주지 못한다. 나는 채찍에 맞은 말, 독약을 먹은 늑대, 춤추는 곰[사람에게 잡혀 학대와 훈련을 받고 공연 등에 이용되는 곰], 밀렵으로 잡힌 코뿔소가 조금 더 친절하고 의미 있는 곳에서 살아갈 진심으로 바란다. 적어도 그렇게 상상할 수 있기를. 조금만 더 버텨, 당나귀야. 하나님이 널 돌봐주실 거야… 나중에. 나를 괴롭히는 게 또 하나 있다. 늑대가 어린 양과 함께 지내는 그 평화의 때, 늑대의 본성은 어떻게 충족될까? 날카로운 이빨과 흙냄새 가득한 본성. 졸음도, 심장이 터질 듯 뛰는 순간도 없고 생명의 숨결마저 없다면. 죽음 없는 삶이란 결국 천사의 끝없는 무료함일 뿐이지 않을까? 기독교적 구원은 내게 와닿지 않는다. 자연 세계에 대한 사랑, 그 모든 매혹과 투쟁이 오히려 에덴의 유혹을 심드렁하게 만들었다. 내가 구원받기를 바라는 것은 이 세계다. 많은 기독교인이 동물을 인간과 다르게 여기며 그저 이 세속적인 삶만을 살아가는 존재로 본다. 하지만 아이러니하게도 나 역시 동물과 같은 입장이다. 우리에게도 그들에게도 이 세상이

전부다. 그것이 내가 가진 전부이며, 참새가 가진 전부이며, 쥐가 가진 전부이며, 늑대가 가진 전부다. 제발, 그것마저 빼앗지 말길. 신의 이름으로, 허락하길.

오 주여

트위터에 올라온 짧은 드론 영상. 송아지 한 마리가 사육틀veal crate[도살할 송아지를 가둬 기르는 비좁은 틀]에 갇혀있다. 몸은 철창에 가렸지만 머리는 틈 사이로 나와있다. 바깥에는 눈이 내린다. 송아지는 고개를 들어 하늘을 바라본다. 입을 벌리고 커다란 혀를 길게 뻗어 하늘을 떠도는 눈송이를 휘감아 낚아챈다. 어쩌면 이게 세상에서 누릴 수 있는 단 하나의 기쁨일지도 모른다. 송아지는 혀로 그 순간을 붙잡는다.

서열의 법칙

그리스 레스보스섬 따뜻한 피라 석호의 얕은 바닷물 속에서 한 남자가 물속 생명체들을 유심히 살핀다. 크고 작은 게, 말미잘, 작은 물고기, 불가사리, 그 외에도 수많은 생물이 그의 시선을 사로잡는다. 그는 신이 단 며칠 만에 세상의 모든 생명을 빚었다는 신화를 믿지 않는다. 기원전 350년, 많은 신이 존재하지만 대개는 서로 다투느라 바쁘다. 그 남자, 아리스토텔레스는 어깨에 옷을 느슨하게 걸친 채 자유롭게 사색하며 자연을 관찰한다. 직접 표본을 채집하고 해부하며 내부 구조를 들여다본다. 생명체들이 달리고 헤엄치고 날아다니며 사냥하고 숨고 먹고 둥지를 짓고 새 생명을 탄생시키는 모습을 세심하게 기록한다. 그리고 이들을 분류하기 시작한다. 피가 있는가 없는가, 두 발인가 네 발인가, 털이 있는가 깃털이 있는가, 이빨이 있는가 부리가 있는가, 뼈로 이루어졌는가 연골로 이루어졌는가, 아니면 그마저도 없는가, 알을 낳는가 새끼를 직접 낳는가(만약 그렇다면 물속에서 낳는가, 땅 위에서 낳는가). 무혈류 생물군(곤충, 거미, 전갈, 지네, 갑각류, 두족류)에는 또 하나의 독특한 부류가 포함됐다. 바로 말미잘과 해면이다. 아리스토텔레스는 이들이 스스로 움직이지 않는다는 점에서 혼란을 느꼈고 동물인지 식물인지 확신하지 못했다.

그는 생물을 위계적으로 정리하며 이를 '존재의 사다리'라고 불렀다. 이 사다리는 위로 올라갈수록 체온이 높아지고(우월해지고) 종국에는 인간에 이르게 된다.* 아리스토텔레스는 자신이 관찰한 동물의 과학적 사실을 규명하고자 했고 그 결과 서양 최초의 동물학자가 됐다. 그가 남긴 《동물지》(총 9권)에는 560종의 동물이 등장하며 직접 목격한 사실이 기록돼 있다. 그가 그렸다는 그림은 전해지지 않지만 성게의 입을 묘사한 기록은 남아있다. 그는 성게의 입을 다섯 개의 면으로 이루어진 유리창이 없는 등불에 비유했다. 이 묘사는 놀라울 정도로 정확하며 오늘날까지도 '아리스토텔레스의 등'이라 불린다. 그는 문어가 색을 바꾸고 먹물을 뿜어낸다는 사실도 기록했다. 그가 남긴 기록 중 가장 놀라운 것은 수컷 문어가 헥토코틸루스라는 특별한 팔을 이용해 정자를 암컷에게 전달한다는 내용이다. 당시로서는 너무나 기이한 발견이었기에 몇 세기 동안 믿을 수 없는 이야기로 치부됐다. 그러다 19세기에 이르러서야 사실로 확인됐다.

아리스토텔레스는 자연 속 모든 것이 저마다 목적을 지닌다고 믿었다. 각 생명체의 구조는 그 종이 살아가는 데 최적화돼 있지만 자연은 개별 존재를 뛰어넘어 더 높은 단계로 나아가도록 설계되어 있다고 생각했다. 그리고 그 흐름은 거스를 수 없는 방향으로(그리고 필연적으로) 인간에게 이어진다고 생각했다.[8] 자연을 하등한 존재에서 고등한 존재로 이어지는 위계적 질서로 바라보는 이 관점은 이후 '존재의 대사슬'이라는 개념으로 자리 잡았다. 이 사상은 인간의 깊은 무의식 속에 뿌리내려 동물을 바라보는 태도에도 영향을 미쳤다('짐승만도 못한' 같은 표현도 그 흔적이다).

아리스토텔레스가 살던 시대에는 현미경이 없었고 혈액 순환의 원리도 밝혀지지 않았으며 행성이 어떻게 움직이는지도 알지 못했다. 지구가 둥글다는 사실조차 알려지지 않았다. 그가 저지른 몇 안 되는 실수 중에 가장 기묘한 것은 남성이 여성보다 치아 개수가 더 많다는 주장이다. 아마도 직접 세어보지 않은 탓일 것이다.** 그럼에도 이후 2000년 동안 아리스토텔레스보다 더 뛰어난 과학자는 없었다.

세월이 흐르며 중세 기독교는 존재의 대사슬을 신이 정한

---

*   그는 인간 중에서도 '남성'을 가장 완벽한 존재로 보았다. 남성이 여성보다 체온이 높다고 보아 모든 동물 중에서 가장 완전한 형태라고 생각한 것이다.
** 흔히 하는 농담처럼, 아내에게 입을 열 기회만 줬더라도 피할 수 있는 실수였다.

질서로 해석했다. 가장 낮은 생명체에서 시작해 인간과 천사를 거쳐 신에게 이르는 단계적 구조 속에서 신의 말씀을 퍼뜨리는 것이 궁극적인 목적이었다. 동물의 운명은 이 해석에 따라 달라졌다. 그리고 이때 등장한 인물이 히포의 아우구스티누스(354~430)다.

한 광인이 옷도 걸치지 않은 채 소리를 지르며 이리저리 뛰어다닌다. 예수가 다가가 그의 몸에 깃든 악령을 쫓아내 언덕 위에 풀어놓은 2000마리 돼지 떼 속으로 몰아넣는다. 돼지들은 놀라 허둥대다가 절벽 아래 바다로 몸을 던져 익사한다. 광인은 순식간에 정신을 되찾고 마치 기적이라도 일어난 듯 '옷을 입고 정신이 온전한' 사람이 된다. 이 복음서의 이야기는 아우구스티누스에게 결정적인 확신으로 작용했다. 예수조차 동물의 운명을 개의치 않는다면 인간이 신경 써야 할 이유가 있을까? 익사한 돼지에게 연민을 느끼는 것은 어리석은 일이다. 아리스토텔레스가 이미 철학적으로 길을 닦아두었듯 자연은 인간을 위해 존재하는 것이었다. 동물에게는 이성이 없고, 그렇기에 도덕의 테두리 밖에 두는 것이 편리했다. 아우구스티누스의 가르침은 인간의 '열등하고' 유한한 육체와 '우월하고' 무한한 영혼을 철저히 분리했다. 오직 인간만이 이성적 사고를 통해 배타적인(그리고 동물이 없는) 사후세계로 나아갈 수 있었다. 소나 제물로 바친 어린 양에게 구원의 길은 없는데, 그들에게는 영혼이 없기 때문이다.* 인간은 하늘로 나아갔고 동물은 땅에 머물 운명이었다.

시간을 훌쩍 뛰어넘어 보자. 인간중심주의를 거침없이 밀고 나간 토마스 아퀴나스(1225~1274)는 동물 세계에 또 하나의 재앙을 불러왔다. 그는 성경의 한 구절을 인용하며 말했다. "살아 움직이는 모든 것이 너희에게 먹을거리가 되리라." 동물에게 자비를 베푸는 것조차 인간을 위한 일이었다. 동물을 잘 돌보면 더 많은 것을 얻을 수 있지만, 학대하면 그 잔인한 사고방식이 인간의 정신을 타락시킬 것이라고 보았다.**

아브라함 계열 종교에서는 동물에 대한 자비가 크게 주목받지 못했다. 유대교에서는 나름의 배려가 있긴 했다. 안식일에는 소에게 하루의 휴식을 주었고, 어미 소와 새끼를 같은 날 도축하지 않는 것(레위기 22:28), 새끼 염소를 어미의 젖으로 삶지 않는 것(신명기 14:21) 같은 규율이 있었다. 하지만 과연 동물이 이러한 배려를 진정으로 고마워했을는지 의문이다. 동물의 수호성인으로 알려진 아시시의 성 프란치스코조차도 무조건적인 자비를 베푼 것은 아니었다.*** 단, 크리스마스만큼은 예외였는데, 성 프란치스코는 구유 곁의 소와 당나귀에게 최고급 여물을 주라고 권고했고, 특히 종달새를 각별하게 여겼다. '황제께 말할 수 있다면 나는 이렇게 포고하도록 간청하겠소. 누구도 나의 자매인 종달새를 해치거나 죽이지 않게 해달

---

* 창세기 2장의 초기 버전에서는 히브리어 '네페시(nephesh)'가 인간과 동물 모두에게 '영혼'이라는 의미로 쓰였다. 그러나 후대 번역자들은 이를 용납할 수 없었는지, 동물과 관련될 때 네페시를 단순히 '생명'으로 번역했다. 그 결과 미묘한 차이가 생겨났고, 동물의 삶은 곧 영원한 영혼이 없는 생명으로 이해됐다.
** 아이러니하게도 이 논리는 몇 세기 후 동물 보호의 근거가 됐다.
*** 성 프란치스코는 구비오 마을을 공포에 떨게 한 늑대를 살려주면서, 더 이상 양을 물어뜯거나 목동을 해치지 않고 마을을 지키겠다는 약속을 받아냈다. 그리고 마을 사람들에게 작은 늑대의 이빨도 이렇게 무서운데 지옥의 불길은 얼마나 더 무섭겠느냐고 설교했다.

라고 말이오….' 그리고 크리스마스가 되면 종달새들을 위한 곡식이 비처럼 쏟아질 것이었다.

정면에서 쏘는 빛

숲 한가운데 홀로 던져져서 무화과 잎 한 장으로 옷을 만들어야 한다고 상상해 보라. 인간은 가장 빠르지도, 가장 강하지도 않으며, 환경에 가장 잘 적응하는 존재도 아니다. 날지 못하고 물속에서 숨을 쉴 수 없으며 수영도 썩 잘하지 못한다. 날카로운 이빨이 있는 것도 아니고 어둠 속을 볼 수 없으며 음파로 위치를 감지할 수도 없다. 털은 변변찮고 깃털도 없다. 솔직히 말해 인간은 지구상에서 가장 매력적인 생물이 아니다. 태어난 지 열흘 만에 숲을 뛰어다니는 새끼 사슴처럼 사랑스럽지도 않다. 갓 태어난 인간 아기는 머리칼이 듬성듬성하고, 찡그린 얼굴은 성질 급한 노인을 닮았다. 걸을 수도, 말할 수도, 혼자서 음식을 먹을 수도 없다. 그렇게 몇 년을 살아야 한다! 우리가 이렇게까지 살아남았다는 게 신기할 따름이다. 그럼에도 인간을 특별하게 만드는 점이 있는데 바로 똑똑하다는 사실이다. 어떤 이들은 이를 우월감과 열등감이 동시에 작용하는 현상이라고 진단할지도 모른다.

우리가 동물을 서열화하는 방식은 인간 사회의 계층 구조를 그대로 반영한다. 조지 오웰은 《동물농장》에서 인간이 농장 동물을 다루는 모습을 통해 우리가 우리 자신에게 행하는 폭력을 낱낱이 드러냈다(이 작품의 경우 러시아의 스탈린 폭정을 겨냥했다). 이 우화가 더욱 강렬한 이유는 인간 사회를 비추는 거울이라기보다는 우리 자신의 정면에서 쏘는 빛과 같다는 점이다. 농장의 동물은 단순한 은유가 아니다. 그들 자신을 있는 그대로 보여줄 뿐 아니라 우리를 대변한다. 이 우화는 '그럴 수 있다'는 가능성을 제시하는 데 그치지 않고 그렇게 되어가는 과정을 가감 없이 보여준다. 우리는 어미의 젖을 빼앗을 뿐만 아니라 어미의 새끼까지 차지한다. 이는 역사 속에서 억압받아 온 자들이 반복해서 경험한 지배 구조의 가장 극단적인 형태와 다를 바 없다. 동물농장에서 부패한 나폴레옹은 경쟁자를 제거하고 거짓 약속을 남발하며 농장을 배신했다. 그가 우리가 아니라면 누구를 의미하겠는가? 이 비유는 신랄하고도 정확하다. 더욱이 나폴레옹의 행동은 점점 더 인간을 닮아가고 걸음걸이도 직립으로 바뀐다.

우리는 지금 트란실바니아 시비우에 있다. 루터교 성 마리아 대성당 안에서 나는 성 조지와 용이 그려진 스테인드글라스를 바라본다. 용은 평범하다. 마을에서 멀리 떨어진 소박한 바위 동굴에서 조용히 지내며 그저 자기 동굴 입구에서 불을 뿜는 정도가 일상의 전부다. 그런데 갑자기 백인 기사(언제나 그렇듯 흰색이다)가 나타난다. 흰말(말도 언제나 흰색이다)을 타고, 비늘이 아닌 대장장이[영어로 'blacksmith'로, 흰색과 대비를 강조]가 만든 갑옷을 두르고 대장장이가 만든 창과 방패를 들고 있다. 공정한 싸움이라고 하기는 어렵다. 기사 조지는 창을 높이 들어 용의 입을 향해 내리꽂는다. 창끝이 목구멍 깊숙이 파고든다! 물론 처녀를 구해야 한다는 사명이 있겠지만, 어쩌면 그녀는 이미 용과 대화하며 자신을 보내달라고 설득하고 있었을지 모른다. 파올로 우첼로의 그림을 보면 그녀는 머리카락 한 올 흐트러짐 없이 온전한 모습으로 서있다. 인간의 첫 반응은 이것 아니었을까? 용을 없애라. 아마도 그 땅에 마지막 남은 용이었을 것이다. 남자들은 깊이 생각하지 않았다. 더 나은 방법이 있을지 고민하지 않고, 용이 우리 생태 속에서 어떤 역할을 하는지 고려하지 않았다. 용이 사라진 세상에서 어떤 균형이 무너질지, 그 존재가 지닌 가치를 들여다보려 하지 않았다. 어쩌면 그것은 황금알을 낳는 거위를 죽이는 일과 같을 수 있다. 심지어 마을의 관광 자원이 될 수도 있었을 텐데, 그런 가능성은 애초에 떠올리지 않았다. 용이 '나라를 위험에 빠뜨렸다'는 말은 늑대나 여우에게 씌운 낡고 지겨운 소문과 다를 바 없다. 늑대는 늑대이고 여우는 여우일 뿐인데. 물론 몇몇 묘사에서는 용의 둥지 근처에 인간 해골이 널려있긴 하다. 하지만 애초에 용에게 노예를 먹이로 바치기 시작한 것이 문제 아닌가? 생태계를 함부로 건드리면 예상하지 못한 일이 벌어진다. 먹이사슬의 최상위 포식자가 사라지면 사슴을 쫓아낼 존재도 함께 사라진다. 그래서인지 이곳의 풍경은 황량하다. 건강한 용이 남아있었다면 언덕이 지나친 방목에 시달리지 않았을 것이고 사시나무 숲도 더 울창했을 것이다. 우첼로가 그린 이탈리아 풍경 속에도 용 한 마리가 있었다면 어땠을까? 그러나 조지는 용을 죽여야 했다. 그것도 모자라 처녀의 허리띠를 용의 목에 걸고 마을에 끌고 다니며 굴욕을 안겼다. 그리고 이상한 논리로, 그 모습을 본 마을 사람들은 기꺼이 세례를 받고 기독교 신자가 됐다. 물론 조지는 처녀를 보상처럼 받았다.

어딘가 순교자에게 처녀를 약속하는 종교가 떠오른다. 하지만 조지에게도 좋은 결말은 기다리지 않았다. 신은 그를 신앙을 위해 희생하기로 했고 그는 고문 끝에 참수당한다. 심지어 하늘에서 불까지 내려왔다. 신이 하면 괜찮고 용이 하면 안 되는 건가.

베스티어리로 역행하다

참으로 놀라운 일이다. 눈앞에서 살아 숨 쉬는 동물과 함께하면서도, 심지어 죽은 동물까지 곁에 두고도 자연에 대한 우리의 지식이 수 세기 동안 한 발짝도 나아가지 못했다니. 옛 약제사들은 동물의 말린 발과 발톱, 귀와 눈, 꼬리와 이빨, 가죽과 간, 생식샘과 내장, 심지어 배설물까지 병에 담아 병을 치료하고 악령을 쫓으려 했다(물론 악마는 동물의 뿔과 꼬리를 가진 존재로 그려졌다). 자연사는 오랜 세월 암흑 속에 갇혀있었다(그리고 안타깝게도 여전히 코뿔소와 천산갑이 희생되는 곳들이 있다). 중세시대 사람들의 관심은 생명 자체보다 신의 도덕적 질서를 탐구하는 데 쏠렸고, 학문의 권위는 온전히 교회의 통제 아래 놓였다. 민속 이야기와 기이한 짐승들이 선과 악을 상징하는 역할을 맡고 구원과 부활의 비유에 활용됐다. 환상적인 생명체들은 채색된 베스티어리[중세 유럽에서 제작된 동물도감] 속을 누볐지만 오늘날 다큐멘터리 속에서 만나는 경이로운 동물들에 비해 크게 과장된 것도 아니었다. 그중에서도 단 한 권의 베스티어리가 무려 1000년 동안 자연에 대한 사람들의 인식을 지배했다.

기원후 2세기경 알렉산드리아의 한 무명인이 그리스어로 집필한 《피지올로구스》(그리스어로 '자연학자'라는 뜻)는 이후 라틴어로 번역되었고 다시 유럽 각국의 언어로 퍼졌다. 《피지올로구스》는 동물을 대상으로 한 위선적이고 미신적인 이야기들을 통해 기독교적 교훈을 설파하며 자연의 의미를 규정하려 했다. 수많은 동물이 억울한 오명을 뒤집어썼는데 그중에서도 늑대가 가장 가혹한 운명을 맞았다. '매춘부'와 '암컷 늑대'를 뜻하는 라틴어가 '루파lupa'로 같은 것은 우연이 아니다. 중세 영국에서 카푸트 루피눔caput lupinum, 즉 '늑대의 머리'라는 표현은 법적 보호를 박탈당한 범죄자를 가리키는 말로 쓰였으며, 누구든 그들을 처벌 없이 죽일 수 있었다.* 그렇게 증오는 인간과 동물의 경계를 넘어 그들을 함께 옭아맸다.

사람에게 짐승의 특성을 덧씌우는 것과 실제로 짐승이 되는 것은 그야말로 한 끗 차이다. 중세 기독교교회가 이단자를 색출하며 온 나라를 뒤지는 동안, 오랜 전설 속 늑대인간은 현실로 불려 나왔다. '양 떼' 속에 숨어 낮에는 인간으로 지내다 밤이면 늑대로 변신하는 악마. 굶주림과 전염병, 공포가 세상을 지배하던 혹독한 시대에 의심과 비난은 순식간에 퍼져나갔다. 늑대인간을 가려내는 방법도 있었다. 길게 치켜 올라가 코 위에서 만나는 눈썹, 유난히 긴 중지, 말려있는 손톱, 낮게 붙은 귀, 흔들리듯 어딘가 불안한 걸음걸이. 나도 떠오르는 얼굴들이 몇 있다. 한때는 간단한 약물(유황 14그램, 악마의 똥 14그램, 해리향** 7그램을 샘물에 탄 것)만으로 늑대인간을 퇴치할 수 있었다. 그러나 이제 교회는 그 방법을 쓰지 않고 마녀와 함께 늑대인간도 화형대 위로 끌고 갔다.[9] 작가 배리 로페즈가 '인류 역사상 가장 혐오스러운 문서일지 모른다'고 했던 《말레우스 말레피카룸 Malleus Maleficarum》[15세기 마녀사냥 지침서 역할을 한 책]이 1487년 출간됐다. 오래된 미신이 다시 불길처럼 번지며 증오는 더욱 거세졌다. 《말레우스 말레피카룸》은 레위기의 한 구절을 인용했다. '내가 들짐승을 너희 중에 보내리니 그것들이 너희 자녀를 움키고 너희 가축을 멸하며 너희의 수효를 줄이리니 너희의 길들이 황폐하리라.'[10] 누군가는 이를 중세판 포퓰리즘이라고 부를지도 모른다. 종교재판소는 유럽의 숲에서 늑대를 완전히 몰아내려 했고 그 과정에서 부적절하다고 찍힌 사람들, 지적 능력이 부족한 이들, 뇌전증 환자, 정신적으로 불안정한 이들이 함께 희생됐다.

늑대는 난폭하고 탐욕스러운 존재로 그려졌다. 우리는 그 안에 인간의 가장 어두운 본능을 투영하고는, 인간을 제외하면 그 어떤 동물에게서도 찾아볼 수 없는 폭력과 타락의 상징으로 삼았다.

방랑의 날들

《수이브네의 광기 Buile Suibhne》에서는 기독교의 신념과

---

*　이 표현이 처음 법률에 기록된 것은 에드워드 참회왕(Edward the Confessor, 재위 1042~1066) 시대였다.
**　비버의 향낭에서 얻은 추출물.

이교도의 거친 자연이 맞붙는 가장 잔혹하고 원초적이며 격렬한 싸움이 펼쳐진다. 이 고대 아일랜드 전설은 켈트 왕 수이브네[영어 버전에서는 스위니]가 복수심에 불타는 가톨릭 성직자의 저주로 인해 새로 변하는 이야기를 담고 있다.[11] 물론 스위니가 성직자의 시편 책을 호수에 던지고 자신에게 성수를 뿌린 수도사를 죽이긴 했지만 말이다.

내가 이 이야기를 《스위니의 방랑》으로 읽은 건 20대 때였다. 셰이머스 히니가 게일어 원서를 번역한 이 작품을 나는 아일랜드의 절벽 위에서 읽었다. 그 어느 때보다 거친 환경에서 망명자처럼 살던 시절이다. 그때도 지금도 나를 사로잡은 것은 바로 스위니가 변화하던 순간이다. 스위니의 정신은 산산이 조각난다. 손가락이 굳어가고 팔이 광기에 휩싸여 마구 떨린다. 몸이 혼란 속에서 휘청이다가 마침내 허공으로 솟구친다. 인간에서 야생의 존재로 변한다. 뼈는 가벼워지고 피부가 거칠어지며 극한의 생존 속에서 몸이 수축한다. 그리고 마침내 광기에 물든 눈과 날카로운 부리를 가진 반인반조가 된다. 그것은 저주였다. 우리는 스위니와 함께 바람이 휘몰아치는 나뭇가지 끝으로 떠오른다. 그곳에서 야생이 되는 것이 무엇인지 마주한다. 그리고 마침내 짐승이 되어간다. 바위에서 시냇가로, 계곡에서 하구로, 다시 섬으로 날아간다. 엉킨 가지 틈에 몸을 웅크리고 몰아치는 바람에 떤다. 허기진 뱃속에선 굶주림이 포효한다. 조심스럽게 주위를 살피고 사소한 기척에도 겁을 먹고 날아오른다. 더 이상 인간의 세계가 아니다. 거센 바람 속에서도 숲 바닥을 헤집으며 늪의 열매를 더듬고 담쟁이넝쿨 속에 깃드는 야생의 세계다. 그리고 나는 바로 그 세계에 사로잡혔다. 왕은 본래의 모습을 잃고 새가 되어 날아오른다.

중요한 건 이거다. 스위니는 잃어버린 왕국을 그리워하며 깊은 고통 속에서 헤매지만, 동시에 현혹된다. 그를 하찮은 새 대가리로 전락시키려 했던 저주는 오히려 그를 야생의 원초적 환희 속으로 인도한다. '성가를 읊조리는 수도사의 나약한 음성'이 닿지 않는 먼 곳에서 그는 비로소 자유를 맛본다. 그리고 신의 시야로 세상을 내려다본다. 그는 아일랜드의 산맥을 주문처럼 외며 날아오른다. 슬레미시, 쿨리, 벤 불벤, 모른을 지나 거센 파도가 부서지는 해안선을 넘는다. 그리고 차가운 강물과 달빛이 빚어낸 순결한 세계를 경험한다(중세의 음유시인이 새의 시선으로 세상을 내려다볼 수는 없었을 텐데 놀라운 일이다). 한때 위대한 사냥꾼이었던 그는 이제 야생의 존재들과 하나가 된다. '새벽 사냥의 소란스러운 함성'보다, '산봉우리에 울려 퍼지는 수사슴의 포효'보다, 오소리가 지르는 날카로운 비명을 더 깊이 이해한다. 사슴 무리를 이끄는 늙은 암컷을 알아보고 그 '뒤얽힌 뿔 사이'를 자신의 보금자리로 삼는다. 이것은 기독교적 베스티어리에서 도덕적 교훈을 담아 묘사한 중세의 자연이 아니다. 야생과 맞닿아 본 자만이 기록할 수 있는 날것 그대로의 자연이다. 사슴과 여우, 매와 비둘기 그리고 '낮게 달려 나가는 날렵한 몸짓'과 '안개처럼 흐르는 울음소리'의 늑대가 숨 쉬던 땅. 그들을 제대로 알지 못한다면 이런 묘사는 불가능했을 것이다. 여기는 늑대가 살았던 아일랜드다.*

그러나 스위니가 겪는 형벌은 교회가 요구하는 속죄와 비슷하다. 그는 '칼바람에 채찍질 당하고' 옷이 벗겨진 채 '검은 서리로 뒤덮이며' 가시덤불에 찢긴다. 뇌우가 몰아치는 밤이면 몸을 웅크리고, 거센 비바람이 살을 깎아내며 눈보라가 온몸을 집어삼킨다. 마침내 그는 '십자가에 못 박히듯 갈라진 나뭇가지 사이에' 매달린다. 깃털은 자유롭게 날아오를 축복이면서 동시에 무거운 속죄의 굴레다. 상상은 황홀과 고통 사이에서 팽팽하다. 징벌하면서도 자비를 베푸는 신이 그곳에 있다. 새의 몸으로 살아간다는 것은 야생에서 버틴다는 뜻이며 그 세계가 얼마나 가혹한지 깨닫는 과정이다. 차가운 바람이 깃털 사이를 헤집으며 휘몰아친다. 야생에서 살아가기에 인간은 너무나 연약하다. 스위니는 제 처지는 아랑곳하지 않고 물가에서 물냉이(그의 유일한 양식)를 뜯는 여인을 바라보며 탄식한다. 그녀는 물냉이를 남겨둬도 더 가난해지지 않겠지만 스위니는 거센 바람 속에서 굶주린 채 밤을 지새워야 한다. 그는 말한다. "여인이여, 너는 결코 알지 못하리라." 그러나 성직자는 야생의 존재들이 아무런 대가 없이 먹고 마시는 것을 못마땅해하며 스위니가 물냉이를 훔치고 교회 우물에서 물을 마신 것을 꾸짖는다. 두려움에 휩싸인 스위니는 다시 나무 위로 날아오른다. 공포에 사로잡혀 눈조차 깜빡이지 못한다. 고통에 짓눌려 무력해진다. 그는 교회 마당에서 요리사가 밟은 소똥에 고인 우유를 핥는다. 하지만 그 모습을 못마땅하게 여긴 요리사의 남편 돼지치기가 창을 들어 그를 찌른다. 운명이 정해놓은 결말이다. 삶에서 죽음까지도 교회는 그를 놓아주지 않는다. 그에게는 절벽에서 떨어져 바람과 하나가 되는 자유도, 가벼운 뼈가 바람 속에서 피리처럼 울리는 운명도 허락되지 않았다. 그의 처참한 육신(새인지 인간인지 알 수 없지만)은 기독교식 장례를 치르고 영혼은 하늘로 날아간다. 중세 문학이니 당연한 결말이다.

　　스위니가 새의 형상을 띠고 살아가는 모습을 보며 나는 생각한다. 진정한 소외는 어디에서 비롯되는가? 우리가 스스로 동물성을 거부하는 데서일까, 아니면 세상과 스스로 단절하는 데서일까? 스위니는 내 상상 속 나뭇가지에 깃든다. 하지만 현실에서 그는 그저 한 마리 새였을 뿐이다. 그는 나를 차가운 밤 올빼미가 웅크린 곳으로 이끌고, 새벽녘 붉은솔개의 가벼운 뼈대를 떠올리게 하며, 상승 기류를 타는 황조롱이의 날카로운 시선으로 안내한다. 스위니를 처음 만난 뒤로 나는 종종 생각한다. 나도 뒤엉킨 나뭇가지 틈에 몸을 숨기고 '영영 나오지 않을'[12] 수도 있었다고.

　　믿음이란 본질적으로 사실 여부와는 별개의 영역에 있다. 우리는 과학적 결론이 아니라 믿음을 위해 목숨을 걸었다. 그 믿음의 바탕에는 천국의 약속과 지옥의 공포가 깔려있다. 믿음은 강한 감정적 몰입과 평생의 헌신을 요구하며, 쉽게 바뀌지 않는다. 그럼에도 동물의 처지를 개선하는 데 중요한 변화

---

*　《수이브네의 광기》의 고대 켈트어 원전은 9세기까지 거슬러 올라간다. 그러나 아일랜드의 마지막 늑대는 1786년에 목격되었으며, 이는 잉글랜드에서 늑대가 멸종된 지 300년이 지난 뒤였다. 17세기에 아일랜드는 '늑대의 땅'이라고 불렸다. 올리버 크롬웰[잉글랜드의 정치가]조차 늑대의 위험을 우려해 아이리시울프하운드[아일랜드 출신의 대형 사냥개 품종]의 수출을 금지했다.

를 불러온 인물이 있다. 2013년 아르헨티나 출신의 호르헤 마리오 베르고글리오는 교황으로 선출되자 동물의 수호성인인 프란치스코를 교황명으로 택했다(이는 1979년 교황 요한 바오로 2세가 아시시의 성 프란치스코를 생태학의 수호성인으로 선포하면서도 창조된 모든 생명체가 하느님을 찬미하도록 독려하는 데 그쳤던 것에 비해 진일보한 결정이다). 2015년 교황 프란치스코는 〈찬미 받으소서Laudato Si: 공동의 집을 돌보는 것에 관한 회칙〉*을 발표했다. 80쪽에 달하는 이 회칙에서 교황은 전 세계 12억 가톨릭 신자들에게 동물도 반드시 인간과 함께 천국에 들어갈 것이라고 선언했다. 즉 동물에게도 영혼이 있음을 인정한 것이다. '하느님의 형상대로 창조되었으며 세상을 다스릴 권한을 받았다는 이유로 다른 생명을 함부로 해서는 안 된다.' 그리고 2019년 교황은 한 걸음 더 나아갔다. 환경을 파괴하는 행위를 죄로 규정하며 이를 국제적으로 '평화에 반하는 다섯 번째 범죄'로 삼아야 한다고 주장한 것이다.[13] 정말이지 '아멘'이다.

물 위를 걷는 자들

중앙아메리카에 서식하는 바실리스크도마뱀, 일명 '예수 그리스도' 도마뱀은 몸길이가 60센티미터에 이르고 이끼 빛을 띤 녹색 비늘과 노란 눈을 가졌다. 머리에는 용을 연상시키는 볏이 돋아 몸통과 길게 늘어진 줄무늬 꼬리를 따라 이어진다. 이 도마뱀은 강가 열대우림에서 살아가며, 위협을 감지하면 나무에서 몸을 던진다. 물 위에 떨어지는 순간 초속 1.5미터로 물살을 가르며 달린다. 물에 닿자마자 긴 발가락 사이에 숨어있는 피부 주름을 펼쳐 질주한다. 발이 빠르게 물을 내리치며 공기주머니를 만들고, 동시에 다리는 바람개비처럼 회전하며 물거품을 일으킨다. 이 공기 방울이 표면장력을 높여 도마뱀이 가라앉지 않도록 떠받친다.

소금쟁이는 수천 년 동안 물 위를 걸어왔다. 이 작은 곤충은 가운뎃다리를 노처럼 움직여 원을 그리며 저어 나간다. 소수성(물을 밀어내는 성질) 다리에는 미세한 털이 촘촘하게 나있어 공기를 머금고, 이를 통해 물의 표면장력을 키워 마치 얇은 막 위를 걷듯 움직일 수 있다.

뗏목거미도 다리의 빽빽한 털로 물을 밀어낸다. 이들은 연못 위를 질주하며 작은 물고기 같은 먹잇감을 덮친다. 때로는 다리 두세 개를 공중으로 치켜들어 돛처럼 이용한다. 소수성 털 사이에 갇힌 공기 방울이 보호막 역할을 해 물속에서도 최대 30분 동안 머물 수 있다.

클라크논병아리 수컷과 암컷은 짝짓기 의식이 한창일 때, 함께 초당 22번 발을 내디디며 힘차게 물 위를 달린다.

---

* Laudato Si'는 성 프란치스코의 〈태양의 찬가〉, 즉 〈피조물의 찬가(Laudes Creaturarum)〉에서 유래한 것으로 '찬미 받으소서'라는 뜻을 지닌다.

구분하라, 그리고 지배하라

오래전 잊힌 중국의 백과사전 《천상의 친절한 지식 상점(celestial emporium of benevolent knowledge)》에서, 작가 호르헤 루이스 보르헤스는 동물의 세계를 14가지 범주로 나눈 기묘한 분류 체계에 강한 인상을 받았다. 그 목록을 보면 황당하기 그지없다. '방부 처리한 것', 길들인 것, 날뛰는 것, 멀리서 '파리처럼 보이는' 것, '황제의 소유'인 것 같은 범주가 나열되어 있는데 여기에 다친 것, 쥐가 아닌 것, 콧물이 흐르는 것 같은 항목을 추가한다 해도 이상하지 않을 것이다. 보르헤스가 켜놓은 등불[《천상의 친절한 지식 상점》은 사실 보르헤스가 분석 언어를 주창한 존 윌킨스를 비판하기 위해 꾸며낸 가상의 책이다] 아래에서 다시금 생각한다. 세상을 분류하려는 '모든' 시도는 얼마나 터무니없고 임의적인가.

_케기 커루, 《야생의 존재》

아리스토텔레스가 문어의 정자를 전달하는 팔을 기록한

지 거의 2000년이 지난 1607년, 성직자 에드워드 톱셀은 《네발짐승의 역사》에서 동물을 세 가지 범주로 나누었다. 먹을 수 있는 것과 없는 것, 야생의 것과 길들인 것, 유용한 것과 쓸모없는 것. 그에 따르면 족제비는 귀로 새끼를 낳고 용은 상추를 좋아하며 늑대는 차가운 물에서 사냥한 먹이를 먹는다. 또 참두꺼비는 머릿속에 두꺼비 돌을 품고 있으며 이 돌은 사람을 독으로부터 보호해 준다고 했다. 물론 두꺼비로서는 반가운 얘기가 아니었을 것이다. 한편, 아리스토텔레스는 암컷 늑대의 임신 기간이 59~63일이고 새끼가 눈을 못 뜬 채 태어난다는 사실을 정확히 기록했다. 과학에서 신앙으로, 그리고 다시 과학으로 향하는 길은 동물에게 험난하고도 가혹한 여정이었다. 짐승의 본성은 난폭한 행동과 해이한 도덕성으로 정의됐다. 동물은 비겁할 수도 교활할 수도 혹은 고결할 수도 있었다. 악취를 풍기고 쉰 목소리로 울기도 했다. 그런 점에서 우리와 다를 게 뭔가?

그러는 동안 인간은 배를 만들어 바다를 건너고 피라미드를 세웠으며 화약을 발명했다. 총을 쏘고 나침반을 만들어 길을 찾았으며 기계식 시계를 개발했다. 더 선명한 세상을 보기 위해 안경을 발명했고, 마침내 1610년 갈릴레오는 망원경을 들어 밤하늘을 보았다. 과학자들은 점차 교회의 지배에서 벗어나려 했지만 그렇다고 동물의 운명이 나아지진 않았다. 1637년, 새로운 기계들이 세상의 질서를 바꾸기 시작하던 시기였으니, 프랑스의 저명한 철학자이자 과학자인 르네 데카르트가 동물의 행동을 시계 장치의 움직임에 비유한 것도 당연한 일이었는지 모른다.[14] 그에게 동물은 정교하게 조립된 자동

기계에 불과했다. 누군가 발로 차면 비명을 지를지라도 그것은 단순한 반사 작용일 뿐이다. 동물에게는 언어도 지능도 감정도 이성도 없다. 데카르트는 모든 정신활동이 육체를 초월한 영혼에서 비롯된다고 보았고 동물에게 영혼은 없다고 믿었다.* 동물은 본능에 따라 움직일 뿐 인간처럼 기쁨이나 고통을 온전히 느끼지도 세상을 인식하지도 못한다고 여겼다.** 마음도 영혼도 없다니. 이보다 더 편한 논리가 또 있을까. 데카르트의 추종자들은 살아있는 개를 해부대에 못 박고 그 처절한 울음소리를 단순히 기계장치의 삐걱거림 정도로 치부했다. 1674년 그의 열렬한 신봉자 니콜라 말브랑슈Nicolas Malebranche(어쩌다 보니 이름조차 '사악한 발톱'이라는 뜻이다)는 이렇게 황홀하게 선언했다. '그들은 기쁨 없이 먹고 고통 없이 울부짖으며 자라면서도 그것을 알지 못한다. 그들은 아무것도 바라지 않고 두려워하지 않으며 알지 못한다.'[15]

그리하여 동물은 인간과 비인간을 가르는 단단한 벽과 마주할 수밖에 없었다. 그 벽을 더 높이고 굳건히 다진 것은 바로 인간의 자아다. 우리는 '특별한 우리'와 '열등한 그들'을 구분하며 얼마나 우쭐했던가. 그러나 이 믿음을 모두가 받아들인 건 아니었다. 1733년 볼테르는 이 생각이 터무니없다고 여겼다. 개가 주인을 다시 만났을 때 보이는 기쁨만으로도 데카르트의 이론을 반박하기에 충분하다고 생각했다. 만약 동물이 감정을 느끼지 않도록 만들어졌다면, 자연은 어째서 해부칼 아래 드러난 감각기관을 인간과 똑같이 설계했단 말인가? 다행히도 '동물-기계'라는 개념은 우리의 의식 깊숙이 자리 잡지 못했다.

데카르트의 영혼이여, 나는 당신에게 한 편의 영상을 바친다. 길이 12미터로 아직 어린 혹등고래 한 마리가 나일론 걸그물***의 올가미에서 풀려나는 순간을 담은 영상이다.

2011년 2월 14일 밸런타인데이. 멕시코 코르테스해에서 마이클 피시바흐가 작은 배를 타고 다가갔을 때 혹등고래는 이미 죽은 듯 보였다. 마이클과 친구들은 아무런 움직임도, 생명의 흔적도 발견하지 못했다. 그러나 잠시 후 고래가 천천히 떠올라 거친 숨을 토해냈다. 마이클은 스노클을 착용한 채 바다로 뛰어들었다. 가까이 다가가서 보니 고래의 몸이 심하게 얽힌 어망에 휘감겨 있었다. 마이클과 고래의 시선이 마주쳤다. 그는 두려웠다. 고래가 공포에 휩싸여 몸부림친다면 그 거대한 힘이 그를 덮칠 수도 있었다. 하지만 마이클은 고래가 인

---

*   동물은 원죄를 지니지 않았기에 구원받을 필요도 영혼을 가질 이유도 없었다. 신 역시 동물에게 영혼을 주지 않았다. 만약 영혼이 있다면 동물 역시 고통과 시련을 겪어야 했을 것이다. 하지만 고통과 시련은 죄를 지닌 영혼들만 받는 형벌이었다. 그렇게 17세기, 신을 두려워하던 이들의 사고방식은 정교한 톱니바퀴처럼 맞물려 돌아갔다.

**   프랑스어 동사 'sentir'는 '느끼다'라는 뜻이다. 감정과 두려움, 분노 등을 느낀다는 의미와 단순히 감각을 인지한다는 의미를 함께 지닌다. 데카르트는 동물이 감정을 느낀다고 보지는 않았지만 감각 자체를 완전히 부정하지는 않았다. 다만 그는 동물의 감각이란 신경이 자극받아 자동으로 반응하는 기계적 과정일 뿐이며, 의식적으로 인식하는 것은 아니라고 설명했다(1649년 헨리 모어에게 보낸 편지). 그러니 그가 자신이 아끼던 작은 개 무슈 그라를 해부실로 데려가지는 않았을 것이다.

***   걸그물은 물고기가 머리는 통과할 수 있지만 몸은 빠져나오지 못하도록 촘촘하게 엮은 그물이다. 물고기는 아가미가 그물에 걸리면 옴짝달싹할 수 없다.

간의 선의를 알아주길 바랐다.

고래는 거의 움직일 수 없을 정도로 얽힌 그물에 끌려 수면 아래 4.5미터까지 가라앉았다. 양쪽 가슴지느러미는 몸에 단단히 고정된 채, 반짝이는 피부 위로 걸그물의 부표가 떠올랐다. 거친 숨소리가 들려왔다. 마이클은 가까스로 고래의 등지느러미 쪽을 풀어냈지만 나머지 그물은 너무 단단히 엉켜 손으로는 도저히 풀 수 없었다. 마이클은 배로 돌아가 무전을 보냈다. 그러나 구조대가 도착하려면 한 시간은 기다려야 했고, 고래는 빠르게 기력을 잃어가고 있었다. 그 사이 마이클의 친구 두 명이 배 위로 그물 일부를 끌어 올려 작은 칼로 조심스레 잘라냈다. 마침내 한쪽 가슴지느러미가 풀려났다. 긴장감이 맴돌았다. 고래가 숨구멍을 수면 위로 내밀었다. 푸후우 우우. 일행은 고래가 자신들의 도움을 받아들이고 있다고 믿었다. 자유를 예감한 듯 고래는 헤엄쳐 달아나려 했다. 걸그물에서 완전히 벗어나지 못했는데 배까지 끌고 가며 몸부림쳤다. 그렇게 400미터쯤 질질 끌고 간 끝에 고래는 지쳐버렸고 일행은 다시 칼을 들었다. "당기고 자르고, 당기고 자르고." 누군가 말했다. 30분이 지나자 반대편 가슴지느러미도 거의 풀렸다. 사람들은 꼬리 주변의 그물을 자르기 시작했다. 고래가 깊이 잠수하려 했다. 결말을 알고 있어도 긴장되는 순간이었다. 한 시간이 지나 이제 마지막으로 한 번만 더 자르면 될 만큼 그물이 배 위로 당겨 올라왔다. "자르자, 자르자!" 고래가 숨을 내뿜었다. 등이 수면 아래로 굽이치고 모두가 숨을 죽였다. 고래는 사라졌다.

카메라가 넓은 바다를 비추는데, 마치 어뢰처럼 물을 가르며 고래가 솟구쳤다. 배 위에서 환호성이 터졌다. 일행은 믿기지 않는다는 듯 입을 벌렸다. 고래가 등을 뒤집으며 다시 뛰어올랐다. 모두가 넋을 잃었다. 그리고 또 한 번. 장대한 생명체가 육중한 물보라를 일으키며 다시 솟구쳤다. 그 후 한 시간 동안 고래는 놀라운 광경을 선사했다. 마흔 번이 넘도록 거대한 몸을 수면 위로 내던지며 솟구쳤고, 꼬리로 파도를 가르고 가슴지느러미로 바다를 두드리며, 마침내 푸른 심연 위에서 춤을 추었다.

나는 이 영상을 몇 번이고 다시 볼 수 있다. 이 감격과 경이로움은 절대 바래지 않는다. 인간 중심적 감상에 젖은 상상이 아니다. 섬세한 생명이 빚어낸 상상이다. 다른 존재를 향한 진정한 감정의 교감. 바다는 혹등고래의 자유에 부서진 흰 포말로 가득 찼다. 고래는 꼬리로 파도를 힘껏 내리쳤다. 한 번, 또 한 번 그리고 또 한 번. 마이클은 말했다. "감사의 몸짓은 아니더라도, 우리는 그것이 순수한 기쁨의 표현이라고 믿었어요." 이 글을 쓰는 지금 이 영상 조회수는 3400만을 넘어간다.[16]

젖을 먹는 짐승

1674년 네덜란드의 한 포목상이 깜짝 놀란 눈으로 자신이 만든 현미경을 들여다보았다. 물방울 속에서 '작디작은 생물들'이 꿈틀대고 있었다. 훗날 미생물학의 아버지라 불리게 될 안토니 판 레이우엔훅이 광학 렌즈 제작에 몰두한 끝에 마침내 결실을 본 순간이었다. 그는 이후 혈구, 세균, 원생생물 그리고 인간의 정자를 발견한다.* 하지만 진정 자연사를 깊은 잠에서 깨운 인물은 스웨덴의 식물학자이자 동물학자 그리고 의사였던 칼 폰 린네다. 1735년 그는 《자연의 체계》 초판을 출간하며 동물계를 생김새에 따라 여러 분류로 나누었다. 그가 정립한 체계에서 분류군은 강綱으로 나뉘고 다시 목目, 속屬, 종種으로 세분됐다. 당시로서는 충격적이게도 그는 인간을 유인원과 나무늘보(얼굴이 놀랍도록 인간을 닮았다), 개의 머리를 지닌 인간(견두인 cynocephalus)과 함께 인간형목 Anthropomorpha에 넣었다. 린네의 초판에는 다소 기묘한 구석이 있다. 사티로스[고대 그리스 신화 속 반인반수의 존재]는 사번충과 함께 괴생물강 Paradoxa으로 분류했고, 하마와 땃쥐는 짐을 나르는 동물이라는 의미에서 운반동물목 Jumenta에 넣었다. 또한 사자와 호랑이뿐만 아니라 고슴도치, 두더지, 아르마딜로, 박쥐까지 맹수목 Ferae으로 묶었다. 린네는 멈추지 않고 계속해서 분류 체계를 다듬어 나갔다. 1748년 괴생물강은 분류에서 사라졌고 1758년 《자연의 체계》 10판에서 포유강 Mammalia이라는 새로운 용어가 등장한다. 이제 우리는 네발동물강 Quadrupedia이 아니라 '젖을 먹이는' 동물이 됐다.

린네는 우리가 속한 강綱을 정의할 때 다른 기준을 적용할 수도 있었다.** 이를테면 털이 있는 동물이라는 점을 강조할 수도 있었을 것이다. 하지만 그는 젖을 뜻하는 라틴어 'mamma'를 선택했다. 엄밀히 말하면 포유강을 정의하는 핵심 요소는 유방이 아니라 유선이다(오리너구리는 유방 없이 젖을 분비한다). 그는 이 특징을 택함으로써 인간을 확실히 포유강에 넣었고 이 범주에서 인간 배제의 여지를 남기지 않았다. 이는 사소한 결정이 아니다. 포유강이라는 명칭이 여성성을 강조했다면 그가 인간 종명에 붙인 '호모 사피엔스 Homo sapiens'는 남성성을 내포한다. 여성의 유방은 인간을 다른 동물과 연관 짓지만 '지혜로운 남자'라는 의미의 호모 사피엔스는 인간을 홀로 구별되는 존재로 만들었다.*** 이처럼 린네는 인간을 동물계에 포함하면서도 동시에 동물과 구별되도록 선을 그었다.

린네의 가장 위대한 업적은 이명법이다. 그는 각 생물종에 통용되는 과학적 명칭[학명]을 정하는 체계를 확립했다. 그 덕분에 우리는 특정 생물을 지칭할 때 혼란을 피할 수 있게 됐다.**** 각 종에는 라틴어 두 단어로 이루어진 이름이 붙는다. 첫 번째 단어(첫 글자를 대문자로 표기함)는 속을 나타내며, 예를 들어 '호모 Homo'가 이에 해당한다. 두 번째 단어는 종을 나타내며 '사피엔스 sapiens'가 이에 해당한다. 이와 같은 체계를 통

---

* 아이러니하게도 현미경의 발명은 '자연 발생설'을 완전히 부정하기보다는 오히려 이전에 보이지 않던 작은 생물 군집을 드러냈다. 그것들은 마치 저절로 생겨난 듯했다. 누구나 이 작은 '생물'을 만들어 볼 수 있었다. 물에 건초 한 움큼을 넣고 며칠만 기다리면 현미경 아래에서 이들 생명체를 직접 확인할 수 있었다.
** 포유류를 정의하는 여섯 가지 특징은 유선, 관절이 있는 턱뼈, 세 개의 귓속뼈, 좌측으로 굽은 대동맥궁, 뿌리가 나뉜 어금니, 털 또는 모피이다.
*** 린네는 라플란드를 여행하며 상류층 여성들이 유모를 고용해 키운 아이들보다 직접 모유를 먹여 키운 아기들이 훨씬 건강하다는 사실을 깨닫고 깊은 인상을 받았다. 그는 모유 수유 거부가 자연의 법칙에 어긋난다고 보았으며, 야생의 모든 어미 동물은 새끼에게 젖을 물리니 인간 어머니도 자연을 본받아야 한다고 조언했다.
****학명 외에는 같은 동물이라도 지역에 따라 이름을 다르게 부르는 일이 흔하다. 예를 들어 마운틴 라이언은 지역에 따라 쿠거, 퓨마, 팬서 등으로 불린다.

해 우리는 '담비*Mustela erminea*'가 '족제비*Mustela nivalis*'와 같은 속[족제비속]이지만 별개의 종이라는 사실을 알 수 있다. '사자*Panthera lio*'와 '재규어*Panthera onca*'도 같은 속[표범속]이지만 별개의 종이다. 이 체계는 성과 이름처럼 생물 간의 계통적 관계를 파악하는 데 도움을 준다. 린네가 정립한 이 방법은 시간이 지나면서 점점 정교해지고 분류군도 확장됐지만 기본 원리는 변함없이 유지되고 있다. 1766년 린네는 2400쪽에 달하는 《자연의 체계》 제12판에서 4400종 이상의 동물을 기록했다. 그는 특징이 비슷한 동물을 하나의 분류군으로 묶고 그 과정에서 의도치 않게 서로 먼 관계에 있는 생물 사이의 연관성을 드러내며 그들의 진화적 과거를 밝힐 단서를 제공했다.

새로운 종의 이름을 정하는 일은 신중해야 하며 때로는 큰 명예가 된다. 2017년 미국 캘리포니아 남부에서 새로운 나방 한 종이 발견됐다. 이 나방은 머리에 깃털 같은 금빛 비늘이 돋아있어 '가발'을 쓴 듯한 모습으로, 그 특징을 반영해 네오팔파 도널드트럼피*Neopalpa donaldtrumpi*라는 이름을 얻었다. 트럼프 대통령의 라이벌 격인 그레타 툰베리의 이름도 길이가 1밀리미터도 되지 않는 새로운 딱정벌레 종에 부여됐다. 종명이 넬롭토데스 그레타이*Nelloptodes gretae*인데 이름을 붙인 사람은 런던 자연사박물관의 자문 연구원 마이클 다비이다. 그는 이렇게 설명했다. "제가 연구하는 곤충군은 현재 알려진 생물 중 가장 작은 자유생활형 생물입니다. 기생하지 않으며 다른 생물체 내부에서 살아가지도 않죠. 대부분 길이가 1밀리미터를 넘지 않습니다."

햄프셔의 작은 마을 셀본에서 한 성직자(또 성직자라니, 늘 시간이 많은 듯하다)가 자연 세계를 탐구하며 기쁨을 찾고 있다. 이름은 길버트 화이트로, 그는 자신도 모르는 사이 영국 최초의 생태학자가 되었다. 화이트는 동시대 학자들과 달랐다. 당시에는 연구 명목으로 동물을 총살하거나 해부하는 일이 흔했다. 작가 리처드 메이비에 따르면, 사냥하는 수고조차 생략하고 해부부터 하기도 했다. 하지만 화이트는 살아있는 동물을 관찰하며 연구하는 '들판의 자연학자'였다. 동물의 행동을 세심하게 살피고 그들이 어떤 관계를 맺으며 살아가는지 기록했다. 그렇게 남긴 편지와 일지들은 1789년 《셀본의 자연사》로 출간되었고 이후 단 한 번도 절판된 적이 없다.

화이트는 제비가 물속에서 동면하는지 의문을 품은 것으로도 유명하지만, 지렁이가 자웅동체라는 사실을 밝혀냈고 푸른머리되새의 암컷과 수컷이 겨울이면 서로 다른 무리를 이룬다는 점도 알아냈다. 올빼미의 울음소리는 내림 나 B flat로, 뻐꾸기의 울음소리는 라 D로 들린다고 기록했으며, 칼새가 하늘을 날며 교미한다는 사실도 그의 관찰 덕분에 밝혀졌다. 그는 달리는 말의 발굽이 일으킨 먼지 속에서 작은 곤충들이 솟아오르고 그 곤충들이 다시 제비를 유인하는 장면까지 포착했다. 화이트가 기록한 영국은 산업혁명의 연기가 피어오르기 전, 아직 때 묻지 않은 자연 그대로의 모습이었다.

흰올빼미는 거의 울지 않는 듯하다(확신할 수는 없지만). 숲속 올빼미들의 요란한 울음소리는 자주 들리지만 흰올빼미는 낮고 거친 숨을 내뱉거나 쉭쉭거리며 위협적인 소리를 낼 뿐이다. 이런 소리는 듣는 이를 오싹하게 만들고 실제로 마을 전체를 소동에 빠뜨린 적도 있다. 사람들은 교회 묘지에 망령과 악령이 가득하다고 믿고 겁에 질렸다. 게다가 흰올빼미는 날아가며 섬뜩한 비명을 내지르기도 한다. 아마도 이런 소리 때문에 사람들은 '비명올빼미'라는 상상의 올빼미가 창가를 맴돌면 죽음이 다가온다는 미신을 믿게 되었을 것이다. 내가 지금까지 관찰한 모든 올빼미의 날갯짓은 놀라울 정도로 부드럽고 유연했다. 사냥할 때 소리가 나지 않도록 날개의 저항이나 바람 가르는 소음을 최소화할 필요가 있었기 때문일 것이다.[17]

자연을 바라보는 시선이 달라지고 있었다. 더 이상 자연은 정복하거나 길들여야 할 대상이 아니고 맞서 싸워야 할 적도 아니었다. 자연은 온순하면서도 끝없이 경이로운 세계로 다가왔다. 길버트 화이트의 맑고 호기심 어린 눈은 자연 속 생명들이 서로 밀접하게 연결되어 의존하며 살아가는 공동체임을 포착했다. 그 관계망 속에는 인간도 포함되었다.
하지만 세상은 여전히 권력에 지배당하고 깊이 분열돼 있었다. 이제 우리를 새로운 시대로 이끌 사람은 독일 출신의 학자 알렉산더 폰 훔볼트다.

창조자와 파괴자

어떤 미세한 생명체가 물속에 떨어지면 개구리밥이 된다. 그것이 물과 땅이 맞닿은 경계에 이르면 지의류가 되고, 더 위쪽으로 퍼져나가면 얼레지가 된다. 비옥한 흙에 닿으면 오족(烏足)이라는 풀이 되는데, 그 뿌리는 애벌레로 변하고 잎은 나비가 된다. 나비는 변화하여 벌레가 되는데 굴뚝 구석에서 자라면서 허물을 벗은 것 같은 구철(鴝掇)이 된다. 1000일이 지나면 구철은 간여골(乾餘骨)이라는 새로 변하고, 그 새의 침은 시미(斯彌)가 된다. 시미는 초파리가 되고, 초파리에서 위유(蟲蠕)가 태어난다. 황황(黃軦)은 구유(九猷)를 낳고, 무예(瞀芮)는 반딧불이를 낳는다. 오랫동안 새순이 돋지 않던 대나무에 양기가 깃들면 청녕(靑寧)이 생기고, 청녕은 표범을 낳고 표범은 말을 낳고 말은 인간이 된다. 그리고 인간은 다시 만물이 생겨 나와 돌아가는 거대한 질서 속으로 사라진다.

《장자》[18]

악마의 거래

파우스트 박사는 천문학자이자 의사, 철학자, 연금술사, 강령술사였다. 1541년 연금술 실험 도중 폭발이 일어났고 그는 '처참하게 훼손된 채' 발견됐다. 당시 성직자들은 악마가 직접 찾아와 그의 영혼을 거두었다고 떠들어댔다. 자신의 영혼을 악마에게 팔고 무한한 지식을 얻었다는 이야기는 기독교적 세계관 속에서 전설이 됐고, 신보다 인간의 지식을 중시했던 그는 결국 경고의 대상으로 남았다. 독일의 시인이자 박식가, 극작가인 괴테는 파우스트[괴테가 쓴 희곡의 제목이자 작품의 주인공]의 입을 빌려 이렇게 말했다. "나는 세상을 묶고 / 움직이는 그 힘을 꿰뚫어 보고 싶다." 안드레아 울프는 《자연의 발명》에서 이는 마치 괴테의 젊은 친구인 알렉산더 폰 훔볼트(1769~1859)가 했던 말처럼 들린다고 했다.

우리는 '잊힌 위대한 과학자'였던 훔볼트를 안드레아 덕분에 다시 기억하게 됐다. 훔볼트가 자연을 이해하는 방식을 형성한 혁신적인 사고는 탐험을 통한 깨달음에서 비롯됐다. 그는 경이로운 여정을 통해 세상의 모든 것이 보이지 않는 실로 연결돼 있다는 사실을 깨달았다. 1800년 훔볼트와 동료 탐험가 에메 봉플랑은 카라카스 남쪽, 광활한 남아메리카 야노스 평원에 도착한다. 그곳에서 훔볼트는 홀로 우뚝 선 마우리티아 야자 한 그루가 작은 생태계를 이룬 모습을 목격했다. 새들은 나무에서 떨어진 열매를 쪼아 먹고, 넓게 펼쳐진 부채 모양 잎들이 바람에 날린 흙을 붙잡아 두었다. 그 흙 속에 스며든 습기는 곤충과 벌레들이 살아가기에 더없이 좋은 환경을 만들었다. 나무 한 그루가 하나의 생명 공동체를 이룬 것이다. 이 순간부터 훔볼트는 자연을 살아 움직이는 유기체로 보기 시작했다. 그의 통찰은 시대를 100년이나 앞선 것이다.

그들은 작은 배를 타고 '오리노코강'을 따라 노를 저으며 내려갔다. 강가에는 커다란 악어가 수백 마리, 그리고 또 수백 마리씩 줄지어 있었다. 어느 쪽으로도 끝이 보이지 않을 만큼 악어의 행렬이 계속됐다. 강변에서는 카피바라 무리가 한가롭게 풀을 뜯고 있었다. 이 커다란 기니피그 같은 설치류는 몸무게가 50킬로그램을 훌쩍 넘고 래브라도 리트리버보다 두 배나 컸다. 강에서 악어를 피해 도망치던 카피바라는 때때로 표범의 입속으로 그대로 뛰어들었다. 훔볼트는 강돌고래, 덩치 큰 맥[코가 뾰족하고 돼지를 닮은 초식동물], 수천 마리의 홍학과 저어새, '말을 삼킬 만큼' 거대한 보아뱀을 기록했다.

그곳은 인간의 손길이 닿지 않은, 오롯이 생명으로 가득 찬 세계였다. 밤이 되면 야생의 혼돈이 펼쳐졌다. 어둠 속에서 표범이 맥을 사냥하면 놀란 원숭이들이 나무 위에서 날뛰고, 잠자던 새들이 일제히 날아올라 숲을 뒤흔들었다. 그곳에서는 오직 '그들 스스로' 생명의 균형을 조절했다. 훔볼트는 이전 사상가들의 인간 중심적인 자연관을 거부했다. 인간의 개입이 자연을 개선하기는커녕 균형을 무너뜨린다고 보았다. 원주민들은 훔볼트에게 강가에서 어떤 일이 벌어졌는지 보여주었다. 스페인 수도사들이 외딴 선교지의 교회를 밝힐 기름을 얻기 위해 강가의 거북알을 '닥치는 대로' 모았고 그 결과 거북 개체수가 눈에 띄게 줄었다. 베네수엘라 해안에서는 무분별한 진주 채취로 굴이 점차 사라지고 있었다.

정오의 태양이 이글거리는 뜨거운 공기 속에서 자연이 만들어 낸 정적은 얼마나 강렬한가! 숲속 짐승들은 그늘진 덤불 속에 몸을 숨기고, 새들은 나뭇잎 아래나 바위틈에 웅크린다. 그러나 이 고요함 뒤에는 보이지 않는 생명의 움직임이 가득하다. 귀를 기울이면 공기를 타고 흐르는 낮은 진동, 끊임없이 이어지는 속삭임, 사방을 가득 채운 곤충들의 윙윙거림이 들려온다. 이 미묘한 소리에서 자연이 끊임없이 살아 숨 쉬고 있음을 깨닫는다. 수많은 곤충이 바짝 마른 땅 위를 기어다니고, 작열하는 햇볕 아래에서 식물 주위를 바쁘게 날아다닌다. 덤불 깊숙한 곳, 썩은 나무줄기의 틈, 바위의 갈라진 틈새, 그리고 도마뱀이나 노래기, 무족영원[땅속에서 사는 원시 양서류]이 파헤쳐 놓은 흙 속에서도 생명의 기척이 쉼 없이 흘러나온다. 곳곳에서 수많은 생명이 저마다의 방식으로 자연이 살아있음을 증언한다. 갈라지고 메마른 대지 위에서도, 고요하고 깊은 물 속에서도, 우리를 감싸며 흐르는 공기 속에서도, 생명은 무수하고 다양한 형태로 퍼져나가고 있었다.[19]

훔볼트는 남아메리카에서 마주한 풍경을 통해 생명체들이 하나의 촘촘한 그물망처럼 얽혀 살아간다는 사실을 다시금 깨달았다. '어떤 것도 홀로 존재하지 않는다. 동물에게만 있다고 여겼던 화학적 원리가 식물에서도 발견된다. 유기체 전체는 하나의 긴 사슬로 연결되어 있다.'[20] 과학자의 냉정한 시선과 생생한 묘사가 어우러진 훔볼트의 글은 독자들을 생명의 리듬이 소용돌이치는 풍경 속으로 이끌었다. 그 속에서 인간은 '아무것도 아닌 존재'였다. 그가 남아메리카 열대 지역을 탐험하며 남긴 여행기 《신대륙 적도 지역 여행의 사적인 기록, 1799~1804년》는 독자들에게 미지의 세계를 펼쳐 보였다. 붉게 빛나는 곤충, 용혈수, 어둠 속을 떠도는 동굴의 기름쏙독새에 관한 신비로운 묘사는 한 영국 청년의 상상력을 뒤흔들었다. 아버지의 기대와는 달리, 신학 공부만큼은 절대 하고 싶지 않았던 그의 이름은 찰스 다윈이다.

훔볼트가 오리노코강의 작은 배 옆에서 깊은 사색에 잠겨 강물을 들여다보고 있을 때, 그로부터 7600킬로미터 떨어진 곳에서는 윌리엄 페일리 신부가 리넨 종이 위에 펜을 들고 있었다. 영국의 성직자이자 철학자인 그는 매우 흡족해 보인다. 신성한 창조자의 존재를 증명할 새로운 비유를 막 떠올렸기 때문이다. 이 비유는 훗날 '황야에 버려진 시계'라 불리며 빅토리아 시대 영국인들 마음속에 깊이 각인될 교훈이 된다. 내용은 이렇다. 당신이 황야를 걷다 돌을 하나 발견했다고 하자. 그 돌이 왜 그 자리에 있는지 묻는다면, 아마도 늘 그곳에 있었을 것이라 답할 것이다. 하지만 만약 같은 자리에서 시계를 발견했다면 그 시계가 원래부터 거기에 있었다고 생각하지는 않을 것이다. 왜냐하면 시계는 분명 시간을 알리는 목적으로 만들어졌기 때문이다. 따라서 반드시 시계를 만든 사람이 있을 것이다. 같은 논리로, 생물이나 식물을 이루는 복잡한 구조 또한 저마다의 목적을 위해 만들어졌으며 그 창조주 역시 존재할 것이다. 페일리 신부는 신의 창조물을 연구하는 것이 곧 신에게 다가가는 길이라 믿었다. 1802년 그의 책 《자연신학》이 출판되자 빅토리아 시대에 수천 명의 아마추어 자연주의자가 등장했다. 여성들은 고기 잡는 그물로 바위 웅덩이를 휘젓고, 소년들은 나비채를 들고 초원을 헤매고, 성직자들은 딱정벌레를 쫓아다녔다. 성직자 윌리엄 빙글리는 영국의 명금류에 '상대적 가치'에 따라 순위를 매겼다. 기준은 '음색의 부드러움' '경쾌함' '애절함' '온화함' '기교'이며 각 항목은 20점 만점이다. 목록의 맨 위에 오른 밤꾀꼬리는 거의 모든 항목에서 19점을 받았다. 황금방울새는 경쾌함에서 19점을 기록했다. 반면 대륙검은지빠귀는 가장 높은 점수가 4점에 불과하며 애절함에서는 0점을, 기교에서는 2점을 받는 데 그쳤다.[21]

이것이 바로 젊은 찰스 다윈이 성장한 19세기 초의 시대상이다. 과학이 종교에 밀려 주류가 되지 못했다고 해서 생명의 기원에 대한 의문이 없었던 것은 아니다. 새로운 이론은 끊임없이 등장했다. 1794년 찰스 다윈의 할아버지 이래즈머스 다윈은 저서 《동물학》에 이렇게 썼다. '지구가 생겨난 이래 수백만 년이 흐르는 동안 … 모든 온혈동물은 단 하나의 살아있는 섬유질에서 기원했을지도 모른다. … 스스로 변화하고 발전할 수 있는 능력을 지니고 있었으며 그 변화가 대대로 후손들에게 전해지며 영원히 이어져 온 것이 아닐까? 너무 대담한 상상일까?' 진화라는 개념이 새로운 것은 아니었다. 다만 기독교 교리에서 오랫동안 금기시했을 뿐이었다.

기독교인들은 1650년 제임스 어셔 대주교의 계산 덕분에 지구의 탄생 시점을 정확히 산출했다고 믿었다. 그는 구약 성경에 등장하는 족장들의 생애를 하나하나 따져본 끝에 지구가 기원전 4004년 10월 23일 토요일 오후 6시에 창조됐다고 결론 내렸다. 하지만 이런 계산으로는 지질학적 의문을 풀 수 없었다. 길이 1미터에 이르는 허벅지뼈가 습지에서 모습을 드러내고 용이나 거대 괴물의 구부러진 송곳니가 발견되는 상황에서, 이런 화석들이 어디서 온 것인지 설명할 길이 없었다. 지질학자들은 지구 나이가 고작 6000년이라는 주장을 받아들이기 어려웠다. 그렇다면 인간이 존재하기 전에 이토록 다양한 생명체가 있었다는 사실은 무엇을 의미하는가? 인간이 감상하거나 활용할 수도 없었을 그 수많은 생물은 대체 어떤 이유로 창조된 것일까? 멸종이라는 개념은 신의 창조가 불완전했다는 뜻일 수도 있다. 만약 어떤 생물이 사라질 운명이라면 애초부터 완벽하게 창조되지 않았다는 의미이기 때문이다. 신은 본격적인 창조에 앞서 연습 삼아 자신의 솜씨를 다듬고 있었는지도 모른다. 프랑스의 고생물학자 조르주 퀴비에는 화석 기록을 설명하며 노아의 홍수와 같은 대격변이 멸종을 초래했다고 주장했다. 창세기와 지질학을 절묘하게 조화하려는 시도였다.*

그러던 1830년 찰스 라이엘의 《지질학의 원리》 제1권이 출판됐다. 때마침 22세의 다윈은 영국 해군 함선 비글호에 박물학자로 승선할 준비를 하고 있었다. 그는 《지질학의 원리》를 짐 속에 챙겨 넣었고 훔볼트의 여행기도 함께 가져갔다.

---

* 퀴비에는 쏟아져 나오는 화석을 설명하기 위해, 이전의 '창조' 이후 네다섯 번의 대격변이 있었다고 주장했다. 그러나 시간이 흐를수록 더욱 다양한 화석이 발견되었고 이를 설명하려면 대격변의 횟수도 계속 늘려야 했다.

파괴의 순간

나는 변하여 다양한 형태가 된 몸들을 노래한다….

_오비디우스, 《변신 이야기》

어린 시절부터 동물의 세계에 매료된 찰스 다윈은 딱정벌레를 열정적으로 수집하며 작은 벌레 한 마리까지 세심하게 관찰하곤 했다. 그는 훔볼트의 발자취를 따라 탐험에 나서기를 꿈꿨고 마침내 1831년 아버지에게서 항해 비용을 지원받아 기회를 잡았다. 다윈은 비글호 탐사대의 자연 연구가로 승선해 남아메리카 해안을 조사하는 임무를 맡았다. 비글호는 1831년 12월 27일 플리머스에서 출항했다. 다윈은 심한 뱃멀미로 침대에 몸을 파묻고 지내는 날이 많았지만 한편으로는 지구의 변화를 만들어 내는 위대한 자연의 힘(바람, 비, 얼음, 빙하, 강, 바다)에 몰두했다. 라이엘이 주장한 지질학적 변화가 그렇게도 오랜 세월에 걸쳐 이루어진다면 생명 역시 서서히 변해온 것은 아닐까? 아르헨티나 푼타 알타에서 다윈은 절벽을 조심스럽게 부수며 방대한 양의 뼈 화석을 발굴한다. 그것은 이 대륙에서만 볼 수 있는 동물들의 거대 조상이었다. 화석 중에는 덩치가 코끼리만 한 거대 나무늘보도 있었는데 이는 지구상에 존재했던 거대 포유류 중 하나다.

4년여의 항해 끝에 1835년 9월 15일, 다윈은 에콰도르에서 서쪽으로 965킬로미터 떨어진 지점에서 뜨거운 태양 아래 펼쳐진 외딴 군도를 만난다. 거친 화산암으로 이루어진 갈라파고스 제도는 바다에서 갓 솟아오른 듯한 모습이었으며 기묘한 파충류들의 왕국이었다. 거대한 땅거북들은 다윈을 가만히 응시하더니 '느릿하게 발걸음을 옮겼다.' 새들은 사람을 전혀 경계하지 않았고, 해안가를 가득 메운 '기괴한' 해양 이구아나 무리는 태초의 세계에 들어선 듯한 인상을 주었다. 이곳에서 다윈은 훗날 종의 기원을 밝히는 결정적인 단서를 손에 넣는다. 하지만 당시에는 알아차리지 못했다. 그가 수집한 13종의 되새는 저마다 서식지와 먹이에 알맞은 부리 모양을 지녔는데 다윈은 이 차이를 깊이 고민하지 않았다. 그러다 영국에서 조류학자 존 굴드가 이 새들이 모두 다른 종이며 공통 조상에서 갈라졌을 가능성이 있다고 시사했을 때야 비로소 그 의미를 깨닫기 시작한다. 그리고 다윈이 종의 변이 가능성에 대해 진지하게 고민하게 된 계기는, 섬을 떠나기 직전 부총독이 무심코 던진 한마디였다. 그는 거북의 등껍질만 봐도 어느 섬에서 왔는지 알 수 있다고 했다. 이는 신이 모든 생물을 완벽한 형태로 창조했다는 기존의 믿음을 뒤흔드는 말이기도 했다. 36일 동안 표본을 수집하고 해안을 조사한 뒤, 비글호는 다시 타히티섬을 향해 돛을 올렸다. 다윈은 아직 자신이 '가장 큰 수수께끼'를 풀어낼 열쇠를 쥐고 있다는 사실을 알지 못한 채였다.

 1836년 10월 2일 비글호가 팰머스항에 도착해 다윈은 무려 5년 만에 고향으로 돌아간다. 오랜만에 마주한 아버지는 그에게 이마가 더 넓어진 것 같다고 말했다. 이제 다윈의 앞에는 퍼즐 조각을 서서히 맞춰갈 5년의 성찰과 '변이를 수반한 계승'이라는 이단적인 이론을 뒷받침할 증거와 메커니즘을 마련할 20년 이상의 연구가 기다리고 있었다. 찰스 라이엘에게서 다윈은 진화가 이루어지는 방대한 시간적 규모를 배웠다. 그리고 토머스 맬서스의 《인구론》(1798)에서 자연선택이 종 전체에 걸쳐 어떻게 작용하는지 설명하는 결정적인 실마리를 얻었다. 개체들은 자원을 두고 경쟁하며, 그중 가장 적합한 개체가 살아남아 번식한다는 개념이다. 다윈은 그 의미를 분명히 이해했다. 그의 아내 엠마는 신앙이 깊었다. 1844년 다윈은 식물학자 조지프 후커에게 보낸 편지에서 자신의 확신이 점점 커지고 있음을 밝혔다. '종이 변하지 않는다는 것은 거짓말이야. (이렇게 말하려니 마치 살인이라도 고백하는 기분이지만.)'[22] 이제 남은 과제는 그걸 증명하는 것이었다.

그해 익명으로 출간된 《창조의 자연사적 흔적Vestiges of the Natural History of Creation》은 다윈의 연구에 결정적인 자극을 준다. 이 책은 인간이 하등생물에서 유래했다는 주장을 담아 빅토리아 시대 영국 사회에 큰 충격을 주었다. 책에 따르면, 신성한 창조주는 자신의 '수륙 극장'에서 자연이 점진적으로 발전하도록 설계했으며, 원시 생명체는 모호한 전기화학적 과정에서 탄생해 서서히 변화해 갔다. 즉, 어류에서 파충류로, 파충류에서 포유류로, 그리고 마침내 인간으로 발전했고, 인간은 '지구상에 살아있는 자연의 진정하고도 명백한 정점'이라는 것이다. 경건한 어조로 쓰인 《창조의 자연사적 흔적》은 신을 향한 존경심을 유지하면서도 창세기의 서술과 상충하는 내용을 담고 있었다. 책의 저자는 한동안 베일에 싸여있었으며 일각에서는 그가 앨버트 공이라는 추측이 나왔다. 한편, 기득권층에서는 책의 논지가 지나치게 교묘하고 '성급하게 결론을 내린다'는 점에서 여성의 손길이 가미된 게 아닐까 의심하기도 했다.* 논란 속에서도 책은 국제적인 베스트셀러가 되었으며 그 여파가 1847년 벤저민 디즈레일리의 소설《탠크레드Tancred》에도 스며들었다. 소설 속에서 레이디 콘스턴스는 지질학이 모든 것을 증명한다고 말한다. "처음에는 아무것도 없었고 그다음엔 무언가가 생겼어. 그다음은… 뭐였더라? 아마 조개가 있었고 그다음엔 물고기… 그리고 우리가 나타났어. 잠깐만, 우리가 다음이었나? 뭐, 그건 중요하지 않아. 어쨌든 결국 우리가 나타났지…. 아, 맞아! 우리는 한때 물고기였고 아마도 앞으로는 까마귀가 될 거야."[23]

―※―

알자히즈Al-Jahiz(776~868)는 9세기 바그다드에서 활동한 다재다능한 이슬람 학자로, 다양한 주제를 넘나들며 많은 저서를 남겼다. 그는《수전노들The Book of Misers》에서 인간의 탐욕을 다루었고《입을 다무는 기술The Art of Keeping One's Mouth Shut》《관료들을 반박하며Against Civil Servants》 같은 작품도 남겼다. 특히《키탑 알하야완Kita-b al-H'ayawa-n》, 즉《동물의 서Book of Animals》는 총 7권에 이르는 방대한 저술이다. 그의 이름은 '벌레처럼 튀어나온 눈'을 뜻하는데 실제로 그의 안구는 돌출된 형태였다. 어쩌면 그는 이 신체적 특징을 유머러스한 문체로 승화하려 했는지 모른다. 그의 글에는 재치와 시, 풍자가 자연스럽게 녹아있어 지루할 틈이 없다.《동물의 서》에는 아리스토텔레스의 동물학 연구에서 받은 영향을 비

---

* 저자가 사망한 지 열두 해가 지난 1884년에야 이 책을《체임버스백과사전》을 편찬한 체임버스 가문의 로버트 체임버스가 썼다는 사실이 밝혀졌다.

롯해 선원들의 일화와 그의 직접적인 관찰 기록이 담겨있다. 그는 93세까지 장수하고 바스라의 자택에서 사망했다. 전하는 이야기로는 서재에서 무너진 책더미에 깔려 숨졌다고 한다. 전설은 그렇게 끝났지만 그의 글은 남아 이렇게 말한다.

> 동물은 끊임없는 투쟁 속에서 살아간다. 먹이를 얻기 위해, 포식자로부터 살아남기 위해, 그리고 종을 잇기 위해. 환경은 생물에게 새로운 특성을 부여하며, 이러한 변화가 쌓이면 결국 새로운 종이 탄생한다. 살아남아 번식하는 개체는 그 성공적인 형질을 자손에게 물려준다.[24]

비둘기 애호가 모임

나라 곳곳의 허름한 정원 창고에서 다윈은 뜻밖의 공동체를 발견했다. 그들은 진화의 미묘한 변화를 그 어떤 과학자보다 깊이 이해하고 있는 열정적인 개척자들이었다. 그렇게 다윈은 비둘기 애호가의 세계에 발을 들였다. 1855년 첫 집비둘기를 손에 넣은 그는 불과 몇 달 만에 비둘기의 매력에 빠져든다. 자연선택은 수천 년에 걸쳐 서서히 이루어지는 반면, 인위적 선택으로는 단 3세대 만에 돌연변이와 형질의 변화를 확인할 수 있었다. 그는 매일같이 비둘기장을 찾으며 더욱 독특하고 화려한 비둘기를 길러냈다. 그는 하나의 종이 이렇게나 극적이고 다양한 형태로 변할 수 있다는 사실에 놀랐다. 팬테일, 넌, 자코뱅, 트럼페터, 크레스티드 헬멧, 자이언트 런트, 등에 풍성한 곱슬깃이 돋아난 프릴백, 모이주머니를 공처럼 부풀리는 파우터, 발에 깃털이 나서 작은 날개가 달린 듯한 얼음 비둘기까지. 다윈은 특정 돌연변이를 선택적으로 짝지어 원하는 형질을 유지했고, 서로 다른 품종을 교배해도 건강하고 번식 가능한 자손이 태어난다는 사실을 확인함으로써 모든 비둘기 품종이 바위비둘기 *Columba livia*에서 유래했음을 증명했다.

인간은 오래전부터 자연을 활용하는 데 거침이 없었다. 5000년 전 중동 사람들은 야생 바위비둘기를 위한 둥지를 마련하고 규칙적으로 먹이를 주기 시작했다. 인도, 페르시아, 지중해 지역에서는 비둘기의 귀소 본능을 이용한 스포츠가 성행했다. 오늘날 도시에서 흔히 볼 수 있는 집비둘기는 그 시절 집으로 돌아가지 못한 경주용 비둘기들의 후손이다. 다윈은 비둘기들이 저마다 개성이 다르다는 점도 놓치지 않았다. 어떤 개체는 지배적이고 어떤 개체는 조용하며, 온순하거나 공격적이거나 혹은 수줍음을 타기도 했다. 그중에서도 그는 하늘을 날다가 뒤로 공중제비를 도는 텀블러 비둘기에 매료됐다.

> 어떤 비둘기에게 이런 독특한 습성이 나타났을 가능성은 충분히 있다. 그리고 여러 세대를 거치며 가장 뛰어난 개체들이 선택적으로 번식한 끝에, 텀블러 비둘기는 지금 모습이 됐다. 브렌트 씨에 따르면, 글래스고 인근에는 공중제비를 돌지 않고서는 45센티미터도 날아오르지 못하는 텀블러 집비둘기들이 있다고 한다.[25]

바위비둘기에서 텀블러 비둘기가 나왔고, 텀블러 비둘기

에서 다시 팔러 롤러가 탄생했다. 팔러 롤러는 날지 못하는 대신 땅에서 본능적으로 뒤로 공중제비를 돈다. 이 품종은 뇌의 평형기관에 결함이 있는 개체들을 선택적으로 번식시킨 것이다. 그때부터 비둘기 애호가들의 세계는 걷잡을 수 없이 어두운 영역으로 빠져들었다. 이런 비둘기를 만드는 목적은 단 하나, 경기였다. 사육자들은 이들을 볼링공처럼 던져 얼마나 멀리까지 뒤로 구를 수 있는지 겨뤘다. 이 광경을 담은 영상은 충격적이다. 이 글을 쓰는 지금, 세계 기록은 무려 201.85미터에 달한다.

다윈이 제시한 비둘기 예시는 《종의 기원》의 핵심을 이루며 일반 독자도 쉽게 이해할 수 있는 사례다. 하지만 그는 형질이 어떻게 자손에게 전달되는지는 끝내 설명하지 못했다. 처음에는 부모의 형질이 섞여 혼합된다고 보는 혼합 유전설을 지지했지만 관찰 결과와 맞지 않았다(만약 혼합 유전이 사실이라면 검푸른 비둘기와 흰 비둘기를 교배했을 때 왜 흐릿한 회색 새가 태어나지 않는가?). 혼합 유전이 맞다면 유익한 형질이 세대를 거듭할수록 평균화되어 자연선택이 작용하기도 전에 사라졌을 것이다. 인류는 농경이 시작된 이래 가축을 선택적으로 번식시켜 왔지만 형질이 유전되는 원리, 아이러니하게도 다윈 이론의 근본을 이루는 개념은 20세기에 들어서도 풀리지 않은 수수께끼였다. 흥미롭게도, 다윈이 자신의 비둘기들에게 먹이를 주던 바로 그 시기, 오스트리아의 한 수도원에서는 수도사 한 명이 한창 완두콩에 물을 주고 있었다…*

해마다 다윈은 자신의 이론을 다듬으며 모든 주장에 사례를 덧붙이고 모든 문장을 증거와 사실로 촘촘히 채워나갔다.

그는 극심한 편두통, 위통, 종기, 궤양, 복부 팽만, 메스꺼움, 떨림, 구토, 불면증에 시달렸다. 불타는 탐구심이 그의 건강을 갉아먹은 것일까? 연구는 지독할 정도로 더디게 진행됐다. 그러던 1857년 12월, 그를 뒤흔든 편지 한 통이 도착한다. 아마도 자연사에서 가장 유명한 편지일 것이다. 젊은 박물학자 앨프리드 러셀 월리스가 말레이 제도에서 표본을 채집하며 다윈과 정확히 같은 생각을 하고 있었다. 그리고 이듬해인 1858년 봄에 월리스에게서 또 한 통의 편지가 날아든다. 그는 말라리아 열병에 시달리던 중 문득 깨달음을 얻었다. 맬서스의《인구론》이 떠오른 것이다…. 다윈은 자신의 이론을 '그대로' 설명한 월리스의 글을 읽으며 평생을 바친 연구 업적이 눈앞에서 무너지는 듯한 충격을 받는다. 너무나 가혹했다. 타이밍, 윤리적 딜레마…. 무명의 학자에게 마지막 순간에 추월당할 수도 있다니, 어찌해야 한단 말인가? 월리스의 논문을 모르는 척하면 비난을 피할 수 없을 테고 자신이 연구한 내용을 그대로 발표하기도 어려웠다. 절망 속에서 다윈은 월리스의 원고를 라이엘에게 보냈고, 자신의 연구를 이렇게 완벽하게 요약한 글이 있을 수 있겠느냐며 씁쓸해했다. 이에 라이엘은 공정한 해결책을 제시했다. 다윈이 1844년에 작성한 연구 개요와 함께 월리스의 논문을 린네 학회에 제출해 선행 연구와 우선권을 명확히 밝히라는 것이다. 월리스는 이를 흔쾌히 받아들였고,

* 그레고어 멘델은 완두콩을 이용한 실험을 통해 형질이 부모로부터 자손에게 전달되는 기본 원리를 증명했다. 1866년 그는 연구 결과를〈식물 잡종에 관한 실험〉이라는 논문으로 발표했지만 주목받지 못했고, 1900년에 이르러서야 다시 빛을 보았다. 이렇듯 부모의 형질이 자손에게 전달되는 메커니즘은 이미 밝혀져 있었지만 다윈은 이 중요한 퍼즐 조각을 알지 못한 채 생을 마쳤다.

이론이 세상에 공개되자 다윈은 서둘러 자신의 위대한 저서를 완성하는 데 몰두했다. 그리고 마침내 《종의 기원》이 1859년 11월 24일 출간됐다.

이 책은 생물이 오랜 세월에 걸쳐 변해가는 원리를 설명한다. 자연계에서 경쟁을 통해 더 나은 형질을 지닌 개체들만이 살아남아 번식하며 그 형질을 후대에 물려준다는 것이다. 다윈은 이를 다음과 같이 표현했다. " 나는 작은 변이가 유용할 경우 보존되는 이 원리를 '자연선택'이라 이름 붙였다. … "[26] 《종의 기원》 초판 1250부는 출간 당일 모두 팔렸다.

유인원 대소동

> 신앙은 자칼과 같아서 무덤 사이에서 먹이를 찾으며, 죽음의 회의 속에서 가장 생명력 넘치는 희망을 모은다.
>
> _허먼 멜빌

런던 동물원에서 다윈은 암컷 오랑우탄 제니의 눈을 들여다보며, 온갖 소동에도 불구하고 '인간'을 논의에서 제외하기로 결심했다. 그러나 《종의 기원》이 남긴 함의는 언론의 눈을 피할 수 없었다. 창조론이 치명타를 입었을 뿐 아니라 인간의 특별한 지위마저 흔들리고 있었다. 《종의 기원》이 인간이라는 종을 직접적으로 다루지 않았음에도 인류의 유인원 조상에 관한 논쟁이 뜨겁게 일었고, 신문 만평에서는 다윈을 털북숭이 원숭이처럼 나무에 매달린 모습으로 풍자했다. 다윈이 창조주의 개입을 배제할 증거를 제시한 가운데* 그의 가장 강력한 지지자인 생물학자 '불도그' 토머스 헉슬리는 기꺼이 칼을 빼 들었다. 카리스마 넘치고 웅변에 능하며 논쟁을 즐겼던 헉슬리에게 마침내 최고의 순간이 찾아왔다. 1860년 6월 30일, 성직자들과 대학생들로 가득 찬 방에서 그는 옥스퍼드 주교 사무엘 윌버포스와 공개 토론으로 맞붙었다. 두 사람은 무대 위 배우들처럼 불꽃 튀는 설전을 벌였다. 이 자리에서 윌버포스는 헉슬리를 조롱하며 그의 고릴라 조상은 어머니 쪽인지 아니면 아버지 쪽인지 물었다고 전해진다. 이에 헉슬리는 (그의 회고에 따르면) 이렇게 응수했다.

> 만약 저에게 비참한 유인원을 할아버지로 두는 것과, 자신의 타고난 능력과 큰 영향력을 진지한 과학적 논의를 조롱하는 데 사용하는 인간을 할아버지로 두는 것 중 선택하라고 묻는다면, 저는 주저 없이 유인원을 택할 것입니다.[27]

헉슬리는 진화론 논쟁을 링 위의 결투처럼 즐겼다. 그의 또 다른 상대는 저명한 해부학자이자 고생물학자인 리처드 오언이었다. 오언은 소해마hippocampus minus가 인간에게만 존재하는 뇌 구조이며 인간과 유인원을 구별하는 결정적인 특징이라고 주장했다. 그러나 헉슬리는 유인원과 원숭이의 뇌에서도

---

* 다윈은 초판 서문에서 단호하게 밝혔다. '각 종이 독립적으로 창조됐다는 관점은 잘못된 것이다.' 그러나 그의 이론에는 형질이 어떻게 유전되는지에 대한 멘델의 발견이 결정적으로 빠져있었다.

이 구조를 분명히 찾아냈다. 이 사건은 훗날 '위대한 하마 시험[하마(hippopotamus)는 해마(hippocampus)의 발음을 비튼 말장난이다]'으로 불리게 되는데, 성직자이자 작가인 찰스 킹즐리가 어린이 동화 《물의 아이들》(1863)에서 이를 풍자했기 때문이다. 이 동화에는 '수많은 사물에 대해 매우 기묘한 이론을 주장하는' 프트므르느스프르츠['모든 것을 병 속 알코올에 담가 표본으로 만든다'는 의미의 영어 문구(Put-them-all-in-spirits)에서 자음만 따 붙인 이름] 교수*가 등장하는데, 그는 단 하나 믿을 수 있는 것은 위대한 하마 시험뿐이라고 단언한다. "여러분은 사람과 유인원의 차이가 말을 하고 기계를 만들고 옳고 그름을 알고 기도를 드리는 데 있다고 생각하시겠지요. 하지만 그건 어린애 같은 생각입니다. 진짜 차이는 하마에 있습니다. 만약 유인원의 뇌에서 하마가 발견된다면 그건 유인원이 아니라 전혀 다른 존재겠죠."[28]

《종의 기원》은 자연신학과 지적 설계라는 안락한 틀을 산산이 부쉈다. 인간이 세상에서 차지하는 신성한 위치도 흔들리기 시작했다. 우리는 이 세상이 더 이상 누구의 손에도 달려있지 않다는 데에 불안을 느꼈다. 다윈조차 《종의 기원》 끄트머리에서 한발 물러섰다. '나는 지구상의 모든 유기체가 어떤 원시적인 형태에서 유래했으며 그 형태에 처음 생명을 불어넣은 것은 창조주였다고 추측한다.'

1871년 다윈이 《인간의 유래와 성 선택》을 출간했을 때는 심지어 교회도 어느 정도 양보했다. 인간의 육체가 진화했을 가능성은 인정하고, 불멸의 인간성과 영혼은 여전히 신성하고 침범할 수 없는 영역으로 남겼다. 그리고 그것을 증명할 수 없다는 사실 역시 변하지 않았다.

LOVE, ACTUALLY

과학이 발전한다고 해서 종교가 폐회될 것이라는 생각은 착각이었다. 영적인 탐구는 인간 본성 깊숙이 자리한 충동이며 인류의 이야기 그 자체다. 자연 속에서 마주하는 초월적 순간들은 오랫동안 우리 영혼에 울림을 남겨왔다.

1884년에 태어난 레웰린 포위스[영국의 작가, 수필가]는 작가 존 쿠퍼 포위스의 동생으로, 성인이 된 후 도싯에서 폐결핵을 앓았다. 그는 오래 살지 못하리라는 예감 속에서 하루하루를 더욱 치열하게 살아냈다. 그가 특히 마음을 둔 곳은 이슬 연못이었는데, 그는 연못가에 앉아 신비로운 심연에서 언젠가 비밀스러운 메시지가 전해지기를 기다렸다. 그는 이렇게 적었다.

> 나는 언제나 이 은총의 순간을 기다리며, 계절이 바뀔 때마다 연못가를 서성이곤 했다. … 그러던 지난 9월 부드러운 저녁 공기 속에서 마침내 내가 찾던 깨달음의 숨결이 스며들었다. … 모든 것이 고요하고 온 세상이 숨죽인 듯했다. 그리고 마침내 오래도록 기다려 온 전령이 모습을 드러냈다.
> 산토끼였다. 나는 멀리서 지켜보며 손가락 하나 까딱하

---

* 리처드 오언과 토머스 헉슬리를 함께 풍자한 인물.

지 않았다. 산토끼는 조심스러운 걸음으로 다가왔다. 때로는 앞으로 왔다가 물러서고, 장난스럽다가도 갑자기 진지한 모습을 보였다. … 점점 가까워졌다. 물을 마시려는 걸까? 정말 내가, 불과 열 걸음 남짓한 거리에서 산토끼가 조심스레 갈색 턱을 물가로 낮추는 모습을 보게 될까? 만약 그 섬세한 광경을 허락받는다면 내가 찾아 헤매던 깨달음을 마침내 얻을 수 있을지도 모른다. 저녁의 고요는 너무도 깊어, 풀숲을 헤치고 지나가는 들쥐의 부드러운 털이 풀줄기에 스치는 소리까지 들릴 듯했다. 저 멀리 끝없이 높은 하늘에는 달이 고요 속에 걸려있었다. …

그러던 순간, 황홀경에서 깨어났다. 어떤 소리를 들었다. 나뭇잎 위에 떨어지는 여린 빗방울처럼 맑고 고운 소리였다. 산토끼가 물을 마시고 있었다.[29]

III

내면의 동물

장자와 혜자가 함께 호수의 돌다리를 거닐고 있었는데
장자가 말했다.
"피라미가 나와서 한가로이 놀고 있으니 이것이 바로
물고기의 즐거움일세."
혜자가 말했다.
"자네는 물고기가 아닌데 어떻게 물고기의 즐거움을
알 수 있겠는가?"
장자가 말했다.
"자네는 내가 아닌데 어떻게 내가 물고기의 즐거움을
알지 못하는지 알 수 있겠는가?"

장자, 〈물고기의 즐거움〉[30]

나의 세계, 너의 세계

무릎 위에는 개 한 마리가 앉아있고 다른 한 마리는 내 목덜미에 거친 숨을 내쉰다. 조안나 코사크는 마치 악마에 홀린 듯이 차를 몰고 있다. 우리는 비아워비에자 숲 깊숙이 10킬로미터나 들어왔지만 그녀의 집은 코빼기도 보이지 않는다. 뒷좌석에서 조녀선이 웃음을 터뜨린다. 안도감이 밀려온다. 조안나는 마치 장난기 가득한 학창 시절 친구 같다. 폴란드식 억양이 섞인 영어로 끊임없이 이야기를 쏟아낸다. 갑자기 비포장도로를 벗어나 돌멩이를 튕기며 게이트를 통과한다. 그리고 눈앞에 나타난 것은 〈골디락스와 세 마리 곰〉에 나올 법한 허름한 오두막. 나무 지붕의 너와는 둥글게 말려 올라가고 군데군데 덧댄 골판지는 금방이라도 미끄러져 내릴 듯하다. 여기저기 벗겨진 분홍색 페인트, 무릎까지 자란 풀숲 그리고 우리를 맞이하러 몰려드는 동물들. 나는 마법에 걸린 듯 넋을 잃고 바라본다.

"날 수 있게 되자마자 온갖 생명을 괴롭히는 데 모든 시간을 쏟았어요." 조안나는 소파 뒤편을 헤집더니 사진 한 뭉치를 들고나온다. "여기 보세요! 저기 그리고 저기도!" 코라섹. 레흐와 시모나가 폭풍에 쓰러진 나무에서 새끼 때 구조한 까마귀. 조안나가 '없애버리고 싶다'고 했던 유일한 동물이다.

"자는 개들의 코를 쪼아댔어요. 잊으면 안 되는 게, 까마귀 부리는 뼈도 쪼갤 수 있다고! 저 불쌍한 당나귀 좀 봐요!"

코라섹이 당나귀의 엉덩이를 쪼아대며 매달려 내달리는 모습이 보인다.

"그냥 올라타고 싶었던 걸까요?"

"그렇겠죠, 뭐겠어요. 여기, 당나귀에 타고 있잖아요. 그리고 여기, 수탉과 싸우고 있고. 보세요!"

코라섹에게 맞설 유일한 존재는 황새였다. 조안나는 날개를 활짝 펼치고 공격 태세를 갖춘 황새가 치열하게 맞서는 순간이 담긴 사진을 내밀었다.

"코라섹은 자브카를 미치기 직전까지 몰아갔지요."

"그 멧돼지 말하는 거예요?"

"맞아요. 자브카는 절대 포기 안 했어요. 까마귀를 잡으려고 늘 기회를 엿봤지요. 코라섹은 바닥의 부스러기에 관심 있는 척하다가 자브카가 덮쳐오면 아슬아슬한 거리에서 날아올라 코를 쪼아댔어요. 레흐와 시모나만이 그 녀석이 인정한 신이었어요. 나머지는 전부 제거 대상이고. 나도 피해 다녀야 했어요. 하늘에서 덮쳐오곤 했으니까. 진짜로! 여기 봐요, 밖에 나가려면 웰링턴 부츠에다 레흐의 오토바이 헬멧까지 써야 했다고요." 사진 속 어린 조안나는 헬멧을 쓰고 커다란 막대를 들고 있다.

　코라섹은 갓 낳은 닭의 알을 훔쳐 가기 시작했다. 먹으려는 게 아니라 순전히 장난이었다. 매일 아침이면 알을 두고 치열한 신경전이 벌어졌다. 근처에서 일하는 벌목꾼들도 방심할 수 없었다. 자칫하면 전기톱의 나사나 점화 플러그를 슬쩍한다거나 점심 도시락을 물고 날아가 버릴 수도 있었다. 자전거를 타는 여자들에게 기습적으로 급강하하며 장난치는 것도 좋아했다. 머리를 쪼아댔고, 여자들이 자전거에서 넘어지면 의기양양하게 안장 위에 앉아 빙글빙글 도는 바퀴를 지켜봤다. 하지만 진짜 문제는 코라섹이 레흐의 오토바이 뒤에 올라타는 법을 익히면서 시작됐다. 비아워비에자 마을을 알게 되면서 새로운 사냥터가 생긴 것이다.

조안나는 웃음을 터뜨렸다. "아, 그때 마을에는 코라섹을 유혹하는 것들이 정말 많았어요! 빨래를 널던 여자가 있었는데, 코라섹은 빨래집게가 탐이 났던 모양이에요. 옛날 사람들은 까마귀를 불길한 징조로 여겼지만 코라섹은 당연히 몰랐죠. 당당하게 다가가 깃털을 부풀리고 목청껏 울어댔어요. 코라섹, 코라섹! 코라섹은 완전히 자기 자신에 도취해 있었어요. 여자는 너무 놀라서 젖은 빨래를 휘둘러 쫓아냈죠. 일주일 뒤 그 여자가 교회에 가려고 자전거를 타고 있는데 코라섹이 또 기습했어요. 여자는 넘어지면서 엉덩이뼈가 부러졌어요. 일흔이 넘은 분이셨는데 세상에! 이후로도 마을을 날아다니며 눈에 띄는 건 뭐든 집어 갔어요. 정원에서 씨감자를 집어 가고 우유통을 뒤지고 소풍 도시락까지 털었으니 말 다했지요. 어느 날 집에 돌아온 코라섹이 무언가 물고 있는 걸 시모나가 알아챘어요. 레흐한테 모른 척하라 했더니 코라섹이 관심을 끌려고 그걸 툭 떨어뜨렸어요. 700즈워티[폴란드의 통화 단위. 약 25만 원]나 들어있는 지갑이더라고요. 당시로서는 엄청난 돈이었어요!"

조안나는 사진 더미를 뒤적이며 한 장씩 꺼내 보였다. 고기 분쇄기에 머리를 들이밀고 있는 모습, 레흐의 어깨에 올라앉은 장면, 우유통 뚜껑을 여는 순간. 그리고 눈 덮인 숲길에서 아이들이 코라섹을 둘러싸고 반원으로 선 모습. 코라섹은 한가운데에서 우쭐대며 마치 연설하듯 울어댔다. 이 큰까마귀의 악명은 삽시간에 퍼졌다. 코라섹은 심지어 산림관리소의 모든 건물을 총괄하는 관리자에게서 열쇠 50개가 달린 열쇠고리를 훔쳐 달아났고, 끝내 그 열쇠뭉치는 찾지 못했다.

조안나는 점심을 준비하러 부엌으로 향했다.

시모나와 레흐는 숲의 리듬과 계절의 흐름을 따라 동물들과 함께 숲속 오두막에서 살았다. 사슴, 오소리, 여우, 담비, 먹황새, 홍부리황새, 부엉이 두 마리, 닭, 까마귀 코라섹, 멧돼지 자브카, 그리고 당나귀 헤푸니아. 다친 동물이나 어미를 잃은 새끼들이 찾아오면 정성껏 보살피고 건강을 되찾으면 자유롭게 떠나도록 했지만 자브카와 코라섹처럼 떠나지 않고 눌러앉은 녀석도 있었다. 지에진카는 병원이면서 보금자리이고 동물의 삶을 가까이에서 지켜볼 수 있는 살아있는 연구실이기도 했다. 그리고 그곳의 시간은 인생에서 드물게 찾아오는, 모든 것이 완벽하게 어우러진 순간들이었다. 비아워비에자의 사람들은 레흐가 자전거를 타고 쏜살같이 지나가는 모습을 익숙하게 바라보았다. 그의 뒤에는 바짝 매달린 코라섹도 함께였다. 또 숲에서 레흐가 자브카와 나란히 걷고 그 뒤를 헤푸니아가 따르며 머리 위에서는 코라섹이 빙글빙글 도는 모습을 보면서, 사람들은 레흐를 성 프란체스코라고 불렀다.

시모나는 어린 사슴 몇 마리를 돌보았다. 그 사슴들은 눈 덮인 숲길을 걸을 때마다 졸졸 따라다녔다. 어느 날 사슴들이 갑자기 걸음을 멈추더니 귀를 바짝 세우고 뒷다리 털을 곤두세운 채 숲으로 들어가길 주저했다. 시모나는 이상한 기운을 감지하고 뒤를 돌아본 뒤, 무슨 일인지 알아보려 조심스럽게 앞으로 나아갔다. 그때 등 뒤에서 사슴들이 일제히 경고하듯 울어댔다. 돌아보니 사슴들이 긴장한 채 꼿꼿이 서서 날카로운 울음소리를 내고 있었다. 시모나는 더욱 천천히 발걸음을 옮겼다. 몇 걸음 가지 않아 갓 찍힌 스라소니의 발자국과 배설

물이 눈에 들어왔다. 그 순간, 시모나는 사슴들이 자신에게 위험을 알렸음을 깨닫고 가슴이 뭉클해졌다. 인간과 동물을 가르는 보이지 않는 경계를 넘은 듯한 기분이 들었고, 사슴 무리의 일원이 된 것만 같았다.

짐승으로 존재하기

> 어느 날 아침 그레고르 잠자가 편치 않은 꿈에서 깨어났을 때, 그는 자신이 침대 속에서 한 마리의 거대한 갑충으로 변해있다는 걸 깨달았다.
>
> ―프란츠 카프카, 《변신》

독일의 생물학자 야콥 폰 우엑스퀼(1864~1944)은 눈이 없는 진드기의 세계를 상상해 보려 했다. 진드기는 풀줄기에 가만히 매달려서는, 언젠가 지나갈 털북숭이 포유류 숙주의 피지 모낭에서 풍기는 부티르산 냄새를 호시탐탐 기다린다. 그 냄새를 맡을 때까지 최대 18년을 꼼짝하지 않고 버틸 수 있다. 그러다 마침내 따뜻한 피를 지닌 동물이 가까이 오면 주저 없이 몸을 던진다. 단단히 들러붙어 몸을 깊숙이 파묻고(목이 있다면 목까지) 배불리 흡혈한 뒤 알을 낳고 생을 마친다. 우엑스퀼은 감각 정보를 받아들이고 반응하는 모든 생물을 하나의 주체로 인정해야 하며 각자의 세계 속에서 이해해야 한다고 보았다. 그는 동물마다 고유한 감각 세계를 설명하기 위해 '움벨트Umwelt'라는 개념을 만들었다. 움벨트는 단순한 서식지가 아니다. 하나의 우주이자 각 생명체가 지각하는 독자적인 현실이며, 세상을 인식하는 방식에 따라 형성되는 고유한 감각적 경험이다. 어떤 생물은 초음파를 듣고 어떤 생물은 멀리까지 선명하게 바라보며, 또 어떤 생물은 눈을 자유롭게 회전하거나 적외선을 감지하고 전기장을 읽어낸다. 눈이 없지만 별 모양의 코로 세상을 탐색하는 생물이 있는가 하면, 귀가 없지만 심장이 세 개인 생물도 있다. 몸의 색을 바꿀 수 있는 피부를 지닌 생물, 긴 수염이나 압력을 감지하는 측선을 이용해 주변을 감지하는 생물도 있다. 키가 크거나 작거나, 강하거나 빠르거나, 피부가 단단하거나 1미터에 이르는 지방층을 두른 생물도 있다. 가능한 조합은 끝이 없다.

1974년 철학자 토머스 네이글은 인간은 박쥐가 되는 기분을 결코 알 수 없다고 결론 내렸다. 인간이 상상하는 '박쥐가 된 자신'은 어디까지나 인간의 사고방식에서 비롯된 것이지, 진짜 박쥐의 세계와는 다르다는 것이다. 인간은 초음파를 감지할 수도 날개를 펼 수도, 박쥐처럼 정교한 청각을 가질 수도 없다. 두 발을 걸고 거꾸로 매달려 잠을 자거나 어둠 속에서 공중을 누비며 나방을 사냥하는 것은 더더욱 불가능하다. 나방을 씹어 먹는다고 해도 '맛있다!'고 외칠 리 없다. 이미 루트비히 비트겐슈타인은 사자가 말을 할 수 있다고 해도 우리는 사자를 이해하지 못할 것이라고 말했다. 냄새, 맛, 소화 과정, 암사자에 대한 본능적인 끌림 같은 사자의 세계를 인간이 온전히 알 수 없기 때문이다. 그럼에도 우엑스퀼의 움벨트 개념은 동물 행동 연구자들에게 새로운 가능성을 열어주었다. 영장류학자 프란스 드 발에 따르면, 박쥐가 된다는 게 무엇인지에 대한 네이글의 생각은 1940년 미국의 동물학자 도널드 그리핀이 박쥐가 된다면 어떤 느낌일지를 상상하며 '초음파 반향정위'라는 놀라운 개념을 밝혀낸 데 힘입었다.

소 네 마리가 두 발로 서서 들판 한가운데서 담소를 나누고 있다. 그러다 길가에 가장 가까이 서있던 소가 외친다. "차다!" 곧이어 차 한 대가 지나가고, 차 안의 두 사람은 들판에서 평화롭게 네 발로 서서 풀을 뜯는 소들을 본다. 사람들이 사라지고 길이 한산해지자 소들은 다시 두 발로 서서 이야기를 이어간다. 만화가 개리 라슨은 동물에 대한 선입견을 비틀어 보여준다. 우리는 동물이 앞날을 생각하지 못하거나 서로 작별 인사를 하지 않는다고 여긴다. 하지만 라슨은 인간의 시각을 송두리째 뒤흔들어 그의 만화 속 움벨트로 데려간다. 그곳에서 짐승들은 일부러 어리숙한 척하거나 인간만큼 터무니없는 행동을 한다. 일요일 드라이브를 떠나는 거미 가족의 차에는 여덟 개의 눈으로 미소 짓는 스마일 스티커가 붙어있다.

찰스 포스터는 수의사다. 그는 네이글과 비트겐슈타인에 정면으로 반기를 들고, 옷을 벗어 던진 채 진흙 속을 기어다녔다. 지렁이를 씹고 오소리 배설물의 냄새를 맡으며 고사리가 깔린 오소리 굴에서 잠을 잤다. 네 발로 기어다니며 흙냄새를 맡고 코를 땅에 박는 이 경험을 그는 강렬한 '현장감'이라고 표현했다. 지렁이를 삼키다가 헛구역질을 한 적도 있지만 말이다. '짐승으로 존재하기'[그의 책 제목(Being a Beast)이기도 하다. 국내에는 《그럼, 동물이 되어보자》로 출간되었다] 위한 실험에 몰두한 그는 인간의 한계를 무릅쓰고 가능한 한 동물에 가까워지려 했다. 단순히 관찰하는 것이 아니라 직접 행동하고 스스로 동물이 되어보는 것이 목표였다. 그렇게 하여 그는 야생 세계를 이루는 다양한 요소들을 탐구했다. 수의사이자 동물로서 그는 자신 또한 다른 동물과 마찬가지로 신경 말단을 통해 감각 정보를 전달받는다는 사실을 알고 있었다. 예를 들어 '앗, 아프잖아!' 같은 감각 말이다. '동물이란 무엇인가?' 그는 묻는다. '자신을 낳고 자신을 이루는 땅과 끊임없이 이어지는 대화다. 그렇다면 인간이란? 그 또한 자신을 낳고 자신을 이루는 땅과의 대화지만 야생동물보다 어색하고 더듬거리는 대화다.'[31] 도가철학과 맞닿아 있는 이야기다.

우리 주변에는 각자의 세계 속에서 저마다의 방식으로 삶을 펼쳐가는 수많은 존재가 있다. 이들은 서로 뒤엉키고 복잡하게 이어진, 끊임없이 변화하는 생명의 퍼즐 속에서 살아간다. 흰개미 언덕, 가넷 떼, 좁은 380헤르츠 대역에서 울리는 암컷 모기의 날갯짓 소리(유일하게 수컷이 들어야 할 소리), 어둠 속에서도 적외선 감지 기관을 이용해 먹잇감을 찾아내는 살모사, '미친 모자 장수' 같은 생존 전략을 펼치는 유칼립투스잎나방 애벌레까지. 이 애벌레는 눈과 함께 탈피한 머리들을 층층이 쌓아 마치 높이 솟은 모자처럼 만들어 포식자를 놀라게 한다.[32] 어쩌면 우리가 움벨트의 끝에서 마주하는 것은, 동물에게 어떤 행동을 할 때 그것이 그들에게 어떤 의미일지 상상해 보는 일인지도 모른다. 사회적 동물을 무리나 집단 또는 어미에게서 떼어놓거나, 넓은 공간을 돌아다녀야 하는 동물을 가둔다거나 하는 것 말이다.

1935년 오스트리아 동물학자 콘라트 로렌츠는 거위가 됐다. 정확히 말하면 그는 인큐베이터에서 부화한 새끼 거위 세 마리의 대리모가 됐다. 어미 거위가 하듯 알 속에 있을 때부터 말을 걸었는데, 부화 하루 전 새끼 거위들은 삐익 삐익 울며 응답하기 시작했다. 마침내 알을 깨고 나온 순간 가장 먼저 마주한 존재가 로렌츠였다. 우리가 '각인'이라 부르는 이 현상에 따라 새끼 거위들은 그를 어미로 인식했다. 새끼 거위들이 로렌츠를 쫓아 호수에서 함께 헤엄치고 그의 카누를 따라다니며, 발 주변을 두리번거리다가 어디를 가든 쏜살같이 뒤따르는 모습을 담은 인상적인 영상이 있다. 로렌츠의 연구에 의하면 오리와 거위에서 각인은 부화 후 12~17시간 사이 임계기에 일어난다. 이 연구는 뇌 발달과 초기 경험이 행동 형성에 미치는 영향을 밝히는 데 중요한 단서를 제공했다. 흥미로운 점은, 자신의 종이 아닌 인간에게 각인된 새는 인간과 짝짓기를 시도하지만 정작 자신을 길러준 인간에게는 그러지 않는다는 것이다. 로렌츠는 쇤브룬동물원에서 부화한 백공작 한 마리를 예로 들었다. 이 공작은 알에서 깨어난 뒤 유일하게 살아남은 개체였는데, 사육사는 따뜻한 파충류 사육장에 있는 코끼리거북들과 함께 지내도록 했다. 그 결과 공작은 아름다운 암컷 공작들에게는 평생 관심을 보이지 않고 시선이 언제나 코끼리거북에게로 향했다.

로렌츠가 평생 돌본 수많은 동물은 오스트리아 알텐베르크 마을 도나우강 기슭에 자리한 그의 집과 정원에서 자유롭게 뛰놀고 날아다녔다. 다락방에는 여우원숭이 무리와 꼬리감는원숭이, 서양갈까마귀들이 살았고 가구 위에는 명금류가 엘더베리를 먹고 남긴 배설물이 장식처럼 여기저기 떨어져 있었다. 침실에서는 회색기러기 한 마리가 밤을 보내고는 아침이 오면 창이 열리길 기다렸다가 날개를 퍼덕이며 밖으로 날아올랐다.

나는 이 카리스마 넘치는 과학자가 남긴 글을 사랑한다. 동물원이자 실험실이었던 그의 집에서 펼쳐지는 다채로운 이야기는 끝없는 드라마와 경이로 가득하다. 그는 동물이 자유롭게 움직이며 본래의 모습을 잃지 않을 때 비로소 그들의 지능과 자연스러운 행동을 연구할 수 있다고 믿었다. '우리에서 자란 원숭이나 앵무새가 얼마나 슬프고 정신적으로 위축되는지, 그리고 자유롭게 살 때 얼마나 놀랍도록 활기차고 유쾌하며 흥미로운 존재인지.'[33] 로렌츠가 허락한 유일한 우리는 '역逆 우리 원칙'에 따른 것이었다. 이를테면 아내의 화단을 보호하기 위해 동물들이 들어가지 못하도록 하는 것 말이다. 그의 집에서 갇힌 생물은 수족관 속의 물고기뿐이었다.

1941년 로렌츠는 탁월한 육아 본능으로 유명한 서아프리카산 열대어, 주얼 시클리드 한 쌍을 집에 들였다. 짝짓기 철이 되자 혼인색을 띠며 루비 빛 붉은색과 터키색 반점이 더욱 선명해진 수컷은 암컷이 산란할 수 있도록 매끈한 돌을 깨끗이 정리했다. 부부는 며칠 동안 알을 부채질하듯 지키며 부화를 기다렸다. 알에서 깨어난 치어들은 부레가 부풀어 오를 때까지 둥지 바닥의 움푹 팬 곳에 가만히 머물렀다. 부모는 치어

들이 움직이기 시작하자 함께 다니며 보호했다. 밤이 되어 둥지로 데려가면 치어들은 부레를 수축해 바닥에 가라앉았다. 시간이 지나면서 새끼들의 활동 반경이 점점 넓어지자 밤마다 낙오한 새끼를 찾아오는 일은 수컷의 몫이 됐다. 수컷은 아주 간단한 방법을 썼다. 입으로 치어를 빨아들여 둥지까지 헤엄쳐 돌아간 뒤 조심스레 뱉어 넣는 것이다.

그러던 어느 날 로렌츠는 평소보다 늦게 물고기에게 먹이를 주러 갔다. 시클리드가 마지막 남은 치어를 둥지로 데려가려던 때, 로렌츠가 잘게 자른 지렁이를 수조에 던졌다. 암컷은 둥지에서 새끼들을 돌보느라 움직이지 않았지만 수컷은 유혹을 참지 못했다. 수컷이 지렁이를 막 씹기 시작한 순간, 치어 한 마리가 눈앞을 스쳐 지나갔다. 수컷은 본능적으로 입을 벌려 치어를 빨아들였다. 그리고 멈췄다. 볼이 볼록하게 부풀고 입 안에는 씹은 지렁이와 살아있는 치어가 함께 있었다. 로렌츠는 숨을 죽였다. 수컷은 꼼짝도 하지 않았다. 씹을 것인가 말 것인가? 시간이 느리게 흘렀다. 그것은 로렌츠가 과학자의 삶 동안 목격한 놀라운 순간 중 하나였다. '만약 내가 물고기가 생각하는 것을 본 적이 있다면 바로 그 순간이었을 것이다!' 예상치 못한 난감한 상황을 맞닥뜨린 인간처럼 수컷 물고기도 깊은 갈등에 빠졌다. 그리고 마침내 결정했다. 수컷은 입을 벌려 지렁이와 치어를 동시에 뱉어냈다. 둘은 천천히 바닥으로 가라앉았다. 수컷은 지렁이를 급히 삼켰지만 시선은 계속 치어를 따라갔다. 그리고 지렁이를 완전히 삼킨 뒤 조심스럽게 치어를 빨아들여 암컷이 있는 둥지로 데려갔다.

시클리드의 이 선택은 우리를 잠시 멈춰 서게 만든다. 차가운 갑옷을 두른 채 스쳐 지나가는 물고기를 우리는 그동안 어떻게 바라보았는가. 그리고 그들은 무엇을 생각하고 있었을까.

우엑스퀼의 움벨트 원칙에서 영감을 받은 새로운 세대의 자연주의자들은 동물의 행동을 자연환경과의 관계 속에서 연구하기 위해 다시 들판으로 나섰다. 콘라트 로렌츠는 이 연구 분야의 선구자로 꼽히며, 이 학문은 동물행동학(영어로 'Ethology'인데 그리스어 ethos, 즉 '기질'을 의미하는 단어에서 유래했다)이라는 이름으로 자리 잡았다. 생명에 대한 깊은 애정과 자유로운 영혼을 지닌 그가 나치당에 가입했다는 사실은 놀랍기만 하다. 1941년, 수컷 주얼 시클리드가 새끼의 운명을 결정하는 순간을 목격한 바로 그 해에 로렌츠는 독일군에 의무병으로 입대했다. 그는 동물의 행동을 이해하는 일이 정신의학과 의학 전반에 깊은 영향을 미칠 수 있으며 인간의 마음을 탐구하는 데도 중요한 통찰을 줄 것이라고 믿었다. 1930년대 '거위의 여름'이라 부른 연구 기간에 그는 가축화한 잡종에서 특정 본능이 사라지는 현상을 관찰했고, 이와 유사한 과정이 인간 사회의 '열성 형질'도 설명할 수 있으리라 추측했다. 그러나 불행히도 그는 가축화로 인한 유전적 쇠퇴를 당시 나치의 이념적 용어와 혼동했다. 이런 것이 우리의 역사다. 인간과 동물의 관계는 때로 예측할 수 없는 길을 따르며 그 과정에서 거위 한 마리가 인종적 순수성이라는 사상과 연결되기도 하고, 나아가 20세기 최악의 범죄와도 맞닿는다. 1944년 로렌츠는 동부 전선으로 배치됐다가 소련군에 포로로 잡혀 4년 동안 수용소에서 생활했다. 1948년 본국으로 송환될 때 그의 곁에는 뜻밖에도 애완용 찌르레기가 함께했다. 이후 그는 평생에 걸쳐 동물행동학 연구를 이어갔다. 그의 연구는 나치즘과 거리가 먼 정도가 아니라 본질과 목표, 성격 자체가 정반대에 가까웠다.

제2차 세계대전 당시 로렌츠의 친구였던 카를 폰 프리슈는 할머니가 유대인인 오스트리아인이다. 그는 꿀벌 연구로 나치의 손에서 살아남았다. 꿀벌 개체군을 위협하는 기생충 노제마를 퇴치하는 데 기여해 독일의 식량 공급을 유지하는 데 중요한 역할을 할 수 있다고 주장한 덕분이었다. 그 시기 프리슈는 20세기의 경이로운 발견 중 하나인 꿀벌의 8자 춤을 밝혀냈다. 벌들이 정보를 주고받을 수 있다는 최초의 의심, 가능성을 떠올리는 상상력, 의심을 검증하고 다시 고민하고 실험을 거듭하며 한 조각씩 퍼즐을 맞춰가는 집요함을 생각해보라. 프리슈는 벌집 주변에서 서로 다른 방향과 거리에 먹이원 두 개를 설정한 뒤 한 장소를 방문한 벌에게는 붉은 점을, 다른 곳을 방문한 벌에게는 초록 점을 칠했다. 그리고 벌들이 벌집으로 돌아왔을 때 붉은 점 벌과 초록 점 벌이 서로 다른 방식으로 춤을 추는 것을 발견했다. 두 벌 모두 8자 모양을 그리며 춤을 췄지만 방향이 달랐다. 이 순간 오직 인간만이 추상적인 의사소통을 할 수 있다는 기존의 가정이 산산이 깨졌다. 벌들의 춤이 얼마나 정교하고 정밀한지 우리는 여전히 밝혀가는 중이다.

벌집은 수직으로 배치되며 벌집판은 중력 방향을 따라 아래로 매달려 있다. 벌에게 중력은 일관된 기준점을 제공하는데, 꿀벌은 춤을 출 때 정확히 위쪽(12시 방향)을 태양이 있는 방향으로 상정한다. 만약 춤을 추는 벌이 곧장 위로 움직이면 다른 일벌들은 태양을 향해 날아간다. 춤이 오른쪽으로 90도(3시 방향) 기울면 일벌들은 태양에서 90도 오른쪽으로 비행한다. 반대로 춤이 아래쪽(6시 방향)을 가리키면 벌들은 태양과 반대 방향으로 이동한다. 이런 방식으로 꿀벌은 모든 중간 각도를 해석할 수 있다. 춤의 흔들기 강도는 거리 정보를 나타낸다. 오래 흔들수록 먹이원이 멀다는 뜻이다.* 대략 1초 흔들면 약 1킬로미터의 비행 거리를 의미한다고 볼 수 있다. 더 놀라운 점이 있다. 벌은 맞바람을 고려해 비행 거리를 측정한다. 단순한 거리가 아니라 이동하는 데 소모되는 에너지를 기준으로 거리 정보를 인식하는 것이다. 게다가 구름이 태양을 가려도 당황하지 않는다. 벌은 자외선과 편광을 감지할 수 있어 언제나 태양의 정확한 위치를 파악한다. 마치 완벽한 태양 나침반을 지닌 것 같다. 이뿐만이 아니다. 벌은 생체시계를 통해 어두운 벌집 안에서도 하늘에서 이동하는 태양의 위치를 예측할 수 있고, 계절이 바뀌거나 위도가 달라져도 이를 보정할 수 있다. 내가 아는 사람 중에는 지도조차 제대로 못 보는 이도 많은데 말이다.

    일벌들은 빛도 들지 않는 벌집 안에서 어떻게 춤을 볼까? 꿀벌은 섬세한 더듬이를 이용해 공기 중 미세한 진동을 감지할 수 있다. 일벌은 춤을 추는 벌 가까이 다가가 더듬이를 바짝

---

*   꽃꿀이 가까울 때는 원형 춤을 춘다.

세우고 진동을 감지한다. 정말 대단하지 않은가. 결국 중요한 것은 '감'이다! 게다가 벌은 벌집으로 가져온 꽃가루로 먹이원의 향기를 일벌에게 전달한다.

    꿀벌의 움벨트는 태양, 중력, 꽃향기를 중심으로 돌아간다. 그들의 춤에는 벌집의 위치뿐만 아니라 물과 나무 같은 지형적 특징까지 들어있다. 우리가 알아낸 것은 그들의 언어 중 겨우 한 토막일지도 모른다. 우리는 수천 년 동안 벌꿀을 탐해 왔다. 신석기시대 동굴 벽화에는 사람들이 사다리와 밧줄을 이용해 벌꿀을 채취하는 모습이 남아있다. 이 과정이 번거로우니 벌을 좀 더 쉽게 다루기 위해 짚으로 만든 벌통에 가두기 시작했다. 이후 나무 벌통을 제작하고 내부에 벌들이 벌집판을 고정할 수 있도록 틀을 설치하면서 벌꿀을 훨씬 손쉽게 얻게 됐다. 벌 한 무리는 한 계절 동안 꽃 5억 송이를 찾아다니며 약 90킬로그램의 벌꿀을 생산한다. 이는 겨울을 나고 봄까지 살아남기 위한 생존 식량이다. 문제는 우리가 이 꿀을 대부분, 어쩌면 전부 가져가 버린다는 점이다.

    배를 만드는 사람이었던 맷 서머빌은 자연보호구역에서 쓸 야생 벌집을 만들었다. 켄트의 사과 농장 집안에서 태어난 그는 1990년 직접 자신의 사과 농장을 일구었다. 그는 봄이 오면 벌들이 날아와 꽃가루를 옮기며 윙윙거리는 소리를 무척 사랑했다. 그러나 어느 해 농장에서 그 소리가 완전히 사라졌다. 그 끔찍한 침묵은 그의 삶을 송두리째 바꿔놓았다. 그렇게 맷은 꿀벌의 움벨트에 발을 들였다. 그는 꿀벌들의 강인한 생명력을 알고 있었지만 침투성 살충제, 응애, 기생충, 신종 질병, 먹이 부족 등의 위협 속에서 꿀벌들이 오랫동안 위기에 처했다는 사실은 뒤늦게 깨달았다. 전통적인 양봉 방식이 꿀벌을 더욱 약화시키고 있었다. 꿀벌들이 야생 벌집을 짓는 장소인 두꺼운 나무줄기에 비해 양봉 벌통은 벽이 얇고 땅에서 가까우며 단열이 미흡해 꿀벌들이 내부 온도를 유지하는 데 훨씬 많은 에너지를 소모해야 한다. 또 우리가 벌꿀을 뺏은 대신 설탕과 콩 단백질 용액을 급여하면 벌들은 건강을 유지하는 데 필수적인 영양소와 효소, 약리 성분을 얻지 못한다.

맷은 인간이 만든 황폐한 환경 속에서 꿀벌이 살아남으려면 인간과 꿀벌의 관계를 근본적으로 다시 생각해야 한다고 말한다. 오랫동안 우리는 인간 사회를 꿀벌 사회에 빗대어 해석해 왔고, 때로는 꿀벌의 사회 구조를 인간 사회의 모델로 삼기도 했다. 오만에서는 꿀벌의 계급을 '족장' '백성' '노예'로 나누었는데 흥미롭게도 이 체계에서 '노예'는 일벌이 아니라 어두운색을 띠는 수벌이다! (그냥 그렇다는 얘기다.) 맷이 만든 단열 처리 통나무 속에 집을 지은 벌 군집은 자연선택을 거친다(흥미롭게도 몸집이 작아지고 색은 어두워지는 경향을 보인다). 이렇게 형성된 집단은 더 강하고 건강할 뿐만 아니라 바로아응애나 바이러스, 기타 병원균에 훨씬 잘 대응한다. 맷은 이러한 방식을 '벌 중심 양봉'이라 부른다.[34]

1973년 노벨 생리의학상은 콘라트 로렌츠와 카를 폰 프리슈, 그리고 재갈매기 생태를 연구하며 동물의 행동이 환경에 어떻게 적응하는지 밝혀낸 네덜란드 동물학자 니콜라스 틴베르헌에게 돌아갔다. 동물행동학의 선구자들이 이 상을 공동 수상한 것은 동물행동학이 하나의 학문으로 공식 인정을 받았다는 의미다. 그러나 곧 사람들의 관심은 로렌츠의 전쟁 시기 행적으로 쏠렸다. 수상 후 로렌츠는 이렇게 적었다. '선택이라는 단어가 지배자들의 손에 들어가면 살해를 의미하게 될 줄은 아무도 몰랐다.' 나치의 포로였던 틴베르헌은 로렌츠를 두둔하며 말했다. "나는 그가 진실을 깨닫자마자 등을 돌렸다는 사실을 알고 있습니다."[35]

죄와 벌

해리 할로는 1905년 미국 아이오와에서 태어나 냉정한 어머니 밑에서 어린 시절을 보냈다고 회고한다. 그는 1932년 위스콘신대학교에 심리학영장류연구소를 설립하고 붉은털원숭이를 사육하며 연구를 시작했다. 주요 연구 주제는 모성 박탈이었다. 할로는 태어난 지 얼마 안 된 새끼 원숭이들을 어미에게서 떼어내 철창 속에 가둔 뒤 행동을 관찰했다. 어린 원숭이들은 멍하니 허공을 바라보거나 눈을 깜빡이거나 빙글빙글 돌거나 자신을 할퀴고 물어뜯었다. 그러던 중 그는 새끼 원숭이들이 마치 아이가 애착 담요를 품듯이 천 기저귀를 꼭 끌어안고 위안을 얻는 모습에서 영감을 받아 대리모 실험을 시작했다.

할로는 새끼 원숭이들에게 대리모 두 종류를 제공했다. 하나는 차갑고 딱딱한 철사로 만들어졌으며 젖병에서 우유를 공급했고, 다른 하나는 아무것도 제공하지 않지만 부드러운 천으로 감싸여 있었다. 실험 결과 새끼 원숭이들은 배가 고플

때만 철사 어미에게 다가갔고 그 외 모든 시간은 천 어미 곁에서 보냈다. 놀랍지 않은가. 할로는 여기서 멈추지 않았다. 이번에는 우리 안에 굉음을 내며 경보를 울리는 기계 곰을 들여놓았다. 안기거나 매달릴 대상이 사라지자 새끼 원숭이들은 공포에 질려 몸을 웅크린 채 얼어붙었다. 실험을 기록한 사진들은 차마 눈을 뜨고 보기 어려울 정도다. 이 실험은 시작에 불과했다. 이제 사악한 어미 차례다. 할로는 천으로 감싼 대리모에 날카로운 못을 박았다. 새끼 원숭이가 본능적으로 매달리는 순간 못이 튀어나와 살을 찔렀다. 변형한 실험도 이어졌다. 새끼를 난폭하게 흔들어 대는 어미, 차가운 바람을 뿜어 새끼를 얼려버리는 어미, 용수철로 새끼를 튕겨내는 어미. 그러나 '잔혹한 행위'가 멈추기만 하면 새끼 원숭이들은 다시 돌아와 천 어미를 붙잡았다. 마치 사랑받기를 포기할 수 없다는 듯이.

할로는 원숭이 몇 마리를 어떠한 형태의 접촉도 허용하지 않은 채 최대 2년 동안 철저히 고립시키고 단방향 거울로 관찰했다. 그는 이렇게 극단적인 환경에서 자란 원숭이들이 과연 어떤 부모가 될지 궁금했다. 그러나 예상치 못한 문제가 발생했다. 원숭이들이 너무 심한 트라우마를 안은 탓에 짝짓기 시도조차 하지 않은 것이다. 그러자 할로는 강제 교배대를 고안했다. 장치에 암컷 원숭이를 묶어 강제로 짝짓기 자세를 취하도록 만든 뒤 교미가 이루어지게 했다. 그는 실험 결과를 이렇게 기록했다. '우리가 아무리 교활한 상상을 한다 해도 실제 원숭이들만큼 사악한 어미를 만들어 낼 수는 없을 것이다.' 어떤 어미는 새끼의 발을 씹어 뜯었고, 또 다른 어미는 새끼의 머리를 짓눌러 죽였다. 할로의 다음 발명품은 아마도 그의 연구 중 가장 끔찍할 것이다. 그는 '절망의 구덩이'라는 장치를 만들었다. 거꾸로 뒤집힌 피라미드 형태의 이 강철 상자는 내부 벽이 반들반들하고 경사져 빠져나갈 방법이 없다. 상자 안에는 먹이와 물을 담은 상자를 놓고 맨 위는 쇠창살로 덮었다. 이 장치는 오직 절망이라는 감정을 심어주기 위해 설계됐다. 구덩이에 들어간 원숭이들은 생후 3개월 동안 어미와 유대감을 쌓은 후였는데 결과는 끔찍했다. 당연히, 그들은 모두 미쳐버렸다.

막간

BBC 다큐멘터리 〈야생의 스파이〉는 동물의 자연 서식지에 몰래 잠입해 관찰하기 위해 카메라가 내장된 스파이 동물 로봇을 활용한다. 그중에서 새끼 고릴라 모형은 갈색 눈을 하고 텁수룩한 검은 털을 뒤집어썼다. 입과 머리를 움직일 수 있고 눈을 깜빡이며 실제 고릴라처럼 울음소리까지 낸다. 그저 가만히 앉아있을 뿐인데 어린 고릴라들이 다가와 호기심을 보이기 시작한다. 사실 녀석들 역시 장난감처럼 보인다. 볼록한 배, 깊게 팬 눈썹, 제멋대로 자란 털. 우리랑 같은 존재인가 아닌가? 작은 고릴라도 큰 고릴라도 궁금증을 참지 못한다. 그때 한 실버백[성숙한 수컷 고릴라]이 나무에서 내려오더니 단단한 땅을 주먹으로 친다. '이게 대체 뭐야?' 주변 고릴라들이 조용히 자리를 비키고, 스파이 고릴라는 그대로 앉아있다(움직일 수 없으니까). 진짜 고릴라들이 점점 가까이 다가온다. 스파이 고릴라가 눈을 깜빡이고, 우리는 내장된 카메라를 통해 스파이 고릴라의 시선으로 상황을 바라본다. 온통 호기심과 경계심으로 가득한 고릴라들의 얼굴이 화면을 채운다. 이 장면은 정말 놀랍다. 약간 유치할 수도 있지만 굉장하다. 인간 없이 오롯이 고릴라들만 존재하는 순간. 그들 사이에 정체를 알 수 없는 존재가 하나 있다. 우리 중 하나인가… 아닌가?

나는 화면을 멈춘다. 고릴라 일곱 마리가 한 줄로 늘어서서 스파이 고릴라를 바라본다. 어린 고릴라들은 어른 고릴라들의 어깨 너머로 조심스레 엿본다. 그러다 점점 가까이 다가오던 고릴라들이 갑자기 펄쩍 뒤로 뛴다. 거대한 파리 떼가 날아오르고 고릴라들은 헐떡이며 낮은 신음을 낸다. 스파이 새끼 고릴라는 조용히 고개를 돌린다. 그러자 실버백이 긴장을 풀고 새끼 고릴라들이 장난을 치기 시작한다. 분위기가 한층 누그러진다. 그중 한 녀석이 스파이 고릴라에게 다가와 함께 놀자는 뜻으로 가슴을 두드린다. 스파이 고릴라도 가슴을 친다. 제법인데? 진짜 새끼 고릴라는 신이 나서 더욱 격하게 가슴을 친다. 하지만 다른 고릴라들은 여전히 경계를 풀지 않는다. 그들은 바보가 아니다. 그때 한 새끼 고릴라가 너무 흥분한 나머지 스파이 고릴라를 세게 밀쳐버린다. 스파이 고릴라는 쓰러진 채 꼼짝도 하지 않는다(꼼짝할 수 없으니까). 그리고 명장면이 펼쳐진다. 진짜 새끼 고릴라가 멍하니 바라보다가 조심스레 손을 뻗어 스파이 고릴라를 건드린다. 어라… 아무런 반응이 없다. 새끼 고릴라는 점점 뒷걸음친다. 이 이상한 친구를 다치게 했다고, 혹은 더 큰 문제를 일으켰다고 생각하는 듯하다. 그 불안감이 표정과 몸짓에 고스란히 드러난다. 허둥대다가 어미를 찾아 재빨리 등에 올라탄다. 그 순간 데이비드 테넌

트[영화배우]의 내레이션이 흐른다. '그냥 없었던 일로 하자.'[36]

'백지' 위의 사디즘

20세기 초 행동주의는 동물 연구 분야에서 하나의 종교가 됐다. 행동주의자들은 동물의 행동이 오직 환경적 자극에 의해 조건화된다고 믿었고 이를 따르지 않는 이들을 조롱하며 배척했다. 그들이 가장 강력한 무기로 삼은 단어는 '의인화'였다. 이 혐의를 받는 순간, 감상적이며 순진하고 더 나아가 비과학적이라는 낙인이 찍혔다. 동물에게 인간의 감정이나 행동을 부여하는 것은 경계해야 할 일이었다. 비인간 동물은 인간이 '아니니까.' 인간은 날지 못하고 물속에서 숨 쉬지 못하며, 알을 낳지도 겨울잠을 자지도 않는다. 반대로 비인간 동물은 시를 쓰지도 자동차를 운전하지도 않는다. 하지만 바늘로 찌르면 우리 모두 소리를 지른다. 개미조차 바늘에 찔리면 움찔하며 몸을 뒤로 뺀다. 그런데 누가 개미를 바늘로 찌를까? 오직 인간뿐이다. 그토록 많은 바늘을 찔러보고 수없이 많은 시간을 동물과 함께 살아왔으면서도 우리는 여전히 동물에게 성격, 감정, 반응 부여를 망설인다. 그들이 '아야, 아파!'라고 말하지 않는다면 고통을 느낀다고 확신할 수 없는 걸까?

입증의 책임은 동물에게 돌아갔다. 우리의 상식도, 같은 포유류로서의 본능적인 공감도 허락되지 않았다. 동물은 불안도 분노도 슬픔도 느끼지 않는 존재여야 했다. 그런 감정을 인정하는 순간 동물에게 인간적 속성을 부여하는 꼴이 되기 때문이다. 이성, 목적 그리고 자기 인식은 더욱 철저한 금기였다. 우리는 다 피부를 갖고 있고 털과 폐, 유두, 신경 말단을 공유하며 해부학적으로도 놀라울 만큼 닮았다. 그러나 행동주의자들은 마음만큼은 절대 공유하지 않는다고 믿었다. 우리가 같은 포유류라는 사실조차 외면한 듯했다. 그들에게 동물의 마음은 텅 빈 백지이고, 보상과 처벌을 통해 원하는 행동을 새겨 넣을 수 있는 실험 대상일 뿐이었다.* 이러한 원칙은 창의적인 사고를 억누르며 반세기 동안 인간이 동물을 이해하는 데 후퇴를 가져왔다. 의인화는 금기였지만 역설적으로 우리는 동물을 이용해 인간을 연구하는 데는 거리낌이 없었다.

해리 할로는 무려 50년 동안 막대한 연구 자금을 지원받아 어린 개체의 심리적 발달과 신체적 건강에 어미의 접촉이 필수적임을 밝히는 실험을 수행했다. 그의 연구가 학계에서 비판받는 일은 드물었고 비판이 나오더라도 조심스러웠다. 외부인은 이 실험을 이해하지 못한다고 했다(틀린 말은 아니다). 할로를 옹호하던 이들은 당시 엄격한 양육 방식이 만연했으며, 그가 이를 뒤집으려 했다는 점을 강조한다. 또한 경험적 증거를 모으기 위해 '혁신적인 방법'을 사용했으며, 그의 연구 결과가 '과학계를 뒤흔들었고' '우리의 생물학적 이해를 근본적으로 변화시켰으며' '사랑의 본질을 밝히는 데 기여한' 연구로 결국 '아동심리학의 돌파구'가 됐다는 점을 내세운다.[37] 그러나 1985년 미국심리학회는 윤리적 문제를 이유로 할로의 연구를 공식적으로 중단시켰다.** 할로가 이미 1981년에 세상을 떠난 뒤였다.

사디즘[가학증]에는 이유가 필요하다. 타인의 고통을 즐기려면 정당화할 무언가가 있어야 한다. 대개 그것은 권력이다(이를 갈망하는 자들에게는 더더욱). 이런 충동이 표출되려면 먼저 이를 억제하는 장치들이 무너져야 한다. 법, 사회적 금기, 죄책감, 공감, 혐오감 같은 것들 말이다. 자제력이 사라질 때 사디즘은 본색을 드러낸다. 쓰러진 원숭이를 내려다보며 신처럼 생과 사를 손아귀에 쥔 듯한 착각. 손끝에서 목숨줄을 늘이고 줄이며 절대적인 힘을 휘두르는 쾌감. 이 감각은 쉽게 무뎌지지 않는다. 한번 맛보면 점점 더 강한 자극을 원하게 되고 더 심하고 잔인한 방식을 찾게 된다. 이데올로기는 무엇이든 정당화할 수 있다. 심지어 폭력조차도 더 큰 선을 위한 수단이라는 명목 아래 합리화한다. 어쩌면 우리가 주목해야 할 것은, 미쳐가는 원숭이가 아니라 그 실험을 수행하는 인간들일지도 모른다.

1975년 스무 살의 스티븐 핑커는 동물행동연구소에서 연구원으로 일하고 있었다. 실험실에는 태어날 때부터 유난히 작고 약한 쥐 한 마리가 있었다. 담당 교수는 그 쥐를 실험 대상으로 삼기로 했고 핑커가 실험을 준비했다. 핑커가 맡은 일은 스키너 상자***를 세팅하는 것으로, 실험 조건은 이랬다. 6초마다 전기 충격을 가하며, 쥐가 레버를 찾아 누르면 충격 간격을 10초로 늘린다. 정상적인 경우라면 쥐는 곧 학습해 8초마

* 행동주의자들은 오직 관찰할 수 있는 행동만을 연구 대상으로 삼았다. 인간이 설계한 실험 안에서 통제하고 정량화할 수 있는 것에만 의미를 두었다.

** 1973년의 실험 중 하나에는 '붉은털원숭이의 심리적 죽음 유도'라는 제목이 붙었다. 위스콘신대학교는 2014년 원숭이를 이용한 모성 박탈에 관한 이 논란의 연구를 재개했다.

다 레버를 눌러 전기 충격을 피하는 법을 익힐 것이다. 쥐는 똑똑하니까. 핑커는 그 작은 쥐를 상자에 넣고 타이머를 맞춘 뒤 집으로 돌아갔다. 그리고 다음 날 아침 쥐가 레버 사용법을 터득했을 거라 기대하며 상자를 열었을 때 레버 근처에도 가지 못한 채 상자 구석에서 몸을 뒤틀며 떨고 있는 작은 쥐를 마주했다. 핑커는 급히 실험실 수의사에게 쥐를 데려갔지만 한 시간 뒤 쥐는 죽었다. 훗날 그는 이 사건을 자신이 저지른 가장 끔찍한 일이라고 회상했다. 설령 쥐가 8초마다 레버 누르는 것을 익혔다고 해도, 그는 쥐를 열두 시간 동안 멈출 수도 이해할 수도 없는 공포 속에 가둔 것이다. 그게 어떤 의미인지 알면서도 그는 실험했다. 지시받은 일이고 당시에는 표준 실험 절차였으니까. 핑커는 자신의 행동이 20세기 최악의 비극들을 불러온 무비판적 복종들과 다르지 않다고 고백했다.[38]

같은 시기 아프리카 대륙 깊숙한 곳에서는 전혀 다른 방식의 동물 연구가 진행됐다. 고생물학자 루이스 리키Louis Leakey는 탄자니아의 올두바이 협곡에서 화석을 발굴하며, 초기 인류를 더 깊이 이해하려면 우리와 가장 가까운 친척인 유인원의 자연스러운 행동을 서식지에서 직접 관찰해야 한다고 믿었다. 리키는 연구자로 젊은 여성들을 택했다. 그들의 공감 능력과 차분함, 어미와 새끼를 섬세하게 살피는 자세, 수컷 유인원에게 덜 위협적으로 보이는 점, 무엇보다도 기존의 과학적 교리에 물들지 않은 열린 사고가 연구에 유리하다고 판단했기 때문이다. 이러한 접근법은 상자 안에서 광기에 휩싸인 동물을 들여다보며 실험하던 미국 심리학자들의 방식과는 정반대였다. 리키의 제자들은 동물을 가두는 대신, 자신들이 '상자' 속에 숨어 동물이 무엇을 하는지 지켜보았다. 리키의 선견지명 덕분에 20세기를 대표하는 위대한 여성 영장류학자들이 탄생했다.

*** 버러스 프레더릭 스키너가 쥐나 비둘기를 대상으로 실험하기 위해 고안한 상자다. 내부에 레버나 버튼이 달려있어 실험동물이 이를 조작하면 보상이나 처벌이 따른다. 먹이가 나오거나 불빛이 깜빡이는가 하면, 큰 소음을 내고 전기 충격을 가하기도 한다.

보상

디짓, 디짓, 디짓

1960년 제인 구달은 탄자니아 탕가니카호 북쪽 기슭의 곰베에 도착했다. 매일 아침 그녀는 깊은 숲으로 들어가 침팬지들의 모습을 멀리서 주의 깊게 살폈다. 아홉 시간, 때로 열 시간씩 그들의 발자취를 따라다니니 한때 경계하던 침팬지들도 이 마르고 금발인 낯선 존재를 받아들이게 됐다. 이 과정에는 이루 말할 수 없는 인내가 필요했다. 밤이면 구달은 타자기 앞에 앉아 하루 동안 수집한 내용을 기록했다. 침팬지 사회의 위계질서, 미묘한 표정과 몸짓, 발성은 물론이고 배설물 속 내용물까지 하나하나 꼼꼼히 기록해 나갔다. 그녀가 연구 대상으로 삼은 침팬지들에게 데이비드 그레이비어드, 플로, 피피, 플린트 등의 이름을 붙이자 과학계는 즉각 반발했다. 연구 대상에게 이름을 붙이는 것은 금기였기 때문이다. 그러나 구달의 세심한 관찰은 세상을 뒤흔들었다. 인간만이 도구를 사용할 수 있다는 믿음이 팽배했던 시절, 구달은 침팬지가 나뭇가지를 활용해 깊은 틈 속에서 흰개미를 꺼내 먹는 모습을 보았다. 이에 대해 리키는 유명한 말을 남겼다. "이제 인간을 다시 정의해야 하는가, 도구를 다시 정의해야 하는가, 아니면 침팬지를 인간으로 받아들여야 하는가!"[39]

구달의 발견은 인간이란 존재에 대한 인식을 완전히 뒤집어 놓았다. 같은 시기 다른 곳에서는 강철 상자 안에서 미쳐가는 원숭이들이 있었다. 그러나 한결같은 집념을 보인 이 젊은 여성은 침팬지들이 도구를 제작하고 육식을 즐기며 사회적 질서를 인식하는 위계 속에서 살아간다는 사실을 밝혀냈다. 침팬지들은 서로의 몸짓 언어를 읽고 협력했으며 때로는 교묘하게 상대를 조종했다. 이들은 치밀한 책략을 세워 분열과 지배의 전술로 권력을 장악하고, 세대를 넘어 문화적 전통을 전승해 나갔다. 구달은 침팬지 한 마리 한 마리의 독특한 개성과 깊은 가족적 유대를 세밀하게 기록했다. 서로 애정을 주고받으며 포옹과 입맞춤을 하고, 토닥이며 간지럼을 태우다가 다툼 후엔 화해하는 모습까지 담아냈다. 또한 강멧돼지를 사냥할 때 조직적으로 협력하고, 콜로부스원숭이를 사냥하는 장면 역시 보았다. 폭력과 살해의 어두운 이면도 있었다. 한 암컷은 지배력을 확보하기 위해 다른 암컷의 새끼를 납치해 살해한 뒤 잔인하게 먹어 치웠다. 구달은 침팬지가 죽음을 애도하는 애절한 장면도 목격했다.

그러던 중 바나나게이트 사건이 일어났다. 구달은 수줍음이 많은 침팬지를 가까이에서 관찰하기 위해 먹이 급식대를 설치했는데 이 일이 예상치 못한 결과를 불러왔다. 침팬지들

사이에 다툼이 일어났고 관계에 균열이 생겼다. 이 작은 균열이 전면전의 불씨가 된 것일까? 모든 시선은 그 사건으로 집중됐다….

바나나게이트의 여파 속에서 1974~1978년 두 침팬지 집단이 영토 전쟁을 벌였다. 이는 처음으로 기록된 야생 침팬지 사회의 살육과 영토 쟁탈전이었다. 한 집단의 수컷들은 모두 살해되고 승리한 집단이 영역을 확장했다. 그러나 승리는 오래가지 못했다. 얼마 지나지 않아 또 다른 집단에게 쫓겨나고 말았다. 동물들이 전쟁을 벌인다고? 믿기 어려운 이야기였다. 그러나 우리와 가장 가까운 친척 동물의 유사성은 가장 잔혹한 본성에서 두드러졌다. 매복, 보복, 암컷 납치, 어린 시절 함께 자란 개체들끼리 벌이는 혈투, 피로 얼룩진 학살. 곰베 침팬지 전쟁에서 드러난 폭력의 실체를 받아들이기란 결코 쉬운 일이 아니었다. 제인 구달도 처음에는 이를 인정하기 어려워했고 그녀의 보고서를 접한 사람들도 믿으려 하지 않았다. 당시에는 인간의 개입과 먹이 급식대가 침팬지들의 정상적인 행동을 왜곡해 상황을 통제 불능으로 몰고 갔다는 분석이 지배적이었다. 그러나 2018년 발표된 연구 결과는 전혀 다른 이야기를 들려주었다. 침팬지 사회는 본래 전쟁을 벌일 수 있으며 곰베에서 벌어진 사건도 자연스러운 행동의 일부라는 것이다. 당시 전쟁의 발단은 최상위 수컷 세 마리가 권력 다툼을 벌이는 가운데 번식 가능한 암컷이 부족했기 때문이었다.[40] 권력, 야망, 질투. 한정된 자원을 둘러싼 내부의 정치적 갈등이 치명적인 전쟁으로 이어진 것이다. 인간 사회에서 전쟁을 촉발하는 요인들과 다를 바 없었다. 1972년 암컷 우두머리 플로가 세상을 떠나자 《선데이 타임스》는 부고 기사를 실었다. 구달은 플로에게서 많은 것을 배웠다고 회상하며 "무엇보다도 어머니와 자식 간의 관계가 얼마나 중요한지 깨달았다"고 말했다. 아이러니하게도, 같은 시기 해리 할로는 철사 어미와 절망의 구덩이 실험을 통해 유사한 주제를 연구하고 있었다.

※

그리 멀지 않은 르완다 비룽가산맥 화산 지대에서도 또 다른 전쟁이 벌어졌다. 이번엔 인간과 유인원의 싸움이었다. 리키의 '천사들' 중 두 번째 연구자인 다이앤 포시는 1967년 세상에 둘만 남아있던 산악고릴라 개체군 중 하나를 연구하기 위해 르완다로 향했다.* 전하는 이야기에 따르면, 포시는 올두바이 협곡에서 발을 헛디뎌 리키의 발굴 현장으로 떨어졌다. 그 과정에서 발목이 부러지고 기린 화석 위에 구토까지 했다고 한다. 구달이 차분하고 흔들림 없는 성격이었다면 포시는 불같은 열정과 거침없는 행동력의 소유자였다. 리키의 유일한 걱정은 연구자들이 연구 대상과 감정적으로 지나치게 얽히는 것이었는데 그의 우려는 틀리지 않았다. 고릴라를 향한 포시의 뜨거운 애착은 그녀의 목숨을 앗아갔다.

다이앤 포시는 자신이 고릴라들에게 받아들여질 수 있었던 것은 과거 자폐 아동들과 함께한 경험 덕분이라고 믿었다. 그녀는 2년 동안 셀러리를 씹으며 묵묵히 고릴라들의 곁을 지

* 보르네오섬에서 오랑우탄을 연구한 비루테 갈디카스는 리키가 선택한 세 번째 여성 연구자다.

켰다. 고릴라의 트림 소리를 흉내 내고 몸을 긁고 손등으로 걷고 눈을 마주치지 않았다. 그렇게 1년 반이 지나자 고릴라들이 서서히 호기심을 보이며 다가오기 시작했다. 가장 먼저 손을 내민 것은 '피넛'이라 이름 붙인 113킬로그램짜리 거대한 고릴라였다. 덤불 속에 누워있던 포시를 가만히 바라보던 피넛은 천천히 손을 뻗어 그녀의 손끝을 스치고 흥분한 듯 가슴을 두드린 뒤 숲속으로 달아났다. 당시 두려움의 대상이었던 이 위대한 동물들은 그녀를 자신들의 친밀하고 애정 어린 세계로 받아들였다. 포시는 고릴라들에게 먹이나 도움을 주지 않았고 어미처럼 행동하지도 않았다. 고릴라들은 자유롭게 다가오고 떠났다. 실버백은 포시의 털을 다듬었고 어미 고릴라는 그녀의 품에 새끼를 안겼다. 손가락이 굽은 한 고릴라는 포시 곁을 떠나지 않고 바닥에 벌렁 드러누워 다리를 흔들며 장난을 걸었다. 그리고 '디짓'이라는 고릴라와는 같이 있고 싶다는 이유만으로 특별한 우정이 시작됐다. 그들을 어찌 사랑하지 않을 수 있을까. 포시는 리키에게 편지를 썼다. '루이스, 정말 대단해요. 오랜 시간이 걸렸지만 이제는 불과 몇 걸음 앞에서 그들을 마주할 수 있어요. 그때마다 가슴이 터질 듯 벅차요.'[41]

그러나 포시는 밀렵 문제에 부딪쳤다. 아니, 더 정확히 말하면 고릴라들을 위협하는 밀렵이 그녀의 문제가 됐다. 고작 20달러인 고릴라 손바닥으로 만든 재떨이, 머리와 발, 벗긴 가죽, 밀렵한 고기. 살아있는 새끼 고릴라는 거액에 동물원으로 팔려 갔다. 부모 고릴라들은 끝까지 싸웠기에 새끼를 잡으려면 부모부터 죽여야 했다. 1969년 쾰른동물원은 어린 고릴라 두 마리의 포획을 의뢰했다. 그 과정에서 성체 18마리가 학살됐고 간신히 살아남은 새끼 두 마리는 심각한 상처를 입었다. 포시는 그 고아들을 맡아 정성껏 돌보며 코코와 퍼커라는 이름을 붙였다. 하지만 끝내 그들을 실어 나르는 배를 막지 못했다.* 1960년대 르완다에는 산악고릴라가 475마리 남아있었지만 1980년대로 접어들며 개체수가 절반 가까이 줄었다. 가장 큰 원인은 농경지 개간으로 인한 서식지 파괴였다.** 포시는 행동을 멈추지 않았다. 덫을 부수고 밀렵꾼들의 야영지를 불태우고 방목된 소들을 몰아냈다. 그러던 어느 날 경비원들이 밀렵꾼 한 명을 붙잡아왔다. 그녀는 친구에게 보낸 편지에 이렇게 썼다.

> 우리는 그를 벌거벗긴 채 오두막 밖에 묶어놓고 쐐기풀 줄기와 잎으로 사정없이 후려쳤어. 가장 아플 만한 곳을 집중적으로 때렸지. … 그리고 '수무'라 불리는 흑마술 의식을 시작했어. 최루액과 에테르, 바늘과 가면을 사용하고, 마지막엔 수면제를 먹였어. … 이게 진짜 '보전'이야. 말로만 떠드는 게 아니라.[42]

1978년 새해 첫날, 포시가 가장 아끼던 디짓이 끔찍한 모습으로 발견됐다. 목과 두 손이 잘려있었다. 포시는 아무 말도

---

* 두 고릴라는 일생을 감금된 채 보내다 모두 아홉 살이라는 어린 나이에 죽었다.
** 서부저지고릴라는 상대적으로 개체수가 많고 널리 분포해 있지만 생존을 위협받으며 수가 줄고 있다. 2018년 조사에 따르면 중앙아프리카와 서아프리카의 울창한 열대우림에 약 36만 1900마리가 남아있다.

하지 않았다. 침묵은 무겁고 단단하게 내려앉았다. 7월에는 실버백인 엉클 버트와 마초, 세 살배기 아들 크웰리까지 차례로 살해됐다. 모든 것이 달라졌다. 이제는 규칙도 망설일 것도 없었다. 반드시 막아야 했다. 포시는 가면을 쓰고 스와힐리어로 저주의 주문을 외웠다. '나는 산의 여신이다.' 낮게 속삭이며 살해당한 아이들의 복수를 맹세했다.[43] 곧이어 그녀의 부엌이 불탔고 기르던 앵무새는 독살 당했으며 개마저 흔적도 없이 사라졌다. 분노는 단단히 응축됐다. 비룽가산맥에서 그녀는 활화산처럼 끓어올랐다. 순찰하며 찾아낸 덫과 올무만 987개. 그녀는 동료들과 멀어졌고, 고릴라 보호를 명분으로 모금을 벌이던 단체들과도 갈등이 깊어졌다. 포시가 바란 건 밀렵 근절이었지만 기부금은 교육과 영화 제작, 국립공원 차량과 관광사업에 흘러 들어갔다. 르완다 당국은 그녀를 내쫓으려 했고 환경보호단체들은 연구소를 관광지로 바꾸려 했다. 포시는 끝까지 맞섰다. 인간이 개입하면 고릴라의 자연스러운 행동을 방해할 것이고, 무엇보다 고릴라는 역인수공통감염병*에 면역이 없어 치명적인 위험에 처할 수 있었다. 그녀의 평판은 곤두박질쳤다. 밀렵꾼을 납치한 포시, 술에 취해 총을 든 포시, 관광객을 향해 총을 쏜 포시. 후원자였던《내셔널 지오그래픽》도 우려를 담은 전보를 보냈다.**

　우리는 이 결말을 알고 있다. 햇살이 반짝이는 숲속, 사랑하는 고릴라들과 함께하던 다이앤 포시의 삶은 1985년 12월 26일 정체불명의 침입자가 휘두른 마체테[날이 넓고 긴 칼]에 두개골이 처참히 쪼개지며 끝났다. 그녀의 일기장에는 한 이름이 반복해서 적혀있었다. 디짓, 디짓, 디짓.[44] 포시는 자신이 조성한 고릴라 공동묘지에 있는 디짓 곁에 묻혔다. 생전 포시는 10년 안에 고릴라가 멸종할 것이라 내다봤다. 하지만 데이비드 애튼버러[영국의 동물학자이자 영화감독]는 오히려 그녀가 고릴라를 구했다고 평가했다. 그의 기억 속에 포시는 1979년 BBC 다큐멘터리 시리즈 〈생명의 위대한 역사 Life on Earth〉에서 어린 고릴라 포피가 장난스럽게 신발 끈을 풀려고 애쓰던 순간처럼 영원히 남아있다. 포시의 예측과 달리, 관광업은 고릴라 보존을 도왔다. 관광 수익 일부가 지역 사회에 환원되면서 숲이 더 이상 농지로 사라지지 않게 됐다. 현재 산악고릴라 개체수는 1000마리를 넘어 과거보다 네 배 가까이 늘었다. 다만 코로나19 팬데믹으로 관광객이 줄면서 새로운 어려움을 겪고 있고 인간이 질병을 옮길 수 있다는 점도 위협 요소다. 한 가지 반가운 소식은, 포피가 오래 살아 손녀들을 품에 안을 수 있었다는 사실이다.

1970년 다이앤 포시는 유난히 인상적이고 감동적인 사건 하나를 기록했다. 팔이 위축된 늙은 암컷 고릴라 하나가 젊은 수컷 다섯 마리와 함께 살고 있었다. 포시는 그 고릴라를 코코라 불렀고 코코의 나이는 50살쯤으로 보였다. '너무 의인화하는 걸지도 모르지만 수컷 다섯 마리는 코코를 사랑하는 듯했다. 무리의 삶은 늘 이 늙은 암컷을 중심으로 흘렀고, 코코는 언제나 먼저 다가가 수컷들의 털을 골라주곤 했다.' 시간이 흐르면서 코코는 노쇠한 기색을 보이기 시작했다. 이유 없이

---

*   인간에게서 동물로 전염될 수 있는 병원체.
** 루이스 리키는 앞서 1972년에 세상을 떠났다.

같은 자리를 맴돌았고 수컷 다섯 마리가 묵묵히 그 곁을 지켰다. 때때로 라피키라는 수컷이 낮고 부드럽게 울며 코코를 불렀다. 그러면 코코는 돌아와 그를 꼭 끌어안았고 라피키도 코코를 품에 안았다. 둘은 종종 같은 둥지에서 잠들었다. 꼭 오랜 세월을 함께한 부부처럼 서로 몸을 기대고 웅크린 채 잠을 청했다. 그러던 어느 날 코코와 라피키가 사라졌다. 이틀 동안 둘은 모습을 드러내지 않았다. 그리고 라피키만 홀로 돌아왔다. 포시는 두 고릴라의 흔적을 따라갔는데, 함께 잠들었던 둥지를 발견했지만 끝내 코코의 흔적은 찾지 못했다.[45]

거울아 거울아

"노 저을 줄 아니?" 양이 뜨개질바늘 한 쌍을 건네주며 말했다.
_루이스 캐럴, 《거울 나라의 앨리스》

수컷 바우어새는 마치 시드니 오페라 하우스처럼 화려하고 기묘한 구애장을 만든다. 뉴기니섬과 호주에 서식하는 이 열대우림의 명금류는 찌르레기 크기에서 날씬한 갈까마귀 정도 크기까지 다양하다. 이들은 나뭇가지와 잎, 풀을 엮어 자신만의 솜씨로 구조물을 꾸미고 장식한다. 단순히 밝은색 열매 몇 개를 놓는 정도가 아니다. 완전히 몰두하고 집착하듯 구애장을 꾸며 예술 작품을 창조한다. 그저 보금자리가 아니라 구애를 위한 무대이기 때문이다. 서유럽인들은 오랫동안 이 구애장을 숲에 사는 원주민이 만든 것으로 알았다. 새가 설계한 것치곤 너무나 정교했기 때문이다. 파푸아뉴기니의 일부다처제 사회에서는 바우어새의 이런 행위를, 남성들이 결혼하기 위해 '신붓값'을 치르는 것과 같은 개념으로 받아들였다. 구애장을 완성하면 그 앞에 보물을 진열한다. 색깔과 형태별로 나눈 열매, 조개껍데기, 씨앗, 작은 뼛조각, 빨래집게, 플라스틱 병뚜껑 등 반짝이는 건 무엇이든 가져다 놓는다(이웃 바우어새에게서 훔치기도 한다). 새틴바우어새는 나뭇가지를 정성스럽게 엮어 긴 통로를 만들고 그 위에 독특한 색을 칠한다. 신선한 열매를 씹어 으깬 다음 숯가루와 섞어 색소를 제조하며, 이를 식물 섬유로 만든 스펀지에 묻혀 정성스럽게 바른다. 놀랍지만 진짜다. 종마다 각기 독특한 방식이 있다.

바우어새는 반드시 자신만의 기교를 터득해야 한다. 어린 새는 먼저 나이 든 바우어새의 구애장을 찾아가 세심하게 구조를 살펴보고 직접 연습에 들어간다. 처음 만든 구애장은 조잡하기 마련이다. 때때로 나이가 많은 수컷은 혈연관계가 아니더라도 어린 수컷에게 시범을 보이며 도움을 준다. 나뭇가지를 밀어 넣고 엮으며 약한 부분을 보강해 구애장을 완성하는 것이다.[46] 종마다 구애장의 기본 형태는 정해져 있지만 그 안에 나타나는 개별적인 변형은 무궁무진하다. 어디에, 얼마나 많이, 어떤 색으로, 얼마나 높이? 개체의 개성을 이렇게까지 뚜렷하게 드러내는 경우가 또 있을까?

바우어새만 개체별 개성을 지닌 것은 아니다. 초파리, 벌, 거미도 개체마다 성향이 다르다. 어떤 초파리는 배회하며 돌아다니고 어떤 개체는 먹이 주변을 맴돌며 자리를 지킨다. 깔때기그물거미는 방해를 받으면 앞다리를 치켜세우고 송곳니를 드러내는가 하면, 재빨리 몸을 숨기는 개체도 있다(공격성과 신중함이 균형을 이룰수록 생존 확률이 높아진다). 일벌도 각기 다른 성향을 보인다. 게으른 일벌은 부지런한 일벌처럼 멀리 나가지 않고 벌집 주변에서만 활동하는데, 오히려 더 오래 산다! 동물은 우정과 이성, 공감 능력을 지니며 나름의 문화를 형성한다. 하지만 인간은 오랫동안 이 사실을 인정하지 않으려 했다.

2012년 신경과학자들이 한자리에 모여 '의식에 관한 케임브리지 선언'에 서명했다. 모든 포유류와 조류, 문어를 비롯한 다양한 생명체가 의도적인 행동을 할 수 있는 의식 있는 존재임을 인정한 선언이다. 놀라운 점은 이런 사실이 받아들여지기까지 이렇게 오랜 시간이 걸렸다는 것이며, 더 놀라운 점은 그러한 진실이 굳이 선언이라는 형식으로 공표되어야 했다는 사실일지도 모른다. 뇌에 신경절과 신경섬유에 이르는 신경학적 기반이 존재한다면 의식의 발현은 당연해 보인다(솔직히 말해 나는 주변 환경에 전혀 반응하지 않는 무의식적인 존재들로 가득한 세상을 상상하기조차 어렵다). 그럼에도 우리는 결정적인 증거가 나오기 전까지 입장을 보류해 왔다.

행동주의자들은 증거의 부재가 부재의 증거는 아니라는 실험 과학의 중요한 원칙을 종종 간과했다. 신경학자 안토니오 다마지오는 그의 저서 《데카르트의 오류》에서 이성이 행동과 의사결정을 이끌기 위해서는 감정과 느낌이 필수적이라고 주장한다.* 그럼에도 동물의 감정을 논할 때는 신중한 접근이 필요했다. 돼지는 스트레스를 받거나 코르티코스테로이드 수치가 상승할 수 있지만, 그렇다고 그것이 불행하다는 뜻은 아니다. 반면, 다윈은 관찰력과 신중함을 겸비한 과학자로서 동물의 감정이라는 개념에 익숙해 《인간과 동물의 감정 표현》(1872)을 집필했다. 그러나 다윈에게는 괜찮은 것이 구달에게는 괜찮지 않았다. 어린 시절부터 동물을 자세히 관찰해 온 그녀는 자신이 키우던 개 러스티가 이성적으로 사고할 수 있으며, 고유한 성격과 복잡한 감정을 지닌 존재라는 걸 잘 알고 있었다. 구달은 개를 키워본 사람이라면 누구나 알 수 있는 진리라고 지적했다. 하지만 주류 과학계는 이를 인정하지 않았다. 러스티가 정원에서 공중제비를 돌며 뛰어놀 수는 있지만 그가 행복하다고 단정하려면 확실한 증거가 필요하다는 것이다. 하지만 겨울철 외양간에서 송아지를 풀어놓는 농부는 행복이 어떤 모습인지 똑똑히 안다. 봄 햇살 아래 우아하게 날아드는 숲비둘기, 상승하는 기류를 따라 유유히 미끄러지듯 비행하는 갈매기, 바람 거센 가을 저녁에 부러진 우산을 들고 장난치는 듯한 떼까마귀 무리를 보라. 이 모든 게 단순히 본능에 불과하다고? 인정할 건 인정하자. 새들은 지금 비행의 즐거움을 만끽하고 있다.

게다가 동물이 인간과 그렇게 다르다면, 어째서 심리학자들은 인간 행동의 본질을 탐구하기 위해 동물을 연구하는가? 전기 충격을 가하고 겁을 주고 고립시킬 만큼 인간과 유사하다고 여기면서도, 감정을 인정할 만큼은 아니라고 한다. 흰 가운을 입은 연구원들은 실험동물이 보상에 민감해지도록 일부러 굶기고, 실험이 끝나면 조용히 불을 끄고 실험실 문을 단단히 잠갔다. 독일의 물리학자 베르너 하이젠베르크는 1958년 이렇게 말했다. "우리가 관찰하는 대상은 자연 그 자체가 아니라 과학의 방법론에 노출된 자연의 일부다."[47] 행동주의는 동

---

*   이는 감정 처리를 담당하는 뇌 부위가 손상됐을 때 이성적으로 사고하지 못하고 의사결정 능력이 저하하는 환자들의 사례를 통해 입증됐다.

물을 기계처럼 취급하며 다시금 데카르트적 관점으로 회귀했다. 비둘기가 상자 안에서 원반을 쪼고 원숭이들이 지렛대를 당기던 그 시절로 말이다. 음식과 둥지, 사랑하는 이들의 온기를 모두 빼앗긴 채 사방이 높은 벽으로 둘러싸인 물탱크에 던져진다면, 나라도 물속에 잠긴 탈출 플랫폼의 위치를 기억하지 못할 것이다.* 그리고 만약 누군가 내 몸에 메스꺼울 정도의 방사선을 쏜 뒤, 번쩍이며 클릭 소리를 내는 수도꼭지를 통해 달콤하고 '톡톡 터지는' 물을 마시게 한다면? 아마도 나 역시 쥐들처럼 두 번 다시 그 빌어먹을 사카린 음료를 입에 대고 싶지 않을 것이다.**

1970년대에 접어들면서 새로운 세대의 심리학자들은 동물과 인간의 행동 사이에 어떤 공통점이 있는지 열린 시각으로 바라보기 시작했다. 1970년 고든 G. 갤럽은 동물도 자기 자신을 인식할 수 있을지 궁금했다. 거울에 비친 자기 자신을 알아볼까? 그 질문에 답하기 위해 그는 거울 실험을 고안했다. 대개 동물은 짝짓기 상대의 생김새나 냄새에 더 큰 관심을 보이는데, 이 실험은 동물에게 다소 시각적이고 자기중심적인 테스트라 할 수 있다. 그렇다면 인간은 어떨까? 자신이 남긴 체취를 맡았을 때 그게 자기 것임을 알아볼 수 있을까? 어쨌든 현재까지 자기 인식을 확인하는 대표적인 방법은 거울 실험이다.

실험 방법은 간단하다. 동물(이 모르는 사이에) 얼굴 한쪽에 작은 표시를 남겨둔다.*** 이후 거울을 보여주고 동물이 그 표시를 바라보거나 직접 만지는지 관찰한다. 이 실험을 통과하는 동물은 극히 드물다. 인간과 몇몇 유인원, 거울을 상아로 부수기 전에 조심스럽게 살펴보는 몇 안 되는 코끼리, 수족관에서 거울을 향해 쏜살같이 헤엄쳐 가 자신을 확인하는 돌고래 정도가 해당한다. 반면 명금류는 거울 속 자신을 자기 영역에 침범한 경쟁자로 착각해 강하게 반응한다(공격적인 신호를 보인다는 뜻이다). 그런데 2008년 유라시아까치가 이 실험을 통과했다. 2019년에는 청줄청소놀래기가 거울에 자신의 몸을 비벼가며 자기 인식을 증명했다. 대왕쥐가오리 역시 거울을 보고 반응을 보인다는 연구 결과가 나왔다. 하지만 고양이는 거울 따위에는 관심조차 두지 않기에 실험을 통과하지 못했다. 그렇다면 거울 실험이 정말 자기 인식을 정확히 검증하는 방법인지 의문이 든다. 오소리는 좁은 구멍을 보고 자기 몸이 통과할 수 있을지 판단한다. 자기 몸의 크기와 형태를 알고 있다는 뜻이다. 생쥐도 마찬가지다. 게다가 자기 영역을 방어하는 행동도 일종의 자기 인식 아닐까? '여긴 내 구역이니까 꺼져!'

우리는 동물을 의인화하지 않으려 조심하면서도 정작 인간 중심적인 실험을 선호하는 경향이 있다.

오랫동안 연구자들은 코끼리가 도구를 사용할 수 없다고 믿어왔다. 이번에도 실험 방법은 단순했다. 우리 바깥에 바나나를 두고 코끼리가 바닥에 놓인 막대기를 이용해 바나나를 가져오는지 확인하는 것이다. 침팬지는 단숨에 문제를 해결했

---

* 1980년대 리처드 모리스가 고안한 '모리스 수중 미로'는 쥐의 기억력을 측정하는 표준검사로 사용된다.
** 1966년 존 가르시아와 로버트 코엘링이 쥐를 대상으로 '조건화된 맛 혐오' 연구를 위해 진행한 '밝고 시끄러운 물' 실험.
*** 보통은 마취 상태에서 진행한다(!).

지만 코끼리는 실패했다. 이상한 일이다. 코끼리는 평소에도 코로 막대기를 집어 들지 않는가. 그러다 누군가 코끼리의 움벨트를 이해하기 시작했다. 침팬지의 손과 달리 코끼리의 코는 단순한 집게가 아니라 후각 기관이다. 바나나 냄새를 맡으려면 코가 자유로워야 하는데 막대기를 쥐고 있으면 방해된다. 감각기관을 가리기 때문이다. 그래서 한 영리한 연구자는 실험 방식을 바꿨다. 바나나를 코끼리가 닿을 수 없을 만큼 높은 나뭇가지에 매달고 우리 안에 작은 받침대를 놓아두었다. 그러자 코끼리는 받침대를 끌어와 나뭇가지 아래에 두고 바나나를 따 먹었다. 짜잔! 이제야 비로소 코끼리에게 적합한 실험이 이루어진 것이다.[48] 토끼에게 공을 던지고 물어오라고 시키지 말라. 동물은 자신에게 필요한 능력만을 발달시킨다. 코끼리는 건기에는 어디에 물웅덩이가 생길지, 거기까지 가는 데는 얼마나 걸릴지를 기억한다. 코끼리는 기억력이 뛰어나다. 먹이를 저장하는 동물도 마찬가지다. 북아메리카에 사는 회색잣까마귀는 솔방울 2만 개를 수백 군데에 나눠 숨기고 대부분 기억한다. 나는 안경을 어디에 두었는지도 기억하지 못하는데 말이다.

넓은 지역을 돌아다니는 동물은 공간 감각이 뛰어나다. 반대인 경우도 있다. 놀랍게도 세가락갈매기는 자기 새끼를 알아보지 못한다. 대신 둥지가 있는 위치를 기억한다. 포식자들이 접근할 수 없는 가파른 절벽 위에 둥지를 짓기 때문에 새끼는 그 자리에 머물기만 하면 된다. 이처럼 동물 고유의 능력을 이해하지 못하면 그들의 인지 능력을 올바르게 평가할 수 없다. 문어를 보라! 어떤 문어는 코코넛 껍질을 들고 다니다가 위험이 닥치면 그 안으로 숨어든다. 이게 도구 사용뿐만 아니라 미래 계획까지 포함된 행동이 아니면 무엇인가? 쥐는 협력하고 결정을 후회할 줄 알며 어려운 과제를 앞두고 망설이기도 한다. 물고기 떼는 정찰대를 보내 포식자가 있는지 먼저 살핀다. 호주의 솔개는 산불에서 타고 남은 나뭇가지를 집어 들고 마른 풀밭으로 날아가 불을 붙여 먹잇감을 몰아낸다. 그래서 원주민들은 이 새를 불새라고 불렀다.[49] 우리는 늘 동물이 우리의 예상보다 훨씬 영리하다는 사실에 놀란다. 침팬지를 대상으로 한 얼굴 인식 실험 중 하나에서는 그들에게 인간 얼굴 사진을 보여주었다! 점수는 당연히 낮았다. 마치 우리가 양의 얼굴을 구별하는 시험을 본다면 형편없는 점수를 받을 것처럼. 그러나 애틀란타의 예르키스국립영장류연구소(현 에모리국립영장류연구센터)에서 침팬지들에게 같은 종의 얼굴 사진을 보여주자 훨씬 높은 점수가 나왔다. 황금종이말벌 역시 개체마다 얼굴 무늬가 달라 서로를 구별한다.

 1995년 오하이오에서는 침팬지 시바 앞에 크기가 다른 사탕 그릇 두 개가 놓였다. 시바는 망설임 없이 더 많은 사탕이 담긴 그릇을 가리켰지만 연구원은 작은 그릇을 내밀었다. 이 실험을 '역지시 과제'라고 한다.[50] 더 큰 보상을 얻으려면 작은 그릇을 가리켜야 하는 역설적인 규칙을 익혀야 하지만, 시바는 인간의 뒤틀린 논리 앞에서 번번이 실패했다. 이 유인원들은 인간의 기묘한 행동에 얼마나 혼란스러웠을까. 원하는 것을 가리키라고 가르쳐 놓고 이제 와서 그 사탕을 안 준다니! 그러나 사탕을 치우고 대신 숫자로 그 양을 나타내자 시바는 금세 원리를 이해했다. 작은 숫자를 가리켜야 더 많은 사탕을 얻을 수 있다는 사실을 깨달은 것이다. 윤리학자이자 영장류학인 프란스 드 발이 이 실험을 어린아이에게도 해본 적이 있는지 묻자 선뜻 대답하는 이가 없었다. 아이와 유인원을 자주 비교하면서도 같은 조건에서 실험해 본 적은 없는 것이다. 드 발이 지적했듯, 이런 실험에서는 검사자와 눈맞춤을 하는 것과 상호작용이 중요한 요소다. 세 살배기 아이는 같은 종인 인간 어른의 무릎에 앉아 다정한 목소리로 격려를 받으며 실험에 참여한다. 반면 유인원은 흰 가운을 입은 연구원이 데려와 투명 가림막이나 철창 너머에 앉힌다.[51]

동물인지 연구자들이 끊임없이 고민하는 또 하나의 질문은 동물에게도 '마음 이론Theory of Mind(ToM)'이 존재하는가이다. 마음 이론이란 타인의 정신 상태를 이해하는 능력, 즉 상대 입장에서 생각하고 그의 의도와 감정이 나와 다를 수 있음을 인식하는 능력을 뜻한다. 우리도 이런 능력이 부족할 때가 있다. 과학자들은 침팬지, 보노보, 오랑우탄이 이 능력을 갖추고 있을 가능성이 크다고 본다. 일부 연구자들은 까마귀과 조류에도 마음 이론을 적용할 수 있다고 주장한다. 예를 들어, 까마귀는 다른 까마귀가 지켜보는 상황에서 먹이를 숨겼다가 상대가 자리를 뜨면 다시 위치를 바꾸는 행동을 한다. 그렇다면 포식자와 피식자의 관계나 서로 협력하는 동물들에게도 마음 이론이 필요하지 않을까? 저 녀석이 어느 방향으로 도망칠까?

과학자들은 영장류에 마음 이론을 적용할 수 있는지 확인하기 위해 한 가지 실험을 고안했다. 침팬지들에게 영상 하나를 보여주었다. 영상 속에서 누군가(사람) 바나나를 상자에 숨긴 뒤 방을 나간다. 그가 사라진 후 다른 누군가(고릴라 복장을 한 다른 사람)가 나타나 바나나를 다른 상자로 옮긴다. 잠시 후 처음 바나나를 숨겼던 사람이 다시 방으로 들어와 바나나를 찾는다. 연구자들은 침팬지들이 이 사람이 어디를 먼저 볼 것이라고 예상하는지 알고 싶었다. 바나나를 숨겼던 첫 번째 상자를 볼까? 아니면 침팬지들처럼 바나나가 옮겨진 걸 알고 두 번째 상자를 확인할까? 만약 침팬지들이 그가 첫 번째 상자를 먼저 볼 것이라고 예상한다면 이는 침팬지가 그의 편에서 상황을 이해한다는 뜻이다. 실제로 침팬지들의 시선 이동을 분석한 결과, 침팬지들은 그 사람이 바나나를 원래 넣어둔 상자부터 확인할 것이라고 예상했다. 이 실험은 다른 개체가 잘못된 믿음을 가질 수 있다는 사실을 동물이 이해하는지를 검증하기 위한 것이다.[52] 그리고 그 결과는 인간만이 그런 고차원적 사고를 할 수 있다는 기존의 가설을 뒤흔들었다. 이는 프란스 드 발과 같은 동물행동학자들의 주장을 뒷받침하는 결과이기도 했다. 동물을 깊이 이해하면서도 자신 역시 동물임을 잊지 않았던 그는 인간과 대형 유인원 사이에 정신적 연속성이 존재한다고 주장해 왔다. '킹콩' 실험이 이렇게까지 중요한 연구로 평가된다는 사실은, 영장류에 대한 이해 여부보다 우리가 얼마나 더디게 배워가는지를 보여주는지도 모른다.

동물의 말에 귀를 기울여라 - I

침팬지 한 마리가 새끼 두 마리와 함께 길을 걷는다. 어미 침팬지는 한참 뒤처진 새끼를 돌아보며 멈춰 선다. 우간다에서 야생 침팬지의 몸짓 언어를 연구하는 캣 호바이터는 화면을 멈춘다. 그녀는 이 연구가 마치 외계어를 해독하는 일과 같다고 말한다. 완전히 백지상태에서 시작해야 하기 때문이다. 호바이터는 침팬지가 몸짓을 멈추는 순간에 주목했다. 메시지가 성공적으로 전달된 순간이라 볼 수 있기 때문이다. 각 몸짓 전후로 어떤 일이 벌어지는지를 살피며 그 의미를 하나씩 풀어갔다. "여기 봐요." 호바이터가 화면을 가리킨다. 침팬지 어미가 발뒤꿈치를 살짝 흔든다. 이 동작은 언뜻 우리 눈에 별것 아닌 듯 보이지만, 여러 차례 관찰한 끝에 그녀는 뜻을 알아냈다. '올라타렴.' 어미가 멈춰 발뒤꿈치를 흔들면 새끼는 망설임 없이 등에 올라탔다. 우리는 다시 화면을 돌려본다. 의미를 알고 나니 너무나도 분명하게 보인다.[53]

'늑대가 사냥한 동물의 사체에는 큰까마귀 수십 마리가 몰려든다. 그러나 인간이 와피티사슴의 사체를 내놓아도 큰까마귀들은 좀처럼 다가오지 않는다. 큰까마귀는 늑대를 믿지만 인간은 신뢰하지 않는다.'[54]

악어는 주둥이 끝에 나뭇가지를 올려놓아 새들의 시선을 끈다. 둥지를 짓기 위해 나뭇가지를 모으거나 잠시 쉬러 내려온 새가 방심한 틈을 타 악어는 순식간에 덮친다.

혹등고래는 물거품을 뿜어 물고기 떼를 고립시킨다.

아메리카검은댕기해오라기는 열매, 나뭇가지, 깃털, 빵 부스러기를 물 위에 떨어뜨려 물고기를 유인한다.

물총고기는 나뭇잎이나 작은 가지에 앉은 곤충을 향해 물줄기를 뿜어 떨어뜨린다.

가시올빼미는 포유류의 배설물을 모아 쇠똥구리를 끌어들인다.

호주 샤크만에 서식하는 돌고래는 주둥이에 해면동물을 씌운 채 해저를 누비며 안전하게 먹이를 찾아낸다.

생쥐는 길을 잃지 않기 위해 자기만의 흔적을 남긴다.

캐리어크랩은 해파리를 마치 우산처럼 들어 올려 천적으로부터 몸을 보호한다.

투망거미는 둥글게 모은 거미줄로 만든 사냥망을 펼쳐 지나가는 먹이를 덮친다.

볼라스 거미는 끈적이는 실타래를 굴려 작은 공을 만들고 그 안에 먹잇감인 나방의 짝짓기 페로몬을 모방한 향을 담는다. 이후 이 공을 가느다란 실에 매달아 앞다리와 입으로 붙들고 짝을 찾는 나방이 다가오기를 기다린다. 나방이 사정거리에 들어오는 순간, 공을 휘둘러 나방을 낚아챈다.

뉴칼레도니아까마귀는 늘 익숙하게 다루는 도구를 갖고 다닌다.

칼새와 고래는 우리가 지구가 둥글다는 사실을 깨닫기 훨씬 전부터 이미 둥근 세상에서 살아가고 있었다.

─ ※ ─

켈리를 만나보자. 돌고래 켈리는 해가 저물 무렵 수영장에서 각종 쓰레기를 모아 가져가면 그 크기와 상관없이 보상받는다는 사실을 알아차렸다. 종이컵, 캔, 카메라, 안경 등 어떤 쓰레기를 가져가도 생선 한 마리를 받았다. 켈리는 더 많은 생선을 얻기 위해 아주 작은 종잇조각조차 놓치지 않고 모으기 시작했다. 어느 날 수영장을 정비하기 위해 물을 빼던 중 바위 아래 쌓여있던 종이 더미가 드러났다. 사실 켈리는 미리 모아둔 종이를 조금씩 찢어 인간들에게 건네며 계속해서 생선을 확보해 오고 있었다. 진짜 놀라운 일은 그다음에 일어났다. 갈매기 한 마리가 수영장으로 날아들어 익사한 채 발견되자, 켈리는 그 갈매기를 조련사에게 가져다주었다. 조련사가 보상으로 생선 여러 마리를 주자, 켈리는 받은 생선 중 일부를 바위 아래에 숨겨두고 그것을 미끼로 더 많은 갈매기를 유인해 잡는 계획을 세웠다. 이 과정에는 계획성뿐만 아니라 보상을 기다리는 인내심도 필요했다. 더 나아가 켈리는 이 노하우를 자식들에게 전수했고 자식들은 다시 다른 돌고래들에게 퍼뜨렸다. 그렇게 미시시피의 마린라이프 수족관에서는 갈매기 낚시가 하나의 전통처럼 자리 잡게 됐다. 2005년 허리케인 카트리나가 수족관을 강타했을 때 켈리를 비롯한 돌고래 아홉 마리는 폭풍 속에서 기적적으로 살아남아 걸프포트 항구로 탈출했다.* 켈리는 12일 동안 무리를 안전한 곳으로 이끌었으나 더 멀리 피하지 못한 것이 안타깝다. 켈리는 바하마의 화려한 아틀란티스 리조트로 옮겨졌다. 그곳의 돌핀케이 수영장은 광활한 바다를 연상시키지만, 실제 돌고래들은 제한된 공간에서 생활하며 묘기를 펼칠 때만 일부 구역으로 이동할 수 있다.[55] 늘 미소 짓는 표정의 돌고래들은 행복해 보인다는 오해를 불러일으킨다.

쥐가 웃는다는 사실은 그 자체로도 낯설지만 그게 실험실 안에서 입증됐다는 점은 더 불편하게 다가온다. 1997년 신경과학자 야크 판크세프와 제프리 버그도르프는 실험실 쥐들이 몸싸움하며 장난치는 모습을 지켜보던 중, 인간이 감지하지 못하는 소리가 있을지도 모른다는 의문을 품었다. 초음파 녹음을 해본 결과, 쥐들이 인간의 가청 범위를 벗어난 50킬로헤르츠에 달하는 높은 주파수의 소리를 내고 있다는 사실이 드러났다. 두 과학자는 이 소리를 '웃음' 반응으로 보았다.[56] 쥐들이 즐거워 보이는 순간에만 나타났기 때문이다. 그러나 쥐는 하찮은 존재였다. 웃음은 오로지 인간의 것으로, 인간을 다른 존재와 구별하는 특징 중 하나였다. 우리는 웃었고, 오직 우리만이 웃을 수 있다고 믿었다.

* 강풍에 금속 지붕은 산산조각 났고, 원형 극장은 완전히 무너졌으며, 항공 촬영 사진에 참담한 폐허가 포착됐다.

어느 날 아침, 곰곰이 생각하던 판크세프는 실험실에 들어서자마자 버그도르프에게 제안했다. "쥐들을 간지럽혀 보자." 그들은 쥐를 간지럽혔고 그 결과 웃음소리의 강도는 놀이 중 기록된 강도의 두 배로 증가했다. 쥐들은 간지럼을 즐기며 더 많은 간지럼을 원해 자발적으로 다가왔다. 또한 대조군 쥐의 청각을 차단하자 놀이의 강도가 현저히 약해졌는데, 이를 통해 쥐들의 웃음소리가 마치 인간 아이들처럼 그들의 놀이에서 중요한 역할을 한다는 사실을 확인할 수 있었다. 이 실험은 50킬로헤르츠 초음파가 '사회적 기쁨의 소리'일 가능성을 보여주었지만 어쩐지 씁쓸한 여운을 남겼다. 언제나 그렇듯 증명의 부담은 쥐들이 짊어져야 했다.

프란스 드 발과 같은 동물행동학자들의 연구 덕분에 심리학자들은 행동주의 이론의 한계를 넘어 문어의 움벨트 속으로까지 발을 들여놓으려 하고 있다. 양은 친구의 사진에 반응을 보이고, 까마귀는 자신을 붙잡은 사람을 기억한다. 침팬지들은 숫자가 밀리초 단위로 깜빡이며 나타났다 사라지는 컴퓨터 시뮬레이션 기억력 테스트에서 인간을 능가한다. 교토에 있는 침팬지 아유무는 0.06초 만에 숫자 아홉 개의 순서를 재현할 수 있는데 이는 눈 깜짝할 새보다 짧은 시간이다. 붉은털원숭이는 가위바위보에서 우리를 이기며, 말은 인간의 비언어적 의사소통을 우리보다 더 잘 파악한다. 반면 사람들 대부분은 클로브 히치 매듭[고정할 때 쓰는 매듭법의 하나]을 묶지 못한다. 유튜브 영상과 핀셋이 있고 사랑이나 돈을 대가로 줘도 우리는 오목눈이 둥지를 짓지 못한다.

내가 지금 미쳐서 머리를 쥐어뜯고 있는 것처럼 보이는가? 방금 창문 앞 나무에서 어린 대륙검은지빠귀 한 마리가 열매를 따 먹는 다른 대륙검은지빠귀를 유심히 지켜보는 모습을 봤다. 새는 먼저 관찰한 뒤 그 행동을 따라 했다. 이는 '감각 정보를 환경 지식으로 전환하고 이를 유연하게 적용하는 과정'[57], 즉 새의 두뇌에서 이루어지는 인지(정보 처리)이며 단 몇 초 만에 이루어졌다. 우리와 그들은 외계인처럼 이질적이지 않고 오히려 닮았으며 가까운 관계다. 유인원들이 키스하듯 입술을 맞대고 있으면 그건 키스하는 게 맞다. 마치 포옹하는 것처럼 서로를 팔로 감싸고 있다면 그건 포옹하는 게 맞다. 그리고 누군가 간지럽히면 웃음을 터뜨리는 것도 맞다.

짚 더미 성의 염소 왕

알루미늄 뚜껑을 말면 무덤의 문이 열리듯 속이 드러난다. 나는 사르디니아[스페인어로 작은 정어리라는 뜻] 무리를 바라본다. 캔 속에는 머리와 꼬리가 잘린 물고기 스물두 마리가 들어있다. 몇 년 전 스페인에서 사들여 찬장 속에 넣어둔 캔 중 하나를 록다운 기간에 열었다.

나는 초대형 저인망 어선이 은빛 물결을 휩쓸어 올리는 광경을 떠올린다. 공중으로 튀어 오른 눈알, 짧은 헐떡임, 미끄러지며 차곡차곡 쌓이는 물고기들의 무게까지. 문제는 이제 내가 큰가시고기가 둥지를 틀고 새끼를 부채질하며 돌본다는 사실을 안다는 것이다. 주얼 시클리드는 입 안에 지렁이와 새끼를 품은 채 고민하고, 고통을 느끼는지 확인하기 위해 피부 아래 식초를 주입 당한 물고기가 자갈에 몸을 문지른다는 사실도 안다. '물고기'는 고통을 느끼지 않는다는 전제가 여전히 그들의 보호를 가로막지만 현대 과학은 그들이 분명히 고통을 느낀다는 사실을 밝혀내고 있다.

나는 밝은 레몬 빛 상자를 살펴본다. '올리브유에 절인 사르디니아. 20~22조각.' 상자에는 푸른 바다, 머리 위로 날아다니는 갈매기, 항구에 정박한 범선의 그림이 있다. 스페인산이라고 쓰여있지만 어쩐지 의심스럽다. 우리는 바다를 깎아내면서 잔디처럼 다시 자라길 기대한다. 결국 아무것도 돌려주지 않은 채 황폐하게 만들 뿐이다. 오늘 아침 라디오에서는 한 영국 장관이 어업 관계자들에게 '쓰레기 투기와 준설을 금지하고 어업을 제한한' 해양보호구역의 중요성을 설득하려 애쓰고 있었다. 조너선과 나는 동시에 외쳤다. "제한?" 수많은 사례가 증명하듯, 엄격한 조업금지구역을 설정하면 주변이 자연 번식지가 되어 바다에 새로운 생명이 퍼져나간다. 하지만 우리는 조업의 자유를 빼앗기지 않겠다고 계속해서 바다를 약탈하고 있다. 우리는 우리가 받아 마땅한 결과를 맞이하고 있지만 물고기들은 그렇지 않다. 물고기라고 해야 할까, 아니면 물고기들이라고 해야 할까? 복제된 개체가 아니라 각각 개별적인 생명체이므로 물고기들이라고 해야 맞을 것이다. 매년 물고기 470억 마리가 오락용으로 잡히고 식용으로는 1조에서 2조 7000억 마리가 포획된다.[58] 우리는 무관심 속에서 오랜 시간에 걸쳐 고통스럽게 죽어가는 그들을 외면한 채 내버려둔다. 마치 물 밖에 내던진 물고기처럼. 18세기 철학자 제레미 벤담은 동물을 도덕적 고려의 대상으로 삼을 때, 그들이 말을 할 수 있는지 혹은 사고할 수 있는지가 아니라 고통을 느낄 수 있는지를 기준으로 해야 한다고 했다. 그렇지 않기를 바라는 것은 그저 희망에 불과하다.

정어리를 비롯한 화려한 물고기의 은빛은 홍색소포라는

비늘 세포 속 구아닌 결정이 만든다. 이 결정들은 작은 거울처럼 반짝이며 빛을 반사한다. 앞에서 오는 빛을 반사해 뒤쪽의 빛과 섞이게 함으로써, 은빛 물고기는 주변 환경과 조화를 이루며 눈에 띄지 않도록 위장한다. 그러다 몸을 획 틀면 갑자기 밝게 반짝이며 흐트러지는 듯한 모습이 연출된다. 정어리들은 서로가 필요하다. 이들은 이웃한 동료를 주시하며 조화롭게 헤엄친다. 몸 곳곳에 분포한 압력 감지 구멍을 통해 가장 가까운 동료가 만드는 미세한 물결을 감지하고 이를 바탕으로 서로 간의 거리를 정확히 조절한다. 그러다 무리가 순식간에 방향을 획 틀면 이 움직임이 경고 신호가 되어 퍼져나간다.

앞선 개체들이 쇠돌고래를 발견하면 이 메시지가 움직임과 빛, 물살, 속도를 통해 뒤쪽 개체들에게 빠르게 전달된다. 그러면 무리 전체가 일제히 긴장하며 경계를 강화한다. 그들은 촘촘히 밀착해 헤엄치며 완벽한 동기화 속에서 몸을 나란히 유지한 채 하나처럼 움직인다. 무리에서 벗어나면 곧 표적이 될 수 있기에 함께 헤엄치는 것이 더 빠르고 안전하고 효율적이다. 무리 중 적절한 위치에 자리 잡으면 동료들의 꼬리가 만들어 내는 후류와 회오리 효과를 이용해 속도를 높일 수 있다. 내가 남편 뒤에서 자전거를 타면 공기 저항을 덜 받는 것과 같은 원리다. 선두에 선 물고기는 파도를 타며 미끄러지듯 앞으로 나아간다. 이렇게 무리를 이루면 혼자일 때보다 최대 여섯 배나 먼 거리를 이동할 수 있다. 항공공학자들은 경주하듯 움직이는 물고기 무리의 역학을 연구한 끝에, 개체들 사이에서 발생하는 난류를 활용하면 수직축 풍력 터빈의 배치를 최적화해 출력을 최대 열 배까지 올릴 수 있음을 확인했다.[59]

정어리 무리는 저마다 성향이 다른 개체들로 이루어져 있다. 어떤 개체는 대담해서(혹은 더 배고파서) 앞장서고, 어떤 개체는 뒤에서 따라간다. 또 어떤 개체는 왼쪽 눈으로 동료를 살피며 오른쪽에서 헤엄치고, 반대로 오른쪽 눈으로 무리를 관찰하면서 왼쪽에서 움직이며 주변을 경계하는 개체도 있다. 만약 탐색을 맡았다면 무리에서 벗어나 포식자가 사냥 태세에 돌입했는지 확인해야 한다. 물고기의 삶은 우리가 생각했던 것보다 훨씬 복잡하며 인지 능력 또한 상상 이상으로 정교하다.[60]

묵념 한번 없이 토스트 위에 사르디니아 스물두 마리를 올려 먹으며 순간 식도가 꽉 막히는 기분이 들었다.

산호초에는 놀랍게도 청소 서비스를 제공하는 물고기가 있다. 주인공은 바로 놀래기다. 크고 작은 물고기들이 줄을 서서 차례를 기다린다. 놀래기는 하루 종일 맡은 일을 수행하며, 기생충을 제거해 다른 물고기를 깨끗하게 만들어 주면서 먹이도 챙긴다. 이 일에는 협력과 뛰어난 기억력이 필수다. 놀래기는 단골을 알아본다. 조심해야 할 상대(날카로운 이빨을 가진 참바리)를 구별하고 슬쩍 덤터기를 씌울 수 있는 상대도 가려낸다. 기회가 되면 고객의 피부와 점액을 살짝 뜯어내 자외선 차단제로 활용한다. 때로는 이를 무마하려고 몸을 흔들며 마사지하듯 사과의 몸짓을 보이기도 한다.

이처럼 복잡한 관계가 얽힌 산호초 세계에는 책략과 외교술이 살아 숨 쉰다. 예를 들어, 참바리와 곰치는 한 팀이 되어 사냥한다. 참바리는 춤을 추듯 몸을 흔들어 곰치에게 신호를 보낸다. '야, 곰치! 같이 한바탕 돌면서 사냥이나 해볼까?' 그러면 곰치가 주둥이를 구멍 밖으로 내밀고, 둘은 함께 사냥을 떠난다. 참바리는 먹잇감이 숨은 틈을 정확히 가리킬 수 있다. 꼬리를 세우고 몸을 수직으로 한 채 일정한 리듬으로 머리를 흔들며 위치를 표시하면 곰치가 구멍으로 들어가 직접 사냥하거나 먹잇감을 참바리 앞으로 몰아낸다. 이렇게 두 사냥꾼 모두에게 이득이 되는 협력 관계가 형성된다. 꽤 놀라운 일이다. 복잡한 사회적 삶 속에서 유연하게 사고하고 상황에 맞춰 적응하며 반응하는 능력. 멍하니 떠다니며 꿀떡꿀떡 먹이를 삼키고 배설이나 하거나, 큰 물고기가 작은 물고기를 잡아먹고 작은 물고기는 필사적으로 도망치며 사는, 우리가 상상했던 단순한 좀비의 세계와는 전혀 다른 모습이다.

물고기는 2012년 '의식에 관한 케임브리지 선언'에 포함되지 않았다. 하지만 물고기가 고통을 느낀다는 것은 그리 놀라운 일이 아니다. 왜 느끼지 않겠는가? 고통은 일종의 제한 장치다. 고통이 없다면 바위에 몸을 부딪히거나 따개비에게서 해조류를 뜯다 입이 찢어지는 걸 피할 수 있을까? 연구 결과 무지개송어에게는 산성 물질, 봉독, 화상과 같은 유해 자극을 감지하는 신경세포가 있다고 밝혀졌다. 그렇다면 어떻게 통증을 인지할까? 로슬린연구소의 과학자들이 무지개송어의 입술에 산을 주입하자 송어들은 수조 바닥을 뒹굴며 입을 문질렀다. 위약을 주입한 송어들은 이런 반응을 보이지 않았다. 또한 모르핀을 주입하자 송어들은 입을 문지르는 행동을 멈췄다.[61] 그들이 할 수 없는 것은 단 하나, 비명을 지르는 일이다.

─※─

 트란실바니아에서 트레킹을 하며 머물던 숙소에서 아침을 먹다가 창밖 들판을 바라본다. 어린 염소 두 마리가 놀고 있다. 익숙한 놀이. 규칙도 잘 안다. 한 녀석이 짚 더미 위에 올라서고, 올라오려는 다른 녀석을 뿔로 막아선다. 하지만 실랑이 끝에 결국 뛰어오르는 데 성공한 녀석이 먼저 있던 녀석을 밀어낸다. 그리고 다시 시작. 빙글빙글 돌고 올라갔다가 밀려나고 또 올라가고. 짚 더미 성의 염소 왕.

누가 멍청한 동물인가

새들의 언어는 아주 오래되었으며 다른 고대 언어들처럼 매우 함축적이다. 말은 적지만 그 안에 많은 의미가 담겨있다.

길버트 화이트, 《셀본의 자연사》

부부부 짧은귀 부엉이

존 베비스, 《새의 노래 백과(An A - Z of Bird Song)》

"그냥 생각하고 있었어." 앵무새가 말했다. 그러면서 여전히 나뭇잎을 바라보았다.
"무슨 생각을 하고 있었는데?"
"사람들에 대해." 폴리네시아가 말했다. "사람들은 참 이상해. 자기들이 대단한 존재라고 생각하는 게 기가 막혀. 세상은 이미 수천 년 동안 이어져 왔잖아? 그런데 사람이 동물의 언어 중에서 유일하게 알아낸 게 개가 꼬리를 흔들면 '기뻐!'라는 뜻이라는 거야. 웃기지 않아? 우리처럼 말하는 사람은 네가 처음이야. 아, 사람들은 가끔 정말 짜증 나. '멍청한 동물들'이라고 말하면서 잘난 척할 때 말이야."

휴 로프팅, 《둘리틀 박사 이야기》

동물과 이야기하자

'언어는 인간과 동물을 가르는 루비콘강이며 그 강을 건널 수 있는 동물은 없다.' 1861년 옥스퍼드 교수 프리드리히 막스 뮐러는 이렇게 선언했다. 직립 보행을 시작한 이래, 우리에게는 다른 영장류에게 없는 한 가지가 있었다. 바로 목 깊숙이 자리한 길고 정교한 인두와 후두다.* 이 독특한 해부학적 구조 덕분에 공기를 다양한 소리로 변형할 수 있다. 자유롭게 움직이는 근육질 혀가 있어 소리를 더욱 정밀하게 조절할 수 있다. 우리는 큰 두뇌와 넓은 입을 활용해 추상적인 사물과 개념을 단어로 표현하고 이를 조합해 무수한 방식으로 정보를 부호화하고 해독했다. 언어(그리고 이후 등장한 문자)는 인간의 삶을 완전히 바꿔놓았다. 우리는 유전자나 세대를 넘고 세기를 초월해 정보를 전할 수 있다. 지식을 축적하고 후대에 전승한다. 오늘날에는 빛의 속도로 전 세계에 말을 전할 수 있다.

* 우리는 숨쉬기와 삼키기를 동시에 할 수 없는 유일한 포유류다. 음식이 목에 걸려 질식사할 수 있는 유일한 종이기도 하다!

우리는 서로 협력해 한층 더 높은 곳으로 올라섰고 달에까지 도달했다.

하지만 고래의 노래는 바다를 건너 퍼져나가고, 떼까마귀는 하늘을 날며 서로 대화한다. 돌고래는 자신을 식별하는 고유한 휘파람 소리를 내며, 꿀벌은 배를 흔들어 소통한다. 버빗원숭이는 '뱀이다!' '독수리 출현!' '표범이야!' 같은 의미의 경고음을 내고, 프레리도그는 '인간 등장!'과 '총 든 인간이다!'를 각각 다른 울음소리로 알린다. 나는 여러 번 목격했는데, 검은지빠귀는 정원에 족제비가 나타났을 때 아주 독특하고 짧은 노래를 부른다. 배리 로페즈는 늑대가 응시하는 모습을 보고 '죽음의 대화'라고 했다. 동물은 소리, 냄새, 화학물질, 몸짓 언어로 서로 의사소통한다. 우리가 듣지 못하는 소리가 있고 보지 못하는 색깔도 존재한다. 1901년 '영리한 한스'로 불린 말은 인간의 미세한 몸짓 신호를 읽는 데 탁월해, 단어를 알거나 덧셈을 할 수 있는 것처럼 독일인 주인과 전 세계 관객을 속였다. 이 놀랍도록 영민한 말은 질문자의 몸이 무의식적으로 이완되는 순간, 즉 정답 횟수에 도달했을 때를 감지하고 훈련받은 대로 왼쪽 발굽 두드리기를 멈추었다. 그러면 보상으로 당근을 받는다는 것을 학습한 것이다. 이처럼 관찰자의 기대가 무의식적으로 실험 결과에 영향을 미치는 현상을 '영리한 한스 효과'라고 한다.*

현재까지 밝혀진 바에 따르면 동물의 의사소통은 주로 영역 표시, 먹이, 짝짓기, 위험 감지, 공격성, 서열, 사회적 유대, 어미를 부르는 것 등에 집중되어 있다. 반면 인간의 언어는 문법적 유연성과 시적인 표현, 방대한 정보 전달 능력을 지닌다. 이는 인간에게 축복이자 고통일지도 모른다. 동물의 언어는 본능적으로 타고난 반면, 우리가 지닌 '진정한' 언어는 문화적으로 전승된다고 여겼다. 그러나 2021년 발표된 호주 리젠트꿀빨이새 연구는 이런 견해가 단순한 고정관념일 수 있음을 보여준다. 이 꿀빨이새는 개체수가 급격히 줄어들면서 어린 수컷이 성조에게 노래를 배울 기회를 잃고 그 결과 원래 길고 복잡했던 노래가 단순해지면서 암컷에게 덜 매력적인 형태로 변했다. 또한 고래의 노래는 매년 유행가처럼 바뀌고, 영국의 굴뚝새들은 고향에 따라 각기 다른 방언을 사용한다. 조디 굴뚝새, 콘월 굴뚝새, 에식스 굴뚝새처럼 사는 곳에 따라 억양이 다르다. 음악가 조 애치슨이 굴뚝새의 노래를 느리게 재생하자 마치 열대우림에서 울려 퍼지는 긴팔원숭이의 아침 인사처럼 들렸다.[62] 굴뚝새는 1분에 740개가 넘는 음을 낼 수 있으며 영국에서 가장 큰 소리로 노래하는 새 중 하나다. BBC 〈스프링와치〉 진행자인 메건 매커빈이 자신의 목소리를 굴뚝새 속도로 빠르게 재생하자 전혀 알아들을 수 없는 소리가 됐다.[63]

가장 놀랍다고 생각하는 녹음 기록 중 하나는 포획된 흰고래가 인간의 말을 흉내 내는 소리다. 우리가 새소리를 따라 하거나 늑대처럼 울부짖어 보는 것과 비슷한데, 흰고래의 소리는 마치 사람이 트럼펫을 입에 대고 말하는 것처럼 들렸다.[64] 흰고래는 입술을 오므려 혀를 내밀고 푸푸 소리를 내는 데에도 능숙하다.

* 1911년 이를 조사하기 위해 파견된 위원회의 일원인 오스카 푼스트가 이 현상을 밝혀냈다. 푼스트는 한스에게 깊은 인상을 받아 인간이 말을 대하는 방식을 다시 생각해야 한다고 주장했다.

언어학자 노엄 촘스키는 언어란 유전적으로 인간만의 고유하고 본능적인 능력이며 학습이 언어 습득에 미치는 영향은 제한적이라고 주장한다. 어린아이가 놀라운 속도로 언어를 익히는 데 부모가 제공하는 언어적 입력은 상대적으로 적다는 점을 근거로 든다. 그러나 프란스 드 발은 언어 능력을 포함한 그 어떤 특성도 선행 단계 없이 진화할 수 없다고 지적한다. 실제로 명금류와 인간은 FOXP2 유전자를 포함해 발성 관련 유전자를 적어도 50개 이상 공유한다. 쥐도 또 다른 형태의 FOXP2 유전자를 가지고 있으며 이는 새끼들이 내는 초음파 소리와 관련이 있다. 인간의 언어는 독창적이지만, 말이란 수많은 요소가 결합한 결과물이다. 유전자, 뇌, 신경 회로, 정교한 운동 조절 능력, 해부학적 구조 그리고 무엇보다도 이야깃거리가 필요하다. 그럼에도 인간은 신적인 동시에 악마적인 언어 능력을 지녔다. 그게 우리 운명이다.

그렇다면 우리는 정말로 동물과 대화하고 싶은 걸까? 만약 개와 고양이가 말을 할 줄 안다면 지금처럼 그들을 사랑할 수 있을까? 어쩌면 난감할 수 있고 심지어 지루하게 느낄지도 모른다. 스패니얼은 아마 '한 번 더!' '또 던져줘!'라고 끊임없이 외칠 것이다. 나는 정말로 잔디밭에서 마주치는 개똥지빠귀와 이야기를 나누고 싶은 걸까? 우리는 문법을 통해 사고하는 존재이며, 그것이 우리가 세상을 경험하는 방식이다. 우리는 과거를 되새기고 미래를 상상하며 살아가는 반면 동물은 지금, 바로 이 순간을 산다. 개똥지빠귀의 노래는 무슨 뜻일까? 내게 그것은 '영광, 영광, 할렐루야'처럼 들린다. 그 자체로 시詩다. 우리는 다른 동물의 내면을 온전히 이해할 수 없다.

하지만 구달이 관찰했던 플로의 아들을 떠올려 보자. 어디가 죽은 개울가에서 홀로 남아 며칠 동안 자리를 지키던 침팬지에게 아무런 감정이 없었다고, 어떤 내면의 소리도 존재하지 않았다고 할 수 있을까? 토끼를 쫓는 꿈을 꾸며 잠결에 낑낑대던 우리 개 프리다를 보면서도?

말의 입에서 나온 말

1700년대 초반 세상은 여전히 미지의 땅과 정체불명의 생명체들로 가득했다. 린네가 생물 분류 체계를 정교하게 다듬던 그 무렵, 아일랜드 성직자이자 풍자 문학가인 조너선 스위프트는 선원 출신 외과의사 레뮤얼 걸리버가 탄 배를 난파시켜 그를 여러 기이한 해안으로 보냈다.[65] 걸리버가 '후이넘'의 나라(1711년 발견, 뉴홀랜드 - 현재의 호주 - 남쪽)에서 처음 마주한 존재들은 어딘가 자신과 닮았으나, 타락하여 '짐승' 같은 형상을 하고 있었다. 수염이 덥수룩하고 온몸이 털로 덮였고, 피부는 더럽고 꼬리 없이 엉덩이를 드러낸 채 네 발로 뛰어다녔다. 암컷들은 '젖'이 거의 땅에 끌릴 듯 늘어져 있었다. 걸리버는 극도의 혐오감을 느꼈다. 그중 한 야만인이 호기심 어린 눈빛으로 다가오자 걸리버는 반사적으로 손을 뻗어 그를 내쳐버렸다. 그 야만인은 포효하며 무리를 불러 모았고, 걸리버는 나무에 몸을 기댄 채 뒤로 물러날 수밖에 없었다. 야만인들은 날렵하게 나무 위로 올라가더니 걸리버의 머리 위로 '배설물을 쏟아냈다.' 이 황당한 상황은 말 한 마리가 등장하면서 일

단락된다. 말이 다가오자 야만인들은 황급히 흩어졌다. 말은 걸리버를 위아래로 훑어보고는 그가 내민 손을 차갑게 외면했다. 그렇게 걸리버는 품위 있고 정직하며 이성적인 말인 후이넘이 지배하는 세계에 발을 디뎠다.

이곳의 타락한 인간, 즉 '야후'는 노동력을 제공하는 피조물에 불과했다. 얼마 지나지 않아 또 다른 말이 다가왔고, 두 후이넘은 서로 얼굴을 마주 보며 울음소리를 냈다. 하지만 단순한 울음이 아니었다. 그들의 대화는 걸리버조차 믿기 어려울 만큼 분명하고 정교했다. 분명 야후인데 구두와 스타킹을 신고 단정하게 차려입은 걸리버를 본 후이넘들 역시 눈앞의 광경을 쉽게 믿지 못했다. 걸리버는 후이넘의 거처로 안내되었지만 그를 기다리고 있던 것은 참담한 굴욕이었다. 그는 '혐오스러운' 야후들과 함께 지내야 했다. 가까이서 살펴보니 야후의 신체 구조는 걸리버와 별반 다를 바 없었다. 차이점이라면 길게 자란 손톱과 무성한 털, 더러운 피부뿐이었다. 마치 자신의 짐승 같은 본성을 거울로 비춘 듯했다. 걸리버의 깔끔한 몸가짐과 낯선 복장도 후이넘들을 당황스럽게 만들었다. 걸리버는 후이넘의 언어를 배우기 시작했다. 후이넘들이 가장 궁금해한 것은 걸리버가 어떻게 이성적인 존재를 흉내 낼 수 있는가였다.

조너선 스위프트는 우리에게 반전을 선물한다. 《걸리버 여행기》의 주석본에서는 후이넘Houyhnhnm이라는 이름이 말의 울음소리를 본뜬 것이라고 설명한다. 우연이든 의도적이든, 이 단어는 말의 억양으로 발음한 '휴먼'과 비슷해서 인간과 말의 역할이 뒤바뀌었음을 더욱 강조한다.* 인간의 오만을 조롱하는 또 다른 장치는 후이넘이라는 단어의 어원을 '자연의 완벽함'이라고 묘사하는 부분이다. 후이넘들은 옷을 입은 걸리버를 보며 자연이 부여한 신체 일부를 왜 굳이 가리는지 의문을 품는다. 그러나 인간이라는 존재에 감탄하기는커녕 한심하게 여기는 것이 분명하다. 앞발을 입 앞까지 들어야만 음식을 먹을 수 있고, 얼굴은 평평해 시야가 좁으며 몸을 돌리지 않으면 양옆을 볼 수 없다. 발은 연약하고 손톱은 쓸모없으며 배고프지 않아도 음식을 먹는다. 게다가 두 발로 위태롭게 서 있다. 모든 생명체가 야후를 본능적으로 혐오하는 것은 후이넘 관점에서 당연한 일이다.

걸리버는 야후와 거리를 두고 새로운 주인이자 스승이 된 후이넘에게 자신이 떠나온 인간 세계를 설명한다. 이성적인 후이넘에게 인간의 삶은 비논리적이고 충격적으로 들린다. 야후가 지배하는 세상이 존재한다는 것을 믿기 어렵거니와, 말이 그들에게 부려진다는 사실은 더욱 받아들이기 어렵다. 이야기는 점점 더 기이해진다. 후이넘이 먼 나라에 사는 동족의 삶을 묻자 어리석은 걸리버는 모든 것을 털어놓는다. 그는 인간이 말을 타는 방식부터 안장, 굴레, 편자, 귀족 마차, 여행용 마차, 박차, 채찍에 이르기까지 세세히 설명한다. 후이넘은 어이없다는 듯 되묻는다. 어떻게 하찮은 야후가 크고 강인하며 품위 있는 후이넘의 등에 올라탈 수 있단 말인가? 왜 그냥 떨어뜨리지 않지? 뒹굴어 '깔아뭉개 죽여버리면' 될 텐데. 정말 그렇지 않아? 걸리버는 난처해하며 설명한다. 인간은 말을 길들이기 위해 어릴 때부터 훈련을 시키고, 말을 듣지 않으면 때

---

*   마치 걸리버가 걸리블(gullible)[영어로 속기 쉽다는 뜻]을 떠올리게 하는 것처럼.

리며, 수컷은 거세해 '더욱 복종하도록 만든다'고. 우리는 이 세세한 묘사에 움찔한다. 스위프트는 인간이 아닌 눈에 비춰 우리 자신이 얼마나 잔혹한 존재인지 밝힌다. 걸리버는 말이 절뚝거리거나 기력이 다했을 때 어떤 최후를 맞이하는지 털어놓는다. 그리고 술에 취한 선원들, 싸움, 음주, 방탕, 매춘, 도박, 살인, 강도, 독살, 위증, 사기, 문서 위조, 강간, 남색… 이런 충격적인 사실도 줄줄이 읊는다(18세기 성직자였음에도 스위프트는 거침이 없다). 이성이 있다는 존재가 이렇듯 가증스러운 행동을 저지를 수 있다니. 이성의 타락은 야만적인 본능보다 더 끔찍해 보인다. 적어도 야후는 자연의 법칙을 따를 뿐 위선을 부리지 않는다. 예컨대, 남성과 여성에게 서로 다른 교육을 한다는 게 얼마나 기괴한가? '진실이 아닌 무언가'(거짓)를 말한다는 건 또 얼마나 불합리한가?

이제 걸리버는 스위프트의 입이 되어 인간 세상을 신랄하게 고발한다. 그는 후이넘의 커다란 눈과 귀를 빌려 세상을 들여다보듯, 인간 사회의 추악한 민낯을 하나하나 들춘다. 변호사, 술꾼, 나태하고 어리석은 데다 매독까지 걸려 끝내 가산을 탕진하고 돈을 좇아 결혼해 '병약하거나 기형적인 아이'를 낳는 귀족, 험담꾼, 사기꾼, 고함만 지르는 자, 지루한 수다쟁이, 강도, '포주, 창녀, 아첨꾼, 광대'까지. 걸리버는 이 모든 인간 군상을 빠짐없이 늘어놓고는 이렇게 덧붙인다. 그런 인간들에게는 온갖 병이 꼬리를 물고 따라붙고 그 병을 고친다며 수상쩍고 부자연스러운 처치를 일삼는다고. 관장을 하고 하제를 먹이는 데 그치지 않고, 자연의 이치를 거슬러 '항문에 고형물과 액체를 밀어 넣고 입으로 토하게 만드는' 괴상한 짓까지 서슴지 않는다고! 걸리버는 후이넘의 나라에서 고귀한 네 발 달린 존재들에게 '깊은 애정과 경외심'을 품게 되고 인간을 더없이 역겨운 종족으로 보기 시작한다. 인간은 오직 욕망을 부풀리는 데에만 머리를 쓰고 그 욕망을 채우기 위해 평생을 허덕이다 끝나는 불쌍한 존재일 뿐이다. 걸리버는 이제 다시는 고향으로 돌아가고 싶지 않다.

야후의 존재는 후이넘들 사이에서 뜨거운 논쟁거리였다. 외래종이자 침입종인 그들을 완전히 박멸해야 하는가? 후이넘들은 걸리버의 설명을 듣고 야후를 거세하면 더욱 온순해져 결국 자연스럽게 멸종에 이를 수 있을지 고민했다.* 많은 것을 시사하는 대목이다. 그러나 걸리버는 섬을 떠나야 한다는 판결을 받는다. 다른 야후들을 자극할 위험이 있다는 이유에서다. 그는 야후 가죽으로 카누를 만들고 노를 저어 섬을 떠난다.

늘 성직자다운 태도를 잃지 않았던 스위프트는 타락한 인류를 향해 동물권을 옹호하는 통렬한 선언문을 내놓았다. 허구라는 형식을 빌려 인간이 아닌 이성적인 말의 시선을 통해 이야기를 풀어낸 것은 실로 탁월한 선택이다. 인간에게 직접 얘기한 것이 아니라, 우리 인간이 들을 수 있는 거리에서 말이 진실을 전한 셈이다. 소설의 모든 설정은 섬뜩할 만큼 치밀하게 짜여있다. 만약 말들이 감정과 개성을 지닌 지적 존재라면 어땠을까? 허구 속 걸리버가 말에 대한 인간의 죄악을 고발하던 그 순간에도, 인간 노예들은 제국을 떠받치기 위해 배의 화물칸을 가득 채우고 있었다. 걸리버를 구한 것은 포르투갈 선

---

* 좀 더 온순한 당나귀를 조련해 일을 대신하게 할 수 있다면? 흠….

박이었다. 마침내 집에 돌아온 그는 동료 인간과 가족 모두를 역겹고 참을 수 없는 존재로 느낀다. 그는 굴레를 씌우지 않을 말 두 마리를 사서 마구간에서 대부분의 시간을 보내며 살아간다. 후이넘은 인간이 결코 닮을 수 없는 존재다. 그것이야말로 이 이야기의 핵심이며, 성직자로서 스위프트의 소명과 맞물려 더욱 아이러니하고 흥미롭다.

손짓과 함께 사라지다

1953년 심리학자 키스 헤이스와 캐시 헤이스는 가정에서 침팬지 비키를 키우며 말을 가르치려 했다. 6년간의 시도 끝에 실패했지만, 이 실험을 통해 비인간 유인원은 해부학적 차이 때문에 인간의 발성을 할 수 없다는 사실을 처음으로 알게 됐다. 그렇다면 다음 단계는? 논리적으로 생각해 보면, 말 대신 수화를 시도하는 것이 당연한 수순이다. 1967년 심리학자 앨런 가드너와 베아트릭스 가드너는 어린 암컷 침팬지 워쇼에게 미국 수화를 가르치기 시작한다. 실험은 철저했다. 연구자들은 가정에서 오직 수화로만 대화하며 훈련을 진행했다. 당시 워쇼는 이미 두 살이었지만 무려 350개의 수화를 익혔다. 더 놀라운 점은 단순히 단어를 외우는 데 그치지 않고 배운 단어를 조합해 새로운 의미를 만들어 내는 능력까지 보였다는 것이다. 예를 들어 '물'과 '새'를 결합해 백조를 가리키거나 '사탕'과 '과일'을 조합해 수박을 표현하는 식이었다. 그렇다면 갓 태어난 침팬지를 인간처럼 키운다면? 과연 문장을 만들 수 있을까? 그리고 우리에게 어떤 이야기를 들려줄 수 있을까? 이 의문은 컬럼비아대학교 심리학 교수 허버트 테라스의 관심을 사로잡았다. 그는 이를 외계인과의 대화와 같을 것이라 여겼다(침팬지가 외계인은 아니지만).

1973년 테라스는 오클라호마의 번식 시설에서 태어난 지 2주 만에 어미에게서 분리한 수컷 침팬지를 입양했다. 그리고 옛 연인이자 심리학과 학생인 스테파니 라파르게에게 맡겨 마치 아이처럼 키우며 미국 수화를 가르치도록 했다. 그녀는 여러 자녀를 둔 자유로운 히피 성향의 인물로, 침팬지를 가족처럼 받아들이고 모유 수유까지도 개의치 않았다. 하지만 이 실험에는 치명적인 문제가 있었는데, 스테파니를 비롯해 그녀의 부유하고 자유분방한 대가족 중 누구도 미국 수화를 제대로 구사하지 못했다는 사실이다. 이 새끼 침팬지에게는 농담처럼 '님 침스키Nim Chimpsky'라는 이름이 붙었다. 언어가 인간만의 고유 능력이라고 주장한 미국 언어학자 노엄 촘스키를 겨냥한 언어유희다.

침팬지와 접촉하지 않고 인간 가족의 품에 안긴 님은 인간 아이보다 훨씬 빠르게 성장했고 생후 석 달이 될 때까지 수화를 전혀 사용하지 않았다. 님은 인간 아기의 옷을 입고 변기를 사용했으며 숟가락으로 밥을 먹고 아기 장난감을 가지고 놀았다. 자전거를 타고 정원을 신나게 돌았고 천장을 기어올랐다. 스테파니는 곧 자신이 기르는 이 새끼 유인원이 얼마나 강한 존재인지 깨닫게 됐다. 님은 그녀의 아이들보다 훨씬 힘이 세고 튼튼하고 민첩하고 빠르고 감정 표현도 격렬했다. 제압하는 것은 불가능에 가까웠다. 그럼에도 스테파니는 사랑하는 엄마로서 님이 침팬지다움을 드러내는 것이 기뻤다. 하지만 테라스는 님에게 좀 더 인간다운 운명을 부여할 계획이었다. 생후 18개월이 되자 님은 가정집에 있기에는 '너무 커버렸다.' 님은 컬럼비아대학교가 소유한 브롱크스의 넓고 복잡한 대저택으로 옮겨졌고 님을 돌볼 두 번째 엄마가 배정됐다. 당시 18세였던 연구 학생 로라 앤 페티토로, 스무 살 연상인 허버트 박사와 연인 관계였다. 그러나 두 사람의 관계가 흔들리자 페티토는 눈물을 흘리며 떠났고 님은 또다시 엄마를 잃었다. 이후 3년 동안 님에게는 끊임없이 새로운 언어 교사가 배정됐다.

연구진은 님이 사용한 2만 4000개의 수화 '발화'를 기록했다. 님은 4년 동안 125개의 수화를 익혀 여러 조합으로 사용할 수 있게 됐다. 그러나 빠르게 자라는 사춘기 침팬지 님을 돌보는 일은 점점 더 어려워졌다. 님은 한없이 다정하고 애정이 넘치는 한편, 때로는 난폭하고 사나웠다. 1970년대였다고는 해도, 침팬지가 마리화나를 피우고 맥주를 마시게 두는 게 괜찮은 생각이었을까?* 점점 더 통제하기 어려워진 님은 사람을 물기 시작했다. 연구원 한 명이 공격을 당해 상처를 꿰매야 했고, 연구 자금도 바닥을 드러냈다. 테라스는 님의 양육자와 교사들을 소집해 회의를 열었다. 그는 이제 충분한 데이터를 확보했다며 연구 종료를 선언했다. 모두가 충격을 받았다. 그때 님은 겨우 네 살이었고 어미를 떠난 이후 단 한 번도 다른 침팬지를 본 적이 없었다. 어느 날 마취에서 깨어난 님은 자신이 태어난 오클라호마 번식 시설의 우리 안에 갇혀있었다. 님에게 남은 단 하나의 희망은 밥 잉거솔이었다. 오클라호마대학교의 심리학 학부생이던 그는 님과 특별한 유대를 맺었고, 님도 그만큼은 물지 않았다. 밥은 이렇게 말했다. 어떤 사람들은 몸에 '날 물어'라고 써 붙이고 다니는 것 같다고.

테라스는 데이터를 분석하다가 이 실험이 기만임을 깨달았다고 했다. 님은 자발적으로 수화를 한 게 아니다. 교사가 유도할 때만 반응했을 뿐 그 누구도 님과 진정한 대화를 나눈 적이 없다. 님은 보상받기 위해 단어를 흉내 내며 수화를 배웠을 뿐이다. '그저 "이거 줘, 이거 줘"라고만 했고 그러면 원하는 것을 얻었다. "고마워"라든가 "이 오렌지는 모양이 재미있네" 같은 말을 한 적은 한 번도 없다.'[66] 그런데 테라스는 이 사실을 진작에 몰랐을까? 그는 님을 관찰하는 데 집중하느라 깨닫지 못했다고 변명했다. 하지만 그 변명이 과연 충분할까요, 심리학자 선생?

더 근본적인 의문이 있다. 원래 강한 위계질서를 따르는 침팬지가 인간이 절대적 우위를 점하는 환경에서 스스로 대화를 시작할 가능성이 있었을까? 서열이 낮은 침팬지는 우두머리가 지켜보는 앞에서 감히 바나나를 집지 않는다. 침팬지는 특유의 팬트후트[침팬지가 내는 독특한 발성으로, 짧고 거친 숨소리와 높은 울음소리가 섞여있다] 소리를 내는데, 테라스는 이 소리가 무엇을 의미하는지 정확히 설명할 수 있을까? 그는 님이 처음에는 원하는 것을 그냥 움켜쥐려 했다고 말했다. 아니 그럼, 인간이 키운 침팬지가 어느 순간 진화의 단계를 뛰어넘어 갑자기 '바나나 좀 주세요'라고 정중하게 부탁할 거라고 가정했다는

---

* 1975년 님은 잡지 《하이타임스》에 마리화나를 피우는 침팬지로 등장했다.

건가? 님에게는 손을 뻗어 직접 잡는 것이 훨씬 자연스러웠을 것이다. 가축을 길들이는 과정에서도 처음부터 완벽한 양치기 개가 나오는 법은 없다. 그런데도 테라스는 '이 모든 게 무엇을 뜻하는지' '왜 인간은 말하고 침팬지는 말하지 않는지' 고민했다. 더 큰 문제는 이 연구를 감독할 영장류학자가 단 한 명도 없었다는 사실이다.

제임스 마시의 2011년 다큐멘터리 〈프로젝트 님〉은 님이 인간 가족과 함께 생활하고, 테라스와 함께 차를 타고 이동하고, 술을 마시고 마리화나를 피우는 모습을 담았다. 이 연구가 끝내 밝혀낸 것은 님의 언어 능력이 아니라 인간이라는 종의 본성이다. 프로젝트에 참여한 연구자 중 일부는 님이 여러 수화를 조합해 사용했으며 스스로 대화를 시작한 적도 많았다고 주장했다. 유인원의 수화가 단순한 모방이라는 주장도 사실과 다르다. 야생에서도 유인원들은 수화를 강력한 의사소통 수단으로 사용한다. 프린스턴대학교의 생명윤리학 교수이자 도덕 철학자인 피터 싱어는 이런 의문을 제기한다. '테라스가 님의 언어 능력을 그렇게 부정적으로 평가한 이유는, 혹시 언어를 사용하는 인간화된 침팬지를 그렇지 않은 침팬지 우리로 돌려보내는 일이 애초에 언어를 사용하지 못하는 동물을 가두는 것보다 훨씬 끔찍했기 때문일까?'[67] 이 실험은 좋게 보아 부실한 연구였고, 최악으로 보면 오만하고 비윤리적이었다.

님과 밥은 특별한 유대를 쌓았다. 마시의 다큐멘터리에는 둘이 장난을 치고 몸을 부대끼며 놀고 수화로 대화하는 모습이 담겼다. 그러나 1982년 님은 뉴욕대학교의 영장류실험 및 수술연구소로 팔려 가 C형 간염 치료제 실험에 이용된다.

이 사실을 알게 된 밥은 언론을 통해 강하게 반발했고, 결국 한 동물권리운동가가 나서서 님을 보호소로 보내는 데 성공했다. 밥은 님을 꾸준히 찾아갔지만 님은 26세에 심장마비로 세상을 떠났다. 마시의 다큐멘터리에서 테라스는 이렇게 말했다. "나는 그를 한 번도 아이처럼 여긴 적이 없습니다. 어디까지나 연구 대상이었어요. 침팬지를 5년 이상 키우는 사람은 없습니다." 님을 돌봤던 조이스 버틀러는 이런 한마디를 남겼다. "우리는 한 존재에게 끔찍한 일을 저질렀어요. 부끄러운 일입니다."[68]

136킬로그램짜리 고릴라가 거울에 비친 자기 모습을 보며 카메라 셔터를 눌렀다. 코코가 직접 찍은 이 사진에는 이중적인 의미가 담겨있다. 여기 있는 너, 나를 바라보는 나를 바라보는 너. 1978년 이 장면은《내셔널 지오그래픽》표지를 장식했다. 코코와 보호자 페니 패터슨의 인연은 단순한 과학 연구를 넘어 하나의 사랑 이야기다. 1971년에 태어난 코코는 병으로 어미와 헤어졌고, 샌프란시스코동물원은 박사 과정 연구의 하나로 패터슨에게 4년간 코코를 맡겼다. 연구의 목표는 코코에게 수화를 가르치는 것이었다. 그러나 시간이 흐르면서 패터슨은 코코를 다시 동물원으로 돌려보낸다는 것을 상상조차 할 수 없게 됐다. 그녀는 동물원을 설득해 코코를 사들이기로 했고 이후 고릴라 재단을 설립해 기금을 모았다. 그렇게 코코는 인간 세계에서 45년을 살아갔다. 인간도 온전한 고릴라도 아닌 삶. 자유가 없고 본래의 삶도 허락되지 않았지만 헌신적인 보호자와 함께했다. 코코는 인간 친구들을 사귀고 유명 인사들을 만났다. 새끼 고양이를 입양했고, 짝이 되기를 바라는 마음으로 들여온 마이클(마이크)이라는 수컷 고릴라도 있었다. 그러나 결국 코코가 머문 곳은 철망 뒤 트레일러였다. 패터슨과 코코는 서로에게 깊이 빠져들었고 떼어낼 수 없는 관계가 됐다.

코코의 언어 능력을 평가하는 원본 영상 데이터를 확보하는 것은 쉽지 않았다. 남아있는 자료에는 패터슨이 코코의 행동을 유도하거나 그 의미를 제멋대로 해석하고 자신만의 생각을 덧붙인 정황이 드러난다. 그 모든 것을 단순히 '영리한 한스 효과'로 치부할 수는 없었다. 고릴라 말이 아니다. 코코는 명확한 수화를 구사했고 이해력이 뛰어났으며, 자기 인식 아래 보상과 관계없이 양방향 소통을 했다. 가장 웃긴 장면은 냉장고에서 사라진 음식에 관해 묻자, 코코가 수화로 '범인은 마이크'라고 답한 순간이다.

유인원이 얼마나 많은 것을 이해할 수 있는지, 그리고 우리가 그들의 행동에 얼마나 많은 의미를 덧씌우는지에 대한 논란은 여전히 계속되고 있다. 코코는 더 특별한 존재여야 하는 것처럼 여겨졌지만 이미 매우 특별했다. 입술을 내밀어 방귀 소리를 내고 전화 통화를 흉내 내며 로빈 윌리엄스의 안경을 훔쳐 쓰고 거울을 바라보았다. 둘은 서로를 간지럽히며 장난을 쳤고 크게 웃음을 터뜨렸다. 코코는 단순히 로빈을 흉내 낸 것이 아니었다. 감정을 드러낼 줄 알고 내면의 세계를 지닌, 표현력이 풍부한 고릴라였다. 그러나 자신의 움벨트는 빼앗긴 채였다. 패터슨은 끝까지 코코를 버리지 않았다. 관계를 끊는 순간 서로에게 깊은 상처가 될 것을 알았기 때문이다. 흔히 복잡한 문장 구조의 언어를 쓸 줄 모르는 동물은 사고할 수도 없다고들 하지만 사실이 아니다. 코코가 인간의 문법을 얼마나 이해했는지는 중요하지 않다. 중요한 건 우리가 야생동물을 인간의 세계로 끌어들이면서 그들의 삶을 빼앗고 불안정한 관계 속에 둘 수밖에 없다는 사실이다. 이런 관계는 대부분 비극으로 끝난다. 이제는 그런 시도를 멈춰야 한다.

1981년, 유인원 언어 연구에 회의적이었던 토머스 세벅은 뉴욕 과학아카데미에서 '영리한 한스 현상: 말, 고래, 유인원, 그리고 인간과의 소통'이라는 주제로 학술회의를 열었다. 종간 의사소통을 다룬 이 회의는 사흘 동안 진행되었고, 토머스는 동물에게 인간의 언어를 가르치는 연구를 멈춰야 한다고 주장했다. 그 뒤로 연구자들은 더 이상 침팬지에게 미국 수화를 가르치지 않았다. 마지막으로 수화를 배운 침팬지들마저 이제 생의 끝자락에 다다르고 있다. 사람들은 이 연구가 의미 있는 성과를 남기지 못했다는 데 점점 공감하는 분위기다. 오랜 시간이 걸렸지만 이제는 침팬지나 고릴라의 세계, 그들만의 의사소통 방식에 더 관심을 두게 됐다. 서로에게 어떤 말을 건네는지, 어떤 방식으로 생각과 감정을 전하는지 알고 싶어 한다. 말보다 '경청'이 중요한 말 조련사들의 방식처럼, 유인원의 소통 방식을 이해하는 게 더 의미 있는 일이 되고 있다.

2010년 네덜란드에서 온 침팬지 무리를 에든버러동물원으로 옮겼는데 스코틀랜드 침팬지들과 같은 방식으로 소통하기까지 3년이 걸렸다. 연구자들은 두 집단이 사과를 가리킬 때 전혀 다른 발성과 몸짓을 사용한다는 사실을 확인했다.

LOVE, ACTUALLY

앨런 라비노비츠는 어린 시절 말을 하지 않았다. 단어를 내뱉으려 하면 숨이 막힌 듯 몸이 굳고 심한 경련이 일었다. 단순히 말을 더듬는 정도가 아니라 완전히 무너지는 것 같았다. 뉴욕공립학교는 그를 정서적으로 불안한 아이를 위한 특별 학급에 배정했다.

하지만 한 가지 예외가 있었다. 동물과 이야기할 때만큼은 말이 막히지 않았다. 앨런은 매일 특별반 수업을 마치고 집으로 돌아오면 햄스터와 저빌을 데리고 벽장 안으로 들어가 속마음을 털어놓았다. 앨런은 동물에게 강한 동질감을 느꼈다. 자신처럼 그들도 감정이 있지만 표현할 방법이 없다고 생각했다. 사람들은 동물이 말을 하지 못한다는 이유로 어리석다고 여기지만 앨런은 달랐다. 그는 마치 두 개의 전혀 다른 세계를 오가며 사는 듯했다. 인간과는 말을 못 하는 세계, 그리고 동물과는 자유롭게 이야기할 수 있는 세계. 어느 날 부모님은 그를 브롱크스동물원에 데려갔다. 그곳에서 앨런은 늙은 암컷 재규어를 바라보았다. 철창 안 텅 빈 벽을 둘러보며 이 아이는 어떻게 여기까지 오게 된 걸까 생각했다. 홀로 갇혀있는 재규어에 깊은 연대감을 느꼈다. 그리고 언젠가 목소리를 찾게 된다면 이 아이들을 위해 말하겠다고 다짐했다.

앨런은 학교를 졸업하고 시험도 통과했지만 사람들 앞에서 문장 하나를 온전히 소리 내어 말해본 적이 없었다. 부모님이 심리 치료, 최면 치료, 약물 치료 등 온갖 방법을 시도했지만 소용없었다. 대학 마지막 해에 부모님은 그를 뉴욕주 북부의 한 실험적 치료 프로그램에 보냈다. 여기서 그는 호흡을 조절하며 입 근육을 통제하는 법을 배웠다. 그리고 마침내 20년 만에 말을 할 수 있게 됐다. 그렇다 해도 사회에서 느껴온 소외감이 사라진 건 아니다.

과학에 소질이 있던 그는 처음엔 의학을 공부하려 했지만 실험실 속 동물이 겪는 고통을 외면할 수 없었다. 그는 동물학과 야생생물학을 배우기 위해 테네시대학교에 지원했다. 박사 학위를 받기 직전 저명한 야생동물학자인 조지 샬러 박사의 초청을 받아 중앙아메리카의 작은 나라 벨리즈에서 재규어 연구에 참여하게 됐다. 그의 임무는 재규어를 포획해 무선 추적기를 부착하고 자료를 수집하는 일이었는데, 앞길이 순탄치만은 않았다. 비행기 사고로 목숨을 잃을 뻔했고, 동료 한 명은 맹독을 가진 중앙아메리카살모사에 물려 끝내 숨졌다. 가까스로 자료를 모아가는 동안에도 재규어들은 계속 밀렵당했다. 그는 이제 직접 목소리를 내야 한다는 것을, 어린 시절 자신에게 한 약속을 지킬 때가 왔다는 것을 깨달았다.

여섯 달 뒤 앨런은 벨리즈 총리실 앞에 서있었다. 평생 사람들과 대화하기를 피했던 그가 마침내 벨리즈 내각과 직접 마주하는 자리에 선 것이다. 허락된 시간은 단 15분. 단 한 번도 말을 더듬을 여유가 없었다. 그는 동물보호구역이 없고 관광 산업도 미미한 가난한 나라에서 재규어 보호가 왜 중요한지, 경제적 가치는 얼마나 큰지 설득해야 했다. 15분은 한 시간으로 늘어났고, 총리는 세계 최초의 재규어보호구역 설립에 동의했다.

한 달 후, 벨리즈의 깊은 정글 속에서 그는 커다란 재규어 발자국을 발견했다. 어둠이 내려앉을 즈음 돌아서려던 순간, 불과 5미터 뒤에서 자신을 바라보는 커다란 수컷 재규어와 눈이 마주쳤다. 그는 도망칠 수 없음을 본능적으로 알고, 대신 천천히 쪼그려 앉았다. 그러자 재규어도 앉았다. 둘은 서로를 응시했다. 순간 앨런은 다섯 살 때 브롱크스동물원에서 암컷 재규어를 바라보았던 기억을 떠올렸다. 하지만 이번에는 달랐다. 눈앞의 재규어는 강하고 당당했다. 그 자신도 더 이상 어린아이가 아니었다. 공포가 밀려왔다. 앨런은 천천히 일어나 한 걸음 뒤로 물러섰다. 재규어도 일어났다. 숲속으로 발걸음을 옮기던 재규어는 3미터쯤 가더니 멈춰 서서 다시 한번 앨런을 돌아봤다.[69]

앨런 라비노비츠는 생애를 바쳐 야생에 사는 고양이과 동물을 보호했다. 그는 미얀마와 태국에 광범위한 야생동물보호구역을 설립했고, 멕시코에서 아르헨티나까지 재규어들이 자유롭게 이동할 수 있도록 재규어 회랑을 기획하고 구축했다. 또한 세계 야생 고양이과 동물 38종과 그들의 서식지를 보호하는 단체 팬테라를 공동 창립했다. 현장에서 젊은 과학자들을 지도하며 후학을 양성하고 진정한 변화를 만들어 냈다. 2018년 앨런은 세상을 떠났다. 동료들은 그를 '야생동물 보호계의 인디애나 존스'[70]라 부르며 그 업적을 기리고 있다.

동물에 관해 이야기하자

그 소는 누구

 2016년 《뉴욕 타임스》는 '뉴욕 도살장에서 탈출한 소, 마침내 안식처를 찾다'라는 제목의 기사를 실었다. 여기서 'who[누구]'라는 단어가 피터 싱어의 눈길을 끌었다. 그는 이 표현이 반가웠다. 죽음을 피해 달아난 소의 기지에 기자가 당황했고 신문의 편집 기준마저 흔들린 듯했다. 혹시 정책이 바뀐 걸까? 하지만 《뉴욕 타임스》의 편집 기준을 관리하는 필립 코벳은 그렇지 않다고 선을 그었다. 그는 《AP 통신》의 규정을 들며 동물이 '인칭' 대명사를 얻으려면 이름이 있거나 성별이 분명해야 한다고 했다. 예외는 없다. 소는 it[그것], that[그], 혹은 which[어떤]로만 지칭될 뿐이며, 이번 'who'의 사용은 단순한 실수라는 거였다. 그럼에도 같은 사건을 보도한 다른 매체들은 'who'와 'that'을 뒤섞어 사용했다. 사실 이 소가 거세된 수소였다는 점을 떠올리면 우리가 동물에 관해 이야기할 때 얼마나 대충인지 알 수 있다. 그에겐 이제 프레디라는 이름도 생겼으니 아무래도 괜찮다. 프레디는 뉴저지의 스카이랜드 보호소에서 남은 생을 편안하게 보내게 됐다. 이처럼 인간의 태도는 늘 모순적이다.

스카이랜드보호소는 도살장에서 탈출한 소나 수소를 꾸준히 구조해 왔다. 브리아나라는 소는 도살장으로 향하던 트럭에서 떨어졌다 구조된 뒤 암송아지를 낳았다. 보호소 운영자인 마이크 스투라는 "이제 이 송아지는 평생 어미와 함께할 것"이라고 말했다. 죽음의 문턱에서 보호소로 향하는 단 한 번의 도약 덕분에 브리아나는 남은 삶을 되찾았다. 2019년 3월에도 비슷한 일이 벌어졌다. 한 송아지가 도살장을 빠져나와 거리를 질주해 TV 스타가 됐고 그 덕분에 '인칭' 대명사까지 얻었다. 그도 스카이랜드보호소에서 새로운 삶을 시작했다. 이 글을 쓰는 시점에 보호소에는 이렇게 구조된 소가 70마리나 된다. 가축들이 죽음을 피해 도망칠 정도의 판단력이 있다면 우리는 그들에게 감정을 이입한다. 이름을 붙여주고 삶을 허락한다.

1998년 영국 월트셔의 한 도살장에서 생후 다섯 달 된 적갈색 탬워스 돼지 남매가 탈출했다. 트럭에서 내리는 순간을 틈타 달아난 둘은 맘스베리 거리를 헤매다 에이번강으로 뛰어들었고 반대편까지 헤엄쳐 갔다. 그렇게 일주일 동안 자유를 찾아 도망쳤다. 이들의 이야기는 연일 뉴스에 오르내리며 큰 화제가 됐다. 한 유명 인사가 돼지들을 사겠다고 나섰고 많은 후원자가 안전한 보금자리를 마련할 수 있도록 '거액'을 기부하겠다고 했다. 보호소들도 앞다투어 돼지들을 맡겠다고 나섰다. 남매는 붙잡혔고 수퇘지는 선댄스, 암컷은 부치라는 이름을 얻었다. 주인인 아르날도 디줄리오는 한 마리에 40파운드면 충분하다며 더 논의할 생각은 없다고 못 박았다. 돈이 얼마나 오갔든 부치와 선댄스는 켄트의 한 희귀 가축 농장으로 보내졌다. 그곳에서 13년 동안 사람들의 따뜻한 보살핌 속에서 평화롭게 살았다.

삼인칭 단수

'it'이라는 단어는 무엇을 의미할까? 'he[남성]나 she[여성]의 중성형 대명사로, 목적격인 him 또는 her와 함께 쓰이며 주로 무생물이나 하등 동물, 아기를 가리키는 데 사용됨.'[71] 이 짧은 단어가 짊어진 무게는 생각보다 묵직하다. 동물에게 'it'은 유용한 표현일까? 아니면 부적절할까? 시대에 뒤처진 언어일까? 분명한 건 과학적이지 않다는 점이다. 더 나아가 이 단어는 존재 자체를 깎아내린다.

비늘돔은 암컷으로 태어나 수컷이 되고, 놀래기는 그 반대다. 어떤 동물은 성별을 구분하기 어렵지만 그렇지 않은 경우도 많다. 이를테면 소. 잘생긴 수소의 고환을 보면 단번에 알 수 있다. 사슴의 뿔, 공작새의 꼬리, 사자의 갈기, 대륙검은지빠귀의 노랫소리. 이 모든 것이 성별을 구별하는 명확한 단서다. 그런데도 우리는 여전히 'it'을 사용한다. 사람에게 'it'을 쓰면 심한 모욕이 된다. 오, 봐봐, 그것(it)이 왔어. 암컷 반려견 데이지를 몇 번이나 만났는데도 여전히 'he' 또는 'it'이라고 부른다면 주인 기분이 상하는 건 당연하다. 그래서 우리는 나름의 변화를 시도하고 있다. 이제 침팬지와 고릴라는 'who'라는 주어를 얻고 'he' 또는 'she'로 불리며 인간에 가까운 존재로 대우받는다. 하지만 딱 거기까지다. 그 외 동물은 여전히 'it'으로 불리며 심지어 'that'이라는 대명사를 배정받는다. 고릴라는 'who'지만 개는 여전히 'it'이다. 문법의 목적이 정확성을 추구하는 것이라면, 뭔가 앞뒤가 안 맞지 않나? 과학자들조차 부적절한 문법을 강요받는다. '… 완전히 형성되어 색깔까지 있는 알을 그(its) 자궁 속에 품은 채 죽은 암컷 바다오리 한 마리….'[72] 왜 여기서 'its'를 써야 할까? 다윈의 이름을 걸고 묻건대, 성별이 분명한 개체를 'he'나 'she'가 아닌 'it'으로 불러야 하는 이유가 대체 뭘까? 너무나 당연하게 쓰다 보니, 문제를 제기하면 감상적이라는 소리를 듣거나 심하면 정치적 올바름에 집착하는 사람으로 취급받는다.

　물론 동물은 자신이 어떤 이름으로 불리는지 알지 못한다. 하지만 우리가 붙이는 이름과 말은 그들을 바라보는 우리의 시선을 결정한다. 거미는 아무리 크더라도, 심지어 수컷보다 세 배나 큰 암컷도 늘 '그것'이라 불린다. 하지만 예외도 있다. 짝짓기 후 수컷을 잡아먹는 팜파탈 거미는 인간적인 대명사를 부여받는다. 그래서 검은과부거미라는 이름이 붙었다(가만히 들여다보면 은근한 인종차별과 성차별의 흔적이 아른거린다). 이런 대명사의 경계를 따라가다 보면 동물에게는 '무엇'인지 묻고 인간에게는 '누구'인지 묻는 것이 당연한 것처럼 보인다. 하지만 이제는 '그것'이 '무엇인지'가 아니라 그 곰이 '누구인지' 묻는 때가 더 많아지지 않았을까? 《옥스퍼드영어사전》에서는 동물에게도 '개성이 있다면' '누구(who)'를 쓸 수 있다고 나와있다…. 하지만 그 개성을 결정하는 건 누구인가?

※

　　1935년 그리스 코르푸섬의 한 정원에서 열 살 소년 제럴드 더렐은 평생 잊지 못할 광경을 목격했다. 그는 장미꽃 위에 내려앉은 풀잠자리를 바라보고 있었다. 연둣빛 유리처럼 투명한 날개가 햇살을 받아 반짝였고 황금빛 눈은 영롱하게 빛났다. 삼인칭 단수 같은 건 더렐에게 아무런 의미가 없었다. 그는 처음부터 이 곤충을 '그녀'라 불렀다. 풀잠자리가 배를 낮추는 순간 그녀라는 사실은 더 분명해졌다. 그녀는 한동안 가만히 멈춰있다가 천천히 꼬리를 들어 올렸다. 그러자 더렐의 눈앞에 놀라운 장면이 펼쳐졌다. 배 끝에서 가느다란 실이 스르르 흘러나오더니 그 끝에 조그만 알이 하나 맺혔다. 풀잠자리는 잠시 숨을 고른 뒤 같은 동작을 반복했다. 알이 하나둘 늘어나며 장미 잎사귀 위에는 가는 줄기들이 촘촘히 들어찼고 이내 잎 전체가 작은 이끼 숲처럼 변했다. 산란을 마친 암컷은 더듬이를 살짝 떨고는 연둣빛 거즈 같은 날개를 펴 조용히 날아올랐다.[73]

진실을 흐리는 말

　　노예가 노예처럼slavish 굴었듯이 동물도 짐승처럼brutish

행동한다. 그리고 지금도 그렇다. 우리는 은유를 입에 올리면서도 정작 그 말이 지닌 힘을 제대로 인식하지 못한다. 언어는 강력한 도구다. 선을 위한 무기가 될 수도, 악을 위한 독이 될 수도 있다. 어떤 말은 입에 담는 순간 더럽혀지고, 어떤 말은 진실을 드러내기보다는 흐려놓는다. 언어는 사고를 조작하고 마음을 병들게 하며 때로는 장난감처럼 이용된다. 언어는 우리의 의식을 빚는다. 말이 바뀌면 관점도 바뀐다. 언어는 그 자체로 편견을 품고 있기 때문이다.

암캐.

돼지.

꽃뱀.

2021년 8월 탈레반이 카불에 입성하자 뉴스 해설자들은 그들이 '양의 얼굴'을 하고 있지만 머지않아 '늑대의 본성'을 드러낼 것이라고 말했다. '야생'이라는 단어조차 특정한 의미를 지닌다. 통제되지 않은 것, 다듬어지지 않은 것, 심지어는 광기까지. 이는 문명화된 것, 세련된 것, 교양 있는 것과 선명하게 대비된다. 무엇이 인간을 인간답게 만들고, 무엇이 동물처럼 보이게 하는가? 언어는 사고를 비추는 거울이며 때로는 날 선 모욕이 되어 꽂히기도 한다.

해충. 기생충. 벌레 같은 놈.

모든 잘못은 동물에게 떠넘기자.

유인원(Ape) /[eɪp]/ 명사
1. 꼬리가 없는 대형 영장류. 고릴라, 침팬지, 오랑우탄, 긴팔원숭이 등이 포함된다.
2. 지능이 낮거나 서툰 사람을 가리키는 말.

동사(apes, aping, aped)
(누군가 또는 무언가를) 우스꽝스럽게 흉내 내다. 깊은 생각 없이 따라 하다. …

숙어
미쳐 날뛰다Go ape, 천성이 어리석은 사람God's ape, 완전히 뚜껑이 열려 … go ape - shit … [74]

누군가 당신을 '도마뱀 입술'이라고 부른다면 기분이 어떨까? 아마도 유쾌하지 않을 것이다. 마찬가지로, 우리는 족제비처럼 교묘하게 빠져나간다거나 벌레처럼 비굴하게 기어든다거나 두꺼비처럼 아첨한다는 말을 듣고 싶지 않다. 하지만 동물에게는 이런 형용사를 쉽게 갖다붙인다. 여우가 정말 교활할까? 그저 살아남기 위해 움직이고 새끼들을 위해 먹이를 구할 뿐이다. 전쟁에서 적을 비인간화해야 젊은 병사들이 거리낌 없이 총을 들 수 있듯, 동물을 비천한 존재로 만드는 일도 같은 맥락이다. '해충'이나 '유해 동물'이라는 단어에는 해롭고 위험하며 혐오스럽다는 인식이 따라붙는다. 우리가 어떤 생물을 그렇게 부르는 순간, 그것을 제거하는 일이 정당화된다. 이름 하나가 한 존재를 해로운 동물에서 해치워야 할 놈으로 바꾸고 그 결과 늑대는 거의 절멸 위기에 처했다. 언어가 불러오는 파장은 우리가 생각하는 것보다 훨씬 멀리, 깊이 퍼져 나간다.

완곡어법은 우리 자신을 보호하기 위해 두르는 망토다. 통제하다. 관리하다. 수확하다. 우리는 이 단어들이 뜻하는 바를 알면서도 무심코 사용한다. 어떤 말은 불편한 진실을 가볍게 덮어버린다. 황무지. 수렁. 늪. 야생. 아무것도 없는 곳. 쓸모없는 곳. 언어는 우리의 사고 깊숙이 뿌리내렸고 비유는 우리의 인식 속으로 스며든다. 비유가 사고방식에 미치는 영향을 이해한다고 해도 그 영향에서 완전히 벗어나기는 쉽지 않다. 심지어 더 적절한 표현을 찾으려는 시도조차 같은 함정에 빠진다. 정치적 올바름을 고려한 표현도 예외가 아닌데, 이를테면 '비인간 동물'이라는 말이 그렇다. 인간 중심적 사고에서 벗어나려는 의도이지만 여전히 인간과의 차이를 전제로 한다. '비코뿔소' '비비둘기'라고 하면 어떤 기분이 들까?

어떤 단어는 본래의 의미를 온전히 담아내지 못한다. '혼획'이 바로 그런 단어다. 이 짧은 단어 하나가 가려버리는 현실은 어마어마하다. 새우 저인망 어선은 그물에 걸린 해양 생물의 80~90퍼센트를 죽이거나 빈사 상태로 바다에 내던진다. 새우 450그램을 건지기 위해 해양 생물 12킬로그램이 희생된다. 돌고래, 거북, 상어, 고래. 이 모든 생명이 혼획이라는 말 아래 묻혀버린다. 앞서 '생물다양성'이라는 단어를 언급한 적이 있다(서두를 건너뛰지 않았다면 눈에 띄었을 것이다). 이 표현은 생명의 모든 것을 담기엔 너무 밋밋하다. 셀 수 없이 많은 곤충과 균류, 점액처럼 흐물거리는 생물들, 굴뚝새의 작고도 힘찬 심장까지. '생물다양성'이라는 단어만으로는 이 생명들의 넘치는 에너지와 유려한 아름다움을 충분히 그려낼 수 없다. 그렇다면 야생의 생명 공동체? 지구의 거주자들? 적확한 표현을 찾기가 쉽지 않다. 하지만 우리는 더 많은 것에 마음을 열어야 한다. 까치의 재잘거림에도, 숲속에서 위풍당당하게 서있는 말코손바닥사슴 한 마리에도.[75]

2007년 《옥스퍼드주니어사전》은 논란 속에서 살모사, 비버, 멧돼지, 왜가리, 청어, 물총새, 종다리, 표범, 바닷가재, 까치, 피라미, 홍합, 영원, 수달, 황소, 굴, 팬서 등의 단어를 삭제했다. 마치 이 단어들이 더 이상 현대 세계에 필요하지 않은 것처럼.* 작가 로빈 월 키머러에 따르면, 북아메리카 포타와토미족의 언어에서 '만bay'은 물이 해안 사이에 고요히 머물 때만 명사로 쓰인다. 반면, '만이 되다wiikwegamaa'라는 동사에는 이런 설명이 따른다.

> 물을 속박에서 풀어주고 살아 숨 쉬게 한다. '만이 되다'라는 표현 속에는 지금 살아있는 물이 스스로 이 해안 사이에 머물기로 결정했다는 경이로움이 담겨있다. 그 물은 개잎갈나무 뿌리와 이야기를 나누고 어린 비오리 무리를 감싸안으며 흐른다. 하지만 물은 언제나 다른 길을 택할 수 있다. 개울이나 바다, 폭포가 될 수도 있으며 그러한 변화마다 각기 다른 동사가 존재한다.[76]

* 이에 작가 로버트 맥팔레인과 화가 재키 모리스는 사라진 생명체들을 되찾기 위해 삽화 시집 《사라져 가는 언어들》을 펴냈다.

포타와토미족에게 이 세상의 모든 존재는 저마다 인격을 지닌다. 비버도 곰도 각자의 부족을 이루고 있으며, 나무는 '뿌리 내린 사람'이라 불린다. 키머러는 이를 '생명의 문법'이라 부른다. 우리가 살아있는 세계와 맺고 있는 깊은 유대를 문장 하나하나가 일깨운다. 인간은 주변 스승들에게 배우며 살아가는 존재다. 만약 인간이 동물의 모임에서 가르침을 받아 다른 존재의 신성한 목적을 방해하지 않는 법을 익혔더라면 세상은 지금과 달랐을 것이다. 독수리가 내려다보는 풍경도 전혀 다른 모습이었을 테고, 연어들은 강을 가득 채운 채 힘차게 거슬러 올라가고 있었을 것이다.

동물의 말에 귀를 기울여라 - Ⅱ

하지만 아직 태어나지 않은 어떤 열정이
어딘가에 숨어있었으리라
마치 달빛의 선율이 밤꾀꼬리의 소박한 알 속에 잠들어 있는 것처럼

_앨프리드 테니슨 경, 《에일머의 들판》

포투리스속 반딧불이 암컷은 우리처럼 교묘하게 언어를 다룬다. 다른 반딧불이 종인 포티누스속 암컷의 신호를 흉내 내어 작은 포티누스속 수컷을 유인한 뒤 잡아먹는다.

많은 명금류는 자신의 위치를 감추기 위해 단조로운 경고음을 내지만, 짝을 유혹할 때는 같은 종의 다른 새들이 알아듣

기 쉽게 특정한 주파수의 화려한 노래를 부른다. 밤꾀꼬리의 노래는 맑고 유려한 선율, 넘치는 표현력, 노래 사이의 긴장감 어린 침묵까지 그야말로 기교가 넘친다. 밤꾀꼬리가 즉흥적으로 곡을 만드는지, 무엇을 노래하는지 궁금하다. 게다가 밤꾀꼬리의 노래는 대개 인간의 가청 범위를 넘어선다. 우리 정원의 개똥지빠귀는 가을이 되어도 자기 영역을 주장하려고 지나치게 오랫동안 노래를 부른다. 마치 주문에 걸린 듯 완전히 몰입한 채 노래를 이어간다. 작가 리처드 메이비는 새들의 노래가 언어는 아닐지라도 그 자체로 표현적이라고 말한다. '표현주의적이라고도 할 수 있겠다. 새의 감정을 전달하는 것이기 때문이다. 영역을 주장하려는 감정이든 분노, 유혹, 만족, 친밀감, 혹은 넘치는 생동감이든, 우리는 그것을 직관적으로 이해할 수 있다.'[77]

신비로운 호주참갑오징어가 펼쳐 보이는 빛의 언어를 떠올려 보자. 사방을 감싸는 거대한 스크린처럼 몸 전체가 끊임없이 색을 바꾸며 메시지를 전한다. 물결 같은 줄무늬, 퍼져나가는 얼룩, 순간적으로 번쩍이는 광채, 진주알을 꿰어놓은 듯한 빛의 띠, 스치는 구름처럼 흐르는 결, 점과 지그재그 선 그리고 무지갯빛. 이 모든 변화는 단순한 반사 작용이 아니다. 갑오징어는 뇌에서 직접 신호를 보내 신경을 통해 근육을 조절하며, 색소포 속 색소를 드러내거나 감추면서 순간적으로 색을 바꾼다. 이 색소포는 수백만 개에 이르며 그 아래에는 홍색소포라 불리는 세포층이 자리 잡고 있다. 이 세포층은 거울처럼 빛을 반사하고 굴절하며 푸른빛, 초록빛, 보랏빛, 은백색의 광채를 만든다. 여기에 피부의 돌기가 더해지면 형태와 질감까지 자유자재로 변한다. 팔 여덟 개(그리고 긴 촉수 두 개)는 각기 다른 방향으로 움직이며 끊임없이 신호를 보낸다. 뿔을 세우고 갈고리를 펼치고 팔을 휘두르고 위협적으로 치켜든다. 특히 수컷은 네 번째 팔을 납작한 칼날처럼 펴 상대를 위협하기도 한다.

도대체 우리는 갑오징어에 대해 얼마나 알고 있을까? 이 생명체가 만들어 내는 신호의 조합은 상상을 초월한다. 형태와 움직임, 색이 어우러져(그럴 필요도, 자각도 없다 하더라도) 우리 언어만큼이나 복잡한 체계를 이룰 수 있다. 작가이자 철학자, 잠수부인 피터 고드프리스미스는 갑오징어 한 마리가 몸의 오른쪽으로는 스치는 구름처럼 흐르는 결을 드러내 다른 개체에게 신호를 보내고, 왼쪽은 바다 색으로 위장을 유지한 모습을 본 적이 있다. 그때 갑오징어는 무슨 말을 하고 있었던 걸까?

놀랍게도 이 색채의 마법사들은 색을 구별하지 못한다고 알려져 있다. 두족류의 눈에는 우리처럼 세 가지 종류의 광수용체가 아닌 하나의 광수용체만 존재한다. 그렇다면 서로 다른 파장의 빛을 구별하지 못해야 할 텐데 이들이 위장, 방어, 짝짓기 같은 목적에 따라 자유자재로 색을 바꾸는 모습을 보면 그런 결론을 선뜻 내리기 어렵다. 그렇다면 도대체 어떻게 가능한 걸까? 아직 확실한 답은 없다. 다만 특이한 형태의 비스듬한 동공과 색수차 흐림 현상을 이용해 색 정보를 해석하는 능력이 있을 것이라는 추측이 제기되고 있다. 두족류는 특별한 이유 없이도 혼자서 복잡하고 정교한 색 변화를 보여주곤 하는데 그것이 연습의 일환일 수도, 시각적으로 휘파람을 부는 행위일 수도, 혹은 단순히 즐기기 위한 행동일 수도 있다.

물론 이런 가설에는 확실한 과학적 근거가 부족하다. 하지만 이제는 오징어, 문어, 갑오징어 같은 두족류를 다시 살펴봐야 할지도 모른다. 비사회적인 생물로 여겼던 이들이 무리 속에서 생물학적 기능을 뛰어넘는 듯한 행동과 눈부신 색 변화를 보여준다는 사실을 이제 알았으니까. 이러한 빛의 향연이 단순한 신경활동의 부산물일 가능성도 있다. 하지만 어쩌면 우리가 상상하는 것보다 바닷속에서는 훨씬 더 많은 일이 벌어지고 있는지도 모른다.

공유지의 비극

낙원

유라시아어치는 한 번에 도토리 아홉 개까지 식도에 저장할 수 있다. 가을이 시작되는 9월부터 11월까지 하루 열 시간씩 도토리를 찾아 모으며 겨울을 준비한다. 모은 도토리를 대부분 먹지만 남은 건 땅속에 묻어둔다. 그중 일부는 싹을 틔워 우람한 참나무로 자란다. 그렇게 뿌리 내린 나무는 중세의 목초지와 숲을 이루고 바다를 건너 신대륙을 개척하고 정복할 함선이 됐다. 어치는 도토리를 먹고 또 묻었으며 남은 도토리는 다시 나무가 됐다. 참나무는 도토리를 맺어 어치를 길렀고 어치는 다시 도토리를 심었다. 그렇게 자란 나무들은 배가 되어 바다로 나아갔다.

독일의 한 연구에 따르면 어치 250마리가 20일 만에 3000킬로그램에 달하는 도토리를 땅에 묻었다고 한다. 봄이 오면 땅속에 묻힌 도토리들이 싹을 틔운다. 어치는 갓 돋아난 부드러운 떡잎을 골라 먹지만 이맘때쯤이면 참나무는 이미 깊이 뿌리를 내려 별다른 타격을 받지 않는다. 둘은 서로에게 이로운 관계를 이어간다. 그런데 인간이 이 관계에 개입했다. 어치는 유해 동물이라는 이름 아래 제거 대상이 되었고 이를 위한 허가증까지 발급됐다. 하지만 우리가 타고 바다로 나아간 배, 성당의 서까래, 오랜 세월 브랜디를 숙성한 나무통, 그 모든 것의 시작은 어치가 땅에 묻은 도토리다.

내 앞에는 섬세한 잉크 선으로 그린 지도 한 장이 놓여있다.

남태평양에 위치한 뉴질랜드 일부
또는 마우이의 물고기섬 해도
영국 해군 함선 인디버호 함장
제임스 쿡 중위 제작.
1770년.

섬의 입구는 플렌티만을 향해 활짝 열려있고 북섬 동해안을 따라 좁쌀처럼 솟은 산들이 이어지다 쿡 해협에서 멈춘다. 지도에 있는 이름들은 인간이 남긴 흔적이다. 런어웨이곶, 포버티만, 호크스만, 키드네퍼스곶, 턴어겐곶. 이름을 붙이는 순간 운명이 결정된다. '이 땅은 비옥하고 울창한 숲으로 뒤덮여 있다.' 지도 곳곳에 작은 콜리플라워처럼 점점이 찍힌 표식이 있는데 내 눈길을 끄는 것은 오히려 이름 없는 '빈 공간'이다. 그 공허함이, 새들의 웅성거림이 가득한 숲으로 나를 끌어당긴다. 조녀선의 가족은 헨앤치킨스 제도와 배리어 제도 맞은편에 살고 있다. 지도에는 표시되지 않았지만, 리틀배리어섬은 이제 뉴질랜드의 날지 못하는 새들을 위한 보호구역이 됐다. 울창한 숲이 그대로 남아있고 쥐와 고양이, 인간의 발길은 사라졌다. 바람이 잔잔한 날이면 섬에서 나는 소리가 바다를 가로질러 멀리까지 퍼져나간다. 둔탁하게 울리는 카카포의 소리, 맑고 청아한 방울새의 노래, 꿈결 같은 코카코의 선율, 밤을 가르는 키위의 외침. 이 노래들은 한때 이 땅을 가득 채웠던 생명들의 마지막 메아리다.

1300년대 초 폴리네시아 항해자들은 카누를 타고 끝없는 바다를 건넜다. 그들이 도착한 곳은 8000만 년 동안 고립된 채 독자적인 생태계를 이룬 신비로운 땅. 이곳에는 개구리, 도마뱀붙이, 스킨크, 딱정벌레 그리고 자이언트웨타*가 가득했다. 1000종이 넘는 육지 달팽이가 느릿하게 기어다니고 길이가 1미터에 이르는 지렁이도 서식하고 있었다. 그러나 이 땅의 진정한 주인은 새였다. 포유류 포식자가 없는 세계에서 새들은 하늘과 땅을 넘나들며 생태계를 지배했다. 하늘을 날 이유가 사라지면서 일부 종은 몸집이 커졌다. 그중에서도 가장 눈에 띄는 존재는 모아였는데, 타조를 닮았지만 날개 흔적이 없고 상완골이나 퇴화한 구조조차 없었다. 암컷 모아는 키가 3.7미터, 몸무게가 250킬로그램에 달해 수컷보다 거의 두 배 크고 세 배 가까이 무거웠다. 이 때문에 한때 암수의 뼈가 서로 다른 종으로 분류됐지만, 2003년에 같은 종임이 밝혀졌다. 모아는 긴 목을 뻗어 나뭇잎을 뜯고 땅에 자란 풀을 먹으며 살았다. 이들의 유일한 천적은 하스트수리였다. 지금까지 존재했던 독수리 중 가장 덩치가 큰 종으로 몸무게는 15~18킬로그

---

*   날지 못하는 커다란 귀뚜라미.

램, 날개를 펼치면 그 길이가 3미터에 달했다. 단단한 근육과 강력한 발톱을 이용해 사냥했는데, 발톱은 호랑이 발톱에 버금갈 정도로 크고 뼈를 으깨기에 충분했다. 숲을 가로질러 시속 65~80킬로미터로 날아들며 먹잇감을 덮쳤다. 이처럼 압도적인 몸집은 '섬 거대화'라는 진화 법칙의 결과였다.

경쟁이 없는 환경에서는 사냥감이 점점 커지고 이에 맞춰 포식자도 몸집을 키운다. 그러나 인간이 도착한 곳에는 언제나 멸종이 뒤따랐다. 덫과 창을 이용한 사냥에 대응할 방어 능력이 진화할 시간이 없었던 모아는 불과 200년 만에 자취를 감춘다. 모아의 멸종은 하스트수리에게도 치명적이었다. 전해지는 이야기로는 먹잇감을 잃은 독수리가 한때 마오리 아이들을 사냥했다고도 한다. 두 발로 선 대형 동물을 공격하도록 진화한 독수리에게 인간 아이들은 사냥 본능을 자극하는 존재였을지도 모른다. 남태평양의 외딴섬에서 이 거대한 생명체들은 인류가 오기 전까지 지구상에 마지막으로 남아있던 거인들이다. 하지만 1800년대가 되자 포경업자, 물개 사냥꾼, 선교사들이 이 미지의 땅을 찾아와 고양이와 쥐를 풀어놓았다. 그리고 도끼와 불이 그 뒤를 이었다.

※

1833년 옥스퍼드대학교의 정치경제학자 윌리엄 포스터 로이드는 공유지에서 무분별한 방목이 이루어지는 문제를 다룬 논문을 발표했다. 그의 핵심 주장은 단순하면서도 날카롭다. 자원이 자유롭게 공유되는 환경에서는 누구나 공동의 이익보다는 자신의 이익을 먼저 생각하게 된다. 누군가 먼저 먹기 전에, 낚기 전에, 사냥하기 전에, 거둬가기 전에 될 수 있는 한 많이 챙겨야 한다. 그러지 않으면 결국 내 몫은 남지 않을 테니까. 이 개념은 1968년 생물학자이자 철학자인 개릿 하딘이 공유지의 개념을 확장하며 '공유지의 비극'이라는 이름으로 널리 알려졌다. 바다, 강, 어류, 대기처럼 누구나 자유롭게 이용할 수 있는 자원은 결국 지나친 사용과 남획으로 쇠퇴하는 운명을 맞곤 했다. 그러나 모든 공유 자원이 같은 길을 걷는 것은 아니다. 일부 소규모 공동체는 자원을 신중하게 관리하며 자발적으로 규칙을 세워 공존을 이어갔다. 원주민과 들소의 관계처럼, 또는 산업화 이전의 어촌 공동체처럼 자연과 균형을 이루며 살아간 사례도 있다.

　세계의 생명체들은 수천 년 동안 서로를 먹이 삼아 살아왔지만 필요 이상을 취하지 않았다. 그러나 인간의 욕망은 끝을 몰랐다. 전쟁에서 승리해야 했고 군대를 먹여 살려야 했으며 입을 것이 필요했고 채워야 할 탐욕도 있었다. 바다로 나가면 세상을 밝힐 수 있었다. 점점 더 많은 기름과 경랍, 고래기름이 필요했다. 15세기 판화에는 이러한 수확을 찬양하는 장면이 등장한다. 거구의 고래들이 작살에 맞아 뒤집히고 피를 흘리며 바다를 붉게 물들였다. 17세기에 접어들면서 일부 종은 멸종 위기에 처했다. 잡기에 '가장 적절한 고래'라는 뜻으로 이름 붙인 참고래도 그중 하나였다. 산업적 어업이 본격화되기 전 바다의 풍요로움을 떠올려 보려면, 해양생물학자 캘럼 로버츠가 저서 《생명의 바다》에서 언급한 플랑드르 화가 프란스 스니더르스(1579~1657)의 〈생선 시장〉을 보면 된다. 그의 그림 속 가판대에는 큼지막한 대구와 커다란 게, 바닷가재, 몰바대구, 뱀장어, 머리만 한 연어 스테이크가 가득하다. 당시에는 이렇게 큰 생선이 흔했다. 그림즈비 부두의 초기 사진을 보면 초대형 대구들이 산처럼 쌓여있다. 1939년, 덩치가 큰 뉴욕 시장조차 자신의 두 배 크기에 달하는 136킬로그램짜리 넙치 앞에서는 한없이 작아 보였다. '오늘날 최첨단 어군탐지장비를 갖춘 배를 타고 바다로 나가더라도 어부들이 한 시간 동안 잡는 어획량은 120년 전의 6퍼센트에 불과하다.'[78] 예전 어부들은 돛단배를 타고 바람과 파도를 온몸으로 맞으며 물고기를 잡았다. 로버츠는 오늘날의 정치인과 어업 관계를 '의사가 환자의 자살을 돕는 것'이라고 비유했다.

대서양대구는 남획으로 심각한 수준까지 착취당했다. 대형 개체가 사라지면서 조기 성숙하는 방향으로 자연선택이 이루어졌고 그 결과 대구의 몸은 절반 크기로 줄었다. 1960년 이후 뉴펀들랜드 지역의 대구 개체수는 99퍼센트나 감소했으며 이는 번식 가능한 개체 20억 마리 이상이 사라졌다는 뜻이다. 1992년 뉴펀들랜드 대구 어장이 폐쇄되었을 때 과학자들은 개체수가 빠르게 회복될 것이라 믿었다. 하지만 기대와 달리 지금까지도 회복의 조짐은 보이지 않는다. 한때 평균 25년을 살며 길이 150센티미터, 무게 45킬로그램까지 자랐던 거대 대구는 이제 찾아볼 수 없다. 대구 개체수가 좀처럼 회복되지 않는 데에는 여러 이유가 있는데, 첫째는 어린 대구와 유생, 알이 과거에는 대구의 먹잇감이었던 어종들에게 쉽게 잡아먹힌다는 점이다. 덩치 큰 대구가 사라지면서 작은 포식 어류의 개체수가 급증했고 그 결과 어린 대구가 살아남기 어려워졌다.

둘째, 대구의 몸집이 작아지면서 번식 능력도 크게 떨어졌다. 덩치가 클수록 짝을 유인하는 데 더 적극적이고 정자 생산량도 많아 더 많은 후손을 남길 수 있다. 몸이 작아진 대구는 번식 경쟁에서 밀리며 개체군을 회복할 힘을 잃고 말았다.

※

여기 반질반질한 달걀 모양 껍데기를 지닌 작은 해양 연체동물이 있다. 이름에서도 알 수 있듯이 '돈개오지'는 기원전 1200년경부터 화폐로 사용됐다. 이 조개껍데기는 길이 3센티미터 남짓으로 작고 형태가 균일하며 가볍고 단단해 쉽게 깨지지 않는다. 암컷 돈개오지는 알을 품고 있다가 부화한 새끼들이 해류를 따라 떠돌며 정착할 곳을 찾을 때까지 보호한다. 몰디브에서는 오랫동안 엄청난 양의 개오지를 채취했는데 섬 주민들이 코코넛 잎을 엮어 만든 매트를 바다에 띄워 개오지들을 유인했다. 이 연체동물 수백만 마리가 매트에 달라붙어 적당한 크기로 성장하면, 주민들은 이를 뜨거운 모래 위로 끌어 올려 말렸다. 이렇게 건조된 조개껍데기는 한 바구니에 1만 2000개씩 담겨 배에 실렸고 인도로 운반되어 쌀과 옷감으로 교환됐다. 값싸고 흔했던 이 조개껍데기는 무역의 흐름을 타고 대륙을 넘나들었다. 아랍 상인들은 사하라 사막을 횡단하는 낙타 행렬에 개오지를 싣고 다녔으며 포르투갈, 영국, 네덜란드의 무역선들 또한 배의 균형을 맞추기 위해 선창 가득 개오지를 실었다.

런던과 암스테르담의 무역회사에서 출항한 배들이 서아

프리카로 개오지를 대량 실어 나르면서 이 작은 조개껍데기는 노예 매매의 화폐가 됐다. 참으로 기묘한 여정이다. 따뜻한 인도양에서 조용히 살아가던 작은 바다 달팽이가 짤랑이는 화폐가 되어 인간의 거래망을 타고 흘러 다녔다. 조개껍데기와 인간의 근육을 맞바꾸는 시장이 펼쳐졌다. 유럽인들이 엄청난 양의 개오지를 사들이면서 현지의 화폐 시스템과 경제는 붕괴했다. 1520년 성인 노예 한 명의 가격은 개오지 6000개였다. 1700년대에는 2만 5000개가 필요했고 1770년경에는 16만 개로 치솟았다. 18세기 노예 무역이 절정에 이르자 개오지 수입도 정점을 찍었다. 영국 함대는 매년 개오지 4000만 개를 들여왔다. 해양생물학자 헬렌 스케일스는 저서 《시간 속의 나선》에서 '이 껍데기 수십억 개는 돈개오지의 놀라운 번식력과 인간의 탐욕스런 착취가 얼마나 극명하게 대비되는지 보여준다'[79]고 지적했다.

끝없는 끝, 영원한 시작

처음으로 미국적 숭고미가 깃든 풍경화를 마주한 순간, 나는 그 장엄한 아름다움에 사로잡혔다. 끝없이 펼쳐진 황금빛과 초록빛 숲의 지평선, 굽이치는 강물 위로 번지는 구릿빛 햇살, 자욱한 보랏빛 능선과 반짝이는 폭포, 먹구름을 뚫고 선명하게 떠오른 무지개, 저 멀리 퍼붓는 잿빛 장대비, 구름 사이를 가르며 번쩍이는 번개, 그 끝자락에서 내리꽂히는 바위 절벽과 눈 덮인 봉우리까지. 풍경은 경이로울 만큼 풍요로우면서 거칠고, 인간의 손길이 닿지 않은 야생의 낙원처럼 보인다. 그 광활함 속에는 두려움도 스며있다. 가늠할 수 없는 깊이와 높이에 압도당하며 한없이 작아지는 기분이 든다.

나는 풍경 속으로 더 깊이 파고들었다. 머릿속에는 숲속에 몸을 숨긴 곰, 어둠 속을 조용히 거니는 퓨마, 폭포를 타고 힘차게 뛰어오르는 연어, 무지갯빛으로 반짝이는 물고기 떼, 들판을 가로지르는 사슴, 한가로이 풀을 뜯는 와피티사슴, 바위 위에서 울부짖는 늑대가 떠올랐다. 풍경화들이 내 눈과 상상력을 사로잡았지만 나는 더욱 세심하게 봐야 했다. 존 프레더릭 켄셋의 〈조지 호수〉(1869)에는 어둑한 버드나무 숲 그늘 아래 잔잔한 호수 위를 미끄러지듯 나아가는 작은 카누 한 척이 보인다. 1869년 허드슨 리버 화파[미국의 대자연을 웅장하고 숭고한 방식으로 묘사한 19세기 대표적 풍경화파]의 전성기 시절, 그렇게 평온해 보이는 강과 시냇물에는 수없이 많은 덫이 놓여 있었다. 그렇지 않다면, 이미 사냥꾼들이 그곳을 싹 쓸어버린 뒤일 것이다.

모피 무역은 미국 역사를 뒤흔든 거대한 힘이다. 1600년대부터 20세기까지 이 산업은 식민지 개척을 앞당기고 원주민 공동체를 내몰았으며, 정착지를 결정하고 제국의 운명을 바꿔놓았다. 모피와 깃털이 강줄기를 따라 흘렀고 지도에는 새로운 물길이 생겼고 그 흐름이 닿는 곳마다 생명의 흔적이 남았다. 비버강, 수달강, 물총새 호수, 곰 언덕, 사슴뿔산, 말코손바닥사슴 숲, 백조 호수, 와피티사슴강… 그 이름들에 이 땅을 삶의 터전으로 삼았던 존재들이 고스란히 담겨있다. 물이 흐르고 나무가 우거진 곳이라면 어디든 비버가 살았다. 대서양에서 태평양까지, 북극해의 삼각주에서 리오그란데강 남쪽까지, 수 세기 동안 비버는 끊임없이 사냥당했다. 유럽인의 탐욕은 이 대륙의 생태계를 뒤흔들고 미국이라는 땅의 모습마저 바꿔놓았다.

1670년까지 허드슨만으로 흘러드는 광대한 유역, 약 390만 제곱킬로미터에 이르는 루퍼츠랜드는 허드슨 베이 회사(HBC)[북아메리카 모피 교역을 위해 설립된 잉글랜드 국책 회사. 현재는 캐나다 최대 기업이다]의 상업적 독점 지역이 됐다. 이 회사는 무려 200년 동안 사실상 정부의 역할을 했다.* 수로를 따라 요새와 무역소, 공장들이 들어섰고 그 끝이 로키산맥까지 이어졌다. 비버 가죽을 구슬, 담요, 칼, 솥 등과 맞바꾸던 원주민들은 이제 강을 따라 백인 사냥꾼들과 함께 살아가야 했다. 북아메리카는 비버가 만든 땅이다. 당시 공식 화폐 단위도 비버의 가치에 따라 정해졌으며 이를 '메이드 비버(MB)'라 불렀다. 성체 비버 한 마리의 겨울철 가죽이 1MB에 해당했다. 황동 주화 한쪽 면에는 MB의 가치를, 반대편에는 HBC의 문장과 모토인 '프로 펠레 쿠템(살을 내주고 모피를 취하다)'을 새겼다. 그 의미가 무엇이든 간에 말이다.

1733년 사냥꾼이 흑곰 가죽을 무역소에 가져가면 2MB를, 수달 가죽 두 장을 가져가면 1MB를 받았다. 10MB면 총 한 자루나 담요 한 장 또는 브랜디 1갤런으로 교환할 수 있었다. 배들은 모피를 가득 싣고 런던과 광저우로 향했다. 수요는 끝이 없었다. 강에서 비버가 줄어들자 해결책은 사냥 범위를 넓히는 것이었다. 1821년 HBC 총독 조지 심슨은 이렇게 적었다. '국경 지역의 자원 고갈이야말로 경쟁 무역업자들의 침입을 막는 최선의 방어책이다.' 그는 컬럼비아강 최대 지류인 스네이크강을 목표로 삼았다. '비버가 풍부한 보고… 정치적 이유로 가능한 한 신속하게 이를 고갈해야 한다.'[80] 프랑스가 세인트로렌스강 유역을 비워가는 동안, 영국은 루퍼츠랜드를 헤집으며 북미 대륙을 가로질렀고 미국인들은 남쪽에서 올라왔다. 모든 둑이 무너지고 모든 비버 집이 텅 비었다. 그렇게 강 하나씩 하나씩 비버 개체군이 사라졌다. 2만 년 동안 북아메리카 원주민들의 삶을 지탱해 온 비버는 결국 흔적도 없이 사라져 버렸다.

비버는 나무를 쓰러뜨리는 덩치 큰 설치류다. 스스로 땅의 주인이라 여겨온 우리 같은 동물에게는 다소 불편한 존재일지도 모른다. 직경 60센티미터짜리 나무 그루터기가 비버의 날카로운 이빨에 깎여나가고 주변에 나선형으로 쌓인 나무 조각이 흩어져 있는 모습을 처음 보면 그 광경을 쉽게 받아들이기 어렵다. 스코틀랜드 작가 짐 크럼리는 비버를 '자연의 건축가'라 불렀다. 비버는 물길을 바꾸고 퇴적물을 쌓고 나무를 쓰러뜨리고 도랑을 파고 댐과 웅덩이를 만들며 겨울을 나기 위한 아늑한 보금자리까지 짓는다. 수문학자이자 엔지니어인 셈이다. 19세기 말 캐나다에서 성장한 박물학자이자 예술가, 작가인 어니스트 톰슨 시턴은 비버가 강화 콘크리트를 발명했다

---

* 1664년 영국이 현재의 뉴욕 지역에서 네덜란드를 몰아낸 뒤, 찰스 2세 국왕이 왕실 특허장을 부여하면서 HBC가 설립됐다. 같은 시기 동인도 회사도 인도에서 유사한 방식으로 운영되었다.

고까지 말했다. 진흙에 나뭇가지와 돌을 섞어 만든 댐이 그 증거라는 것이다. 크럼리는 건축가 프랭크 게리도 비버에게서 영감을 받았을지 모른다고 말한다. 게리가 말한 '유동적인 건축'이야말로 비버가 하는 일과 닮았다. "재즈 같죠. 즉흥적으로 연주하고 함께 조율하고 서로 반응하면서 무언가를 만들어 가는 거예요. …"[81] 실제로 게리의 건축물은 살아있는 듯 끊임없이 변화하는 것처럼 보인다.

캐나다 앨버타 북부의 깊은 숲속에 길이 800미터에 이르는 비버 댐이 있다. 2004년 경관생태학자 장 티에는 영구동토층의 융해 속도를 연구하던 중 우연히 이 댐을 발견했다. 그는 구글 어스로 포착한 이미지를 미국 항공우주국(NASA) 월드윈드 데이터와 함께 분석한 끝에, 비버들이 반세기에 걸쳐 이 거대한 구조물을 쌓아 올렸으리라 추정했다. 댐이 이토록 길어진 것은 지형 때문이다. 버치 산맥에서 흘러내린 물이 완만한 경사의 선상지를 따라 천천히 퍼지며 습지를 이루자, 비버들은 흐름을 조절하기 위해 댐을 계속 확장해 나갔다. 부모가 쌓아 올린 둑 위에 자식들이 나뭇가지를 덧대고 그 다음 세대가 보강하면서 댐은 점점 커졌다. 비버가 만들어 가는 풍경은 한순간도 멈추지 않고 물길과 함께 변화하며 살아 숨 쉬었다. 비버에게 물을 다루는 일은 생존 방식이자 삶 그 자체니까. 이 댐은 포트맥머리에서 북동쪽보다 조금 더 북쪽, 약 190킬로미터 떨어진 우드버팔로국립공원 안에 있다. 워낙 외딴곳이라 인간의 발길이 닿은 적 없고 공원관리국조차 그 존재를 몰랐다. 그러다 BBC 촬영팀이 장 티에의 웹사이트를 보고 연락을 하면서 세상에 알려졌다. 공원 직원들이 직접 조사에 나서려 했지만 접근성이 문제였다. 댐이 있는 지역은 물이 너무 얕아 수상 비행기가 착륙할 수 없고, 가장 가까운 마을에서도 비행기로 한 시간이 걸리는 오지이다. 광활한 습지와 수많은 작은 호수들 사이를 걸어서 가는 일도 쉽지 않았다. 결국 캐나다 공원청은 항공사진을 촬영하는 데 그쳤고, 2020년 9월 16일 공식 성명을 발표한다. '우드버팔로국립공원 직원들이 해당 지역을 비행하며 조사했으나 숲이 너무 울창해 착륙할 수 없어 직접 조사는 진행하지 못했다.'

어쩌면 이건 하나의 기적일지 모른다. 너무 깊고 멀리 떨어져 있어 인간의 손길이 닿을 수 없는 땅. 그곳에서 비버들은 오롯이 자신들만의 방식으로 살아가고 있다. 항공사진을 보면 끝없이 펼쳐진 숲 사이로 길고 거친 흔적이 이어진다. 문득 19세기 미국 화가들이 그린 미국적 숭고미가 떠오른다. 유려한 곡선을 그리며 흐르는 물길을 댐이 막아섰고, 그 뒤로 물살이 퍼지며 창백한 늪을 이루다 다시 짙푸른 숲으로 이어진다. 조금 더 가까이 들여다보면 인간의 손길이 닿지 않은 물의 세계가 한 폭의 모자이크처럼 펼쳐진다. 검푸른 호수 위로 불쑥 솟아오른 비버의 집 한 채, 그 주변으로는 물에 잠겨 뼈대만 남은 나무들이 수면 위로 삐죽 솟아있다. 이곳은 세계에서 가장 넓은 보호구역 중 하나로 4만 5000제곱킬로미터에 달하는 광활한 내륙 삼각주를 품고 있다. 야생 미국흰두루미가 둥지를 틀고 들소가 유유히 거닌다. 북동쪽 너머로 숲과 습지가 지구의 곡선을 따라 끝없이 이어진다.[82] 세상이 버거울 때 나는 이 사진들을 본다.

수렵 채집인들이 막 부싯돌을 깨뜨려 창끝을 날카롭게 만들던 그 무렵, 비버는 이미 숲을 손보고 있었다. 비버가 가진 도구는 단단한 이빨과 날쌘 앞발, 다재다능한 꼬리다. 꼬리는 물에서 방향키가 되어 헤엄을 돕고, 위험할 때는 바닥을 쳐 경고음을 내며, 진흙을 끌어안고 움직일 때는 균형을 잡아준다. 비버는 물속에서 15분이나 숨을 참을 수 있고 언제나 보금자리를 깔끔하게 정리한다. 장난을 치고 몸싸움하며 어울려 놀기도 하고, 대부분의 설치류와 달리 평생 한 짝과 지내며 한 해에 2~4마리의 새끼를 낳는다.

비버의 진짜 비극은 빼어난 털에서 비롯됐다. 말 그대로 목숨값을 하는 털이었다. 제곱센티미터당 최대 2만 3000가닥의 가는 털이 촘촘히 엉켜 물 한 방울 스미지 않는 치밀한 펠트를 이뤘다. 방수가 잘되는 모자 하나를 만들기 위해서는 비버 가죽이 세 장이나 필요했기에 비버 모자는 곧 부와 권위의 상징이 됐다. 영국 국립초상화미술관을 걷다 보면 페르메이르, 렘브란트, 게인즈버러의 그림 속 인물들이 쓰고 있는 검은 모자 대부분이 비버 털로 만든 것임을 알 수 있다. 19세기 중반까지 신사들이 쓰던 모자는 대부분 비버 가죽으로 만들어졌다. 스토브파이프 모자, 파리 보 모자, 리젠트 모자, 웰링턴 모자, 도르세 모자, 나폴레옹의 쌍각모, 넬슨 제독의 삼각 해군모까지 예외가 없다. 제프리 초서가 묘사한 14세기 플랑드르 상인들 역시 유럽산 비버 가죽으로 만든 '비베르' 모자를 썼다.*
비버 가죽 모자는 단단하고 매끄럽고 방수가 잘됐으며(1600년대 후반까지는 우산도 없었다) 오래 쓸 수 있었다.

인간이 비버에게서 빼앗은 건 털만이 아니다. 또 하나의 귀한 자원, 바로 해리향이라 불리는 금빛 분비물도 있다. 비버의 향낭에서 나오는 이 향 짙은 물질은 17세기에 만병통치약처럼 여겨졌는데 사람들은 통풍, 간질, 치통은 물론이고 정신질환까지 낫게 한다고 믿었다(실제로는 아무런 효과가 없었다). 놀랍게도 이 향은 지금까지 살아남았다. 명품 향수 브랜드(샤넬, 지방시, 랑콤, 겔랑, 팔로마 피카소)들은 여전히 '가죽 향'을 낼 때 이 성분을 쓴다. 미국 식품의약국(FDA)도 이를 '천연' 성분으로 인정해 딸기나 바닐라, 라즈베리 아이스크림에 향을 더하는 데 사용하는 것을 허가하고 있다.

―※―

수입전표에 북아메리카의 강과 호수, 숲에서 자취를 감춘 야생동물의 이름이 빼곡히 적혀있다. 한때 북미의 공기를 들이마시며 살아가던 모피 동물을 숫자로 환산해 목록화한 것이다. 1840년 중개인 에드워드 테일러는 런던 시장에 내다 팔기 위해 비버 5만 5432마리, 사향쥐 19만 8236마리, 흑곰 4923마리, 스라소니 3만 5845마리, 담비 5만 6860마리, 늑대 8185마리, 수달 8636마리를 수입했다. 밍크, 라쿤, 울버린, 여우, 오소리는 물론이고 부레풀(철갑상어에서 추출한 젤라틴), '바다말 이빨'(바다코끼리 엄니), 거위와 백조의 깃털, 동물성 기름, 침구용 깃털까지 목록에 포함되었다. 배는 해마다 이 동물들을 실어 날랐다. 한 번에 늑대 1000마리, 담비 2만 마리. 그렇게 해마다 끝도 없이 이어졌다. '펜처치 스트리트에 있는 HBC 사

* 한때 유럽과 아시아 전역에 널리 퍼져 살던 비버는 남획으로 인해 20세기에 이르러서는 1200마리만 남게 됐다. 영국에서는 16세기 무렵 자취를 감췄다.

옥에서 열린 촛불 경매 물품' 목록에는 쇠돌고래와 고래 뼈, 흰곰, 아이더다운, 들소 털, 까마귀 깃펜 같은 품목도 올라왔다. 런던 비숍스게이트 한복판에는 1926년에 들어선 마지막 '허드슨 베이 하우스'[HBC의 옛 본사 건물]가 여전히 자리를 지키고 있다. 그 지붕 위 작은 돔 꼭대기에 달린 황금 비버 풍향계는 이제 더는 런던의 짙은 스모그 속에서 방향을 바꾸지 않는다. 모피 대신 돈이 오가는 유리 마천루 사이, 거세게 몰아치는 돌풍에 몸을 맡긴 채 말없이 그 자리에 서있을 뿐이다.

나는 순진하게도 '야생' 모피가 과거의 일인 줄 알았다. 하지만 지금도 많은 야생 모피가 거래되며, 거래량 1위는 1670년부터 운영되어 온 북미모피경매사(NAFA)다. 2014년 5월 경매에서는 2시간 17분 만에 비버, 수달, 동부 늑대, 곰, 스라소니 등 총 15만 7207장의 야생 모피가 팔려 나갔다. 창고 천장에는 윤기 나는 검은 코를 위로 치켜든 늑대들이 풍성한 꼬리가 바닥에 닿지 않을 만큼 높이 매달려 있었다.[83] 같은 해 7월 열린 경매에서는 야생 코요테 1만 8483마리, 야생 사향쥐 25만 9951마리, 야생 붉은여우 5만 769마리, 야생 스라소니 3933마리, 야생 비버 1만 9778마리, 야생 수달 1988마리, 야생 곰 67마리가 거래됐다. 그리고 2018년 3월, 샌프란시스코시는 모피 판매 금지 법안을 통과시켰다. 그렇게나 단숨에.

눈물로 강을 이룬 들

유럽인이 아메리카 대륙에 도착하기 전, 비버는 적게는

6000만 마리에서 많게는 4억 마리에 이를 만큼 번성하며 살고 있었다. 이들이 만든 댐만 해도 2500만 개가 넘었다. 덕분에 대륙 곳곳에 연못과 습지, 초원이 퍼져있고 그 안에서 많은 생명이 숨 쉬었다. 1797년 측량사 데이비드 톰슨은 길이 1.6킬로미터에 이르고 말 두 필이 나란히 달릴 수 있을 만큼 넓은 비버 댐을 목격했다고 기록했다. 하지만 반세기 뒤인 1843년 미국의 자연학자 존 제임스 오듀본이 북미 포유류 삽화집에 실을 표본을 찾기 위해 미주리강을 따라 3000킬로미터를 거슬러 올라갔을 때는 비버의 그림자조차 안 보였다. 20세기 초가 되자 살아남은 비버는 과거의 1퍼센트도 채 되지 않았다. 비버가 사라지자 물길도 함께 끊겼다. 강의 흐름을 지탱하던 수문 구조는 급격히 무너져 내렸고 그 여파가 생태계 전체로 번져나갔다. 시냇물은 말라붙기 시작했고 비버가 가꾸던 초원은 바싹 타들어가 불쏘시개처럼 변해버렸다. 머지않아 산불이 일어났다. 이 땅은 생태계가 어떻게 무너지는지, 그 붕괴가 얼마나 순식간에 일어날 수 있는지를 고스란히 보여주는 슬픈 본보기가 됐다. 들소가 얼마나 빨리 절멸하는지, 늑대를 어떻게 자취 없이 몰아낼 수 있는지, 강에서 물을 비우고 연어의 길을 끊고 범고래를 굶기며 물길을 오염시킨다거나, 대지를 태우고 땅을 말리고 흙먼지를 날려버리는 일은 어떻게 가능한지, 하나하나 실험하듯 되풀이했다. 대륙 전체가 실험실이 된 듯했다.

18세기와 19세기 미국이 '진보'라는 이름 아래 거침없이 내달리던 시절에도 그 끝을 내다본 이들이 있다. 그중 한 사람이 바로 외교관 조지 퍼킨스 마시다. 그는 자신을 '숲에서 태어난 사람'이라 불렀고, 어린 시절을 떠올리며 '야생동물을 사물이 아닌 살아있는 존재로 느꼈다'고 회상했다.[84] 1851년 마시는 이집트를 여행하던 중 충격을 받았다. 오랜 세월 이어진 농업은 황폐한 대지와 앙상한 언덕만을 남겼고, 그 풍경이 아직 모든 것이 새롭고 풍요롭던 미국과는 너무도 달랐다. 훔볼트가 광산과 사탕수수 농장이 남긴 황폐화와 산림 파괴를 기록한 것처럼, 마시 역시 고국에서 똑같은 일이 벌어지고 있음을 깨달았다. 숲은 무너지고 강은 오염되었으며, 개척민들은 증기로 움직이는 거대한 기계로 초원을 짓밟고 있었다. 1860년 마시는 인간의 탐욕이 불러올 재앙을 경고하고자 《인간과 자연》을 집필하기 시작했다. 문제의 본질을 날카롭게 꿰뚫은 그의 글은 이후 환경보호운동가들의 든든한 길잡이가 됐다. 이들은 사라지기 직전의 야생을 지키기 위해 행동에 나섰고, 마침내 1872년 율리시스 S. 그랜트 대통령의 서명을 받아 옐로스톤이 세계 최초의 국립공원으로 지정되었다.

※

1922년 에릭 콜리어가 처음으로 브리티시컬럼비아의 멜드럼 크릭[크릭은 작은 개울이나 시내, 냇물이라는 뜻]을 찾았을 때 그곳은 불길에 휩싸여 있었다. 불은 메마른 옛 수로를 따라 번져 18미터 넘게 솟은 가문비나무 숲을 향해 타올랐다. 무너진 비버 댐 너머로는 실오라기 같은 시냇물이 나무들 사이로 간신히 흐르고 있었다. 한때 비버들이 둑을 쌓아 만들어 낸 호수는 이제 말라붙은 대지 위에 작은 웅덩이 하나만 남긴 채 숨을 죽이고 있었다. 그 시절에는 해마다 봄이면 덤불처럼 엉켜

버린 풀뿌리를 정리하기 위해 초지에 불을 놓았고, 불이 숲까지 번져도 누구 하나 크게 신경 쓰지 않았다. 나무는 돈이 되지 않았기 때문이다. 불길이 가문비나무에 닿자 송진으로 뒤덮인 잎들이 폭죽처럼 터져 올랐다. 자욱한 연기 속, 숲 가장자리에 서서 그 광경을 지켜보던 콜리어는 문득 생각에 잠겼다. 비버 한 쌍이라도 남아있다면 어땠을까. '불길의 길목이 닫혔을 테고' 바짝 마른 풀 대신 물이 땅을 적셨을 것이다. 불은 더 멀리 번지지 못했을 테고 저 가문비나무들도 지금쯤 멀쩡히 서있었을지 모른다. 콜리어는 말고삐를 틀어 불길에서 벗어났지만 그 순간 무언가 묵직하게 가슴 깊이 내려앉는 느낌이었다.

5년 뒤 콜리어는 리스케 크릭이라는 곳에서 나중에 아내가 될 릴리안을 만난다. 릴리안의 할머니 랄라 로스는 1830년에 태어난 인디언으로, 아흔일곱 나이에도 멜드럼 크릭의 옛 모습을 또렷이 기억하고 있었다. 그 시절엔 비버 연못마다 큼직한 송어들이 반짝이며 헤엄쳤고, 철마다 캐나다기러기 수천 마리가 하늘을 가르며 날아들었다. 해가 기울 즈음이면 오리 떼가 습지 위로 날아올라 하늘을 가득 메웠으며, 밍크와 수달은 강가에 몸을 넌 채 느긋하게 햇살을 즐겼다. 저녁 어스름이 내릴 무렵이면 고요한 물 위에 철썩하고 떨어지는 비버 꼬리 소리가 어둠을 두드리듯 퍼졌다. "비버를 다 없애고 나면 말이지." 랄라가 입을 열었다. "조금 지나면 물도 함께 사라져. 물이 없으면 송어도 모피도 풀도 다 사라지고 결국엔 아무것도 안 남아. 텅 빈 땅만 남는 거지." 그녀는 잠시 숨을 고른 뒤 말을 이었다. "그 개울로 돌아가 봐. 거기에 다시 비버가 살 수 있게 해줘…. 비버가 돌아오면 아마 송어도 따라오고, 오리도 기러기도 그 길을 따라오겠지. 습지엔 다시 사향쥐가 숨 쉬게 될 거고 사향쥐가 돌아오면 밍크도 수달도 하나둘 모습을 드러낼 거야. 아이고야! 릴리랑 같이 그 개울로 가서 눌러앉아 살아봐. 그곳을 다시 비버의 땅으로 만들어 줄 수 없겠니?"[85]
에릭과 릴리안은 멜드럼 크릭으로 떠나 그곳에 손수 오두막을 지었다. 하지만 비버는 오래전 자취를 감춘 뒤였다. 둘이 정성껏 손본 낡은 댐은 폭풍을 견디지 못하고 무너졌고, 생계를 이어가는 일도 만만치 않았다. 그러던 어느 날, 한 산림감시원이 살아있는 비버 두 쌍을 건넸다. 그날 이후 멜드럼 크릭은 다시 숨을 쉬기 시작했다.

요즘 랄라 로스의 고향인 리스케 크릭을 구글에 검색해보면 2017년의 대형 산불 사진이 끝도 없이 쏟아진다. 그해 980제곱킬로미터에 달하는 땅이 불길에 휩싸였고 하늘은 핏빛으로 물들었다. 소방차가 외롭게 물을 뿜으며 목장과 집을 지키려 안간힘을 썼지만, 무력하게 흔들리는 호스는 타오르는 전나무 앞에서 속수무책이었다. 전나무는 불꽃놀이를 하듯 번쩍이며 타올랐다.

미국 산림생태학자이자 훗날 야생 생태학의 아버지로 불린 알도 레오폴드는 1922년 동생과 함께 누볐던 콜로라도 델타의 초록빛 석호들을 떠올렸다. 메스키트[미국에 흔한 콩과 식물]와 버드나무가 빽빽이 들어선 물가를 따라 깊고 맑은 에메랄드 빛 강물이 유유히 흐르고 그 물길 위로는 가마우지와 뒷부리장다리물떼새 무리가 하늘을 가르며 날아다녔다. 청둥오리와 홍머리오리가 구름처럼 떼를 지어 창공을 뒤덮고, 푸른 버드나무 한 그루에는 백로들이 가지마다 눈처럼 소복이 내려

앉아 있었다. 통나무 위에서는 붉은스라소니가 숭어를 노리며 조심스레 발끝을 들고, 얕은 물가에선 라쿤들이 딱정벌레를 입에 문 채 물살을 헤치고 나아갔다. 코요테와 노새사슴이 어슬렁거리며 모습을 드러내고 비둘기며 메추라기, 기러기 수천 마리가 시야를 가득 메웠다. 어디선가 쿠거의 기척도 은밀하게 느껴졌다. 그 풍경은 시간이 비껴간 자리 같았다. 모든 것이 고요히 숨 쉬며 누구의 눈에도 띄지 않은 채, 오래전 잊힌 비밀의 땅처럼 그 자리에 머물러 있었다.

그러니 부디, 콜로라도 델타를 구글 이미지에서 검색하진 말길.

1948년 아이다호 어류·야생동물국은 지금의 프랭크 처치 리버 오브 노 리턴 야생지대['프랭크 처치'는 자연 보호에 헌신한 아이다호 출신 상원의원의 이름에서, '리버 오브 노 리턴'은 한번 들어가면 돌아 나오기 힘들 만큼 물살이 거센 살몽강에서 각각 이름을 따왔다]라 불리는 깊고 외진 땅에 비버를 다시 들여놓기 위한 특별한 계획을 세웠다.* 당시 관리관이던 엘모 헤터는 전쟁 후 창고에 쌓여있던 낙하산 더미를 떠올리고는 정말로, 하늘에서 비버를 떨어뜨리기로 결심한다. 엘모는 낙하산을 활용한 특수 투하 상자를 직접 고안했는데, 낙하산이 땅에 완전히 닿아 누운 뒤에야 상자가 열리고 안에 묶어둔 끈이 풀리는 정교한 장치다. 처음엔 버드나무로 상자를 만들어 비버 스스로 빠져나오게 했지만 비버가 생각보다 너무 빨리 상자를 갉아버리는

* 이곳은 알래스카를 제외하면 미국 본토에서 가장 넓은 야생보호구역으로 면적이 9600제곱킬로미터에 이른다.

바람에 그 아이디어는 폐기했다. 실험 대상은 제로니모라는 이름의 비버 한 마리였다. 수십 차례의 낙하 훈련을 묵묵히 견딘 제로니모는 암컷 세 마리와 함께 가장 먼저 새로운 낙원에 풀려났다. 이 단순한 발상은 기발하기 이를 데 없고 어딘가 참 인간답기도 하다. 한때 비버 2억 마리를 몰살해 놓고는 이제 와서 특수 투하 상자를 만들어 다시 들여놓는다니. 당시 비행기로 비버 네 마리를 한 번에 떨어뜨리는 데 든 비용은 30달러 [약 4만 원] 남짓했다. 그렇게 총 76마리가 하늘을 날았고 한 마리를 빼고는 모두 무사히 착지했다. 그렇게 유입된 비버와 후손은 '미국 본토 48개 주 가운데 가장 넓고 도로 하나 없는 보호림 속에 놀라운 서식지'를 일궜다.[86]

비버가 돌아왔다. 이제 북아메리카에는 1000만 마리 넘는 비버가 터를 잡고 살아간다. 브리티시컬럼비아에서는 비버가 만든 작은 연못이 어린 연어에게 천적을 피할 은신처일 뿐 아니라 훌륭한 서식지다. 유럽에서도 유럽비버가 하나둘씩, 오래전 떠났던 터전을 다시 찾아오고 있다. 2014년 영국 환경식품농촌부(DEFRA)의 조지 유스티스 장관은 데번주에 흐르는 오터강에서 정체불명의 비버 무리가 발견되자 질병을 퍼뜨릴 수 있다며 동물원으로 옮기려 했다. 하지만 세상은 예전과 달랐다. 오터강을 따라 살아가는 사람들은 비버를 마음 깊이 받아들였고, 비버를 보기 위해 이곳을 찾는 관광객이 날로 늘었다. 우리도 그 비버들을 만나고 싶어 오터강을 찾았다. 끝내 모습을 보여주진 않았지만 저 강어귀 어딘가에 비버가 머물고 있다는 사실만으로도 이상하게 마음이 설렜다.

핏빛 전장

마력

말은 참으로 신비로운 동물이다. 빠르고 강인하며 민첩하면서도 예민하고 지구력도 탁월하다. 달릴 때면 다리를 탄력 있게 쭉쭉 뻗고 발굽으로 용수철처럼 땅을 박차고 튀어 오른다. 이두박근 속 콜라겐이 근육에 부드러운 탄성을 더해 평범한 근육보다 100배는 강력한 힘으로 지면을 밀어낸다. 정교하게 짜인 몸의 구조와 유연한 연골은 충격을 흡수하도록 설계된 듯 매끄럽게 움직인다. 외부에서 오는 자극을 물 흐르듯 흘려보내고 상처 또한 놀라우리만큼 빠르게 아문다. 에너지를 허투루 낭비하지 않고 효율적으로 쓰기에 아무리 먼 거리를 달려도 쉽게 지치는 법이 없다. 무엇보다 인상 깊은 건 총명함과 끝없는 호기심이다. 엄격한 서열 속에서 무리를 이루고 살아온 습성 덕분에 사람의 훈련도 잘 따른다. 그런데 만약 홀로 남겨진 말이 있다면 인간이 아직 말을 제대로 이해하지 못한 탓일 것이다. 말에게 고립은 깊은 고통이다. 홀로 떨어진 말은 고개를 어깨 사이로 푹 떨구거나 목을 자꾸 흔들거나 발굽으로 땅을 툭툭 치며 내면의 불안을 드러낸다.

인류는 6000년이 넘도록 말을 길들여 왔다. 때로는 고기를 얻으려고, 때로는 무거운 짐을 나르고 밭을 갈거나 먼 길을 떠나기 위해 말을 부렸다. 사냥터를 누빌 때도, 전쟁의 최전선에서 적진을 향해 돌격할 때도 말과 함께였다. 경주에서는 속도를 겨루며 내달렸고, 무대 위에선 우아한 몸짓으로 관객을 매혹했다. 검고 흰 말, 덩치 큰 말과 작은 말, 날렵한 말과 묵직한 말, 온순한 성격에서 불같이 거친 성격까지, 인간의 손을 거쳐 말은 수없이 다양한 모습으로 변화했다.* 말은 암컷이 수컷보다 훨씬 많다. 그래서 수컷의 유전적 다양성은 Y염색체를 따라 빈약하게 전해지는 반면, 모계를 통해 이어지는 유전자는 훨씬 풍부하다. 수천 년 동안 말은 가장 빠른 육상 운송수단이었으며 전쟁에서도 필수적인 존재였다. 인류는 바퀴를 발명하자마자 전차를 만들어 말을 전장으로 내몰았다. 이토록 평화로운 동물이 그토록 폭력적인 용도로 쓰였다는 사실은 놀랍고 씁쓸하다.

미주 대륙에서 말은 약 1만 년 전 홀연히 자취를 감췄다가 16세기 초 스페인 정복자들이 유카탄 해안에 닻을 내리면서 다시 모습을 드러낸다. 이베리아산 말들이 바다를 헤엄쳐 육지에 오르자, 난생처음 말을 본 원주민들은 경악을 금치 못했다. 철갑을 두른 채 말을 타고 다가오는 정복자의 모습은 신

---

* 아이러니하게도, 인류가 말을 길들이지 않았다면 아마 멸종할 때까지 사냥했을지도 모른다.

화 속에서 튀어나온 괴물 같았다. 스페인인들은 승리를 신의 뜻이라 믿었지만 그 이면에는 말이라는 낯선 생명체를 마주한 원주민들의 두려움과 충격이 훨씬 더 크게 자리 잡고 있었다. 그 후 말은 교역로를 따라 미주 전역으로 빠르게 퍼져나갔다. 북아메리카에서 말은 전쟁의 불씨이자 전쟁을 가능케 한 수단이었다. 평원의 원주민들은 말을 타고 들소를 사냥하기 시작했고, 특히 코만치족은 뛰어난 기마민족으로 거듭났다. 코만치족의 강력한 힘과 문화는 말을 타고 들소를 쫓으며 싸우고 버텨내는 삶 속에서 탄생했다. 하지만 그렇게 강성했던 코만치족조차도 천연두라는 보이지 않는 적 앞에서는 속수무책이었다. 1870년대 코만치족의 인구는 수천 명 수준으로 급격히 줄었고, 당시 텍사스 변경의 지도 곳곳에는 야생마 떼 출몰 지역이라는 문구가 자주 등장했다. 그 시절 들판을 자유롭게 누비던 머스탱[북아메리카 서부에서 야생으로 살아가던 말]이 족히 100만 마리는 되었을 것이다.

장면이 바뀐다. 마릴린 먼로의 얼굴이 클로즈업된다. 충격과 혼란이 뒤섞인 표정이다.

"800, 900킬로그램쯤 되겠지."

말 장수가 무게를 가늠하며 120달러를 계산한다. 클라크 게이블이 머스탱의 다리를 밧줄로 묶어 구부리며 말한다.

"저 씨말은 360킬로그램쯤 될 거야."

다시 먼로의 얼굴. 현실을 깨달은 듯 표정이 굳는다. 고개를 홱 젖히고 몸을 돌리더니 눈 앞에 펼쳐진 사막을 향해 달려간다.

"살인자들! 살인자들!" 그녀가 외친다.

남자들이 뒤를 돌아본다.

"살인자들! 거짓말쟁이들! 다들 거짓말만 해! 죽어가는 걸 봐야 행복하지? 그럼 네가 죽어, 그래야 행복하겠지! 신이니 나라니 자유니, 다 집어치워…."

비명은 쉰 목소리 끝에서 갈라지다 못해 거친 숨결과 뒤엉켜 무슨 말인지조차 알 수 없게 된다. 이건 분노다. 아니, 광기에 가까운 절규다.

"미쳤군." 말 장수가 중얼거린다. "다들 미쳐있어." (여자들을 두고 하는 말이다.)

멀리서 죽음을 알리는 망령처럼 먼로의 목소리가 날카롭게 울린다. "거짓말쟁이들!"

그때였다. 자유롭게 돌아다니던 망아지 한 마리가 밧줄에 묶인 머스탱 곁으로 다가온다. 코를 비비더니 조심스레 목을 툭툭 건드린다.

존 휴스턴의 영화 〈어울리지 않는 사람들〉은 1961년 개봉 당시 흥행에는 실패했으나 뜻밖의 성과를 거뒀다. 바로 1950년대 미국에서 반려동물 사료를 만들기 위해 무분별하게 자행되던 머스탱 포획, 이른바 '머스탱잉'의 실상을 세상에 알린 것이다. 당시 목장주들에게 머스탱은 공공 방목지에서 소를 더 많이 기르기 위해 제거해야 할 골칫덩이에 불과했다. 그러나 벨마 존슨[동물보호활동가]의 생각은 달랐다. 사람들은 그녀를 '와일드 호스 애니'라 불렀다. 벨마는 공공 토지에서 자유롭게 살아가는 머스탱을 지키기 위해 무려 27년간 외로운 싸움을 이어갔다. 이 문제는 단순하지 않았다. 머스탱은 본래 북미 토착종이 아니라 스페인 정복자들이 데려온 말이 야생화한 후손이다. 방목지에서는 소와 먹이를 두고 경쟁하는 처지지만, 그럼에도 머스탱은 미국인에게 특별한 의미를 지녔다. 머스탱은 서부 개척 시대의 상징이고 수많은 카우보이 영화의 주인공이며 미국 문화유산의 일부다. 무엇보다 말은 수천 년 동안 인류의 어깨에 날개를 달아준 존재다. 벨마는 전국적인 편지쓰기운동을 통해 상원의원들의 마음을 움직였다. 결국 1971년 야생마 및 야생 당나귀 보호법이 단 한 표의 반대도 없이 만장일치로 통과된다. 이 법안은 야생마와 야생 당나귀를 '서부 개척 정신의 살아있는 상징'으로 선언하고 이들을 자연의 일부로서 인도적으로 보호하고 관리할 것을 명시했다.*

말은 수 세기 동안 사람을 태우고 전장을 누볐다. 등에 올라탄 이들은 서로를 향해 창을 겨누며 죽음을 마주했다. 오늘날 우리가 쓰는 '기사도chivalry'라는 단어도 말을 가진 귀족을 뜻하는 슈발리에chevalier에서 유래했다. 이 표현은 중세시대 토지와 특권을 받는 대가로 전투에 나섰던 기마 용병을 가리킨다. 그러나 기사와 함께 75킬로그램에 달하는 강철 갑옷을 짊어진 말은 민첩함이 요구되는 전투에서 오히려 짐이 되곤 했다. 전장의 중심은 결국 빠른 돌격이 아니라 성을 둘러싸고 시간을 끄는 공성전으로 옮겨갔다. 처음에 기병의 돌격은 강한 충격과 위압감을 주는 데 효과적이지만 나중에는 기병들이 말에서 내려 땅 위에서 싸워야 했다. 전장은 곧 무겁고 둔탁한 철갑이 부딪히는 소리로 가득 찼다. 철커덩, 철커덩.

1854년 10월 25일, 크림 전쟁 한복판에서 벌어진 '경기병대의 돌격'은 한 줄기 오해에서 비롯된 비극이다. 그러나 시간이 흐르며 사람들은 이 무모한 진격을 끝까지 명령을 따라 전진했던 병사들의 용기로 기억하게 된다. 당시 러시아군은 영국군이 제정신이 아니라고 생각했다. 아니, 술에 취한 게 분명하다고 여겼다. 영국 기병 670명이 약 2.4킬로미터 길이의 협곡을 따라 돌진했다. 양옆과 정면에는 러시아 보병 20개 대대가 진을 치고 그 끝에는 중무장한 포대가 기다리고 있었다. 그날의 참상을 직접 목격한 고드프리 모건은 이렇게 기록했다. 머리 없는 시신이 말 안장에 그대로 앉아있고 잘려 나간 팔다리가 허공을 가르며 날아다녔다. 칼날이 번쩍이고 자욱한 연기와 튀는 불꽃 사이로 포탄이 터졌으며 비명이 끊이지 않았다. '산탄과 포환이 병사와 말을 덮칠 때마다 귀를 찢는 굉음이 울려 퍼졌다.'[87]

1936년 마이클 커티즈의 영화 〈경기병대의 돌격〉에는 잊기 힘든 장면이 나온다. 질주하던 말 125마리가 철사에 걸려 넘어졌고 그중 25마리가 목숨을 잃었다. 특수 효과를 위해 강행한 이 촬영에 분노한 배우 에롤 플린이 커티즈에게 달려들었고 결국 두 사람을 말리는 소동이 벌어졌다. 이 사건은 대중의 분노를 불러일으켰고 결국 미국 의회는 영화 촬영 시 동물 보호를 의무화하는 법을 제정하게 된다.

작가 마이클 모퍼고는 소설 《워 호스》가 어떻게 시작되었는지 이야기한다. 농장에서 자란 말 한 마리가 군에 팔려 서

---

* 하지만 여전히 야생에서 뛰노는 머스탱보다 포획되어 갇힌 머스탱이 더 많고, 일부는 지금도 '머스탱잉' 아래 조용히 사라지고 있다.

부 전선으로 끌려가는 이야기, 그 출발점은 1976년으로 거슬러 올라간다. 당시 마이클과 아내 클레어는 영국 데번 시골에 도시 아이들을 위한 농장을 세웠다. 아이들이 잠시나마 자연을 온몸으로 느낄 수 있도록 돕는 자선 프로젝트였다. 어느 날 버밍엄의 위탁가정에서 지내던 소년 빌리가 농장에 와 일주일간 머물게 됐다. 함께 온 선생님은 빌리는 말을 하지 않으니 굳이 말을 걸거나 질문하지 말아 달라고 마이클에게 조심스럽게 부탁했다. 아이는 2년째 침묵을 이어오고 있고, 괜한 말 한마디에 마음을 닫거나 자리를 떠날까 염려된다는 것이었다. 마이클은 일주일 내내 아무 말 없이 빌리를 지켜보기만 했다. 그러던 11월의 마지막 날, 아이들에게 책을 읽어주기 위해 난롯가로 향하던 마이클은 마구간 마당을 지나다가 뜻밖의 장면을 마주했다. 마구간 문틈 사이로 고개를 내민 말 앞에 빌리가 서 있었다. 마이클은 발걸음을 멈추고 조용히 그 모습을 지켜보았다. 빌리는 말을 향해 천천히 손을 뻗어 얼굴을 쓰다듬고는 낮고 또렷한 목소리로 말을 걸기 시작했다. 그날 하루 있었던 일들을 들려주며 그 말을 집에 데려가고 싶다는 마음도 조심스레 내비쳤다.

마이클은 말이 아이의 이야기에 진심으로 귀 기울이고 있다고 느꼈다. 빌리는 조금도 머뭇거리지 않았고, 말은 자신이 꼭 필요한 존재임을 알고 있는 듯했다. 말과 소년은 조용히 서로를 바라보며 위로를 나누고 있었다. 둘만의 시간이 흐르던 그 순간을 지켜보며 마이클은 설명할 수 없는 어떤 마음의 끈이 둘을 이어주고 있음을 깨달았고 《워 호스》를 써야겠다는 확신이 들었다고 말한다. 그날 이후 그는 사람과 말 사이에 깊

은 교감이 존재한다는 사실을 더는 의심하지 않게 됐다.[88]

　기수와 말은, 우리가 오랜 세월 함께 쌓아온 관계를 보여주는 살아있는 증거이자 여전한 유산이다. 열두 살 무렵 나는 투박하면서도 하늘을 나는 듯한 조랑말과 함께였다. 우리 둘 다 무언가로 끓어오르던 시절을 살고 있었고, 작은 근육의 떨림만으로도 서로를 알아챌 만큼 긴밀하게 연결돼 있었다. 그때 아주 오래전부터 흘러온 어떤 감각이, 동물처럼 날것이던 내 어린 영혼을 툭 건드렸다. 어느 봄날 아침이었다. 깊은 모랫길을 내려오던 조랑말의 뒷다리가 미끄러지듯 모래에 박히는 느낌이 내 몸에 전해졌다. 찰나의 순간, 우리의 들뜬 마음이 피부를 타고 맞닿았고, 에너지가 뒤섞이며 서로에게 감겨들었다. 세상에 우리 둘뿐인 것 같았다. 길이 평탄해지자 나는 말의 어깨 너머로 몸을 살짝 숙이며 체중을 실었다. 조랑말은 조심스럽게 발을 옮기더니 굴곡진 길목에 이르자 속도를 끌어올렸다. 우리는 무슨 일이 일어날지 알고 있었다. 나는 이 말을 온 마음으로 사랑했다. 길게 펼쳐진 풀밭 앞에서 내 몸속 모든 세포가 깨어났다. 우리는 달려나갔다! 말의 심장이 땅을 울리듯 고동쳤고, 까맣고 억센 갈기가 바람을 가르며 휘날렸다. 나는 조랑말의 몸에 바짝 붙었다. 말이 되고 싶었다. 숨이 엉키고 땀이 섞이며 하늘에서 산소를 퍼 올리듯 달렸다. 거센 바람에 눈물이 저절로 흘렀다. 피와 시간으로 엮인 두 생명이 하나가 되어 달리고 있었다. 설령 내가 멈추고 싶다 해도 이 말은 멈추지 않을 것이다. 규칙적인 숨소리, 대지를 두드리는 발굽 소리, 코끝을 스치는 땀과 흙냄새. 나는 조랑말의 목덜미, 지문처럼 소용돌이친 밤색 털 한가운데에 입을 맞췄다. 내 안의 야성이 솟구쳤다. 그리고 조용히 속삭였다. 기억하자, 이 순간을.

화려한 모자 아래

엄지와 검지로 염주비둘기의 깃촉을 쓸어본다. 단단한 펜촉 같고, 상앗빛 광택이 은은하다. 그렇게 뾰족한 게 살갗에 닿는다니 불편할 것 같지만 깃털은 놀라울 만큼 가볍고 쓰임도 다양하다. 까마귀 깃털을 윗입술에 살짝 대어보고 물에도 적셔보라. 매끄러운 표면은 물 한 방울 스미지 않고, 깃가지는 마디마다 정교하게 맞물려 있다. 펜이라는 단어는 라틴어로 깃털을 뜻하는 펜나penna에서 유래했으며 프랑스어로는 플룸plume이라 한다. 대헌장도 미국 독립선언서도 모두 새의 첫째 날개깃으로 만든 깃펜으로 서명했다. 사람들은 깃털로 화살을 쏘고, 물속 깊은 곳에서 물고기를 유인하고, 침구를 포근하게 채우기도 했다. 오래된 깃털 이불을 갈라 솜털을 쓸어보라. 얼마나 가볍고 따뜻하며 아름다운지. 이건 꼭 가져야겠어. 사람들은 그렇게 생각했고 끝내 손에 넣고야 말았다. 깃털 모자는 폭발적으로 유행했고 그 화려함 뒤에 셀 수 없이 많은 새의 희생이 있었다. 깃털만이 아니었다. 사람들은 새의 잘린 목과 머리, 축 늘어진 부리를 장식처럼 모자 위에 얹고, 잘려져 날 수 없는 날개나 통째로 박제한 새 한 마리를 머리 위에 올리기도 했다. 한 마리로 모자라 여러 마리를 얹어 꾸미기도 했다. 벌새로 만든 귀걸이, 재갈매기 두 마리를 엮은 손토시와 목도리도 등장했다.

1886년 한 조류학자가 뉴욕 거리에서 지나가는 여성들이 쓴 모자 700개를 관찰해 그 안에서만 40종이 넘는 새가 쓰였다는 사실을 알아냈다. 되새, 앵무새, 극락조, 독수리, 백로, 황새, 왜가리, 논병아리, 저어새, 홍학, 따오기, 사다새, 제비갈매기, 알바트로스, 금조, 히말라야비단꿩… 미국흰두루미는 멸종 직전까지 내몰렸다. 1880년 타조 깃털은 무게로 따지면 다이아몬드와 맞먹는 가치를 지녔다. 런던에서는 해마다 여섯 차례나 깃털 경매가 열렸다. 1907년 6월 경매장의 망치 소리와 함께 물총새 2만 615마리가 팔려 나갔다. 1908년 2월 검은등제비갈매기 1만 8000마리, 쾅. 왕관비둘기 1만 700마리, 또 쾅. 중국 상인 두 명은 석 달마다 극락조 1만 2000마리를 수출했다. 왕부리새, 바위새, 되새 그리고 '바다제비'의 날개까지도 거래 대상이었다. 이 모든 건 식민주의의 또 다른 얼굴이었다. 원주민들은 고향의 생명을 사냥하는 일에 동원되었고 그렇게 잡힌 새들은 이쪽 세계로 실려 왔다.

모자를 벗고 경의를 표해야 할 인물이 있다면 이름마저 인상적인 에타 레몬일 것이다. 이 영국 여성은 매주 교회에 나가 주변 좌석에 앉은 숙녀들의 깃털 모자를 유심히 살펴보곤 했다. 그리고 집으로 돌아와서는 그 깃털이 어디에서 왔는지, 어떤 새가 희생되었는지, 둥지에서 굶주리다 죽어간 새끼들은 어떤 운명을 맞았는지 자세히 적은 편지를 보냈다. 에타 레몬은 깃털 무역을 막기 위해 30년 넘게 싸웠다. 1883년 그녀는 '모피와 지느러미, 깃털을 위한 사람들'이라는 단체를 세웠고 1년 만에 회원 수 5000명에 육박했다. 이 단체는 1891년 조류

보호협회와 통합되고 1904년에 왕립조류보호협회(RSPB)로 공식 출범한다. 그해 알렉산드라 왕비는 궁정에서 물수리 깃털 착용을 금지했다. 1908년 에타는 깃털 수입(금지)법을 의회에 발의하는 데 핵심적인 역할을 했다. 그러나 법이 통과되기까지는 13년이라는 시간이 더 걸렸다.

평화의 상징, 전쟁의 전령

도브[작고 하얀 비둘기]라는 이름에는 다정하고 부드러운 울림이 있다. 정원에 내려앉은 염주비둘기의 깃털은 장밋빛 저녁노을과 안개 어린 회색이 어우러진 빛깔로, 가까이서 들여다보면 한 폭의 수채화를 닮았다. 두 마리가 물푸레나무 가지에 살포시 내려앉아 있다. 그 모습은 순수한 아름다움을 간직한 발레리나를 떠올리게 한다. 깃털은 곱고 정교한 비늘처럼 겹겹이 포개져 지퍼처럼 매끄럽게 이어진다. 놀랍게도 이 깃털의 무게는 속이 빈 뼈보다 두세 배나 무겁다. 올여름 이 평화로운 존재들 사이에 뜻밖의 다툼이 벌어졌다. 정원을 돌며 거칠게 울어대고 서로의 목덜미를 쪼아댔다. 깃털이 얼마나 흩날렸는지 수리매라도 휩쓸고 간 것 같았다.

흔히 평화의 상징으로 흰 비둘기를 하늘에 날리지만 전쟁터에서는 전서구가 전령의 역할을 했다. 한니발은 이들을 이용해 산맥 너머로 소식을 전했고, 기원전 6세기 페르시아의 키루스 대왕은 제국 전역을 연결하는 통신 수단으로 삼았다. 조지 오웰의 《동물농장》에서도 비둘기는 이웃 농장의 동물에게

반란 소식을 퍼뜨리는 임무를 맡는다. 비둘기 통신은 수 세기 동안 가장 신속한 소통 수단이었다. 그 마지막 서비스가 종료된 것은 비교적 최근인 2008년 인도 쿠타크에서였다. 전신이 보급되기 전까지는 증권 중개인들도 주가 정보를 빠르게 전달하기 위해 비둘기를 날렸다.

두 차례 세계대전 동안에도 전서구는 적진 후방에서 중요한 정보를 나르는 임무를 수행했고, 특히 점령 초기에는 프랑스와 영국을 잇는 유일한 통신 수단이기도 했다. 제1차 세계대전 당시 전서구를 향해 총을 쏘는 행위는 징역 6개월 또는 벌금 100파운드[약 20만 원]에 해당하는 중죄였다. 제2차 세계대전이 발발하자 영국의 사육자들은 비둘기 20만 마리를 군에 자발적으로 기증했고 이 가운데 1만 6554마리는 낙하산을 타고 유럽 전역에 투입됐다. 1944년 6월 6일 노르망디 상륙 작전이 개시되던 날, 그 소식을 처음으로 영국에 전한 존재는 바로 비둘기 구스타프다. 당시 연합군 함대는 무선 송신이 금지된 상태였고,《로이터 통신》기자는 프랑스 해안에서 32킬로미터 떨어진 전차 상륙함 위에서 구스타프를 날려 보냈다. 비둘기는 바다를 건너 치체스터항 근처 소니섬의 비둘기장에 무사히 도착했다. 이듬해 3월 켄리 라스라는 이름의 비둘기는 요원과 함께 낙하산을 타고 적군이 점령한 프랑스로 내려갔다. 12일 뒤 풀려난 이 비둘기는 약 480킬로미터를 쉼 없이 날아 일곱 시간이 채 되기 전 고향에 도착했고, 중요한 정보를 무사히 전달했다.

임무를 완수한 전서구에게는 옥수수와 씨앗을 특별 배급했다. 그만큼 위험한 일이었기 때문이다. 독일군은 프랑스 해안 곳곳에 명사수와 매사냥꾼을 배치해 비둘기들이 하늘을 가르기도 전에 떨어뜨리려 했다. 시드 문이 사육한 비둘기 코만도는 무려 아흔 번의 임무를 완수한 공로로 디킨 훈장을 받았다. 이 훈장은 동물에게 내리는 최고의 무공훈장으로 지금까지 비둘기 32마리, 개 18마리, 말 3마리, 그리고 배 위에서 쥐를 잡으며 병사들의 사기를 북돋운 선상 고양이 한 마리가 받았다. 그 어떤 영웅보다 강렬한 인상을 남긴 존재는 제1차 세계대전의 전서구 셰르 아미다. 1918년 10월 3일 휘틀시 소령은 부하 194명과 함께 독일군에 포위된 채 아군의 오인 사격까지 받는 절체절명의 상황에 놓였다. 마지막 희망은 셰르 아미뿐이었다. 비둘기는 총탄이 빗발치는 하늘로 날아올랐다. 한쪽 눈을 잃고 가슴에 총상을 입은 데다 다리까지 거의 끊어진 상태였지만 날갯짓을 멈추지 않았다. 40킬로미터 떨어진 본부까지 단 25분 만에 날아가 정확한 좌표를 전달했고 그 덕분에 병사들은 목숨을 건졌다. 군의관이 가까스로 셰르 아미의 생명을 구해냈지만 다리는 살릴 수 없었다. 대신 정성껏 깎아 만든 나무다리를 몸에 덧대주었다.

2017년에는 아르헨티나 경찰이 교도소로 마약을 밀반입하던 전서구를 격추했다. 비둘기 등에 매달린 작은 배낭 안에는 대마초 7.5그램, 진정제 리보트릴 44알 그리고 USB 하나가 들어있었다.

더비의 웨스트엔드에 한 노동자가 산다
그는 말한다.
나는 날 수 없지만 내 비둘기들은 날 수 있다고
비둘기들을 놓아줄 때마다
마치 내 일부가
빛나는 날개를 타고 하늘로 떠오르는 것만 같다고.[89]

"회색 무늬 비둘기 한 마리를 키운 적이 있어요. 레이크 디스트릭트에 갈 때마다 데려갔죠." 비둘기 경주를 즐기는 클라이브가 말했다. "놓아주면 꼭 집으로 돌아왔어요. 열일곱 살까지 살았는데, 늘 함께였어요. 참 근사한 녀석이었죠."[90]

비둘기 경주는 날개의 마법에 매혹된, 조용한 사람들의 세계다. 나는 그 세계를 이해할 수 있다. 하늘을 올려다보다가 저 멀리 점처럼 떠있는 비둘기가 날개를 접고 집을 향해 곤두박질치듯 내려오는 순간, 가슴이 벅차오른다. 안도와 자부심, 경이로움, 사랑. 반짝이는 눈, 분홍빛 발, 서까래 사이를 맴도는 낮고 고운 울음소리, 홍합 껍데기처럼 무지갯빛이 감도는 목깃. 어떤 비둘기는 바람을 가르며 번개처럼 날아들고 어떤 비둘기는 머나먼 거리를 묵묵히 견디며 돌아온다. 지평선 위로 해가 기우는 각도와 눈에 익은 풍경을 따라 길을 찾는다. 도로나 강, 철도, 생울타리, 숲과 마을의 경계처럼 길게 뻗은 지형을 기억하고, 어떤 비둘기는 바닷새처럼 냄새로 길을 찾는다.

비둘기를 기르다 보면 어느새 그 삶에 깊이 빠져들게 된다. 알이 부화하길 기다리고 새끼가 자라는 모습을 지켜본다. 날개를 펴고 하늘로 솟구쳤다가 다시 집으로 돌아오는 장면을 바라본다. 그렇게 함께하는 시간이 쌓이다 보면 자연스레 더 알고 싶어진다. 무엇보다 우리를 이어주는 건 날 수 있다는 자유다. 날아가는 것도 돌아오는 것도 온전히 비둘기의 선택이다. 비둘기는 늘 그렇게 살아간다. 그리고 그 자유는 어느새 가족이라는 이름으로 인간 곁에 다가온다. 말 없는 신뢰가 인간과 비둘기 사이에 자란다.

클라이브는 22년을 함께한 아내에게서 비둘기와 자신 중 하나를 선택하라는 말을 들었다고 했다. 그리고 그게 끝이었다고 담담히 덧붙였다.

하늘을 나는 교향곡

중국 송나라와 청나라 시대, 구름 아래를 선회하던 비둘기 떼의 등에 박으로 만든 호루라기가 달려있었다. 바람을 머금은 호루라기는 하늘을 날며 선율을 그렸다. 오르내리며 아른거리는 음의 궤적, 사라졌다 다시 떠오르는 물결 같은 소리.

하늘을 떠도는 호루라기들이 엮어내는, 바람으로 짠 음악이었다. 그 소리가 얼마나 황홀했기에 온몸에 전율이 흐를 정도였을까? 이 악기들은 모두 장인의 손끝에서 태어났다. 하나하나 다른 모양으로 깎아 저마다의 소리를 냈다. 일본의 네쓰케[에도 시대(1603~1868) 소형 공예품]를 떠올리게도 했지만 그보다 더 묘하고 흥미로운 형상들이었다. 어떤 건 껍질을 벗긴 귤 위에 뭉툭한 손가락이 돋아난 듯했고, 또 어떤 건 작은 굴뚝이 옹기종기 모여있는 모양새였다. 잎사귀처럼 가볍고 손바닥 안에 쏙 들어올 만큼 작았다. 1000년 전 전쟁이 벌어졌을 때는 하늘을 가르며 울려 퍼지는 이 호루라기 소리가 공격을 알리는 신호로 쓰였다. 그리고 얼마 전까지만 해도 옛 베이징의 아침은 하늘을 나는 이 교향곡으로 시작되곤 했다. 골목마다 비둘기를 기르는 사람이 서너 명쯤은 있었기 때문이다.

유튜브를 켜고 베이징의 호루라기 장인 바오퉁의 영상을 본다. 그는 다락방으로 올라가 비둘기들을 날려 보낸다. 푸드득 날갯짓이 일고 하늘 위로 은빛 물결 같은 소리가 달콤하게 번진다.

노팅엄 출신의 피트 페트라비시우스는 한때 광부이자 철탑 수리공이었다. 그가 처음 비둘기를 기른 건 열두 살 때였다. 연립주택 지붕 틈에 있던 야생 둥지에서 새끼 한 마리를 몰래 데려온 것이다. 그냥 올라가서 집어 왔다고 했다.

"자, 어서 와. 어서. 어릴 적엔 말이지, 하늘을 날 수 있다면 얼마나 멋질까 늘 꿈꿨어. 비둘기가 되고 싶었던 건 아니야. 그렇지만 솔직히 말하면 비둘기처럼 날아다닐 수 있으면 좋겠다고 생각했지. 그냥 훌쩍 떠올라 하늘을 돌고 또 도는 거야.

자, 어서 와… 어서…."

덜컹거리는 소리. 구구구 우는 소리.

"어서 와. 가고 싶어 하면서도 아닌 척하지. 보이지? 어서 와. 바보 같긴. 자, 어서, 어서."

깃털이 빗방울처럼 흩날리고, 날갯짓 소리가 공기를 가르며 퍼진다. '피전 피트'라는 별명으로 불리는 그는 영국에서 스쿠터 뒤에 이동식 비둘기장을 달고 비둘기를 날리는 유일한 사람이다. 어디서 날리든 비둘기가 집이 아닌 자기 곁으로 돌아오게 훈련하는 일은 생각보다 훨씬 섬세하고 까다롭다.

"시간도 걸리고 인내심도 필요해요. 뭐라고 딱 잘라 말하긴 어렵지만 감정이 있어야 해요. 새들의 신뢰를 얻어야 하고요."

음악가 네이서니얼 만은 2013년 옥스퍼드의 피트리버스 박물관에서 상주 작곡가로 활동하던 무렵에 피트를 처음 만났다. 박물관에서 고대 중국의 비둘기 호루라기를 마주한 순간, 하늘을 나는 소리로 세상을 다시 물들여보고 싶다는 상상이 마음속에 피어났다. 그러기 위해선 비둘기 애호가의 도움이 필요했고, 피트를 찾아 함께 작업을 하게 된다. 네이서니얼은 호루라기를 설계했고, 피트는 그것을 비둘기 꽁지깃 두 가닥에 정성스레 매달았다.

"자, 아이리시. 오늘은 기분 좀 어때?"

"제발 잘 되길."

"자, 사랑하는 내 아가."

피트는 비둘기를 하나씩 하늘로 날려 보낸다. 한 마리, 또 한 마리. 공중을 가르며 퍼지는 호루라기 소리가 높게 솟았다가 이내 낮게 잦아든다. 시험 비행을 거듭할수록 호루라기도 소리도 조금씩 다듬어진다. 마침내 네이서니얼의 상상이 현실이 되고 두 사람의 오케스트라가 하늘로 떠오른다.[91]

아득한 아름다움

숨이 멎는 순간

지금 나는 영국 국립자연사박물관 안에 있다. 그런데 기분이 영 개운치 않다. 런던까지 온 이유는 단 하나, 열대 곤충과 나비, 나방을 보기 위해서다. 꼭 찾아야 할 종이 있었던 건 아니다. 그저 눈길 닿는 대로 천천히 둘러보고 싶었다. 금속 광채를 머금은 초록 겉날개. 실오라기 같은 더듬이, 무지갯빛으로 반짝이는 날개와 조막만 한 발톱. 자연이 정성껏 빚어낸 작고도 정교한 기적을 눈으로 따라가고 싶었다. 어릴 적 유리 진열장 너머로 반사된 빛 아래에서 한참을 멈춰 서있던 기억이 있다. 나뭇잎처럼 생긴 곤충을 넋 놓고 바라보다가 나비 날개의 눈동자 무늬에 빠져들고, 가느다란 다리며 턱, 커다란 겹눈을 들여다보며 숨소리조차 삼켰던 그때. 그 시절처럼 다시 그 세계를 거닐고 싶었다. 하지만 지금은 화면부터 조작해야 한다. 뭘 찾아야 할지 미리 알아야 하고, 그러지 않으면 금세 머리가 지끈거린다. 이리저리 눌러보다 보면 나오는 건 라틴어 이름과 숫자뿐이다. 또 다른 목, 또 다른 과, 또 다른 속, 또 다른 종. 그냥 눈으로 좀 찾아보고 싶을 뿐인데! 무엇이든 괜찮다. 하나 보고 나면 또 하나가 보고 싶고, 그다음 것에도, 또 그다음 것에도 자꾸 눈이 간다(탐욕스러운 수집가처럼, 더, 더). 나비를 눌러도 화면에 뜨는 건 나비목, 강, 목, 상위 분류, 국가, 대륙, 지리적 분류, 표본 번호, 소장 코드, 소속 부서, 기증자 이름 따위뿐이다. 그냥 나비 한 마리만 보여줘, 제발.

  안내 창구를 찾았다. 직원은 다윈센터 안에 있는 고치전시관Cocoon을 가리켰다. 오렌지존에 있다고 했다. 이곳을 마지막으로 찾은 게 언제였더라. 시간이 얼마나 흘렀는지 새삼 실감했다. 건축을 전공했더라면 이 공간을 좀 더 제대로 감상할 수 있었을까. 고치전시관은 8층 높이의 하얀 콘크리트 구조물이다. 어뢰와 비슷하게 생긴 이 건물은 7800만 파운드[약 1460억 원]를 들여 지었고, 통풍이 잘되도록 설계된 아트리움 한가운데에 비스듬히 놓여있다. 관람 동선을 고려해 계단은 넓고 완만하게 이어지며 꼭대기에는 어두컴컴한 전시실 몇 개가 있다. 세련된 유리 디오라마 안, 나뭇가지와 잎 사이로 나비 한두 마리와 대벌레 몇 마리가 정갈하게 전시되어 있다. 건물 자체가 하나의 전시물인 셈이다. 공간은 널찍하고 감각적으로 꾸몄다. 곳곳에 쉬어 갈 수 있는 자리가 놓여있고, 컴퓨터 모니터가 설치된 정보 열람대도 눈에 띈다. 일반인은 출입할 수 없지만, 유리창 너머로 최첨단 실험실의 내부가 어렴풋이 보인다. 안쪽에서 과학자들이 3.3킬로미터에 이르는 곤충 수장고를 오가며 분주하게 움직이고 있다.

고치전시관은 2009년 콘크리트협회가 주는 상도 받았다. 나는 어쩌면 이 나라(아니, 이 세상!)에서 자연사박물관에 진절머리가 난 유일한 사람일지도 모르겠다. 상까지 받았다는 그 계단을 보러 간 것도, 점심이나 커피, 케이크, 음료, 사탕을 즐기러 간 것도 아니다. 수많은 카페며 기념품 가게를 기웃거리며 뭔가를 살 요량도 아니었다. 전시 공간. 그 귀한 전시 공간을. 이렇게나 낭비하다니. 내가 요즘 사람답지 않은 걸까. 하지만 아무리 로켓처럼 미끈한 건물이라 해도, 자연에 닿으려는 내게는 전혀 울림이 없었다. 길이 8.62미터에 달하는 대왕오징어 아치나 다윈이 직접 채집한 문어 표본을 보고 싶다면 '동물 습식 표본관'에서 열리는 비공개 투어에 참여해야 한다. 사전 예약은 필수고 '정해진 날에만' 운영되며 비용은 15파운드[약 2만 8000원]이다. 그런데 그들이 말하는 표본이란 대체 무엇을 보존한 걸까? 생명력? 영혼? 정신? 유령? 본질? 내면? 아니면 그냥 포르말린? '놀라운 나비들' 전시를 놓쳤다는 이야기를 들었다. 그 전시에서는 나비가 고치에서 나오는 순간을 직접 볼 수 있고, 잠자리가 어떻게 나는지 보여주는 모형도 있었다고 한다. 하지만 내가 원한 건 그런 게 아니다. 나는 '진짜' 곤충을 보고 싶다. 분명 이 어딘가에 있다는 걸 아는데 전시된 건 거의 없다. 정확히 말하자면 전부 다 가짜처럼 느껴진다.

자연사박물관은 세계에서 가장 방대한 곤충 표본 컬렉션을 자랑한다. 곤충과 거미류 표본만 해도 3400만 점이 넘는다. 나방과 나비(나비목)는 거의 900만 마리로 서랍 8만 개에 나뉘어 보관되고 있으며, 딱정벌레(딱정벌레목)는 서랍 2만 2000개를 가득 채운다. 18세기 조지프 뱅크스 경이 수집한 표본만 해도 1000만 점에 달한다. '박물관 전체 소장품은 8000만 점을 넘지만 이 가운데 전시되는 건 극히 일부에 불과하다.' 조류 표본은 약 8000종 총 75만 점으로, 종마다 평균 100마리 가까이 보관하고 있는 셈이다. 부리를 위로 향한 채 눈 대신 솜이 채워진 새들이 어두운 서랍 안에 가지런히 누워있다. 마치 전장에서 쓰러진 깃털 달린 병사들 같다. 말라붙은 다리에는 빅토리아 시대의 손 글씨가 적힌 라벨이 달려있다. 날개에 긴 부리가 꿰매진 채 목을 몸 안으로 깊숙이 접은 가느다란 흑꼬리도요 한 마리도 그 사이에 있다. 1836년 영국 해군 함선 비글호를 타고 피츠로이 선장이 가져온 표본이다. 19세기 박물학자의 눈에 띈 동물은 살아 돌아가기 어려웠다. 과학이라는 이름 아래 머리를 얻어맞고 표본으로 전락하는 일이 비일비재했고, 수집은 곧 돈이 되는 일이기도 했다. 로스차일드 남작이 모은 조류 표본은 30만 점을 넘고, 박물관이 소장한 알은 100만 개가 넘는다. 그중에는 1910년부터 1913년까지 진행된 영국의 남극 탐험 '테라노바' 원정에서 채집한 황제펭귄 알도 있다. 1911년 7월 앱슬리 체리개러드가 극한의 추위를 뚫고 손에 넣은 이 알은 훗날《지상 최악의 여행》에 기록한 치열한 여정의 일부였다.

  나는 돌바닥 위를 쿵쿵 울리며 걷는다. 죽은 생명이 줄지어 누워있는 이 공간은 어쩐지 거대한 납골당을 닮았다. 그리고 이와 꼭 닮은 박물관이 전 세계 주요 도시마다 복제한 듯 들어서 있다는 사실이 문득 떠오른다. 한때 싱가포르에 서식하던 나비 종의 절반은 이미 자취를 감췄다. 이 수많은 표본 가운데 과연 얼마나 많은 생명이 과학이라는 이름으로 긍정적인 변화를 이끌었을까? 그리고 또 얼마나 많은 생명이 끝없는 소유욕에 휩쓸려 조용히 스러졌을까?

한때는 물결 위 산들바람을 타고 스페인과 포르투갈, 프랑스, 네덜란드, 영국 배들이 대양을 건너 낯선 땅을 향해 나아가던 시절이 있었다. 그 배 안에는 유럽 제국의 군사적 야망과 과학적 열망이 함께 실렸다. 지도 제작자와 천문학자, 기상학자, 지질학자, 식물학자, 박물학자들이 탐험대에 동행했고, 영토의 경계와 사고의 지평을 동시에 넓히고자 했다. 그렇게 막중한 사명을 안고 떠난 항해는 유럽을 세계의 지배자로 만드는 데 일조했다. 근대 제국주의와 과학의 발전은 떼려야 뗄 수 없는 관계였다. 새로운 발견은 의학, 항해술, 기술 전반에 걸친 비약적인 발전을 이끌었고 바다를 지배하는 자가 곧 육지까지 지배하며 전리품을 거머쥐었다. 금과 향신료, 모피와 깃털은 물론 차마 입에 담기 어려운 것들까지 세계를 가로지르는 무역망을 따라 바다를 건넜다…. 누군가에겐 '진보'로 여겨졌던 일이 누군가에겐 자원 약탈로 이어지는 경우도 적지 않았다. 유럽의 배가 닿는 곳마다 그 땅의 동식물과 사람들은 어김없이 생태적 재앙과 마주해야 했다.

1844년 앨프리드 러셀 월리스는 헨리 월터 베이츠(훗날 동물의 모방 현상에 관한 최초의 과학 논문을 발표한다)를 통해 처음으로 딱정벌레의 매력에 눈떴다. 두 사람은 다윈과 훔볼트, 수많은 외국 탐험기에 깊은 영향을 받았고, 유리병을 손에 든 채 레스터셔의 찬우드 숲을 누비며 날마다 표본을 채집했다. 그리고 1848년 '종의 기원에 대한 각자의 생각을 품은 채 …'[92] 위대한 발견을 꿈꾸며 아마존으로 향했다. 여행 자금은 자신들이 가장 사랑하던 일, 곧 표본 수집을 통해 마련할 계획이었다. 머지않아 서로 다른 길을 걷게 되었지만, 월리스는 아마존에 4년이나 머물렀다. 그곳에서 마주한 동물들은 말로 다 담아낼 수 없을 만큼 낯설고도 강렬했다. 월리스는 그 생동하는 세계에 완전히 압도당했다. 하지만 감탄은 잠시, 이내 방아쇠를 당기고 채집용 가방을 꺼냈다. 그가 기록한 생물은 실로 다채로웠다. '푸른빛과 자줏빛이 어우러진 깃털을 가진 수다쟁이들'(왕부리새와 앵무새)을 비롯해 군함조, 따오기, 두루미, '겁도 없이 코앞까지 다가온' 원숭이까지. 그중에서도 월리스의 마음을 사로잡은 건 수줍은 성격의 우산새였다. '화려한 머리깃과 목깃을 펼쳤다 접었다 하며' 움직이는 모습을 세심하게 묘사했고 '근육이 단단해 웬만큼 다치지 않고서는 쉽게 떨어지지 않는다'는 관찰 기록도 덧붙였다.

여정이 늘 황홀하기만 했던 것은 아니다. 월리스는 병을 앓았고 그 무렵 찾아온 동생은 황열에 걸려 세상을 떠났다. 여기서 모은 표본 수천 점과 모든 기록 노트는 귀국길 선창에서 발생한 화재로 범선과 함께 바닷속에 가라앉고 만다. 살았든 죽었든 철창에 갇혔든 가죽이 벗겨졌든 박제가 되었든 천 조각에 곱게 싸였든, 모두 사라졌다. 월리스는 다른 아홉 명과 함께 물이 새는 조각배에 몸을 실어 열흘간 바다를 떠돈 끝에 가까스로 화물선에 구조됐다. 그가 잃은 표본의 가치는 당시 돈으로 500파운드, 현재 가치로 6만 파운드[약 1억 1200만 원]에 달했다. 누구라도 절망할 만한 손실이었다. 하지만 월리스는 2년 뒤인 1854년 다시 짐을 꾸려 말레이 제도*로 떠난다.

아루 제도에 머무는 동안 그는 자연이 내놓은 '가장 눈부신 보물' 극락조를 만난다. 그리고 이때 느꼈던 감정을 이렇게 되새긴다.

> 문득, 이 조그만 생물이 지나온 아득한 세월이 떠올랐다. 수많은 세대를 이으며 해마다 이 숲 어딘가에서 태어나고 살아가다가 조용히 사라졌을 것이다. 짙고 음울한 숲 한가운데 이토록 찬란한 아름다움을 지녔건만 그걸 알아봐줄 눈 하나 없었다. 그 모든 찬란함이 허공에 흩어지듯 덧없이 사라진 것처럼 느껴졌다.

'문명인'이 '도덕의 빛, 지성의 빛, 현실의 빛까지 이 깊은 원시림에 들여온다면' 정교하게 맞물려 있던 생명의 고리가 끊기고 새들이 다시는 모습을 드러내지 않을지도 모른다는 두려움이 월리스를 짓눌렀다. 그는 깊은 갈등에 빠졌다. 생명이 인간을 위해 존재하는 것이 아님을 알고 있었기 때문이다. '저 존재들이 느끼는 행복과 즐거움, 사랑과 증오, 생존을 향한 처절한 몸부림, 생기로 가득한 삶과 너무 이른 죽음은 모두 저마다의 안녕과 존속을 위한 것이며, 그마저도 느슨하거나 촘촘하게 연결된 수많은 다른 생명체의 안녕과 존속에 의해서만 제한된다'는 걸 그는 이해하고 있었다.[93] 그럼에도 월리스는 더 많이 잡고 싶었다. 쫓고 포획하는 행위를, 숨이 멎을 듯한 전리품과 마주하는 찰나의 전율을 사랑했다. 뉴기니섬에서 그는 버드윙나비의 신종을 발견했다. 어떻게든 손에 넣고 싶었다. 하지만 나비는 숲의 천장 너머로 날아올라 이내 시야에서 사라졌다. 두 달을 애타게 뒤쫓았지만 희망은 점점 흐릿해졌다. 그러던 어느 날 마침내 한 마리를 채집망으로 붙잡았다. 찬란한 날개가 펼쳐지는 순간 심장이 미친 듯이 뛰었고 피가 머리끝까지 솟구쳤다. '손가락 사이에서 느껴지는 버둥거림, 살아있는 그 아름다움, 고요한 어둠을 뚫고 빛나는 보석 하나를 마주하자니…' 기절할 것 같았다. 바로 그것이었다. 손끝에서 꿈틀거리는 생명의 경이. 갖고 싶고 쥐고 싶고 반드시 손에 넣고야 말겠다는 그 감정. 너무도 강렬한 흥분에 그는 하루 종일 두통에 시달렸다.

오랑우탄의 전부

월리스는 열정적인 박물학자였다. 누구보다 집요하게 발로 뛰며 관찰하고 기록하고 수집가로서도 끈질겼다. 무엇보다 자연을 진심으로 아꼈다. 하지만 삶의 이면에는 늘 모순이 따라붙었다. 오랑우탄을 대하는 태도는 그중에서도 가장 극명한 이중성을 드러냈다. '신성한 인간의 형상을 닮았으면서도 어딘가 그 모습을 조롱하는 듯한' 낯설고도 경이로운 유인원들에 마음을 빼앗겼다. 그럼에도 손끝은 늘 방아쇠 위에 얹었다. 사격 솜씨는 형편없지만 총을 내려놓는 법은 없었다. 1855년 보르네오섬. 총에 맞고 도망친 오랑우탄들이 나무 위로 몸을 숨기자 월리스는 '중국계 인부'를 시켜 나무를 베게 했다. '채

---

* 지금의 말레이시아, 싱가포르, 인도네시아 일대.

집'은 끝날 줄 몰랐고 그는 사냥감을 향해 쉼 없이 나아갔다. 오랜 기다림 끝에 마침내 결실이 찾아왔다. 당시 남긴 차별적인 표현을 빌리자면, 그것은 '반쯤 흑인 아기'였다. 그가 죽인 암컷 오랑우탄의 품속에서 새끼 한 마리가 발견된 것이다. 월리스는 새끼를 씻기고 털을 빗기고 정성껏 돌봤다. 설탕을 탄 미음을 먹이고 품에 안아 길렀다. 턱수염을 꼭 붙잡은 손아귀는 생각보다 힘이 세서 떼어내는 데 애를 먹을 정도였다. 어쩌면 그 힘은 긴 털로 덮인 어미('가엾은 생명체')가 '나무 사이를 미친 듯이 뛰어다닐 때'도 품에서 떨어지지 않기 위해 본능적으로 기른 것일지도 모른다. 따뜻한 벗이 되어줄 원숭이도 붙여주었다. '원숭이는 자주 도망치려 했지만 새끼는 꼬리며 귀를 붙잡고 끌어당겨 다시 품에 안았다.' 새끼는 어느새 월리스의 마음 한가운데 자리를 잡았다. "내 아이는 평범한 아기가 아니야. 많은 사람이 근거 없이 '세상에 이런 아기는 없다'고 말하지만, 나는 그 말을 진심으로 할 수 있어. 이토록 사랑스럽고 귀엽고 꼭 새끼 오리처럼 앙증맞은 갈색 아기를 품에 안아본 사람이 또 있을까." 하지만 그 사랑은 오래가지 못했다. 월리스는 새끼와 함께 영국으로 돌아가는 상상을 했지만 끝내 생명을 지켜주진 못했다. 그는 '작고 귀여운 얼굴에 번지던, 누구도 흉내 낼 수 없는 익살스러운 표정과 호기심 가득한 몸짓들'을 떠올리며 깊은 상실감에 빠졌다.[94] 새끼의 뼈와 가죽은 표본이 되었고, 어미 품에서 떨어질 때 팔과 다리가 부러졌다는 사실을 그제야 알게 됐다. 대영박물관은 월리스가 들인 노고의 대가로 6파운드를 지급했고, 그즈음 그는 또다시 성체 수컷 오랑우탄 한 마리를 사살하는 데 성공했다.

당시를 둘러싼 역사적 맥락은 이러하다. 월리스가 거래를 성사하던 무렵, 태즈메이니아(당시 '반 디멘[탐험대를 보내 태즈메이니아를 발견한 네덜란드 동인도 회사의 총독]의 땅'이라 불렸다)에서는 원주민 유해, 특히 두개골과 전신 골격의 수요가 절정에 이르렀다. 멸종을 앞둔 태즈메이니아 원주민은 인류 가운데 가장 원시적인 종족으로 분류되었고 그 유해는 세계 시장에서 가장 비싼 값에 거래됐다. 원주민은 삶의 터전에서 무자비하게 쫓겨났다. 1830년 식민지 총독들은 원주민 사냥을 공식적으로 허가하며 사냥철을 선포했고 성인 한 명당 5파운드, 어린이 한 명당 2파운드의 현상금을 내걸었다. 생포하라는 지침이 있긴 했지만 시신에 대한 보상도 같았기에 사실상 유명무실했다.[95] 죄수와 정착민에게 총기와 탄약을 지급하고, 검은 전쟁[태즈메이니아에서 영국 식민지 개척자들과 원주민들 사이에 일어난 무력 충돌]이라 불린 이 참혹한 시기를 틈타 국립 박물관들과 수집가들이 유해 확보에 나섰다. 고인류학을 연구하던 대학과 연구소도 입찰 경쟁에 뛰어들고 양심 없는 개인들은 원하는 유해를 주문하기까지 했다. 1838년 개혁 정부는 원주민에게 아동과 유사한 법적 지위를 부여했지만[96] 유해를 둘러싼 거래는 그로부터 한참이 지난 1940년대까지 이어졌다. 믿기 어렵겠지만 무려 1940년대까지 말이다. 유골 수집가들은 묘지와 병원은 물론 감옥과 정신병원까지 뒤지며 유해를 찾아냈고, 그렇게 수집한 유골을 유럽과 미국으로 밀반출했다. 세관 신고서에는 캥거루라고 적었다. 1876년 마지막 순혈 태즈메이니아 원주민으로 알려진 트루가니니가 세상을 떠났다. 그는 생전에 존엄한 매장을 원했으며 자신의 시신이 박물관에 전시

될까 봐 두려워했다. 그러나 불안은 현실이 되어 트루가니니의 시신은 1946년까지 태즈메이니아박물관 전시대에 놓여있었다.

1850년대까지만 해도 고릴라와 오랑우탄은 백인들에게 낯선 존재였다. '숲의 사람'을 뜻하는 자바어 오랑우탄은 점차 인간을 닮은, 야성적이고 털이 많으며 위협적인 생물을 통칭하는 말로 쓰였다. 오랑우탄은 인간과 동물의 잃어버린 고리로 여겨졌고, 담요를 덮고 자거나 불을 사용하며 죽은 동료를 묻는다는 소문이 돌았다. 자바인들은 오랑우탄이 말을 할 수 있지만 말을 하면 사람들이 부려 먹을까 봐 일부러 침묵한다고도 했다![97] 1838년 다윈은 런던동물원에서 인간처럼 옷을 입고 차를 마시는 법까지 배운 오랑우탄 제니를 통해, 인간과 다른 동물의 차이는 단지 '정도의 문제'일 뿐이라는 사실을 깨달았다. 그는 제니가 드러내는 열정과 분노, 애정, 토라짐, 놀라움 등을 지켜보며 깊은 인상을 받았고 노트에 이렇게 적었다. '인간은 오만하게도 자신이 신의 직접적인 창조물이라 믿는다. 하지만 나는 인간이 동물에서 비롯됐다고 여기는 것이 더 겸손하고 진실에 가까우리라 믿는다.'[98] 한때 이런 생각을 비웃던 지질학자 찰스 라이엘조차 다윈에게 이렇게 인정했다. "이제 우리도 '오랑우탄의 전부'를 받아들여야 할 것 같군요."[99] 1842년 빅토리아 여왕은 제니의 뒤를 이은 새로운 오랑우탄을 보기 위해 동물원을 찾았다. (당시 동물원 동물들은 수명이 그리 길지 않았다.) 새 오랑우탄 역시 제니라는 이름을 받았고 여왕은 그 존재에 매혹되면서도 불쾌감을 감추지 못한 채 이렇게 말했다. "애는 흉측하군요. 너무도 인간을 닮아 불편할

지경이에요."

어쩌면 여왕은 에드거 앨런 포의 1841년작 《모르그가의 살인》을 읽었을지도 모른다. 포는 당대의 이슈를 섬뜩한 이야기로 풀어내는 데 탁월한 작가였다. 우리의 탐정, 오귀스트 뒤팽은 신문에 실린 모녀 살인 사건에 흥미를 느낀다. 4층 아파트에서 벌어진 이 끔찍한 사건은 실로 참혹하다. 벽난로 안에서 두피 조각과 엉겨 붙은 회색 머리카락이 뿌리째 뽑힌 채 발견되고, 딸의 시신은 머리를 아래로 한 채 굴뚝 속에 처박혀 있었다! 어머니는 창밖으로 내던져져 안뜰에 떨어졌으며, 목이 너무 깊이 베인 탓에 시신을 옮기자 머리가 따로 떨어졌다. 비명을 듣고 달려온 이웃들은 계단을 오르던 중 아무도 알아듣지 못할, 날카롭고 외국어 같은 소리를 들었다고 증언한다. 뒤팽은 살인 현장의 '극단적인 혼란'을 직접 확인한 뒤 본격적인 분석에 들어간다. 그가 주목한 건 세 가지였다. '무슨 말인지 전혀 알아들을 수 없는' 괴이한 목소리, 사라진 물건이 하나도 없다는 점, 그리고 '인간이라면 도저히 범할 수 없는 공포의 기형성'을 가능케 한 맹렬한 잔혹성과 초인적인 힘. 이건 평범한 살인범의 소행이 아니다. 뒤팽은 인간의 것이라고 보기 어려운 황갈색 털 한 줌을 발견하고 퀴비에(제2부에서 짧게 언급한 프랑스의 고생물학자)의 저서를 참고해 그 털과 피해자의 상처가 동인도 제도에 서식하는 오랑우탄의 특징과 일치함을 밝혀낸다. 인간의 독자성을 이보다 더 노골적으로 위협하는 존재가 있을까? 여기 낯선 '이방인'이 있다. 보르네오 밀림에서 온 '인간을 닮은' 야수. 문명을 침범하는 악당이자 인간을 흉내 내는 모조품. 비슷해 보이지만 결코 인간일 수 없는, 흉측하고 타락한 그림자. 이 오랑우탄은 인간성의 잔혹함, 그리고 우리 안에 도사린 야수성을 상징하는 존재로 등장한다. 거대한 몸집과 압도적인 힘, 근육으로 뒤덮인 짐승의 형상. 그것은 인간 내면에 잠든 어둠이 피와 살을 입고 모습을 드러낸 공포였다. 포는 인간과 유인원 사이의 모호한 경계에서 비롯된 불편함과 불안을 서사로 승화한다. 실제로 그는 한 의대생에게 보낸 편지에서 이렇게 썼다. 인간을 인간답게 만드는 건 바로 '인간의 내면을 이루는 근본' 곧 심장이라고. '만약 그것이 없다면 인간은 짐승이 되거나 신으로 떠오를 것이다.'[100] 어쩌면 우리는 그 둘 모두가 되어버렸는지도 모른다.

태초

내 손바닥 위에 바다오리알 하나가 있다. 그 조용한 무게를 두 손으로 감싼다. 공기처럼 가볍고 속은 텅 비었다. 흰 분필 색 껍데기에는 작은 숨구멍 몇 개가 뚫려있다. 한 번도 날개를 펼쳐본 적 없는 생명의 흔적. 바다를 스쳐 간 기억도, 물결 위를 날던 깃털의 자취도 없다. 섬세하고 연약한, 이 세상에서 조용히 사라진 무언가.

나는 그 알을 살포시 뺨에 가져다 댄다. 한때 사람들은 바다오리알에 마음을 빼앗기곤 했다. 누구도 흉내 낼 수 없는 무늬와 단단한 껍데기를 지닌 알은 놀라울 만큼 아름다웠다. 한쪽은 둥글고 반대쪽으로 갈수록 자연스레 뾰족하다. 문득 루마니아 조각가 콩스탕탱 브랑쿠시의 작품 〈태초〉가 떠오른다.

바다오리알을 꼭 닮은 그 조각은 브랑쿠시가 평생 붙들고 있던 달걀형의 정수를 담고 있다. 그에게 달걀은 단순한 형상이 아니라 순수한 형태이자 끝없이 이어지는 사유의 원천이다. 무너지지 않고 완전한 그 실루엣 안에 영원하고 무한한 우주의 숨결이 깃들어 있다. 브랑쿠시는 〈잠자는 뮤즈〉라는 달걀형 조각 하나에 무려 20년을 쏟았는데 새알 하나에 인간 생명의 기원과 신비가 고스란히 담겨있다고 생각했기 때문이다. 앨프리드 러셀 월리스는 말했다. 만약 세상에 포식자가 없다면 바다오리알은 통제받지 않는 생명력, 순수한 환희의 표현일지도 모른다고. 알의 무늬는 수없이 다양하고 저마다 지문처럼 고유한 결을 지닌다. 짙은 얼룩, 후추처럼 흩뿌린 점, 휘갈긴 선과 번진 자국, 낙서처럼 흐릿하게 남은 흔적. 하늘빛, 청록빛, 눈처럼 새하얀 색, 장밋빛이 감도는 붉은색, 깊은 적갈색까지. 바다오리의 갤러리에는 지구 위 1만 종의 새알이 가진 거의 모든 색과 무늬가 어우러져 있다…. 그토록 정교하고 다채로운 알들 앞에서 사람들은 넋을 잃고, 단 하나라도 손에 넣기 위해 기꺼이 지갑을 열었다.

 나는 들고 있던 알을 조심스레 주인에게 건넨다. 수집가는 솜을 깔아둔 케이스에 알을 살며시 내려놓는다. 그 옆에는 이미 같은 크기의 알이 열한 개 더 놓여있다. 아직 어떤 생명도 품지 않은 채 조용히 잠든 모습이다. 나는 그 시작을 떠올린다. 절벽 끝에 서서 바다를 마주하던 어미와 아비, 그 곁에서 부대끼며 재잘대던 자매와 이모들, 혀끝을 스치던 짠 바닷물의 맛. 줄 하나에 몸을 맡긴 채 천천히 아래로 내려온 수집가. 허리에 찬 두툼한 자루가 움직일 때마다 그 안에서 알들이 부딪혀 울리는 소리. 달그락, 달그락. 외침과 비명, 그리고 하늘을 뒤덮으며 소용돌이치던 새들의 날갯짓.

1935년 여름 조지 럽튼은 요크셔 벰튼 절벽 해발 100미터 끝자락에 서있었다. 얼굴엔 긴장감이 역력하고 바지 주머니 속 지폐는 손에서 밴 땀으로 눅눅했다. 그는 아래에서 무엇이 올라올지 몰라 마음을 졸였다. 럽튼은 이미 바다오리알을 1000개 넘게 모은 것으로 이름난 수집가였다. 아름다움과 배열에 대한 강박 성향 덕분에 럽튼에게 그 알들은 하나하나가 예술 작품이었다. 한때 바닷새의 알은 해안가 사람들에게 귀한 식량이었다. 하지만 1800년대에 접어들면서 알은 먹을 것이 아닌 소유의 대상이 됐다. 알 수집 열풍이 전국의 진기한 수집품 전시장을 휩쓸고, 자연사박물관의 진열장에도 알들이 줄줄이 놓였다. 줄에 매달린 사람들을 절벽 위로 끌어올릴 때마다 질긴 천 자루에 담긴 알들이 바구니에 실려 올라오곤 했다. 알들이 부딪칠 때마다 경쾌한 소리가 났다. 그 곁에는 수집가와 상인 그리고 '클라이머'*라 불린 절벽 타는 이들이 모여들었다. 클라이머들은 알을 하나 가져가면 새가 보름쯤 지나 다시 알을 낳고 또다시 낳는다는 것을 생물학자보다 훨씬 먼저 알고 있었다. 매번 똑같은 무늬의 알을 절벽 바위 턱의 너비 20센티미터 남짓한 자리에서 정확히 되풀이해 낳는다는 사실도. 많은 바닷새가 그러하듯 바다오리는 한 번에 하나의 알만 품는다. 몸무게의 12퍼센트에 달하는 알은 말 그대로 삶의 전부를 쏟아부은 결실이다. 진한 적갈색을 띠는 희귀한 메트랜드 알(인근 농장의 이름에서 유래한 명칭)은 1911년부터 1938년까지 26

년 동안 해마다 같은 자리, 같은 새에게서 거둔 것이다. 하늘을 날고 바다를 잠수하며 생명을 품기 위해 애써온 바다오리는 긴 생애 동안 끝내 단 한 마리의 새끼도 길러내지 못했다.[101] 이는 비단 그 새만의 비극이 아니었다. 그 시절 바다오리알은 금보다도 귀했으니까.

바다오리는 둥지 하나 없이 가파른 절벽의 비탈진 턱에 다닥다닥 몸을 붙이고 살아간다. 세대를 거듭하며 깃털을 다듬고, 울고, 서로를 반긴다. 이들이 낳는 알은 한쪽 끝이 유난히 길쭉해 독특한 모양이다. 이 특이한 형태가 오랫동안 사람들의 호기심을 자극했는데, 수많은 가설을 낳은 끝에 최근 들어서야 그 비밀이 조금씩 밝혀졌다. 사람들은 오랫동안 이 알이 서양 배처럼 생겨서, 부딪히면 좁은 원을 그리며 돌거나 일

* 요크셔 지방 사투리로 절벽을 오르는 사람을 뜻한다.

정한 곡선을 따라 굴러떨어지지 않는다고 여겼다. 하지만 실제로 회전하는 건 속이 빈 알뿐이고, 그마저도 구르는 반경이 너무 커서 낭떠러지 끝에 놓인 알을 안전하게 지켜내긴 어렵다.[102] 그렇다면 이 알의 형태를 어떻게 이해해야 할까. 감히 말하건대(그리고 정말 그렇게 생각하는데) 사과와 서양배 중 하나를 골라 비스듬한 턱 위에 올려놓는다고 상상해 보면 된다. 울퉁불퉁하고 경사진 바위 위에서는 사과보다 서양배처럼 길쭉한 쪽이 훨씬 안정감 있게 자리를 잡는다. 바닥에 더 단단히 고정되고, 어미가 돌보거나 자세를 바꿀 때도 다루기가 수월하다. 조류학자 팀 버크헤드는 알의 형태가 낙하 위험을 피하기 위한 진화의 결과만은 아니라고 말한다. 또 하나 중요한 이유가 있는데, 바로 배설물로 인한 오염 방지이다. 그는 '이런 모양 덕분에 둥근 쪽 끝이 오염에 노출되지 않는다'고 설명한다. 이는 사소한 문제가 아니다. 둥근 쪽은 공기주머니가 있어 껍데기를 통해 산소가 드나들며 그 안에서 배아의 머리가 자라기 때문이다.[103]

1860년대에 접어들자 뱀튼의 클라이머들은 닥치는 대로 알을 쓸어 담았다. 해마다 채집된 알은 무려 8만 개에 달했다.[104] 이 끝없는 약탈은 빅토리아 시대에 유행하던 기이한 오락, 그러니까 배 위에서 바닷새를 향해 총을 쏘는 놀이 때문에 더욱 심각해졌다. 총성이 울리면 놀란 새들이 사방으로 흩어지고 절벽 위 둥지에서 알이 와르르 쏟아져 내렸다. 그 끔찍한 광경을 지켜본 브리드링턴 근처의 한 목사는 하원의원 크리스토퍼 사익스에게 간절히 호소했다. 제발 새들을 살려 달라고, 이 딱한 사연을 의회에 전해 달라고 말이다. 사익스는 바닷새가 단지 하늘을 나는 존재가 아니라 어부들에게는 그물을 던질 자리를 알려주는 길잡이이며, 안개 낀 날엔 갈매기 울음소리가 암초를 알리는 경고음이 되기도 한다고 설명했다. 플램보로곶 일대에서는 이 바닷새들을 '플램보로 조타수'라 부르기도 했다.[105] 1869년에 제정된 바닷새 보호법(겉보기엔 인간의 편의를 위한 법)은 사실상 야생동물을 단순한 사냥감이 아닌 하나의 생명체로 존중한 세계 최초의 보호법 중 하나다.* 하지만 영국에서 야생조류 알 채집이 완전히 금지된 것은 그로부터 85년이 지난 1954년이다. 야생조류보호법이 제정되면서 오랜 세월 이어진 클리밍climming의 역사도 막을 내렸다.

　　이 이야기를 따라가다 보면 문득 의문 하나가 떠오른다. 럽튼 같은 수집가들은 과연 그 약탈의 대가에 대해 한 번이라도 진지하게 고민해 본 적이 있었을까.** 알 수집은 이제 역사의 뒤안길로 사라졌지만 그 잔재는 여전하다. 전시장에 제1차 세계대전의 묘역처럼 질서정연하게 놓인 알들은 인간과 다른 생명체가 맺어온 복잡한 관계를 조용히 증언한다. 동시에 이런 수집품들은 자연을 바라보는 한 나라의 태도를 고스란히

---

*　　이 법은 매년 4월 1일~8월 1일을 사냥 금지 기간으로 정해 바닷새 35종을 보호하도록 했다.
**　　많은 수집품에는 묘한 중독성이 배어있다. 이는 어렵지 않게 감지할 수 있다. 심리학자들은 무언가를 분류하고 정리하는 행동이 마음속 불안을 잠재우면서 통제 욕구를 충족한다고 말한다. 정신분석가 베르너 뮌스터베르거는 수집이 '환상 속 전능함'을 채우려는 행위라고 보았고, 어떤 이들은 그 본능의 뿌리를 숲에서 열매를 주우며 살아갔던 인류 조상들의 생존 본능에서 찾기도 한다. 프로이트는 수집벽을 유아기의 배변 훈련 당시 충분한 통제력을 얻지 못한 데서 비롯된 일종의 집착으로 해석했다(잃어버린 통제력을 되찾으려는 무의식적 몸부림이라는 것이다)!

드러낸다. 산업혁명 이후 산성비가 잦아지자 달팽이 개체수가 급격히 줄었고, 칼슘 공급원이던 달팽이가 사라지자 바다오리 알껍데기가 점점 얇아지기 시작했다. 1960년대는 먹이사슬을 따라 축적된 DDT의 영향으로 맹금류의 알껍데기도 너무 얇아져 어미 새가 품기만 해도 부서질 지경에 이르렀다.

바다오리 새끼는 알에서 나오기 전 껍데기 안에서부터 작은 소리로 운다. 부모 새는 그 울음에 응답하며 서로의 목소리를 조금씩 알아간다. 마침내 알껍데기를 깨고 세상에 나올 때면 새끼와 부모는 서로를 또렷이 알아본다. 상상해 보라. 이 장면은 믿을 수 없을 만큼 아름답다.

둥지를 떠날 준비가 된 새끼를 '이소새'라고 한다. 아직 작고 솜털이 보송한 이소새는 부모의 축소판처럼 생긴 모습으로 절벽 가장자리를 뒤뚱거리며 서성인다. 까마득히 먼 아래를 내려다보며 망설이고 또 망설인다. 나는 바다오리 새끼들이 생애 처음 절벽에서 뛰어내리는 아찔한 순간을 영상으로 본 적이 있다. 새끼들이 절벽 위 바위 턱 여기저기서 하나둘씩 몸을 던진다. 다리를 길게 뻗고 아직 덜 자란 작은 날개를 필사적으로 퍼덕이며 무려 400미터 아래 바다를 향해 첨벙! 숨이 턱 막힐 만큼 강렬한 장면이다. 어린 새들이 사방에서 물속으로 떨어진다. 첨벙! 첨벙! 부모 새들은 넓게 펼친 날개로 천천히 새끼들을 따라 활강한다. 그 와중에 유독 왜소한 새끼 한 마리가 절벽 위에 홀로 남아있다. 까마득한 낭떠러지 끝에서 발을 동동 구르며 아래를 내려다보는 모습이 위태롭다. 근처로 까마귀 한 마리가 슬그머니 다가가 관심을 보인다. 그때 멀리서 날아온 부모 새가 다급하게 새끼를 부른다. 까악, 깍. 바람에 흔들리는 이소새의 연약한 몸을 향해 간절하고 부드러운 목소리가 계속된다.

바로 그 순간, 어디선가 나타난 레이저빌[바다오리과의 새] 한 마리가 새끼를 거칠게 밀쳐버린다! 카메라는 그 작은 몸이 허공 속으로 곧장 떨어지는 장면을 뒤쫓는다. 새끼는 아슬아슬하게 바위를 향해 수직으로 떨어진다. 작은 몸이 단단한 바위에 부딪혀 통기는 사이, 부모 새는 울부짖으며 뒤따라 내려간다. 까악, 깍. 차마 두 눈 뜨고 보기 힘든 장면이다. 새끼는 하얗게 부서지는 파도 속으로 빨려 들어가듯 사라졌다가 기적처럼 다시 나타난다! 거친 물살을 헤치며 미끄러운 바위를 타고 올라와 젖은 날개를 펼친 채, 해초로 뒤덮인 비탈길을 펭귄처럼 비틀비틀 기어오른다. 하얀 배와 눈가의 어두운 줄무늬가 선명한 몸을 이리저리 흔들며 주변을 두리번거린다. 놀랍게도 어디 하나 다친 곳이 없다. 조금 떨어진 바위 위에는 아비 새가 서서 기다리고 있다. 이소새는 서툴고 느린 걸음으로 그 곁에 다가간다. 마침내 두 새는 나란히 앉아 먼바다를 말없이 바라본다.[106]

거름 사이에 피어난 제국

카를 마르크스는 1840년대 템스강으로 쏟아지는 엄청난 양의 인분을 국가적 수치로 여겼다. 도시로 사람들이 몰려들자 거리마다 오물이 흘러넘쳤고, 지하실을 가득 채우더니 끝내 마룻바닥 위로 스며 올랐다. 한때 자연의 순환 속에서 검은 황금이라 불리며 귀하게 취급 받던 인분은 감당하기 버거울 만큼 위험한 골칫덩이가 됐다. 무엇보다도 냄새가 끔찍했다. 강둑에는 폐기물이 2미터 높이로 쌓였고, 콜레라가 창궐하며 수천 명이 목숨을 잃었다. 우리는 강과 거리, 우리 자신까지 더럽혔다. 그런데도 비료가 간절한 땅만은 깨끗이 비워둔 채였다. 그 무렵 영국에서는 집약농업이 뿌리내리면서 농촌의 식량이 도시로 흘러들었다. 하지만 식량을 길러낸 천연 비료는 농촌으로 되돌아오지 않았다. 가져가기만 하고 돌려주지 않는다면 풍요는커녕 재앙이 오기 마련이다. 1840년대 영국이 마주한 재앙은 바로 토양 황폐화다. 당시 세계 인구는 12억 명을 넘어섰고 그에 걸맞은 식량이 필요한 상황이었다.

질소, 인, 칼륨이 식물 성장에 필수 영양소임을 밝혀낸 독일 농화학자 유스투스 폰 리비히는 영국의 이른바 '고도 집약 농업'을 약탈적인 체제라고 비판했다.[107] 카를 마르크스는 여기서 한 걸음 더 나아가 템스강 오염을 자본주의 경제가 비용을 '외부화'한 대표적인 사례로 보았다. 도시에서 쏟아져 나오는 막대한 양의 인간 배설물은 자본가들이 이윤을 짜내기 위해 착취한 노동의 부산물이지만 이 폐기물을 처리하는 비용은 고용주가 아닌 자연과 사회가 모두 떠안아야 했다. 어디서 많이 들어본 이야기 같지 않은가? 마르크스는 이러한 현실을 인간이 자신이 딛고 선 땅에서 멀어진 결과로 여겼고 인간과 지구 사이에 생겨난 깊은 균열의 징후로 보았다. 토양 황폐화는 제국주의가 농촌에서 도시로, 한 나라에서 다른 나라로 끊임없이 작물을 빼돌리는 과정에서 필연적으로 초래된 결과였으며, 이러한 약탈로 인간과 동물의 세계는 돌이킬 수 없을 만큼 멀어졌다.

영국이 택한 손쉬운 해결책은 더 먼 곳까지 손을 뻗어 약탈을 이어가는 것이었다. 지배층은 악취 나는 노동자들의 주거지를 피해 더 깨끗한 지역으로 옮겨갔지만 사업가들은 오히려 그 악취 속에서 돈 냄새를 맡았다. 나폴레옹 전쟁이 벌어졌던 워털루 전장을 비롯해 유럽 전역의 지하 묘지에서 인과 칼슘이 풍부한 뼈를 캐내어 이를 돈커스터에 있는 뼈 분쇄기로 보내는 거래가 활발히 이루어졌다. 그러던 1842년, 무역회사 앤서니 깁스 앤 선즈의 윌리엄 깁스는 아예 1만 킬로미터 너머를 바라보기 시작했다. 페루 해안에서 약 20킬로미터 떨어진 친차 제도는 오래전부터 바닷새들이 잠시 쉬어 가는 중요한 기착지였다. 남극에서 북상하는 차고 영양분 많은 해류 덕분에 플랑크톤이 폭발적으로 증식했고 그 먹이를 따라 수많은 안초베타[남미 해안에 서식하는 멸치과 어류] 떼가 몰려들었다. 그리고 그 뒤를 좇아 셀 수 없이 많은 바닷새가 섬으로 날아들었다. 화강암 섬이 처음 바다 위로 모습을 드러낸 순간부터 안초베타 떼가 몰려들고 새들이 섬을 뒤덮기까지, 구아나이 가마우지와 얼가니새, 사다새들의 배설물이 한 점 한 점 툭툭 떨어져 차곡차곡 쌓였다. 비가 거의 내리지 않는 메마른 기후 속에서 배설물은 뜨거운 태양 아래 바싹 말라붙고 수천 년 동안 방해받지 않은 채 제 무게에 눌려 단단히 굳어졌다. 지독한 냄새와 놀라운 비옥함을 머금은 '하얀 황금'이라 불린 거대한 비료 산이 그렇게 탄생했다. 1804년 알렉산더 폰 훔볼트는 이 섬에서 채취한 구아노[새들의 배설물 화석]를 분석해 그 안에 질소, 인, 칼륨이 풍부하다는 사실을 밝혀냈다.* 섬 곳곳에 쌓인 구아노 퇴적층은 두께가 60미터에 이를 만큼 어마어마했다. 16세기 항해자들조차 친차 제도 하늘을 가득 메운 바닷새 떼가 햇빛을 가렸다고 기록했을 정도다. 시간이 흐르며 새들은 하나둘 자취를 감췄고 그들이 남긴 마지막 선물만이 섬 위에 남았다.

다시 원점으로 돌아가자. 국가가 주도한 약탈이 동물 세계의 섬세한 균형을 돌이킬 수 없게 무너뜨린 그 순간으로. 모피와 깃털, 정복과 과학이라는 명분 아래 드러난 탐욕, 아름다움을 향한 집착, 그리고 배설물마저 흥정의 대상이 되던 시대. 1841년 윌리엄 깁스는 페루 정부와 계약을 맺고 구아노 1700톤을 수출했다. 불과 6년 만인 1847년 수출량은 22만 톤으로 급증했고, 깁스는 유럽과 미국 시장을 독점할 권리까지 손에 넣었다. 1850년 구아노 가격은 파운드당 76달러[킬로그램당 약 23만 원]에 달했다. 오늘날 가치로 따지면 3000달러[약 410만 원]에 이르는 금액이다. 영국, 네덜란드, 프랑스, 독일, 미국에서 온 배들이 항구로 끊임없이 몰려들었다. 잉카인들은 이 천연 비료의 가치를 예부터 잘 알고 있었고 바닷새의 번식기를 존중하며 섬을 철저히 보호해 왔다. 하지만 유럽에서 온 이들에게 그런 지혜는 통하지 않았다. 자원을 지키려는 시도조차 없이, 곡괭이와 삽을 든 중국인 이주 노동자들이 뜨거운 햇빛 아래 자욱한 먼지와 매연 속으로 내몰렸다. 바닷새들은 쫓겨나고 학살당했다. 바다는 남획으로 텅 비어갔다.

1856년 미국은 구아노법을 제정해 전 세계 어디든 구아노가 쌓인 무인도라면 자국민이 점령할 수 있도록 허락했다. 그 법을 등에 업고 100곳이 넘는 섬을 하나둘 손에 넣었지만 친차 제도만큼 구아노의 양과 질이 뛰어난 곳은 없었다. 1880년대에 접어들어 친차 제도의 구아노는 완전히 고갈됐다. 단 하나의 생태계에서 퍼 올린 1300만 톤의 영양분이 세계 곳곳으로 퍼져나갔고 이제 다음 먹잇감을 찾아야 할 시간이었다.

한번은 전혀 예상치 못한 장소에서 고양이 미라가 쏟아져 나왔다. 카이로에서 160킬로미터 떨어진 사막 지대 베니 하산. 1880년 한 이집트 농부가 땅을 파던 중 고양이 미라가 18만 마리나 쌓여있는 무덤을 발견했다. 왕족의 무릎 위에서 사랑받던 고양이들을 떠올릴 수도 있겠지만 이 고양이들은 그런 존재가 아니었다. 신 이시스와 오시리스에게 바쳐진 제물이

* 당시에 그는 훗날 자신의 이름을 따서 불리게 될 차가운 해류의 수온을 측정하고 있었다.

었고, 순례자에게 팔기 위해 태어날 때부터 미라가 되도록 길러졌다. 공장에서 찍어내듯 대량 사육된 새끼 고양이들로, 생후 여섯 달쯤 되면 붕대에 감긴 채 짧은 생을 마쳤다. 그 가운데 19톤 분량은 리버풀로 실려 가 가루가 됐고 톤당 4파운드에 비료로 팔렸다. 당시 리버풀의 경매인은 고양이 해골을 경매 망치로 사용했다고 한다.

이쯤 되자 의문이 생겼다. 구아노가 물고기를 소화한 새의 배설물일 뿐이라면 굳이 새를 거칠 필요가 있을까. 그렇게 새는 생략되고 바다에서 건져 올린 물고기를 통째로 갈아 어분을 만들어 비료로 쓰기 시작했다. 그러던 1909년 독일의 화학자 프리츠 하버가 공기에서 비료를 만들어 냈다. 마치 마법 같은 일이었지만, 실제로는 공기와 물, 천연가스에 막대한 에너지를 쏟아부은 끝에 얻은 결과다. 그리하여 1913년부터는 합성 질산 비료(그리고 폭약까지)가 본격적으로 대량 생산되기 시작했다.* 공짜는 아니지만 사실상 무한히 만들어 낼 수 있는 비료의 등장은 인구 폭발의 기폭제가 된다(지금 우리 몸을 이루는 질소의 절반은 이 하버 공정을 거친 것이다). 프리츠 하버가 던진 주사위는 인류의 역사는 물론 수많은 동물의 운명까지 바꾸었다.

한편, 미국이 구아노법을 내세워 영유권을 주장한 외딴섬들 가운데에는 구아노 채취가 끝난 뒤 전혀 다른 모습으로 바뀐 곳들이 있다. 어떤 섬은 야생동물보호구역이 되었고 어떤 섬은 군사기지나 핵실험장으로 변했다. 두 가지 역할을 모두 한 섬도 있다. 태평양 한가운데 떠있는 존스턴 환초는 그중에서도 유독 특별한 역사를 간직하고 있다. 1926년 이 섬은 조류보호구역으로 지정되었지만 1934년 루스벨트 대통령이 해군에 관할권을 넘기면서 운명이 바뀌었다. 해군은 산호초를 폭파해 수상 비행기가 착륙할 수 있는 활주로를 만들고, 석호를 메워 차가 다닐 수 있는 땅으로 바꾸었으며, 바다 위에 둑길까지 놓았다. 활주로가 세 개로 늘어나고 병사들이 머무는 막사와 철골 관제탑, 지하 병원이 들어섰다. (혹시 새들을 위한 병원이었을까?) 제2차 세계대전이 발발하자 이곳은 잠수함 보급 기지로 전환되고 1958년에는 고고도 핵실험장으로 사용된다. 1962년 고도 400킬로미터 상공에서 1.4메가톤 규모의 핵탄두가 폭발했는데 그 섬광이 하와이에서도 보일 만큼 강력했다. 같은 해 11월 3일 또 하나의 핵탄두가 공중에서 폭발하자 하늘엔 불그스름한 원반이 떠올랐고 빛은 이내 자주색 도넛 모양으로 번져나갔다. 플루토늄은 섬을 오염시키고, 방사능에 오염된 폐기물이 석호에 그대로 버려졌다. 면적 0.19제곱킬로미터 정도였던 이 청정 보호구역은 준설과 매립을 거치며 2.53제곱킬로미터로 커졌는데, 그 과정에서 방사성 폐기물을 묻기 위한 0.10제곱킬로미터 규모의 부지를 조성해 인공섬 두 개를 만들었다. 이름은 놀랍도록 무미건조하다. 북섬(0.10제곱킬로미터)과 동섬(0.07제곱킬로미터).

1964년, 몸집이 큰 제비갈매기인 검정제비갈매기의 둥지에서 진드기를 통해 전파되는 '존스턴 환초 바이러스'가 처음 발견됐다. 같은 해 이 섬은 생물학전 실험장으로도 이용됐다. 병원균은 바람을 타고 섬 남쪽으로 갔고 바다 위에는 붉은털

---

* 하버-보슈공정이라 불리는 이 방식은 대기 중 질소와 천연가스(메탄)에서 얻은 수소를 섭씨 450도 고온과 고압 환경에서 반응시켜 암모니아(NH3)를 만들어 낸다. 이 암모니아는 지금도 합성 질소 비료의 핵심 성분이다.

원숭이를 태운 바지선이 기다리고 있었다. 이 병원균은 야토병(폐렴, 궤양, 발열, 림프절 종대)을 유발하거나 큐열(독감, 설사, 심한 발한, 관절통, 오심, 구토, 간종대, 혼란)을 일으킬 가능성이 있었다.

1970년 존스턴 환초는 다시 화학무기 저장소로 용도가 바뀐다. 로켓과 폭탄, 박격포, 포탄, 지뢰는 물론 사린과 VX, 구토 유발제, 수포 작용제, 겨자 가스 등 온갖 화학무기가 쌓였다. 제2차 세계대전 당시 일본에 있던 무기들이 이 섬으로 옮겨졌고 뒤이어 독일산 무기들도 집결했다. 1972년에는 76만 리터가 넘는 에이전트 오렌지가 도착했는데 드럼통에서 고엽제가 흘러나와 석호로 유입되고 말았다. 1985년부터는 화학무기 소각 시설이 들어섰고 1993년 본격 가동 이후 7년 동안 무기를 태웠다. 시설은 2003년에 철거되었고, '보호된 환경을 유지하기 위해 산호 파쇄물로 덮었다'는 발표와 함께 조용히 마침표를 찍었다. 믿기 어렵겠지만 실제로 그렇게 보도됐다. 미 육군 화학물자국은 이 지역의 '민감한 생태계'를 고려해 환경 보호를 '최우선 과제'로 삼았다고 거듭 강조했다.[108] 그리하여 이곳은 비로소 바다거북, 하와이몽크물범, 슴새, 바다비오리, 얼가니새, 군함조, 고래들이 돌아오는 '환경 복원지'로 다시 태어난다. 바닷새들이 잠시 내려앉아 배설만 하고 떠나는 작은 환초에 불과했던 섬은 어느새 이토록 복잡하고 무거운 역사를 품게 됐다. 사회와 자연이 치른 그 모든 대가를 마르크스가 보았다면 과연 뭐라 말했을까?

우주비행사 65번

국가의 야망은 발전이라는(혹은 신화라는) 이름 아래 어떤 희생도 마다하지 않으며, 때 묻지 않은 산호초 하나를 산산이 부수고 그 자리에 자줏빛 핵 도넛을 남기기도 한다. 핵미사일이 존스턴 환초의 하늘을 가르던 시기, 미국은 사람을 우주로 보내기 위한 유인 우주비행 프로젝트, 머큐리 계획을 한창 진행 중이었다. 그 무렵 침팬지 한 마리가 우주복에 익숙해지는 훈련을 받았다. '우주비행사 65번'이라 불린 침팬지는 1961년 1월 31일 곡선형 좌석에 몸을 고정한 채 온갖 원격측정장비에 연결되어 준궤도 비행을 시작했다. 회수 작업이 무사히 끝난 뒤에야 65번은 비로소 '햄'이라는 이름을 얻었다. (임무에 실패해 돌아오지 못할지도 모르는 동물에게 미리 이름을 붙이는 건 홍보 전략상 적절하지 않았을 것이다.)

햄은 그를 우주로 보낸 기관인 홀로먼항공의학연구소 Holloman Aero-Medical의 첫 글자를 딴 이름이지만, 동시에 우리에게 익숙한 노아의 둘째 아들 이름이기도 하다. 노아가 대홍수 이후 포도밭을 일군 일을 기억하는가…. 어느 날 노아는 술에 취해 텐트 안에서 벌거벗은 채 잠들었고 그 모습을 본 아들 햄은 어떤 죄를 저질렀다고 비난받는다(정확히 무슨 죄였는지는 아무도 모른다). 그러나 구약 특유의 논리에 따라 노아는 아들 햄이 아니라 손자인 가나안에게 저주를 내린다. '그의 형제들의 종들 가운데서도 종이 되리라'. 이른바 '햄의 저주'다. 훗날 기독교를 믿던 노예 소유주들은 아프리카 흑인이 가나안의 후손이라 주장하며 이 구절을 노예제 정당화의 근거로 삼았

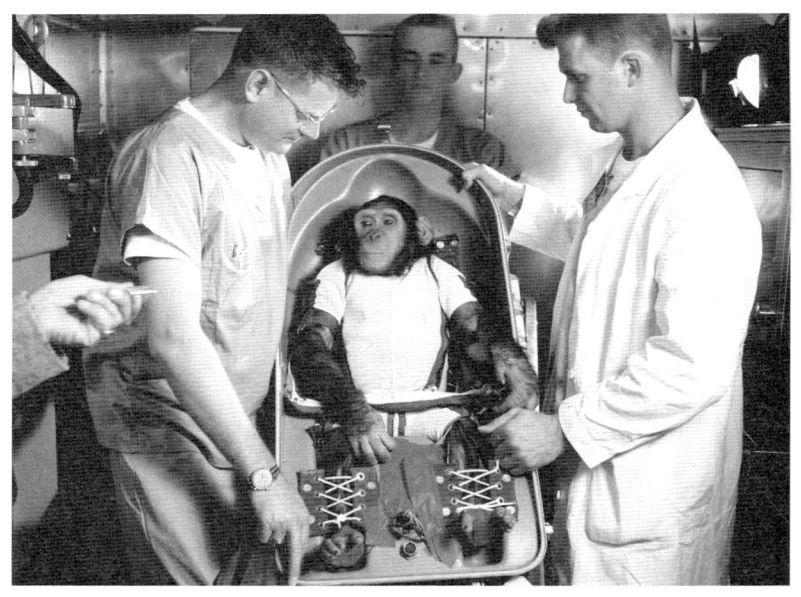

다.* 이런 배경을 떠올려 보면 인간을 대신해 우주로 보낸 침팬지에게 햄이라는 이름을 붙인 일은 가볍게 넘길 우연이 아니라는 생각이 든다. '우주 정복이라는 대서사 속, 인간의 대역배우'[109]였던 침팬지는 이미 이름이 있었다. 1957년 프랑스령 카메룬에서 포획됐을 당시에 붙은 이름은 춥춥챙, 참 익숙하고도 뻔한 이름이다. 춥춥챙은 깜빡이는 불빛에 반응해 레버를 당기도록 훈련받았다. 성공하면 보상을 받았지만 실패하면 '교정'을 당했다. 다윈이 우리에게 무엇을 가르쳤든, 존재의 대사슬이라는 관념은 여전히 사람들 마음 깊숙이 뿌리내리고 있는 듯하다. 우주 임무를 마친 '햄'은 미국 국립동물원에서 여

생을 보냈고 스물다섯 살에 생을 마쳤다. 지금은 뉴멕시코에 있는 국제 우주 명예의 전당에 묻혀있다.

LOVE, ACTUALLY

벼룩 소녀

찰스 로스차일드는 은행가이자 박물학자, 곤충학자이다 (얼룩말을 길들이고 트링에 사설 박물관을 세운 월터 로스차일드의 동생이기도 하다). 찰스는 세계적인 벼룩 연구자이자 수집가로, 26만 마리에 이르는 표본을 모아 보관했다. 1901년 그는 수단에서 열대쥐벼룩인 제노프실라 케오피스 *Xenopsylla cheopis*를 채집했고 이 벼룩이 선페스트를 퍼뜨리는 주요 매개체라는 사실을 밝혀냈다. 찰스는 당시로선 보기 드물게 자연을 되살리는 데 뜻을 둔 인물이었다. 노샘프턴셔에 있는 자신의 영지 애슈턴 울드를 온전히 자연 공간으로 가꿨는데 그곳은 딸 미리암에게 세상에 둘도 없는 야외 교실이 되었다. 미리암은 네 살 때부터 무당벌레를 키우며 놀았고 정규 학교에 다닌 적은 한 번도 없었다. 그러나 미리암의 평화로운 시절은 열다섯에 갑작스럽게 끝이 났다. 뇌염을 앓던 아버지 찰스가 스스로 생을 마감한 것

---

* 창세기 9장에는 피부색에 관한 언급이 한 줄도 없는데 말이다. 함이 저질렀다는 죄에 대해서는 학자들 사이에서 의견이 분분하다. 단지 아버지를 보고 웃었을 뿐이라는 주장부터 남색이라는 무거운 해석까지 다양하다.

이다. 미리암은 아버지를 향한 깊은 애정과 헌신으로, 그가 남긴 '아름다운' 벼룩들과 함께 살아가는 길을 택했다. "아버지는 벼룩의 사나이였고 나는 벼룩의 소녀가 되었어요. 그게 전부예요."[110]

미리암은 아버지에게서 섬세한 관찰력과 열린 사고의 중요성을 배웠다. 찰스가 연구한 쥐벼룩은 자기 키의 100배 높이까지 뛸 수 있고 한 시간에 600번 넘게, 그것도 72시간 동안 쉬지 않고 뛰어 오를 수 있다고 한다. 이 놀라운 도약력의 비밀은 레실린이라는 탄성 단백질에 있는데, 다리에 저장된 에너지를 한순간에 방출해 벼룩을 마치 로켓처럼 솟구치게 만드는 물질이다.[111] 미리암은 30년에 걸쳐 아버지가 남긴 방대한 벼룩 표본을 정리해 여섯 권짜리 《로스차일드 가문의 벼룩 도감》을 펴냈다. 그리고 또 다른 저서 《곤충 조직 도감》 표지에 벼룩의 질이 실린 것을 무척 자랑스러워했다. 나는 '벼룩의 질'을 구글에 검색해 봤다. 가장 먼저 뜬 건 질 속의 벼룩! (혹시나 궁금할까 봐 덧붙이자면, 그건 구더기에 감염된 음순에 대한 이야기다.) 한참을 헤맨 끝에 마침내 미리암의 책 표지를 찾아냈다. 왁스에 고정된 두더지벼룩의 질을 리본처럼 가늘게 층층이 잘라 염색액에 통과시켰더니 세포 조직의 미로 같은 구조가 페이즐리 무늬처럼 서서히 드러났다. 미리암은 이렇게 염색된 조직을 현미경으로 들여다보는 일을 마리화나를 피우듯 황홀한 경험에 비유하곤 했다. 그녀가 몰두하던 또 다른 분야는 곤충의 의사소통을 이루는 생화학, 그중에서도 향긋한 피라진 분자의 세계였다. 미리암은 이렇게 말했다. "무당벌레를 아주, 아주 살살 눌러 보세요. 손끝에 그 향이 며칠이고 남아있을 거

예요."¹¹²

아버지가 세상을 떠난 뒤 미리암은 엉뚱한 삼촌 월터와 보내는 시간이 늘었다. 월터는 평생을 바쳐 온갖 동물 표본을 수집해 사설 박물관을 꾸렸는데 규모가 압도적이었다. 조류 가죽 표본만 해도 30만 점, 새알은 20만 개, 나비 200만 마리, 딱정벌레는 3만 마리나 됐고 그 밖에도 수없이 많은 표본이 빼곡히 전시되어 있었다. 하지만 월터 밑에서 일하는 건 만만한 일이 아니었다. 그의 표본 사냥꾼 중 한 명은 이질로, 또 다른 한 명은 장티푸스로 목숨을 잃었으며 갈라파고스에서는 세 명이 실종됐다. 한 조류학자는 흑표범에게 팔을 물려 크게 다치기도 했다. 전시품 중에서 월터가 유난히 집착한 건 코끼리거북으로, 생전에 무려 144마리를 소유했는데 그 가운데 로투마라는 이름의 거북은 단연 돋보였다. 원래 통가 국왕이 무역상 알렉산더 맥도널드에게 선물한 것인데 시드니의 정신병원을 거쳐 월터의 손에 들어왔다. 나이가 150살이 넘었다는 소문도 돌았다. 월터는 코끼리거북 등 위에 올라타는 걸 즐겼으며, 거북 앞에 상춧잎을 매달고 느릿하게 함께 움직이는 모습은 마치 루이스 캐럴[《이상한 나라의 앨리스》 작가]이 그려낸 이야기 속 장면처럼 현실을 벗어난 어딘가의 광경 같았다.

월터가 주변 여성들의 협박에 시달리며 무너져 가는 모습을 지켜보는 일은 미리암에게 큰 충격이었다. 미리암은 특히 남성 동성애자(협박의 표적이 되기 쉽다)를 보호하기 위해 동성애 비범죄화운동의 선두에 섰다. 1957년 미리암은 동성애가 동물 세계에서도 널리 나타나는 자연스러운 현상임을 보여주는 과학적 자료를 울펜던위원회*에 제출했다. 미리암은 살아있

는 모든 존재(삼촌들도 포함하여)에 대한 잔혹한 가해를 참지 못했다. 평소에 늘 흰색 웰링턴 부츠를 신고 다녔는데, 이는 가죽 제품을 사용하지 않겠다는 뜻이자 가축을 비인도적으로 사육하고 도살하는 현실에 대한 항의의 표현이었다. 모든 아이가 일생에 한 번쯤은 상업용 도살장을 직접 둘러봐야 한다고, 그것이 교육의 일부가 되어야 한다고 주장했다. 그리고 도살은 반드시 그 동물을 기른 사람이 자신의 농장에서 직접 해야 한다는 게 그녀의 지론이었다. 미리암은 아버지에게서 물려받은 애슈턴 영지를 직접 일구며 연구 자금을 마련했다. 자연 보호가 유행이 되기 한참 전부터 그 땅을 돌보고 아꼈다.

앞에서 언급한 대로 우리가 언더힐에 호수를 조성하게 된

데는 잠자리 전문가 루어리 맥켄지 도즈의 영향이 컸다. 그는 자신이 처음 복원한 호수를 애슈턴의 잠자리보호구역으로 삼았는데, 나중에 알게 된 사실이지만 그 선택에는 개인적인 이유도 있었다. 그의 아내 카리가 바로 미리암의 조카다. 미리암은 활기차고 치밀하며 통념에 얽매이지 않는 시선을 지닌 과학자였다. 넘치는 상상력은 생명에 대한 깊은 연민과 사랑으로 이어졌고 그 모든 요소가 그녀 안에서 하나로 어우러졌다. 만약 하늘나라에서 상상의 만찬이 열린다면, 내가 옆자리에 앉고 싶은 이는 단연 미리암 로스차일드다. 한번은 미리암이 구조해 간호한 암컷 여우가 새끼들을 데리고 정원으로 돌아온 적이 있었다. 그날을 떠올리며 그녀는 "삶이 내게 왕관을 씌워준 것 같았다"고 말했다.

---

* 행위의 목격 여부에 관계없이 동성애를 전면 불법으로 규정한 차별적 법률의 타당성을 검토하기 위해 설립된 위원회다.

죽인 자, 먹을지어다
−1

나는 언제나 부정하는 정신이다!

괴테, 《파우스트》

죽여주는 즐거움

1963년 나는 페어햄에 있는 엠버시 극장의 자주색 벨벳 의자에 앉았다. 나는 여섯 살이고 오른편에는 엄마가 앉아있다. 어느새 나는 숲 한가운데에 들어섰다. 다람쥐가 가지에서 가지로 폴짝 뛰어다니고, 나비는 팔랑이며 날고, 파랑새는 서로를 감싸듯 원을 그리며 춤춘다. 동물들은 말을 한다. 나는 그 세계에 푹 빠진다. 숲속 공터에 암사슴과 어린 사슴이 나란히 누워있다. 두 눈이 마주치고 다정한 눈빛이 오간다. 그런데 겨울이 닥쳐온다. 밤비와 엄마는 눈 덮인 들판에서 코로 눈을 헤치며 풀을 찾는다. 음악이 달라진다. 어딘가 불길하다. 엄마 사슴이 고개를 든다. 무언가를 들은 듯하다. 얼굴에 긴장이 어렸고 귀는 쫑긋, 눈은 크게 뜬 채 주위를 살핀다. 위험이 다가오고 있다.

"밤비! 덤불 속으로! 어서, 더 빨리, 밤비! 뒤돌아보지 마, 계속 달려."

밤비는 그대로 내달린다. 엄마 말대로 앞으로만.

총성이 울린다.

"우리 살았어, 엄마." 밤비가 안전한 곳에 이르러 말한다. 그리고 달려온 방향을 돌아본다. "엄마, 엄마!"

하지만 숲은 고요하고 엄마는 오지 않는다.

1960년대와 70년대에 어린 시절을 보낸 사람 가운데, 나처럼 월트 디즈니 애니메이션 〈밤비〉에 큰 충격을 받은 이들이 많을 것이다. 배우 더스틴 호프먼 역시 아직도 그때의 충격에서 벗어나지 못했다고 털어놓은 바 있다. 나는 영화가 끝날 때까지 밤비의 엄마가 돌아오기를 기다렸다. 어른들이 꾸며낸 이야기일 뿐이라며, 결국 마법이 모든 걸 제자리로 돌려놓을 거라고 스스로 다독였다. 이 이야기가 허구라는 건 알고 있었지만 아무런 위안이 되지 않았다. 나는 밤비와 엄마, 그들이 살아가는 숲속 세계에 온 마음을 쏟았다. 그러다 갑작스레 위험을 느꼈는데 그 위험이 바로 인간이었다. 이상하게도 그게 상상이 아니라 진짜 세상이라는 것을 어렴풋이 알아차릴 수 있었다. 그리고 이제 나도 그 현실 속에 발을 들였다.

어릴 적 나는 그 이야기가 지닌 무게를 알지 못했다. 영화의 초기 각본은 물론 펠릭스 잘텐이 1923년에 쓴 원작 소설 《밤비: 숲속의 삶》은 훨씬 더 어둡고 잔혹하다. 잘텐은 빈에 살던 헝가리계 유대인 지식인이자 한때 합스부르크 왕가 귀족들과 함께 사냥을 즐기던 인물이다. 그는 동물을 향한 깊은 애정과 섬세한 관찰을 바탕으로 어린 수사슴이 살아가는 숲의 세계를 냉철한 우화로 그려냈다. 그가 묘사한 숲에는 삶과 죽음이 끊임없이 부딪친다. 까마귀는 새끼 산토끼를 쪼아 먹고,

페럿은 생쥐를 삼킨다. 다친 다람쥐는 죽어 까치의 먹잇감이 되고, 상처를 입은 여우는 감염된 몸을 이끌고 눈 덮인 숲을 헤매다 조용히 숨을 거둔다. 그러나 어떤 장면도 숲속 동물들이 '그'라고 부르는 존재만큼 깊은 두려움을 주지는 못한다. 그는 '무겁고 자극적인' 냄새를 풍기고, 창백한 피부 아래 곧게 뻗은 두 다리를 지녔다. 그 다리가 닿는 자리에는 어김없이 죽음이 그림자처럼 따라붙는다. '아무도 그에게서 달아날 수 없어. … 그가 노리면 반드시 죽는다.'

잘텐의 《밤비》는 동화의 외양을 하고 있지만 인간의 폭력성과 지배 욕망을 정면으로 겨냥하는 이야기다. 유대인을 향한 박해를 은유했다는 이유로 1936년 나치 독일에서 금서가 되기도 했다. 밤비의 엄마는 몰이사냥 도중 목숨을 잃고 밤비는 어깨에 총상을 입는다. 짝인 펠린의 울음소리를 흉내 낸 사냥꾼의 유인에 휘말릴 뻔한 뒤에야 밤비는 세상이 얼마나 위험한지, 살아남기 위해서는 쉼 없이 경계해야 한다는 사실을 뼈저리게 깨닫는다. 사냥개들은 복종과 두려움, 맹목적인 숭배 속에서 평생을 살아간다. 이 이야기는 결코 가볍지 않으며, 동시에 생태문학 장르의 초석이라 평가받을 만하다. 《뉴욕타임스》는 이렇게 극찬했다. '펠릭스 잘텐은 우리에게 숲속 사슴의 삶을 들려준다. 마치 우주의 이치를 꿰뚫고 있는 듯하다. …《밤비》는 반드시 읽어야 할 책이다.' 노벨문학상 수상자인 존 골즈워디는 "이 책을 특히 사냥꾼들에게 권하고 싶다"고 했다.[113]

그때 월트 디즈니가 등장한다. 그는 미주리의 한 농장에서 자랐다. 봄이 되면 형 로이와 함께 들판에 나가 토끼들을 가만히 지켜보곤 했는데, 어느 날 로이가 공기총을 들고 나타나 월트 앞에서 커다란 수토끼를 쐈다. 총알은 빗나갔고, 토끼는 온몸을 뒤틀며 고통스럽게 버둥거렸다. 로이는 토끼의 목을 꺾어 숨통을 끊었다. 그날의 기억이 월트의 마음에 지워지지 않는 상처로 남았다. 1937년 월트는《밤비》의 판권을 사들인다. 그 무렵 디즈니 스튜디오는 짧고 경박한 슬랩스틱 코미디(지긋지긋한 미키 마우스처럼)에서 벗어나 정교하고 섬세한 이야기로 나아가고 있었다. 월트는 두 발로 걷는 쥐나 사람 손이 달린 오리, 요란한 옷을 입은 동물 캐릭터에 흥미를 잃었고, 그는 진짜 사슴의 본질을 담아낸 의미 있는 이야기를 만들고 싶었다. 월트는 인간처럼 과장된 몸짓은 절대 안 된다고 못 박았다. 작화진 앞에 놓인 과제는 분명했다. 사슴의 굳은 얼굴에 어떻게 의인화 없이 감정을 담아낼 것인가. 작화진은 수개월 동안 사슴 영상을 반복해서 보며 연구했다. 귀를 홱 돌리는 순간, 고개를 살짝 기울이는 동작, 체중을 옮기는 찰나의 움직임, 커다란 갈색 눈에 맺힌 미세한 떨림까지. 모든 세세한 표현을 포착하기 위해 애썼다. 월트는 아예 스튜디오 안에 작은 동물원을 만들고 토끼, 오리, 부엉이, 스컹크, 새끼 사슴 두 마리를 데려와 직접 관찰하게 했다. 수많은 인력을 투입해 선을 그리고 잉크를 입히고 복사본을 만들었다. 하지만 밤비의 첫 움직임을 담은 영상은 다리에 미세한 떨림이 있어 폐기됐고, 작업은 다시 처음부터 시작됐다.

이야기 구성에도 숱한 시행착오를 겪었다. 헨리 데이비드 소로의 문장을 인용하거나 인간의 야만성을 주제로 한 운문을 대사에 넣어보기도 했지만 이내 걷어냈다. 히틀러 치하의 독일이 어둠에 잠기던 시절, 작가들은 밤비의 엄마가 공중으로 도약하며 인간의 사랑을 믿어야 한다고 말하는 순간 총에 맞아 쓰러지는 장면을 떠올리기도 했다. '노예'처럼 조련된 개들은 숲을 누비며 인간을 숭배하고, 도망치는 동물을 잔혹하게 물어뜯었다. 밤비의 친구인 산토끼는 총에 맞아 쓰러지며 "무슨 일인지 모르겠어"라고 중얼거렸다. 이야기는 불길이 숲을 집어삼키고 펠릭스 잘텐의 원작처럼 웅장한 수사슴, 즉 밤비의 아비가 등장해 불길에 죽은 밀렵꾼의 시신을 보여주는 장면으로 끝을 맺는다. 전하려는 메시지는 명확하다. 인간도 동물처럼 죽는다. 무적의 신이라도 되는 듯 행동하지만 결코 그런 존재가 아니라는 것. 그러나 결국 손을 대지 않을 수 없었다. 잘텐의 이야기는 반복되는 수정 끝에 점점 단순해졌고, 남은 건 밤비가 왜 다들 도망치냐고 묻자 어미가 조용히 내뱉는 한마디뿐이다. "숲에 인간이 왔단다."

잘텐이 그려낸 세계의 거칠고도 생생한 질감은 화면 밖에서 벌어지는 비극과 섬세한 작화로 대체됐다. 아이들의 시선을 붙잡기 위한 꿈결 같은 풍경 속에서, 가을이면 나뭇잎이 소리 없이 바닥에 내려앉고 사슴들은 물 흐르듯 가볍고 우아한 걸음으로 숲을 가로질렀다. 이야기 곳곳에는 어른들을 위한 프로이트적 장치도 숨어있다. 미스 버니[덤퍼의 여자 친구]가 긴 귀의 끝을 쓰다듬자 덤퍼[밤비의 토끼 친구]가 온몸을 떤다. 밤비와 펠린의 사랑이 절정에 이르는 순간, 흩날리는 꽃잎이 화면을 덮는다. 조금만 더 노골적이었다면 검열에 막혀 빛도 보지 못했을 장면들이다. 펠린의 순하고 푸른 눈동자엔 밤비 엄마의 짙은 갈색 눈빛이 겹쳐 보인다. 월트는 모순으로 가득한 사람이었다. 할리우드 영화 속 노골적인 암시에는 누구보다 엄격했지만 정작 사무실에서는 '순진한' 야생동물이 짝짓기하는 장면만 따로 모은 영상을 가까운 이들과 함께 보며 웃곤 했다.

디즈니가 〈밤비〉로 진땀을 빼던 그 무렵 MGM 스튜디오는 훨씬 대담한 선택을 한다. 1939년 크리스마스를 맞아 MGM은 〈루니 툰〉 시리즈로 잘 알려진 감독 휴 하먼이 연출한 8분짜리 단편 애니메이션 〈땅에는 평화를 Peace on Earth〉을 공개했다.* 하얀 눈이 조용히 내리는 가운데 카메라는 푸르고 창백한 겨울빛 속을 천천히 가로지른다. 어디선가 익숙한 캐럴 '땅에는 평화를, 사람에게는 선의를'이 잔잔히 흐르지만, 스크린에 펼쳐지는 풍경은 우리가 떠올리는 따뜻한 크리스마스와는 사뭇 다르다. 교회 박공은 무너져 있고, 두껍게 쌓인 눈 사이로 철조망이 드러나 있다. 언뜻 보기엔 땅거북의 등껍데기처럼 생긴 둥근 물체를 자세히 들여다보니 독일군의 철모다. 전장의 한복판에 버려진 철모가 다람쥐들의 손을 거쳐 아늑한 보금자리로 다시 태어났다. 캐럴을 부르고 있는 건 어린 다람쥐 세 마리. 캐럴의 마지막 구절을 흥얼거리며 할아버지 다람쥐가 손자들의 집 앞에 도착한다.

"사람이 뭐예요, 할아버지?"

"흠, 허허허…. 이제 이 세상엔 없는 존재란다, 얘들아. 그래, 하나도 남지 않았지. 내가 기억하는 그놈들은 마치 괴물 같았어. 커다란 쇠솥을 머리에 뒤집어쓰고 뒷발로 걸어 다녔지. 손엔 무시무시한 총을 들고 다녔는데 끝에 칼까지 달려있었어…."

할아버지 다람쥐의 무릎 위에 올라앉은 아기 다람쥐 둘은

'이제 사람은 없다'는 말에 안심한 눈치다.

"난 도무지 이해할 수 없었지." 할아버지가 고개를 젓는다. "세상에 그렇게 고약하고 말 안 듣고 거칠기만 한 놈들은 처음 봤단다. 맨날 싸우고 바보 같은 짓을 하고 총질이나 하고 말이야. 뭐 하나 해결되면 곧 또 새로운 걸로 싸우더라고."

그때 숲 너머로 탱크의 그림자가 스쳐 지나간다. 할아버지 다람쥐는 폭탄 소리, 기관총 소리를 흉내 내며 제2차 세계대전을 재연해 보인다.

"그래서 그다음은요, 할아버지?"

"끔찍했지. 끝도 없이 싸우고 또 싸우다가 두 놈만 남았지."

여기엔 아무런 은유도 없다. 북소리가 둔탁하게 울리는 가운데 마지막 두 병사가 서로를 향해 방아쇠를 당기고 진흙 속으로 천천히 가라앉는다.

"그리고 그게, 지구에 마지막으로 남은 사람들의 최후였단다."

전쟁으로 폐허가 된 땅 위에 다시 생명이 깃든다. 갈라진 나무둥치 틈으로 다람쥐 한 마리가 조심스레 고개를 내밀고, 풀숲 너머에서는 토끼가 불쑥 얼굴을 비춘다. 또 다른 다람쥐 그리고 새 한 마리도…. 숲속에서 숨죽이며 지내던 동물이 하나둘 모습을 드러내고, 무너진 교회로 발길을 옮긴다. 그곳에서 지혜로운 부엉이가 낡은 책 한 권을 펼친다. 책장 위엔 이런 문장이 적혀있다. '살인하지 말지니라.' 동물들은 남겨진 잔해

---

* 현재까지 애니메이션으로서는 유일하게 노벨평화상 후보에 오른 특별한 작품이다.

위에 새 보금자리를 짓기 시작한다. 그리고 마침내 이 땅에 평화가 찾아온다.

1942년 영화 〈밤비〉가 스크린에 걸리자 사냥꾼 사회는 발칵 뒤집혔다. 사냥 전문지 《아웃도어 라이프》 기자 레이먼드 J. 브라운은 특히 격앙된 반응을 보였다. 그는 〈밤비〉를 미국 레저 사냥꾼에게 가한 사상 최악의 모욕이라고 표현했다. 당시 사냥꾼들에게는 자신들이야말로 야생을 지키는 사람들이라는 자부심이 있었다. 봄에 암사슴을 사냥하다니, 그건 말도 안 된다는 것이다! 하지만 《오듀본 매거진》의 시각은 달랐다. 생태 작가이자 박물학자인 도널드 피티는 총에 맞아 다친 동물이 숲에 가득하다고 지적했다. 제대로 조준하지 못해 불구가 된 사슴이 수두룩하고, 암사슴도 새끼 사슴도 예외는 아니었다. 봄이든 가을이든 사슴에게는 그저 잔혹한 계절일 뿐이었다. 해마다 사냥철 첫날이면 어김없이 산불이 난다는 의혹도 제기됐는데 사냥꾼들은 터무니없는 억측이라며 일축했다. 인간의 파괴성과 동물의 순수함을 대비한 이 우화는 사냥을 둘러싼 양쪽 진영 모두에게 격한 감정을 불러일으켰다. 한쪽에는 밤비를 죽이는 자들(자연을 파괴하는 혐오스럽고 사악한 존재), 다른 쪽에는 밤비를 사랑하는 이들(샌들에 양말을 신고 감상에 젖어있는 나약한 좌파, 세뇌된 자연 숭배자, 채식주의자나 여성주의자, 나체주의자 혹은 이 모든 정체성이 한데 뒤섞인 이들)이 있었다. 그때도 지금도 밤비라는 이름은 여전히 논쟁의 한복판에 있다. 2007년 《타임》지는 〈밤비〉를 역대 최고의 공포영화 25편 중 하나로 선정했다. 개봉한 지 60년이 흘렀지만 이 영화는 여전히 사람들의 마음속에 선명하다. 어쩌면 나 또한 무의식 어딘가에서 아직도 밤비의 엄마가 돌아오기를 기다리고 있을지 모르겠다.

숲이 인간의 원초적인 기억을 되살리는 무대라면, 그중에서도 인간이 야생을 지배하려 한 가장 극적인 장면은 비아워비에자*에서 펼쳐졌다고 해도 지나치지 않다. 이곳은 한때 동유럽 북부를 뒤덮었던 광활한 원시림의 일부로, 중세 이후 왕실 전용 사냥터로 지정되어 오랫동안 법의 보호 아래 보존됐다. 1538년 폴란드 국왕이자 리투아니아 대공인 지그문트 1세는 이 지역에서 들소를 밀렵하면 사형에 처하라는 명령을 내리기도 했다. 그 시절의 사냥은 전설처럼 회자된다. 때로는 보름 가까이 진행되는 대규모 행사였고, 낮에는 피비린내 나는 추격전이, 밤에는 끝없는 연회가 이어졌다. 그만큼 준비도 만만치 않았다. 일정 기간 자유를 보장받는 조건으로 농민들이 숲지기, 사냥터지기, 파수꾼, 몰이꾼으로 동원됐다. 1000명이 넘는 인원이 숲을 병풍처럼 에워싸면 멧돼지, 들소, 와피티사슴, 사슴, 늑대, 산토끼, 여우, 오소리, 곰 같은 숲속 동물들이 하나둘 모습을 드러냈다. 여기저기서 몰아치는 인파에 쫓긴 동물들은 5킬로미터에 이르는 울타리 안으로 차례차례 몰려들었다. 그리고 사냥이 벌어지는 날엔 흥분에 휩싸인 짐승 떼가 좁은 통로를 따라 특별히 준비된 사냥장 안으로 쏟아져

---

*   비아워비에자는 '하얀 탑'이라는 뜻으로, 1386년부터 1434년까지 폴란드를 다스린 브와디스와프 2세 야기에우워(Władysław II Jagiełło) 국왕이 사냥을 즐기기 위해 자주 머문 하얀 외벽의 별장에서 유래한 이름이다.

들어왔다. 중앙에는 왕실 손님들을 위해 화려하게 꾸민 관람대가 위풍당당하게 솟아있었다. 기수들이 말을 몰아 질주하면 무게 1톤에 육박하는 들소와 거대한 멧돼지가 그 창끝에 쓰러졌다. 관중석에서는 환호성이 터지고 뒤이어 와피티사슴과 늑대, 여우, 토끼 떼가 잇따라 밀려들었다. 숲은 거침없이 생명을 쏟아냈다. 짐승이 쓰러질 때마다 모르[유럽 귀족 사냥에서 종료를 알리는 나팔소리]가 울려 퍼지고 고기가 산더미처럼 쌓였다. 남은 고기는 훈제하거나 소금에 절여 튜튼 기사단이나 타타르 침략군과 맞서 싸우는 병사들의 식량으로 썼다.

화기가 등장하고부터는 왕이 몸을 내던지며 사냥에 나설 필요가 없었다. 푹신한 의자에 몸을 기댄 채 관람석에 앉아 여유롭게 화승총만 쏘면 됐다. 한때 곰을 잡는 일은 용기의 상징이었지만, 시간이 흐를수록 사냥은 점점 더 요란하고 기괴한 의식으로 변해갔다. 1752년 스타니스와프 아우구스트 포니아토프스키(훗날 러시아의 예카테리나 2세와 사랑에 빠져 폴란드 국왕이 된다)는 '폴란드의 베르사유'라 불린 이 사냥터에서 본 기이한 풍경을 기록으로 남겼다. 그곳에는 나무로 만든 복잡한 구조물이 마치 정원처럼 꾸며져 있었는데, 야생동물이 좁은 길을 따라 9미터 높이의 운하 위에 놓인 다리에 오르도록 설계됐다. 진풍경은 그다음에 벌어졌다. 바닥에 설치된 덫을 밟은 동물이 곧장 물속으로 곤두박질치는 장면은 우스꽝스럽기 그지없었고, 관람객들은 위에서 그 장면을 내려다보며 떨어지는 짐승을 향해 총을 쏘았다. 포니아토프스키는 아우구스트 3세 국왕이 퍼부은 총알 세례 속에서도 끈질기게 살아남은 곰이 끝내 왕이 탄 배를 전복시킨 사건을 일기에 적어두었다.[114] 사수가 곰을 사살하며 소동은 마무리됐고, 왕은 무사히 그날 밤 연회를 열었다. 연회장에는 술이 넘쳐났고 어릿광대 복장을 한 거위와 원숭이, 산토끼가 과녁으로 등장했다.

1795년 비아워비에자가 러시아 제국에 병합될 즈음 비버와 수달은 거의 자취를 감췄다. 숲을 지키던 사람들은 다시 농노로 전락했고, 귀족들의 사냥과 벌목을 위해 숲 깊숙이 철도가 깔렸다. 1860년 러시아 황제 알렉산드르 2세는 와피티사슴과 비젠트(유럽 들소) 개체수가 급격히 줄어든 책임을 늑대와 곰, 스라소니에게 돌리며 이들을 모조리 없애라고 명령했다. 1915년 독일군이 숲을 점령하면서 남아있던 들소마저 무참히 도살했고, 제국은 전쟁 물자를 확보하기 위해 무려 450만 세제곱미터 규모의 숲에서 나무를 베어낸다. 두 차례의 세계대전 사이 간신히 독립을 되찾은 폴란드는 짧은 기간이지만 그 틈을 타 주권을 행사해 45제곱킬로미터 규모의 숲을 국립공원으로 지정하고 여러 동물원에서 어렵게 데려온 들소 네 마리를 이곳에서 보호한다. 국제 정세 속에서 위태로운 처지였던 폴란드에게 비아워비에자 숲은 사냥이라는 명분을 외교 무대에 활용할 수 있는 귀중한 자산이었다. 그 과정에서 1934년부터 프로이센 총리이자 독일 사냥 총감인 헤르만 괴링이 단골처럼 이 숲을 드나들게 되는데, 그는 게슈타포[나치 독일의 비밀국가경찰]를 창설하고 강제수용소 설계를 주도했으며 히틀러의 최측근으로 한때 후계자로 지목된 인물이다.

짐승의 제왕

유튜브에는 눈 덮인 비아워비에자 숲 한복판에서 사냥을 즐기는 헤르만 괴링의 모습이 남아있다. 미리 말해두지만, 영상 내내 흥겨운 독일 민요와 아코디언 선율이 흐른다. 괴링은 털 달린 귀달이 모자를 눌러쓰고 모피 칼라 외투와 어린 짐승의 가죽으로 만든 목걸이를 걸쳤다. 어깨의 외투 자락은 망토처럼 흘러내리고, 입에서는 하얀 김이 피어올라 겨울 숲에 퍼진다. 괴링이 총을 겨눈다. 탕. 늑대 한 마리가 쓰러진다. 사내 넷이 늑대 다리 하나씩을 붙잡고 괴링 앞에 내려놓는다. 이번엔 스라소니 세 마리가 접시에 담긴 디저트처럼 가지런히 놓인다. 괴링은 썰매에 올라 담요를 덮고 앉아 카메라를 응시한다. 잠시 후 다시 늑대 두 마리가 모습을 드러낸다. 괴링은 지팡이에 몸을 기댄 채 말없이 앉아있다. 총알을 장전하고, 괴상한 옷차림의 사내가 뿔피리를 불며 숲의 공기를 뒤흔든다. 몰이꾼들이 나뭇가지를 헤치며 앞으로 나아간다(배경 음악이 계속 흐른다). 곧 야생 멧돼지 떼가 숲을 뚫고 튀어나온다. 실루엣이 마치 쇼베 동굴 벽화를 찢고 나온 짐승 같다. 탕, 탕. 총성이 울리고, 쓰러진 짐승들이 바닥에 나뒹굴며 카메라 앞에서 몸부림친다.

장면이 바뀐다. 괴링은 일렬로 세운 사슴뿔을 하나하나 살핀다. 마치 제 손으로 길러낸 것처럼 얼굴에 알 수 없는 만족감이 돈다. 두툼한 시가를 문 채 육중한 몸을 가죽조끼에 욱여넣고 검은 깃털이 꽂힌 페도라를 눌러쓴 괴링. 허리춤에는 사냥칼까지 찼다. 꼭 연극 무대 위의 거대한 로빈 후드 같다. 타

죽어주는 즐거움   343

닥타닥. 화면이 다시 바뀐다. 복면을 씌운 매 한 마리가 괴링의 장갑 낀 손 위에 조심스레 내려앉는다. 괴링은 어색함을 감추지 못한 채 "아니야, 아니야, 아니야"라고 중얼거리며 입술을 내민다. 짧게 툭 입맞춤을 흉내 내더니 손끝으로 새의 가슴깃을 천천히 쓸어내린다. 다시 장면이 바뀐다. 하늘을 가로지르는 새 떼 아래로 죽은 새들이 툭툭 떨어진다. 또 한 번 전환. 길게 차려진 야외 식탁에서 괴링은 은쟁반에 놓인 샌드위치를 집어 들고 맥주를 들이켠다. 카메라를 향해 시선을 던지더니 윙크한다. 다시 한번 느릿하게 윙크. 세상에서 가장 소름 끼치는 윙크다.[115]

괴링은 비아워비에자 숲을 사랑했다. 1941년 비아워비에자 숲이 그의 손에 들어왔고 왕실 사냥 별장 위로 나치 깃발이 펄럭였다. 그는 이 숲을 세계 최대의 사냥보호구역으로 되살리고자 했다. 곰과 들소는 물론 타르판(1919년 사냥으로 자취를 감춘 야생마)과 오룩스(1627년을 끝으로 사라졌다)*까지, 이 숲을 '독일산' 야생동물로 가득 채우려고도 했다. 괴링에게 자연은 순수하게 지켜야 할 성역이었고 그러기 위해 어떠한 형태의 정화도 정당하다고 생각했다. 유대인과 빨치산은 숲에 기생하는 짐승 취급을 받았고 비아워비에자에서는 대량 학살이 일상이 됐다. 폴란드인 7000명이 강제수용소로 끌려갔고 마을 서른네 곳이 불길 속에 사라졌다.

그러나 괴링이 그리던 사냥 낙원은 실현되지 못했다. 스탈린의 붉은 펜이 숲을 가르며 국경선을 그었고, 괴링은 하얗고 작은 이로 시안화칼륨 캡슐을 깨물었다.

저녁 7시, 조너선과 나는 트란실바니아의 깊은 숲에 몸을 숨기고 있었다. 카르파티아산맥 자락, 가장 가까운 도로에서 5킬로미터나 떨어진 곳이다. 루마니아는 이번이 두 번째다. 내가 처음 이곳을 찾은 건 1972년 고등학교 마지막 학기를 보내던 무렵이다. 수학여행을 핑계 삼아 처음으로 국경을 넘었다. 그때 루마니아는 서방의 관심을 받던 몇 안 되는 공산국가였고, 우리처럼 단체로 움직이는 외국인 관광객을 제한적으로 받아들이기 시작했다. 짧고 통제된 일정이었지만 지금까지도 뚜렷하게 기억나는 건 차창 밖으로 끝없이 이어지던 숲의 풍경이다. 우리는 낡은 버스를 타고 소련식 호텔을 옮겨 다녔는데 어디를 가든 똑같은 냄새가 따라왔다. 말로 설명하기 어려운 화학약품 냄새였다. 한 번도 맡아본 적 없는 낯선 냄새였지만 지금 다시 맡는다면 단박에 알아챌 자신이 있다. 생생하게 떠오르는 장면이 하나 더 있다. 초라한 식사가 끝날 무렵이면 늘 무겁고 투박한 찻잔이 식탁에 올랐고 그 안에는 구스베리 한 알이 물에 떠있었다. 우린 그걸 보고 낄낄댔고, 보육원에 전해주려고 챙겨온 사탕은 우리 입으로 들어갔다. 고아들을 직접 만나는 일은 애초에 허락되지도 않았다. 어쨌든 그 열흘 동안 나를 사로잡은 건 숲이다. 버스가 숲길을 달릴 때마다 상상이 피어올랐다. 저기 어딘가에 늑대가 있지 않을까, 곰이 숨어 있지 않을까. 그때부터 마음에 언젠가 야생 곰을 두 눈으로 직

---

*   독일의 헥(Heck) 형제는 오록스를 복원하겠다며 동굴 벽화를 들여다보았다. 그러고는 스페인의 투우용 황소와 헝가리 초원의 소를 선별해 교배했다. 그렇게 1930년대 중반에 몸집이 작고 뿔이 길고 성질이 사나운 새로운 품종 '헥소'가 태어났다.

접 보고 싶다는 작은 소망이 자리 잡았다. 그리고 지금 그 오랜 바람이 이뤄질지도 모를 숲에서 우리는 숨을 죽인 채 기다리고 있다.

한 시간이 지나고 다시 20분이 흘렀다. 숲은 여전히 숨조차 쉬지 않는 듯 고요하다. 우리는 총 열다섯 명. 인당 50유로씩 내고, 소리도 냄새도 없이 숲에 들어선 관람객들이다. 허리춤에 권총을 찬 산림안내원 두 명이 앞장선다. 시선은 나무 사이를 가르며 어둠 너머를 더듬는다. 여우 한 마리. 까치 한 마리. 곰이 나타나리라는 보장은 없다. 하지만 먼 길을 와서 이토록 오래 기다렸는데…. 나는 믿지도 않는 신에게 속으로 빌어본다. 곰아, 제발 와주렴.

그때 왼쪽에서 누군가 숨을 들이쉰다. "저기, 보여요!"

나무 그림자 사이로 큼직한 갈색곰 한 마리가 어둠을 헤치고 모습을 드러낸다.

"암컷이에요." 가이드가 낮게 속삭인다.

곰은 주위를 두리번거리며 코를 킁킁댄다. 그 순간 모두가 숨쉬기를 멈춘다. 곧이어 새끼 두 마리가 조심스레 따라 나온다. 공터 한가운데 놓인 바위 위에 비스킷 몇 개가 흩어져 있다. 많지는 않지만 곰을 유인하기엔 충분하다고 했다(내 눈에는 꽤 많아 보인다). 곰이 한 걸음씩 다가간다. 그러다 무언가에 놀랐는지 새끼들을 데리고 숲으로 사라진다. 이내, 방금 전보다 두 배는 커 보이는 곰이 은신처 바로 앞에 모습을 드러낸다. 숨이 턱 막히고 가슴께가 서늘해진다. 덩치가 압도적이다. 가이드는 곰의 무게가 0.5톤에 가깝다고 속삭인다. 몸이 굳어 눈조차 깜빡일 수 없다. 저 곰은 작년 이맘때 바로 여기서 암컷 한 마리와 새끼 두 마리를 죽였다고 한다. 숨어있던 관람객들은 그저 지켜보는 것 말고는 할 수 있는 게 없었다.

사냥하느냐 마느냐, 그것이 루마니아의 문제로다. 지금은 사냥이 금지됐지만 이 평화가 오래갈 리 없다. 지역 도시의 시장들은 곰이 농작물과 가축을 망가뜨린다며 반드시 없애야 할 '골칫덩이'라고 목소리를 높인다. 더 강한 압박이 다른 쪽에서 밀려든다. 트로피 사냥꾼은 곰 한 마리당 6000~1만 달러[약 840만~1400만 원]를 낸다. 산림청에 내는 공식 수수료만 그렇다. 기척도 냄새도 남기지 않으려 애쓰는 우리 같은 관람객은 비교 대상조차 안 된다. 2016년 10월 정부가 사냥 금지령을 내리자 언론은 곰을 공포의 대상으로 그리기 시작했다. 지역 주민의 반감을 부추기는 기사들이 쏟아지고, 사냥꾼이자 정치인인 차바 보르보이는 블로그에 글을 올려 곰의 공격이 두 배로 늘었다고 주장했다. 곰이 보호받기 시작한 이후 '유전적으로나 행동학적으로 퇴화하고 있다'고도 했다. 그가 제시한 해결책은 '자경단식 정의'다. 빵을 부동액에 적시거나 꿀에 쥐약을 타는 식이다. 그러나 진짜 목적은 따로 있다. '주민의 안전을 위한 유일한 방법'이라는 명분 아래 사냥 할당제를 부활하려는 시도다.[116] 사냥꾼들이 요구한 할당량은 전체 개체수의 10퍼센트. 루마니아 전역에 갈색곰이 6050~6640마리 살고 있으니 해마다 600마리는 잡아야 한다는 것이다. 문제는 이 수치를 산출한 주체가 바로 사냥꾼이라는 점이다. 그들이 숲의 관리자라는 이름으로 개체수를 조절하고 있고, 사냥을 통해 얻는 경제적 이익이 적지 않은 만큼 숫자는 얼마든지 부풀릴 수 있다.

하지만 정말로 짚어야 할 문제는 따로 있다. 트로피 사냥꾼이 노리는 대상은 대개 우두머리 수컷이나 경험 많은 어미 곰이다. 이런 개체가 사라지면 성 선택의 자연스러운 질서가 무너진다. 그 결과로 나타나는 현상이 '성 선택에 따른 유아 살해'다. 영역을 차지한 새로운 수컷은 이전 수컷의 새끼를 죽인다. 어미 곰이 사라지면 번식 가능한 암컷 한 마리를 잃는 데 그치지 않는다. 곁에 있던 새끼들까지 살아남기 어렵다. 사냥은 곰의 가족 구조와 학습 과정, 무리 안의 서열과 영역 질서까지 송두리째 뒤흔든다. 그로 인해 야생에서는 좀처럼 벌어지지 않을 긴장이 고조되고 결국 그 균열이 문제를 낳는다. 곰은 생태계의 맨 꼭대기에 선 포식자다. 이른바 '트로피'라 불리는 개체 하나가 사라지는 건 단순한 문제가 아니다. 무리 전체를 뒤흔드는 충격이다. 이런 악순환은 곰에게만 닥치는 일이 아니며, 한 생태계에서 상징적 존재인 모든 포식자에게 언제든 되풀이될 수 있는 비극이다.

나는 곰들을 바라본다. 그러자 숲이 전혀 다른 얼굴로 다가온다. 늑대와 야생 곰이 살아 숨 쉬는 숲은 완전히 다른 세계다. 숲도 그걸 아는 것 같다. 무언가 본질적인 것이 되돌아온 순간, 오래전에 잃어버렸던 마법이 다시 깃드는 듯하다. 운하임리히unheimlich는 영어로 딱 들어맞는 표현이 없는 독일어인데, 어원은 집을 뜻하는 하임Heim에서 비롯됐지만 종종 섬뜩하다는 말로 오역되곤 한다. 하지만 그 뜻은 훨씬 더 미묘하다. 현실 같으면서도 비현실적인, 감춰져 있으면서도 어딘가에 알려진 것 같은, 익숙하면서도 낯선 느낌. 그런 전율이 있다. 아득한 옛날부터 존재해 왔지만 지금은 낯설 만큼 멀어진 무언가에 대한 감각.

　큼직한 수컷 곰이 자리를 뜨고, 우유를 한 방울 탄 듯 옅은 갈색 얼굴의 작은 수컷이 모습을 드러낸다. 그 곰은 나무에 등을 비비며 일어나 자신의 키를 보여주는 듯한 자세를 취한다. 그때 여우 한 마리가 번개처럼 나타나 비스킷 하나를 낚아채 숲으로 사라진다. 그와 함께 나뭇가지가 부러지는 소리가 난다. 큰 수컷 곰이 돌아온 것이다. 이제 분위기가 달라졌다. 그는 어깨의 털을 세운 채 앞발을 통나무 위에 얹고 몸을 일으킨다. 작은 곰은 멈칫하더니 이내 숲속으로 물러난다. 큰 곰은 공터를 천천히 돌며 비스킷 몇 개를 먹고 다시 어둠 속으로 사라진다. 빛은 점점 희미해지고 우리는 이제 이곳을 빠져나가야 한다. 가이드가 긴박하게 속삭이고 우리는 총을 앞뒤로 든 채 서로 바짝 붙어 빠르게 걷는다. 개울을 건너는 길목에서 나는 방금 찍힌 듯한 커다란 곰 발자국을 사진으로 남긴다.

　며칠 뒤 친구들이 우리를 루마니아 대통령 니콜라에 차우셰스쿠의 사냥용 별장 옛터로 데려갔다. 차우셰스쿠는 1965년부터 1989년까지 루마니아를 통치했다. 열한 살 때 그는 구두 수선공에게 일을 배우는 처지였고, 대형 야생동물 사냥은 귀족만의 스포츠였다. 권력을 손에 넣은 뒤 그는 세계에서 가장 큰 곰을 잡겠다는 집념에 사로잡힌다. 공산주의 정권의 생사 결정권은 거의 신적인 권능이었고, 그의 사냥은 거구의 곰을 쓰러뜨리는 일종의 공개 퍼포먼스로 변해갔다. 최고위 간부들은 이 장면을 빠짐없이 지켜보아야 했다. 괴링처럼 차우셰스쿠 역시 자신을 루마니아 숲의 수석 사냥꾼이자 군 최고 사령관으로 포장했다. 전국에 2226곳의 사냥터를 조성하고 모든 사냥터에 그만을 위한 전담 관리인을 두었다. 측근들은 더 크고 위압적인 곰을 차우셰스쿠 눈앞에 대령하는 것이 정치적으로 유리하다는 사실을 깨달았다. 각 지역은 그가 방문할 수 있도록 더 큰 곰을 앞세워 경쟁을 벌였다. 루마니아 국민이 굶주리던 그 시절 야생 곰들은 옥수수와 과일, 닭 사료, 말과 소의 사체로 배를 불렸다.

 1983년 10월 15일 하루 동안 벌어진 사냥(사냥꾼 500명, 세 차례의 몰이사냥) 끝에 몸무게 400~500킬로그램에 달하는 곰 스물네 마리가 잡혔다. 이 전리품을 사냥용 별장에 끌고 와 두 줄로 늘어놓고 갓 자른 나뭇가지로 장식해 차우셰스쿠의 아내 엘레나가 감상할 수 있도록 했다. 사진 촬영 후 차우셰스쿠와 엘레나는 헬리콥터를 타고 자리를 떴다.

 차우셰스쿠는 곰을 철저히 자신의 것으로 여겼고 아무도 숲에 발을 들이지 못하게 했다. 그 결과 루마니아의 곰 개체수는 두 배 가까이 늘었다. 그가 권력을 잡은 1965년에 4000여 마리였던 곰이 1988년에는 8000여 마리에 이르렀고, 숲은 잘 먹고 자란 곰들로 가득 찼다. 서식지의 넓이를 생각하면 실로 놀라운 수치다. 비슷한 면적의 그레이터 옐로스톤 생태계에는 불곰이 고작 700마리 살고 있다. 이처럼 눈에 띄는 수치는 루마니아 트로피 사냥꾼들의 시선을 끌기에 충분했다. 야생에서 곰은 드넓은 땅에 성글게 흩어져 살아가며 몇 안 되는 새끼를 오랜 시간 정성껏 돌본다. 무엇보다 중요한 건 안정된 사회적 구조다. 곰이 제대로 살아가려면 인간의 위협 없이 안전한 서식지에서 먹이를 찾고 몸을 숨기며 짝을 지을 수 있어야 한다. 사냥이 성행하고 인간의 손길이 서식지 깊숙한 곳까지 뻗쳐오면 충돌은 불가피하다. 그런 점에서 피아트라크라이울루이국립공원을 따라 이어지는 건설 작업은 우려스럽다.

우리는 마구라에 머물렀다. 얼마 전까지만 해도 나무 지붕을 낮게 얹은 집들이 옹기종기 모인 소박한 산골 마을이었지만 이제는 대형 휴양지와 현대식 건물이 들어서고 꽃으로 덮였던 초원을 파헤쳐 진입로와 차고를 만들었다. 무언가 하나 들어서면 곧 또 다른 것이 따라온다. 관광안내소, 주차장, 패스트푸드 매장. 곰이 살아갈 공간은 점점 줄어들고 곰을 향한 적대감은 날로 커진다. 루마니아는 정말 아름다운 나라다. 맑은 시냇물, 바람 한 점 없는 고요한 공기, 라임 나무 곁에서 타악기처럼 울리는 벌의 윙윙거림, 사람들의 빠르고도 따뜻한 친절을 온몸으로 느낄 수 있다. 무엇보다 감동적인 건 울타리가 없다는 사실이다. 울타리가! 양 떼는 들판을 누비며 풀을 뜯고 사람들은 조심스럽게 질서를 지킨다. 얼마나 귀한 풍경인가?

차우셰스쿠는 25년 동안 권좌에 머물며 점점 더 노골적으로 권력욕을 드러냈다. 산업화를 밀어붙인 그는 농촌 주민을 강제로 도시화 계획에 끌어들였고, 자신은 호화롭게 생활하면서 국민에게는 하루 200그램 남짓한 소시지만 배급했다. 피임을 금지하고 낙태를 불법화했으며 이를 강제하기 위해 매달 건강검진을 의무화했다. 산모와 신생아의 사망률이 가파르게 치솟고, 1990년대에는 세계를 충격에 빠뜨릴 만큼 많은 아이가 보육원에 버려졌다. 1989년 마침내 사람들은 더 이상 참지 않았다. 한때 공포에 짓눌렸던 군중이 차우셰스쿠를 향해 야유하기 시작했고 얼마 안 가 군대마저 등을 돌렸다. 12월 25

일 차우셰스쿠와 아내 엘레나는 군부대에 끌려가 이름뿐인 재판을 받았다. 재판은 55분 만에 끝났다. 영상 속 차우셰스쿠는 검은 곰털 코트를 입고 있고, 엘레나는 어두운 모피 칼라가 달린 외투를 걸친 모습이다. 오후 4시 사형이 선고됐다. 두 사람은 손이 묶인 채 뒷마당으로 끌려가 벽 앞에 세워졌고, 총살대는 120발이 넘는 총탄을 퍼부었다. 어쩐지 그가 평생 집착했던 곰 사냥과 닮은 처형이었다.

루마니아에서 보낸 마지막 날, 시기쇼아라 언덕 꼭대기 고딕 양식의 교회 앞에서 만난 한 친절한 가이드가 조용히 웃으며 말했다. 루마니아 사람들은 크리스마스에 돼지를 잡지 않지만 그해 크리스마스에는 차우셰스쿠를 잡았다고.

시체성애자의 포옹

입 안에서 작은 포유류가 몸부림친다. 따뜻하고 복슬복슬한 털이 이 사이로 느껴진다. 깊게 물자 끈적한 피가 턱을 타고 흘러내리고 날카로운 비명이 귓가를 찢는다. 겁에 질린 눈동자가 시야에 얼핏 맺힌다. 입을 다문 채 조용해질 때까지 씹는다. 이렇게 먹고 싶진 않았다. 정말이지 이건 아니다.

인간의 포식 본능은 몸 깊숙이 새겨져 있다. 익힌 고기를 주로 먹는 인간은 약 6미터의 긴 소장을 지녔지만 섬유질이 풍부한 식물 위주로 먹는 유인원은 대장이 더 발달했다. 창에서 활로, 활에서 총으로 이어진 무기의 진화로 인간은 점점 더 막강한 힘을 갖게 됐다. 무기가 정교해질수록 사냥감과 직접 마주할 일은 줄고, 방아쇠를 당기는 순간 자연으로부터 한 걸음 더 멀어졌다. 이제 도살은 도축장에서, 조리는 부엌에서 이뤄지며 식사는 쇼핑과 포장으로 대체된다. '잡는다'는 말은 점차 더 부드럽고 모호한 표현으로 바뀌어 갔다.

자연의 대형 포식자들은 불필요한 싸움을 피할 줄 안다.

실제로 맞붙기 전에 서로의 힘을 가늠하고 조용히 물러나는 경우도 많다. 고릴라는 가슴을 쿵쿵 두드려 정면충돌을 피하고, 우두머리 곰은 지배력을 과시하느라 새끼를 해치는 일은 있어도 굳이 사냥에 나서지는 않는다. 바다코끼리는 암컷 무리를 두고 다투기도 하지만 쉽게 흥분해 날뛰지 않는다. 뱀은 독니를 드러내지 않은 채 온몸으로 긴장을 표하고, 사자는 갈기를 흔들며 꼬리를 치다가 이내 몸을 돌린다. 어린 수컷들은 차례를 기다리는 법부터 배운다. 에드워드 오스본 윌슨은 '망토개코원숭이에게 핵무기를 주면 일주일 만에 세상을 파괴할 것'[117]이라 했지만 동물 사이에서 생명을 위협할 정도의 공격은 좀처럼 일어나지 않는다. 가끔 침팬지가 동족을 죽이지만 대부분은 좁은 서식지에서 비롯된 갈등 때문이다. 지구상에서 가장 치명적인 포식자는 호모 사피엔스다. 제어 장치가 없다. 동물이 인간을 두려워하게 된 데는 그럴 만한 이유가 있다. 끝도 없이 이어진 살육의 역사, 갈수록 교묘해진 방식. 그 앞에선 피할 길도 숨을 틈도 없다. 인간의 생태적 양심은 진화할 시간이 없었다.

 이제 사냥은 대부분의 사람에게 생존 수단이 아니다. 몇몇 예외적인 경우를 빼면 그런 시대는 오래전에 저물었다. 한때는 예술이라 불릴 만큼 섬세했던 기술과 자연에 대한 경외심도 희미한 기억 속으로 사라졌다. 사냥은 수지맞는 장사가 아니다. 미국의 일부 사냥꾼은 아직도 식량 확보를 이유로 들지만 장비와 탄약, 면허, 이동에 드는 시간과 비용까지 따져보면 맞춤 정장을 입고 캐비어를 즐기는 편이 더 싸게 먹힐 것이다. 그렇다면 이토록 비효율적인 행위에서 사람들은 왜 여전히 큰 즐거움을 느끼는 걸까? 인간의 진화가 사냥이라는 행위와 깊이 얽혀있다는 사냥 가설이 있다.[118] 사냥에 능한 이들이 짝을 얻고 공격성과 살생 능력이 생존과 번식에 유리하게 작용하면서 그 형질이 자손에게 이어졌다는 주장이다. 이러한 설명은 인간의 공격성을 이해하는 데 일정 부분 단서를 제공하긴 하지만 그보다 설득력 있는 해석은 협력에 있다. 사냥은 강인한 남성 집단의 결속을 다지는 무대였고 그러는 동안 여성은 아이를 돌보며 생활 공간을 지켰다. 사냥은 도구를 낳았고 도구는 발명의 원동력이 됐다. 인류는 언제나 채집보다 사냥에 더 깊은 의미를 두었다.

재주는 곰이 부리고

생존과 무관한 사냥을 스포츠라 한다. 한때 귀족의 오락이던 '피의 스포츠'는 비용만 감당하면 누구나 즐길 수 있는 취미가 됐다. 스페인의 철학자 호세 오르테가 이 가세트는《사냥에 관한 성찰》에서 사냥을 '인간이라는 조건에서 잠시 벗어나는 휴가'라고 표현하며 '사냥꾼은 죽이기 위해 사냥하는 것이 아니라 사냥하기 위해 어쩔 수 없이 죽이는 것'이라고 했다. 짐승처럼 날이 선 감각으로 사냥꾼은 자연의 일부가 된다. 잠들어 있던 본능이 깨어나고 신성한 의식처럼 질서 속에서 제자리를 찾는다. 하지만 오르테가 이 가세트는 '사냥이라는 행위를 가장 위협하는' 건 다름 아닌 '이성'이라고 인정했다.[119] 쾌락을 위해서는 살고자 하는 생명이 스러져야 한다. 각자의 세계 안에서 고유한 질서와 관계를 이루며 살아가던 존재가 그렇게 생을 마친다. 작가 밴스 부르제일리는 말한다. "생각하지 마. 멈추는 순간, 견딜 수 없게 될 거야."[120] 사냥은 자연의 일부이며 도덕은 인간이 만들어 낸 개념에 불과하다는 주장도 있다. 그러나 즐거움을 위해 생명을 끊는다는 건 웬만해서는 받아들이기 어렵다. 그럼에도 사냥꾼들은 당신이 신은 가죽 구두를 흘깃 보며 결국 당신도 별반 다르지 않다고 말할 것이다.

루마니아의 한 게스트하우스에서 어거스트 롤랜드 폰 스페스의 회고록을 보았다. 1864년 오스트리아에서 태어난 그는 장교로 복무하다 루마니아 시민권을 취득하고 1921년 국왕 페르디난트 1세의 명으로 왕실 사냥 책임자가 된다. 책에는 눈을 의심케 하는 사진들이 실려있다. 어딘가 모순적인 장면들인데, 산 동물이든 죽은 동물이든, 스페스가 건네는 애정에 아무런 차이가 느껴지지 않는다. 죽은 멧돼지 위에 한쪽 발을 올리고 선 모습, 노루 곁에 총을 세워 두고 느긋하게 앉아있는 모습, 죽은 곰에 등을 기대고 앉아있는 모습. 익숙한 사냥의 기록들 사이로 어미를 잃은 새끼 동물을 품에 안은 사진이 불쑥 끼어있다. 그 품 안에서 생과 사가 한데 섞인다. 스페스는 안개 낀 숲 너머를 바라보며 죽은 알프스산양의 머리를 가만히 끌어안고 있다. 두 살 반이던 딸 실비아는 거꾸로 뒤집힌 큰뇌조를 안고 있다. 살아있는 독수리와 죽은 독수리, 죽은 곰 옆에 바짝 붙어 앉은 새끼 곰, 죽은 늑대를 등에 멘 스페스를 따라 웅크리고 있는 늑대 피터, 새끼 오소리의 따스한 온기와 싸늘하게 식은 스라소니의 냉기까지 한데 깃들어 있다. 가장 인상

적이면서 혼란스러운 건 이 모든 풍경이 한 프레임 안에 있는 사진이다. 이 사진에서 스페스는 새끼 곰 두 마리를 안고 서있고 발밑에는 숨을 거둔 거대한 곰이 누워있다. 그 위에 죽은 개 한 마리가 겹쳐있고, 곰의 뒷다리 근처에 줄에 묶인 개 한 마리가 있다. 몇 장을 더 넘기자 실비아가 양팔로 새끼 곰을 하나씩 안고 있는 사진이 나온다. 이어서 앞발을 번쩍 치켜들고 금방이라도 덮칠 듯 포효하는 곰의 상반신 박제가 등장한다. 옆에는 으르렁대는 표정의 개 머리 박제가 있다. 호기심이 걷잡을 수 없이 커져, 시비우에 있는 스페스사냥박물관으로 향했다.

1911년 1월 25일 스페스는 카르파티아산맥 깊숙한 라이타 협곡의 동굴에서 곰을 쫓고 있었다. 가장 아끼던 사냥개 하두브란트를 먼저 들여보낸 뒤 일이 꼬이기 시작했다. 얼마 지나지 않아 동굴 안에서 거칠고 격렬한 울음소리가 터져 나왔고 날카로운 비명이 메아리쳤다. 곰이 낸 소리는 아니었다. 스페스는 마지못해 따라온 조수에게 안을 들여다보게 했다. 조수는 창백한 얼굴로 돌아와 하두브란트가 새끼를 지키던 암곰에게 목숨을 잃었다고 전했다. 분노를 억누르지 못한 스페스는 다른 사냥개를 데리고 절벽을 따라 다시 동굴로 향했다. 입구에 도착하자 사냥개가 짖으며 안으로 달려들었고 잠시 후 곰이 포효하며 돌진해 왔다. 스페스는 방아쇠를 당겼다. 총성이 울리고 동굴 안은 짙은 연기로 가득 찼다. 연기가 걷히고 바닥에 쓰러진 어두운 형체가 모습을 드러낸 순간, 스페스는 얼어붙었다. 거리가 너무 가까웠다. 총알이 빗나갔다면 자신이 먼저 쓰러졌을지도 모를 일이다. 스페스가 어미를 잃은 새끼 곰 두 마리를 어떻게 데려왔는지, 그 새끼들에게 어떤 일이 있었는지 박물관에 기록은 없다. 끝도 없이 늘어선 트로피와 가시 돋친 뿔 사이를 지나가다, 나는 그 새끼 곰들의 어미를 마주했다. 100년 넘게 멈춰있던 포효다. 곁에는 한때 적이었던 개가 함께 놓여있다. 오래전의 대결을 그대로 박제한 듯 둘 사이에 말로 설명할 수 없는 긴장감이 감돈다. 스페스의 정원에서 새끼 곰들이 뛰노는 사진은 어디에도 없었다. 그리고 딸 실비아는 나중에 조류학자가 됐다.

별난 사랑

사람들은 왜 수 세기 동안이나 사냥에 열광했을까? 1965년부터 1971년까지 아룬델과 브라이턴 교구를 맡은 데이비드 캐시먼 주교는 새와 포유류 사냥에 푹 빠져있었다. 그에게 사냥은 현실에서 잠시나마 천국을 맛보는 행위였다. 여우 사냥을 즐긴 성직자 찰스 킹즐리(1819~1875)도 별반 다르지 않다. 《물의 아이들》을 쓴 그는 날듯이 숲을 달리는 여우의 날렵하고 우아한 자태에 넋을 잃곤 했다. 여우가 마치 신이 보낸 전령 같다고 느꼈다('몹시 짓궂은 녀석'이라고도 했지만). '누가 알겠는가? 나도 모른다. 지금 내 안의 감정은 자꾸만 부풀어 올라 금방이라도 터질 듯하다. 마치 피스톨[셰익스피어 희곡에 등장하는 허세 많고 호들갑스러운 인물]처럼 들끓는다. 외쳐야 할까? 알릴까? … 이 장엄한 침묵을 깨고 나도 '뷰할루'[영국 전통 사냥에서 여우를 발견했을 때 외치는 소리]라고 외쳐야 할까? 아니다. 그럴 필요는 없다. 이 순간에도 내 심장을 목구멍까지 솟구치게 하고 말까지 펄쩍 뛰게 만드는 소리가 점점 더 크게 울려 퍼지고 있으니까…."[121]

데이비드 바렛은 사냥에 집요한 열정을 지닌 영국의 트로피 사냥꾼이다. 그는 팟캐스트 〈인간 안의 짐승〉에 출연하기 위해 남아프리카 공화국 출신의 전직 크리켓 선수 케빈 피테르슨과 인터뷰 약속을 잡았다. 방송 진행자 사라 브렛과 함께 바렛의 집을 찾은 피테르슨은 벽을 가득 메운 아프리카산 전리품들 앞에서 말을 잃는다. 그러다 붉은 총상 자국이 이마에 선명하게 남은 코끼리 곁에 바렛이 서있는 사진 앞에서 걸음을 멈춘다.

"코끼리를 쏘는 건 특별한 경험이에요. 믿기 어려울 만큼 강렬하고 압도적이죠. 그래서 제가 했습니다." 바렛이 말한다.

그런 충동을 느끼느냐는 피테르슨의 질문에 바렛은 고개를 끄덕인다. "그 짜릿함은 말로 설명이 안 돼요…. 정말 엄청나죠…." 그는 코끼리가 정면으로 돌진해 오던 순간을 떠올렸다. 겨우 9미터 앞에서 그 육중한 짐승을 쓰러뜨렸다고 한다. "비용도 꽤 들었어요."

자신을 '사냥하는 사람'이라고 말하는 그는 몇 년 전 검은 담비를 쐈던 기억도 꺼낸다. "세상에, 그렇게 아름다운 동물도 드물어요. … 그런데 참 어리석기도 하죠. 서른 걸음도 안 되는 거리에서 그냥 멍하니 저를 쳐다만 봤거든요. 솔직히 좀 미안했어요. 이 녀석 참 멍청하네, 싶었죠. 아니면 일부러 자기를 쏘라고 기다린 걸지도 모르겠어요. 어쨌든, 탕! 한 방에 그대로 쓰러졌어요."

"요즘은 좀 시시하네요. 멍청한 동물만 쏠 수 있다니." 사라가 말한다.

바렛이 웃으며 고개를 끄덕인다. '제대로 된' 사냥감을 찾아 계획하고 조준해서 쏘고 싶다고 한다. 그런 순간이 완벽하니까! "저는 사냥을 정말 온 마음을 다해 사랑해요." 잠시 말을 멈췄던 그는 조용히 덧붙인다. "예전엔 아침에 눈을 뜨자마자 그 생각부터 했어요. 그래, 오늘은 뭔가 하나 죽여야지! 그런 게 저를 살게 만들어요."

바렛은 자신이 동물을 사랑한다고 말한다. 사냥할 때면 언제나 이상한 감정이 밀려든다고도 털어놓았다. "진심으로 안타깝긴 해요. … 그래서 머리를 쓰다듬으며 이렇게 말하죠. 미안하다, 친구야."[122]

트로피 사냥꾼의 사진첩은 죽은 이를 끌어안는 시체성애자의 병든 사랑처럼 어딘가 불길하고 혼란스럽다. 그는 사냥이 끝난 뒤 희생된 육체를 쓰다듬고 어루만진다. 애정처럼 보이지만 실은 소유하려는 욕망이 빚은 거짓 사랑이다. 너무도 탐한 나머지 결국 죽이고야 마는 갈망. 생과 사를 쥐락펴락하려는 권력욕. 하지만 그런 권력이 진짜가 되려면 반드시 자격을 증명해야 한다. 희생자는 '선택된' 존재임을 기억하라. 단순한 개체가 아니라 신의 영적인 전령이다. 찰칵. 셔터가 눌리는 순간 방아쇠를 당긴 이가 누구냐에 따라 사진은 지배의 셀카가 되기도, 망상의 셀카가 되기도 한다.

가련한 트로피 사냥꾼 필립 글래스는 자신이 처음으로 쏴 죽인 사자의 갈기에 얼굴을 묻고 흐느낀다.[123] 그는 '야생동물을 사랑하기 때문에 죽인다'고 믿는 사람이다. 사자에게 감사를 표하고 신께 기도를 올린다. 경외심에서 비롯된 살해였다고 말한다. 그의 말대로라면 그 눈물은 자랑과 기쁨의 발현이다. "정말 아름다운 사자였어요." 그는 말한다. 하지만 우리는 안다. 언젠가 그는 어릴 적 동물을 쏘라고 강요하던 폭력적인 아버지에 대해 털어놓은 적이 있다. 그의 눈물은 단지 감격의 산물이 아니다. 아버지에게 인정받기 위해 끊임없이 자신을 증명해야 했던, 뒤틀리고 상처 입은 한 소년의 고백이다. 죽은 사자는 이제 품에 안고 잘 수 있는 부드러운 인형이 됐다.

—※—

나는 필요하다면 동물을 죽여서 먹을 수 있을 것 같다. 어릴 적 누군가 식탁 위의 파리를 탁 눌러 죽이자, 아버지는 그것을 집어 들더니 일부러 과장되게 꿀꺽 삼켜버렸다. 우리에게 전하고 싶었던 말은 단순했다. 죽였다면, 먹어야 한다는 것.

—※—

2007년 유튜브에 올라온 한 영상이 전 세계 수백만 명의 주목을 받았다. 흰꼬리사슴이 사냥꾼을 공격하는 믿기 힘든 장면이었다. 제목은 '사슴이 사냥꾼을 공격하다 Deer attacks a hunter!'(오늘 기준 조회수 335만 335회). 영상 속 사슴은 뒷다리로 일어서서 사냥꾼에게 앞발을 휘두른다. 위장복을 입은 사냥꾼은 나가떨어지고 사슴이 위로 올라타 몸을 짓누른다. 사냥꾼은 팔로 얼굴을 가리며 버티지만 사슴은 멈추지 않는다. 앞발로 사정없이 내리치고 고개를 숙여 바닥에 얼굴을 짓이기듯 밀어붙인다. 마치 마음의 마지막 한 가닥이 툭 끊기며 '도망쳐!'에서 '공격해!'로 전환된 듯했다. 이 영상은 순식간에 퍼져나갔고 반응은 폭발적이었다. '밤비의 통쾌한 복수' '밤비가 사냥꾼을 두들겨 팬다.' 댓글창은 들끓었다. 사냥꾼은 간신히 몸을 일으키지만 사슴은 다시 달려들어 발길질한다. 또다시 쓰러지는 장면이 몇 차례 이어지고 영상은 끝난다. 그래서 이후 어떻게 됐는지는 아무도 몰랐다. 하지만 이제는 안다. 뒤늦게 밝혀진 바에 따르면, 영상 속 남자 린 체스트넛은 온몸에 사슴 오줌을 뿌렸다고 하며, 친구들에게 보여주려고 아내에게 촬영을 부탁했다. 영상 속에서 그는 엘크 파이어라는 상표의 스프레이 병을 들어 보인다. 그러니까 누가 진짜 멍청한 동물인지 이제 알겠다.

핏빛 스포츠

나는 지금 사냥 반대 시위대를 향해 말을 몰고 돌진하는 장면이 담긴 몰래카메라 영상을 보고 있다. 눈을 뗄 수 없을 만큼 긴장감이 감돈다. 말발굽이 아스팔트 위를 또각또각 내달리고 사방에서 고함이 터진다. 그때 분홍색 옷을 입은 남자가 앞으로 뛰쳐나온다. 그의 일그러진 얼굴은 프란시스코 고야의 그림에서 막 튀어나온 듯 어딘가 뒤틀려 있다. 그는 채찍을 휘두른다.

곧이어 혀가 채찍이 된다. 하얀 장갑을 낀 손이 하늘로 번쩍 들리고 입에서 거침없는 욕설이 쏟아진다.

"카메라 끄라고, 이 끔찍하고 늙은 창녀야!"

그리고 쿵.

한때는 말을 타고 여우를 쫓는 일을 인간의 절대적인 권리처럼 여겼지만 시대가 바뀌었다. 영국 시골 곳곳에서 조용한 전쟁이 시작됐다. 캠핑 밴을 타고 이곳저곳 누비던 행동대원들은 길바닥에 감초 같은 향을 뿌려 여우의 흔적을 지웠다. 사냥개나 말이 다쳐서는 안 된다는 게 첫 번째 원칙이고, 상황이 격해지면 맞서 싸우기보다 물러서야 한다는 규칙도 있었다. 참 점잖고 순한 사람들이다. 하지만 그들이 겨눈 표적은 성직자였다. "사냥에 나선 성직자만큼 역겨운 존재는 없다." 예배당 맨 뒷자리에 앉아 그렇게 외치고 여우 사체를 제단 위에 내던지기도 했다(이쯤 되면 착하다고만 할 수는 없었다). 그들은 사냥꾼이 여우를 쫓는 사냥개를 말리지 않는 모습을 카메라에 담았고, 기수가 렌즈를 향해 채찍을 휘두르는 순간도 포착했다. 양 진영 사이에는 깊고 음울한 증오가 흘렀고 이는 철저히 사적인 분노에서 비롯됐다. 그리고 사람이 죽었다. 1993년 4월 3일, 열다섯 살 소년 톰 워비는 사냥개를 태운 밴의 뺑소니 사고로 숨졌다. 운전석에는 사냥꾼 앤서니 볼이 있었다. 그날 무너진 건 '삶의 방식'이지만 실상은 '죽음의 방식'에 가까웠다.

여우 사냥이라는 말만 꺼내도 논란이 따라붙는다. 2004년 11월 19일 영국 정부는 사냥개 떼를 풀어 여우를 쫓는 전통적인 사냥 방식을 불법으로 규정했다. 단, 사냥개 두 마리를 이용해 여우를 모는 행위는 예외로 두었다. 그렇게 몬 여우를 총으로 쏘기 위해서다. 이 새로운 사냥 금지법을 둘러싼 갈등을 노동당은 일종의 브렉시트[영국의 유럽연합 탈퇴]로 여겼다. 끝이 보이지 않고 막대한 예산이 들지만 여우에게는 별 도움도 되지 않았다.* 상류층은 전통을 지켜야 한다는 명분을 앞세워 하류층을 향해 분노를 쏟아냈다. 사람들은 평생에 한 번 맛볼까 말까 한 거친 날것의 본능을 놓치려 하지 않았다. 막 갈아엎은

밭머리 위로 붉게 그을린 그림자가 스치듯 낮게 날아간다. 달려라, 달려. 감각을 깨우는 전율, 거품을 물고 내달리는 말, 진흙과 낙엽, 나무껍질과 이끼, 바람이 뒤섞인 냄새. 피처럼 붉은 열매, 하얗게 서린 숨결. 성인들이 내뱉는 상스러운 말, 얼음이 깨지는 웅덩이, 달빛을 머금은 사냥개들의 합창. 이보다 더 본능에 가까운 순간은 없었다. 하지만 여우는 어땠을까? 사냥이 정말 잔인한 행위인지 따져보기 위해 작성된 번스 보고서는 수많은 이해관계자의 진술을 검토한 끝에 다음과 같이 결론 내렸다. 하루 종일 사냥개 떼에게 쫓기다 찢겨 죽는 일은 '여우의 복지를 심각하게 훼손한다.'

사냥의 규칙

가끔은 그 뜻을 끝내 알지 못했지만
나는 늘 아버지의 총을 들고 가장 먼저 도착했지.
헌 외투에 몸을 묻고, 오래된 길 위에 나를 잃은 채.

_존 번사이드, 〈정당한 사냥〉

쾌락을 위한 동물 사냥에도 규칙이 있다. 무리마다 신화를 빌려와 저마다 의식을 치른다. 정해진 복장과 익혀야 할 용어가 있다. 무리에 끼고 싶다면 그런 규칙을 따라야 한다. 하나라도 실수하면 바로 들통날 것이다. 먼저 필요한 건 살아있는 표적이다. 수사슴이나 멧돼지, 호랑이, 혹은 스나크[루이스 캐럴의 작품에 나오는 상상의 동물]처럼 도망칠 수 있는 동물이어야 한다. 길에서 마주친 말이나 양, 백조 등은 사냥감이 아니다. 밧줄에 묶였거나 울타리에 갇힌 동물도 마찬가지다(물론 남아프리카의 트로피 사냥꾼처럼 그런 원칙을 아예 무시하는 자들도 있지만). 그래서 공원의 사슴이나 엑스무어 포니[영국의 토종 조랑말 품종]는 사냥 대상이 아니다. 적어도 야생의 모습이어야 하며, 길들었거나 그냥 서있는 동물도 쏘면 안 된다. 그런데 미국의 곰 사냥꾼 중에는, 목에 라디오 송신기나 분홍 리본을 달고 먹이통 옆에 서있는 곰을 쏘는 자들도 있다. 반려동물과 가축도 쏘면 안 된다. 그건 사냥이 아니라 도둑질이다. 그리고 또 하나의 원칙. 반드시 죽여야 한다. 죽이지 않으면 사냥이 아니다. 몰래 뒤쫓아가 총을 쏘는 방식은 고도의 기술이 필요한 정통 사냥으로 인정받는다. 독을 쓰거나 덫으로 먼저 잡은 뒤 죽이는 건 금기다. 실제로 그렇게 하는 경우도 많지만, 대부분 사냥이 아닌 사냥터나 농촌 환경 관리활동일 것이다. 사냥은 계획된 행동이어야 한다. 차로 치어 죽이는 건 사냥이 아니다. 무기를 든 사람이 아무런 위협도 가하지 않은 야생동물을 의도적으로 죽이는 것이 사냥이다. 자기방어는 여기에 포함되지 않는다.

쾌락을 위한 사냥에는 한 가지 암묵적인 전제가 깔려있다. 야생에서 살아가는 동물의 삶은 중요하지 않으며, 언제든 버릴 수 있고 썩어 사라질 운명이라는 생각. 마치 일회용품처

---

*   한때 농부들은 지역 사냥을 위해 여우의 존재를 눈감곤 했다. 하지만 요즘에는 사냥용으로 풀어놓은 꿩이 늘면서 이를 보호하기 위해 젊은 사냥터지기들이 덫과 총을 동원해 여우를 몰아낸다. 그 결과 여우는 예전보다 확실하게 영국 시골에서 쫓겨 사라지고 있다. 이 애증의 동물은 살아남기 위해 도시로 발길을 돌렸다.

럼 말이다. 그리고 이런 소모품을 처리하는 데는 '포식자 개체 수 조절'을 통한 자연보호라는 또 하나의 명분이 따라붙는다.

악취구덩이

친구들과 함께 에든버러에 머물다가 무심코 잡지 한 권을 집어 들었다(표지 사진은 스코틀랜드 황야 풍경이다). 아무 페이지나 펼친 순간 숨이 턱 막혔다. 악취구덩이[썩은 포유류나 새의 사체를 모아놓은 구덩이]라는 말을 이번에 처음 들었는데 눈앞에 그 실체가 펼쳐졌다. 죽은 동물의 머리와 꼬리, 날개와 다리, 갈비뼈와 힘줄, 털과 깃털, 발이 한데 뒤섞인 사냥터지기의 스튜. 썩어가는 사체가 뭉개진 채 역겨운 정적 속에 파묻혀 있다. 페이지를 넘기자 눈처럼 하얀 겨울 털을 두른 산토끼들의 사체가 산처럼 쌓여있다. 세상에, 말 그대로 지옥 구덩이다. 2017년 한 해 사살된 산토끼는 3만 8000마리로 추산된다. 산토끼는 검독수리와 최근 스코틀랜드에 [재야생화를 위해] 다시 들여온 흰꼬리수리의 중요한 먹잇감이다. 그런데 이렇게 많은 산토끼를 무차별적으로 희생한 이유는 진드기를 매개로 전염되는 루핑병 바이러스(LIV)가 붉은뇌조 사이에 퍼지는 걸 막기 위해서다. 잡지 《리바이브》는 몰이사냥에 기대어 유지하는 스코틀랜드 뇌조 사냥터에 변화를 촉구했다.[124] 믿기 어려울 만큼 충격적인 현실이다. '악취구덩이'에서 썩어가는 사체의 냄새는 여우를 유인하는 미끼다. 그 옆의 스프링 장치가 달린 철제 덫은 여우가 발끝만 스쳐도 철컥 소리를 내며 닫힌다.

덫에 걸린 여우는 몇 시간이고 고통 속에 방치된다. 이 사냥터에서는 뇌조의 수를 조금이라도 줄일 수 있는 존재는 모두 적으로 간주한다. 영국의 뇌조 사냥터에는 드러나지 않은 불편한 진실이 음습하게 내려앉아 있다.

깃발이 펄럭이고 호루라기 소리가 울리면 놀란 붉은뇌조 떼가 일제히 날아올라 사냥꾼들 앞으로 몰려든다. 언뜻 보면 야생조류 같지만, 새들이 날아드는 들판은 처음부터 끝까지 인간이 조율한 무대다. 족제비, 담비, 여우 같은 토착 포식자는 덫으로 제거하고, 뇌조 몸에 기생하는 원충을 없애겠다고 플루벤다졸을 섞은 모래통을 곳곳에 배치했다. 뇌조는 그 모래를 날마다 조금씩 삼키며 살아간다. 사냥터에는 들쭉날쭉한 길이 이어지고, 해마다 덤불에 불을 질러 새순을 틔운다. 습지는 물을 퍼내 말려버린다. 이 모든 수고는 오직 방아쇠 아래 떨어질 새를 한 마리라도 더 불러들이기 위한 것이다. 이 광활한 땅에서 진심으로 환영받는 생명은 붉은뇌조뿐이다. 사냥 및 야생동물 관리단체에 따르면 2012~2013년 시즌에만 야생 뇌조 70만여 마리가 총살됐다. 이는 자발적인 신고 수치이며, 실제로는 해마다 100만 마리가 넘을 것으로 보고 있다. 잡지를 넘기다 문득 이런 생각이 들었다. 영국의 납세자들은 이런 사실을 얼마나 알고 있을까. 총살용 사냥감을 보호한다는 명목으로 야생동물을 죽이는 건 허용하면서, 정작 얼마나 많은 덫을 놓고 어떤 동물을 얼마나 잡았는지 파악하거나 관리하는 체계는 없다. 도랑을 가로지른 통나무 위 스프링 덫에 목을 잡힌 담비가 납작하게 짓눌려 있다. 덫에 코가 걸려 숨이 끊긴 고슴도치, 막대 덫에 거꾸로 매달린 말똥가리, 위성 추적기를 단

채 날개를 펼치고 쓰러진 검독수리. 그리고 철사 올가미에 목이 졸린 오소리가 바닥에 늘어져 있다. 기어다니기만 하면 무엇이든 걸려든다. 도저히 괜찮을 수가 없다.

스코틀랜드 동물학대방지협회 국장 로비 마슬랜드는 최근 문서 한 통을 받았다. 스코틀랜드 전역의 뇌조 사냥터 가운데 4퍼센트에 해당하는 영지 일곱 곳을 아홉 달에 걸쳐 조사한 현장 기록이었다. 조사자는 스코틀랜드 법이 보장하는 '책임 있는 접근권'을 활용해 직접 발로 뛰었고 그 과정에서 본 내용을 시간대별로 기록하며 사진으로 남겼다. 조사 지점은 하나하나 GPS 좌표로 표시했다. 그중에서 단연 눈에 띈 곳은 밀든 영지다. 면적이 78.34제곱킬로미터에 이르는 이 광활한 사냥터에는 모래 먹이통 3001개, 덫과 올가미 761개, 사냥용 매복지 646곳이 있었다. 도로망도 촘촘해 총길이가 150킬로미터를 넘고, 사냥터지기는 차를 타고 그 길을 따라 느릿하게 순찰을 다닌다. 개울을 따라 70미터 간격으로 철제 덫이 줄지어 있고 돌담 위와 배수구 입구에도 덫을 놓았다. 도로변과 돌무더기, 배수관 안에도 상자형 덫을 숨겨놓았고 미끼장과 유인용 동물, 토끼 덫, 조류 퇴치장치, '매사냥용' 새들, 그리고 맹금류 사냥용인 듯한 은신처까지 있다. '이곳에선 모든 게 지나치고, 하나도 온당한 것이 없다.' 다른 영지들도 사정은 마찬가지다. 병든 생태계는 회복할 기회조차 얻지 못한 채 관리라는 이름 아래 끊임없이 억눌린다. '이스터 클루네스[스코틀랜드 하일랜드 지역의 농장 지대]에는 더 이상 야생도 자연도 없다. … 생태계는 심각하게 병들었고 … 그저 뇌조를 밀집 사육하는 농장일 뿐이다.' 납탄과 가스총, 전기 울타리, 맹금류 박해 현황을 한눈에 보여주는 히트맵. '이 순간에도 우리의 평화로운 골짜기에선 전쟁이 벌어지고 있다. 한순간도 멈추지 않는 거침없고 집요한 전쟁. 그 안에서 오직 더 많은 뇌조를 쏘기 위해 동물 수천 마리가 죽어간다.'

이 풍경에서 가장 크게 비명을 지른 건, 정작 보이지 않는 것들이다. 맹금류도 나무도 덤불도 없다. 송골매가 둥지를 틀지 못하게 바위로 틈을 다 막았고, 생태계를 이루는 동물 무리는 통째로 쓸려나갔다. 광막한 영지를 거느린 자에게는 상상력이 눈곱만큼도 없다. 사냥터지기와 지주 사이에는 말보다 강한 암묵의 합의가 있다. 고개 한번 끄덕이고 몇 마디 돌려 말하면 충분하다. 지주는 과정 따위에 관심이 없다. 원하는 건 오직 결과뿐이다.*

스코틀랜드의 뇌조 사냥터는 국토의 13퍼센트 규모지만 이 산업의 국가 경제 기여 비율은 0.02퍼센트에도 못 미친다. 고용 인원(계절직과 단기직 포함)은 3000명이 안 되고 이들의 평균 연봉은 1만 1500파운드[약 2100만 원]에 불과하다.[125] 2020년 6월 18일 스코틀랜드 정부는 허가 없는 산토끼 포획을 전면 금지했다. 사냥터지기들은 곧바로 반발하고 이제 생태계가 무너질 거라며 목소리를 높였다. 하지만 정작 금지된 건 산토끼 포획이 아니라 무면허 포획이었다….

막간

나는 지금껏 가장 작은 쇠똥구리부터 커다란 코끼리까지 많은 스승을 만났다. 그 가운데 내게 가장 가혹하면서 깊은 위로를 건넨 스승은 잉그웨냐[남아프리카 공화국의 줄루어로 악어라는 뜻], 즉 악어다.[126]

시셀로 음바타는 남아프리카 흘루흘루웨 움폴로지 자연보호구역 가장자리 시골 마을에서 자랐다. 학교까지는 걸어서 16킬로미터이고 강을 세 개나 건너야 했다. 여섯 살이던 시셀로는 여덟 살 친구 사넬레와 함께 다녔다. 사넬레는 새와 동물에 대해 알려주곤 했다. 자연은 둘의 놀이터이자 교실이었다. 어느 여름날 폭풍우가 몰려오자 선생님들은 서둘러 아이들을 집으로 돌려보냈다. 아이들이 마지막 강에 이르렀을 때 물이 허리까지 차고 물살도 거셌다. 아이들은 혹시 악어가 숨어 있을까 봐 주변의 통나무를 조심스레 살핀 뒤 손을 맞잡고 줄을 지어 건너기 시작했다. 그때 떠내려오던 나뭇조각 하나가 줄을 끊었고, 사넬레의 손이 시셀로의 손에서 확 빠져나갔다. 누군가 힘껏 낚아챈 것처럼 순식간이었다. 사넬레는 물속으로 사라졌고 손만이 허공을 가르며 허우적거렸다. 시셀로는 그 손을 붙잡아 끌어당겼지만 물거품이 뒤섞인 강 한가운데 피가 구름처럼 피어오르며 흙탕물을 붉게 물들였다. 손끝에서 힘이 빠져나가는 게 느껴졌고 마침내 차가운 손가락이 그의 손에서 미끄러져 나갔다. 어른들이 창을 들고 달려왔을 땐 이미 늦었다. 악어도 사넬레도 자취를 감춘 뒤였다. 시셀로는 친구의 죽음을 마음 깊이 묻었고, 누구에게도 말하지 못한 채 슬픔과 죄책감을 꾹 눌러 삼켰다.

대학에서 자연보전학을 공부하고 싶었지만 등록금을 감당할 수 없었던 시셀로는 보호구역에서 도보 순찰 자원봉사를 시작했다. 건기가 한창이던 날 시셀로는 줄루족 사회에서 원로를 뜻하는 인두나와 함께 움폴로지 강가를 걷고 있었다. 그때 버빗원숭이들이 날카롭게 울부짖고 새들이 경계하는 소리로 답했다. 소리 나는 쪽으로 다가가자 몽구스 한 마리가 그들 앞으로 달아나고 이어서 거친 숨소리가 들렸다. 갈대를 헤치고 들여다보니 수컷 들소 한 마리가 진흙에 다리까지 빠진 채 악어들에게 뜯기고 있었다. 순간 시셀로는 시간을 거슬러 그 날로 돌아갔다. 물살 속에서 사넬레의 손을 붙잡고 있었던 그 잊지 못할 날로. 들소의 뿔이 진흙에 잠기자 인두나는 이제 고통은 끝났고 이 죽음을 통해 무엇을 배울 수 있을지 생각해야

---

* 롱포마커스의 전직 사냥터지기 앨런 윌슨은 자신의 성과를 숫자로 남겼다. 여우 42마리, 고양이 32마리, 쥐 75마리, 담비 103마리, 족제비 37마리, 고슴도치 90마리, 밍크 5마리, 떼까마귀 622마리, 서양갈까마귀 81마리…. 2019년 그는 참매 두 마리, 송골매 한 마리, 말똥가리 네 마리를 총으로 쏘고, 수달 한 마리와 오소리 세 마리를 공중에 매달거나 물에 빠뜨려 죽이는 덫으로 잡았다. 그는 유럽연합에서 사용이 금지된 고독성 농약 카보퓨란 두 병을 소지한 혐의도 받았다. 이미 두 번째 유죄 판결이었지만 그가 받은 처벌은 사회봉사 225시간에 불과했다.
1843년 로버트 카루더스는 《하일랜드 기록노트》에서 글렌개리 영지의 사냥터지기들이 얼마나 많은 '해로운 동물'을 제거했는지 기록했는데 그 수가 4000마리를 넘었다(살쾡이 198마리, 수달 48마리, 검독수리 15마리, 송골매 98마리, 쇠황조롱이 78마리, 쏙독새 71마리, 참매 63마리, 흰꼬리수리 27마리, 물수리 18마리, 아메리카황조롱이 462마리 등 포함). 카루더스는 '자연사에 흥미 있는' 독자들에게 '꾸준하고 조직적인 노력으로 사냥감을 보호할 수 있다'고 강조했다.

한다고 말했다. 그제야 시셀로는 처음으로 삶과 죽음에 대해 뭔가를 깨달았다. 친구를 삼킨 악어 역시 살아가기 위해 사냥했을 뿐이라는 사실을. '어쩌면, 오직 악어만이 이 이야기를 내게 전할 수 있었던 걸지도 모른다.' 그는 그렇게 적었다. 그리고 친구를 지키지 못한 자신과 친구를 앗아간 악어를 용서하며 오랜 슬픔을 놓아주었다.

그로부터 스무 해가 흐른 지금, 시셀로 음바타는 줄루족의 지혜인 우분투ubuntu, 곧 타인을 향한 연민과 공존의 정신을 세상에 전하는 일에 삶을 바치고 있다. 그는 세계 곳곳에서 온 사람들을 남아프리카의 울창한 자연 한복판으로 이끌어 자연의 숨결과 다시 연결되도록 돕는다. 그의 모든 여정은 친구 사넬레에게 건네는 선물이자 스승 인두나를 향한 헌사다.

VIP들

"모든 포식자는 솎아내야 해. 수달도 예외는 아니지." 1976년 잉글랜드 동부 수달 사냥단의 한 사냥꾼이 필립 웨어(수달보호재단 설립자)에게 한 말이다.[127] 20세기 초까지만 해도 수달은 런던 웨스트민스터 다리 아래에서 헤엄치며 놀았다. 그러나 1970년대가 저물 무렵 자취를 감췄다(DDT, 수질 오염, 도로 건설과 배수 사업, 강을 순찰하던 단속원들, 사냥까지, 모든 게 수달을 강에서 몰아냈다). 수달보호재단은 1971년 설립됐다. 이들은 지구의 벗[세계 3대 환경보호단체 중 하나] 소속 안젤라 킹과 손잡고 수달을 법적 보호 동물로 지정하기 위해 끈질기게 싸웠다.

당시에는 수달을 눈으로 확인하기가 어려워서 배설물이나 발자국으로 존재를 짐작했다(요즘은 무인 카메라를 사용한다). 영국 정부는 수달이 거의 다 사라진 뒤에야 움직이기 시작했다. 수달 사냥을 금지하고 1981년에 야생동물 및 전원보호법을 제정해 수달 보호에 나섰다. 1996년까지 수달보호재단은 수달 총 130마리를 사육해 야생으로 돌려보냈다. 수달은 번식 속도가 느렸고, 강을 되살리는 데는 수많은 자원봉사자가 필요했다. 그렇게 30년이 흘러서야 이 놀라운 토착종은 다시 강으로 돌아왔다. 그런데 2021년, 대규모 양계장이 우후죽순 들어서고 산업형 농업에서 흘러나온 독성 폐수가 또다시 강을 오염시키기 시작했다. 되살아난 하천 생태계가 다시 질식해 가는 모습을 바라보자니 참담하다.

생태계 에너지의 흐름을 보면 늘 피식자가 포식자보다 많음을 알 수 있다. 포식자는 어린 시절을 무사히 넘기기 어려운 운명을 타고났고, 피식자는 더 빠르거나 무리 지어 다니며 몸을 숨기는 데에 능하다. 가젤 같은 동물은 네 발을 껑충 들고 허공으로 뛰어오르며[이 행동을 프롱킹(pronking)이라 한다] '이미 봤으니 소용없어'라는 신호를 보낸다. 그럼에도 토착 포식자는 언제나 해로운 존재로 낙인찍힌다. 사람들은 새가 줄거나 가축과 사냥감이 입는 피해까지 모두 포식자 탓이고 이들을 없애야만 문제가 해결된다고 믿는다. 그러나 참매 같은 최상위 포식자가 자리를 지키고 있으면 중간 단계 포식자는 사냥의 위협과 공포가 지배하는 풍경 속에서 자연스럽게 억제된다. 농경지에서 새가 줄어드는 건 포식자 탓이 아니라 농업 방식이 달라지면서 서식지와 먹이, 둥지를 틀 곳까지 사라졌기 때문이다. 생울타리는 무참히 잘려 나가고 들판은 살충제로 뒤덮였다.

여우 개체수는 인간이 내버려두면 큰 변동 없이 유지된다. 하지만 사냥터지기들이 여우를 끊임없이 죽이면 살아남은 개체는 더 이른 시기에 더 많은 새끼를 낳는다. 터전을 잃은 어린 여우들은 흩어져 빈자리를 채우는데, 한 자리에 오래 터를 잡고 살아온 여우는 닭장처럼 위험한 곳을 피해 다니지만 어린 여우는 경험이 없어 사람과 자주 충돌한다. 그래서 사냥이 반복되면 어떤 지역에서는 여우가 완전히 자취를 감춘다. 사냥을 생업으로 삼는 이들에겐 반가운 일이겠지만 생태계엔 재앙에 가깝다. 포식자가 사라지니 쥐나 토끼 개체수가 걷잡을 수 없이 불어난다. 독극물에 중독된 사체는 또 다른 동물을 오염시키고, 무너진 서식지는 좀처럼 회복되지 않는다. 먹이는 점점 줄고 수많은 외래종 사냥감까지 들판에 풀려나 상황은 악화한다.

믿기 어렵겠지만 영국에서는 매년 가을이면 외래 꿩 6000만 마리를 아무런 허가 없이 사냥용으로 방사한다. 이들은 어린 뱀이나 굼벵이무족도마뱀, 양서류처럼 작고 취약한 동물을 닥치는 대로 먹어 치운다. 꿩의 먹이를 보충하겠다며 들판에 뿌린 곡물은 쥐의 번식을 부추긴다. 그렇게 악순환은 끝없다. 요즘엔 꿩고기에서 항생제와 납 성분이 검출된다며 식당에서도 점점 외면하고 있다.[128] 들판에 새가 한꺼번에 두 배로 불어나는데 생태계에 문제가 생기지 않는다면 오히려 이상하다. 이 모든 게 먹을거리 때문이라면, 숙련된 사냥꾼들이 유기농 방목 사슴고기를 공급하고 최상위 포식자가 사라진 자연에서 사슴 개체수를 조절하는 편이 훨씬 이치에 맞지 않을까?

무기를 사용하는 다른 스포츠 중에 피를 흘리지 않고 자연을 해치지도 않는 종목이 있을까? 내 생각에는 펜싱이 그렇다. 여러모로 조건을 잘 갖췄다. 긴 무기를 다루며 기량과 남성성을 뽐내고 복장도 꽤 근사하다. 레이스 장식 셔츠, 코드피스 [사타구니를 가리는 화려한 장식], 찌르기 자세. 가문 문장을 새긴 번쩍이는 검. 예절과 규칙, 클럽과 회원 제도까지 있으니 사회적 소속감도 챙길 수 있다. 어느 정도 숙련이 필요하다는 건 단점일 수 있겠지만 꽃 핀 초원에서 맑은 공기를 마시며 경기를 즐기고, 끝나면 여느 사냥 때처럼 푸짐한 점심을 나눌 수도 있지 않을까….

우리의 사회적 행동은 조상 대대로 물려받은 유산이다. 그 중심에는 언제나 부모가 있다. 욕조에서 거미를 발견했을 때 엄마가 거미를 살려서 밖에 내보내는지, 비명을 지르며 도망치는지, 아니면 물에 빠뜨려 죽이는지에 따라 아이의 반응도 달라진다. 이런 사소한 순간이 삶을 대하는 태도를 빚는다. 우리는 모두 저마다 규칙이 있는 작은 동아리의 일원이다. 가족이라는 이름 아래 충성심과 소속감을 바탕으로 하는 작은 봉건 사회에서 살아간다. 생태학과 동물 지능에 관한 과학은 눈부시게 발전했지만 우리의 일상적 이해로 곧장 이어지지는 않는다. 학교에서는 지리와 인류사, 대통령, 왕과 여왕에 대해 배우지만 포식자가 생태계에서 어떤 역할을 하는지, 침실 창밖 나무에는 누가 사는지, 발밑 흙 속에 어떤 생명이 있는지 가르쳐주지 않는다. 우리는 점점 더 편향된 사고가 지배하는 세상의 메아리 속에 살아간다. 남들이 생각하는 방식이 어느새 내 생각이 되고, 스스로 생각하는(그리고 그 생각을 말로 꺼내는) 일은 점점 어렵게 느낀다.

※

잉글랜드의 볼랜드 숲에서 자란 암컷 잿빛개구리매가 위성추적장치를 달기 위해 붙잡힌다. 카메라를 향한 눈빛에 반감이 짙게 배어있다. 이 매는 이듬해 요크셔 데일스의 뇌조 사냥터에서 죽은 채 발견된다[이 사냥터는 사냥감인 뇌조를 보호하기 위해 멸종위기종인 잿빛개구리매 '베스'를 불법 사살했다. 영국 사회에 큰 충격을 안긴 사건으로, 데이비드 하센트의 시 〈볼랜드 베스〉를 비롯해 여러 문학 작품과 매체가 베스의 짧고 비극적인 삶에 슬픔과 분노를 표했다].

LOVE, ACTUALLY

몇 해 전 친구 댄이 책 한 권을 건넸다. 제목은 《집시들: 마차 시대와 그 이후 The Gypsies: Waggon-time and After》. 그의 아버지 데니스 하비가 쓴 책이다. 표지에는 얼룩무늬 말을 앞세운 화려한 집시 마차가 그려져 있고, 고삐를 쥔 채 나란히 걷고 있는 이가 데니스다. 짙은 머리칼과 구레나룻과 콧수염, 포크파이 모자, 넓은 깃이 달린 코트를 걸친, 눈에 띄게 잘생긴 남자다. 말과 집, 남자. 1950~1960년대 데니스는 떠돌이로 살왔다. 잉글랜드 남부의 롬어를 알아듣고 집시들의 삶과 풍속에 밝았다. 내가 흥미를 보이자 댄은 미출간 원고 〈마법을 짜는 손길〉도 건넸다. 데니스가 자신의 기이한 삶을 바탕으로 쓴 이야기로, 전쟁 직후 세 사람 사이의 사랑을 다룬 삼각관계 소설이다. 1945년 제2차 세계대전이 막 끝나갈 무렵, 데니스는 도싯 스프링헤드 영지에서 산림관리인으로 일했다. 조너선과 내가 가꾸는 작은 자연보호구역에서 그리 멀지 않은 곳이다. 어느 이른 아침 그는 시냇가 풀숲에서 지쳐 쓰러진 새끼 수달 한 마리를 발견했다. 생후 6주쯤 되어 보이고 심하게 굶주린 상태였다. 어미는 근처를 배회하던 사냥개들에 희생됐을 거라고 데니스는 짐작했다. 그는 새끼 수달을 안고 조앤메리의 집을 찾았다. 조앤메리는 영지를 총괄하는 관리자의 젊은 아내로, 집시 혈통의 아름다운 여인이었다. 데니스가 오랫동안 마음에 품은 사람이기도 했다. 그녀를 찾아가기에 이보다 좋은 핑계가 또 있을까?

데니스는 조앤메리가 동물을 매우 아끼는 사람이라는 걸 알고 있었다. 그녀가 직접 들려준 이야기가 있다. 고향 데번을 떠나야 했던 사연, 온 마을에 퍼진 끔찍한 소문. 모든 일의 발단은 한 젊은 사냥터지기였다. 그날, 덫에 걸려 다리가 부러진 토끼를 꺼낸 그 사내는 조앤메리가 지켜보는 앞에서 토끼의 목을 비틀어 죽였다. 조롱이 섞인 잔인한 행동이었다. 그 순간 조앤메리는 말할 수 없는 고통과 분노에 휩싸였다. 그녀는 그 충격을 '머릿속을 찌르는 듯한 통증'에 비유했다. 참지 못한 그녀는 젊은 사내에게 똑같은 일을 겪게 될 거라며 그날이 머지않았으면 좋겠다고 저주를 퍼부었는데, 사흘 뒤 그 사냥터지기는 트레일러 뒤에 걸터앉아 있다가 차가 후진하며 벽에 부딪히는 바람에 두 다리가 으스러졌다. 그 자리에 있던 친구들은 조앤메리의 말이 현실이 됐다며 그녀를 마녀라 부르기 시작했다.

조앤메리는 젖병으로 우유를 먹이며 새끼 수달을 정성껏 돌봤다. 야생의 기운과 묘한 매력을 함께 지닌 이 작은 생명은 어느새 그녀 마음 깊숙이 자리 잡았다. 두 사람은 수달에게 켈피라는 이름을 붙여주었다. 켈트 신화에서 호수에 산다는 변신의 정령에서 따온 이름이다. 젖을 떼야 할 시기가 되자 데니스는 강으로 나가 물고기를 잡기 시작했다. 작살만으론 부족하다 싶었는지, 송어를 맨손으로 간질여 잡는 집시들의 방식까지 익혔다. 그렇게 켈피는 조앤메리가 기르던 고양이들과 집 안의 콜리 사이에서 자연스럽게 지냈다. 고양이 문으로 자유롭게 드나들고 식구들이 휘파람을 불면 곧장 달려왔으며 밤이면 살금살금 밖으로 나가곤 했다. 기질은 야생 그대로지만 사람을 전혀 두려워하지 않았다. 데니스는 그게 마음에 걸렸다. 특히 수달을 쫓도록 훈련된 사냥개 무리가 근처를 어슬렁거릴 때는 몹시 불안했다. 어느 날 사냥이 예고되자, 데니스는 켈피의 이불과 배설물을 들고 시냇물 상류로 향했다. 그곳에 일부러 냄새를 남긴 덕분에 사냥개들은 엉뚱한 방향으로 짖으며 달려갔고, 데니스는 조용히 안도의 숨을 내쉬었다. 시간이 흐르며 켈피는 점점 다루기 어려워졌고, 그럴수록 조앤메리를 향한 데니스의 마음도 깊어졌다. 하지만 감정을 드러냈다가 모든 걸 망칠까 두려웠던 그는 켈피를 데리고 서리주 도킹 외곽의 박스힐 근처 고향 집으로 돌아간다.

데니스는 1920년대 마구간을 개조한 집에 살았다. 켈피는 정원 한쪽 구석에 판 굴에 지내면서 매일 저녁이면 흥거운 휘파람 같은 소리를 내며 나타나 데니스에게로 달려들었다. 폴짝 뛰어올라 발치에서 몸을 빙그르르 굴린 뒤, 네 발로 정강이를 꼭 껴안은 채 데니스가 이리저리 걷는 동안 매달려 다녔다. 어느새 둘만의 장난처럼 굳은 놀이였다. 데니스가 켈피를 번쩍 안아 올려 두툼한 갈색 털을 쓰다듬을 때야 장난이 끝났다. 하지만 켈피는 오래 안겨있지 않았다. 몸을 비틀며 빠져나가서는 부엌 싱크대로 달려가 수도꼭지를 틀어보려 안간힘을 썼다. 데니스가 물을 틀어주면 켈피는 물줄기가 쏟아지는 싱크대에 몸을 누이고 '얼굴 옆으로 앞발을 들고 까만 발바닥을 바깥으로 내밀며 놀라움과 호기심을 드러냈다.' 금세 싫증이 나면 정원으로 나가서 눈에 보이는 건 뭐든 장난감 삼아 놀았다. 데니스는 켈피가 세상을 빠르고 영리하게 이해하는 것에 감탄했다. 생선가게에서 사 온 먹이를 늘 챙겨줬지만, 켈피는 밤이면 살금살금 빠져나가 연못에서 금붕어나 관상용 잉어를 잡아먹었다. 동네 순경은 이 엉뚱한 도둑에게 유난히 관대했다. 연못 주인의 항의에도 번번이 왜가리 탓을 하더니, 수달이 토착종이라 데니스를 법적으로 처벌할 수 없다는 사실을 알아낸 뒤에는 들뜬 기색까지 보였다.

하지만 데니스는 뛰어난 지능과 '길들일 수 없는 야성'을 지닌 동물이 사람들 틈에서 살아간다는 게 얼마나 위험한 일인지 잘 알고 있었다. 켈피가 야생에서 살아남지 못할까 봐 걱정했던 건 아니다. 먹이를 찾는 건 본능처럼 자연스러워 보였다. 문제는 사람을 전혀 경계하지 않는다는 데 있었다. 데니스는 정원에 우리를 마련해 켈피를 가두려 했지만 수달이란 동물은 쉽게 순응하거나 갇혀 지내는 법이 없었다. 결국 켈피는 마을 전체를 제집처럼 누비기 시작했다. 정원 연못은 물론이고 이웃집 안팎까지 거리낌 없이 드나들었다. 어느 날은 뒷문으로 주방까지 뛰어들었다가 감쪽같이 사라지더니 냉장고 문이 열리는 순간 불쑥 나타나, 저녁거리를 준비하려던 집주인의 손에서 가자미를 낚아채 도망쳤다. 데니스가 헐레벌떡 달려갔을 때 켈피는 구석에 쭈그리고 앉아 가자미를 꼭 끌어안은 채 한창 식사 중이었다. 데니스는 생선값을 치르고 켈피의 꼬리를 잡아끌며 투덜거리듯 집으로 돌아왔다. 또 다른 날에는 호숫가 대저택에서 열린 칵테일파티에 슬쩍 나타나 연못의 오래된 잉어들을 해치우기도 했다. 가장 악명 높은 사건은 와이트 대령의 저택에서 벌어졌다. 대령 부부가 아무것도 모른 채 잠자리에 든 사이, 켈피가 집 안에 갇혔다. 이튿날 아침 돌아온 켈피는 어딘가 낯설 만큼 조용했고 데니스는 이상한 기운을 감지했다. 그리고 그때 전화벨이 울렸다. 데니스는 이렇게 썼다.

와이트 대령이 들려준 이야기는 나뿐 아니라 누구라도 한두 번은 들어봤을 법한 일화다. 그날 밤 대령 부부는 아래층 어딘가에서 이상한 소리가 두 차례 들려와 잠에서 깼다. 도둑이 든 줄 알고 대령은 (아마 군용 칼이나 권총쯤을 손에 쥔 채) 계단을 내려갔을 것이다. 집 안을 샅샅이 살폈으나 식당 문은 닫혀있어 열어보지 않았다고 했다. 이튿날 아침 식사를 준비하려고 식당 문을 여는 순간, 눈 앞에 펼쳐진 광경은 그야말로 아수라장이었다. 처음에는 누군가가 뭔가를 찾으려 뒤졌나 싶었다. 다른 방들은 멀쩡했으니까. 하지만 무차별적이고 광범위한 난장판을 보고 대령은 초자연적 현상이나 영적인 소동은 아닐지 의심했다. 그때 장식장 아래에서 '자그마한 털북숭이 얼굴' 하나가 빼꼼 등장했고 모든 수수께끼가 단번에 풀렸다. 켈피였다. 모두가 잠든 사이 켈피는 혼자 방 안에 갇힌 것이다.

켈피는 벽을 타고 다니며 탈출구를 찾아 헤매다가 가구를 모조리 밀어내고 책장을 뒤엎어 책을 와르르 쏟아냈으며, 서랍을 하나하나 꺼내 몽땅 뒤엎었다. 벽에 걸린 그림을 하나도 남김없이 떨어뜨리고, 카펫은 말아 올려 구석으로 밀고 커튼을 찢어발겼다. 벽지는 걸레받이에서부터 발톱으로 긁기 시작해 액자가 걸렸던 벽의 위쪽까지 길게 찢었다. 그렇게 뜯긴 벽지 조각이 방 안 곳곳에 헝클어진 리본처럼 뒹굴고 천 조각처럼 벽에 매달려 너풀거렸다.

그럼에도 대령 부부는 켈리를 야단치지 않았다. 조용히 현관문을 열어주었고 켈피는 그 길로 집을 빠져나갔다. 내가 만난 대령 부부는 참 유쾌한 사람들이었다. 대령은 그날 이후로 그렇게 신나는 일은 없었다며 깔깔 웃었고 그의 아내는 어차피 방을 손볼 때가 됐다고 너털웃음을 지었다. 그들이 수리비를 청구한 건 장식장에서 떨어져 망가진 무거운 라디오 하나뿐이었다.[129]

와이트 부부에게 고마웠지만, 데니스는 오래 버틸 수 없으리라는 걸 알고 있었다. 켈피는 날카로운 이빨을 가진 야생

동물이고 언젠가 누군가는 다칠지도 모른다. 오래 망설인 끝에 데니스는 런던행 기차에 올랐다. 왕립동물학회의 줄리언 헉슬리 교수에게서 켈피를 받아주겠다는 편지가 도착한 참이었다. 런던동물원에서 새 사육사를 만났을 때, 데니스 앞에 펼쳐진 풍경은 콘크리트로 둘러싸인 우리와 생기라곤 찾아볼 수 없는 인공 개울이었다. 그는 한걸음 뒤로 물러섰다. 켈피의 몸과 감정, 본능까지 누구보다 잘 아는 데니스에게, 길들일 수 없는 야생 수달도 결국 우리 안이 더 행복할 거라는 말은 도무지 설득력이 없었다. 데니스는 켈피의 야성, 정서, 신체적 욕구를 두루 고려한 더 나은 환경을 요구했다. 하지만 돌아온 대답은, 과학은 외면한 채 감정에만 휘둘리는 사람이라는 싸늘한 평가뿐이었다. 말없이 발길을 돌린 데니스는 문득 어린 시절 우연히 찾아냈던 외딴 골짜기를 떠올렸다. 층층이 이어진 지형 사이로 시냇물과 폭포가 흐르던 그곳은 알고 보니 17세기 정원사이자 일기 작가 존 이블린이 설계한 땅이었다.

> 나는 켈피를 그 계곡에 데려가 남은 운명을 스스로 선택하게 하기로 마음먹었다. 살아남는다면 언젠가 짝을 찾겠지. 그렇지 않다면 죽음을 맞이하기에 그만한 곳도 없다. 언젠가 내게도 마지막 순간이 온다면 해머스미스 병원 침대나 매연 자욱한 런던 하늘 아래 콘크리트 수조보다는 그런 곳을 택하고 싶었다.[130]

데니스는 물고기 한 마리와 함께 켈피를 양철 상자에 넣었다. 계곡을 따라 한참을 오른 끝에 해가 지기 30분쯤 전 켈피를 풀어주었다. 켈피는 땅 냄새를 잠시 맡더니 풀밭을 가로질러 달려가 가장 가까운 연못으로 몸을 던졌다. 물 위로 얼굴을 내밀고 데니스를 한 번 바라본 뒤 반대편 둑으로 헤엄쳐 올라가 몸을 털었다. 그러고는 뒤도 돌아보지 않고 너도밤나무 숲속으로 사라졌다. 데니스는 한동안 그 자리에 머물며 켈피가 무사하기를 바랐다.

꺼져가는 불꽃, 타오르는 욕망

페로 제도는 덴마크 북서쪽, 생명이 넘실대는 북대서양 해역에 있다. 고래들은 이 바다를 따라 먹이를 찾아 이동하고 페로인들은 그 길목에서 사냥에 나선다. 그린다드라프grindadráp, 줄여서 그린드grind*라 부르는 이 전통 사냥은 오래 전부터 그림의 소재가 되었고 노래로 구전되었으며 1298년 제정된 법령**에도 등장한다. 관습에 곧 '권리'가 따른다는 믿음이 이 법에 들어있다. 페로인들에게 고래 고기는 문화가 아니라 생존 그 자체였다. 고래 지방은 식량이자 등불을 밝히는 연료이고 가죽은 밧줄로, 위장은 낚싯배의 부표로 쓰였다. 고래의 살은 곧 사람의 살이 됐다. 하지만 오늘날 고래 고기는 심각하게 오염됐다. 메틸수은, 폴리염화비페닐(PCB), DDT 유도체 같은 독성 물질이 고래 몸에 축적됐다. 강을 통해 바다로 흘러든 이 잔류 독소들은 먹이사슬을 따라 생물의 몸속에 농축되는데, 생명과 생명이 서로 긴밀히 얽혀있음을 보여주는 끔찍한 사례다.

2012년 페로 제도의 보건의료국장 호그니 데베스 요엔센은 고래 고기의 오염 물질이 태아의 신경계와 면역계 발달에 악영향을 미치며 경동맥 경화증, 고혈압, 2형 당뇨까지 유발할 수 있다고 경고했다. 특히 어린아이에게 고혈압이 나타날 수 있다는 점을 우려했다.[131] 이에 따라 페로 정부는 고래 고기 섭취를 한 달에 한 번으로 제한하고 임신 중이거나 모유 수유 중인 여성, 어린아이에게 각별한 주의를 당부했다. 그럼에도 매년 소비되는 고래 고기는 200톤, 지방은 100톤에 이른다. 인구수로 따지면 인당 연간 약 6킬로그램을 섭취하는 셈이다. 이 수요를 충당하기 위해 해마다 긴지느러미들쇠고래와 대서양낫돌고래 1000여 마리가 희생된다. 들쇠고래는 몸길이 3.7미터, 무게 2톤가량인데 가족 단위로 무리를 지어 바다를 떠돈다.

전통은 오래됐지만 사냥 도구는 최첨단이다. 쾌속정과 제트스키, 휴대전화, 번쩍이는 도살장비까지 총동원한다. 사냥철이 따로 없고 할당량도 없다. 앞바다를 지나는 고래는 고래의 것이 아니라 자신들의 것이라고 여긴다. 해안 가까이 고래 떼가 나타났다는 소식이 퍼지면 곧장 그린드 마스터에게 연락이 간다. 사람들은 기다렸다는 듯 몰려든다. 애국심이라는 열기에 휩싸여 사내들의 전투 본능이 들끓는다. 해변에는 갈고리와 밧줄, 작살과 칼을 든 남자들이 길게 늘어서고, 배들은 굉음을 내며 고래 떼를 포위한다. 궁지에 몰린 고래들은 죽음의

---

*   빈드(binned)[쓰레기통에 버린다는 뜻의 영어 단어]와 음조가 비슷하다.
** '양 조문(The Sheep Letter)'이라는 법령 이름처럼 양과 관련한 조항이 대부분이다.

해안으로 떠밀린다. 남자들은 물에 뛰어들어 고래의 숨구멍에 갈고리를 꽂고 밧줄로 끌어당긴다. 해안에 이르자마자 작살로 척수를 끊어 고래를 죽인다. 나는 생각에 잠긴다. 고래의 길게 뻗은 몸을 따라 작살 끝이 피부를 지나 척수까지 꿰뚫는 장면이 자꾸만 머릿속을 맴돈다.

국제 해양보호단체 시셰퍼드는 지난 40년 동안 이 잔혹한 사냥에 맞서 싸워왔다. 단체의 자원봉사자들은 어딘가 꾀죄죄하고 사회의 틀에서 비켜난 사람들처럼 보일지 모른다. 그러나 고래를 향한 마음만큼은 누구보다 단단하다. 모집 공고의 직무란에는 이렇게 적혀있다. '무급, 장시간 근무, 고강도 육체노동, 위험 노출, 극한 기후 조건.' 이들은 몇 주씩 바다를 떠돌며 돌고래와 고래가 학살지로 향하지 않도록 진로를 바꿔준다. 헌신적이고 용감하며 진실을 외면하지 않는다. 체포되든 감옥에 가든 절대로 물러서지 않는다. 그들이 지키고자 하는 건 단 하나, 고래의 생명이다. 2015년 시셰퍼드는 그린드의 실상을 영상으로 기록했다. 끝까지 볼 수 있는 사람도 있겠지만 나는 아니었다. 다만 붉게 물든 바다 풍경은 잊히지 않는다. 허리까지 바닷물에 잠긴 사람들이 부산히 오가고 그 사이로 고래 수십 마리가 죽어가고 있었다. 숨이 멎은 어미의 배를 가르자 아직 세상 밖으로 나와보지 못한 새끼가 창자 위로 미끄러지듯 흘러나왔다. 시셰퍼드에 따르면 덴마크 해군과 경찰이 이들의 선박을 압수하기 전까지 들쇠고래 약 490마리가 도살됐다.*

고래 한 마리를 죽이는 데는 20분 넘게 걸린다. 페로 정부조차 척수를 끊는 작살이 효과적이지 않다는 점을 인정하고 대체 도구를 개발하겠다고 밝혔다. 페로 정부의 '책임 있는 사냥' 자문역인 케이트 샌더슨은 야생이란 본디 거칠고 예측할 수 없는 세계라며 이렇게 말한다. "전통인 동시에 생계를 위한 방식이죠. 지역 자원이고 식단의 일부예요. 스포츠가 아니라 가족의 밥상을 책임지는 일입니다." 그린드의 현장 책임자는 이 사냥을 '환경친화적'이며, 자연이 내어준 것을 이용하는 일이야말로 진정한 '책임'이라고 주장한다.[132] 무리를 지어 다니던 들쇠고래 떼는 곧장 도살장으로 끌려간다. 살아남는 개체는 없다. 임신한 어미, 막 태어난 새끼, 어린 고래 모두 서로를 바라보며 죽어간다. 해변을 뒤덮은 고래만 해도 200여 마리. 사람들의 고함, 공포에 질린 고래들, 피, 몸부림. 물속에서 숨을 쉬어야 하는 존재들에게 비명은 허락되지 않는다. 미동도 없이 반짝이는 돌고래의 등 위에서 아이 하나가 춤을 춘다. 젊은 남자들이 손뼉을 치며 웃고 사진을 찍는다. 피로 정수리까지 붉게 물든 이들이 카메라 앞에서 당당히 포즈를 잡는다.

  그린드는 일종의 우화다. 앞을 못 보고 지나온 길만 되짚는 이야기. 눈을 감은 사람들 앞에 파괴의 추는 서서히 무겁게 내려앉는다. 가까운 생명은 먼 강에서 흘러온 독으로 병들고, 한 종의 멸종은 생태계 전체의 균열로 번진다. 죽음은 서로 얽히고 맞닿아 있으며, 예고 없는 순환이 이어진다. 우리는 곧 그린드다. 치명적이고, 무장을 한 채 열광에 휩싸여 자유와 권리

---

* 페로 제도(세계에서 1인당 GDP가 가장 높은 지역 중 하나)는 덴마크의 재정 지원을 받으며 유럽연합과 자유무역협정을 맺고 있지만 유럽연합 회원국은 아니다. 이런 탓에 유럽연합법 아래 금지된 고래류의 포획과 학대가 여전히 진행되고 있다.

를 원한다며 파멸을 향해 돌진하는 존재.

―·―

 호주식 억양이 짙은 남성의 낮고 깊은 목소리가 화면 위로 흐른다.
 "저는 믹 패닝입니다. 14년 동안 프로 서핑 투어를 돌았죠. 그러다 백상아리를 만났습니다."
 카메라는 푸른 바다 위 대회가 한창인 현장을 비춘다. 한 서퍼가 보드 위에 엎드려 힘차게 노를 젓는다.
 순간 중계진의 목소리가 다급하게 튀어나온다. "수면 위로 물보라가 솟구칩니다. 세상에, 저게 뭐야!"
 2015년 7월 19일 남아프리카 공화국 제브리스 베이에서 열린 제이베이 오픈 결승전. 호주 출신 서퍼 믹 패닝은 백상아리와 마주쳤다. 전 세계 2700만 명이 숨을 죽인 채 지켜보던 순간이다. 바다가 거칠게 뒤틀리며 사방으로 물보라가 튄다. 거대한 지느러미가 수면을 가르며 다가온다. 고개를 돌린 패닝이 본능적으로 몸을 홱 틀어 피하려 한다. 물살이 흩어지며 보드가 튕겨 오르고 패닝은 그대로 물속에 고꾸라진다. 잠시 후 보드가 수면 위로 다시 떠오르고 하얀 물안개가 허공에 흩어진다. 거세게 일어난 파도가 시야를 덮친다. 아득하게 느껴지는 9초가 흐른다. 부풀어 오른 물살이 소용돌이치며 몸을 휘감는다.
 패닝이 물 위로 얼굴을 내민다. 제트스키가 빠르게 다가가 그를 태운다. 충격과 공포로 그의 얼굴이 잔뜩 굳어있다. 나중에 패닝은 이렇게 회상했다. 상어가 한 바퀴 돌더니 다시 다가왔고, 본능적으로 등을 향해 주먹을 날렸다고. 그러자 상어가 보드를 물어 서핑 리시를 끊어버렸다고 했다. "정말 무서웠어요."

그날 이후 패닝은 머릿속을 맴도는 잔상과 공포를 떨쳐내기 위해 자신이 마주쳤던 존재를 파헤치기 시작했다. 그리고 알아갈수록 두려움은 호기심으로 바뀌었다. 그는《내셔널 지오그래픽》호주판과 손잡고 상어 전문가 네 명과 함께 상어 보호를 주제로 한 다큐멘터리를 만들게 된다.

여성 전문가의 목소리가 들린다. "당신은 바로 그 최상위 포식자를 만난 거예요."

다른 남성 전문가가 덧붙인다. "상어는 놀러 온 게 아닙니다. 먹으러 온 거죠."

카메라를 향해 천천히 걸어오는 패닝의 얼굴이 클로즈업된다. 또렷한 턱선이 눈에 들어온다. "그래서 저는 다시 바다로 가서 상어를 진짜로 이해해 보려 합니다."[133]

죽음을 마주한 순간 뜻밖에 새로운 길이 열렸다. 패닝은 상어를 신비롭고 위엄 있는 존재, 자주 오해받는 생명이라 말한다. 지구에는 상어 1200여 종이 살고 있으며 그 가운데 4분의 1 이상이 멸종 위기다. 상어는 바다 생태계의 건강을 가늠하는 지표다. 해마다 상어에게 목숨을 잃는 사람은 10~15명이지만 인간은 연간 상어 1억 마리를 죽인다.[134] 많은 어부가 상어를 잡아 지느러미만 잘라낸 뒤 몸통을 바다에 버려 익사시킨다. 이 다큐멘터리가 전하고자 하는 메시지는 진실을 알면 지키고 싶은 마음도 생긴다는 것이다. 아직도 자신이 서퍼라고 믿고 싶은 조너선은 상어만 아니었다면 패닝이 그 대회에서 우승했을 거라고 말했다. 나는 패닝이 다음 해에 우승했다는 걸 알고 있지만 아는 척하진 않았다. 이 글을 읽고 나면 자연히 알게 되겠지.

산처럼 생각하기

1944년 4월 알도 레오폴드는 책상 앞에 앉아 지난 시간을 되짚었다. 젊은 날 콜로라도강 삼각주를 카누로 누비던 기억이 났다. 형과 함께 물길을 따라 나아가던 35년 전, 그는 막 임업학교를 졸업한 스물두 살 청년이었다. 미국 산림청 소속 임업가로서 애리조나 황무지를 돌며 땅을 재고 나무 수를 헤아리는 임무를 맡고 있었다. 어느 날 협곡 가장자리에 앉아 점심을 먹던 중, 강물을 따라 흘러가던 시선이 맞은편 강둑의 낯선 형체에서 멈췄다. 처음에는 암사슴인 줄 알았지만 물기를 털며 뭍으로 올라오는 모습을 보니 아니었다. 곧 버드나무 숲 사이로 새끼 늑대들이 튀어나왔다. 서로 뒤엉켜 놀며 어미에게 달려드는 모습이 축제의 한 장면처럼 눈부셨다. 협곡 아래 발치 가까이에서 '늑대 무리가 뛰놀고 있었다.' 그러나 그 아름다운 장면은 오래가지 못했다. 레오폴드의 총구는 '납탄을 마구 쏟아냈고, 조준보다는 흥분이 앞섰다.' 숨이 차도록 협곡을 내달려 어미 늑대 앞에 다다랐을 때 '그 눈동자 깊은 곳에서 타오르던 녹색 불꽃이 꺼져가고' 있었다. 그 순간 인간은 결코 닿을 수 없는 진실이 있다는 걸 어렴풋이 깨달았다. 오직 늑대와 산만이 아는 진실.

당시 레오폴드는 젊었고 손끝에는 '방아쇠를 당기고 싶은 욕망'이 남아있었다. 늑대가 줄면 사슴이 늘고, 사냥감이 많아지면 산은 천국이 되리라 믿었다. 그러나 녹색 불꽃이 스러지는 눈동자를 마주하고 나서야 '늑대뿐 아니라 산도 그 믿음에 동의하지 않는다'는 것을 알았다. 그날 이후 그는 여러 주에서 늑대가 사라지는 광경을 지켜보았다. 산도 함께 죽어갔다. 사슴 발자국으로 주름진 산등성이에는 풀이 자라지 않고, 지나치게 불어난 사슴 무리는 '스스로조차 감당하지 못하게 됐다.' 세이지브러시[미 서부와 멕시코의 건조한 산지에서 자라는 소관목 식물] 곁에 뼈만 남긴 채 누운 사슴들. 바람에 말라붙은 그 뼈들은 죽어가는 산의 침묵을 고스란히 품고 있다.[135]

1935년 레오폴드는 가족과 함께 위스콘신의 모래투성이 황무지, 일명 샌드 카운티의 낡은 농장에 있는 허름한 오두막으로 이사했다. 그곳에서 나무를 심고 훗날 《샌드 카운티 연감》으로 이어지는 대지 윤리 사유를 심화해 갔다. 당시 레오폴드의 눈에 비친 세상은 자연을 바닥나지 않는 식료 저장고 쯤으로 생각하고 있었다. 인간은 책임도 감각도 없이 자연을 소비하고 그걸 당연하게 여겼다. 그제야 그는 생태 피라미드 꼭대기의 늑대 같은 포식자가 단순히 먹이사슬의 마지막 고리가 아니라 전체 시스템을 섬세하게 조율하는 존재라는 사실을 깨달았다. 그렇게 정교한 질서를 인간이 통제할 수 있다고 믿는 것부터 오만이었다. '대지 윤리는 호모 사피엔스를 대지 공동체의 정복자에서 평범한 구성원이자 시민으로 되돌려 놓는다. 이웃 생명은 물론 공동체 자체에 존중을 요구한다.'[136] 레오폴드는 어미 늑대와 새끼들을 떠올리며 짧은 진혼문을 쓰고 '산처럼 생각하기'라는 제목을 붙였다. 아직 인간은 산처럼 생각하지 못한다. 그래서 '먼지폭풍이 몰아치고, 강은 미래를 실은 채 바다로 흘러간다.' 기념비적인 책《샌드 카운티 연감》이 발간되기 1년 전인 1948년, 레오폴드는 이웃 농장의 풀밭에서 불을 끄다 심장마비로 세상을 떠났다.

얄팍한 장막

트로피 사냥을 두둔한 윌리엄 왕자의 발언이 큰 파장을 불렀다. 왕자의 친구이자 방송인인 벤 포글 역시 트로피 사냥에서 나오는 수익이 중요하다고 말했다. "저도 좋아하진 않아요. 그런데 다른 방법이 있나요?"[137] 대안이 없기라도 한 듯한 말투다.

트로피 사냥 옹호파의 논리는 언제나 비슷하다. 상징적인 대형 야생동물을 잡기 위해 사냥꾼이 지급하는 막대한 수수료로 자연을 보호하고 지역 사회에 일자리를 만든다, 수요가 있어야 보전도 가능하다, 문제는 사냥이 아니라 밀렵이다 등등. 동물보호운동가 윌 트래버스는 이런 이야기를 35년 넘게 들어왔다. 사냥꾼들이 멸종위기종을 노리며 큰돈을 내는 건 사실이다. 희귀할수록 가격은 치솟아 코뿔소 한 마리에 5만 달러[약 6800만 원]를 내기도 한다. 그러나 트로피 사냥이 생물 보전과 지역 경제에 이바지한다는 주장은 허상에 가깝다.* 돈은 사냥 산업 내부에서만 돌고 부패한 고위 관료들의 주머니만 불릴 뿐이다. 보전이 아니라 산업 유지를 위한 명분에 불과하다.

사자 같은 동물을 수요에 맞춰 인위적으로 키운다. 법의 허점을 교묘히 이용해 합법인 척 산업을 꾸리면서 오히려 불법으로 가는 문을 연다. 규제가 느슨해지면 상아는 다시 시장에 풀려 부를 과시하는 도구로 소비된다. 수요는 걷잡을 수 없이 불어나고, 공급이 달리면 밀렵이 빈자리를 메운다. 이 모든 일이 지금도 아프리카에서 벌어지고 있다. 트로피 사냥을 통해 아프리카 대륙에 유입되는 수익은 연간 2억 달러[약 2730억 원]. 이 산업에 종사하는 인원은 5만 명 남짓이다. 반면 야생동물 사냥을 전면 금지한 케냐는 관광 산업만으로 연간 20억 달러 수익을 올리고 이 분야에서 일하는 사람은 50만 명이 넘는다. 트로피 사냥 산업의 열 배 규모다. '사냥이 곧 보전'이라는 말을 다시 생각해야 할 때다.

관광 수익은 아프리카인의 몫이고 상아는 코끼리의 것이다. 거기서부터 길을 찾아야 한다. 일자리와 돈으로 환산해서 코끼리나 사자의 운명을 재는 현실은 인류의 빈곤만 드러낸다. 이 논의에 도덕이 개입할 틈은 없다. 영국의 음식 평론가 A.A. 길은 영장류를 사냥하면 어떤 기분일지 궁금해서 탄자니아로 날아가 개코원숭이를 쐈다. 그는 이렇게 말했다. "어떤 이유로도 정당화할 수 없다는 걸 알아요. 제가 표범이 아닌 이상 먹으려고 죽이는 것도 아니죠. 개체수 조절이라는 주장은 여우 사냥과 마찬가지로 죄의식 없는 쾌락을 덮으려는 얄팍한 장막일 뿐입니다." 트로피 사냥은 커다란 엄니와 멋진 갈

---

*   무리를 이끄는 수컷이나 경험 많은 암컷을 죽였을 때 생태계에 어떤 균열을 남기는지 생각해 봐야 한다.

기, 윤기 흐르는 가죽을 탐내 야생동물을 죽이던 식민지 시대의 잔재다. 빈 내면을 다른 생명의 목숨으로 채우려는 충동에 불과하다. 사냥의 적은 이성이다. 우리는 교육을 받았으며, 더이상 노예제를 유지하지 않고 일부 남아있는 노예제를 수치스럽게 여긴다. 트로피 사냥도 마찬가지다. 더는 자랑이 될 수 없는 낡고 초라한 유물이다. 그 이름이 가야 할 '자리'는 쓰레기통뿐이다.

2016년 4월 30일 케냐의 우후루 케냐타 대통령이 연기 신호를 띄운다. 초승달처럼 휜 상아를 층층이 쌓아 올린 화염탑 열한 개가 하늘을 찌를 듯 솟았다. 밀렵으로 희생된 코끼리 8000마리의 상아 105톤 분량이 한자리에 모였다. 상아 하나하나에는 채집 지역과 나이, 성별, 무리, 체중이 적혀있다. 마치 전쟁터의 추모비 같다. 장대비가 쏟아져도 불길은 꺼지지 않는다. 상아가 타며 터지는 소리, 등유를 태운 불꽃이 뿜는 매캐한 냄새가 공중에 흩어진다. 타오르는 불길이 말없이 외친다. 이 상아는 다시는 이 땅에 돌아오지 않는다고. '상아란 살아있는 코끼리의 일부일 때만 비로소 상아다.'[138]

―※―

1970년대 인도의 야생동물 보호가 아르잔 싱은 인도와 네팔의 경계에 흐르는 강가, 문명의 손길이 미치지 않은 더드와 숲 가장자리에 살았다. 그곳에서 새끼들을 정성껏 돌보며 야생 표범 개체군을 복원하고자 애썼다. 1976년 한 암컷 표범이 숲에 성공적으로 정착해 새끼 두 마리와 함께 지냈다. 하지만 장맛비로 강물이 불어나 보금자리가 휩쓸리자 믿기 어려운 광경이 펼쳐졌다. 표범이 새끼를 한 마리씩 입에 물고 아르잔의 집을 찾아와 침실 한가운데에 차례로 내려놓고는 며칠을 머물렀다. 비가 그친 지 일주일쯤 지나자 표범은 새끼 한 마리를 입에 문 채 집을 떠났다. 흙탕물이 출렁이는 강은 수심이 깊고 물살이 거셌다. 도저히 건널 수 없을 듯한 물길 앞에서 표범은 잠시 멈춰 섰다. 그러더니 방향을 틀어 천천히 카누 쪽으로 다가가 망설임 없이 카누에 올라탔다. 아르잔이 달리 무얼 할 수 있었을까? 그저 노를 저어 건너편으로 데려다줄 수밖에. 반대편에 도착하자 표범은 머뭇거리지 않고 숲속으로 사라졌다. 아직 한 마리가 남아있다는 사실을 아는 아르잔은 강가에 앉아 한참 기다렸다. 하지만 아무 소리도 들리지 않았다. 돌아가기로 마음먹고 다시 반대편에 다다랐을 무렵, 강 건너에서 표범이 나타났다. 낮고 또렷한 울음소리가 물 위로 퍼졌다. 다시 와달라고 부르는 듯했다. 아르잔은 방향을 돌려 노를 저었다. 표범은 기다렸다는 듯 카누에 올라탔고, 아르잔은 아무 말 없이 표범을 집으로 데려다주었다. 얼마 지나지 않아 남은 새끼를 물고 나온 표범은 또다시 카누에 몸을 실었다. 아르잔은 노를 저어 둘을 강 건너편으로 데려다주었다. 물살을 가르며 노를 젓는 내내 마음 깊은 곳에서 뜨거운 감정이 차올랐다. 새끼를 지키려 치밀하게 세운 계획, 그리고 낯선 인간에게 건넨 그 믿음 앞에서 아르잔은 고개를 숙일 수밖에 없었다.

펀자브 시크 왕족의 후예인 아르잔은 한때 열정적인 사냥

꾼이었다. 거대한 야생동물을 쫓는 데 거리낌이 없고 그 짜릿한 쾌감에도 익숙했다. 인생의 전환점이 찾아온 건 어느 날 밤이었다. 전조등 불빛에 비친 표범을 쏜 뒤 총을 든 채 그 자리에 섰는데, 쓰러진 생명을 보며 깊은 혐오감이 밀려들었다. 그날 이후 삶이 완전히 바뀌었다. 그는 남은 생을 인도의 대형 고양이과 동물을 지키는 데 바치기로 마음먹었다. 그는 얼마 지나지 않아 타이거 헤이븐[호랑이 안식처라는 뜻]이라 이름 붙인 보금자리를 만들었다. 그곳은 아르잔의 집이자 보호활동의 거점이 되었고, 어미를 잃은 표범들이 몸을 뉘고 마음을 놓는 공간이 됐다. 아르잔은 밀렵꾼과 싸웠고 행정 관료들과도 수없이 부딪쳤다.[139] 고집스럽고 불같은 성정으로 모두 그를 '명예 호랑이'라 불렀다. 집념은 현실이 됐다. 더드와 숲과 초원 520제곱킬로미터가 국립공원이자 호랑이보호구역으로 지정된 것이다. 2010년 새해 아침 아르잔은 92세의 나이로 눈을 감았다. 타이거 헤이븐에서 화장 후 그의 유해는 유언에 따라 그가 사랑했던 동물들의 무덤에 뿌려졌다.

문제는 환경이야, 바보야

… 아는 척 뒤에 숨은 무지를 깨뜨리고 싶어.
이 초라한 몸 그대로, 벌거벗은 채 세상 앞에 선다.
보잘것없지만, 내 마음만은 진실해.

_벤저민 제퍼나이아, 〈벌거벗은 나(Naked)〉

왜가리 피로 물든 튤립

나는 하천 모니터링 자원봉사자다. 몇 해 전 윌트셔 야생동물보호재단에서 하천 생태조사 교육과정을 연다는 소식을 듣자마자 지원했다. 이보다 내게 잘 맞는 일이 있을까. 긴 장화를 신고 강물 속을 헤집는 게 재미있을 뿐 아니라, 무슨 일을 하느냐는 질문에 머뭇거리지 않고 당당히 말할 수 있어 좋았다. 3분간 강바닥을 발로 휘저어 시료를 채취하고 수질과 서식지 건강 상태를 가늠할 수 있는 특정 무척추동물의 개체수를 세는 일이라고 설명하면 된다. 작업실에 틀어박혀 글을 쓰고 있다고 말하는 것보다 훨씬 나았다. 게다가 책 내용이 뭐냐는 지긋지긋한 질문도 피할 수 있으니 더욱 좋다.

그래서 교육을 받으러 갔다. 집을 짓는 날도래와 짓지 않는 날도래, 하루살이, 쇠꼬리하루살이, 올리브하루살이, 납작하루살이, 감마루스(민물새우), 강도래 유충을 어떻게 구별하는지 배웠다. 감마루스를 제외하면 모두 훗날 강가를 날아다닐 수서곤충의 애벌레로 담수어의 귀한 먹잇감이다. 오염에 민감한 생물이기도 해서 개체수가 일정 기준 이하로 떨어지면 환경청이 현장 조사를 해야 한다.* 이들은 하천의 카나리아나 마찬가지다. 우리 조를 맡은 웨일스 출신 강사는 자신이 자란 지역의 강 이야기를 들려주었다. 폭우가 지나간 뒤 채집한 시료에서 감마루스가 한 마리도 나오지 않은 적이 있다고 했다. 이상하게 여긴 그는 감마루스 채집통(새우가 빠져나갈 수 없는 그물망)을 설치하고 비가 올 때마다 관찰했다. 결과는 늘 같았다. 비가 내린 뒤에는 어김없이 감마루스가 죽어있었다. 원인을 알 수 없어 추적을 이어가다 강 상류에 쌓인 목재 더미에서 실마리를 찾았다. 방부 처리를 거친 나무들이 덮개 없이 노출되어 빗물이 스며들면서 독성 물질이 그대로 강으로 흘러 들어간 것이다. 문제는 그뿐만이 아니었다. 강사는 우유도 골칫거리라고 했다. 정원 연못에 우유 한 숟갈 정도만 떨어져도 안에 있는 생물이 모조리 죽는다고 했다. 젖소 농가에서 우유가 흘러나오거나 세척 작업을 할 경우, 우유를 분해하는 세균이 물속 산소를 순식간에 소모해 버린다. 산소가 채워지기도 전에 바닥나면서 수중생물이 질식해 죽는다. 이런 사실에 누구보다 민감한 건 낚시꾼들이다. 하천 곤충이 풍부하면 물고기도 많다는 뜻이니까.

 누군가 내게 무슨 일을 하느냐고 물었을 때 하천 모니터링을 한다고 망설임 없이 대답했다. 백악질 하천 이야기가 자연스레 이어졌고 그는 귀를 기울였다. 자기도 그런 하천을 하나 갖고 있다고 했다. 편의상 그의 이름을 로저 스위프트라고 해두자. 며칠 뒤 메일이 한 통 도착했다. 제목은 A강협회 정기총회. 로저 스위프트가 보낸 초대장으로, '하천 곤충에 대한 관심과 활동을 간단히 소개'해 줄 수 있겠느냐는 내용이었다. 10분 정도면 충분하다고 했다. 나 말고도 백악질 하천, 낚시, 생태, 수문학, 야생 송어에 관해 이야기할 연사들이 있다고 했다. 회의는 사유지 안에 있는 저택에서 열릴 예정이었다. 강과 호수, 크리켓 경기장은 물론 예배당까지 갖춘 곳이라고 했다. 그는 회의가 끝나면 점심도 함께할 수 있다며 초대의 글을 마무리했다. 백악질 하천, 생태학, 점심…. 나는 참석하기로 했다.

며칠 뒤 협회 총무가 회의 일정표와 참석자 명단, 주소와 길 안내를 보내왔다. 명단에 먼저 눈길이 갔다. 자작 두 명, 기사 작위를 받은 사람 한 명. 순간 마음 한쪽이 조금 불편해졌다…. 회의 장소는 사냥실이었다.

회의 전날, A강에서 시료를 채취해 보기로 했다. 장비를 깨끗이 닦아 챙기고 오래된 수초지 사이 들판을 가로지르는 산책로 옆 다리로 차를 몰았다. 낯익은 장소였다. 발 디딜 만한 자리를 살핀 뒤 양동이에 강물을 담고 관찰용 쟁반을 꺼냈다. 채집망과 스톱워치를 챙겨 강물 속으로 조심스럽게 들어섰다. 망을 강바닥에 고정하고 발끝으로 자갈을 부드럽게 건드렸다. 정확히 1분. 이어서 수초 아래를 훑고, 마지막으로 강둑 가장자리와 돌 밑을 1분간 쓸었다. 세 구간을 돌고 나서 망 안의 내용물을 쟁반 위에 털어 넣었다. 쪼그려 앉아 부유물이 가라앉기를 기다렸다. 작은 생물이 하나둘 모습을 드러내는 이 시간이 늘 좋다. 쇠꼬리하루살이 유충은 흔들의자처럼 몸을 천천히 흔들고, 큰암색올리브하루살이 유충은 잎사귀 같은 아가미

---

* 물론 요즘처럼 예산이 빠듯한 시기엔 그런 조사조차 쉽지 않지만.

를 나풀거리며 유영했다. 편형동물과 거머리는 코브라처럼 유연하게 꿈틀대며 지나갔고, 투명한 호박빛 몸통을 지닌 새우는 옆으로 누워 다리를 마구 저으며 허우적거렸다. 가장 마음이 가는 건 집을 짓는 날도래다. 이 말랑하고 작은 곤충은 침샘에서 뽑아낸 실로 돌멩이와 나뭇조각을 엮어 집을 만든다. 손톱만 한 집은 보석처럼 정교하고, 날도래는 그 안에 몸을 숨긴 채 소라게처럼 느릿하게 기어다닌다. 어떤 장신구 제작자들은 날도래 유충에게 진주 가루나 금 부스러기, 보석 조각을 주어 집을 짓게 한 뒤, 날도래가 성충이 되어 집을 떠나면 그 껍질을 수집해 값비싼 공예품으로 만든다고 한다. 물론 중요한 이야기는 따로 있다. 이제 사냥실로 들어갈 시간이다.

커다란 철문을 지나 진홍빛 튤립이 늘어선 진입로로 천천히 차를 몰았다. 자갈 깔린 마구간 앞마당으로 미끄러지듯 들어서자 줄지어 선 레인지로버들이 보였다. 납작한 모자를 쓴 남자가 나무 계단을 가리켰고 그의 안내를 따라 길고 우아한 방으로 올라갔다. 안을 둘러보는 순간 어깨가 움츠러들었다. 마치 복장 규정이라도 있는 듯 모두가 비슷한 차림새였다. 고사리 색 트위드 사냥 코트, 짙은 초록 조끼, 깅엄 셔츠, 왁스 코팅된 바버 재킷, 부드러운 비엘라 체크 셔츠, 말끔한 블레이저에 클럽 넥타이까지. 어떤 이는 무릎까지 내려오는 트위드 바지에 두툼한 울 양말과 장식용 고정끈까지 완벽하게 갖추고 있었다. 은쟁반 위에는 엘더플라워 코디얼 잔들이 놓여있고, 좌석 25개가 배치된 긴 테이블에는 물병과 함께 이름표와 일정표가 놓여있었다. 내 이름표에는 민망하게도 '하천 곤충학자 케기 커루'라고 적혀있었다. 나는 테이블을 따라 천천히 걸으며 다른 이름표들을 훑어보았다. '사냥터 및 하천 관리자', 또 다른 '하천 관리자', 수문학자, 수도회사 직원, 양식장 관리자, 영지 관리인, 수석 정원사, 영국 낚시협회, 야생동물보호재단, 야생송어보호재단. 그리고 '퇴임 예정 가마우지 포획 허가자'라는 명찰도 있었다. 모두 남성이고, 나와 회의록 정리 담당 서기만 여성 참석자였다.

그제야 나는 여기가 전형적인 귀족 '스포츠' 회의실이라는 걸 알았다. 나는 안건 목록을 훑었다. 결석자 보고, 의장 개회사, 지난 회의 안건, 회계 보고와 회비 안내, 영지 관리인들이 제출한 하천 보고서(공공기관 소속은 아니었다), 외부 발표자 보고, 그리고 아홉 번째 항목에서 눈길이 멈췄다. 가마우지와 포식 문제. 순간 서늘한 기운을 피부로 느꼈다. 내가 있을 자리가 아니었다.

회의가 시작됐다. 강은 구간별로 나눠 관리되고 있었다. 당연했다. 먼저 다녀간 낚시꾼들은 '꽤 괜찮은 수확'이었다고 했고, 한 하천 관리자는 누군가 한 마리도 못 잡고 투덜댔는데 나중에 보니 드라이 플라이[물 위에 띄우는 인공 미끼]를 썼더라며 깔깔 웃었다. 무슨 얘긴지 모르지만 분위기를 보니 짐작은 갔다. 족제비를 봤다는 얘기도 나왔다. 대체로 반기지 않는 분위기였다. 하늘을 가로지르는 가마우지 이야기도 이어졌다. 역시 반가워할 리 없다. 강가의 백조 한 쌍은 피해를 주지 않으니 그냥 두기로 했다지만, '활동이 잦은' 왜가리 세 마리에 대한 보고가 있자 다들 표정이 굳었다. 공기마저 싸늘해졌다. 그리고 카약에 관한 이야기. 나는 조심스레 물었다. 카약 타는 게 왜 문제가 되죠? 가재 페스트 포자를 옮길 수 있기 때문이라는 대답이 돌아왔다. 수달도 마찬가지라고 했다. 두 배로 나쁜 소식이다. 최근 밀렵도 몇 건 있었다고 했다⋯.

내 차례가 왔다. 회의에 앞서 전날 A강에서 시료 조사를 했다고 조심스레 운을 뗐다. 옆에서 세 번째쯤 앉아있던 하천 관리자가 의자를 밀며 몸을 돌렸다. 그의 얼굴이 벌겋게 달아올라 있었다.

"실례합니다만⋯."

내가 말을 멈추자 그가 말을 이었다. 대충 예상했던 질문이다.

"어디서 시료를 채취했는지, 강에는 어떻게 접근하셨는지 여쭤봐도 될까요?" 그의 볼이 더 붉어졌다.

나는 위치를 설명했다.

"허가는 받으셨습니까?"

"누구한테요?"

"토지 소유주에게 말입니다." 말투는 공손했지만 어딘가 날이 서있다.

"아뇨. 사람들이 자주 오가는 산책로 다리 옆에서 들어갔어요. 중학생쯤 되어 보이는 아이들이 피라미 낚시를 하던 곳입니다." (그가 싫어할 만한 정보라는 걸 알면서도 굳이 덧붙였다.)

"강은 오염에 매우 취약하다는 걸 모르시는군요. 채집망이나 장화만으로도 쉽게 영향을 줄 수 있습니다."

"배운 대로 조심했어요. 장비는 전부 철저히 세척했고요." 나는 그렇게 말하면서 강을 따라 오르내리는 새들과 짐승들을 떠올렸다.

로저 스위프트가 고개를 끄덕이며 계속하라는 신호를 보

냈다.

나는 조사 결과를 이야기하고 어떤 무척추동물을 찾으려 했는지, 그 이유는 뭔지 설명했다. 말을 마치고 자리에 앉을 때 나도 모르게 얼굴이 달아올랐다.

10여 분쯤 지나 아홉 번째 안건인 가마우지와 포식 문제로 넘어갔다. 밍크 덫 이야기가 먼저 나왔다. 밍크가 물밭쥐 개체군을 거의 절멸시켰기 때문에 덫 설치는 정당하다는 분위기였다. 낚시협회에서 온 한 남성은 예전에 밀렵을 일삼던 이들에게 강 180미터 구간을 통째로 내어주고 그들 스스로 어류를 방류하고 관리하게 했더니 그 뒤로 3년 동안 밀렵이 단 한 건도 없었다고 말했다. 하지만 가장 많은 시간을 차지한 건 단연 '가마우지 문제'였다. 해결책은 간단했다. 사살. 열 마리를 쏠 수 있는 허가가 나있지만 보고된 개체수 120마리에 비하면 한참 부족했다.

턱이 서서히 굳어왔다. 가마우지는 '본래' 해안에서 살아가는 새인데 해안에 먹을 것이 남아있지 않아서 강으로 들어온 것이다. 그 새들이 안쓰러웠다. 해마다 겨우 한 번 낳는 새끼를 위해, 살아남기 위해, 무너진 터전을 대신할 어딘가를 찾아온 여정이었다. 다음 안건은 왜가리였다. 왜가리는 이 강에서 나고 자란 새다. 이 강이 고향인 생명. 내게 왜가리는 강 그자체다. 몸속에 강의 기억이 흐르고 눈에는 강물 빛이 어린 새. 나는 우리가 강을 돌보는 이유는 그 안에서 살아가는 '모든' 생명을 지키기 위해서라고, 생태계를 이루는 조각들을 이제라도 이어 붙이려는 마음 때문이라고 생각했다. 우리는 하나가 무너지면 전체가 흔들린다는 걸 이제 안다. 생태계는 정교하게 맞물린 아름답고 복잡한 구조이고, 모든 존재는 서로를 살린다.

그때 누군가 고개를 숙이며 말했다. 왜가리를 쏘려면 사살 허가를 받기 위해 '확실한 증거'가 필요하다고. 얼굴이 벌게진 하천 관리자가 피식 웃었다. 방 안에 묘한 기류가 흘렀다. 입가에 스친 웃음기, 슬며시 오가는 시선들. 맞은편에 앉은 영지 관리인이 미소 지었지만 어딘가 서늘했다. 순간 모든 걸 눈치챘다. 몸이 저절로 굳고, 원목 의자 깊숙이 움츠러들었다. 둥글게 둘러앉은 얼굴들을 하나하나 바라보았다. 무슨 증거를 말하는 걸까? 그 새가 왜가리라는 증거? 아니면 왜가리가 물고기를 잡아먹는다는 증거? 나는 야생동물보호재단에서 온 남성을 바라보았다. 그는 아무 말 없이 고개를 떨군 채 앉아있었다.

마거릿 애트우드의 《떠오름 Surfacing》에는 나무에 거꾸로 매달린 왜가리가 등장한다. 한번 보면 잊지 못할 장면이다. 두 날개는 바랜 안개처럼 희미하게 펼쳐져 있고, 한 번도 날갯짓을 못 한 채 허공에 내던져진 듯했다. 발은 나일론 줄에 묶인 채, 가지에 대롱대롱 매달려 흔들리고 있다. 그렇게 생을 마감했다. 그런데 왜 저렇게까지 매달아 두었을까? 린치라도 당한 것처럼 날개 끝으로 생명이 빠져나갈 때까지 방치된 그 형상은 십자가에 못 박힌 몸을 떠올리게 했다.

나는 왜가리를 좋아했다. 크고 묵직한 몸짓, 말없이 기다리는 인내심, 하늘을 삐걱거리며 가르는 익룡 같은 날갯짓이 마음에 들었다. 서식스 지방에서는 '프랑크, 프라앙크!'처럼 들리는 울음소리 때문에 올드 프랭키라는 별명도 붙었다. 우리 집 정원 한쪽에는 작은 연못이 있다. 지난겨울 해가 가장 짧고 추웠던 2주 동안 매일 아침 일곱 시면 왜가리 한 마리가 연못 가장자리에 내려앉아 한 시간이 지나도 떠날 줄 몰랐다. 창처럼 뾰족한 부리를 낮춘 채 묵묵히 사냥감을 노렸다. 얼어붙은 물 위에서 숨조차 쉬지 않는 듯했다. 개구리들은 진흙 밑 깊숙한 곳에서 겨울잠에 들었고 사냥은 번번이 허탕이었다. 침실 창가에 서서 그 모습을 지켜보며 마음이 아팠다. 왜가리의 노랗고 둥근 눈은 텅 빈 연못을 꿰뚫듯 응시했다. 나는 왜가리의 위장이 말라붙어 조여드는 상상을 했다. 왜가리는 바람이 스칠 때만 잿빛 깃털이 살짝 흔들릴 뿐 모든 것이 멈춘 듯 서 있었다.

혹시나 하는 마음에 개 사료를 놔둔 적이 있다. 하지만 왜가리는 왜가리의 먹이가 필요했고 내가 해줄 수 있는 일은 없었다. 조금이라도 도움이 될까 싶어 유튜브를 뒤졌다. 화면 속 왜가리 새끼들은 머리 꼭대기에 모히칸처럼 깃털이 삐죽삐죽 솟아있다. 어떤 영상에서는 둥지에서 떨어진 어린 새가 아직 다 펴지지도 않은 날개로 나뭇가지를 더듬어 꼭대기까지 오르기도 했다. 기적 같았다. 살아남으려는 몸부림, 꺾이지 않는 본능. 그런 장면 앞에선 나도 모르게 숨을 고르게 된다. 인간이 남긴 지배의 잔해 속에서도 어떻게든 살아남으려는 생명들. 눈앞에 있어도 좀처럼 보이지 않는, 강철 같은 심장을 품은 존재들.

《떠오름》속 왜가리는 목숨을 앗아간 이들에겐 무의미했다. 그들이 문제 삼은 건 새가 가져갔다고 여긴 무언가였다. 강을 관리하고 땅을 소유한 자들의 눈에 왜가리의 위엄이나 아름다움은 쓸모없는 것이다. 풍경의 일부로도 받아들여지지 않는다. 존재 자체가 불청객이다. 공존은 애초부터 선택지에 없다. 언제나 제거가 먼저고, 그로 인해 사라질 것에 대해서는 곱씹지 않는다. 설령 무언가를 잃는다 해도, 그들의 삶에 영향을 끼치면 얼마나 끼치겠는가. 가진 게 넘치는 이들 아닌가. 그러니 이제 '시골의 수호자' 흉내는 그만두자. 지킨다는 명목 아래 얼마나 많은 생명을 죽여왔던가.

낚시의 매력은 이해할 수 있다. 정말 그렇다. 세상에서 강보다 아름다운 풍경이 또 있을까? 흐르는 물살이 몸을 감싸고 마음이 차분해진다. 에메랄드 빛 미나리아재비가 물가를 따라 흐드러지고 그 사이로 노란 꽃들이 피어난다. 번개처럼 스쳐 가는 물총새, 하늘빛으로 반짝이는 실잠자리, 수면 위로 날아오르는 하루살이 떼. 한때는 어디에서나 볼 수 있었던 장면이지만 이제는 좀처럼 만나기 어렵다(결국 또 우리가 흘려보낸 인산염과 퇴적물 때문이다). 낚시는 단순한 오락이 아니다. 그 안에는 기술이 있다. 총도 화약도 필요 없다. 물살을 읽고 송어처럼 생각하며 유혹을 빚어내는 섬세한 손길. 드라이플라이를 묶는 일은 하나의 신비로운 예술이다. 물고기들은 가끔 살아서 빠져나가기도 한다. 입이 바늘에 꿰인 채 숨 막히는 공기 속으로 끌려 나오는 일이 유쾌할 리 없겠지만, 어쨌든 목숨은 건졌다. 다시 끌려 나올지 모르지만 적어도 그날만큼은 살아남았다. 나는 낚시를 이해했다. 강을 지켜야 유지되는 일이기도 하니까. 하지만 키가 1.4미터나 되는 왜가리를 향해 총을 겨누는 건 받아들일 수 없다. 우아한 깃털을 휘날리며 날던 생명을 쏘아 죽이는 일만큼은 아무리 생각해도 이해할 수 없다.

그해 겨울, 왜가리들이 떠난 지 석 달쯤 지난 어느 날이었다. 초원 한가운데서 해골 하나를 발견했다. 길고 뾰족한 부리를 집어 드는 순간, 단칼처럼 날아들던 날렵한 움직임이 떠올랐다. 찌를 듯 예리하고 빠르며 본능처럼 정확한 동작. 그 몸은 둥지에서 부모가 온 마음을 다해 빚어낸 세포들로 이루어져 있다. 뼈는 조개껍데기처럼 은은한 광택을 띠고, 눈구멍 안에는 말라붙은 살점이 반달 모양으로 희미하게 남았다. 눈 위, 한때 검은 장식깃이 바람을 타고 휘날리던 자리엔 가느다란 깃털 몇 가닥만 덩그러니 매달려 있다. 나는 차가운 공기 속에서 묵묵히 기다리던 왜가리의 모습과 오랜 허기를 떠올리며 한동안 그 해골을 바라보았다. 생기라고는 없는 개밥에는 끝내 입을 대지 않았다. 이런 감정은 언제나 가슴 깊은 데서 시작된다. 안쪽 어딘가에서 무언가가 주먹을 쥐듯 일어나고, 그 상태로 아무 말 없이 그저 고요하게 머문다. 1963년 혹한이 몰아친 겨울, 영국 전역의 왜가리 개체수는 2000쌍으로 줄었다.

나는 두더지처럼 잔뜩 움츠린 채 시선을 떨구고 연필만 만지작거렸다. 왜가리는 1981년에 제정된 야생동물 및 전원 보호법에 따라 보호종으로 지정되었지만 사유지 안에서는 그런 법도 무력하다. 왜가리도 수달도 어느 날 자취를 감췄고 누구도 그 빈자리를 궁금해하지 않는다. 입을 열까 망설였다. 하지만 말을 꺼내는 순간 목소리는 괜히 커질 테고, 전하고 싶은 말은 입 안에서 뒤엉켜 버릴 것이다. 말을 한들 달라질 게 있을까? 수적으로도 밀리고 분위기는 이미 기울어 있었다. 나는 영국식 침묵을 택했다.

의장이 회의를 마무리했다. 혹시 은색 스바루 포레스터에 건장한 남성 넷이 타고 있는 걸 보신 분이 계시면 알려주십시오. 영지 관리인이 차량 번호를 알고 싶어 합니다. 그리고 협회 금고에 남은 돈은 어떻게 할까요? '왜가리 밥이나 사줄까요?' 마지막으로 의장은 자리를 마련해 준 주최측에 감사 인사를 전했다. 의자 다리가 바닥을 긁는 소리와 함께 사람들이 천천히 일어섰다. 우리는 샌드위치로 가득한 테이블 앞으로 느릿하게 발걸음을 옮겼다. 샌드위치는 어릴 때부터 줄곧 좋아한 음식이다. 케이크도 있고 볼로방[고기나 해산물을 넣은 프랑스식 파이]도 있었지만 눈길만 한 번 주고는 손대지 않았다.

"점심 안 들고 가세요?" 로저 스위프트의 목소리가 등 뒤에서 날아왔다.

나는 시계를 힐끗 보고는 말끝을 흐리며 사과했다. 차가운 공기를 마시며 걸음을 내디뎌 작은 차에 올라탔다. 차는 길가 양옆으로 늘어선 핏빛 튤립들 사이를 빠르게 달렸다.

불가사리 던지기

> 슬기로운 수리공은 톱니 하나, 바퀴 하나도 허투루 버리지 않는다.
>
> _알도 레오폴드, 《샌드 카운티 연감》

1963년 워싱턴주 마카만. 로버트 페인이 보라색 불가사리를 들어 바다를 향해 힘껏 던진다. 하나를 던지고 또 하나를 던진다. 생태학의 흐름을 뒤바꿔 놓을 실험이 막 시작된 참이었다. 생물 군집의 개체수는 무엇으로 조절될까? 자연은 어떤 원리로 움직이는가?

당시 학계에서는 생태계의 균형이 먹이사슬 맨 아래, 즉 식물의 양에 달려있다고 믿었다. 식물이 풍부해야 초식동물이 늘고 초식동물이 많아야 포식자가 살아남을 수 있다는 식으로, 아래 단계가 위 단계를 지탱하고 제한하는 피라미드 구조처럼 여긴 셈이다. 하지만 이런 설명만으로는 지상의 숲이 왜 여전히 푸른지 설명하기 어려웠다. 초식동물이 식물을 '모조리' 뜯어먹지 않는 이유는 무엇일까? 먹잇감의 수가 포식자의 수를 결정한다는 관점은 널리 퍼져있었지만, 역으로 포식자가 초식동물 수를 조절한다는 가설은 낯설고도 파격적이었다. 게다가 생태계를 통째로 실험실로 옮겨 증명할 수도 없는 노릇이었다. 이런 한계 속에서 로버트 페인이 찾아낸 것은 조작과 관찰이 가능한, 작고 독립적인 생태계다. 그가 실험 장소로 고른 곳은 조간대의 바위 웅덩이, 길이 8미터 남짓한 좁은 구간이었다. 그 안에서 종 하나가 군집 전체에 어떤 파장을 일으키는지 수치로 보여주려 했다. 예컨대 최상위 포식자가 사라지면 어떤 일이 벌어질까?

그 바위 웅덩이에는 불가사리, 따개비, 홍합, 삿갓조개, 해면동물, 성게, 해조류, 말미잘, 연체동물이 어우러져 살아가고 있었다. 그중에서 먹이사슬 꼭대기에 자리한 거대 포식자는 홍합을 잡아먹는 자주불가사리 *Pisaster ochraceous*였다. 페인은 불가사리를 바위에서 떼어내 깊은 바다로 던졌다. 조간대를 훌쩍 넘어 다시는 돌아올 수 없을 만큼 멀리. 이후 2주마다 이곳을 찾아 같은 일을 반복했다. 포식자를 꾸준히 제거하는 작업이었다. 불가사리가 사라지자 홍합은 위협 없이 번식하며 바위 위를 빠르게 점령했다. 실험을 시작한 지 1년 반쯤 지나자 이 조그만 생태계에 서식하던 종은 15종에서 8종으로 줄었고, 7년이 흐른 뒤에는 바위 전체가 홍합으로 뒤덮였다. 나머지 생물은 터전을 잃고 사라졌다. 자주불가사리는 홍합을 먹으며 다른 종들이 살아갈 틈을 만들어 주고 있었다. 가장 위에 있는 포식자가 생물다양성의 기반을 이루고 있었던 셈이다. 페인은 몸집이나 개체수에 비해 생태계에 미치는 영향이 압도적인 종을 설명하기 위해 '핵심종'이라는 개념을 제안했다. 아치의 정점에 끼운 쐐기돌처럼 하나만 빠져도 전체가 무너지는 존재. 야외에서 이루어진 최초의 생태계 조작 실험은 그렇게 기록됐다.

마카만에서 불가사리를 내쫓던 어느 날 페인의 눈에 이상한 바위 웅덩이들이 들어왔다. 다시마는 거의 자취를 감추었고 성게만 가득했다. 그는 몇몇 웅덩이에서 성게를 걷어내고 나머지는 그대로 두었다. 그러자 놀라운 변화가 일어났다. 성게를 제거한 웅덩이에는 조류와 다시마가 다시 자랐고, 손대지 않은 웅덩이들은 오로지 성게만 있는 황무지가 됐다. 생태계 어딘가에서 균형이 크게 틀어졌다는 신호였다. 페인은 1971년 알류샨 열도의 암치트카섬으로 향한 여정에서 그 실마리를 찾았다.

알래스카에서 러시아 캄차카반도까지 북태평양을 따라 2만 킬로미터에 이르는 알류샨 화산호는 아시아와 북미가 맞닿는 경계에 있다. 활처럼 길게 늘어선 이 화산섬 지대에는 화산이 57개나 분포하며 환태평양 조산대, 이른바 '불의 고리'의 북쪽을 이룬다. 1957년에서 1965년까지 전 세계에서 기록된 강력한 지진 여섯 건 가운데 절반이 이 지역에서 발생했다. 그럼에도 미국 원자력위원회는 1913년 야생동물보호구역으로 지정된 암치트카섬을 실험 장소로 택했다. '미국에서 가장 불안정한 지각 환경 중 하나'[140]로 꼽히는 이 외딴섬 지하 1.6킬로미터에서 1971년 인류 역사상 최대 규모의 지하 핵폭탄이 폭발했다. 작전명 캐니킨. 히로시마에 떨어진 폭탄보다 400배나 강한 5메가톤에 달하는 위력이었다. 당시 박사 과정을 밟고 있던 제임스 에스테스는 위원회의 요청을 받아 섬에 머물며 폭발이 생태계에 미치는 영향을 관찰했다. 관찰 대상은 흰머리수리, 송골매, 철새, 그리고 연안의 다시마 숲에 서식하는 세계 최대 규모의 해달 집단이었다. 모피 무역으로 대부분 지역에서 자취를 감춘 해달은 이곳에서만 살아남아 조금씩 수를 늘려가며 놀라운 회복세를 보이고 있었다. 이 핵실험은 훗날 환경운동의 전환점이 되었고 그린피스의 출범으로 이어졌다.

하지만 이때 에스테스의 마음을 움직인 건 해달이었다. 그는 무성한 다시마 숲이 해달 개체수를 떠받친다고 믿었다. 그런데 암치트카섬에 도착한 로버트 페인은 생각을 반대로 해보라고 했다. 해달은 뭘 먹지? 성게. 그럼 성게는 뭘 먹을까? 음….

에스테스는 해달이 사라진 섬과 비교하기 위해 320킬로미터 떨어진 섬으로 향했다. 그리고 머리를 바닷속에 넣은 순간, 그의 연구 인생에서 가장 선명한 깨달음이 왔다. 해저는 성게로 빽빽하게 뒤덮여 있고 다시마는 흔적조차 없었다. '무슨 일이 벌어진 건지 누구라도 금세 알았을 것이다.'[141] 암치트카섬에 흔한 물고기와 바다표범, 바닷새들이 이곳에는 보이지 않았다.* 그제야 에스테스는 해달이 다시마를 지키고, 다시마는 다양한 해양 생물을 품고, 그 생물들이 해안 새들의 터전이 되었다는 사실을 깨달았다. 해달이 돌아오면 다시마 숲도 되살아났다. 다시마는 성게, 성게는 해달의 먹이가 되며, 해달이 성게의 수를 조절해 다시마가 자랄 수 있는 환경을 만드는 것이다. 해달은 이 정교하고 아름다운 순환의 핵심종이었다.

1741년 11월 러시아의 탐사선 성 베드로호가 북극 해안을 조사하던 중 러시아와 알래스카 사이 차가운 바다에서 암초에 부딪혀 좌초했다. 가까스로 목숨을 건진 승무원들은 한 외딴섬에 닿았지만 덴마크 출신 선장 비투스 베링과 스물여덟 명은 숨을 거두고 말았다. 훗날 이 섬은 그의 이름을 따 베링섬이라 불리게 된다. 살아남은 이들은 난파선의 잔해를 모아 임시 거처를 짓고 열 달에 걸쳐 손수 배를 만들어 탈출을 준비했다. 그들 가운데는 박물학자 게오르크 슈텔러가 있었다. 인류의 손길이 닿지 않은 이 고립된 섬에서 슈텔러는 마지막까지 살아남아 있던 홍적세[빙하시대]의 거대한 생물을 목격한다. 세상은 그의 기록을 통해서야 그 존재를 알게 됐다. 이 생물의 이름은 스텔러바다소, 학명은 하이드로다말리스 기가스 *Hydrodamalis gigas*로 몸길이 10미터, 무게 10톤에 달하며, 크기만 놓고 보면 티라노사우르스 렉스*Tyrannosaurus rex*보다도 컸다. 베링섬은 이 육중한 해양 포유류가 몸을 숨긴 마지막 피난처였다. 스텔러바다소는 초식성이고 성격이 매우 온순한 동물로, 짝을 만나면 평생을 함께했고 가족 단위로 무리 지어 다시마 숲 사이를 유영하며 하루를 보냈다. 숨 쉬기 위해 수면 위로 코를 살며시 내밀고 물살 위를 움직일 때면 걸음마를 떼는 듯한 동작과 유려한 헤엄이 돋보였다. 얕은 바다를 가로지를 때의 움직임은 수중발레처럼 고요하고 우아했다. 스텔러바다소는 사람을 두려워하지 않았기에, 슈텔러는 바닷물에 발을 담근 채 조심스레 그들에게 다가가 손을 뻗었다. 손끝에 닿은 촉

* 성게는 먹이를 거의 먹지 않고도 오래 버틴다. 간혹 다시마가 자라나도 금세 뜯겨나가고, 그렇게 생겨난 성게 황무지는 수십 년 동안 그대로 방치됐다.

감은 오래된 나무껍질처럼 거칠고 단단했다.

> 봄이면 스텔러바다소는 마치 사람처럼, 특히 저녁 무렵 잔잔한 바다에서 짝을 찾아 모여든다. 마주 닿기 전까지 다정한 몸짓이 한동안 이어진다. 암컷이 물속을 유유히 오가면 수컷은 그 흐름을 따라 조용히 움직인다. 물살을 가르며 몸을 틀어 멀어지면 놓칠세라 그 뒤를 따른다. 그러다 마침내 암컷이 등을 드러낸 채 물 위에 몸을 내맡기면 수컷이 다가와 얼싸안는다. 물속에서 두 생명은 하나가 된다.[142]

조난한 선원들은 이 커다란 동물 덕분에 본토로 향할 배를 완성할 때까지 목숨을 부지할 수 있었다. 몸이 가볍고 수면 가까이에 머물러서 작살로 겨냥하기에 더없이 좋은 표적이었다. 고기에서는 은은하게 아몬드오일 향이 났고 맛은 콘비프를 연상시켰다. 염분과 지방이 풍부해 잘 상하지 않았고 기름은 요리나 등불을 밝힐 때 요긴하게 썼다. 가죽은 옷감이나 돛으로 활용했다. 슈텔러는 이 동물의 해부학적 특징을 가능한 한 빠짐없이 기록했다. 치아 대신 윗입술에 각질성 저작판과 긴 강모가 다시마를 으깨 먹기 좋게 발달했다. 위장은 가로 1.8미터, 세로 1.5미터로 해조류를 다량 소화할 수 있다. 차가운 아북극 바다에서 버티기 위해 피부 아래에는 두께 10센티미터의 두툼한 지방층이 자리하고 있다. 슈텔러가 남긴 기록 가운데 가장 감동적인 것은 스텔러바다소들의 '서로에 대한 남다른 애정'이다. 그들이 내는 잡음은 한숨이나 콧김 정도가 전부

불가사리 던지기

였다.

 그러나 발견된 지 겨우 27년 만에, 드넓은 바다를 유유히 누비던 온순한 생명체는 지구상에서 완전히 자취를 감췄다. 난파를 견디고 살아 돌아간 선원들은 해달이 뛰놀고 모피가 넘쳐나는 풍요로운 바다 이야기를 고국에 전했고, 소문을 좇아 수많은 러시아 모피 사냥꾼이 섬으로 몰려들었다. 해달을 닥치는 대로 잡아들이던 이들은 허기를 달래기 위해 손쉬운 먹잇감인 스텔러바다소에게 손을 뻗었다. 하지만 이 거대한 해양 동물을 멸종으로 이끈 주범은 따로 있다. 첫해 8000장을 기록했던 해달 가죽 수확은 12년이 지나자 고작 스물다섯 장으로 줄었다. 천적을 잃은 성게는 기하급수적으로 늘고 다시마 숲은 맥없이 스러졌다. 바다는 점점 비어갔다. 페인이 정의한 트로픽 캐스케이드 trophic cascade*, 즉 영양단계 연쇄효과가 진행된 것이다. 먹이그물 위쪽에서 시작된 균열은 해안 생태계의 숨결을 앗아갔고, 바다의 거인 스텔러바다소는 조그마한 성게 무리에 영영 무너졌다.

 그러나 이 바다 세계는 또 한 번 아무도 예상치 못한 반전을 보인다. 1990년대 제임스 에스테스가 다시 알류샨 열도를 찾았을 때 해달은 군도 전역에서 거의 95퍼센트가 사라진 상태였다. 먹이사슬에 새로운 포식자가 나타난 것이 아니라 아예 축 하나가 무너져 내린 셈이다. 그 배경에는 대형 동물의 연쇄적인 몰락이 있었다. 제2차 세계대전 이후 일본과 러시아가 북태평양을 무대로 대규모 포경에 나서며 바다 생태계의 균형이 흔들렸다. 주요 먹잇감을 잃은 범고래는 더 이상 고래나 쇠돌고래, 바다사자처럼 덩치 큰 포유류를 쫓지 않고 몸집이 더 작은 사냥감으로 눈을 돌렸는데, 해달은 도망칠 틈도 없이 표적이 됐다. 범고래는 몸집 큰 포유류에 비해 열 배는 많은 해달을 잡아먹어야 허기를 채울 수 있었다.**

알래스카에서 남쪽으로 3200킬로미터 떨어진 캘리포니아 연안에서도 비슷한 일이 벌어졌는데, 2013년 기록적인 해양 폭염이 지난 뒤 정체불명의 소모성 질병이 자주불가사리를 덮쳤다. 포식자가 사라진 자리에 성게가 60배 가까이 증가했다. 성게 떼는 북쪽으로 퍼져나가 2014년에는 오리건 연안까지 도달했다. 그해 한 암초에서만 성게 3억 5000만 마리가 관찰됐다. 개체수가 100배 넘게 늘자 4400만 달러[약 605억 원] 규모의 레저용 전복 양식장이 문을 닫았다.[143]

다윈은 에너지 흐름과 영양 순환, 서식지의 물리적 요소에 따라 복잡하게 얽혀 살아가는 이 역동적인 생명 공동체를 '뒤얽힌 둑'이라 불렀다. 1935년 영국 식물학자 아서 탄슬리는 여기에 '생태계'라는 이름을 붙였다. 이 정교한 연결망은 섣불리 건드려서는 안 된다. 셀 수 없을 만큼 수많은 상호작용

---

*   트로픽(trophic)은 그리스어로 '영양'을 뜻하며, 영양단계 연쇄효과란 먹이그물의 상위 단계에서 시작된 변화가 차례차례 폭포처럼 이어지며 생태계를 뒤흔드는 흐름이다.
**   연쇄는 이쯤에서 멈추지 않았다. 해달이 사라지자 성게가 번성하고 다시마 숲은 쑥대밭이 됐다. 물고기마저 자취를 감췄다. 그러나 이 낯선 균열은 예상 밖의 생명에게 또 다른 기회였다. 흰머리수리는 먹잇감을 물고기에서 바닷새로 바꾸었고, 그 덕에 까나리가 늘자 고등어도 함께 불어났고, 다시… 흰머리수리의 발톱에 잡혀 올라갔다. 이처럼 얽히고설킨 먹이그물 속에서는 위든 아래든 옆이든 끊임없이 변화가 일어난다.

이 일어나 오늘날에도 그 전모를 완벽히 파악하지 못하고 있기 때문이다. 이제 보전학자들은 단 한 종만 따로 떼어 지키는 것이 불가능하다는 사실을 확실히 깨달았다. 보호의 눈은 위에서 아래로, 아래에서 위로, 생명의 모든 층위를 가로지르며 생태계 전체를 향해야 한다. 우리의 깃발 또한 더 높이, 더 넓게 펄럭여야 한다. 고래를 살리자! 크릴을 살리자! 식물성 플랑크톤을 살리자! 그리고 그 사이를 잇는 모든 생명도 함께 살리자!

한때 북동아시아에서 아메리카 태평양 연안까지 차갑고 영양이 풍부한 바다를 따라 거대한 다시마 숲이 뻗어있었다. 높이가 53미터에 이르고 줄기 끝이 수면 위로 부드럽게 퍼져 있는 다시마 숲은 지구에서 손꼽히는 역동적인 생명의 터전이었다. 새우와 바닷가재, 볼락과 농어, 불가사리, 전복, 갯지렁이, 바다달팽이, 성게, 해달이 그 속에서 살아가고 갈매기와 제비갈매기, 백로, 왜가리, 가마우지, 독수리 같은 새들은 풍성한 먹을거리를 누렸다. 인간에게도 다시마 숲은 삶의 기반이었다. 식량과 안식을 찾아 남쪽으로 향하던 어촌 이주민들은 거센 파도를 잠재우는 이 천연 장벽 덕분에 아메리카 대륙에 닿을 수 있었다. 어쩌면 그들이야말로 이 땅의 첫 정착민이었는지도 모른다. 누구도 이런 생태계가 무너질 것이라고는 상상하지 못했다.

알도 레오폴드가 통찰한 늑대의 의미는 조지 몬비오의 영상 〈늑대는 어떻게 강을 바꾸었는가 How Wolves Change Rivers〉에서 다시 살아난다. 이 작품은 70년간 사라졌던 늑대가 돌아온 뒤 옐로스톤국립공원이 생기를 되찾는 과정을 그린다. 육상 생태계에서 상위 포식자의 연쇄효과를 보여주는 대표적인 사례다. 늑대가 돌아오면서 공포가 지배하는 풍경이 다시 펼쳐졌다. 와피티사슴은 한곳에 머물지 않고 끊임없이 움직였다. 늑대는 사냥뿐 아니라 존재만으로도 와피티사슴의 발걸음을 재촉했다. 그 덕에 버드나무와 사시나무가 다시 자라났다. 몇 해 지나지 않아 비버가 돌아와 댐을 세우고 웅덩이를 만들었다. 강물은 여유를 되찾고 침식이 줄었으며, 안정된 수로를 따라 다양한 생물이 하나둘 돌아왔다. 두려움은 생태계를 움직이는 보이지 않는 힘이다. 이 타임랩스 영상은 시간의 흐름 속에서 변해가는 풍경을 또렷하게 담아낸다. 변화는 늑대에서 멈추지 않았다. 퓨마와 곰의 귀환으로 이어졌고, 먹이사슬을 따라 청소동물과 분해자에게까지 영향을 미쳤다. 그리고 식생을 키워낼 영양분을 순환했다. 옐로스톤 이야기는 끝나지 않았다. 아직 펼쳐지지 않은 다음 장이 우리 앞에 있다….

있으면 좋고 없어도 그만 아닌가?

1826년 9월 11일

솜머포드와 오크시 사이 길을 걷다가 숨이 멎을 듯한 광경을 마주쳤다. 눈 앞에 펼쳐진 건 내 평생 한 번에 본 것보다 쉰 배는 많아 보이는 황금방울새 떼였다. 새들은 길가를 빼곡히 메우고 있었다. 마침 엉겅퀴 씨앗이 알맞게 여문 때였다. 황금방울새가 가장 즐기는 먹이다. 들판의 엉겅퀴는 수확 철을 맞아 모두 베어냈지만 길가에는 여전히 무성했다. 이 길목은 엉겅퀴가 유난히 많은 곳이라 새들이 몰려들기에 더없이 좋은 자리다. 새들은 내 앞에서 거의 800미터를 날아가며 길과 둑을 따라 물결처럼 이어졌다. 어느새 나는 눈앞을 스치며 날아가는 새들이 1만 마리쯤 되는 듯한 착각에 빠졌다.

_윌리엄 코벳, 《농촌 여행기(Rural Rides)》

세대마다 '정상'은 새롭게 정의된다. '기준선 이동 증후군'이라는 개념은 1995년 수산과학자 다니엘 폴리가 처음 제안했다. 그는 세대마다 과학자들이 자신이 젊었을 때 접한 어류 자원을 기준으로 삼는다는 사실에 주목했다. 폴리는 TED 강연에서 1971년 가나를 방문한 기억을 떠올렸다. 그곳의 검은턱틸라피아 어장은 생명력으로 들끓었고, 물고기의 평균 크기는 20센티미터에 달했다. 그러나 27년이 지난 후 평균 크기는 고작 5센티미터로 줄었다. 사람들은 그 변화를 새로운 기준으로 받아들였다. 폴리는 과거 인도네시아 같은 전통 어업 지역에 산업용 저인망 어선을 들이는 개발 프로젝트에 참여한 경험이 있다. 당시 그는 새로 도입한 저인망 어선을 타고 자와해로 나가 해저를 통째로 긁어 갑판 위에 쏟아냈다. 1년 만에 바다는 진흙탕이 됐다. 폴리는 말했다. "우리는 언제나 지금에 기준을 맞추고 예전 모습을 기억하지 못합니다."[144] 기준선 이동은 일종의 세대적 망각이다. 한때 나그네비둘기 떼는 483킬로미터나 줄지어 날았고 그 너비만 해도 1.6킬로미터에 달했다. 무리는 넉 달 동안 하늘을 가득 메웠고, 날아들기 전부터 깃털이 휘날리는 소리가 들렸다. 지금은 이런 기록이 신화 같다. 윌리엄 코벳이 묘사한 황금방울새 떼도 마찬가지다. 1만 마리라니! 꿈같은 얘기다. 더 큰 문제는 피해가 눈에 띄기 시작할 즈음이면 이미 동물들이 '희귀종'이 되어있다는 데 있다. 우리가 잃고 있는 건 여전히 '풍요롭다'고 보는 생명이 아니라 이미 드물어진 존재들인데, 상실을 대수롭지 않게 여기고 기준선을 조금씩, 꾸준히 낮춘다. 다니엘 폴리는 사람들이 과거의 세상이 얼마나 달랐는지 모르기 때문에 지금의 황폐함을 너무 쉽게 받아들인다고 말한다. 과학자들은 '예전에 우리 할아버지가 여기서 커다란 물고기를 수백 마리씩 잡았다' 같은 이야기를 믿지 않는다. 과학적 증거가 없다는 이유에서다. 그렇게 과거의 기억은 기록되지 않은 채 사라진다.

놀랍게도 해양보호구역은 잃어버린 바다를 되살릴 수 있다. 뉴질랜드 최초의 해양보호구역인 염소섬은 조너선이 어린 시절을 보낸 집 근처 하우라키만 북쪽 끝에 있는데 1975년 보호구역으로 지정됐다. 조너선은 스노클링을 하자며 나를 그곳으로 데려갔는데, 내게 아주 편안한 곳은 아니었다. 물속은 말 그대로 물고기가 득실거렸다. 거대한 퉁돔과 커다란 은대구, 바닥을 기어다니는 가재들이 눈앞에 가득했고 벵에돔과 무명갈전갱이 떼가 한데 어우러져 지나갔다. 상상을 훌쩍 뛰어넘는 크기의 물고기들까지 코앞을 스쳤다. 고대 바다를 그대로 옮겨놓은 듯한 광경이었다. 얕은 물가에 서자 물고기가 지느러미를 살랑이며 주변 물살을 흔들고, 몇몇은 무릎까지 다가와 다리를 톡톡 쪼았다! 염소섬은 과잉 어획이 중지된 곳에 그치지 않았다. 풍요를 되찾은 바다이고, 주변 해역에 생명을 흘려보내는 바다 유치원 구실까지 했다. 채집을 금한 해양보호구역이 얼마나 효과적인지 보여주는 살아있는 증거다. 하지만 놀랍게도 세계 곳곳의 이런 보호구역들은 아직 제자리를 잡지 못하고 있다. 새로 지정하려 할 때마다 어김없이 잡음이 일고, 특히 영국에서는 소극적인 타협과 '채집 금지' 조항의 부재가 발목을 잡는다. 애초의 비전은 점점 빛을 잃어간다. 우리는 예전부터 여기서 고기를 잡아 왔다느니 어쩌니 하면서 말은 많지만, 이제는 잡을 물고기조차 남아있지 않다. 그렇게 기준선은 계속해서 낮아진다.

내가 꿈꾸는 건강한 참새 개체수의 기준은 단순하다. 어디를 가든 참새들이 넘쳐나는 세상. 요즘은 덤불 속에서 참새 소리만 들려도 걸음을 멈추고 귀를 기울인다. 참새가 특별한 이유는 해 질 무렵 벌어지는 그 시끌벅적한 잔치에 있다. 하루를 마친 참새들이 덤불로 모여들며 낮 동안 쌓인 이야기들을 한꺼번에 쏟아내는 시간. 마이클 매카시가 《나방의 눈보라The Moth Snowstorm》에서 묘사한 바로 그 장면이다. 매카시는 단음과 이음을 제멋대로 뒤섞으며 터뜨리는 참새들의 부산한 합창을 유쾌하고 익살스럽게 그려냈다. 엉성하고 서툴지만 나도 그 장면을 떠올리며 조심스레 흉내 내본다. '나야!' '나야!' '나야!' '여기야!' '여기야!' '여기야!' '나야!' '나야!' '나야!' '여기야!' '여기야!' '여기야!' '우리야!' '우리야!' '우리!' '우리!' '여기야! 여기야!'

우리가 이 시골집으로 이사 온 지도 스무 해가 다 됐다. 이 정원에는 처음에 서른 마리가 넘는 참새가 종일 쉴 새 없이 날아다녔다. 옆집 루비네 정원에는 그보다 서른 마리쯤 더 많았다. 짝짓기 철인 봄이면 수컷 참새들이 땅 위로 떨어져 엉켜 싸우는 모습이 자주 눈에 띄었다. 나는 놀라 종종 싸움을 말리러 뛰어들곤 했다. 1920년에 출간된 《브리튼 제도 조류도감》에서 토머스 알프레드 카워드는 참새 두 마리가 열린 창문 틈으로 방 안에 들어왔던 일을 떠올린다. 그는 재빨리 새들을 움켜쥐었지만 그 와중에도 둘은 악착같이 부리를 맞대고 끝까지 싸웠다고 한다. 우리는 참새의 존재를 당연하게 여겼다. 조용한 골목 끝에 자리한 이 집에서는 언제까지고 참새 소리를 들으며 지낼 수 있으리라 믿었다. 변화는 좀처럼 눈에 띄지 않는다. 그러다 어느 날 너무 멀리 와버렸다는 걸 깨닫게 된다. 2014년 수컷 참새 한 마리가 침실 창밖 둥지 상자 위에 앉았다. 몇 주 내내 그 자리를 떠나지 않고 쉼 없이 노래를 불렀다. 내 귀에는 그 참새가 점점 미쳐가는 것처럼 들릴 정도였다. 무엇을 원하는지 분명했지만, 끝내 사랑은 찾아오지 않았다.

    나는 참새들이 그리웠다. 정말이지 간절하게 그리웠다. 2018년 정원에는 마지막 한 쌍만 남았다. 참새 덤불이라 부르던 그곳에서 명랑한 재잘거림과 바스락거리던 소란이 떠오를 때마다 가슴 한쪽이 툭 무너져 내렸다. 참새가 사랑스러운 이유이자 가장 치명적인 약점은 지독할 만큼 사회적인 성격에 있다. 덤불에서 덤불로 깃털 구름처럼 휙휙 날고, 마른 웅덩이에서는 서로 몸을 비비며 날개를 활짝 펴고, 룸바[쿠바에서 시작된 느리고 부드러운 춤]를 추듯 먼지 목욕을 즐긴다. 독창자라기보다 합창단원에 가깝다. 둥지도 나란히 붙여 짓고 작은 마을을 이루듯 모여 산다. 이웃 군락에서 태어난 어린 참새들은 떼를 지어 가까운 곳으로 먹이를 찾아 나선다. 멀리 가지 않는 이 습성도 문제다. 참새는 보통 반경 1킬로미터 안팎에서만 움직이기 때문에 한번 무너진 군락은 주변에서 자연스럽게 보충되지 않으면 쉽게 사라진다. 그리고 또 하나, 심리적인 문제가 있다. 참새는 무리가 있어야 제 모습을 되찾는다. 나는 똑똑히 보았다. 수가 줄어들면 본래 지닌 사회적 본능을 제대로 펼치지 못한다. 여럿이 있을 때는 기회주의적이고 대담하지만 홀로 남은 참새는 소심해져서 겁을 먹으며 자꾸만 숨는다. 바위 종다리는 새 모이대에서 태평하게 씨앗을 쪼고 있는데, 뒤쪽 가지 위의 암컷 참새는 목을 길게 빼 이쪽저쪽을 살핀다. 내려갈까? 갈 듯 말 듯 한참을 망설인다. 겨우 용기를 내어 내려가지만 씨앗 하나 입에 대지 못한 채 곧장 덤불 속으로 달아난다. 긴장과 불안으로 에너지만 쓰고 아무런 보상도 못 챙긴다. 먹을거리가 넘치는 데서도 굶주릴 수 있다는 뜻이다.

무리가 줄어들수록 참새는 움츠러든다. 수천 년 동안 북적이는 군락 속에서 살아왔기에 갑작스레 닥친 외로운 삶에 적응하지 못한다. 겉보기에는 마치 우울증에 걸린 것 같다. 개체수 감소가 개체 적합도에 영향을 미치는 이 현상을 '알리 효과'라고 한다. 자살 경향이라고도 하지만, 종 자체가 멸망을 선택한다는 뜻처럼 들릴 수 있어 적절한 말은 아니다. 일부 종들은 먹이나 서식지 부족, 오염 등으로 개체수가 줄면 회복 불가능할 만큼 급격히 무너진다. 본래의 기백을 잃은 파장은 크다. 짝을 찾기 어렵고, 타고난 습성상 멀리 떠나지 못한다. 무리 행동을 못 하면 생존 능력(포식자를 교란하고 경계를 서고 온기를 나누고 지식을 전수하고 짝을 찾고 유전적 다양성을 유지하고 협력해 사냥하는 것)이 약화한다. 군락이 붕괴하면 포식자와 피식자 사이의 균형은 물론 종간 경쟁 구도까지 흔들린다.

과학자들은 집참새가 왜 그렇게 갑자기 사라졌는지 오랫동안 이유를 몰랐다. 한때 참새는 농작물에 피해를 주는 유해조수로 취급받았고, 참새를 잡기 위해 참새 클럽이라는 모임까지 생겼다. 1925년 11월 젊은 맥스 니콜슨은 켄싱턴 가든스에서 2603마리까지 참새 수를 셌다. 그리고 75년 뒤 마이클 매카시와 왕립공원 야생동물 자문단과 함께 이곳을 다시 찾았을 때 눈에 띈 참새는 겨우 여덟 마리였다. 참새의 실종은 런던만의 일이 아니다. 에든버러, 브리스톨, 더블린, 프라하, 모스크바, 함부르크에서도 하나둘 모습을 감추었다. 2000년 5월 16일, 일간지 《인디펜던트》는 상금 5000파운드[약 930만 원]를 걸고 이 수수께끼 같은 현상에 설득력 있는 해답을 제시할 사람을 찾았다. 제시된 가설은 실로 다양했다. 플라스틱 외장재를 덧댄 현대식 주택, 처마가 없는 지붕, 헛간을 개조한 건물이 늘어나며 둥지를 틀 공간이 줄었다는 설부터 정원을 말끔하게 가꾸는 유행, 테라스와 데크 설치 열풍, 집약 농업의 확산, 겨울철 씨앗 부족, 여름철 곤충 개체수 감소, 살충제 사용, 고양이의 포식, 기후 변화, 무연 휘발유와 디젤 입자에서 비롯된 대기오염까지, 이 모두가 잠재적 원인으로 지목됐다. 하지만 다른 조류도 이런 변화에 적잖은 영향을 받는데 참새처럼 극단적으로 감소한 종은 드물었다. 뉴욕에는 참새가 넘쳐났고 파리에서도 건재한데 왜? 조너선과 내가 참새를 가장 많이 본 곳은, 믿기 어렵겠지만 프랑스 고속도로 휴게소였다. 그로부터 15년이 지나도 상금의 주인은 나타나지 않았다. 심사위원단이 그 어떤 이유도 완전히 수긍하지 못했기 때문이다.

 조사 결과, 부화한 지 이틀에서 엿새 사이 어린 참새들이 둥지 안에서 굶어 죽는 비율이 매우 높았다. 문제의 핵심은 바로 곤충이었다. 참새 새끼가 건강하게 자라려면 생애 초기에 곤충을 먹어야 한다. 곡물은 훨씬 뒤에 먹는다. 배설물과 깃털을 분석한 결과 어미 참새는 새끼들이 성장하는 6월과 7월에 곤충을 충분히 물어다 주지 못했다. 진딧물, 딱정벌레, 바구미, 애벌레, 거미를 먹고 자란 새끼들만이 몸집을 키워 둥지를 떠나고 살아남을 수 있다. 작고 연약한 새끼들은 진드기나 응애, 벼룩, 대장균, 포식자에게 쉽게 희생됐다. 참새가 개체수를 유지하려면 해마다 세 번은 번식하고, 새끼를 적어도 다섯 마리 이상 길러야 한다.

참새가 먹어야 할 곤충은 어디로 사라진 걸까? 곤충 수는 눈에 띄게 줄었다. 차창의 곤충 자국도 사라졌다.* 침대 머리맡 물잔에 빠진 각다귀도, 밤이면 창문에 부딪히던 나방도 이제는 안 보인다. 저녁 무렵 골목길 산책을 나서도 반딧불이 하나 없는 어둠만 내려앉는다. 모든 게 조금씩, 그러나 분명히 무너지고 있다. 그런데도 걱정하는 이는 드물다. 곤충은 윙윙대며 달려들고, 어쩌다 입에라도 들어오면 질겁하게 되고, 애써 키운 상추를 야금야금 갉아 먹는 성가신 존재였다. 하지만 세상을 움직이는 건 곤충이다. 흙을 만들고 쓰레기를 치우고 세상을 정화하고 꽃가루를 나르고 먹이사슬의 가장 아래에서 생태계를 떠받치는 존재. 그러나 집약적 농업은 이 미세한 생명조차 용납하지 않는다. 그런 땅에서는 곤충이 살아남기 어렵다. 보통 농지 하나에 생장기 한 철 동안 독성이 강한 화학약품을 많게는 스물두 번이나 뿌린다. 2022년 네덜란드의 목장 23곳에서 채취한 토양과 가축 분뇨에서 농약 129종이 검출됐다(이 가운데 69종은 유기농 인증을 받은 농장에서도 발견됐다).[145] 결정적인 사실 하나. 사람의 모유에는 시중에서 파는 일반 우유보다 살충제가 10~20배 많이 들어있다.[146] 자연에 맞선 전쟁

---

*   2004년, 영국 왕립조류보호협회는 차량 번호판에 묻은 곤충 자국을 세는 '곤충 자국 측정기' 조사를 벌였다. 운전자 4만 명이 참여했는데, 평균 8킬로미터를 주행하는 동안 확인된 곤충 자국은 겨우 하나였다. 2021년 이 수치는 다시 58.5퍼센트나 줄었다. 제비 한 마리를 길러내려면 곤충이 20만 마리나 필요하다. 제비뿐 아니라 칼새, 흰털발제비까지 함께 자취를 감춘 건 어쩌면 당연한 일이었다.

은 아직 끝나지 않았다.* 2002년 8월 집참새는 영국 왕립조류보호협회의 적색목록에 이름을 올렸다. 이제는 시급히 보호해야 할 새가 되어버렸다. 조부모 세대가 들으면 믿지 못했을 일이다. 19세기 미국인들이 하늘 가득 몰려다니던 나그네비둘기 떼를 보며, 언젠가 저 살아있는 고깃덩이들이 사라질 거라고 상상조차 못 했던 것처럼.

―※―

    2018년 11월 글래드스톤도서관 응접실. 나는 한 미국인 학자에게 이 책에 관해 설명하고 있었다. 그녀는 얼마 전 남편과 함께 나비 감소를 다룬 다큐멘터리를 봤다고 했다. 다큐가 끝난 뒤 그녀의 남편은 그게 왜 중요한지 설득력이 부족했다며 프로그램을 비판했다. 그녀는 냉소적으로 말했다. "있으면 좋고, 없어도 그만 아닌가요?" 나는 당황했다. 없어도 그만이라고? 부드럽게 번지는 빛을 머금은 나비의 날개가 만화 속 한 장면처럼 눈앞에 활짝 펼쳐졌다. 그 찰나의 아름다움만으로는 부족한 걸까? 아무 말도 떠오르지 않았다. 어떻게든 설득할 방법을 찾으려 애썼지만 머릿속이 새하얘지고 생각들이 흩어져 손에 잡히지 않았다. 참새들마저 등을 돌린 듯했다. 어떻게 그럴 수 있지?

    1958년 마오쩌둥이 '참새 박멸' 운동을 벌이자 중국은 곧바로 생태적 재앙에 휘말렸다. 참새는 곡식을 쪼아먹기도 하지만 메뚜기 유충도 잡아먹어 농작물을 지킨다. 전국적으로 참새를 몰살하자 메뚜기 떼가 걷잡을 수 없이 번져 밭이 초토

화했다. 그 결과 2000만에서 4500만 명이 기근으로 목숨을 잃었다.** 또 다른 사례는 인도의 독수리다. 이 이야기에는 수치와 정보가 차고 넘친다. 독수리는 그냥 있으면 좋은 존재가 아니다. 톱니처럼 생긴 혀와 강력한 위산으로 인도 전역에서 시체를 처리하는 생태계의 청소부다. 하지만 병든 소에게 값싼 소염제 디클로페낙(상품명 볼타렌)을 무분별하게 투여하면서 독수리 수천만 마리가 속수무책으로 쓰러졌다. 인간이 만들어낸 화학물질 앞에서 독수리의 신장은 버티지 못했다. 4000만 마리 넘는 독수리가 사라지자 120만 톤에 이르는 소와 물소의 사체가 여기저기서 썩어갔다. 거기에 들개들이 몰려들었고, 얼마 안 있어 550만 마리로 불어났다. 그리고 4만 7300명 이상이 광견병으로 숨졌다. 그 자리에서 이 모든 수치를 펼쳐 보일 수 있었다면 얼마나 좋았을까. 1993년부터 2006년까지 독수리 개체수가 급감하면서 발생한 경제적 손실은 340억 달러[약 47조 원]에 이른다. 그 여파는 지금도 이어지고 있다. 이거야말로 없어도 그만 아니냐는 물음에 대한 진짜 대답이다.[147]

그때 나는 이렇게 말해야 했다. 꿀벌이 과일 작물의 주요 수분자라면 나비는 수많은 채소와 허브의 수분을 책임지고 있

---

* 유럽연합의 공동농업정책(CAP)은 무차별적인 보조금으로 환경 파괴를 부추겼다. 습지를 경작지로 바꾸고 초원을 갈아엎고 이탄지를 깊숙이 파헤쳤다. 우리는 그 대가를 치렀다(유럽연합 전체 예산의 절반이 그리로 흘러갔다). 2021년 생물다양성 온전 지수 조사에서 영국과 아일랜드, 몰타는 유럽연합 회원국 가운데 야생생물이 가장 많이 사라진 나라로 기록됐다.
** 수확 실패를 감추려던 관료들은 지도 않은 '잉여' 곡물을 거둬갔고, 마오쩌둥은 체면을 지키기 위해 해외로 곡물을 수출했다. 결국 남은 이들에게는 아무것도 돌아오지 않았다.

다고. 미나리과(딜, 회향, 셀러리, 파스닙), 국화과(아티초크, 상추, 치커리), 콩과(완두, 강낭콩), 꿀풀과(라벤더, 바질, 세이지, 로즈마리, 타임, 오레가노), 배추과(양배추, 케일, 브로콜리, 콜리플라워, 방울다다기양배추) 식물들이 모두 나비의 도움으로 자란다.[148] 그러니 있으면 좋고, 없어도 그만일 리가 없다.

    동물이 왜 중요한가에 대한 실용적인 이유는 얼마든지 있다. 하지만 생태계란 실타래처럼 촘촘히 얽힌 하나의 세계다. 그 안의 무엇 하나를 건드리면 나머지 모두가 함께 흔들린다. 어떤 생명이 얼마나 큰 자리를 차지하고 있었는지는 사라진 뒤에야 알게 된다. '자연 자본'이라는 말이 있다. 경제학자들이 맑은 물과 깨끗한 공기, 먹을거리, 건강한 흙, 탄소를 저장하는 힘 같은, 자연에서 얻는 자원의 가치를 일컫는 용어다. 한때는 너무도 당연하게 여긴 것들이지만 이제 이런 '서비스'를 '사라졌을 때' 우리가 치러야 할 비용으로 환산해 '잃게 될' 가치로 계산하는 시대가 됐다. 자연의 완전한 경이로움이 '없어도 그만 아니냐'는 물음 앞에 이것이 가장 좋은 대답이 될 수 있겠다.

바람을 타고 온 나비 이야기

    멕시코 미초아칸주의 소나무와 참나무가 빼곡한 산악림은 겨울마다 주황빛 나비로 뒤덮인다. 제왕나비는 망자의 날 무렵인 11월 초부터 하나둘씩 모습을 드러낸다. 마치 숲을 떠돌다 돌아온 영혼이나 오래된 정령처럼 보인다. 나비 수백만 마리가 가지에 촘촘히 앉으면 무게를 이기지 못한 가지가 휘청이기도 한다. 나비는 캐나다와 미국에서 무려 4800여 킬로미터를 날아와서, 공기가 서늘하고 물이 맑고 조용해 예부터 겨울을 나기 좋은 안식처인 이 숲에 몸을 맡긴다. 이 제왕나비 생물권보전지역은 유네스코 세계유산으로 지정되었지만 불법 벌목과 오염으로 몸살을 앓고 있다. 햇살을 받으며 나비들이 일제히 날아오를 때면 날갯짓 소리가 빗소리처럼 들린다.

2014년 미국 중서부 지역에서 제왕나비 개체수는 81퍼센트 줄었다. 애벌레 시절 유일한 먹이인 밀크위드가 58퍼센트 감소했기 때문이다. 농업 대기업 몬산토가 유전자 조작으로 개발한 '라운드업 레디' 옥수수와 콩의 재배가 빠르게 증가했고, 이 품종은 글리포세이트 제초제에 저항성을 지녀 농민들이 밭 전체에 제초제를 뿌려도 잘 자랐다(씨앗과 제초제를 함께 판매하면서 몬산토의 이익은 두 배로 늘었다). 2019년 겨울 멕시코에 도착한 제왕나비가 덮은 숲의 면적은 이전 겨울의 절반에도 못 미쳤다.

2020년 1월 쉰 살이 된 오메로 고메스 곤살레스는 매일 제왕나비 떼에 둘러싸인 자신의 모습을 영상에 담았다. 양손을 허리에 얹은 채, 흰 셔츠 위에 주황빛 나비가 빼곡히 내려앉은 모습이었다. 나비들은 머리와 코, 짙은 멕시코풍 눈썹과 콧수염 위에도 조용히 내려앉았다. 한때 벌목꾼이었던 곤살레스는 엘 로사리오 나비보호구역의 관리인이 되어 지구에 얼마 남지 않은 자연의 경이를 지키고 있었다. "이 경이로운 광경을 보러 오세요!" 영상에서 그는 환하게 웃으며 외쳤다. 나비 수백만 마리가 가을 낙엽처럼 소용돌이치며 흩날리고, 곤살레스가 그

속으로 두 팔을 활짝 펼쳐 보였다. 그는 제왕나비가 태양을 사랑하고 죽은 이의 영혼을 품었다고 했다. 그런데 1월 13일을 끝으로 곤살레스의 영상은 올라오지 않았다. 2주 뒤 그는 우물 속에서 싸늘한 시신으로 발견됐다. 다시 2주 뒤 이번에는 제왕나비 생물권 보전지역의 시간제 가이드인 라울 에르난데스 로메로가 살해된 채 발견됐다. 숲은 점점 무너졌다. 멕시코에서 손꼽히는 고수익 작물인 아보카도를 재배하기 위해 무차별적으로 나무가 잘려 나갔다. 봄이 오면 제왕나비는 바람을 막아줄 숲과 애벌레를 키울 먹이가 필요하다. 캘리포니아에서는 호주에서 들여온 유칼립투스가 잠시나마 나비의 휴식처가 됐다. 하지만 유칼립투스의 치명적인 약점은 불이 붙으면 빠르게 탄다는 점이다⋯.

1985년 제약회사 바이엘은 세계 최초의 상업용 네오니코티노이드(신형 니코틴 유사체) 농약의 특허를 받았다. 곤충의 신경계를 직접 마비시키는 이 농약은 식물 전체에 흡수되어 작용한다. 씨앗에 한 겹 입혀 심기만 하면, 자라나는 식물의 뿌리에서 줄기, 잎, 꽃가루, 꿀, 씨앗에 이르기까지 전체가 독성을 지니게 된다. 흡즙성 곤충과 땅속 곤충뿐 아니라 나비와 꿀벌에게 치명적이며 잔류 기간도 길다. 농약에 노출된 곤충은 방향 감각을 잃고 비틀거리다가 죽음에 이른다. 이 농약은 수용성이어서 살포하거나 관개수에 섞어 흘려보낼 수 있다. 그러면 독성이 물길을 따라 퍼지며 생태계의 균형을 무너뜨린다. 먹이그물이 와르르 무너지고 동물성 플랑크톤의 생체량이 급감하며 그 여파는 물고기를 비롯해 다양한 수생생물에게 번진다. 빛이 들지 않는 흙 속에서는 이 농약이 분해되는 데 4년이나 걸린다. 2000년 무렵 가우초, 어드마이어, 칼립소, 크루저, 간달프 같은 이름을 단 새로운 네오니코티노이드 제품이 잇따라 등장했다. 2008년 네오니코티노이드는 10억 달러[약 1조 3900억 원] 규모의 시장을 형성하며 종자 처리제 판매량의 80퍼센트를 차지했다. 2011년 영국에서만 농장과 정원에 제품 30여 종을 뿌렸고 2013년에는 미국에서 산업 재배된 모든 옥수수가 이 살충제 처리 씨앗에서 자랐다. 옥수수, 카놀라, 면화, 수수, 사탕무, 콩, 유채, 사과, 체리, 복숭아, 오렌지, 베리류, 잎채소, 토마토, 감자, 곡물, 쌀, 견과류, 포도. 이토록 많은 먹거리가 오염될 때 정말 누군가는 경악해야 하지 않았을까?

아무도 경악하지 않은 모양이었다. 고급 모로코 레스토랑에서 성대한 생일파티가 열렸는데, 내 옆자리에 브라이턴 출신의 젊고 잘생긴 변호사가 있었다. 대화가 어쩌다 네오니코티노이드 이야기로 흘러갔는지는 기억나지 않는다. 처음엔 그저 별생각 없이 이런저런 이야기를 나눴다. 그는 언젠가 시골에 가서 살고 싶다고 했고 나는 농경지 근처는 피하고 싶다고 했다. 농약이 바람을 타고 날아들 수 있으니까. 그가 코웃음을 쳤다.

"터무니없는 소리군요!"

"그 독하고 비눗물 같은 화학물질을 마셔야 한다는 건가요? 냄새 맡아본 적 있어요?"

변호사는 몸을 뒤로 젖히며 어이없다는 듯 웃었다. "아무 문제 없어요! 정말 위험했다면 애초에 허가가 나지 않았겠죠."

"허가를 누가 내줬는지 알아요? 바이엘이 고용한 과학자들이에요."

"설마요. 그런 말은 음모론 같네요."

"사람 몸에 미치는 영향은 차치하고라도, 곤충은요? 토양은요? 하천은요?"

"과학적 사실만 보고 말합시다."

"확실한 증거라면 차고 넘쳐요."

"그럼 논문 제목을 말해보세요. 어떤 논문이요? 어떤 증거요?"

나는 법정에 선 피고인처럼 몰렸다. "최근 양봉가들이 환경보호청을 상대로 소송을 걸었어요. 제대로 된 연구 없이 네오니코티노이드 사용을 승인했다고."

"그게 무슨 사건인데요?"

정확한 사건명은 떠오르지 않았다.

"결과는요?"

그것도 몰랐다.* 변호사는 놓치지 않고 밀어붙였다. "근거 없이 성급한 주장을 하면 안 되죠."

"그럼 꿀벌은요? 농경지 새들은요? 참새는요? 강의 하루살이는요? 다 줄고 있잖아요. 예전엔 자동차 앞유리에 나방이 들러붙었잖아요. 기억 안 나요?"

"그런 건 다 우연일 뿐이에요."

생일파티에 어울릴 대화는 아니었다. 사람들이 우리 쪽을 힐끔거리기 시작했다.

"수분 매개자들을 다 없애면 누가 작물에 꽃가루를 옮겨요? 먼지떨이를 들고 하나하나 톡톡 건드릴 건가요? 그걸 누가 다 해요?"

그가 보기엔 검증이 끝난 얘긴데, 나는 지나치게 흥분했다. 세상 물정 모르는 감상적인 좌파, 자기 집 앞 일이나 걱정하는 여자쯤으로 본 것 같다. 그는 숫자, 이름, 정보, 학술지, 제목, 저자, 자격증 같은 증거를 요구했지만 내게 그런 자료는 없었다. 그래서 어쩌면 네오니코티노이드는 우리 세대의 DDT가 될지도 모른다고 말했다. 그 말이 결정타였다. 그가 조롱하는 표정을 지었다.

"말도 안 되는 소리예요!"

그는 변호사, 나는 믿음직스럽지 못한 증인이었다. 미국 환경보호청의 기밀 메모가 유출되어 바이엘이 만든 또 다른 네오니코티노이드가 꿀벌에게 치명적이라는 사실이 드러난 일, 네오니코티노이드가 비표적 생물에 미치는 영향을 다룬 논문의 버그라이프[무척추동물 보전활동을 하는 영국 단체] 리뷰, 세계 곳곳에서 수집한 꿀 표본의 75퍼센트가 이 농약의 안전 기준을 초과했다는 연구가 국제학술지 《사이언스》에 실린 사실을 그때 떠올릴 수 있었더라면. 씨앗에서 흘러나온 농약으로 들꽃이 오염된다는 연구, 환경 속 네오니코티노이드 농도가 곤충을 먹는 새들의 개체수 감소와 밀접하게 연관되어 있다는 사실에 '우려를 표한' 《네이처》 논문도 있다.[149] 아니면, 농약이 육상에서 호수로 흘러 들어가 장어와 바다빙어 어획량이 붕괴했다는 일본 연구라도 떠올렸다면.[150] 적어도 환

---

* 2013년 기준으로 '보류' 상태였고 같은 해 '미국 수분 매개자 보호법'이 네오니코티노이드 네 종의 사용 중단을 추진했지만 의회 위원회에 계류된 채 흐지부지됐다. 내가 아는 건 거기까지다.

경 규제와 보호의 근간이어야 할 예방 원칙만이라도 상기시킬 수 있었더라면. 솔직히 말해, 나는 그 순간 목소리를 낮추고 입술을 비웃듯 말아 올리며 그 거만한 얼굴을 펄펄 끓는 탕 속에 처박아 버리고 싶었다.

나비는 있으면 좋지만 '없어도 그만'이라는 식의 말에 이렇게도 답할 수 있다. 나비가 사라지면 같은 이유로 다른 곤충도 함께 사라질 것이다. 나비와 벌 같은 수분 매개자가 해마다 세계 경제에 이바지하는 가치는 5000억 달러[약 695조 원]에 이른다. 독일의 한 대형 슈퍼마켓에서 벌이 수분한 식품을 모두 선반에서 치우는 실험을 했다. 벌의 위기를 소비자에게 직접 체감하게 하려는 시도였다. 매장은 들어서는 순간부터 썰렁했다. 빵 매대가 비었고 과일과 채소, 견과류 매대도 상황은 같았다. 전 세계 농작물의 65퍼센트는 수분 매개자가 있어야만 열매를 맺는다는 사실이 그 텅 빈 매장 안에서 또렷하게 드러났다. 2021년 시드니의 울워스 매장도 같은 실험을 했다. 아보카도, 사과, 오이, 호박, 멜론, 블루베리, 견과류, 코코아, 커피, 초콜릿, 차, 토마토, 사탕수수, 테킬라, 바닐라, 육두구, 감자, 콩이 사라진 자리에 남은 건 휑한 진열대뿐이었다.

변호사와 언쟁을 벌인 날로부터 2년 뒤인 2018년, 유럽연합은 벌에 해롭다는 연구 결과를 토대로 네오니코티노이드의 야외 사용을 전면 금지했다(영국은 이 결정에 반대표를 던졌다). 브렉시트 이후 영국 정부는 '비상조치'라는 이름으로 네오니코티노이드를 입힌 씨앗을 이용한 사탕무 재배를 허가했다. 사탕무는 수확할 때 많은 표토를 함께 걷어가는 작물이다. 이렇게 거둬들인 사탕무는 마즈 초콜릿바와 코카콜라에 들어가는 정제 설탕의 원료가 된다. 우선순위라는 것도 참. 이쯤에서 우울한 조각들을 억지로 이어 붙이는 일은 접어두자. 다시 우리의 참새 이야기로 돌아가자.

우리 참새. 야생동물을 두고 '우리 것'이라 부르는 건 인간만의 이상한 버릇이다. 소유라는 마음, 어쩌면 모든 문제가 거기서 비롯된 건 아닐까. 우리 나무, 우리 생울타리, 우리 풀밭. 이걸 누구와 나누겠냐는 물음은 좀처럼 들리지 않는다.

세월이 흐르며 마을 풍경도 조금씩 달라졌다. 나무를 잘랐고 생울타리를 뽑았고 연못은 흙으로 메웠다. 그즈음 조용히 발자국을 남기는 작은 사냥꾼 세 마리가 이웃집으로 이사를 왔다. 담장을 타고 뛰놀다 새 모이통에 매달려 흔들리고, 굴뚝새 깃털로 만든 포근한 잠자리에 몸을 말고 햇살 속에서 스르르 잠들기도 했다. 시간이 조금 흐른 어느 평온한 날 아침 그 고양이들은 주인과 함께 떠났다. 그리고 봄이 왔다.

겨우 살아남은 참새 한 쌍이 처마 밑 틈새로 지푸라기와 깃털을 부지런히 물어 날랐다. 수컷은 침실 창밖의 침엽수 가지에서 구애의 춤을 추었다. 나는 창턱에 밀웜과 지방 펠릿을 담은 쟁반을 내놓았다. 어느 이른 아침, 첫 새끼들이 둥지를 떠나 피나무 가지로 삐걱거리듯 날아오르는 모습을 바라보았다. 두 번째 둥지 안에서도 새끼들의 재잘거림이 흘러나왔다. 쟁반을 다시 채웠다. 그리고 세 번째 둥지. 이번에도 무사히 자라 줄까? 여름이 되자 참새 덤불은 다시 떠들썩해졌다. 가을에는 아홉 마리가 모여들었다. 이듬해엔 처마 밑 세 군데 틈마다 새끼를 품은 둥지가 자리 잡았다. 그렇게 태어난 새끼들이 다시 덤불을 채웠다. 참새들이 돌아왔다.

    2021년 참새 무리는 마흔 마리쯤 됐다. 말로 다할 수 없을 정도로 기뻤다. 참새가 재잘거림을 멈추는 날이 또 올까? 쉴 새 없이 날고, 살아 숨 쉬는 참새들. 개암나무 가지에서 볕을 쬐며 연한 색 가슴을 부풀리고 털을 다듬는 모습을 보았다. 참새들이 내 마음을 환히 밝혔다. 참새에게 영광이 있길. 우리는 풍요로움을 잊어선 안 된다. 참새의 풍요로움 또한 우리 손에 달려있다.

고래는 똥을 남기고 하마는 비밀을 남긴다

생태학(Ecology) 명사. 오에콜로지(oekologie)에서 유래한 말로, 집과 거처를 뜻하는 그리스어 오이코스(oikos)에서 비롯됐다.

수많은 종이 어우러져 살아가는 서식지는 정교하게 엮은 그물과도 같다. 이 균형에 함부로 손을 대면 어떤 결과가 뒤따를지 예측할 수 없다. 생태학자 배리 코모너가 제시한 생태학 제1법칙이 말하듯, '모든 것은 다른 모든 것과 연결되어 있다.'[151] 고인이 된 생물학자 에드워드 오스본 윌슨은 인간 활동이 자연 생태계와 야생생물에 끼치는 위협을 설명하기 위해 HIPPO[히포hippo는 하마 *hippopotamus*의 줄임말이기도 하다]라는 약어를 만들어 냈다. H는 서식지 파괴Habitat destruction, I는 외래종 침입Invasive species, P는 오염Pollution, 다음 P는 인구 증가Population growth, O는 남획Overhunting이다.[152] 나는 HIPPO의 다섯 가지 위협에 깊이 공감하며 여기에 I, I, I 세 글자를 더하고 싶다. 바로 무지Ignorance, 불편Inconvenience, 무관심Indifference이다. 불필요한 환경 파괴는 대개 이 셋 가운데 하나, 아니면 셋 모두에서 비롯된다.

H. 서식지 파괴

서식지 파괴에는 기후 변화도 포함된다(세 가지 I 모두 해당). 작가 데이비드 쾀멘은 고운 페르시안 카펫을 상상해 보라고 말한다. 그 카펫을 서른여섯 조각으로 잘라놓는다면 남는 건 무엇일까? 카펫 서른여섯 장일까? 아니다. 쓸모를 잃은 조각들뿐이다.[153] 생태계도 마찬가지다. 모든 조각이 빠짐없이 제자리에 있을 때 제대로 작동한다. 너무 많은 것을 걷어버리거나 결정적인 한 조각을 잃으면 무너지고 만다.

소박한 생울타리를 떠올려 보자. 제2차 세계대전 이전만 해도 영국 시골에는 160킬로미터에 걸쳐 생울타리가 촘촘하게 이어져 있었다. 가지와 덩굴이 뒤엉켜 빽빽하게 자란 울타리는 가축의 출입을 막고 땅의 경계를 나눴다. 가시자두, 산사나무, 감탕나무, 인동덩굴, 개장미, 딱총나무, 산딸기, 개암나무가 저마다 꽃을 피우고 열매를 맺고 그 사이로 새들의 노랫소리가 흘렀다. 생울타리는 새와 포유류, 곤충에게 먹이와 쉼터, 둥지를 내어주고 물길을 누그러뜨리며 흙이 쓸려가지 않게 붙들고 광물질의 유실을 막고 탄소를 간직했다. 고슴도치에게는 안전한 통로이고 박쥐와 나방, 철새에게는 길잡이였다. 나방은 줄기 사이에 알을 낳고 작은 벌레들은 가지 틈새에 숨어 겨울을 났다. 한때 생울타리는 사라진 관목지대를 대신해 정교한 모자이크처럼 퍼져있었다. 잘 가꾼 생울타리는 유럽멧비둘기들이 요란하게 지저귀는 작은 자연보호구역이기도 했다. 하지만 이제 그 절반이 사라졌다. 남은 울타리마저 매년 붉은날개지빠귀나 회색머리지빠귀가 열매를 따 먹기 전에 거대 트랙터의 날카로운 칼날에 갈린다. 그제야 사람들은 고슴도치가 왜 안 보이는지 궁금해한다[고슴도치를 뜻하는 영어 단어 hedgehog에는 생울타리를 의미하는 hedge가 들어있다].

3월 새들이 둥지를 찾는 시기에, 생울타리는 마디까지 잘려 바람만 스치는 메마른 뼈대가 된다. 한때 골목마다 흰 거품처럼 피었던 가시자두꽃도 이제는 보기 어렵다. 사람들이 이번엔 나방이 다 어디로 사라졌냐고 한다. 전부 파쇄기에 갈려 나갔다. 야생생물이 사라진 이유는 생울타리를 잃었기 때문이다. 생울타리를 밀어버리는 대형 트랙터보다 더 은밀한 것도 있다. 윙윙거리며 풀잎 끝까지 훑고 지나가는 예초기다. 풀들이 고작 5센티미터만 자라나도 모조리 깎고 그늘에 숨은 생명들까지 함께 지운다. 그리고 사람들은 또 반딧불이는 왜 안 보이냐고 한다. 이 나라의 길가, 생울타리, 정원은 모두 깔끔병에 걸렸다. 모르는 사이 우리는 이 조용한 파괴에 가담해 온 셈이다. 더 많은 햇빛, 더 넓은 시야, 더 많은 기계, 더 큰 소음. 우리는 자르고 베고 불태웠다.

I. 외래종 침입

무지로 불러들인 손님. 대부분은 그렇게 이 땅에 발을 들였다. 낯선 존재들이다. 방어할 틈조차 없던 토박이 생명을 상대로 온갖 피해(포식, 기생, 먹이와 보금자리 싸움, 질병, 풍경 변화)를 일으켰다. 호주에 풀어놓은 수수두꺼비도 그중 하나다. 이 하와이 출신 두꺼비는 사탕수수 농장을 망치는 회색등사탕수수 딱정벌레를 없애겠다며 들여온 것이지만 결과는 처참했다. 온몸에 독을 품어 뱀이나 왕도마뱀, 악어 같은 포식자들에게 치명적이고, 번식력마저 어마어마해 지금은 15억 마리에 이른다. 해충을 막겠다는 계획이든, 외래 생물을 들여보자는 실험이든, 혹은 우연히 숨어든 조그만 생명이든, 낯선 침입자들은 야생의 다양성을 위협하는 큰 재앙 가운데 하나가 된다. 동부회색다람쥐, 말조개, 등검은말벌, 백련어, 아메리카밍크, 알풍뎅이, 주머니여우. 모두 생태계를 통째로 뒤흔든 이름들이다.

옐로스톤은 단연코 미국이 세상에 내놓은 가장 위대한 '발상'이라 불린다. 본래의 생태계 속에서 토착종이 어울려 살아가는 국립공원의 시초다.* 지구상에서 생명의 그물망이 풍경을 어떻게 빚어내는지 이토록 극적으로 보여주는 장소는 드물다. 500년 전 유럽인들이 건너오기 전까지 옐로스톤은 야생이 온전히 살아 숨 쉬던 땅이었다. 그러나 1890년부터 1950년대까지 오대호에서 들여온 외래종 연못송어가 루이스호와 쇼숀호에 스포츠 낚시용으로 방류됐다. 연못송어는 하천까지 퍼져나가 토착종인 컷스로트송어의 마지막 보루를 무너뜨렸고 생태계는 충격에 휘청였다. 1998년 조사에 따르면 연못송어 12만 5000마리가 컷스로트송어 400만 마리를 잡아먹은 것으로 추정된다. 연못송어는 깊은 호수에서 알을 낳지만 컷스로트송어는 얕은 강가를 거슬러 올라가 산란한다. 이 산란길에서 컷스로트송어가 사라지자 새끼를 키우던 불곰은 주요 먹이를 잃고 대신 새끼 와피티사슴, 수달, 새들을 사냥하기 시작했다. 2017년 물수리 둥지 세 곳에서 겨우 새끼 한 마리가 태어났다. 1994년에 67마리가 태어났던 것을 떠올리면 참담한 수치다. 컷스로트송어가 자취를 감추자 흰머리수리도 먹이를 찾아 헤매다 새끼 휘파람고니를 사냥하기 시작했고 이어 오리, 아메리카흰펠리컨, 쇠가마우지, 아비, 제비갈매기까지 표적으로 삼았다. 옐로스톤이 지금까지 버텨올 수 있었던 건, 아무것도 하지 않은 지혜 덕분이다. 그렇다면 이제 우리는 무엇을 해야 할까? 호수에 전기 충격을 가해야 할까? 연못송어를 잡아먹도록 하프물범을 들여오자는 제안까지 나왔다! 그물로 큰 물고기를 걸러낸다 해도 알은 어쩔 셈인가? 진공청소기로 빨아들이고, 전기 충격을 가하고, 산란지를 죽은 물고기로 덮어 산소를 차단하는 방법까지 시도했지만 그 결과 불곰이 몰려들었다. 그래서 물고기를 으깨어 펄프처럼 만들어 연못송어 알을 덮어버렸다. 다행히 이 방법은 통했다! 지금은 물고기 펄프를 대신할 수 있도록 콩과 밀 글루텐을 뭉쳐 만든 펠릿도 만들고 있다. 다행히 컷스로트송어는 개체수를 회복하는 중이다. 부디 옐로스톤이 또 하나의 먹이사슬 붕괴로 인한 부정적 연쇄효과 사례로 남지 않기를 바란다.

---

*   여기서 중요한 건 바로 '발상'이라는 점이다. 이 땅에서 1만 1000년 넘게 사냥하고 채집하며 자연의 일부로 살아온 원주민을 잊어서는 안 된다. 원주민들은 쫓겨났고 조약으로 보장된 권리마저 빼앗겼다.

P, 오염

오염은 돈이 되는 사업이다(세 가지 I 모두 해당). 현재 북아메리카에서 가장 위태로운 동물은 작고 소박한 민물담치다. 민물담치는 드넓은 강줄기 속에서 독성 물질과 미세 토사, 조류, 세균을 걸러내며 아무런 대가 없이 물을 정화하지만, 이제는 그 능력으로도 감당하기 어려울 만큼 강이 오염됐다. 한때 강은 제지 공장, 제철소, 방직 공장이 폐수를 흘려보내는 통로였다. 수많은 생명이 그 값을 치렀고 담치도 예외는 아니었다. 1918년 6월 뉴저지를 흐르는 퍼세익강에서 불길이 치솟았다. 기름과 크레오소트[목재 방부 처리에 쓰이는 독성 물질], 산성 폐수로 범벅이 된 물에 불이 붙은 것이다. 시인 윌리엄 카를로스 윌리엄스는 이 강을 '서구 세계에서 가장 추악한 오물 구덩이'라 불렀다. 그렇게 변하는 데 걸린 시간은 고작 100년.

민물담치 중에는 100년 넘게 사는 종도 있다. 나무의 나이테처럼 껍데기의 성장륜으로 나이를 짐작할 수 있다. 이름도 제각각이다. 복슬돼지발가락담치, 안경집담치, 보라혹등담치, 흰발뒤꿈치담치, 코담배갑담치, 코끼리귀담치, 거친토끼발담치, 히코리열매담치, 뚱뚱무켓담치, 그리고 이름만으로도 상상을 자극하는 거대둥둥담치까지. 미국 생물다양성센터의 과학자 티에라 커리는 동료들과 함께 여러 담치 종으로 분장해 생일을 기념하기도 했는데, 지금까지 사라진 민물담치만 벌써 38종이다. 2006년 앨라배마 돼지발가락담치는 그 오래된 발가락을 말아쥔 채 세상에서 사라졌다. 플라스틱이 세상을 뒤덮기 전 사람들은 담치 껍데기로 단추를 만들었다. 당시에도 남획은 문제였지만 이들을 무너뜨린 진짜 원인은 댐 건설과 심각한 수질 오염이다. 줄무늬콩담치는 외투막을 물고기처럼 펼쳐 무지개시어를 유인하고, 수정된 알을 재빨리 무지개시어 아가미에 뿌린다. 알은 그곳에 달라붙어 자라다가 새로운 물길을 따라 떠난다. 기가 막힌 생존 방식이다.[154]

북아메리카의 강들은 비극적일 만큼 빠른 속도로 오염됐다. 중금속, 산업 폐기물, 독소, 비소, 산성 물질, 염료, 하수, 슬러리[고형물이 섞여 진흙처럼 질척이는 폐수], 항생제, 다이옥신, DDT, 그리고 쉽게 분해되지 않고 생물체에 축적되는 PCB까지. PCB는 유압유, 냉각제, 윤활제, 난연제 등에 사용된다. 다이옥신은 극도로 치명적인 독성 물질로, 그중에서도 TCDD(2, 3, 7, 8-테트라클로로디벤조다이옥신)의 독성은 청산가리보다 6만 배 강하다. 그런 물질까지 강으로 흘러들었다. 2004년 피임약 성분인 에스트라디올이 큰가시고기에서 검출됐다. 이 물질에 노출된 암컷은 평소보다 더 활발하고 외향적인 행동을 보였으며, 그 탓에 오염되지 않은 개체보다 쉽게 포식자에게 잡아먹혔다. (배리 코모너가 제안한 생태학의 제2법칙: 모든 것은 결국 어딘가로 가게 되어있다.)

동물보호운동가 존 오버그는 트위터에 짧은 영상을 올렸다. 암스테르담의 운하를 배경으로 백조 한 쌍이 둥지를 보강하는 장면이다. 자동차 소음이 울려 퍼지는 가운데, 알을 품고 있던 백조가 목을 길게 뻗어 플라스틱 상자를 둥지 쪽으로 끌어당긴다. 백조가 몸을 일으키자 회녹색 알 일곱 개가 보인다. 백조는 다시 천천히 몸을 낮추어 알들을 덮는다. 짝도 힘을 보탠다. 플라스틱 컵, 쓰레기봉투, 음료 캔까지, 주변에 널린 쓰레기들을 하나씩 끌어다 둥지 안에 넣는다. 영상을 본 사람들은 찡그린 얼굴 이모티콘으로 반응을 대신한다. 백조의 플라스틱 둥지. 향고래 뱃속에서 나온 100킬로그램짜리 '쓰레기 뭉치'. 그리고 플라스틱 조각을 삼켜버린 셀 수 없이 많은 생명. 플라스틱으로 포장된 환상은 물속 세계를 조금씩 무너뜨리고 있다.

1958년 미국 생물학자 레이첼 카슨은 친구 올가 허킨스에게서 길고 격앙된 편지를 받았다. 매사추세츠에 마련한 2500평 규모의 조류보호구역이 모기 방제를 위해 살포된 DDT 탓에 '생명이라곤 찾아볼 수 없는' 땅이 되어버렸다는 내용이다. '지난여름 모기약을 실은 비행기가 우리 마을 하늘을 몇 번이나 지나갔어. 습지 가까이에 살다 보니 독한 약제를 여러 차례 뒤집어썼지.' 허킨스는 그렇게 적었다. 카슨이 그곳을 찾았을 때도 방제기가 머리 위를 윙윙거리며 지나갔다. 두 사람은 배를 타고 강어귀로 나갔다. 죽었거나 죽어가는 물고기들, 물살에 떠밀려 온 가재들, 신경이 마비돼 비틀거리는 게들이 보였다. 참혹한 풍경이었다. 카슨은 이 끔찍한 현실을 세상에 알리겠다고 결심했다.[155]

DDT는 1940년대에 등장한 기적의 화학물질이다. 말라리아와 발진티푸스처럼 곤충이 옮기는 질병을 막기 위해 개발되었지만 곧 미국 전역에서 모기, 유럽매미나방, 불개미, 흰테딱정벌레 같은 '해충'을 박멸하는 데 쓰이기 시작했다. 농작물은 물론 가축, 사람, 가정집, 해변까지 가리지 않고 DDT를 살포했다. 위험한 물질이라면 애초에 허가가 안 났을 거라는 막연한 믿음이 있었다. 그러나 현실은 전혀 달랐다. 유기염소계 살충제가 만들어 낸 '엄청난 죽음의 비'는 세계 곳곳에서 새와 곤충, 수많은 동물의 생명을 앗아갔다.[156] 카슨은 이 참혹한 실상을 하나하나 기록했다. 연구를 거듭할수록 과학과 기술이 윤리 없이 앞서나갈 때 얼마나 치명적인 결과를 낳는지 절실히 깨달았다. 장기적인 영향조차 알지 못한 채 마구 뿌려댄 화학 살충제에 대한 분노가 점점 커졌다. 1962년 카슨은 《침묵의 봄》을 세상에 내놓았다. 이 책은 DDT가 먹이사슬을 따라 순환하며 자연 속에 잔존한다는 사실을 명확히 밝히고, 모든 생명은 서로 긴밀히 연결되어 있다는 생태학의 중요한 진리를 알렸다. 《침묵의 봄》이라는 제목은 새들의 노래가 사라진 세계를 뜻할 뿐 아니라 진실마저 침묵하는 시대를 함께 가리킨다. 책이 나오자 카슨을 향한 반격이 거셌다. 화학업계와 이를 지지하는 정치인들은 출판사를 상대로 소송을 제기했고, 카슨을 아이도 없는 공산주의자이자 독신 여성이라며 깎아내리는 선전전을 벌였다(카슨이 어릴 적 부모를 잃은 조카들을 돌봤고, 훗날 고아가 된 대조카를 입양해 함께 살아왔다는 사실은 모르는 척했다). 카슨은 병마에 시달리면서도 과학적 근거로 무장한 정신적 힘을 잃지 않았다. 유방암 진단을 받은 뒤에도 1963년 존 F. 케네디 대통령이 주재한 의회 청문회에 출석해 직접 증언했다. 이를 계기로 미국 역사상 첫 환경 보호를 위한 연방 정책이 수립됐다. 레이철 카슨은 1964년 세상을 떠났지만 《침묵의 봄》은 남아 세상을 바꾸었다. 정책을 움직이고 현대 환경운동의 불씨를 피웠으며, 1970년 미국 환경보호청 설립으로 이어졌다.*

데이브 굴슨은 《침묵의 지구》에서 이렇게 되묻는다. 《침묵의 봄》이 울린 경종이 강렬했던 나머지, 이제 그런 일이 다시는 일어나지 않을 거라는 착각에 빠진 건 아닐까. 혹시 그 안도감이 우리의 경계를 허물고 그 틈을 비집어 네오니코티노이드가 조용히 퍼져나간 것은 아니었을까.

말하지 않아도 알아요

60년이 지난 지금도 정치인과 기업은 환경 피해를 경시하는 힘에 휘둘린다. 우리는 눈앞의 편리함에만 안주한다. 곤충의 수를 정확히 세고 정량화하는 일은 불가능에 가깝고, 오래된 기록이나 장기적인 조사도 턱없이 부족하다. 2019년 4월 〈곤충 아마겟돈Insect Armageddon〉이라는 제목으로 언론에 소개된 논문 한 편이 큰 논란을 불러일으켰다[이 표현은 이후 두 단어를 조합한 신조어 인섹타겟돈(Insectageddon)으로 불리며, 곤충 개체수 급감 위기를 상징하는 말로 자리 잡았다]. 독일의 자연보호구역 63곳에서 27년간 진행한 이 연구에 따르면 곤충 개체수가 76퍼센트 감소했다. 말벌, 꿀벌, 파리, 딱정벌레 등 날아다니는 곤충이라면 가리지 않고 포획하는 덫을 설치해 총생물량을 측정한 결과다. 특히 개체수가 가장 많아야 할 여름철 감소 폭이 82퍼센트에 달했다. 제일 큰 원인은 농약의 대량 살포와 서식지 파괴다. 보호구역에서는 보호할 수 있지만, 곤충의 문제는 어디에나 있는 농약 살포 작물에도 앉는다는 점이다.

논란이 격화한 이유는 연구자 두 명이 이 논문을 포함해 푸에르토리코와 미국의 또 다른 연구 결과를 분석한 끝에 앞으로 수십 년 안에 전 세계 곤충의 40퍼센트가 멸종할 수 있다는 예측을 내놓았기 때문이다.[157] 학계의 반응은 싸늘했다. 과학자들은 감정적인 언어를 꺼린다. 논문 저자인 프란시스코 산체스 바요와 크리스 바이크하위스는 '극심한' '끔찍한' '파괴적인' 같은 단어를 사용했다는 이유로 비판받았다. '학술논문에 어울리지 않는 표현'이라는 지적이었다. '인섹타겟돈이라는 제목 역시 공포를 조장하려는 의도'가 아니냐는 말이 뒤따랐다. BBC 라디오의 심층 보도 프로그램은 "인섹트 아아아 - 마 - 게에 - 도온!"이라고 과장된 어조로 제목을 부르며, 이 논문에 장기적이고 광범위한 실증 자료가 거의 없다는 점을 문제 삼았다. "고작 연구 세 건이라니!" 하지만 그 비꼬는 어조로 강조한 세 건 가운데 하나는 결코 가볍게 넘길 수 없는 연구이고 참고한 논문만 304편에 달한다. 그 비아냥은 너무도 씁쓸하다. 연구를 깎아내리면서 정작 문제의 심각성까지 흐렸기 때문이다.

연구자들은 분명 경고의 종을 울렸다. 그리고 그럴 만한 이유가 있었다. 과학자들이 아직 '단정'할 수 없다고 해서 우리는 아무 일도 하지 않은 채 기다려야 할까? 진실을 확인하겠다고 또 30년을 더 들여다볼 텐가? 경향이 입증되지 않았다는 이유로 손 놓고 방관하자는 건가? 변화는 이미 눈앞에서 벌어지고 있다. 자동차 앞유리는 더 이상 곤충으로 얼룩지지 않고, 곤충을 먹고 살던 새들은 자취를 감췄다. 밤에 불을 켜도 불빛

---

* DDT는 1972년 미국을 시작으로 1978년 유럽(영국은 1984년)에서, 2004년에는 전 세계적으로 금지됐다. 하지만 오늘날에도 아프리카와 남미, 아시아 일부 지역에서는 말라리아 방제를 목적으로 DDT를 사용한다.

에 몰려드는 벌레가 거의 없다. 원인은 무분별하게 살포하는 농약, 기후 변화, 베고 밀고 깎고 뿌려대는 서식지 파괴이다. 지금 손에 쥔 자료만으로도 종 다양성이 줄고 있는 것은 명확하다. 다양한 종이 사라지면 특정 식물에만 의존하던 수분자도 함께 사라지고, 그렇게 식물과 동물 모두 위태로운 상태에 놓이게 된다. 실제로 중국에서는 농약을 지나치게 사용한 결과, 과수원에서 꽃마다 일일이 손으로 수분을 해줘야 할 지경에 이르렀다. 지난 50년 동안 곤충 수가 줄었다는 사실은 굳이 숫자를 들이대지 않고 눈으로도 충분히 확인할 수 있다. 그런데도 변화를 애써 외면한다면 대가는 얼마나 클까? 이전에 동물행동학자들은 입증하지 못했다는 이유로 동물의 고통이나 외로움을 얼마나 오랫동안 부정했던가? 호주의 곤충 생태학자 마누 사운더스 박사는 이제 와서 곤충 개체수 변화에 관한 장기 정보를 모으기 시작하는 건 무의미하다고 말한다. "지금 당장 행동에 나서야 하기 때문"이다. 그녀는 곤충이 어떤 위협에 처해있는지, 우리는 거의 한 세기 전부터 알고 있었다고 말한다.

> 사운더스: 지구 위 모든 곤충이 줄어들고 있다는 걸, 정말 하나하나 증명해야만 뭔가 할 수 있는 건가요. … 지금 아마겟돈이 벌어지고 있는지 아닌지, 왜 거기에만 집착하는 걸까요? 우리는 충분히 알고 있어요. 그렇다면 이제는 그걸 바탕으로 움직이면 되는 거 아닌가요?

> 진행자: 그러니까 곤충이 위험에 처했다는 말씀이군요?

사운더스: 곤충만의 문제가 아니에요. 지금은 모든 생명이 위태로워요. 지구 전체가 위기예요. 전 그런 식의 논쟁 자체가 잘 이해되지 않아요. … 생물다양성도, 지구 생태계 전체도 오래전부터 무너지고 있고 모두 알고 있잖아요. 그런데도 유독 곤충 이야기만 나오면 정말 줄고 있는지 아닌지 따지기부터 시작해요. 그런 식으로 시간을 끄는 사이 더 본질적인 문제는 뒷전으로 밀려나요. 논쟁을 벌이다 보면 정작 나머지 일에는 아무도 손을 대지 않게 되죠.[158]

스코틀랜드의 연어 양식장이 외부 기생충을 방제하기 위해 살충제 엑토산의 시험 사용을 허가받았다. 이 약품에는 네오니코티노이드계 화학물질인 이미다클로프리드가 포함되어 있다. 모든 곤충과 수서생물에게 치명적인 성분이다. 꿀벌에게는 40억 분의 1그램이면 치사량이다. 티스푼 하나, 고작 5그램이면 꿀벌 2억 5000만 마리를 죽일 수 있다. 이미다클로프리드는 DDT보다 독성이 7000배나 강하다.[159] 지금 이걸 두고 토론이나 할 때가 아니다. 선한 사람들이 이런 터무니없는 일과 맞서느라 귀중한 시간을 허비하고 있다.

P, 인구 증가

인구 문제는 여전히 누구도 입 밖으로 꺼내지 않는 불편한 진실이다. 내 아버지가 태어났을 무렵 지구에 살던 사람은

18억 명 남짓이었다. 아버지가 90세를 일기로 생을 마친 2009년, 인구는 70억에 가까워졌다. 그로부터 다시 10년, 우리는 어느덧 80억이라는 숫자에 바짝 다가섰다. 내 한평생 동안 인류는 50억 명이나 늘었다. 인간의 발자국은 이제 땅을 넘어 바다와 하늘까지 번져나간다. 우리는 성장이라는 말을 신념처럼 되뇌며 살아간다. 더 많이 소비할수록 다른 생명에게 허락된 자리는 줄어든다. 좁아진 공간에서 어떤 생명은 맥없이 쓰러지고 어떤 생명은 말없이 사라진다. 에드워드 오스본 윌슨은 야생의 쇠퇴를 '서서히 희미해지는 빛'에 비유했다. 그러나 오랑우탄(수줍음이 많아 나무 꼭대기에 숨어 사는 유인원)의 현실은 그렇게 느릿하지 않다. 열대우림의 서식지가 팜유 농장을 위해 파괴되는 가운데, 오랑우탄 한 마리가 불도저에 온몸으로 맞섰다. 그녀는 이미 제정신이 아니다. 팔을 휘두르고 비명을 지른다. 마지막 남은 앙상한 나무 위로 기어오르지만, 사방이 폐허다. 오랑우탄은 끝내 진흙탕 도랑에 몸을 웅크리고 울음을 터뜨린다.

코로나19로 도시가 봉쇄되기 몇 해 전의 일이다. 2014년 투르 드 프랑스[세계적인 자전거 경주 대회]가 요크셔를 지나던 날, 경주 구간을 따라 도로를 통제했다. 영국 계관시인 사이먼 아미티지는 그날 풍경을 보고 시 한 편이 떠올랐다. "200년 전으로 돌아간 듯하면서도 200년 뒤로 가 있는 기분이었죠. 차 한 대 없는 세상이었어요." 아미티지는 회상했다.

...

텅 빈 아스팔트길

개버즘단풍나무와 마가목, 너도밤나무가 아치처럼 드리우고
양옆의 숲은

다시 숲이 되었다 |
그 길 위로 한 생각이 다가왔다
아이의 얼굴을 하고서

반짝이는 도로 반사경 사이
흰 선 위를 줄 타듯 따라가다 | 아이가 속삭였다
"내가 만약 단 한마디를 내뱉어

세상의 모든 사람이
사라지고
세상만

세상에 맡길 수 있다면
당신은 그 말을 입 밖에 낼 수 있나요?
노래하듯 세상을 향해 외칠 수 있나요?"[160]

나방에 기생하는 진드기조차 스스로 개체수를 조절하고 제 터전을 망가뜨리지 않으려 애쓴다. 밤나방귀진드기는 밤나방의 귓속에 자리 잡고 고막을 뚫어 몸을 밀어 넣는다. 이에 따

라 나방은 한쪽 귀가 들리지 않게 되지만 진드기는 결코 반대쪽 귀로 가지 않는다. 박쥐의 반향정위 신호를 듣지 못하면 나방은 순식간에 잡아먹히고, 나방이 죽으면 진드기 역시 함께 끝나기 때문이다. 놀랍도록 정교한 이 질서 속에서 진드기들은 멀쩡한 귀에 정찰병을 보내, 길을 잘못 든 동료를 다시 데려오기도 한다.

O, 남획

남획은 세 가지 I, 즉 무지, 불편, 무관심을 한꺼번에 소환한다. 우리가 조상들이 누렸던 풍요로운 바다를 꿈꾼다면 무엇을 해야 할지 분명하다. 노래하듯 세상에 외친다면 놀라운 해결책이 될 게 하나 있는데 바로 고래의 배설이다. 고래의 똥이 바다를 살린다.

남극해를 오가는 향고래 한 마리는 매년 햇빛이 닿는 해수 상층에 철분 50톤을 뿌린다. 깊은 바다에서 섭취한 질소가 거대한 배설물 구름을 타고 수면 가까이 떠오른다. 이 부유하는 배설물 덩어리는 해양 생태계의 생명 순환을 이끄는 생물학적 펌프, 곧 '고래 펌프'다. 고래 배설물에는 바다 먹이망 시작점의 핵심 영양소가 들어있다. 철분과 질소는 광합성을 하는 미세 생물(식물성 플랑크톤)의 성장을 촉진한다. 식물성 플랑크톤은 동물성 플랑크톤의 먹이가 되고, 동물성 플랑크톤은 크릴의 먹이가 되며, 크릴은 작은 물고기를, 작은 물고기는 더 큰 물고기를 키운다. 고래는 바다를 지탱하는 핵심종이다. 이동하는 자리마다 영양분을 흩뿌려, 고래가 살아 숨 쉬는 바다는 더욱 풍요로워진다. 반대로 고래가 사라지면 생명의 흐름은 물론이고 바다가 탄소를 저장하는 힘이 약화한다. 식물성 플랑크톤은 광합성을 통해 대기 중 이산화탄소를 흡수하는데 그 양이 육상 식물에 뒤지지 않는다.[161] 식물성 플랑크톤이 늘어날수록 하늘 위 탄소는 줄어든다. 고래를 지켜야 지구가 산다. 이처럼 영양과 탄소가 순환하는 장대한 흐름이 바로 고래 항문에서 시작한다.

19세기 상업 포경이 바다를 휩쓸기 전만 해도 고래는 해양 생태계에 막대한 영향을 끼쳤다. 1900년 무렵 포경업자들은 귀신고래와 북극고래, 긴수염고래, 혹등고래를 집중적으로 사냥했고 이들은 바다에서 거의 사라지다시피 했다. 곧이어 대왕고래와 향고래, 참고래까지 표적이 되었고, 작살포라는 무기가 등장하면서 사냥은 더욱 거칠고 신속해졌다. 사우스조지아섬 인근의 용승 해역에서는 고래 숨소리가 만 전체에 울려 퍼질 정도였다고 한다. 과학자들은 20세기에만 고래 약 300만 마리가 잡혔을 것으로 추산한다. 1930년대에 들어서며 남획 우려로 일부 포경국에서 포획량과 사냥 시기를 단축하자는 이야기가 나왔고, 몇몇 종의 포획을 금지하자는 제안도 있었다. 그러나 현실은 정반대였다. 제한된 기간 안에 더 많은 고래를 잡기 위해 사냥은 더 격렬해졌다. 1946년 국제포경위원회가 출범해 긴수염고래, 귀신고래, 혹등고래 사냥을 금지했지만 고래를 살아있는 생명체가 아닌 자원으로 여기는 인식은 여전했다. 고래는 개체수가 아닌 재고량으로 계산되었고 매년 대왕고래 기준 1만 6000마리 단위를 허용했지만(대왕고래 1마리 = 참고래 2마리, 혹등고래 2.5마리, 보리고래 6마리) 강제력은 없었다. 1964년 과학자들은 연간 허용량을 2800단위로 줄여야 한다고 권고했지만 위원회는 그 세 배에 가까운 8000단위를 승인했다. 1970년대에 이르자 대왕고래는 포경 이전 개체수의 1퍼센트도 남지 않게 됐다. 같은 시기 고래를 살리자는 목소리가 일본과 러시아를 겨냥한 불매운동으로 이어졌고 1978년 국제포경위원회는 고래 제품의 국제 거래 중단을 결의한다. 이어 1986년부터는 포경 자체를 금지했지만 일본, 노르웨이, 러시아는 따르지 않았다.

지금도 고래 부산물은 반려동물과 썰매견의 사료로, 모피 농장에서는 값싼 단백질 공급원으로 쓰인다. 독성 물질 따위 아랑곳하지 않는 이들의 식탁에도 오른다. 길게 뻗은 이빨과 단단한 척추뼈는 조각 재료로 가공한다. 인간의 손에 남는 건 그런 잔재뿐이다. 환경적 관점에서 본다면, 건강한 대형 고래 한 마리가 평생 바다에 남기는 가치는 숫자에 집착하는 인간의 셈법으로 계산해도 200만 달러[약 28억 원]이다. 한 생명이 지닌 고유한 의미나 새끼와 무리에게 남기는 존재의 무게 같은 본질적 가치는 제외하고 말이다.[162] 지금 바다를 헤엄치는 고래들을 모두 합쳐 계산하면 '자연 자본'으로 1조 달러[약 1393조 원]에 이르는데, 그런 생명이 남획으로 줄고 있는 건 허망한 일이다. 마치 자연 자본 상점에 들러 고래 몇 마리쯤 사올 수 있기라도 한 것처럼 말이다(그럴 수 있다면 얼마나 좋을까). 일부 종은 조금씩 회복세를 보이고 있지만 한때 바다를 돌보던 고래의 수는 과거의 5퍼센트에도 미치지 못한다.

  해양 생태계에 대한 이해가 깊어질수록 고래라는 방대한 생물량이 사라질 때 일어날 파장은 가늠조차 어려워진다. 고래는 살아있는 동안뿐 아니라 죽은 뒤에도 바다에 이바지한다. 거대한 몸을 천천히 가라앉히며 평생 축적한 이산화탄소를 해저 깊숙이 실어 나른다(인간이 고래를 포획해 가공하면 그 탄소는 공기 중으로 흩어진다).* 해저에 닿은 고래 몸은 그곳에 사는 생물의 서식지이자 먹이가 된다. 고래는 바다의 정원사로서 식물성 플랑크톤을 기르고 산소를 만들고 탄소를 저장하고 바다를 식히고 어족 자원을 지탱한다. 고래를 보호해야 할 이유는 이루 말할 수 없을 정도로 많다. '모든' 고래 종이 포경 이전 수준까지 회복되도록 돕는 일은 인류의 마땅한 책무다.** 무엇보다 중요한 건 고래를 있는 그대로 두는 것이다. 고래의 생태적 가치 연구가 이어지는 가운데, 아니나 다를까 일본은 국제포경위원회에서 탈퇴했다.*** 이제는 고래의 먹이인 크릴까지 끌어 올려 사람과 반려동물의 관절을 위한 건강보조제 글

---

* 대왕고래 한 마리는 60년에 걸쳐 흡수한 이산화탄소 33톤을 품은 채 가라앉고, 이 탄소는 수백 년 동안 대기 밖에 머무른다.
** '블루보트 이니셔티브'라고 고래를 보호하기 위해 정교하게 설계한 조기 경보 시스템이 있다. 바다 위에 띄운 음향 감지 부표가 고래의 위치를 실시간으로 포착해 선박에 우회 항로를 안내한다. 이 프로젝트는 칠레 환경부와 MERI 재단이 공동으로 추진 중이며, 탄소 저장자로서 고래의 역할을 지키려는 세계 최초의 시도다. 〈fundacionmeri.cl〉
*** 일본뿐 아니라 아이슬란드, 노르웨이, 캐나다, 미국, 러시아, 한국, 그린란드, 페로 제도 등 여러 나라가 지금도 저마다의 방식으로 고래를 사냥하고 있다 [한국은 고래 포획을 전면 금지하고 있으나 보호종 고래 외 어업 중 혼획한 고래의 유통 판매를 허용 중이다. 더 큰 문제는 포획인지 혼획인지 구분하기 어렵다는 점이다].

루코사민을 만든다(하루 1500밀리그램을 먹어도 효과가 뚜렷하지 않다는 임상 시험 결과가 있지만 말이다). 대왕고래 한 마리는 하루 3톤이 넘는 크릴을 먹어야 살아갈 수 있다. 인간의 손이 닿지 않은 생태계는 이제 지구에 남아있지 않다.

    2015년 호주는 세계적인 자연유산이자 경이로운 보물인 그레이트 배리어 리프를 지키겠다며 '리프 2050 계획'을 발표했다. 향후 35년에 걸쳐 오염과 다양한 위협에서 산호초를 보호하겠다는 약속이다. 하지만 그보다 앞선 2013년 환경부 장관 그렉 헌트는 석탄 수출항에 딸린 선적 터미널 세 곳을 승인했고, 그레이트배리어리프해양공원 안에 300만 세제곱미터에 달하는 해저 퇴적물을 투기하는 계획까지 끼워 넣었다. 태양이 작열하고 햇빛으로 전기를 만드는 나라에서 해마다 석탄 7000만 톤을 더 캐기 위해 산호초를 희생하려는 셈이다. 유네스코 세계유산위원회가 개입한 끝에 호주 정부는 그 퇴적물을 바다가 아닌 육지에 버리기로 한발 물러섰다. 왜 환경부 장관만 되면 엉뚱한 길로 새는 걸까? 나라를 막론하고 그 자리에만 앉으면 이상해진다.

    퀸즐랜드에서는 '상어 구제'라는 이름의 프로그램이 50년 넘게 이어지고 있다. 해수욕객을 보호하겠다고 상어 그물과 무인 드럼라인[갈고리와 미끼를 단 해양 포획장비]을 설치해 상어는 물론 듀공, 가오리, 고래, 바다거북, 돌고래까지 잡아들인다. 그렇게 셀 수 없이 많은 생물이 생태계에서 차례차례 사라진다. 그 와중에도 바다는 점점 뜨거워지고 산호는 하얗게 탈색되고 어업은 멈추지 않는다.* 사이클론[열대 지역에서 발생하는 강한 폭풍]이 해안을 덮치고 농업은 대규모화하고 오염은 심각해지고, 수질이 나빠지고 선박은 좌초하고 기름은 바다로 흘러든다. 바닷새는 죽어가고 관광시설은 끝없이 들어서고 해안 습지는 사라진다. 천적이 없는 악마불가사리는 통제 불능의 속도로 번져나가 세계 최대 생명체 구조물인 산호초를 쉼없이 갉아먹는다.** 그러니 호주여, 계획도 목표도 보고서도 기준도 회의도 검토도 좋고 절차도 다 좋다. 이제는 제발 움직여라.

―※―

몇몇 친구가 잡초 무성한 연못 이야기를 꺼내며 조언을

---

*   그레이트 배리어 리프의 3분의 2는 생물 채취로부터 어떤 보호도 받지 못한 채 방치돼 있다. 이 문장을 읽고 있는 지금, 2022년에 새로 출범한 호주 정부가 더 푸른 미래를 이야기하며 이 특별한 생태계를 지키기 위해 첫걸음을 내디뎠길 바랄 뿐이다.

**   한때는 드물게 보이던 악마불가사리는 빠르게 자라는 산호가 느리게 자라는 종을 압도하지 않도록 균형을 잡아주던 존재였다. 알과 유생, 어린 개체는 물론 성체에 이르기까지 온 생애 주기에서 다양한 포식자들의 먹잇감이었지만 천적이 사라지자 순식간에 침입종으로 돌변했다. 악마불가사리의 대표적인 천적이 장군나팔고둥이다. 집 안 어딘가 장식으로 놓여있을 법한 바로 그 조개인데, 껍데기가 아름답다는 이유로 인간이 과도하게 채집한 탓에 바닷속 생태계에서 자취를 감췄고, 그 결과 악마불가사리가 걷잡을 수 없이 번식했다.
성체 악마불가사리는 지름 60센티미터에 이르고 스물세 개나 되는 팔마다 날카로운 독가시가 빼곡하다. 입에서 위장을 뽑아내 산호를 감싸고 그대로 녹여 삼킨다. 생태계를 이루던 연결고리들이 끊어지자 되돌릴 수 없을 만큼 균형이 무너졌다. 산호초는 포위되어 공격당하기 시작했고 아름다운 세계는 빠르게 침식했다. 악마불가사리의 대규모 출현은 일본, 호주, 괌, 사모아, 뉴기니, 말레이시아, 태국, 하와이, 피지 등지에서 잇따라 보고됐다. 일본 오키나와에서는 1970년부터 1983년까지 약 1300만 마리를 제거했는데 그 비용만 6억 엔[약 56억 원]을 넘겼다.

구해왔다. 언더힐 자연보호구역에서 받은 영감 때문인지 서식지 복원에 작은 힘이나마 보태고 싶다고 했다. 그날 밤 조녀선은 꿈을 꾸었다. 덤불이 우거진 숲 가장자리에서 친구들과 비밀의 연못을 들여다보고 있었다. 그 안에 웬걸, 하마 세 마리가 몸을 담그고 있는 게 아닌가! 모두 신기한 듯 그 광경을 바라보았다. 하마들은 조그마한 귀를 살랑이며 물살을 느꼈다. 더 놀라운 일은, 이 이야기를 누구에게도 하면 안 된다는 걸 모두가 알고 있었다는 것이다.

죽인 자, 먹을지어다
- 2

햄샌드위치

조랑말 한 마리가 물 한 모금, 먹이 한 줌 없이 슈퍼마켓 밖에 묶여있다. 앞다리까지 함께 묶인 채다. 트위터에 충격과 연민, 분노 섞인 댓글이 쏟아진다. 그런데 이 분노가 슈퍼마켓 안까지 이어질까? 진열대 위에 놓인 햄샌드위치를 집어 드는 순간에도? 몇 시간 동안 밖에 묶여있던 조랑말 대신, 짧은 평생을 좁은 우리 안에 갇혀 지낸 돼지를 떠올릴 수 있을까? 운이 나쁘게도 돼지로 태어났다. 가장 똑똑하다는 그 농장 동물로. 샌드위치 포장지 어딘가에 이 돼지의 이야기가 적혀있을까? 쇠창살에 코를 비벼가며 걸쇠를 푸는 법을 익혔고 머리를 쓰다듬는 손길을 좋아하는 돼지였다고. 그럴 리 없다. 지금의 돼지우리엔 그런 손길조차 없다. 어떻게 살았는지 어떻게 죽었는지 아무 말도 없다. 그저 삼키고 나면 끝이다.

집돼지. 수스 스크로파 도메스티쿠스 *Sus scrofa domesticus*, '기대' 수명은 15년에서 20년 사이. 수스 스크로파, 즉 멧돼지를 길들여 생긴 종이다. 숲을 헤매며 먹이를 찾고 어울려 살아가는 사교적이고 영리한 동물. 잡식성이며 모계 가족 단위로 무리를 이룬다. 진흙탕에 몸을 구르고 코로 흙을 뒤적이고 놀며 하루를 보낸다. 꿀꿀, 끽끽, 쿵쿵, 쨱쨱. 다양한 소리로 마음을 주고받는다. 웬만한 반려견보다 똑똑하다. 배변 훈련도 필요 없다. 잠자리를 더럽히지 않으려 멀리 떨어진 곳에 배설하기 때문이다. 기회가 있다면 말이다. 하지만 수스 스크로파 도메스티쿠스에게 그런 기회는 좀처럼 오지 않는다.

　예전엔 나름대로 약속이 있었다. 일방적인 약속이긴 하지만 먹이와 보금자리, 안전한 공간을 내어주면 돼지는 땅을 파고 진흙에 뒹굴며 새끼를 낳았다. 그리고 우리는 그 돼지를 먹었다. 야생에서도 돼지가 포식자에게 잡아먹히는 일은 흔하다. 하지만 약속이라 불리던 관계를 우리는 얼마나 악착같이 쥐어짰는가. 이스라엘의 역사학자 유발 노아 하라리는 '역사상 가장 끔찍한 범죄' 중 하나가 공장식 축산에서 벌어지고 있다고 말했다.[163] 지금, 이곳, 바로 우리 곁에서 말이다. 너무도 강렬한 말이라서 무슨 일이 일어나고 있는지, 왜 그런 일이 벌어지는지 알고 싶어질 정도다.

　샌드위치 속 어미 돼지는 출산을 닷새 앞두고 '분만틀'에 갇혔다. '틀'이라고는 하지만 돼지 한 마리가 간신히 들어갈 만큼 좁은 쇠창살 구조다. 몸을 돌릴 공간이 없고 바닥은 배설물이 아래로 빠지게끔 격자형 콘크리트로 되어있다. 오물은 '라군'(석호를 뜻하는 단어이기도 하다)이라는 저장조로 흘러 들어갔다. 경사스럽게도 햄과 형제들이 세상에 나왔다. 기쁨은 오래가지 않았다. 태어난 지 얼마 되지 않은 새끼들은 어미가 갇힌 분만틀 옆, 따로 마련된 '이유자돈 구역'으로 곧장 옮겨졌다. 무거운 몸을 가누지 못한 어미가, 언젠가 소시지가 될 새끼를 실수로 깔아뭉개는 일을 막기 위해 분리된 공간에 '묶어둔' 것이다. 아기 햄은 생후 20분이 지나서야 겨우 어미 젖꼭지에 '갖다 붙여졌지만' 교감은 없었다. 무거운 어미 몸에 비해 철창은 지나치게 비좁았다. 움직일 수 없는 공간에 갇힌 어미는 불안정하다는 이유로 28일 동안 몸 한번 제대로 돌리지 못한 채 젖만 물렸다. 젖을 물지 않을 때면 햄은 다시 '이유자돈 구역'으로 옮겨졌다. 철창에 갇힌 어미는 둥지를 틀 기회도 새끼의 체온을 느낄 틈도 없었다. '편히 몸 한번 돌릴 자유조차 허락되지 않았다.'[164]

　이것만으로도 충분히 악몽 같지만, 임신한 어미 돼지의 삶은 더 잔혹하다. 미국에서는 임신한 돼지가 임신 기간 내내 가로 200센티미터, 세로 60센티미터 남짓한 '임신틀'에 갇혀 지낸다. 석 달, 3주 그리고 또 사흘이 지나면 분만틀로 옮겨진다. 몸집이 큰 돼지는 옆으로 눕는 것조차 어려워 가슴을 바닥에 붙인 채 잠들 수밖에 없다. 그런 환경에서 이상 행동이 나타나는 건 당연하다. 철창을 물어뜯고 혀를 말아 올리고 고개를 좌우로 흔들다가 끝내는 '학습된 무기력'에 이른다. 아무리 찔러도 미동조차 없고 찬물을 뒤집어써도 가만히 있는 상태. 움직이지 않고 저항하지도 않는다. 학습된 무기력. 이것을 문명의 성취라 부를 수 있을까? 욕창, 요로 감염, 근육 위축, 심혈관 질환, 골밀도 감소, 발굽과 관절 손상, 정신적 붕괴까지. 그 안에서 이런 일들이 벌어진다. 그런데도 괜찮다고 말하는 이들이 있다. 미국 양돈협회 부회장이자 수의사인 폴 선드버그는 이렇게 말했다. "어미 돼지는 몸을 돌릴 수 없다는 사실조차 모르는 것 같아요. 먹이도 잘 먹고 안전하다고 느끼고 혼자 있는 칸에서도 잘 지냅니다."[165] 2012년 미국 양돈생산자협회의 한 대변인은 이렇게 덧붙였다. "우리 돼지들은 새끼 낳는 2년 반 동안 몸을 못 돌립니다. 그런데 누가 돼지한테 정말 몸을 돌리고 싶은지 물어보기나 했나요. …"[166]

루마니아에서 돌아오는 네 시간짜리 비행에서 이 생각을 했다. 나는 한쪽엔 조너선, 다른 한쪽엔 공용 팔걸이를 독차지한 채 다리를 내 쪽으로 쭉 뻗은 남자 사이에 끼어 앉아있었다. 두 시간쯤 지나자 온몸이 뻣뻣해지고 신경이 곤두섰다. 짜증도 서서히 차올랐다. 예전에 뉴질랜드행 초저가 항공권을 끊은 적이 있는데, 꼬박 48시간이 걸렸다(경유만 네 번). 그때는 기내에서 몸을 조금씩 움직일 수 있었고 경유지마다 라운지에 들렀다. 그래도 정말 고역이었다.

―※―

1960년대 뉴질랜드의 한 낙농가에서 자란 조너선은 오잉크를 기억한다. 오잉크는 작고 약하게 태어난 새끼 돼지였다. 조너선의 어머니 도로시는 오잉크에게 젖병을 물리고 세탁실 한쪽에 자리를 마련해 돌봤다. 당시 뉴질랜드 낙농업자들은 우유 부산물인 유청을 소진하기 위해 돼지를 키웠다. 돼지들은 짚을 깐 우리에서 지내다가 방목장에 나가 땅을 파고 뒹굴며 놀았다. 오잉크는 집 안에서 살면서 조너선과 놀고, 농장 개를 따라다니며 소를 몰기도 했다. 모두가 오잉크를 좋아했다. 어느 날 훌쩍 자란 오잉크가 집에 들어오려고 뒷문을 박찼을 때, 조너선의 아버지 에릭은 이제 오잉크가 다른 돼지들과 지낼 때가 됐다고 말했다. 오잉크는 우리로 보내졌고, 땅을 파고 뒹굴며 다른 돼지들과 어울리고 조너선이 가져다준 사과를 먹으며 평범한 삶을 보냈다.

영국 헤리퍼드셔에서는 사과 수확이 끝난 뒤 낙과를 처리하기 위해 글로스터셔 올드 스팟 돼지를 풀어놓곤 했다. 가끔은 사과나무 아래에서 곤히 잠든 돼지를 발견하기도 했는데, 찬물 한 바가지를 끼얹어야 겨우 일어났다.

요즘은 오잉크처럼 작고 약한 새끼 돼지는 자원 낭비로 여겨 대부분 콘크리트 바닥에 머리를 내리쳐 죽인다. 다른 문제들도 단순하게 처리한다. 꼬리를 문다고? 잘라낸다. 젖꼭지를 문다고? 이빨을 깎는다. 귀찮다고 판단하는 부위는 모조리 도려낸다. 꼬리, 엄니, 발가락, 고환까지. 영국 왕립수의사회는 '신체 훼손'이라는 말이 지나치게 감정적이라고 한다. 그래서 우리는 이렇게 표현한다. 꼬리를 절단하고 부리를 자르고 짖지 못하게 만들고 턱 밑 늘어진 살을 제거하고 볏을 자르고 발톱을 깎고 며느리발톱을 없앤다고. 날개를 자르고 귀에 표식을 남기고 코뚜레를 뀐다고. 진통제도 없이 말이다. 칠면조의 부리 위에 달린 살덩이를 잘라내고 양의 엉덩이 피부를 띠처럼 도려낸다. 그렇게 생긴 흉터에는 털이 나지 않아 파리 구더기가 덜 꼬인다고 한다.

솟값과 신붓값

소(cattle): 앵글로노르만어 카텔catel에서 유래했으며 그 뿌리를 더듬으면 라틴어 카피탈레capitale에 닿는다. 본디 자본금이나 주요 재산을 뜻하던 이 말은 움직이는 재산, 즉 소를 가리키는 데 쓰이게 됐다. cattle, catel, chattel[동산(動産)] 모두 이 어원에서 나왔다. 인간의 삶과 소의 역사는 그렇게 얽히며 흘러왔다. '피fee'라는 단어도 같은 길을 걸었다. 고대 영어 페오feoh는 가축, 특히 소를 가리키고, 움직일 수 있는 재산을 뜻하게 되었으며 돈이라는 개념으로 이어졌다.

남수단의 딩카족에게 소는 삶의 중심이다. 전설 속 유목민인 이들은 건기에 나일강 습지에서 가축을 방목한다. 소와 함께 살며 낮과 밤을 보낸다. 소의 젖을 짜고 걷고 털을 빗질한다. 해가 지면 소의 배설물로 불을 지피고, 거기서 생긴 희끄무레한 재를 피부에 발라 꾸미고 모기를 막는다. 딩카족은 키가 크기로 유명한데 210센티미터가 넘는 사람도 있다. 오래전 조상들이 그랬던 것처럼 그들은 황소 옆에서 발을 맞춰 걷는다. 검은 팔을 하늘로 치켜들고 흰 소의 기다란 뿔을 흉내 낼 때면 마치 세계의 하늘을 들어 올리는 듯하다. 소는 딩카어의 근간이며 문화와 의례, 혼인과 생존, 힘의 원천이다.

수년에 걸친 내전은 이들의 삶을 송두리째 무너뜨렸다. 딩카족과 누에르족 사이에 오랫동안 이어져 온 소 약탈은 일종의 '부의 교환'이었다. 창을 들고 싸우되 장로들의 권위 아래 일정한 질서를 유지하던 전통적 관습이었다. 하지만 이 오

랜 풍습은 정치 세력에 의해 잔혹하게 변질됐다.* 양쪽의 젊은 목동들은 더 많은 소와 무기를 약속받고 전쟁터로 내몰렸다. 창은 칼라시니코프 소총으로 바뀌고 약탈은 일상이 되었으며 죄책감은 사라졌다. 보복은 또 다른 보복을 낳아 폭력이 끝없이 이어졌다. 공동체를 지탱하던 질서는 허물어지고 남녀노소 수백 명이 학살됐다. 한 마리에 500달러[약 70만 원]인 소는 그들의 모든 것이었다. 총이 없으면 소를 지킬 수 없고 소와 함께 목숨도 빼앗겼다. 소는 싸움의 이유, 약탈의 표적, 돈의 언어이자 지위의 상징, 부의 척도이자 권력의 실체였다. 누에르어로 총알을 데이 막dei mac이라고 하는데 문자 그대로는 '총의 송아지'라는 뜻이다.

2018년의 휴전 협정도 폭력을 멈추지 못했다. 가뭄과 흉작이 이어지고 신붓값이 소 20마리에서 100마리로 치솟으며 약탈은 계속됐고, 귀한 소를 얻기 위해 딸을 시집보내는 일도 멈추지 않았다.

베이컨 일병 구하기

'임신틀'은 현재 영국, 스웨덴, 미국 일부 주에서 사용이 금지됐지만 암퇘지를 최대 5주 동안 가두는 '분만틀'은 여전히 합법이다.** 세계농장동물복지협회는 분만틀 역시 폐지되어야 한다고 주장한다. 반면 영국 양돈협회(NPA)는 이를 '가혹하고 모욕적'인 요구라며 강하게 반발한다. 협회는 분만틀이 '자돈의 복지'와 '축산 노동자의 안전'을 위한 장치라고 설명하지만, 그렇게 내세우는 '자돈 복지'란 결국 돼지 공장의 돈줄 방어를 위한 명분일 뿐이다.

새끼 햄은 어미 품에서 떨어진 뒤 격자형 콘크리트 바닥(몸무게 100킬로그램당 1제곱미터)에서 자란다. 거기서 먹고 또 먹으며 여섯 달을 보내고 짧다면 짧고 길다면 긴 두려운 여정을 시작한다. 처음부터 그렇게 잔혹하게 가두지 않았다면 '축산 노동자'의 안전도 지금보다 나았을 것이고, 어미 돼지가 '새끼를 물어 죽이는 일'도 훨씬 줄었을 것이다. 하지만 문제의 뿌리는 더 깊다. 암퇘지를 '초다산성'으로 개량해 300킬로그램이 넘는 육중한 몸뚱이를, 단 한 번도 제대로 움직여 본 적 없는 연약한 다리로 버티게 한 것이 시작이다. 새끼를 낳기 전 보금자리를 만들 공간도, 쓸 만한 재료도 허락하지 않았다. 그런 환경에서 자돈이 깔려 죽는 일은 피할 수 없는 결과인지 모른다. 누군가는 이렇게 말해야 했다. 잠깐만, 우리가 만들어 낸 이 거대한 암퇘지들이 자꾸 넘어지고 있어. 자돈은 깔려 죽고 유산은 늘어나고 성질은 점점 더 거칠어지네. 이제 돼지가 돼지답게 살아갈 수 있는 공간을 줘야 하지 않을까. 유전자 개량도 이쯤에서 멈춰야 하는 거 아닐까. 하지만 결론은 전혀 달랐다. 그냥 아예 못 넘어지게, 더 좁은 틀에 가둬버리자. 이런 고문장치를 처음 고안한 사람은 1964년 텍사스의 돼지 육종가 T. 유얼라이너와 로이 포지다. 1969년에는 '결박틀'이라는 장치까지

---

* 딩카족은 살바 키르 대통령을, 누에르족은 리에크 마차르 전 부통령을 따랐다.
** 이 장치를 전면적으로 금지한 나라는 스웨덴, 노르웨이, 스위스 세 나라뿐이다.

등장했다. 암퇘지 목에 쇠사슬을 채우거나 몸통에 벨트를 둘러 완전히 고정하는 방식이다. 당시 설명은 이랬다. '암퇘지는 항상 격리되어 있으므로 돼지 간 다툼이나 스트레스는 사라지고 사료 섭취량도 완벽하게 조절할 수 있다.'[167]

2021년 1월 브렉시트로 수출길이 막힌 영국에서는 돼지 10만 마리가 도축할 수 없을 정도로 살이 쪘다. 유전적으로 성장하도록 조작된 몸은 오직 자라기만 했다. 도축장 봉쇄 조치까지 겹쳐 돼지들은 마트가 요구하는 기준을 맞출 수 없을 정도가 됐다. "돼지가 일정 무게를 넘기면 마트가 원하는 포장에 안 들어가기 때문에 우리는 어마어마한 불이익을 받게 됩니다."[168]

이상하지 않은가. 공장식 축산이 만들어 낸 비만 돼지는 10만 마리에 이르렀건만, 야생 사자는 이제 2만 마리밖에 남지 않았다.

눈 가리고 아웅

영국 양돈협회는 돼지 농장 내부를 몰래 촬영한 행위를 무책임하다고 비난한다. 하지만 철창에 짓눌려 뒤틀린 엉덩이, 튀어나온 작은 발굽, 생기 없는 눈동자, 끝없이 늘어선 우리를 보면 숨이 턱 막힌다. 어떻게 산업이 이토록 처참한 표준화를 선택했는지 믿을 수 없다. 협회는 '소비자의 요구'가 없어 변화를 위한 자금 마련이 어렵다고 변명한다. 정보가 부족한 소비자 탓을 하는 건 흔히 써먹는 수법이다. 이 끔찍한 구조가 계속되는 건 돼지의 고통은 철저히 숨겨지고 베이컨은 정말 맛있기 때문이다. 모든 소비자가 점심 식사에 오른 고기의 일생을 사진으로 볼 수 있다면, 공장은 하루라도 빨리 지갑을 열어야 할 것이다. 우리 지갑도 마찬가지고.

고통, 고립, 혼란, 억눌린 본능, 병과 자해. 몸을 돌려 가려운 데 하나 긁지 못하는 삶이라니. 몸속 모든 호르몬이 절규할 것이다. 보금자리를 만들어야 해! 살아도 산 게 아니다. 끝없는 무기력이다. 죽음보다 더 참혹한 삶이다. 맞다. 산업형 돼지 공장은 법이 허용한 가장 부끄러운 형태의 수용소다. 규모는 크고 발상은 중세의 잔혹함에서 벗어나지 못했다. 어디서부터 잘못된 걸까? 어쩌다 이 지경이 됐을까?

막간

뱀상어 알은 자궁 안에서 부화해 완전히 발달한 상태로 세상에 나온다. 암컷 모래뱀상어는 자궁이 두 개 있으며 번식기마다 새끼를 두 마리씩 낳지만, 처음에는 배아 열두 개 이상으로 시작한다. 먼저 알을 깨고 나온, 즉 가장 적합한 개체가 몸길이 10센티미터쯤 될 때부터 형제자매를 잡아먹기 시작한다. 임신 기간은 약 1년인데 이 잔혹한 생존 경쟁은 다섯 달쯤 지나 본격화한다. 형제를 모조리 삼키고 수정되지 않은 알까지 먹어치운다. 일본 연구자들은 자궁 속에서 벌어지는 이 광경을 직접 관찰했다. 양쪽 자궁을 오가며 남은 형제를 뒤쫓는 장면도 목격했다. 이런 형태의 형제자매 살해를 자궁 내 동족 포식이라고 한다.* 자궁 속에서 살아남은 개체는 바다로 밀려 나올 즈음이면 야구방망이 크기만큼 자라 완전한 포식자가 된다.

내 앞엔 바닷가재, 오른쪽엔 말똥가리

1935년 어느 여름날 다섯 살 소녀 앤 로클리는 염소들과 엄마 도리스, 박물학자인 아빠 로널드 로클리, 바닷새 수만 마리와 함께 웨일스 해안에서 멀리 떨어진 외딴섬 스코크홈에 머물고 있었다. 그날 어선 한 척이 항구로 들어왔다. 앤은 선착장 근처에 앉아 겨울을 앞두고 부산스레 웅성대는 바다쇠오리 소리에 귀를 기울이고 있었다. 어부들이 선물을 들고 왔다. 커다란 바닷가재였다. 올해 첫 수확이라며 한 어부가 말했다. "… 그리고 집게발을 봐. 영락없는 신사잖아."[169]

앤은 바닷가재를 조심스레 안고 집으로 향했다. 바닷가재의 노르스름한 더듬이가 딸깍딸깍 움직였다. 이 바닷가재가 저녁 식탁에 오를 운명이라는 말은 꺼내지 않고 자신만의 티타임에 초대했다. 함께한 친구는 둥지에서 떨어졌다가 구조된 버즈라는 이름의 어린 말똥가리였다. 버즈는 고개를 오른쪽으로 살짝 돌려 상황을 살피더니 날개를 가볍게 퍼덕였다. 바닷가재는 더듬이를 흔들더니 '작고 가느다란 또 한 쌍의 더듬이', 그러니까 턱다리로 입가를 정갈하게 닦았다.

"밀물은 언제 들어와요?" 바닷가재가 물었다. 파도가 자신을 다시 바다로 데려가 주길 바라는 눈치였다. 그때 물이 거의 끓었다고 말하는 엄마 목소리가 들렸다. 바닷가재는 앤에

* 어미 상어를 해부하던 연구자가 배아에 손을 물린 일화도 있다.

게 불안한 눈빛을 보냈다.

둘은 들판을 가로질러 다시 항구로 향했다. 선착장 계단을 따라 내려가자 바닷가재는 꼬리를 말더니 물속으로 펄쩍 뛰어들었다. 앤은 리본처럼 출렁이는 해초 사이, 어둠 속으로 더듬이를 휘날리며 사라지는 그를 바라보았다. 그 구멍은 비밀스러운 스카이라이트 동굴로 이어졌고, 그 안에는 새끼 물범 한 마리가 엄마와 나눌 티타임을 기다리고 있었다.

값을 다 치렀다고?

슈퍼마켓에서 햄샌드위치를 집어들 때 우리는 아무 생각이 없다. 생산자들은 잔혹한 현실을 감추기 위해 말과 그림, 온갖 속임수 전문가를 동원한다. 그래서 우리는 수십억 달러 규모의 산업을 통해 푼돈으로 살 수 있는 달걀을 접시에 올리고 햄샌드위치를 도시락에 넣으면서 그 뒤에 숨은 폭력을 인식하지 못한 채 살아간다. 생산자들은 비용을 낮추고 생산을 끌어올린다. 공간, 시간, 사료를 줄이고 노동력을 끝까지 쥐어짠다. 과학은 점점 더 정밀해지고 돼지는 더 많은 새끼를 낳는다. 성장 속도는 빨라지고 사료를 적게 먹으면서 몸집은 커진다. 단백질은 어느 때보다 싸다. 강으로 흘러드는 분뇨, 항생제와 약물의 남용, 전염병, 사라지는 숲, 건강 악화 같은 대가를 무시한다면 말이다. 가장 가난한 이들이 가장 고된 일을 도맡는다. 전과자와 이주 노동자들이 최저임금을 받으며 도축장과 가공 공장을 지탱하고 있다. 소 한 마리로 3.99달러[약 5500원]짜리 빅맥 버거 2267개를 만들 수 있다. 하루 680만 명이 이 버거를 먹는다고 가정해 보라. 핵심은 바로 여기에 있다. 식품과 농업은 5조 달러[약 7000조 원]가 넘는 규모의 세계 산업이다.[170] 지금도 계속 커지고 있고 이 모든 건 정치다. 개를 좁은 공간에 가두면 법정에 서야 하지만, 소시지컴퍼니 주식회사는 돼지 1000만 마리를 쇠창살 안 몸조차 돌릴 수 없는 우리에서 키워도 아무런 처벌을 받지 않는다. 돼지는 참나무잎을 헤집을 수도, 바람 냄새를 맡을 수도 없다. 등에 햇살이 내려앉는 감각조차 모른 채 살아간다. 그게 바로 가축의 삶이다. 내가 동물을 사람처럼 여긴다고? 아니다. 그저 동물로 본다. 나처럼 숨 쉬고 피가 돌고 새끼를 낳는 포유류로 바라볼 뿐이다.

'돼지 농장주'라는 말은 그럴듯한 포장일 뿐이다. 농장이 아니라 공장이다. 주인은 책상 앞에 앉아 숫자와 표를 들여다보며 비용과 수익만을 따진다. 축사에서는 누군가 가족을 떠올리며 묵묵히 일하고, 이주 노동자는 일자리가 절실하다. 소비자는 소시지를 좋아하고, 정부는 정치 자금 한 푼 대지 않는 돼지를 보호하려 들지 않는다. 이윤은 오직 물량에서 나온다. 값싼 소시지를 대량으로 만들어 식탐을 채우는 일, 그 이상도 이하도 아니다. 지구를 먹여 살린다는 말은 동물 복지 이야기가 나올 때마다 들먹이는 변명일 뿐이다. 매년 음식의 3분의 1을 버리지만(해마다 13억 톤, 끼니로 따지면 3조 번) 외면하면 그만이다. 전 세계 경작지 중 3분의 1 이상이 가축 사료를 재배하는 데 쓰인다는 점(그 과정에서 숲이 파괴된다), 소고기 1킬로그램*을 만드는 데 식물 단백질 7킬로그램이 필요하다는 사실, 소시지를 한 번도 맛보지 못한 채 굶어 죽는 사람보다 비만 인구가 더 많다는 현실도 그냥 덮어두자. 가난한 이들은 부유한 이들의 이익을 지키는 방패가 되고, 평범한 사람들의 죄책감을 더는 면죄부가 된다. 20세기와 21세기를 거치며 농업 과학자들과 공장식 축산의 거물들은 농장 동물에게서 다시 한번 생명을 지우고 데카르트의 기계로 되돌려놓았다. 그런데도 대부분은 눈치채지 못한다. 모두가 공범이다. 계속 사 먹고 외면하며 아무 일 없는 듯 산다. 분노하는 이도, 나서서 말하는 이도 없다. 별난 사람으로 취급받는 극소수를 빼면 누구도 문제 삼지 않는다. 다들 이런 이야기를 꺼리고, 읽는 것도 싫어한다. 《동물을 먹는다는 것에 대하여Eating Animals》 같은 책을 누가 읽고 싶어 하겠는가?[171] 나도 그랬다. 그러다 어느 날 책을 펼쳤다. 읽다 보니 멈출 수 없었다. 그날 이후 삶이 완전히 달라졌다.

영국에서 분만틀 문제로 국회의원에게 편지를 보내면 돌아오는 답장은 대개 이렇다. '영국은 세계에서 가장 높은 수준의 동물 복지와 환경 기준을 갖추고 있습니다.' 하지만 그 기준이 얼마나 낮은지 곱씹어 보면 그런 말이 쉽게 나오는 이유를 알 수 있다. 영국 환경식품농촌부가 내놓은 '농장 동물 복지를 위한 권고 지침: 돼지 편'을 보자. 축사 바닥 권고사항에 이런 조항이 있다. '깔짚을 제공하지 않을 경우, 바닥은 견고하고 평평하며 안정적이어야 한다.' 이게 바로 세계 최고 수준이라는 기준이다. 유럽연합은 더 실망스럽다. 돼지 보호를 위한 지침이라며 내세운 조건은 이렇다. 충분한 사료와 물, 하루 8시간 이상 조도 40룩스 이상의 조명, '청결한 휴식 공간' '동종(다른 돼지)의 모습을 볼 수 있는 환경'. 분만을 앞둔 암퇘지에 대해서는 '농장의 분뇨 처리 시스템상 기술적으로 가능하다면 반드시 적절한 둥지 재료를 제공해야 한다'고만 적어두었다. 어느 정도를 적절하다고 보는지에 관한 언급은 없다. 짚 한 줌이면 규정을 충족한 셈이다. 미국의 동물 복지 기준은 한층 더 느슨하다. 규제를 꺼리는 자유주의적 분위기 탓에 기준선 자체가 바닥을 긴다. 남아메리카와 오세아니아, 아시아 지역(인도는 드문 예외다) 대부분도 사정은 비슷하다. 법적 구속력을 지닌 보호 조치는 거의 없고, 그나마 있는 기준조차 권고에 불과하다. 지켜도 되고 안 지켜도 그만이다. 아프리카는 글쎄, 그저 기대해 보거나 상상해 보는 수밖에.

세상을 바꾸기 위해 힘쓰는 이들도 있다. 그런 노력조차 종종 마케팅 수단으로 전락한다. 농장 인증 제도는 소비자가 불안을 덜고 스스로 좋은 선택을 했다고 믿는 데 도움을 준다. 이 제도는 1965년 영국 농장동물복지위원회(FAWC)가 제시한 '동물의 5대 자유'를 토대로 만들었다.** 일어서기, 눕기, 몸 돌리기, 털 고르고 몸 정돈하기, 팔다리 뻗기. 인간에게는 당연한 기본 행위들을 동물에게는 자유로 규정했다는 사실이 오싹하다. 1979년 이 항목들은 좀 더 체계적인 형식을 갖추게 된다.

* 최근 연구는 칼로리 전환 효율에 주목한다. 동물에게 100칼로리를 먹이면 인간이 고기나 유제품으로 섭취하는 칼로리는 17에서 30칼로리에 불과하다. 100달러를 슬롯머신에 넣고 20달러를 건지는 셈이다. 매번 그렇다. 우리는 이성적인 존재라 자부하면서도 식량과 토지, 물, 에너지 같은 자원을 끝없이 낭비한다. 약물을 남용하고 농약으로 흙을 병들게 하고 오염시킨다. 지금 식량 안보를 위협하고 가난을 부추기는 건 바로 이런 구조다.

1. **배고픔과 영양불량, 갈증으로부터의 자유**: 건강과 활력을 유지할 수 있도록, 신선한 물과 먹이에 쉽게 접근할 수 있어야 하며, 적절한 영양 상태도 보장해야 한다. → 움직일 수조차 없다면 활기를 논할 필요가 있을까.

2. **불편함으로부터의 자유**: 편안하게 쉴 수 있는 보금자리와 쾌적한 환경을 제공해야 한다. → 분만틀 속, 콘크리트 격자 바닥 위에서는 무엇도 편할 수 없다.

3. **통증과 상해, 질병으로부터의 자유**: 질병을 예방하고 신속히 진단하고 치료할 수 있어야 한다. → 항생제, 또 항생제.

4. **본연의 행동을 표현할 자유**: 충분한 공간과 적절한 설비, 무리와 어울릴 수 있는 환경을 제공해야 한다. → 영국 왕립동물학대방지협회(RSPCA)의 제안은 축구공 하나 던져주는 것이었다. 정말 그뿐이다.

5. **두려움과 정신적 고통으로부터의 자유**: 스트레스를 유발하지 않고, 공포에서 벗어날 수 있는 환경을 보장해야 한다. → 한숨밖에 안 나온다.

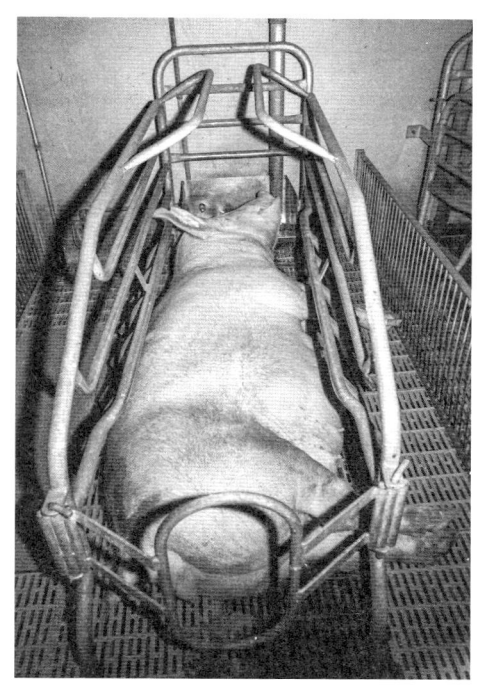

** 2019년 FAWC는 이름을 동물복지위원회(AWC)로 바꿨다. 이전 이름이 너무 딱딱하게 들린다는 이유에서다.

빛 좋은 개살구

모든 건 해석하기 나름이다. '자유'를 보장받았다고 해서 삶이 만족스러웠다고 할 수는 없다. 축사 안에 공 하나 던져놓고는 축구팀이라며 안심하는 꼴이라면 더 말해 무엇하랴. 2009년 FAWC는 한 걸음 더 나아가 이렇게 적었다. '농장 동물은 최소한 스스로 살아볼 만한 삶이라 느낄 수 있어야 하며, '좋은 삶'을 누리는 동물의 수는 점점 늘어나야 한다.' 곱씹을수록 씁쓸한 말이다. 이런 기준은 누구를 설득하기 위한 걸까? 아무렇지 않게 햄샌드위치를 집어 드는 사람들. 바로 우리다. '레드 트랙터'(영국산 식품은 믿을 수 있다는 인식을 준다) 인증 농장에서도 분만틀과 격자형 콘크리트 바닥, 이빨과 꼬리 자르기, 코뚜레 박기(돼지가 땅을 파지 못하도록 고통을 준다) 같은 관행이 여전하고, 짚을 깔아주지 않는 곳도 있다. 2012년 조사에 따르면 이 인증을 받은 농장 가운데 상당수가 법정 최소 기준만 간신히 넘겼다. 다섯 가지 자유는커녕 기본 조건조차 갖추지 못한 셈이다. 2015년 레드 트랙터 인증 농장에서 촬영한 사진을 보면 말문이 막힌다(쇠창살을 갉는 돼지, 배설물로 뒤덮인 바닥, 그 아래 공포에 질려 웅크린 새끼 돼지). 그런데도 우리는 '영국 농장에서 생산해 포장까지 철저히 관리한 제품'이라는 문구 하나면 안심한다. 영국 양돈협회는 전체 모돈의 40퍼센트가 야외에서 분만한다면서 소비자에게 다양한 선택지가 있다고 강조한다. 글쎄다. 그 이유는 '야외 분만'이라는 라벨을 붙여야 같은 고기도 두 배 가격에 팔 수 있기 때문이다. 하지만 '야외 분만'이나 '야외 방목 사육'의 현실은, 밖에서 태어났지만 실내로 옮겼다가 소시지 공장으로 빠르게 향하는 삶이다. 50킬로그램짜리 돼지 한 마리에 허용된 공간은 0.47제곱미터다. 냄새를 맡고 땅을 뒤지고 이리저리 돌아다니며 살고 싶은 돼지에게는 악몽 같은 일이다.* 라벨과 인증 마크는 함정투성이다. '야외 사육'은 생의 절반(석 달 또는 체중 30킬로그램)쯤을 밖에서 지내지만 실내에서 '마무리'한다는 뜻이다. '자유 방목'은 태어나서 '도살장에 갈 때까지' 야외에서 사는 것이다. 하지만 그 기준을 충족하는 농장은 전체의 1퍼센트도 안 된다. 대부분은 애초에 어떠한 인증도 받지 않은 곳이다. 닭에 관해 얘기할 때 '자유 방목'이라는 말은 때로 헛소리다. 큰 우리에 많은 닭을 수용하기 때문에 닭이 문 가까이 가기조차 어려울 것이다. 연어는 또 어떤가? 이제는 통조림 콩처럼 소비된다.

    마트에서 가장 싸게 팔리는 게 고기라면, 그 고기가 진열대에 오르는 과정이 평탄했을 리 없다. 미국에서 논란이 되는 건 닭을 염소로 소독한다는 사실 자체가 아니다(물론 듣기만 해도 기분 좋은 얘기는 아니다). 진짜 문제는 염소로 닦는 상처다. 소독은 점액과 악취, 세균을 씻는다. 병들고 상처 난 닭에 염분과 향료를 섞은 액체를 주입한다. 그렇게 잃어버린 색과 냄새, 맛을 되살린다. 결과적으로 자연산이라는 닭고기나 칠면조 제품은 원래보다 10퍼센트, 많게는 30퍼센트 가까이 무게가 늘어난다. 미국과 캐나다, 멕시코에서 키우는 돼지 대부분은 락토

---

*   동물보호운동가 존 오버그는 트위터에 이렇게 남겼다. '공장식 축산 영상을 1분도 버티기 어렵다면, 그 안에서 평생을 살아야 하는 동물은 어떤 심정일까?' 이 문장이 책의 본문이 아닌 각주로 밀려나 있다는 사실만으로도 현실을 짐작할 수 있다.

파민이라는 성장 촉진제를 먹으며 자란다. 베타 작용제 계열에 속한 이 약물은 돼지에게 절뚝거림, 경직, 떨림, 호흡 곤란 같은 증상을 일으킬 수 있다. 유럽연합은 사용을 금지했고 러시아와 중국도 같은 결정을 내렸다. 2009년 유럽식품안전청은 락토파민이 아주 적은 양이라도 인체에 안전하다고 볼 근거는 없다고 결론지었다.[172] 미국 식품의약국은 건강한 성인 남성 여섯 명에게 이 약을 투여했는데, 모두 심장이 심하게 뛴다고 호소했고 한 명은 도중에 실험을 포기했다.

LOVE, ACTUALLY

조안나 코사크는 여섯 살 때 처음으로 이모 시모나를 찾아갔다. 그때의 기억은 레흐 빌체크에 대한 반감으로 얼룩져 있다. 하루가 멀다고 이모와 얼마나 싸워댔는지! 시모나는 레흐의 오토바이가 뿜는 매연이 못마땅했고, 레흐는 시모나의 정원에 들어와 식물을 짓밟으며 외래종이 유전적 안정성을 해친다고 목소리를 높였다. 하지만 이듬해 다시 지에진카를 찾았을 때는 뭔가 확 달라진 것을 알 수 있었다.

갈등을 누그러뜨린 건 새끼 멧돼지 자브카다. 태어난 지 하루밖에 되지 않았고, 바르샤바 동물원에서 임시 보호를 요청해 레흐가 맡고 있던 참이었다. 두 시간마다 젖을 먹여야 했기에 혼자서는 감당할 수 없어 레흐는 시모나에게 도움을 청했다. 그즈음부터 자브카의 성장기가 레흐의 카메라에 담기기 시작했다. 강아지들 틈에 잠든 작은 자브카, 병아리들과 나란

햄샌드위치

히 죽을 먹는 모습, 눈 덮인 숲길에서 시모나를 졸졸 따라가는 통통한 뒷모습, 커다란 몸으로 레흐의 얼굴을 핥고, 참나무 탁자 위를 쿵쿵대다 부스러기를 입에 쏙 넣는 장면까지.

이 영리하고 뭐든 잘 먹는 카르파티아 멧돼지는 닭을 유인하는 요령까지 터득했다. 바닥에 부스러기를 조금 흘려두면 닭들이 하나둘 몰려들었다. 자브카는 조용히 잠든 척했다. 콕, 콕, 닭이든 칠면조든, 꼬꼬댁, 구르르, 푸다닥, 부리로 망치질하듯, 툭, 툭… 그때 자브카가 몸을 일으켜 가장 가까운 녀석을 낚아챘다. 깃털이 흩날리고 살아남은 녀석들은 혼비백산해 달아났다. 운 나쁘게 걸린 닭은 자브카의 입속으로 사라졌다. 자브카가 현장에서 딱 걸리기 전까지는 시모나도 레흐도 닭이 어디로 갔는지 눈치채지 못했다.

해마다 크리스마스이브가 되면 시모나와 레흐는 집 앞 공터의 가문비나무 주변에 숲속 동물을 위한 만찬을 차렸다. 들새가 좋아하는 마가목 열매와 라드, 사과, 말린 과일을 가지마다 매달고, 지에진카를 지나가는 사슴을 위해 건초 더미도 준비했다. 자브카 몫으로는 빵 한 덩이, 도토리 몇 그릇, 전나무 가지를 곁들인 사과 바구니를 놓았다.

자브카는 시모나, 레흐와 함께 지에진카에서 스물한 해를 살았다. 숲을 거닐고 햇살 아래서 졸고 코라섹에게 쫓기고 당나귀를 따라다니고 닭을 유인해 기습하던 나날들. 그리고 그날이 찾아왔다. 자브카는 두 사람을 불러냈다. 천천히 앞서 걸으며 이따금 뒤돌아 잘 따라오고 있는지 확인했다. 자브카는 평생 살아온 정원 한구석, 마른풀을 모아 만든 둥지에 누웠다. 두 사람은 곁에 무릎을 꿇고 앉아 자브카의 등을 어루만지며

햄샌드위치

다정한 말을 건넸다. 모두 알고 있었다. 그리고 자브카는 눈을 감았다.

달콤한 단죄

소는 소일 뿐 새가 되고 싶지 않다

게이브 브라운은 노스다코타에서 태어나 도시에서 자랐다. 자연을 접하는 건 잔디를 깎을 때뿐이었다. 중학교 3학년 때 농업 수업을 들으며 비료와 농약, 사료 배합, 집약 사육장, 인공수정 같은 단어를 처음 알게 됐다. 졸업 후 근처 농장에서 돌 고르는 일을 하다가 농장 주인의 딸과 결혼했고, 1991년 아내 셸리와 함께 장인의 농장을 사들였다. 처음에 그는 땅은 갈면 갈수록 좋아진다는 얘기를 믿기 어려웠다. 해마다 7월이면 비가 오기를 간절히 빌어야 했기 때문이다. 그곳은 광활한 대초원이었다. 바람이 거세게 불고 계절을 따라 햇살과 우박, 눈이 차례로 지나갔다. 연간 강수량은 40센티미터 남짓하고, 한여름에는 45도까지 오르고 겨울에는 영하 45도까지 떨어졌다.

그래서 게이브는 도서관으로 향했다. 그는 루이스와 클라크[19세기 초 미국 서부를 처음으로 공식 탐사한 탐험대의 지도자들]

가 1804년부터 1806년까지 남긴 탐험 일지에서 생명으로 가득한 초원 지대 이야기를 읽었다. 들소, 와피티사슴, 영양 떼가 '수많은' 프레리도그, 가지뿔영양, 노새사슴, 코요테와 함께 '언덕과 평원 사방에서 먹이를 찾고', 120센티미터 높이의 풀들이 일렁이며 초원의 바다를 이루었다고 적혀있었다.[173] 그 풍요로움이 탐험대의 발길을 이끌었다. 미주리강을 따라 대평원을 가로지르며 맑은 개울에서 새우며 메기, 연어, 민물꼬치고기를 낚았다. 머리 위로는 거위떼가 날고 '사다새 수백 마리'가 허공을 갈랐다. '강둑에는 포도가 탐스럽게 익고' 야생 체리며 자두가 주렁주렁 열렸다. 여정에서 처음 기록한 동물만 100종이 넘는다. 휘파람고니와 루이스딱따구리도 목록에 이름을 올렸다. 누가 보더라도 그 땅은 미국의 에덴이었다. 하지만 지금 게이브가 서있는, 한때 에덴의 일부였던 이 땅은 병들었다. 생명이 사라지자 땅도 무너졌다. 흉작이 어느덧 4년째였다. 게이브는 뜻밖의 결정을 내렸다. 산업형 농업에서 손을 떼고 생태계를 되살리는 실험, 재생농업을 하기로 했다.

게이브는 가축을 다시 들여오고 방목 방식을 근본부터 바꾸었다. 그는 동물들이 본능대로 움직이면서 수분자와 포식성 곤충, 지렁이, 미생물까지 돌아오길, 그렇게 끊어진 땅의 맥이 다시 살아나기를 바랐다. 게이브는 독일 바이에른 북부에서 유래한 다목적(우유, 고기 생산, 농사 조력) 품종인 겔비에 소를 들였다. 붉은빛이 감도는 단단한 몸에 온순하고 강한 모성 본능까지 갖춘 소다. 하지만 성장 속도와 착유량을 극대화하고 싶었던 게이브는 유전 형질을 따라 개체를 선별하기 시작했다. 그 탐욕은 1997년 혹독한 대가로 돌아왔다. 시속 80킬로미터

강풍을 동반한 눈보라가 외양간을 덮쳤고 눈이 3미터 넘게 쌓였다. 가축들은 나흘 동안 갇혔고 벽에 바짝 붙어 몸을 웅크린 어미 소들만 간신히 살아남았다. 송아지들은 얼어 죽었다. 잘 자라고 많이 생산하는 소일수록 가장 먼저 쓰러졌다. 보조 사료 없이는 버티기 어려웠고 혹한 속에서는 더 말할 것도 없었다. 그날 이후 게이브는 스스로에게 물었다. 반추동물에게 곡물을 먹이는 게 과연 옳은 일일까. 새처럼 모래주머니가 있는 것도 아닌데. 소의 위장은 본래 풀을 소화하도록 진화한 장기다. 그는 생각을 고쳐먹었다. 몸집은 작지만 강인한 개체들을 골라내 교배하기 시작했다. 자연 본연의 회복력을 되살려보려는 시도였다. 송아지는 사슴이 새끼를 낳는 봄에 태어났다. 어미 곁에서 무리의 질서와 숨을 곳을 익히며 자랐고, 갈증이 나면 눈을 핥아 수분을 보충하는 법도 배웠다. 젖을 떼는 것도 스트레스 없이 천천히 진행했다. 어미와 송아지는 전기 울타리를 사이에 두고 서로를 바라보며, 코끝을 맞댈 수 있을 만큼 가까이에 있었다. 젖만 못 먹게 막았을 뿐이다.

 게이브는 앨런 세이버리의 초지 복원 기법을 공부했다. 짐바브웨의 160제곱킬로미터 규모 농장에서 자란 세이버리는 큰 무리의 초식동물이 포식자를 피해 끊임없이 이동할 때 땅이 더 빠르게 회복된다는 사실을 깨달았다. 하지만 그 통찰은 '인생에서 가장 슬프고도 큰 실수'를 저지른 뒤에야 찾아왔다. 그는 한때 코끼리가 서식지를 망치는 주범이라 믿고 정부에 4만 마리를 도살하자는 제안까지 했다. 이제 세이버리는 이렇게 말한다. 소 떼는 흩어지지 않고 함께 움직여야 한다. 지나온 자리에 배설물을 남기고, 풀밭이 숨을 고를 수 있도록 너무 빨리 그

자리를 되밟지 않아야 한다. 그러면 땅은 다시 살아난다. 그 방식은 200년 전 대평원에서 들소 떼가 이동할 때처럼 '공포가 지배하는 풍경'과 닮았다. 당시 쟁기로 갈려 나간 땅은 얼마 지나지 않아 황무지로 변했다. 세이버리가 말하는 밀집 방목은 마지막 빙하기 매머드 초원에서 영양분이 재순환하는 과정을 연상시킨다. 또 하나의 생물학적 펌프다. 땅은 풀을 뜯고 잎을 따먹고 파헤치던 동물들과 함께 비옥했다. 동물이 사라지자 땅도 죽었다. 조너선은 자신의 아버지도 뉴질랜드에서 젖소 떼를 그렇게 키웠다고 회상한다. 그걸 구획 방목이라 불렀다.

게이브에게 이 방식이 확실히 통했다. 초지에 금세 생기가 돌고 튼튼한 소 떼가 들판을 채웠다. 쇠똥구리 열일곱 종이 땅속으로 파고들었고 암탉들은 풀숲 사이를 자유롭게 누볐다. 돼지들에겐 커다랗고 둥근 볏짚 더미를 던져주었다. 그러면 돼지들이 그 안을 파헤쳐 굴을 파고, 서로 몸을 기대 따뜻한 겨울 보금자리를 만들었다. 게이브는 문득 깨달았다. 돼지한테 맡기면 되는데 굳이 사람이 남은 건초며 거름을 흙에 섞어야 할까? 2010년 게이브는 합성 비료를 완전히 끊었다. 비료도 농약도 구충제도 항생제도 백신도 쓰지 않았다. 더 이상 인공수정을 하지 않았다. 오염이 줄고 쟁기는 멈췄다. 반추동물에게 먹일 곡물을 기르느라 서식지를 훼손할 일도 없었다. 눈보라 속에서 송아지를 잃거나 귀가 얼까 봐 걱정하지 않아도 됐다. 이제는 '누가 더 고생했는지 따질' 필요조차 없었다.[174] 지출은 눈에 띄게 줄고 수익은 늘었다. 무엇보다 자랑하지 않고는 못 배길 만큼 단단하고 속이 꽉 찬 흙이 남았다. 게이브는 이 흙이 무척이나 자랑스러웠다. 2017년 가뭄 때 브라운 부부의 20제곱킬로미터 목장에 내린 비는 고작 14센티미터였지만 예년과 같은 규모의 소 떼를 유지할 수 있었다.*

한편, 멀리 떨어진 영국 코츠월드의 절벽 위에서는 로자먼드 영이 150만 제곱미터 규모 카이트네스트 농장의 문을 활짝 열어두고, 풀을 먹고 자란 젖소들이 마음껏 돌아다닐 수 있도록 했다. 소들은 무엇을 먹을지, 송아지 곁에 머물지 말지를 스스로 선택했다. 벌을 구경하고 향긋한 풀을 찾고 토끼풀을 맛보고 나뭇가지를 씹었다. 헛간으로 내려가거나 사과나무 아래에 서있어도 괜찮았다. 누구와 어울릴지도 알아서 정했다. 들판에서 태어나 들판에서 살지만 원한다면 헛간으로 들어갈 수 있었다. 로자먼드는 개개의 젖소를 고유한 존재로 기억했다. 울음소리만 들어도 누군지 알았다. 오랜 시간 지켜본 끝에 알게 된 건, 젖소들도 계획을 세우고 친구를 사귀고 다투고 화해하고 상실을 겪고 기쁨을 누리며 하루하루를 살아간다는 사실이다. 로자먼드는 그 모든 과정을 사랑했고 젖소들도 충실히 제 삶을 살았다.[175] 그리고 즐겁게 뛰어놀았다.

―※―

요즘은 백색란을 고르라고 한다. 갈색란이 더 건강하다고 생각하는 사람이 많지만, 갈색란은 더 공격적이고 서로 쪼는 로드아일랜드 레드라는 품종에서 나온 것이다. 그런 탓에 병아리는 태어난 지 하루 만에 '부리 자르기'를 당한다. 닭들

---

*   1991년 게이브의 농장 흙이 저장할 수 있는 물은 1에이커[약 4046제곱미터] 당 15만 리터였지만 2017년에는 38만 리터 이상을 머금을 수 있게 됐다.

이 서로를 공격하는 이유는 햇빛이 부족하고 닭답게 살 수 없기 때문이다. 그런 환경에서 스트레스와 좌절, 혼란은 당연하다. 미시시피의 한 수의사는 '부리 자르기' 대신 '부리 다듬기'라는 말을 쓰자고 제안했다.[176] 닭의 부리에는 자극을 감지하는 신경이 촘촘히 분포해 있다. 자른 뒤 통증 여부는 논쟁거리지만 먹는 양이 줄고 체중이 감소하는 건 분명하다. 덜 먹는다는 건 아프다는 뜻 아닐까. 불에 달군 철사를 입술에 갖다 댄다고 생각해 보라. 누군가는 또 감상적으로 동물을 의인화한다고 하겠지만 말이다. 부리 다듬기의 대안은 무엇일까? 업계의 대책 중 하나는 닭들이 서로를 잘 못 보게 조도를 낮추는 것이다. 실제로 시력을 잃은 개체가 덜 불안해한다는 연구 결과도 있다. 아무 것도 보지 못해야 견딜 수 있다는 말인데 이보다 더 절망적일 수 있을까? 닭은 알을 낳는 산란계, 고기로 쓰는 육계 두 종류로 나뉜다. 요즘 육계는 알에서 나와 도축장에 이르기까지 28~35일이면 끝이 난다. 수명만 따지면 집파리와 다를 게 없다. 닭의 '정상적인' 기대수명은 12~15년이다('정상'이라지만 그런 나이를 누리는 닭은 복권에 당첨된 것과 같다). 육계는 지나치게 빨리 자라기 때문에 성 성숙기(15~18주)까지 키우려면 굶겨야 한다. 그러지 않으면 몸이 너무 커져 짝짓기가 어렵다. '개선형 케이지 환경'이라는 표현도 실상을 들여다보면 기만에 가깝다. 2012년 영국이 배터리 케이지[철제 우리를 층층이 쌓아 닭을 밀집 사육하는 방식]를 금지하자 유럽연합은 개선형 시스템을 도입했다. 법령상 암탉 한 마리에게 '사용할 수 있는' 공간 600제곱센티미터(A4 용지보다 작은 크기), 횃대(닭 한 마리 너비), 둥지 공간(최소 크기 없음), 긁는 공간(인조 잔디 조각), 높이

45센티미터(무릎 아래 높이) 케이지를 제공한다.[177] 배터리 케이지보다 늘어난 면적은 맥주잔 받침 하나 정도다. 날개를 펼 수도, 먼지 목욕을 할 수도 없다. 둥지를 차지하려 다투다가 바닥에 알을 낳기도 한다. 괴롭힘을 피해 숨을 구석도 없다. 그걸 개선된 환경이라 한다. 닭이 감자 옆에 누워 오븐에 들어갈 때가 제일 널찍하다는 말이 괜히 나온 게 아니다. 양계업은 정말이지 끔찍하다.

막간

지금껏 확인된 척추동물 가운데 가장 오래 사는 생물은 그린란드상어다. 이 커다란 회색 상어는 북극해에서 가장 큰 어류로 최대 7미터까지 자란다. 수명은 200년 정도로 예상했지만, 켜켜이 쌓이는 석회질 조직 없이 부드러운 몸통을 지녀 정확한 나이를 측정하기 어려웠다. 그러다 2016년 상어의 수정체 안에 있는 단백질을 방사성 탄소로 연대 측정한 결과, 알려진 것보다 두 배는 더 오래 살았을지도 모른다는 사실이 밝혀졌다. 횐획(역시나 그렇지)한 상어 28마리 가운데 길이 5미터 크기 암컷 한 마리가 400살, 많게는 500살 정도로 추정됐다.* 이 상어는 메이플라워호가 플리머스를 떠나 신대륙으로 항해하던 시기에 북대서양의 심연을 유영하고 있었을지 모른다. 쿡 선장이 뉴질랜드 해안선을 지도에 옮기기 전에도, 마젤란이 지

---

* 272세에서 512세 사이로 추정됐고 가장 유력한 나이는 392세였다.

구가 둥글다는 걸 증명하겠다며 항해에 나설 때도 말이다. 그린란드상어는 차갑고 깊은 물에서 천천히 헤엄치며 1년에 겨우 1센티미터 자란다. 성적으로 성숙하기까지는 약 150년이 걸린다. 한때 간(윤활유를 만드는 데 사용) 때문에 대거 포획되어 이제 번식할 수 있는 개체가 거의 없고 새끼나 어린 상어는 더더욱 보기 어렵다. 살아있는 상어 대부분은 청소년기이며, 번식하려면 100년은 더 살아야 한다. 회복은 더디고 생존은 위태롭다. 어업 방식을 바꿔 혼획을 줄여야 하는 이유가 여기에 있다. 우연히 그물에 걸려 죽은 상어의 나이가 400살이 넘었다는 걸 알게 되면 망치로 한 대 얻어맞은 기분이 들 것이다.

그린란드상어의 수명은 지금까지 기록된 생물 중 가장 오래 산 존재와 어깨를 나란히 한다. 바로 1499년에 태어나 2006년 아이슬란드 앞바다에서 잡힌 507살 조개 밍(명나라의 영어 발음에서 따왔다)이다. 밍은 나이 확인을 위해 껍데기를 연 뱅거대학교 연구진의 손에 생을 마감했다. 그 전까지 밍은 '산란을 마친 상태'로 기록되어 성별조차 알 수 없었다. 처음에는 패각 이음부 성장선을 세어 405세로 추정했지만, 세월이 지나며 성장선이 지나치게 촘촘해진 탓에 신빙성이 떨어졌다. 2013년 껍데기 바깥쪽의 더 균일하게 배열된 성장선을 다시 세고(안타깝게도 껍데기를 연 뒤에야 이 방법을 떠올렸다) 방사성탄소 연대 측정 결과를 동시대 조개껍데기들과 비교한 끝에 밍이 무려 507년을 살아왔음이 밝혀졌다. 추정 오차는 1~2년에 불과하다.[178] 밍은 잉카 문명이 마추픽추를 세우기 전, 미켈란젤로가 다비드상을 조각하기 전, 헨리 8세가 잉글랜드 국왕으로 즉위하기 전부터 바다에서 물을 걸러내고 있었다.

속이 빈 거대한 관처럼 생긴 해양 초개체가 청록색 빛을 내며 바닷속을 느릿하게 떠다닌다. 어른 한 사람이 안으로 헤엄쳐 들어갈 수 있을 만큼 큰 이 생물은 불우렁쉥이pyrosome(불 pyro과 몸soma이라는 뜻을 합친 이름)다. 개충이라 불리는 복제 개체 수천 마리의 군체이며, 이 전체가 하나의 초개체로 기능한다. 완성 군체의 길이는 최대 18미터에 이르고, 각 개충은 독립된 생명체로서 끊임없이 바닷물을 들이마셔 먹이를 거르고 노폐물을 배출한다. 이 수많은 개체가 함께 작동하며 관 모양의 몸을 앞으로 밀어낸다.* 이 초개체는 손상된 부분을 스스로 회복할 수 있으며, 이론적으로는 무한한 생존도 가능하다. 번식 방법은 두 가지다. 무성생식으로 새로운 군체를 만들기도 하고, 두 불우렁쉥이가 만나 각 개충의 유성생식을 통해 새로운 생명을 만들기도 한다.

틀에 박힌 말, 틀에 갇힌 몸, 틀어막은 귀

해마다 도살장으로 끌려가는 동물은 720억 마리다. 표현할 기회는 없지만 저마다 고유의 개성을 지녔다. '살아볼 만한 삶'을 누린 동물은 거의 없고, 내가 쓰고자 한 이야기도 아니었다. 하지만 이건 우리의 이야기이자 그들의 이야기다. 현실

---

* 이 장대한 초개체는 피낭동물이라는 해양 무척추동물 무리에 속한다. 몸속에는 연골성 막대 구조인 척삭이 있어, 무척추동물 중에서는 인간과 가장 가까운 친척으로 보기도 한다. 피낭동물이라는 이름도 몸을 둘러싼 보호막, 즉 피낭에서 비롯됐다.

을 외면하면 속는 건 우리 자신이다. 도축장을 향해 줄을 선 동물들은 본능을 억누른 채 불안과 공포 속에 하루하루를 지내다 끔찍하고 피할 수 없는 죽음을 맞는다. 닭은 철제 고리에 발목이 묶인 채 컨베이어 벨트에 거꾸로 매달려(처음으로 날갯짓을 하며) 전류가 흐르는 물에 머리가 처박힌다. 유럽에서는 피를 빼고 데치기 전 닭이 의식을 잃거나 죽어야 하지만, 미국에서 닭은 인도적 도살의 대상에 들지 않는다. 이윽고 자동 절단기의 칼날이 목을 벤다. 소는 이마를 정통으로 얻어맞는 순간 금속 막대가 번개처럼 튀어나와 뇌를 꿰뚫고 다시 제자리로 쑥 들어간다. 양은 전기 충격으로 기절시킨 다음 칼로 찔러 숨통을 끊는다. 돼지는 대개 밀폐된 공간에 가둔 뒤 빠른 작업을 위해 가스를 주입한다. "이산화탄소는 동물에게 극도로 불쾌한 자극입니다. 절대 편안하지 않아요." 왕립동물학대방지협회 대변인의 말이다. 질식까지는 최대 5분이 걸리며 그 시간 동안 돼지는 온몸을 비틀며 고통에 몸부림친다. 조너선은 그 장면이 담긴 영상을 우연히 보고 울었다. "그 얼굴들이." 더는 말을 잇지 못했다. 제시된 대안 중 하나는 이산화탄소에 덜 민감한 돼지를 유전적으로 선별하자는 것이었다. '농담이 아니다.' 세계적인 동물행동학자 템플 그랜딘 박사는 죽음을 앞둔 가축의 공포를 조금이라도 덜어주기 위해 평생을 바쳤다. 그녀가 고안한 '포옹 기계'는 동물의 몸을 부드럽게 감싸듯 압력을 가하는 장치로, 동물을 진정시키는 역할을 한다. 도축을 막을 수 없다면 그 과정만큼은 덜 잔인하게 바꾸겠다는 각오로 설계한 것이다. 잔혹함이 일상이 되어버린 세상에서 그런 일을 하는 것 자체가 큰 용기다.

농부들도 먹고살아야 한다. 그래서 이제는 정부가 나서야 한다는 목소리가 커지고 있다. 건강하지 않고 오염을 일으키는 공장식 축산에 수십억 달러를 쏟아붓는 대신 유기농 과일과 채소처럼 값싸고 건강한 먹거리에 보조금을 지급하자는 제안이다. 산업형 축산 동물의 삶은 한 번도 나아진 적이 없다. 단지 모든 과정을 더 체계화하고, 출입금지나 차단방역 같은 팻말을 내건 채 자물쇠를 채운 대문 뒤에 숨겼을 뿐이다. 어떤 기준으로 보더라도 용납할 수 없는 일들이 벌어지고 있다. 임신틀, 사육틀, 개선형 케이지. 동물 복지라는 말은 그럴듯한 표현, 빠져나갈 구멍, 자의적 해석에 불과하다. 암퇘지가 간신히 몸을 돌릴 수 있을 정도만 넓힌 우리를 뭐라 부르는지 아는가? '자유 우리'다. 영국 양돈협회는 복지 기준을 높이면 경쟁력을 잃고 더 낮은 기준을 적용하는 나라에서 돼지고기를 수입하게 될 거라고 말한다. 하지만 바깥세상을 본 적 없는 돼지는 자신이 지금 중국 남부 산속에 양샹[고층형 돼지 농장으로 유명한 대형 축산기업]이 지은 12층짜리 양돈장 안에 갇혀있다는 사실조차 모른다. '복지'라는 말은 방역이니 위생이니 하는 말들과 섞이면서 본래 뜻을 잃어가고 있다. 나는 여기에 동참하고 싶지 않다. 우리가 공장식 축산에서 고안하고 묵인한 모든 절차와 죽음은 합법의 탈을 쓴 '악'일 뿐이다.

젖꼭지가 달린 베이컨

우리는 농장 동물이라고 해서 집에서 함께 지내는 반려동물과 본질적으로 다르지 않다는 걸 안다. 돼지는 콜리만큼 영리하고, 기분이 좋을 때는 꿀꿀거리며 장난치고 새끼를 지키기 위해 애쓴다. 그런데도 우리는 해마다 더 많은 공장식 축산 동물을 반려동물의 사료로 갈아 넣는다. 모든 동물이 평등하다고 말하지만, 어떤 동물은 더 나은 대접을 받는다. 이런 이야기를 꺼낼라치면 누군가는 황급히 손바닥을 들어 얼굴을 가리고 눈과 귀를 동시에 틀어막기도 한다. 나도 입을 다문다. 또한 번 버거킹의 판정승이다. 2013년 영국과 아일랜드에서 판매되는 소고기 버거 패티에 말고기가 29퍼센트나 '혼입'되었다는 사실이 드러났다. 말이라니! 조사를 거듭한 끝에 수면 위로 떠오른 이름은 던독의 육류업계 거물이자 억만장자인 래리 굿맨이다. 그는 문제 많은 관리자, 네덜란드 공급업체, 스페인 도축장, 체셔의 도살장 탓을 했다. 전 그런 거 모릅니다요. 말고기 운송 트럭에서는 50만 파운드[약 9억 3000만 원]어치 대마초가 발견됐고, 일부 말고기에서는 금지된 진통제 뷰트(페닐부타존)가 검출됐다. 폴란드 노동자들은 영국과 독일 도축장에서 들여온 말고기를 수년 묵은 냉동 소고기와 섞는 대가로 현금을 받았다고 증언했다. 테스코, 버거킹, 알디 그리고 소비자협동조합인 코업그룹은 공식 사과문을 발표했다. 그즈음 누군가 트위터에 젖꼭지가 달린 베이컨 사진을 올리자 수많은 이들이 충격에 휩싸였다. 이 사진은 급속도로 퍼졌다. 어떤 이는 다시는 베이컨을 입에 대지 않겠다고 선언했다. 그들은 베이컨을 뭐라고 생각해 온 걸까? 알디 매장 앞에 묶여있던 이름 모를 조랑말, 혹은 햄버거에 섞인 이름 모를 말의 삶이 샌드위치나 바비큐에 든 공장 돼지의 삶보다 훨씬 나았을 것이다. 나는 알디 조랑말이 어떻게 되었는지 찾아봤지만 헛수고였다. 대신 온갖 장소에 묶여있는 조랑말들의 사진과 분노한 사람들의 반응을 보았다. 서퍽주의 송전탑 아래 묶인 조랑말 사진에는 '이게 말이 되나?', 로터리 한복판에 방치된 조랑말을 두고는 '말이 안 나올 정도로 잔인하다'는 댓글이 달렸다. 소파에 묶인 조랑말, 맥주가 나오는 분수대에 묶인 보라색 조랑말도 있다. 가장 기가 막힌 장면은, 공중화장실에 묶어둔 조랑말이 끈을 세게 당기는 바람에 문이 잠겨 안에 있던 사람이 45분 동안 갇힌 것이다!

예전에 채식주의자는 영양실조에 걸린 괴짜쯤으로 취급받았고 미국에서만 볼 수 있었다. 고기를 먹지 않으면 식사 자리에서 환영받지 못했다. 이제 어리석은 쪽은 누구일까? 불편한 진실을 마주한 채식주의자인가, 아니면 눈 감고 귀 막은 우리인가. 나는 비건이나 채식주의자가 아니고, 내가 따르려는 '윤리적' 육식에 딱히 확신이 있는 것도 아니다. 다만 내가 선택한 방식은 이렇다. 우리 부부는 가끔 고기를 먹는다. 잔인하게 도축된 고기는 안 먹는다.* 어떻게 살고 죽었는지 알 수 없는 돼지도 안 먹는다. 운이 좋으면 야생 사슴고기, 들판에서 소답게 살다 간 소의 고기, 마당을 오가며 자란 닭이 낳은 유정란을 구할(그리고 사 먹을) 수 있다. 우리가 지금 서있는 자리는 그 언저리쯤이다. 솔직히 말하면 나도 내 안의 위선을 본다. 풀을 뜯으며 떠돌고 양분을 순환시키는 동물들이야말로 토양과 생태계를 회복시킨다는 말. 지금으로서는 우리가 내세울 유일한

---

*   그런 고기를 찾기 어렵기 때문에 식품 인증을 제대로 시행해야 한다.

변명일지도 모른다. 고기가 비싸긴 해도 일주일에 한 번, 아니면 한 달에 한 번 정도로 적게 먹으니 큰 부담은 아니다. 하지만 전체적으로 보면 90억 인류가 살아남기 위해서는 식물 위주 식단으로 바뀌어야 한다. 그러지 않으면 지구는 끝장난다.

이 대목을 쓰다가 초고의 여백에 이렇게 적었다. '조언이 필요합니다.' 그러니 이쯤에서 멈추자. 마음 깊은 곳에서 테드 휴스[영국의 계관시인]의 시구가 두서없이 떠올랐다. 다리가 길고 껑충거리는 3월의 송아지. 들판에 풀려난다. 정말 정말 기쁘다. 자유롭다는 걸 안다. 송아지라는 걸 안다. 온전히 자기 자신이라는 걸 안다. 가만히 서서 '음매'하고 운다.

돌이킬 수 없다는 분노

나는 끔찍한 짓을 저질렀고,
　그 일은 저들에게 화를 부를 거라네.
모두가 말했지,
　바람을 불게 하던 새를 죽였다고.
이런 악당! 그들이 말했네,
　바람을 불게 한 새를 죽이다니!

새뮤얼 테일러 콜리지, 〈노수부의 노래〉

바람과 함께 사라지다

    그러니까 결국, 인간은 바람을 불게 하던 새를 죽였다. 그 날 이후 인간은 줄곧 새를 죽이며 살아왔다. 폭풍에 휘말려 남극의 얼어붙은 바다로 흘러든 배 뒤를 따르던 알바트로스는 선원들에게 마지막 남은 희망의 징표였다. 숨결조차 얼어붙는 풍경 속에서 살아있는 존재는 그 새 하나뿐이었다. 새가 죽자 바람도 멎었다. 배는 한없이 표류했고 정적만 흐르는 열대 바다에 다다랐다. 물이 떨어지자 선원들은 하나둘 죽어갔다. 사람들은 알바트로스를 쏜 수부를 원망했다. 생명을 품고 날던 순결한 새는 이제 죄의 무게가 되어 그의 목을 짓눌렀다.

    조금은 별난 10대였던 나는 콜리지의 〈노수부의 노래〉를 종종 소리 내어 읊곤 했다. 그런 지옥 같은 일이 현실에서 벌어질 수 있으리라고는 상상도 못 했다. 시의 원초적인 운율은 내 안에서 북소리처럼 울렸고, 귀스타브 도레의 삽화는 섬뜩한 경이로움에 한 겹 깊이를 더했다. 광막한 바다 한가운데 점처럼 떠있는 작은 배, 자욱한 안개, 돛대를 지탱하는 밧줄마다 달린 고드름. 자연을 거스른 죄는 수부의 목을 조여왔다. 그 죄가 인간의 몫인 건 명백했다. 눈부시게 흰 알바트로스의 날개는 정확히 수부의 발끝을 가리켰다. 내가 그 비유를 이해했을지 몰라도, 여운의 깊이까지 헤아릴 수 있었을까? 속죄는 똬리를 틀거나 수영하는 물뱀의 아름다움을 알아보는 데서 시작됐다(그전에는 그저 '수천수만의 끈적한 생물'로 여겼다). 인간의 세계와 너무 다르고 아득히 먼 존재였다. 금빛 물살을 따라 청록빛과 '비단처럼 검은빛'이 유려하게 흐른다. '오 행복한 생물들이여!' 수부는 '무심코 그들을 축복했고', 그 순간 목을 짓누르던 알바트로스가 조용히 떨어져 나갔다.*

알바트로스는 내 곁을 떠난 적이 없다. 1988년 뉴질랜드에서 지내던 어느 날 나는 또다시 그 새에게 마음을 빼앗겼다. 알바트로스가 둥지를 틀 수 있는 지구상 유일한 곳은 남섬의 오타고반도 끝자락이다. 이곳 타이아로아 헤드에는 1937년에 표식을 단 북방왕알바트로스 한 마리가 해마다 찾아왔다. 이름은 그랜마[영어로 할머니라는 뜻]였다. 1937년이라니, 제2차 세계대전이 시작되기도 전이다. 그랜마는 예순을 넘긴 나이에도 여전히 번식을 이어갔다. 10월이 되자 온 나라가 숨을 죽이고 그랜마의 귀환을 기다렸다. 17년째 짝인 서른네 살 수컷은 이미 와있었는데, 다리에 단 표식 색깔을 따 블루그린으로 불렸다. 그 새는 수평선을 바라보고 있었다. 그랜마는 11월에 돌아왔다. 1년 넘게 떨어져 있던 부부는 부리를 맞대며 춤추듯 재회했고, 다시 둥지를 틀었다. 알바트로스는 새끼가 알 속에 있을 때부터 말을 건넨다. 딸각딸각 소리로 안부를 전하고 부리를 기울여 알을 살핀 뒤 가슴 아래 부드러운 깃털로 조심스럽게 품는다. 그러고는 고개를 들어 하늘을 향해 딸깍딸깍 소리를 낸다.

부모 새는 새끼 한 마리를 키우는 데 여덟 달을 쏟는다. 하루에 되새김질해 먹이는 오징어만 2킬로그램. 먹이를 찾아 바다로 나서면 시속 145킬로미터 강풍을 뚫고 1만 6000킬로미터를 날기도 한다. 어린 알바트로스는 처음 날개를 편 뒤 5년 동안 한 번도 육지에 돌아오지 않는다. 남쪽 바다를 떠돌고 혼곶을 지나며 길이 3미터의 날개를 남극의 강풍에 맡긴다. 희고 긴 깃털 끝이 얼음처럼 차가운 파도를 스치며 지난다. 거리 개념은 알바트로스에게 의미가 없지만 활동 반경은 무려 1500만 제곱킬로미터. 위성으로 추적해 보면 1년에 16만 킬로미터 넘게 하늘을 누빈다. 알바트로스는 살아있는 바람이다. 숨쉬기 힘든 고도에서도 심장 박동수는 분당 65회로, 둥지에 있을 때처럼 천천히 뛴다. 알바트로스는 더 이상 은유가 아니다. 하늘을 활공하는 장엄한 생명도, 그 생을 앗아가는 인간의 방식도 모두 실재하는 현실이다. 예전에는 수부의 석궁이 심장을 꿰뚫었다면 이제는 참치잡이 어선의 주낙이 그 자리를 대신한다. 갈고리 수천 개에 오징어 미끼를 꿴 긴 낚싯줄을 95킬로미터 넘게 드리운다. 해마다 알바트로스가 삼키는 플라스틱의 양은 4500킬로그램에 달한다. 플라스틱 파편의 생김새와 냄새는 오징어와 헷갈린다. 알바트로스는 관처럼 길게 뻗은 예민한 콧구멍으로 플라스틱 조각에서 나는 다이메틸설파이드 냄새를 감지한다. 석유화학 물질이라 기름진 오징어 향과 비

---

*　하지만 우리 목에는 그 죄의 징표가 여전히 저주처럼 남아있다.

숫하다. 미드웨이 환초에서 발견된 레이산알바트로스 새끼 한 마리의 뱃속에서는 플라스틱 조각 52개가 나왔다.

1990년 8월, 그랜마와 블루그린이 함께 키운 마지막 새끼가 둥지를 떠났다. 수컷이고 이름은 R159였다. 단순한 숫자인데도 시처럼 들리는 이름이다. 그랜마는 그날 이후 돌아오지 않았다. 6대에 걸쳐 직계 자손 51마리를 남겼는데 그중에는 고손 넷과 5대손 하나도 있다. 그랜마는 60~70년 동안 800만 킬로미터에 가까운 비행 여정을 써 내려갔을 것이다. 나는 그랜마의 마지막 날갯짓이 담긴 영상을 수없이 돌려보았다. 알바트로스의 비행은 아무리 오래 바라봐도 끝내 닿을 수 없는 경지다.

9월. 나는 뉴질랜드 타이아로아 헤드에 설치된 실시간 카메라로 북방왕알바트로스를 지켜본다. 다 자란 새끼들이 하나둘 날아오를 채비를 한다. 몸속 어딘가에서 세계 일주를 향한 시계가 째깍대기 시작한 것이다. 새들은 마치 돌풍 속에서 기다란 사다리를 품은 듯 어색하고 무거운 날개를 수평으로 뻗는다. 바람을 마주하며 몸을 띄우는 감각을 익힌다. 활처럼 휘는 날개, 휘청거림, 아차, 뒤로 밀려나며 한순간 떠올랐다가 다리를 휘적이며 오르락내리락. 꽁지깃으로 방향을 잡고 다시 솟구쳤다가 흔들린다. 날개는 사방팔방 제멋대로고, 물 위를 디디듯 망설이는 몸짓만 남는다. 그러다 마침내 바람을 타고 몸이 뜬다. 소용돌이를 그리며 솟아오르다가 또다시 돌풍에 휘말린다. 몸과 날개가 따로 노는 것 같다가 어느 순간 균형을 잡는다. 아, 점점 익숙해지고 있다. 날마다 한 마리씩 그렇게 하늘로 오른다. 바람 부는 절벽 위에 마지막 한 마리만 남아있다. 지금껏 살아온 세상의 전부였던 오타고 반도가 날개 아래 넓게 펼쳐져 있다. 날개를 펴고 몸을 들어 올린다. 나도 모르게 숨을 삼킨다.

광기

알베르트 아인슈타인은 아주 미량의 물질 속에도 상상을 초월하는 에너지가 숨어있다는 사실을 밝혀냈다. 인류는 이 위대한 발견을 전지전능하신 폭탄을 만드는 데 썼다. 1950년대, 60년대, 70년대에 태어난 세대는 뇌 어딘가에 핵실험의 흔적, 즉 탄소-14*를 지니고 살아간다. 대기 중 탄소-14 농도가 두 배로 치솟아 식물은 더 많은 방사성 탄소를 흡수했고, 그런 식물을 먹은 동물 역시 몸속에 방사성 물질이 쌓였다. 인간의 신피질[생각과 감각, 기억 등을 담당하는 대뇌의 바깥층] 세포는 태어난 뒤 거의 바뀌지 않기 때문에, 지금도 우리 몸 어딘가에는 그 시절의 흔적이 남아있다. 그런데 성층권까지 솟구친 미세한 재와 먼지, 다시 말해 방사성 낙진은 다 어디로 간 걸까. 뜻밖에도 해답은 해삼이다. 체르노빌 원전 사고 후 방사성 입자는 바다 표면에 떨어지자마자 자취를 감췄다. 입자가 너무 작아 가라앉으려면 시간이 꽤 걸릴 거라고 봤지만 실제로는 그렇지 않았다. 바다를 떠다니던 조류가 방사성 물질을 흡수

---

*   방사성 탄소 연대 측정은 탄소-14가 질소로 바뀌는 속도를 이용한다.

하고 그 조류를 먹은 크릴이 심해로 내려갔다. 그리고 크릴이 배설한 방사성 찌꺼기*를 해삼이 먹어치웠다.[179]

해삼은 통통한 오이처럼 생긴 몸으로 바닥을 기어다니며 쓰레기를 치운다. 해삼은 한때 누구에게도 방해받지 않고 조용히 해저를 누볐지만 이제 사정이 다르다. 중국에서 별미로 꼽히고, 말도 안 되는 약효를 맹신하는 사람들 사이에서 암거래 품목이 됐다. 해삼, 상어 지느러미, 전복, 토토아바의 부레는 한 그릇에 500달러[약 69만 원]까지 하는 고급 탕 요리 '불도장'의 네 가지 '바다 진미'로 꼽힌다. 이런 재료를 공급하는 멕시코의 어업은 세계에서 가장 심각한 멸종 위기에 처한 쇠돌고래, 바키타의 혼획 문제로 비난받고 있다. 바키타의 몸길이는 1.5미터 남짓하고 눈 주위에 짙은 고리 무늬가 있다(이 글을 쓰는 지금 지구에 남은 바키타는 6~10마리뿐이다). 중국 중산층의 수요가 폭증하자 동아프리카 해안에서 해삼 수천 톤이 쓸려나갔고, 자원이 고갈되자 밀렵꾼들의 눈은 서아프리카로 향했다. 각국에서 어획 제한과 수출 금지 조치를 내리자 '해삼 마피아'가 등장했다. 뒤이어 상아 밀매업자가 가세했고, 남아프리카 전복 밀렵꾼**에 이어 일본 야쿠자까지 이 밀거래에 손을 뻗었다. 경쟁 조직들은 고속보트를 몰고 바다 위에서 총을 겨누며 맞붙었다.

해삼은 바다 밑을 쓸고 닦으며(많게는 1년에 17킬로그램에 달하는 퇴적물을 걸러낸다) 몸속에서 되살린 영양분을 바다로 다시 흘려보내고, 산성화하던 바닷물에 배설물로 알칼리 농도를 높여 산호초를 지킨다. 해삼의 몸 안팎은 많은 미생물의 보금자리이고 먹이사슬에서는 누군가(게, 물고기, 바다거북, 불가사리)의

한 끼 식사가 된다. 해삼이 멸종하면 오염은 걷잡을 수 없이 번지고, 해삼이 사라진 자리는 훨씬 더 큰 공백이 생긴다. 만병통치 해삼탕 한 그릇이 불러온 나비효과다. 짧은 경제 호황이 장기적인 침체를 가져오는 것이다. 해삼은 성층권에서 심해까지 세계가 맞물려 있음을 보여준다. 이쯤 되면 러시아 반체제 인사 알렉산드르 리트비넨코와 둔미새우(학명은 게나다스 발렌스 *Gennadas valens*)를 함께 떠올리는 것도 그리 엉뚱한 비약은 아니다. 둘 다 지나치게 많은 폴로늄-210을 품고 있었다. 체르노빌 원전 사고 이후 지중해에서는 이 새우의 소화샘에서 주변 바닷물보다 무려 100만 배나 높은 농도의 폴로늄이 검출됐다. 리트비넨코는 폴로늄 중독으로 사망 후 납으로 감싼 관에 묻혔고, 22년 동안 열어서는 안 된다는 권고가 있었다.

대자연에 죄를 짓는 일은 많지만, 북극 얼음에 핵폭탄을 떨어뜨려 세상을 좀 더 따뜻하고 살기 좋은 곳으로 만들자는 발상에 비하면 하찮은 수준일지도 모른다. 1946년 당시 유네스코 초대 사무총장이던 줄리언 헉슬리(런던동물원에 데니스 하비의 수달 집을 지어주자고 제안했던 바로 그 인물)는 이 아이디어에 전폭적인 지지를 보냈다. 세상이 잠든 사이 미국 기상국은 실제로 이 제안을 검토했고 '깨끗한' 수소 폭탄 열 개면 충분하다는 결론을 내렸다. 러시아도 크게 반겼다. 날씨가 좋아지면 시베리아가 활기를 띠고 북극항로가 열리고, 툰드라는 경작지

---

* 지금까지 기록된 생물 가운데 가장 높은 방사능 수치를 지닌 건 크릴이다. 그리고 크릴을 가장 많이 먹는 존재가 누구인지는 모두 알고 있다….

** 야생동물 밀매를 감시하는 국제단체 트래픽에 따르면, 2000년대 초반까지 남아프리카에서 밀반출된 전복만 5만 5000톤에 달한다.

로 바뀌고 사하라 사막에는 비가 내릴지도 모른다는 계산이었다. 가스 기술자인 표트르 보리소프는 북극판 멕시코 만류를 만들자는 구상을 내놨다. 베링 해협을 가로지르는 89킬로미터 길이의 댐을 세우자는 계획이다. 얼음을 녹이는 다른 방법으로, 석탄 가루를 얼음 위에 뿌려 태양열을 가두는 방식도 거론됐다. 하지만 수소 폭탄은 이보다 저렴하고 광산 채굴에도 활용할 수 있으니 일석이조라는 생각이었다. 예컨대, 캐나다 앨버타주의 오일샌드[모래와 점성이 높은 기름이 뒤섞여 땅속에 묻혀 있는 자원]를 통째로 날려버려 안에 든 원유 3000억 배럴을 한꺼번에 쏟아내는 식이다.[180] 나는 핵폭탄을 두려워하던 시대에 태어났다. 독재자의 손가락이 폭파 버튼에 닿을지 안 닿을지가 아니라 언제 닿을지가 문제였다. 1960년대와 70년대를 산다는 건 매일 벼랑 끝에 선다는 뜻이었다. 2022년 우크라이나 전쟁이 시작되자 우리는 다시 그 시절로 돌아갔다.

울 수 있어 다행이야

눈물을 흘리는 건 부끄러운 일이 아니다. 눈물은 굳게 닫혀있던 마음 위에 내려앉은 먼지를 씻어내리는 비와 같다. 울고 나니 전보다 마음이 한결 가벼웠다. 더 미안했고, 내 안에 도사린 배은망덕함이 선명하게 떠올랐고, 마음이 한층 부드러워졌다.

_찰스 디킨스, 《위대한 유산》

눈물은 응축된 시간이다. 바꿀 수 없는 이야기 속에서 과거가 결말과 함께 한꺼번에 밀려오는 것. 그게 눈물이다.

집에 있는데도 느끼는 향수병을 뜻하는 솔라스탤지어라는 말이 있다. 숲이나 좋아하는 오솔길, 밤꾀꼬리가 머무는 덤불, 오소리 굴 같은, 잃어버린 무언가로 인한 실존적 우울이다. 호주 철학자 글렌 알브레히트는 2003년 뉴사우스웨일스의 광산 개발이 지역사회에 미치는 영향을 설명하기 위해 이 단어를 만들었다. 집이란 현관 앞 골목도, 이 땅 전체도 될 수 있다. 많은 이들이 인간이 저질러 온 재앙 앞에서 지쳐가고 있다. 편지를 보내고 청원에 이름을 올려도 세상은 꿈쩍하지 않는다. 그 무력감 속에서 점점 더 환경 불안을 느낀다. 끝없는 파괴, 되돌릴 수 없을 때 느끼는 상실감, 다시 시작되는 애도. 반복되는 이 감정의 물결 속에서 우리는 조금씩 무뎌진다. 런던 외곽의 푸른 초원도 또 하나의 쇼핑몰이 됐다. 필요하지 않고 감당할 수도 없는 플라스틱 잡동사니를 쌓아두기 위한 공간이 필요했기 때문이다. 하트퍼드셔 왓퍼드에서는 119년 동안 가꿔온 텃밭이 주차장으로 바뀌었고, 레이턴 습지에는 초대형 스케이트장이 들어설 예정이다. 켄트의 스완스콤 습지에는 무척추동물 1992종이 살고 있었지만, 그중 하나인 아름다운 깡충거미는 35억 파운드[약 6조 5000억 원] 규모의 테마파크 공사로 서식지를 잃을 위기에 처했다.* 커빙턴에서 250년을 살며 해마다 열매를 맺던 배나무도, 골프장을 피해 우회한 HS2 고속철도 노선에 걸린다는 이유로 베어졌다. 이제는 이런 일이 너무 많아 어디부터 손을 대야 할지 막막하다. 습지는 이미 테마파크다. 깡충거미의 경이로움을 아이들에게 들려줄 박물학자들은 정말 설 자리가 없는 걸까? 눈길이 닿는 모든 땅 위로 탐욕이 내려앉는다. 책임 있는 위치에 있는 사람 중 UN 산하 IPCC(기후 변화에 관한 정부 간 협의체) 보고서를 처음부터 끝까지 제대로 읽어본 사람이 한 명이라도 있을까. 생태학이 뭔지 모르는 사람이 태반이고, 생태계가 어떻게 작동하는지에 대해서는 입조차 열지 않는다. 엑서터대학교의 해양생물학자 팀 고든은 무너져가는 생태계를 보며 느끼는 감정을 이렇게 말했다.

대부분의 시간에 당신은 무감각해집니다. … 해야 할 일이니까요. 그런데 가끔 이유 없이 어떤 순간이 찾아와요. 바다 한가운데 멈춰 서서 사방을 둘러보다가 그런 생각을 하는 거예요. 이 모든 게 죽어가고 있구나. 그러면 마스크 안으로 눈물도 흐르겠죠. 너무 비극적이니까.[181]

어젯밤 우리는 데이비드 애튼버러의 2020년 다큐멘터리 〈우리의 지구를 위하여〉를 보았다. 그는 이 영화를 자신의 '증인진술서'라고 했다. 생기 넘치던 젊은이가 어느 순간 망연자실한 아흔셋의 노인으로 바뀌는 장면이 있다. 평생 마주했던 경이로운 생명들과 찬란한 풍경이 한꺼번에 그에게 달려오는 것처럼 보인다. 상실의 고통에 휩싸여 그는 고개를 떨군다. 그리고 분노에 차서 말한다.

"세상은 더 이상 야생이 아니에요. 우리가 파괴했으니까요. 그냥 망가뜨린 게 아니에요. 그 세계를 완전히 파괴해 버렸어요. 인간이 없는 세상은 사라졌습니다."

입술이 떨리고 말이 꼬인다. 그런 그를 보는 것만으로도 괴롭다.

"인간은 지구를 점령해 버렸어요."

그는 눈을 감는다. 얼굴은 고통으로 일그러진다. 연출이 아니다. 그는 자연계의 종말을 경고하기 위해 남은 삶 동안 할 수 있는 모든 일을 다하고 있다. 그는 이 싸움에 발을 들이지

---

* 워터파크, 놀이기구, 인공섬 여섯 곳, 호텔 객실 1만 3500개. '마법이 살아 숨 쉬는 환상의 세계와 잃어버린 고대 문명', 그리고 '전설 속 신비로운 생물의 고향'이라는 문구까지(얼마나 아이러니한가). 스완스콤 습지는 2021년 3월 과학적 특별관심지역(SSSI)으로 지정됐다.

않았더라면, 애초에 그런 싸움이 존재하지 않았더라면 좋았을 거라고 했다. 2019년 그는 다보스 세계경제포럼에서 〈블루 플래닛Ⅱ〉의 참혹한 장면을 상영했다. 얼음 위로 올라가야 할 2톤짜리 바다코끼리 수백 마리가 러시아 북부의 절벽에서 차례로 떨어져 죽어가고 있었다. 지상에 펼쳐진 지옥이었다.* 화면은 어두운 극장 안 관객들의 얼굴을 비춘다. 남녀 가리지 않고 모두 충격에 빠져 입을 틀어막는다(나는 이미 본 장면인데도 다시 보며 울음을 터뜨렸다). 보는 것만으로도 무력감과 고통을 견디기 힘들다. 전적으로 인간의 잘못이라는 죄책감, 인간의 활동이 그토록 끔찍한 결과를 낳았다는 당혹감, 되풀이된 어리석음 앞에서 느끼는 무력감, 공허한 말만 늘어놓는 정치인들에 대한 염증, 탐욕을 포장하려는 기업의 위선에 치미는 분노, 육류 산업과 플라스틱 자본이 만들어 낸 구조적 억압에 대한 좌절, 아픔에 무감한 사회를 향한 실망, 자연을 파괴한 이들에 대한 증오, 그리고 아무것도 하지 않는 권력자들을 향한 환멸. 이 모든 감정은 우리 정신에도 깊은 상처를 남긴다. 누가 이런 비극의 공동체에 속하고 싶겠는가? 하지만 도망칠 곳이 남아있긴 한가? 이제 이웃인 동물의 운명은 더 이상 관점의 문제가 아니다. 우리는 그들을 죽이고 집과 먹이를 빼앗고 살아갈 기반마저 무너뜨렸다. 피투성이 바다코끼리들이 우리의 날카로운 어깨 위를 구른다. 세상에서 가장 강력한 존재들의 눈이 어둠 속에서 눈물에 젖어 반짝인다. 그러나 단언컨대, 지구 생태계를 짓누르는 거센 압박을 멈추려는 이는 없다.

─╲╱─

솔라스탤지어는 인간이 지질학적 시간과 기후, 생태에 영향을 미친, '고독의 시대'라고도 불리는 인류세의 병이다. 돌아가고 싶어도 돌아갈 곳이 없다. 불타는 열대우림, 유독한 수렁이 가득한 분홍빛 석호부터 헐벗은 생울타리, 쇠스랑에 찔린 여우, 밀어버린 벌판까지, 매일 같이 포격이 이어진다. 낙엽송풍기부터 불도저까지 온갖 기계음이 세상을 뒤덮는다. 찍고 자르고 내리치고 베고 휘두르고 밀어낸다. 인간이 만든 소음은 끈질긴 이명처럼 이 세계를 잠식한다. 우리는 존재하는 것만으로도 다른 생명의 유전적 균형을 흔들어 생존 가능성을 위협할 정도로 멀리 와버렸다.** 동물과 함께할 수도, 떨어져 살 수도 없다. 때로는 엄청난 실수의 한복판에 서있는 듯한 기분이 든다. 숨이 턱 막히는 날이면 아주 작은 존재에 마음을 기울여 본다. 가령, 오늘은 이끼 하나만 생각하자. 하루를 온전히 그 조그마한 생명에게 내어주는 일. 어쩌면 그것만으로도 충분할지 모른다.

이끼 속에는 믿기 어려운 생명이 숨어있다. 이끼 새끼 돼지라는 별명으로 불리는 물곰, 정식 명칭은 완보동물(이름 그대

---

* 이 장면은 큰 충격을 불러일으켰다. 왜 그런 일이 일어났는지는 아직도 명확하지 않다. 빙하가 사라지자 바다코끼리들은 좁고 혼잡한 해변으로 내몰렸다. 움직이기에 익숙하지 않은 거친 땅에서 이들은 방향을 잃고 헤맸다. 놀라기 쉬운 성향에 무리 본능까지 더해져, 한순간에 떼 지어 움직이다가 절벽 아래로 떨어지고 말았다.

** 이를테면, 바닷새 무리에서 이제는 가장 신중한 새만이 살아남는다. 더 대담했던 개체들은 이미 연승낚시에 목숨을 잃었다.

로 '느릿느릿 발끝으로 걷는다')이다. 이 조그만 생명체는 이끼뿐 아니라 세상의 거의 모든 틈을 기어다닌다. 빙하 위부터 차고 지붕 끝, 나무 꼭대기와 대서양 깊은 바닷속, 거삼나무의 우듬지와 이화산, 온천 그리고 히말라야 정상까지 습기가 있는 곳이면 어디서든 발견할 수 있다. 몸길이는 0.5밀리미터가 채 안 되지만 현미경으로 보면 생기 넘치는 자태가 눈앞에 펼쳐진다. 몸은 뒤집은 패딩을 겹겹이 껴입은 것처럼 생겼고, 짧고 통통한 다리 여덟 개 끝에는 갈고리 같은 작은 발톱이 달려있다. 눈은 두 개, 입은 새끼 돼지처럼 뾰족하게 튀어나왔으며, 몸 안에는 소화기관과 신경절, 배쪽신경다발이 있다. 확인된 종만 해도 1300여 종에 이른다. 완보동물은 필요하다면 최대 30년 동안 모든 생명활동을 멈출 수 있고, 물 한 방울이면 다시 깨어난다. 몸을 둥글게 말아 공처럼 자신을 감싼 채 일종의 휴면 상태에 들어가는 것인데, 이를 크립토바이오시스라 한다. 이때 세포의 물은 '무질서한' 단백질로 바뀌어 유리화 상태가 된다. 그렇게 가벼워진 몸은 바람을 따라 지구 어디로든 흩날린다. 완보동물은 6000기압, 영하 272도(열역학적 온도 척도에서 최저 한계인 절대영도에 가까운 온도)의 저온, 영상 150도의 고온을 견딜 수 있다. 또한 영하 20도에서 수십 년을 보관할 수 있고, 극심한 굶주림과 방사선, 유독가스, 우주의 진공조차 이 생명을 꺾지 못한다. 그래서 사람들은 완보동물을 개척종이라 부른다. 살아있는(어쩌면 살아있지 않은) 생명체 가운데 가장 끈질긴 존재다. 다섯 차례의 대멸종을 지나면서도 이 작은 몸은 꿋꿋이 살아남았다.

말라붙은 상태(1970년대에 유행한 으깬 감자의 분말처럼)로 있다가도 물 한 방울이면 본래 모습으로 되살아나는 능력은 인간에게도 유용할 수 있다. 특히 냉동 보관이 필요한 백신이나 의약품을 먼 지역까지 운송할 때 복잡한 냉장 유통망 없이 봉투에 담아 부치기만 하면 된다. 그저 물만 부으시라. 달에 물이 있다는 사실이 밝혀진 지금, 1969년 아폴로 11호의 달 착륙선 이글에 몰래 숨어든 완보동물이 작은 식민지를 개척했을지도 모른다. 실제로 이들은 2011년 마지막 우주왕복선 엔데버호에 공식 탑승했다. 2019년에는 이스라엘의 달 탐사선 베레시트호에도 실렸는데, 탐사선은 4월에 달 표면과 충돌하며 산산이 부서졌다. 우리는 지금까지 많은 생명체를 우주로 보냈다. 초파리, 달팽이, 잉어, 성게, 검상꼬리송사리, 누에나방, 꿀벌, 개미, 도마뱀붙이, 바퀴벌레, 나방 알, 대벌레 알, 메추라기 알, 새우 그리고 전갈까지. 전갈이라니, 어디까지 보내보겠다는 걸까. 2003년 2월 1일 우주왕복선 컬럼비아호는 지구 대기권에 재진입하던 중 공중에서 폭발했고, 탑승자 일곱 명 모두 목숨을 잃었다. 그러나 기체의 잔해 속에서 선충류는 살아 있는 상태로 발견됐다. 2007년 러시아 우주선에 실린 한 암컷 바퀴벌레는 무중력 상태에서 새끼 33마리를 낳았다. 우주에서 번식에 성공한 최초의 지구 생명체다. 사람들은 그 바퀴벌레에게 희망이라는 뜻의 나데즈다Nadezhda라는 이름을 붙였다.

사랑에 미치다

영국 시인 존 클레어는 1800년대 인클로저운동[지주가 공유지를 울타리로 둘러 사유화할 수 있도록 한 토지 정책]으로 자신이 사랑하는 시골 풍경이 유린당하는 모습을 지켜보다 정신이 무너졌다. 작고 정겨운 들판은 하나둘씩 탐욕스러운 지주 손에 넘어갔고, 땅의 공동 사용과 출입 권리도 사라졌다. '은빛으로 흐르던 샘'은 '앙상한 도랑'이 되고, '무디고 거친 손길'이 나무며 둑, 덤불까지 파헤쳤다. 더는 어떤 생명도 버틸 수 없는 땅. 꿀벌은 힘없이 허공을 맴돌다 / 피어난 꽃 하나 찾지 못하고, / 다 닳아버린 날개를 이끼 위에 떨군 뒤 / 조용히 숨을 거둔다.[182] 세상은 속이 훤히 파헤쳐져 딱정벌레가 숨을 틈조차 없는 곳으로 바뀌었다. 클레어는 그런 세상에 내던져졌다.

미국 시인 로빈슨 제퍼스는 광활한 미국조차 지나치게 번잡하다고 느꼈고, 다른 어디에서도 볼 수 없는 야생을 찾아 태평양 너머로 눈을 돌렸다. 그는 1914년 샌프란시스코 남쪽, 뱃머리를 닮은 화강암 절벽 위에 돌집을 지었다. 집 옆에는 날마다 매가 내려앉는 탑을 세웠다. 바로 이곳에서 그는 미국을 대표하는 시인이 됐다. 세상이 사라져가는 광경 앞에서 그는 '비인간주의'를 선언했다. 회복할 길 없는 자연의 아름다움을 파괴하는 현실에 분노하며, 그는 야생의 힘과 격정에 기대어 저항의 시를 써 내려갔다. 1954년 시 〈대머리수리Vulture〉에서 제퍼스는 언덕 위에 누워 머리 위를 선회하는 수리를 바라본다. 새는 점점 낮게 가까이 다가오고, 그는 자신이 '관찰당하고 있다'는 사실을 깨닫는다. 숨죽인 채 가만히 누워있는 사이, 바람을 가르는 날개 끝 깃털 소리가 들린다. 커다란 날개 사이로 벌거벗은 머리가 보인다. 그 모습이 찬란하고 아름다워, 그는 자신이 먹잇감이 되지 못해 실망했을 그에게 미안한 마음이

든다.

> … 저 부리에 뜯겨 그 존재의 일부가 될 수 있다면,
> 　그 날개와 시선을 나눌 수 있다면
> 육신의 마지막으로 이토록 숭고한 일이 또 있을까,
> 　하늘로 오르는 장례: 죽음을 넘어서는 또 다른 삶.

21세기가 시작되던 무렵, 우리는 대부분의 야생동물을 몰아내고 남은 생명은 길들였다. 지금 지구 위에 존재하는 포유류의 생물량 가운데 인간이 차지하는 비율은 36퍼센트, 인간이 먹기 위해 기르는 가축이 60퍼센트이다. 야생에 남은 포유류는 4퍼센트에 불과하다. 2500년 전 플라톤은 고대 그리스의 숲과 토양이 무너져가는 현실을 애통해했다. 꽃가루 분석에 따르면 그 땅은 한때 비옥했지만 나무를 벤 뒤 흙이 쓸려 내려가 황폐해졌다. 많은 나무는 전쟁과 식민지화에 쓰일 배로 바뀌었다. 전쟁과 권력은 언제나 자연보다 우선시됐다. 플라톤도 솔라스텔지어를 느꼈을까? 일론 머스크는 화성을 식민지로 만들겠다는 꿈을 꾼다. 우리가 발 딛고 있는 이 행성이 먼지로 흩어진 뒤를 상정한 일종의 대비책이다. 그는 2050년까지 100만 명을 화성으로 보내겠다는 계획을 세웠다. 화성이 어떤 곳인지는 우리 모두 잘 안다. 솔직히 말하자면 별로예요, 일론. 뛰어놀거나 장난치기에 말이죠. 화성에는 새소리도 수영할 바다도 없다. 숨 쉴 산소도 살아있는 생명도 없다. 물 사정도 그리 좋지 않다. 기온은 얼어붙을 만큼 낮고 자외선을 막아줄 대기도 없다. 그 모든 조건을 견딘다 해도 언젠가는 화성의 먼지

폭풍이 들이닥칠 것이다. 그런데 NASA는 이렇게 설명한다. '생존의 열쇠는 기술, 연구, 실험이다.' 바로 그 기술들로 이 놀라운 지구를 고치려 했던 것 아닌가. 미래학자 미치오 카쿠는 말한다. "지구의 흙을 복제할 수 있습니다." 그래요? 정말 복제할 수 있다면, 헛된 꿈 그만 꾸고 고갈된 이 땅의 흙부터 복원해 보시죠.*

머스크의 목표는 다행성 인류 문명이며, 그는 이 계획을 바탕으로 스페이스X라는 수십억 달러 규모의 엉터리 회사를 만들었다. NASA는 왜 그와 손을 잡았을까? 이유는 간단하다. 돈이다. 그 계획에 기꺼이 투자할 괴짜 자본가들이 세상에 넘쳐나니까.** 문제는 이것이다. 왜 이 행성을 고치지 못하는가? 수천억을 굴리는 헤지펀드가 왜 꽃피는 헤지[생울타리] 하나 돌보지 못하는가? 머스크가 구상한 행성 간 운송 시스템은 우주선(재사용 가능, ✓) 석 대를 매일 쏘아 올려 80일 만에 100만 명을 화성에 데려간다(그의 바람대로라면). 붉은 행성 위에 도시를 세우고 '수많은 일자리'(✓)를 창출할 예정이며 고대 숲을 베어낼 일도 없다(✓). 달은 고속도로의 휴게소처럼 활용할 것이다. 이름하여 딥 스페이스 게이트웨이. 머스크에게 화성은 정말 '저 너머'의 세계다. 그리하여 우리는 숨 쉴 수 없고 물도 없고 생명 하나 없는 차디찬 먼지 덩어리를 향해 80일짜리 비행에 나서게 된다. 그걸 어떻게 팔 수 있을까? 그런데 그는 판다. 그런 걸 팔 수 있으니 그가 천문학적 부를 손에 쥐는 것이다. 아, 그리고 인터넷 위성 3만 개를 지구 궤도로 쏘아 올리겠다는 스페이스X 스타링크 프로젝트도 고맙군요, 일론. 이 '초대형 위성군'은 천문학자들에게 악몽일 뿐 아니라 수십억 마리

철새들의 하늘을 읽는 능력에도 치명적인 혼란을 줄 것이다.

앞에서도 말했지만, 나는 비행기를 네 시간만 타도 진이 다 빠진다. 그런데 어떻게 이토록 아름답고 복잡하며 숨이 막힐 만큼 기묘한 세계를 떠날 수 있을까? 상상 속 외계 생명체보다 훨씬 더 놀라운 존재로 가득한 이곳을 말이다. 형태와 색을 자유자재로 바꾸고, 자기 뜻대로 움직이는 다리를 다시 길러내고, 주변 환경을 흉내 내고, 해초처럼 몸을 감추고, 뿔이 나고, 혹이 솟고, 어둠 속에서 스스로 빛을 발산하고, 물처럼 흘러 배수구로 빠져나가고, 장난치고, 춤추고, 먹물을 내뿜고, 제트기처럼 솟구쳐 오르고, 상대를 온몸으로 감싸고 맛보는 생명이 우주 어딘가에 또 있을까? 또 어디에, 비단처럼 부드럽고 무지갯빛으로 반짝이는 날개를 펴고 날아다니며 기다란 혀를 뻗어 꽃을 피우는 생명이 존재할까? 우리는 얼마나 더 많은 경이를 바라는 걸까? 내가 하고 싶은 말은 우리가 여기서 할 일이 산더미처럼 쌓여있다는 것이다. 그러니 제발, 화성행 우주선 가지고 허튼짓 좀 그만하자.

지구에서 인간의 뇌는 점점 작아지고 있다. 지난 2만 년 동안 테니스공 크기인 약 150리터가 줄었다.[183] 뇌와 체중의 비율을 나타내는 대뇌화 지수 EQ를 기준으로 보면, 인간은 한때 더 크고 강인했던 크로마뇽인[약 4만 년 전 구석기 후기 유럽에 살았던 현생 인류]보다 훨씬 빠른 속도로 뇌가 위축했다. 물론 더 정교하고 효율적인 구조로 진화했을 가능성도 있다. 길들

* 지렁이들만 내버려둬도 제법 잘 해낸다.
** 물론 화성에서 광물을 채굴할 가능성도 무시할 수 없다···.

인 가축처럼, 야생의 조상들이 지녔던 민첩한 사고력과 기개가 불필요해졌을지도 모른다. 인지과학자 데이비드 기어리는 마이크 저지 감독의 2006년 컬트 영화 〈이디오크러시〉가 이 문제를 정확히 짚고 있다고 말한다. 영화 속 주인공은 동면 실험에 참여했다가 500년 후 깨어나, 자신이 지구에서 가장 똑똑한 사람이 되어 있다는 사실을 깨닫는다. 우리는 점점 더 멍청해지고 있다. 더 이상 야생 멧돼지나 오록스를 꾀로 이길 이유가 없다. 음식은 슈퍼마켓에 가면 되고, 물은 수도꼭지를 틀면 나오고, 불은 스위치로 켜고, 저녁 식사 준비는 오븐으로 한다. 거처를 직접 만들거나 어둠 속을 꿰뚫어 볼 필요도, 차를 밀어서 시동을 걸 일도 없다. 청동기 시대 이후 유럽 남성의 두개골은 눈에 띄게 작아졌다. 좀 우스운 얘기지만 인류학자 존 호크스는 이렇게 말한다. "오늘날 유럽 남성의 평균 뇌 크기에 몸집이 비례하려면 피그미족 정도로 작아야 할 겁니다." 낙관적인 해석도 있다. 뇌가 작아진 건 공격성을 억제하는 방향으로 진화해 온 결과라는 것이다. 하지만 그 말은 아무것도 스스로 하지 못하는 미성숙한 어른으로 퇴화하고 있다는 슬픈 진단과 같다.

이렇게 헤어질 순 없어

강 건너 댐 구경

중국의 토양 침식사를 들여다보면 어떤 동물의 눈이 진화한 장면과 겹친다. 장강 기슭에 수천 년에 걸쳐 다랑논이 들어서면서 강물이 뿌옇게 흐려졌고, 사람들이 신성한 존재라 여긴 강돌고래 바이지는 탁한 물살에 맞춰 다른 형태로 적응했다. 빛이 사라질수록 눈이 점차 위로 올라갔다.* 시야가 흐릿해지자 시력은 퇴화하고 그 자리를 청각이 대신했다. 바이지는 빠른 클릭음[짧게 딸각 내는 소리]과 반향정위를 사용해 물속의 형상과 움직임을 감지했고, 그 소리는 무리 간 소통 수단이 됐다. 그렇게 바이지는 맑은 강을 누비던 존재에서 탁류를 헤치며 살아가는 존재로 바뀌었다. 돛단배와 고깃배가 오가는 강에서 열댓 마리가 함께 유영하거나 어미와 새끼가 나란히 흐

---

* 이 변화는 태아의 발달 과정에도 고스란히 담겨있다. 처음에는 옆을 향하던 눈이 시간이 지나면서 이마 쪽으로 이동한다.

린 물살을 헤치며 지나가곤 했다. 옅은 푸른빛에 크림색이 번진, 길이 2미터 남짓한 이 돌고래는 어부들 사이에서 '장강의 여신'이라 불렸다. 그러나 1949년 참새잡이 마오쩌둥이 중화인민공화국을 세우며 모든 흐름이 바뀌었다. 자연과 조화를 중시하던 유교의 생태 사상, 곧 천인합일 철학은 밀려났고, 자연을 정복하자는 구호 아래 '대약진운동'이 시작됐다. 제사해운동[네 가지 '해로운 동물'을 박멸하자는 운동]에서 참새는 해충(쥐, 파리, 모기 포함)으로 지목돼 박멸 대상이 되었고, 그 여파로 기근이 불어닥치자 바이지마저 식탁 위에 올랐다.

이어 소음이 몰려왔다. 장강은 중국의 대동맥이다. 바람을 품은 돛은 디젤 엔진으로 바뀌고 증기선과 여객선, 화물선과 유조선이 무거운 짐을 싣고 강 위를 쉴 새 없이 오갔다. 컨테이너선은 물길을 점령하고 범선과 바지선까지 물살 위에 흔적을 남겼다. 1980년대 덩샤오핑의 개혁이 시작되자 인구는 급속히 불어났고 사람들의 열망은 소비로 이어졌다. '부자가 되는 건 영광이다.' 덩샤오핑이 그 말을 한 적은 없지만 모두가 그렇게 믿었다. 흐린 물살을 뒤흔드는 프로펠러 수천 개…. 그런 강에서 바이지가 살아남을 수 있었을까? 물속에서는 소리가 공기보다 다섯 배 빠르게 멀리 크게 번진다. 불과 몇십 년 만에 장강은 바이지가 한 번도 경험하지 못한 소음의 세계로 바뀌었다. 마치 10차선 고속도로 중앙 분리대 한복판에 놓인 듯했고, 공항 활주로 옆이나 독극물이 흐르는 하수관 근처(장강 유역에는 40만 개가 넘는 화학 공장이 가동 중이다), 낙뢰가 몰아치는 폭풍 속에 갇힌 듯했다(그것도 앞이 거의 안 보이는 상황에서). 끊임없는 소음 때문에 바이지의 예민한 반향 감지 능력이 흐려졌다. 방향을 잃고 깊이 잠수했다가 너무 이른 타이밍에 수면 위로 떠오르기도 했고, 짝을 찾거나 먹이를 포착하는 일도 점점 어려워졌다. 창강에 맞춰 세심하게 적응해 온 생명은 다른 물로 옮겨갈 수 없었다. 바이지는 하나둘 강가로 떠밀려 오더니 이내 어부들 눈앞에서 자취를 감췄다.

문화대혁명은 바이지 연구 기록까지 쓸어버렸다. 창강의 여신을 걱정하기 시작한 무렵에는 바이지에 관해 남은 정보가 거의 없었다. 1988년 《은하수를 여행하는 히치하이커를 위한 안내서》 작가 더글러스 애덤스와 동물학자 마크 카워다인이 바이지를 찾아 창강으로 향했다.[184] 1950년대까지만 해도 6300킬로미터에 이르는 강 전역에 6000마리쯤 살고 있다고 봤지만, 두 사람이 도착했을 때는 200마리도 남아있지 않았다. 바이지는 아이러니하게도 그 희소성 덕분에 더 유명해졌다. 맥주와 콜라, 화장지와 비료에까지 이름이 붙었다. 강이 두 섬 사이를 휘감는 지점에 보호구역이 조성됐고 길이 1.5킬로미터, 깊이 5미터 수로에 병원과 먹이용 어장이 들어섰다. 분명 관광지로 개발하려는 움직임도 있었다. 더글러스와 마크는 바이지 호텔에 묵었지만 바이지는 모습을 드러내지 않았다. 우한의 중국과학원 수생생물연구소에서만 바이지를 볼 수 있었다. 2000만 년 동안 창강의 환경에서 훌륭하게 적응해 온 생명은 고작 반세기 만에 사라졌다. 공산주의와 자본주의 두 체제가 교차하며 진행한 인간의 대규모 실험 속에서, 바이지는 먼저 시력을, 이어 청각을, 마지막에는 강 자체를 잃었다.

1956년 시인이기도 한 마오쩌둥 주석은 천둥 같은 어조로 자연에 대한 불굴의 도전 정신을 담은 시 〈수영〉을 발표했다. 무산의 험준한 협곡을 '가로질러' 들어설 장대한 댐이 물을 가두고 협곡을 호수로 바꿀 것이라 선언했다. 여신이 아직 살아있다면 변화한 강에 경외심을 느낄 것이라고 했다.[185]

협곡을 가로질러 댐이 들어섰고, 여신은 살아남지 못했다. 1994년 장강 중류의 구당협, 무협, 서릉협 일대에 다이너마이트 8만 발이 터졌다. 세계 최대 규모의 댐 싼샤댐 건설을 위한 폭파였다. 아이러니하게도 이 엄청난 구조물은 단층대 위에 들어섰고 그로 인해 산사태가 더 잦아졌고, 130만 명이 삶의 터전을 떠나야 했다. 바이지와 함께 강을 지켜온 또 하나의 토착종, 2억 년을 살아온 중국주걱철갑상어도 이 무렵 자취를 감췄다. 몸길이 7미터에 이르는 전설 같은 이 물고기는 이동 경로가 막히면서 공식적으로 멸종됐다. 대형 댐이 바람직한 결과를 남긴 경우는 드물다. 중국에는 전 세계에서 가장 많은 8만 5000개가 넘는 댐이 있다. 생태계 파괴, 지질학적 불안정 그리고 복원에 드는 장기적인 비용은 대개 처음 기대했던 이익을 뛰어넘는다. 2020년 1월 중국 정부는 장강의 생물다양성을 회복하겠다며 300개 구역에서 향후 10년간 상업 어업을 금지한다고 발표했다. 무엇으로부터 회복하겠다는 말인가?

너 누구야,
누구길래 내 집에 날개도 없이 깃털을 꽂고 왔어?

뉴질랜드에서 오래전 한 마오리 추적자가 신성한 새 후이아의 울음소리를 흉내 낸 녹음을 남겼다.[186] 1909년 북섬 루아

히네산맥에서 사라진 후이아를 찾기 위한 탐사대가 꾸려지고 헤나레 하마나라는 이름의 청년이 동행했다. 그는 숲에 숨은 새를 불러내기 위해 후이아를 흉내 내 휘파람을 불었다. 후이아라는 이름은 맑고 리듬감 있는 후이아의 노랫소리에서 따온 것이다. '후-우-우 - 이아 후-우-우 - 후 - 우 - 우-우 - 이아, 후-우-우 이이 - 이아.' 셰익스피어 비극의 한 장면처럼, 아름다운 노래는 죽음을 부르는 신호였다. 소리를 좇아 공터로 날아든 암컷은 조각된 장대 끝 올가미에 목이 감겼다. 짝의 비명을 들은 수컷도 같은 방식으로 잡혔다.

후이아는 본래 포유류 포식자가 없는 숲에서 살아왔다. 탁월한 비행 실력을 지니지는 않았지만 나뭇가지 사이를 우아하게 건너다녔고, 숲을 벗어나 하늘을 나는 경우는 드물었다. 몸길이는 약 46센티미터, 깃털은 검푸른 빛과 자줏빛이 어우러졌고, 얼굴 아래쪽에는 주황빛 살점이 반짝였다. 부채처럼 펼치는 꽁지깃의 끝은 순백색으로 물들어 있었다. 후이아는 언제나 짝을 지어 다녔다. 한 마리가 보이면 반드시 다른 한 마리도 곁에 있었다. 둘은 낮고 부드러운 소리를 내며 머리와 부리를 대고 서로를 어루만지는 듯한 행동을 했다. 19세기 생물학자들이 당황한 것은 암수의 부리 모양이 전혀 다르다는 점이다. 암컷의 부리는 약 10센티미터로 길고 유려하게 아래로 휘었고, 수컷의 부리는 6센티미터 길이로 딱따구리처럼 곧고 굵은 곡괭이 형태다. 이처럼 극단적인 성적 이형 때문에 학자들은 처음에 이들을 다른 종으로 분류했다. 주요 먹이는 썩은 나무 틈에 숨은 후후 딱정벌레 유충이다. 수컷은 튼튼한 부리를 지렛대 삼아 나무를 힘껏 비틀어 틈을 벌리는 '게이핑' 기술을 사용했고, 암컷은 그 틈 깊숙한 곳까지 부리를 넣어 유충을 끄집어냈다. 협력하는 듯 보이지만 사실은 같은 숲에서 제각기 다른 방식으로 먹이를 구하며 공존해 온 결과다.

어떤 존재를 신성하다고 선언하면 그 생은 종말을 향해 내달리기도 한다. 마오리족은 후이아의 꽁지깃을 매우 귀하게 여겼다. 깃털이 가장 아름다운 5~7월에 채집해 정교하게 조각한 카누 모양의 상자 '와카 후이아'에 보관할 정도였다. 지위 높은 마오리족의 초상화를 보면 대부분 끝이 하얀 검은 깃털을 머리에 꽂고 있다. 머리와 부리를 남긴 가죽으로는 귀고리를 만들었다. 여러 부리가 부딪히며 은은한 소리를 내는 '포타에 후이아'는 머리 장식이다. 1901년 6월 14일 요크 공작(훗날 조지 5세)이 뉴질랜드를 공식 방문한 첫날, 성스러운 마오리 집회 장소인 테 파파이오우루루 마라이에 도착하자 한 마오리 귀족 여성이 다가와 머리에 꽂고 있던 깃털 하나를 조심스럽게 뽑아 공작의 모자에 꽂아주었다. 끝이 흰색으로 물든 그 깃털은 우정의 상징이었다. 공작은 그 마음을 받아들였고, 뉴질랜드에 머무는 내내 그 깃털을 모자에 꽂은 채 사람들을 만났다.

그러나 숲은 불탔고 고양이를 비롯한 유럽의 날렵한 포식자들이 몰려들었다. 후이아는 점점 터전의 가장자리로 밀려났는데, 이 새의 종말을 재촉한 건 무엇보다 표본과 깃털을 향한 인간의 탐욕이었다. 희귀해질수록 수집 열기는 더 거세졌다. 1892년 조류학자 월터 벌러 경은 단 한 마리의 후이아를 목격했노라 기록했다(그리고는 곧장 총을 쐈다). 5년 전까지만 해도 숲 어디에서나 흔히 마주치던 새였다. 요크 공작이 모자에 후이아 깃털을 꽂고 나타난 뒤 전 세계가 그 깃털을 원했다. 아일

랜드 출신인 나의 할머니가 태어난 1883년, 한 마오리 사냥대는 한 달에 후이아 가죽 646장을 모았다.[187] 빈자연사박물관은 암수 후이아 표본 212쌍을 수집했다. 마오리족에 속한 응아티 후이아 부족은 이 신성한 새를 지키기 위해 사냥을 금지했고, 온슬로 총독에게 법적 보호를 호소했다. 참고로 총독의 아들은 후이아 깃털을 머리에 꽂고 사진을 찍었으며, 1891년 '후이아'가 들어간 빅터 알렉산더 허버트 후이아 온슬로라는 이름으로 세례를 받았다. 총독은 후이아를 보호종으로 지정했지만 너무 가볍고 늦은 조치였다. 벌금은 시장의 깃털 값에 못 미쳤고 그마저도 거의 부과하지 않았다. 1903년에는 정부 법률고문이 새는 보호 대상이지만 깃털은 아니라는 판결을 내렸다. 보호구역으로 보내려 했던 후이아 한 쌍은 월터 벌러가 끼어드는 바람에 영국 로스차일드 남작 손에 들어갔다. 벌러는 왜곡된 다윈주의 세계관을 퍼뜨렸다. 뉴질랜드의 토착 생물군(마오리족 포함)이 결국 더 '적합한' 유럽 종에게 정복당하고 대체될 운명이라는 것이다. 그는 마오리 가이드가 휘파람으로 후이아를 부르던 순간을 이렇게 적었다.

… 푸카푸카[뉴질랜드 북섬에 자라는 고유 수목]의 울창한 잎 사이로 후이아 한 마리가 거의 구르듯 달려 나왔다. 너무 가까워 총을 쏠 수 없었다. 덕분에 나는 이 아름다운 새를 한동안 관찰할 수 있었다. 감히 말하자면, 고결한 자태였다. 그리고 나는 방아쇠를 당겼다.[188]

그날 요크 공작이 다른 선물을 받았더라면, 받은 깃털을 시종에게 넘겼더라면, 후이아의 운명은 달라졌을까. 훗날 영국 왕이 된 그가 깃털을 머리에 꽂고 나타난 지 여섯 해가 지난 1907년 12월 28일, 마지막 후이아 한 마리가 총에 맞아 쓰러졌다. 새가 사라지자 그 몸에만 기대어 살아가던 존재들도 자취를 감췄다. 누구 하나 애도하지 않은 이별이었다. 후이아에게만 기생하던 이 랄리콜라 엑스팅크투스*Rallicola extinctus*, 그리고 2008년 박물관 표본에서 뒤늦게 발견된 깃털진드기 코라시아카루스 뮐러모츠펠디*Coraciacarus muellermotzfeldi* 둘 다 후이아와 함께 사라졌다. 2010년에는 후이아 깃털 하나가 경매에서 8000뉴질랜드달러[약 664만 원]에 낙찰되며 씁쓸한 기록으로 남았다.

에든버러에 있는 스코틀랜드 국립박물관에는 죽은 나뭇가지 위에 박제 후이아 한 쌍이 나란히 앉아있다. 수컷이 몸을 기울여 암컷을 바라보는 구도다. 그뿐이다. 고향에서 1만 1700킬로미터나 떨어진 곳에서 두 개의 빈 껍데기로 남은 침묵의 새.

그의 운명적인 노랫소리가 추적자의 입으로만 존재한다는 것은 인간과 새, 그리고 기억에 관한 더없이 적절한 기록이다.

더글러스 애덤스와 마크 카워다인이 바이지를 찾아 떠난 여정을 담은 책 《이게 마지막 기회일지도 몰라》에는 이런 문장이 나온다. '북부흰코뿔소의 멸종을 막기엔 아직 늦지 않았다.' 그 문장을 쓴 해는 1989년이었고, 2021년 지구에 남은 북부흰코뿔소는 두 마리뿐이다. 어미 나진과 딸 파투, 둘 다 암컷이다. 2018년 중국은 코뿔소 뿔과 호랑이 뼈의 의료용 판매를

합법화했다. 중국 전통약이라는 이름 아래 반복되는 이 주술은 자국의 신성한 바이지에게 그랬듯 다른 나라의 야생동물까지 위협한다. 자기 손톱이나 씹으면 될 일을 두고서. 한때 아프리카 대초원을 뒤덮었던 코끼리 수백만 마리는 이제 40만 마리 남짓으로 줄었고 그마저도 무장 경비가 지키고 있다. 사자는 2만 마리, 호랑이는 4000마리, 대왕판다는 2000마리, 에티오피아늑대는 500마리, 바키타는 열 마리도 남지 않았다…. '멸종위기종'이라는 단어는 너무 흔하게 쓰이다 보니 그 절박함이 희미해졌다. 우리는 어깨를 움츠리고 고개를 떨군다. 그 생명들이 얼마나 다채롭고 풍요로웠는지 이제야 알아가고 있는데 이별은 그 어느 때보다 빠르게 다가오고 있다. 세상에서 종 하나를 지운다는 건 얼마나 끔찍한 일인가. 그것이 죄가 되지 않는다는 게 기소 감이다.

솔라스탤지어와 비슷하지만 더 날카롭고 격렬한 감정이 있다. 절망 위에 차곡차곡 포갠 분노. 존재했던 생명들을 향해 인간의 심장에서 터져 나오는 길고 깊은 울부짖음. 그것을 환경분노 eco-furiosity라고 한다.

파리를 삼킨 할머니

소를 삼킨 할머니가 있었어요.
어떻게 삼켰는지는 몰라요.
할머니는 개를 잡으려고 소를 삼켰대요.
할머니는 고양이를 잡으려고 개를 삼켰대요.
할머니는 새를 잡으려고 고양이를 삼켰대요.
할머니는 거미를 잡으려고 새를 삼켰대요.
할머니는 파리를 잡으려고 거미를 삼켰대요.
왜 파리를 삼켰는지는 몰라요. ─어쩌면 할머니가 죽을지도 몰라요!

뉴질랜드는 오랜 고립 속에서 지구 어디서도 볼 수 없는 특별한 동물들을 품었다. 박쥐 두 종을 제외하면 포유류가 없던 이 땅에서, 새는 그들만의 방식으로 놀랍도록 독창적인 진화를 이루었다. 하지만 인간의 발길 앞에서는 속수무책이었다. 마오리족은 거대한 새 모아를 사냥해 멸종시켰고, 유럽인들이 이주하며 배에서 쥐가 뛰쳐나왔고, 모피 산업용으로 호주에서 주머니쥐를 들여왔고, 토끼와 쥐를 없애겠다고 북방족제비와 페럿을 풀어놓았다.

오늘날 뉴질랜드의 보전활동은 때때로 지옥 같다. 천국이라 불리는 이 땅을 지키기 위해 사람들이 사용하는 수단은 1080이라 불리는 생분해성 독극물 플루오로아세트산나트륨이다. 날지 못하는 새들의 고향 뉴질랜드에서는 키위나 세상에서 가장 무거운 앵무새 카카포(부엉이를 닮은 사랑스러운 새다) 같은 연약한 고유종이 주머니쥐, 설치류, 고양이, 족제비, 고슴도치 같은 외래종에 밀려 서식지를 잃어간다. 이제 이들은 해안의 외딴섬이나 보호된 산악지대, 울타리로 둘러싸인 반도로 옮겨야만 겨우 살아남을 수 있다. 이들에게 생존 기회를 절반이라도 주기 위해 이런 지역에서는 모든 침입종을 제거한다. 뉴질랜드는 전 세계에서 사용되는 1080의 80퍼센트를 소비하고 있으며 그 효과를 굳게 믿는다. 매년 4000제곱킬로미터가 넘는 땅에 비행기로 이 독을 살포한다. 전국 곳곳의 자연보호 활동가들은 고유종 보호란 '무언가를 다 죽이는 일'이라고 말한다.[189] '프레데터 프리 2050'은 뉴질랜드 정부가 야심 차게 추진 중인 계획이다. '우리 새들을 위한 전쟁'이라 불리는 이 프로젝트는 2050년까지 모든 외래종 포유류 포식자를 완전히 제거하는 게 목표다. 정부는 매년 7000만 달러[약 975억 원]를 방제에 쏟아붓고 있다. 하지만 쥐로 인한 농작물 피해가 매년 30억 달러[약 4조 1800억 원]에 이르는 현실에 비하면 아무것도 아니다.* 이 전쟁에 온 국민이 열정을 쏟는다. 지금 나서지 않으면 영영 돌이킬 수 없다는 위기감이 사람들의 마음속 깊이

자리 잡았다. 보호를 위한 살생은 일상이 됐다. 사람들은 주저 없이 덫을 놓고 유인통을 설치하고 독을 뿌린다. 뉴질랜드는 이런 문제 앞에서 단호하다. 반려견은 키위를 피하는 훈련을 받는다. 2018년 남섬 서부 오마우이에서는 반려묘가 죽은 뒤에 새로운 고양이를 들이지 못하도록 하는 지방 조례를 제안하기도 했다. 비록 주민 반발로 철회했지만 이 논란으로 사랑스러운 반려동물, 특히 고양이의 새 사냥을 막을 책임이 주인에게 있다는 인식이 널리 퍼졌다.

맑게 갠 날이면 조너선의 가족이 사는 집에서 리틀배리어섬이 눈에 들어온다. 카카포와 키위가 보호받는 땅이다. 마오리어로는 테 하우투루오토이Te Hauturu-o-Toi라 하는데, '바람이 머물다 가는 곳'이라는 뜻이다. 28제곱킬로미터 크기의 이 작은 화산섬은 1895년 뉴질랜드 최초의 자연보호구역이 됐다. 1980년에 고양이를 몰아내고 2004년에는 쥐를 제거하면서 회복의 길을 열었다. 오늘날 이곳은 수백 년 전의 원시 풍경을 되찾아가고 있다. 섬 전체의 3분의 2는 사람의 손이 닿지 않은 숲이다. 그 안에는 마오리 조상이 1000년 전 카누를 타고 이 땅에 처음 발을 디뎠을 때부터 뿌리내리고 있던 카우리나무가 여전히 살아있다. 물에 밀려온 나무들이 흩어져 있는 해변에서부터 안개 자욱한 해발 700미터 운무림의 봉우리까지, 리틀배리어섬에는 117종의 동식물이 서식한다. 코카코, 카카, 카카포, 키위, 케아, 카카리키, 케레루, 코로라(쇠푸른펭귄), 루루, 히히, 투이, 방울새, 부채꼬리딱새, 안장무늬새, 동박새, 톰팃, 신대륙개개비, 한때 5마리만 남았던 북섬울새, 쇠부리슴새, 바다제비, 가넷, 도둑갈매기, 알바트로스, 저어새, 갈매기, 제비갈매기, 슴새, 군함조, 오리, 쇠오리, 뜸부기, 장다리물떼새, 메추라기뜸부기, 검은머리물떼새, 흰눈썹물떼새, 댕기물떼새, 물떼새, 마도요, 흑꼬리도요, 도요, 깍도요, 붉은어깨도요, 가마우지, 왜가리, 물총새, 찌르레기, 개똥지빠귀, 구관조, 검은지빠귀… 그리고 종다리까지.[190] 멸종된 것으로 알려졌던 뉴질랜드바다제비는 모습을 감춘 지 100년 만인 2003년 이 섬으로 돌아왔다.

요즘 뉴질랜드는 이 독살 기술을 다른 나라에도 전파하고 있다. 60년에 걸친 실험과 연구, 숱한 시행착오 끝에 얻은 노하우는 자연을 지키는 가장 강력한 무기가 됐다. 국민 대다수가 이를 지지한다. 토종 생물을 되살릴 수 있다면 다른 종의 희생쯤은 기꺼이 감수할 만하다고 믿기 때문이다. 정부의 재정 지원을 받는 기업들은 침입종 박멸을 위한 전 과정을 하나의 패키지로 구성해 통째로 해외에 수출하고 있다. 현장 자문과 계획 수립은 물론 물류 조정과 독극물 조제, 곡물 미끼 제작, 살포장치 설치, 모니터링, 헬리콥터 투입까지 모든 단계를 포함한다.

라투스 라투스 *Rattus rattus*는 흔히 검은쥐라 부르는 종이다. 선박쥐, 지붕쥐, 집쥐 등 다양한 이름으로 알려져 있다. 라투스 노르베기쿠스 *Rattus norvegicus*는 갈색쥐다. 일반쥐, 도시쥐, 시궁쥐, 부두쥐라고도 한다. 이들은 인류 문명의 시작부터 인간 곁을 떠난 적이 없다. 집이며 곡식 창고, 식료 저장고를

* 문제는 뉴질랜드의 국토 면적이 26만 8000제곱킬로미터에 달하고, 도시 곳곳에 하수관과 숨기 좋은 틈새가 널려있다는 점이다.

가리지 않고 어디든 숨어든다. 침입자이자 밀항자이며 60여 종의 인수공통감염병을 품은 끈질긴 생존자다. 지능이 높고 가리는 음식이 없다. 청각과 후각이 예민하며 수영과 등반에 능하다. 땅을 파거나 주변 환경에 맞춰 빠르게 적응하며 15미터 높이에서 떨어져도 멀쩡하고 금속까지 갉아 먹는다. 이탈리아 포강 가에 정착한 무리는 물에 뛰어들어 연체동물을 사냥하기도 한다. 임신 기간은 21일이고 한배에 많으면 14마리까지 낳는다. 개체수를 억제하면 번식률이 증가한다. 쥐는 만만한 상대가 아니다. 무인도라면 간단한 싸움이 될지 모르지만, 문제는 사람에게 있다.

　호주 뉴사우스웨일스 해안에서 동쪽으로 600킬로미터 떨어진 로드하우섬은 산호초로 둘러싸인 석호와 모래만, 옥빛 바다와 안개 낀 언덕, 그 안의 고유종들 덕분에 세계자연유산으로 지정됐다. 그러나 쥐가 15만 마리나 살고 있었다. 섬은 입이 떡 벌어질 만큼 아름다웠지만 이를 둘러싼 갈등이 이어졌다. 주민 350명은 쥐 제거 프로그램을 놓고 전쟁을 벌였다. 뉴질랜드산 항응고제 브로디파쿰 50톤을 헬리콥터와 60명의 인력을 동원해 다섯 달 넘게 살포했다. 외부 미끼함 1만 9000개, 실내 미끼함 3500개, 손으로 직접 미끼를 뿌린 지점만 9500곳, 그리고 미끼가 훼손되지 않도록 민달팽이 퇴치용 펠릿 2톤도 함께 뿌렸다. 그동안 섬에서 짜낸 우유는 모두 폐기했고 바다에서 잡은 생선도 식탁에 올리지 못했다. 반려견과 닭은 본토로 보냈다. 미끼로부터 보호받은 생명은 섬에만 서식하는 멸종위기종 로드하우우드헨과 로드하우얼룩커러웡*이다. 이번 작전의 주인공인 새들로, 포획해 동물원에 격리 보호했다. 나머지 생물은 모두 희생됐다. 쥐를 잡기 위해 들여왔던 올빼미도 살아남지 못했다. 쥐가 사라지면 어린 새들을 잡아먹을 것이기 때문에 어차피 제거해야 했다. 주민들은 섬에서 쥐를 없애는 것을 반겼지만, 하늘에서 독극물을 뿌리는 방식까지 받아들일 사람은 많지 않았다. 지하수는 안전할까? 독성은 얼마나 오래 남을까? 바닷새는 괜찮을까? 산호초는? 무엇보다 견디기 힘든 건 이 독이 생명을 천천히 잔인하게 앗아간다는 사실이었다. 불신과 반발, 끝없는 논쟁은 20년 넘게 이어졌다. 그러다가 자금이 투입됐다.** 작업을 거부한 땅은 생물보안법 아래 통제되고 벌금 경고장이 날아들었다. 2020년 커러윙과 우드헨은 다시 섬으로 돌아와 번식을 시작했다. 쥐가 모두 사라졌다고 믿는 사이,*** 또 다른 침입종이 활주로를 넓힐 궁리에 들어갔다.

세상의 반대편, 더는 물러설 곳 없는 끝자락. 스코틀랜드의 아우터헤브리디스 제도에 속한 유이스트섬에서 침입종 박멸을 둘러싼 또 다른 논쟁이 격렬하게 일었다. 이번에는 고슴도치였다. 고슴도치는 오랫동안 영국이 사랑해 온 정원사들의 친구다. 그래서였을까. 1970년 사우스유이스트섬에 고슴도치 일곱 마리를 풀었다. 고슴도치가 살지 않던 섬이었지만 민

---

*   검은 깃털에 노란 눈, 날개에 흰 점이 박힌 까치 크기의 명금류.
**   뉴사우스웨일스 환경신탁기금과 로드하우섬 위원회, 호주 연방정부가 총 1600만 달러(약 221억 원)를 쏟아부었다.
*** 2021년 섬에서 쥐 두 마리가 잡혔다. 해부 결과, 수컷 한 마리와 임신한 암컷이었다….

달팽이를 잡아주길 바라며 들여왔다. 도로가 드물고 살충제도 쓰지 않던 그곳에서 고슴도치는 순식간에 5000마리로 불어났다. 바닷새가 땅 위에 틀어놓은 둥지 안의 알과 새끼들은 단숨에 이들의 진수성찬이 됐다. 스코틀랜드 자연유산청은 고슴도치를 생포한 뒤 치명적인 약물을 주입해 안락사하는 방식으로 박멸에 나섰다. 여러 동물복지단체는 토종 고슴도치 개체수가 빠르게 줄고 있는 잉글랜드로 이들을 옮겨달라 요청했지만 거부당했다. 기이한 일이었다. 주사를 놓을 만큼 가까이 접근한다면 상자에 담아 옮길 수 있을 텐데. 당국은 주사로 죽이는 방식이 더 인도적이라는 태도를 고수했다. 이 일을 계기로 유이스트 고슴도치 구조단체가 결성됐다. 언론 보도가 이어졌고 BBC 〈뉴스 앳 텐〉에서도 이 사안을 다뤘다. 서머싯의 한 시의원은 영국 상원에서 이 문제를 공식 제기했다. 그 무렵 온화한 말투를 지닌 앤디 크리스티와 아내 게이가 나섰다. 부부는 스코틀랜드 에어셔에 있는 헤실헤드야생동물구조센터에서 동물 구조와 보호에 평생을 바쳐왔다. 앤디는 유이스트의 고슴도치를 모두 구조해 일정 기간 보호한 후 신중히 고른 지역에 방사하고 지속적으로 관찰하겠다고 약속했다. 그리고 690번째 고슴도치가 안락사되던 날, 당국이 태도를 바꾸었다. 주민들도 힘을 보태며 고슴도치의 이주가 시작됐다. 구조한 고슴도치 2000마리가 헤실헤드를 거쳐 새로운 보금자리로 갔다. 이들을 받겠다는 곳도, 풀어줄 곳도 많았다. 방사 후 8주가 지나자 정착 성공률은 80퍼센트에 이르렀다. 하지만 스코틀랜드 자연유산청이 사업의 완결에 필요한 유럽연합 보조금 신청을 아무런 설명도 없이 철회하면서 모든 게 멈췄다. 그래서 유이스트에는 여전히 고슴도치가 있고, 민물도요의 수는 해마다 줄고 있다. 한편, 고슴도치의 고향 잉글랜드에서는 더 크고 더 강한 기계들이 들판을 무자비하게 갈아엎었다. 먹을 것도 숨을 곳도 사라진 땅은 바람만 윙윙 지나는 앙상한 실루엣으로 남았다. 사람들은 사라져 가는 고슴도치를 애도했지만 그 이름 속에 이미 답이 있다[앞서 언급했듯이 생울타리는 영어로 hedge, 고슴도치는 hedgehog다]는 사실은 끝내 알아채지 못했다.

    죽음의 산업은 멈추지 않았다. 이번에는 딩고, 고양이, 여우, 말, 낙타, 당나귀가 표적이 됐다. 갈라파고스 제도에서는 식생을 되살리고 멸종 위기의 코끼리거북을 보호하기 위해 헬리콥터에서 염소 14만 마리를 사살했지만 10퍼센트가 해결되지 않았다. 그들을 찾기 위해 기발한 전략을 동원했다. 중성화한 수컷 염소 '유다'에게 무선 송신기를 달아 암컷 위치를 알릴 수 있게 하고, 약물로 발정을 유도한 암컷 염소 '마타 하리'로는 수컷을 유인한 것이다. 번식 능력을 잃은 유다 염소들은 자연으로 돌아가 생을 이어갔고, 섬은 반응했다. 메마른 식생이 살아나고 새들이 다시 날아들었다. 한때 수천 마리에 달하던 에스파뇰라땅거북은 1960년에 고작 15마리만 남았다. 하지만 그 뒤로 55년 동안 세심하게 번식 관리를 한 덕분에 현재 야생 개체수는 2300마리가 넘는다. 2020년 6월 20일, 위기에서 종을 구한 에스파뇰라땅거북 15마리가 고향으로 돌아왔다. 트랙터 트레일러에 실어 배로 옮기고, 사람 15명이 거북을 석기시대의 코러클[둥글게 생긴 작은 배]처럼 등에 짊어지고 이동해 섬 안쪽에 내려놨다. 이들 거북은 무리와 가족이 되어 긴 생을 보냈다.[191]

우리는 신이다. 스스로 불러온 혼란을 어떻게 수습할지 하나하나 따진다. 장기적인 선을 위한 단기적인 고통일 수도 있고… 아닐 수도 있다. 자연을 밀랍처럼 굳혀둘 것인가, 아니면 다시 숨 쉬게 할 것인가? 서로 다른 방식으로 같은 미래를 꿈꾸는 이들이 있다. 야생이 인간과 함께 숨 쉬는 세상 말이다.

리틀배리어섬에서는 새들의 합창이 깊고 힘차게 번진다. 북소리와 환호, 휘파람과 피리, 종소리로 화음을 쌓은 듯 숲이 웅장하게 노래한다. 나뭇가지 사이, 풀숲 틈마다 울림이 퍼지고 생명이 머무는 자리는 저마다의 음색이 가득하다. 서로 어울리지 않을 것 같지만, 모두 자연이 내는 소리다. 나는 밀물에 잠긴 바닷가에서 수평선 너머로 떠올랐다 사라지는 리틀배리어섬을 여러 차례 지켜보았다. 인간의 흔적을 지우기 위해 얼마나 큰 노력이 있었는지 알지 못했을 생명들의 일상을 상상하면서.

늑대와 함께 춤을

이해관계가 같아도 갈등은 생길 수 있다. 때로는 정치적으로, 받아들일 수 없는 방향으로….

1993년 '동화 속 장면처럼 눈이 내리던 겨울'에 조안나 코사크는 집을 떠나 비아워비에자 숲에 사는 이모 시모나와 함께 지내게 됐다. 어느 날 저녁 누군가가 문을 두드렸다. 국립공원 순찰대원이 도움을 청했다. 그는 동료가 보호구역에서 철제 덫에 다리가 걸려 움직이지 못하고 있다고 했다. 덫을 풀고 사람을 구한 뒤, 시모나는 덫을 수거해 경찰에 신고했다. 그런데 늑대를 추적하던 젊은 연구원이 시모나를 찾아와 사라진 덫이 자신의 연구장비라며 돌려달라고 요구했다. 덫의 안전성을 놓고 말다툼이 벌어졌고, 결국 시모나는 법정에 섰다. 연구원은 덫이 안전하다고 주장했다. 시모나는 맞섰다. "그렇다면 당신 손부터 넣어보세요." 조안나는 사진 한 장을 보여주었다. 덫은 금속 이빨처럼 맞물리는 구조이고, 중앙 발판에는 늑대 머리 그림과 함께 '텍사스 알파인 가축 보호용 덫'이라는 문구가 있었다. 시모나는 재판에서 패소했지만, 늑대를 포획하는 방식과 목에 씌우는 무거운 추적장비에 대한 비판을 거두지 않았다. 연구가 진행되는 동안 추적장비를 단 늑대 일곱 마리와 스라소니 세 마리가 죽었다. 시모나는 동물들이 죽은 건 '연구장비' 자체의 위험성은 물론, 그것을 씌우는 잔혹한 절차가 동물들을 위험에 빠뜨렸기 때문이라고 믿었다. 시모나는 보호구역이 실험실처럼 변해가는 것을 보는 게 고통스러웠다. 연구비 지원을 받는 대학원생들이 야생동물을 겁주고 페인트와 플라스틱 깃발로 덤불과 나무를 훼손했다. 시모나도 과학자였지만 언제나 체제에 맞섰다. 결혼하지 않은 남성과 함께 살고, 멧돼지와 까마귀와 나란히 숲길을 걸었다. 그런 모습은 당시 외딴 폴란드 시골 마을에서 숲속 마녀라 불릴 만큼 낯설고 도발적으로 비쳤다.

"그러고 나서 촬영팀이 도착했죠." 조안나가 말했다. "요크셔 텔레비전[지금의 ITV 요크셔]의 휴고 스미스가 영국 자원봉사자들이 돈을 내고 생태 관광에 참여해 늑대 추적 프로젝트를 돕는 내용의 다큐멘터리를 찍을 거라고 했죠." 그녀는 입꼬리를 슬쩍 비틀며 말을 이었다. "근데 현장 분위기를 겪고 나서는, 애초에 기대했던 그림대로 되진 않겠다고 느꼈을 걸요!"

집에 돌아온 나는 휴고 스미스라는 이름을 구글 검색창에 입력했다. 그는 현재 방송미디어학과 부교수로 재직 중이었다. 나는 이메일을 보냈고, 두 시간이 채 지나지 않아 뜻밖의 답장이 도착했다. '… 그 촬영은 제게 중요한 경험이었고, 함께했던 사람들 모두에게 정말 이상한 여정이었습니다.'

안개 자욱한 짙푸른 숲을 카메라가 천천히 가로지른다. 굵은 나무줄기들이 흐르듯 화면을 지난다. 들리는 소리는 사람의 목소리 같기도, 짐승의 울음 같기도, 돌의 메마른 울림 같기도 하다. 동굴 깊은 곳에서 터진 메아리가 퍼져간다. 어둠이 일렁이고 불빛이 번쩍인다. 둔탁한 충격음, 금속이 부딪는 소리, 뒤엉킨 음향이 귀를 휘감는다. 멀리서 교회 종소리가 울린다. 원초적이며 비현실적인 울부짖음이 공기를 가른다. 불길하면서도 묘하게 매혹적인 소음 속에서 남자들이 막대기를 들고 숲을 달린다.

내래이션이 흐른다. '유럽에서 마지막으로 남은 원시림이 과학자들의 사냥터가 됐다.'

남자들이 빽빽하게 원을 그리며 선다. 이윽고 무언가의 뒷다리를 움켜쥐고 들어 올린다. 늑대다.

'최상위 포식자가 이제는 사냥감으로 전락했다.'

나무와 사람, 메아리치는 종소리, 챙 챙 울리는 소리, 울부짖음, 철컹거리는 소리.

'한때 북반구 전역을 누비던 늑대는 이제 몇 안 되는 야생지대에서만 명맥을 잇고 있다. 그중 폴란드의 비아워비에자 숲은 유럽에서 늑대가 마지막으로 숨 쉴 수 있는 드넓은 터전이다.'

장면이 멈춘다. 화면 위로 사진 한 장이 겹친다. 카메라가 천천히 늑대의 얼굴을 비춘다. 그물에 걸린 늑대. 코끝을 조여오는 매듭에 입이 억지로 벌어졌고 드러난 송곳니는 칼날처럼 빛난다. 잇몸은 피에 젖어 번들거린다. 다음 장면, 남자들이 쇠스랑으로 늑대를 짓누르고 있다. 한쪽 눈만 드러난 늑대가 카메라를 향해 눈을 번뜩인다. 새하얀 섬광이 번개처럼 렌즈에 스친다. 화면 위로 제목이 떠오른다.〈늑대와 함께 춤을〉.

1998년 휴고 스미스와 촬영팀은 비아워비에자 숲 포유류연구소 산하 육식동물 생태조사팀을 따라 늑대 추적 프로젝트를 기록하고 있었다. 프로젝트 책임자는 키가 크고 젊은 연구자였으며, 영국에서 온 자원봉사자들은 각자 700파운드[약 130만 원] 이상의 참가비를 내고 이 여정에 합류했다. 책임자 이름은 헨리크라고 해두자. 다큐멘터리에서 헨리크는 이번에 추적할 대상이 무리의 우두머리 암컷인 보라라고 말한다. 보라의 몸에 부착한 추적장비는 배터리가 거의 다 닳은 상황이었다. 그는 배터리 교체 시기를 놓치면 "그 무리는 과학의 손이 닿지 않는 곳으로 사라질지도 모른다"고 했다. 이 프로젝트는 생태관광과 보전, 늑대 보호를 다루는 따뜻한 다큐멘터리로 진행될 예정이었다. 하지만 갈등이 불거졌다. 늑대의 안전 문제였다. 시모나가 발견한 철제 덫은 더 이상 쓰지 않았지만, 늑대를 그물로 몰아넣는 500년 된 포획 방식을 택했다. 무선 추적장비의 초단파 신호가 휴대용 안테나에 잡히면 그 지점을 중심으로 플라드리(축제 장식처럼 일정 간격으로 붉은 깃발을 단 줄)를 빙 두른다. 늑대는 이 줄을 좀처럼 넘지 않기 때문에 줄은 장벽이 되어 늑대를 포획망으로 몰아넣는다. 이미 자원봉사자들이 현장에 도착한 상황이었는데(참가비도 낸 뒤였다), 헨리크는 포획 지점 주변에 그들과 촬영팀 모두 접근하지 않기를 바랐다.

내레이션에 따르면 늑대는 가축화한 개에 비해 교합력이 두 배 강하고 후각은 20배나 뛰어나고 시속 70킬로미터로 달릴 수 있다.

    이 다큐멘터리를 촬영한 해인 1998년 폴란드는 늑대 보호법을 제정했지만 밀렵은 여전했다. 연구팀은 그해 겨울에 늑대 네 마리를 잃었다. 카메라는 올가미와 톱니형 덫, 날 선 철제 덫이 어지럽게 쌓인 경찰서 창고로 들어간다. 화면에는 올가미에 목이 졸려 죽은 늑대가 머리를 축 늘어뜨린 사진이 겹친다. 다음으로는 강철 심과 송신기, 배터리 팩이 있는 묵직한 가죽 재질의 추적용 목걸이를 클로즈업한다. 이어지는 화면은 말라비틀어진 스라소니의 사체다. 가느다란 목에 걸린 장비는 지나치게 크고 무거워 보인다. 낡은 케이스 안의 원통형 건전지가 녹슬고 부풀어 고스란히 노출되어 있다. 시모나 코사크 박사가 스라소니 위로 몸을 숙여 사진을 찍는다. 굶어 죽었을 거라는 그녀의 추정은 부검 결과 사실로 확인됐다. 시모나는 이 프로젝트 방식에 이의를 제기했다. 무거운 추적장비가 야생동물의 자연스러운 행동을 방해하고 사냥 능력에 악영향을 미친다고 주장했다. 옥스퍼드대학교의 보전생물학자 클라우디오 실레로 교수는 추적장비가 동물에게 해롭다는 뚜렷한 증거가 없다고 말한다. 다만 연구가 끝난 뒤에는 장비를 제거해야 하며, 일정 시간이 지나면 저절로 분리되도록 설계할 수도 있다고 덧붙인다. 그러나 일부 사냥꾼들은 추적장비를 찬 늑대의 이상 행동을 '분명히' 목격했다고 말한다. 누군가가 따라붙기라도 하듯 신경이 곤두서 있었다는 것이다. 숲을 헤매던 영국 자원봉사자들이 마침내 보라의 목걸이에서 나오는 희미한 신호를 포착한다. 무리가 점점 가까워지고 있다. 촬영팀과 책임 연구자 사이에 긴장감이 고조된다. 헨리크는 누구도 현장에 접근하지 못하도록 막는다.

헨리크는 휴고 스미스를 향해 목소리를 높인다. "당신을 믿을 수 없어요. 약속은 많이 했지만 지킨 게 하나도 없으니까요."

"제가 안 지킨 약속이 뭔지 하나라도 말씀해 보시죠."

"그건 나중에 말하죠."

"나중에요? 지금 제가 물러나길 원한다면 지금 말씀하셔야죠."

"좋아요. 지금 당장 물러나세요."

"하지만 지금 나한테 물러나라고 할 이유가 없잖아요…."

헨리크의 창백한 얼굴은 무표정했다. "문제는 당신이 방해했다는 점이에요. 정말 고맙군요." 그는 걸음을 옮기다 고개만 조금 돌려 말한다. "당신들이 떠나기 전에는 시작하지 않을 겁니다."

휴고 스미스는 누군가의 귀띔에 따라 시모나 코사크 '부인'을 찾아간다.

시모나는 예전 늑대 포획 현장에서 '몰래 촬영한' 사진을 갖고 있었다. 그녀는 사진을 한 장씩 꺼내 카드처럼 펼쳤다. 그물에 휘감겨 몸을 가누지 못하는 늑대, 피로 물든 잇몸, 다섯 남자가 쇠스랑으로 늑대를 짓누르고 있는 장면들.

"죽음 앞에 놓인 야생동물이 얼마나 격렬하게 저항하는지 직접 보지 않으면 몰라요…."

카메라는 비틀린 목, 억지로 벌린 입, 공포로 치켜뜬 눈동자를 천천히 따라간다. 시모나는 사람이 직접 늑대에게 마취 주사를 놓는다고 말한다. 겁에 질린 늑대에게 주사를 놓으려면 엄청난 힘이 필요하다고 했다. "그런 방식이 어떻게 늑대의 건강을 위해서인지 상상하기가 어렵습니다." 그 말에 잠시 정적이 흐른다.

실레로 교수는 사진 속 늑대가 극심한 스트레스를 받은 게 분명하다고 지적한다. 쇠스랑 없이 마취제를 투여하려면 바람총을 쓰는 편이 낫겠다고 제안한다. 스미스가 예산이 빠듯한 폴란드 연구진이 그런 장비를 쓸 수 있을지 묻자 실레로가 말한다.

"몇 파운드면 하나 만들 수 있어요."

다음 장면, 구급차가 촬영팀과 영국 자원봉사자들을 병원으로 이송하고 있다. 모두 심하게 탈이 났고 한 명은 수액 치료를 받고 있다. 음향 담당자는 급히 귀국한다. 원인을 알 수 없는 식중독이었다. 스미스는 촬영을 포기할 뻔했지만, 가까스로 몸을 추스르고 다시 카메라를 숲속으로 들여보낸다. 플라드리를 나무 사이로 드리우고 금속 냄비를 두드리는 소리가 울린다. 늑대 한 마리가 번개처럼 스쳐 지나간다. 남자들의 고함이 터지고 허공을 가르는 막대기들이 이리저리 휘둘리며 화면을 어지럽힌다. 포획의 순간은 카메라에 없다. 하지만 이제 렌즈가 초점을 되찾는다.

누군가가 카메라 앞에 손을 불쑥 내민다. "안 됩니다. 사진 찍지 마세요! 문제 생깁니다."

늑대 '보라'는 그물에 거꾸로 매달린 채 남자들에게 둘러싸였다.

"허가 없이 이러면 안 되는 거 아시죠?"

잠시 후 보라를 숲 안쪽으로 옮긴다. 바닥에 누운 채 잠든 보라의 목덜미에 어른 주먹만 한 새 추적장치가 달려있다.

　스무 해가 흘렀지만, 스미스는 아직도 짙게 의심하고 있다. 중독 사건 이후 촬영팀 한 명은 몇 달이 지나도록 제대로 회복하지 못했다. 그들이 목격한 현장은 처음부터 뭔가 잘못되었다. 자원봉사자들에게 생태관광을 명목으로 비용을 걷는 방식은 눈속임처럼 보였고, 늑대 포획 과정은 지나치게 거칠고 잔인했다. 스미스는 그런 방식이 늑대의 행동에 영향을 주지 않을 리 없다고 단언한다. 당시 그는 막 경력을 쌓기 시작한 풋내기 감독이었다. 지금 같았으면 프로젝트 책임자에게 그렇게 관대하지 않았을 거라고 말한다. 그날 그의 눈앞에서 벌어진 일은 과학이라 부르기에는 너무 허술하고 무책임했다. 그가 시모나를 만난 건 우연이 아니었다. 프로젝트에 의문을 품은 사람을 수소문한 끝에 찾은 이름이었다. 헨리크는 시모나를 미친 마녀 취급하며 무시하라고 했지만, 시모나의 말은 훨씬 더 과학적이고 이성적이고 무엇보다 상식적이었다. 스미스는 공산 체제가 무너진 뒤에도 남아있던 가부장적 사고방식, 외부의 시선을 차단하던 폐쇄적인 과학자의 모습과 맞닥뜨린 것이라고 결론짓는다. 그 경험은 기억 속에 생생하고 불길하게 남아있다. 지금도 그 이야기를 꺼내면 목소리가 살짝 떨린다. 짙고 깊은 숲, 금속 냄비를 내리치던 소리, 공포에 질린 늑대 눈동자의 흰자위.

　요즘 옐로스톤국립공원에서는 늑대에게 GPS 위성 목걸이를 단다. 신호를 보내 목걸이를 떨어뜨릴 수도 있다. 오랜 연구 끝에 늑대의 행동과 무리의 역학에 관해 많은 사실이 밝혀졌다. 무선추적장치는 늑대의 위치를 과학자에게 알리지만 그 정보가 사냥꾼에게도 고스란히 노출된다. 지역 사냥꾼들이 신호를 활용해 늑대를 뒤쫓는 데는 그리 오래 걸리지 않았다. 국립공원 경계를 한 발짝만 벗어나면 순식간에 표적이 됐다. 2018년 공원 내 라마 밸리에 서식하는 무리를 이끌던 전설적인 암컷 늑대 '스핏파이어'가 공원 입구에서 몇 킬로미터 떨어진 곳에서 총에 맞아 쓰러졌다. 옐로스톤에서 가장 많은 사랑을 받았던 늑대 '오식스' 역시 트로피 사냥꾼의 총탄에 목숨을 잃었다. 오식스는 한 세대에 하나 나올까 말까 한 뛰어난 사냥꾼이자, 옐로스톤에서 태어난 최초의 한배 새끼 중 하나인 전설의 늑대 '트웬티원'의 손녀다. 목걸이 기록에 따르면 오식스는 평생의 95퍼센트를 공원 안에서 보냈다. 그런 늑대가 하루아침에 사라지자 무리는 오랫동안 흔들렸다. 경험 많고 서열 높은 성체 하나의 부재는 생각보다 큰 여파를 남겼다. 늑대 한 마리 한 마리의 이름과 사연을 아는 관찰자와 보전활동가에게 이 목록은 끝이 없다. 이름 하나를 떠올릴 때마다 가슴이 미어진다. 사람에 익숙해진 옐로스톤의 늑대는 경계심이 약해 사냥꾼에게는 쉬운 표적이 된다. 총을 든 사냥꾼은 가죽을 벗기기 위해 사체를 챙기고, 가족을 찾아 돌아온 무리는 또 한 마리를 잃게 된다. 결국 착실한 미국 납세자의 세금으로 보호받던 늑대는 브론코 빌리[미국에서 전형적인 트로피 사냥꾼을 풍자하는 이름]의 벽에 전리품처럼 걸리고 만다.

아이러니하게도 야생을 관찰하려는 순간 우리는 야생 위에 흔적을 남긴다. 목에 추적장치를 단 늑대는 더 이상 예전의 늑대가 아니다. 본능에 따라 은밀히 움직이던 존재는 이제 삐-삐 울리는 기계음으로 해석된다. 목걸이를 차고 인간의 손길이 닿는 순간 늑대도 우리도 오래된 야생에서 한걸음 멀어진다. 감시의 세계에 발을 들이며 우리는 자문한다. 정말 이게 정당한가. 그럴싸한 명분도 있지만 변명에 불과한 것도 있다. 비아워비에자 숲에서는 발자국 몇 개와 배설물 한 줌이면 충분했다. 그런 흔적만으로도 인간과 거리를 둔 채 살아가는 본연의 야생이 여전히 존재한다는 사실을 알 수 있었다. 곰이 막 남긴 배설물 냄새는 숲의 공기를 날카롭게 깨웠다. 스코틀랜드의 자연주의자 짐 크럼리는 야생동물의 몸에 덕지덕지 붙은 장비들을 볼 때마다 절망감이 든다고 말한다. 목걸이, 팔찌, 발찌, 피부 아래에 이식한 장치, 접착제로 붙인 표식, 하네스에 달린 송신기까지. 이 모든 장비는 가능한 한 야생을 건드리지 않고 관찰하겠다는 의도에서 출발했지만, 실제로는 포획과 표식의 과정 자체가 심각한 스트레스다. 정신적 충격은 물론 코르티솔 수치가 변화하고 행동이 바뀌며, 심할 경우 목숨을 잃을 수 있다. '포획근병증'이라는 현상도 있다. 붙잡힌 순간 극한의 공포에 질려 그대로 굳어 죽는 증상이다. 그래서 다시 질문이 떠오른다. 우리는 도대체 얼마나 많은 데이터를 쌓아야 만족할까? 무엇을 해야 할지 알기 위해 얼마나 많은 정보를 모아야 하는 걸까? 지금까지 수집한 수치 중 실제로 변화를 일으킨 건 얼마나 되며, 줄어드는 개체수를 확인하는 데만 쓰인 건 또 얼마나 많을까? 우리는 도대체 얼마나 오래 이 헛바퀴를 굴려야 하는 걸까? 해마다 개체수가 줄고 있다는 사실을 다시 확인하고, 그래서 또다시 더 많은 데이터를 모아야 한다고 외치기 위해 연구비를 쏟아붓는 이 끝없는 악순환 속에서.

크럼리는 호소한다. '스코틀랜드의 풍경을 되살리는 데 복잡한 계획은 필요하지 않다. 지금 우리가 하는 일 몇 가지만 멈추면 된다. 자연에게 주도권을 돌려주고 야생을 스스로 돌보게 맡기면 된다.'[192]

도움은 방해가 되기도 한다. 인간의 존재만으로도 야생은 엉망이 된다. 사람들이 자주 드나드는 길은 동물들이 피하고, 인간 중심으로 재편한 풍경은 자연의 포식자보다 더 큰 영향을 끼친다. 먹이는 줄고 번식 성공률이 낮아진다. 도로는 서식지를 조각난 카펫처럼 갈라놓고 무리 사이의 연결을 끊는다. 유전자의 흐름은 멈추고 개체군은 고립된다. 영국의 국립공원은 이제 사람들을 위한 여가 공간이 됐다. 그래서 동물은 드물다. 자연 안에 머물고자 하는 우리의 바람은 아름답지만 그 바람이 황금알을 낳던 거위를 사라지게 한다면 무엇이 남을까.

옐로스톤에 늑대를 다시 들인 일은 수지맞는 장사가 됐다. 늑대가 가져온 경제 효과는 평상시 연간 3500만 달러[약 484억 원]에 이른다. 크릭컷 야생동물 탐방로에서 늑대 울음소리를 들으려면 입장료를 내야 하고, 해 질 무렵 일몰 하울링 사파리에 참여할 수 있다. 공원 관리인이 외친다. "숨을 깊이 들이마시고 늑대처럼 하울링해 보세요." 관리인이 먼저 하울링하고, 늑대가 따라 하울링하고, 이내 사람들도 하울링한다. 솔깃하다. 국제늑대센터에서는 야외 체험과 세미나, 단체 견학이 이어진다. 늑대의 밤 체험은 70달러[약 9만 7000원], 늑대 가족 체험은 어른 75달러, 아이 50달러, 무리 추적 체험은 135달러.* 오랫동안 악당 취급을 받던 늑대는 이제 미국에서 사랑받는 존재가 됐다. 교사라면 75달러에 늑대 탐구 키트를 대여할 수 있다(이런 선생님을 만날 수 있다면 얼마나 좋을까). 키트 안에는 늑대 가죽과 두개골, 늑대와 초식동물의 배설물, 늑대 발톱, 비버 두개골, 사슴 다리뼈와 턱뼈, 말코손바닥사슴 턱뼈, 사슴뿔, 붉은늑대와 회색늑대의 발자국, 무선 추적 목걸이, 늑대 관련 도서, 코요테 두개골, 야외활동용 도감, 돋보기, 늑대 발 도장, 활동지도, 늑대 울음소리 CD와 영상 자료, 교사용 가이드북이 들어있다. 이런 키트는 반갑다. 하지만 살아있는 늑대를 철망 안에 가둬두고 보여주는 방식은 불편하다. '야생 늑대를 대표한다'는 설명이 붙은 이른바 '홍보대사 늑대들'. 이번 주에 올라온 영상에는 '은퇴한 무리의 일원, 에이든…'이라는 자막이 달렸다. 은퇴라지만 억지로 물러난 셈이다. 에이든은 카메라를 핥고, 철망 울타리 가장자리를 따라 위로 아래로, 다시 위로 같은 길을 오간다. 늑대를 잘 모르는 사람도 단번에 그가 지루해하는 걸 알아차릴 수 있다(게다가 살도 올랐다). 에이든 몸에는 종양이 있고 루나 목덜미에서는 진물이 흐른다. 센터는 말한다. 늑대는 한 번에 800킬로미터까지 이동할 수 있다고. 그 사실을 알고 있으면서도 우리는 왜 좁고 답답한 철망 안을 들여다보고 있는 걸까?

2020년 10월 늑대는 미국 본토 48개 주에서 법의 보호를 잃었다. 보름이 채 지나기도 전에 콜로라도에서는 늑대를 남부 로키산맥에 다시 들이자는 주민투표가 통과됐다. 그날 이후 늑대의 운명은 법정 안팎에서 요동치고 있다. 보호종 해제와 재지정, 반대 진술과 청문회, 소송과 판결, 가처분과 명령이 꼬리를 물고 이어졌다. 와이오밍에서는 하룻밤 사이에 늑대가 보호

대상에서 사살 대상, 유해 동물로 신분이 바뀌었다. 늑대가 발 딛는 땅은 곧 카우보이의 땅이기도 하다. 몬태나, 아이다호, 와이오밍, 오리건, 유타. 이 지역에는 늑대를 향한 증오가 깊고도 질기다. 와이오밍에서는 사냥 시기를 가리지 않는다. 1년 내내 늑대를 죽일 수 있다. 총과 올가미, 독극물과 다이너마이트를 동원하고, 눈밭을 가르는 설상차와 사륜 오토바이 위에서도 방아쇠를 당긴다. 헬리콥터와 경비행기를 띄워 추격전을 벌이는 일도 드물지 않다…. 임신한 암컷이든 굴 안의 새끼들이든 살아남기 어렵다. 2016년 와이오밍에서 날씨와 질병으로 죽은 양은 3만 7550마리다. 늑대가 잡아먹은 양은 200마리 남짓이고 가정견이 죽인 양은 그 두 배다. 늑대는 사냥할 때 병들고 약한 짐승부터 노린다. 그러나 그게 전부는 아니다. 늑대가 사슴과 와피티사슴을 쉴 틈 없이 몰아세우면 사시나무와 버드나무가 다시 자라난다. 이 나무들은 더 많은 사슴을 불러들이고, 다른 많은 동물에게도 터전을 제공한다. 중간 포식자는 억제되고 생태계는 서서히 균형을 되찾는다. 늑대는 사냥꾼이 결코 흉내 낼 수 없는 공포를 남긴다. 그 공포를 외면하는 건 과학이라는 이름을 앞세운 편견일 뿐이다.

비아워비에자 숲에서 보내는 마지막 밤, 우리는 오래된 마을 학교 건물 안 낡은 나무식탁에 둘러앉아 있었다. 이 건물은 작가이자 자연주의자, 방송인인 아담 와이락과 생물학자

---

* 예전에는 '야생 늑대 추적하기'라는 웹사이트를 통해 무선추적장치를 단 늑대들의 이동 경로를 실시간으로 볼 수 있었지만 지금은 폐쇄됐다. '추적장치를 단 늑대가 사살되는 일을 줄이기 위해서'라고 한다.

누리아 셀바 페르난데스(다큐멘터리 〈늑대와 함께 춤을〉 속 인터뷰에 등장하는 전문가)의 소유다. 두 사람은 숲을 지키려는 사람들에게 이 공간을 아낌없이 내어주었고, 지금은 벌목 확대에 맞서 싸우는 '숲 지킴이 캠프' 시위대가 이곳을 거점 삼아 활동 중이다. 아담은 종종 폴란드의 데이비드 애튼버러[BBC 자연 다큐멘터리 해설가로 널리 알려진 동물학자]로 불린다. 교실 벽 한쪽에는 뱅크시의 포스터가 붙어있다. 푸른머리되새를 바라보는 소녀가 있는 그림 아래에 이런 문구가 적혀있다. 지쳤다면, 포기하지 말고 쉬는 법을 배우라. 유럽연합 사법재판소는 시위대의 손을 들어주었지만 이들은 여전히 자리를 지키고 있다. 누군가는 이 숲을 끝까지 지키고, 누군가는 이 이야기를 세상에 전해야 하니까. 이들이 바라는 건 단 하나다. 폴란드 전역의 숲을 국립공원으로 지정해 포유류와 나무, 균류는 물론 참새올빼미와 세가락딱따구리까지 함께 보호하는 것. 조너선이 아담에게 늑대와 더불어 살아가는 사람들의 이야기를 꺼냈다. 스코틀랜드라면 늑대를 다시 들이자는 말만 나와도 온 나라가 들썩일 텐데, 이곳 사람들은 어쩌면 이토록 태연하냐며 웃었다. 아담은 잠시 멍하니 있다가 스코틀랜드에 늑대가 한 마리도 없다는 말에 눈을 크게 떴다. 믿기지 않는다는 표정이었다. 금방이라도 스마트폰을 꺼내 구글 검색창을 열 것처럼 손끝이 슬쩍 들썩였다.

"우리 대통령도 한때 사냥꾼이었어요." 아담이 입을 열었다. "하지만 대통령이 되려면 사냥을 그만둬야 했죠. 폴란드에서는 공개적으로 사냥하는 게 부끄러운 일이거든요."

그는 그 이유를 역사에서 찾았다. 사냥은 귀족의 특권이었고, 공산주의 시대 권력자들이 그 전통을 이어받았다. 둘 다 민중의 신뢰를 얻지 못한 계층이다. 아담은 영국 왕실이 사냥을 하면서도 부끄러워하지 않는 게 이상하다고 했다. 폴란드에는 유대 문화의 영향으로, 사냥으로 죽인 동물은 피를 정결하게 뺄 수 없어 먹을 수 없다는 종교적 인식이 아직 남아있다고 했다.

"늑대는 1996년부터 법으로 보호받고 있어요. 죽이려면 이야기가 필요하죠. 위험하다는 공포를 퍼뜨리고 사람들 마음속에 두려움과 증오를 심어야 사회가 받아들입니다. 결국 늑대를 죽이는 일은 사람들의 공포를 키우는 일이기도 하죠."

자연을 지키기 위해 수년간 방송하고 싸워온 사람으로서 앞으로 세상은 어떤 모습일 것 같은지 그에게 물었다.

"아직 막을 수 있는 일들이 많다고 생각해요. 2017년에 비아워비에자 숲에서 벌어진 무분별한 벌목은 정말 끔찍했는데 오히려 전 세계의 관심을 끌었어요. 사방에서 사람들이 몰려들었죠…. 처음에는 저도 회의적이었지만 여덟 달 만에 벌목이 멈췄어요. 희망을 품어도 되지 않을까요? 우리 폴란드 사람들은 좋은 면도 있고 부족한 면도 있지만 곰을 위해, 늑대를 위해, 비아워비에자 숲과 비에브자 습지를 위해서 기꺼이 싸울 준비가 됐어요. 기후 변화에 대해서는 아직 잘 몰라요. 그게 우리의 가장 취약한 부분이고 과제예요. 사람들에게 더 잘 전하고 더 많이 알려야 해요." 아담은 잠시 자기 손을 내려다보며 말했다. "점점 더 확신이 들어요. 우리가 동물을 위해 할 수 있는 가장 좋은 일은 그냥 살아가게 두는 거예요. 죽이지 않고 공간을 내어주는 것. 그게 우리가 할 수 있는 최선이에요."

에취, 에취

그러다 2020년 갑자기 록다운이 시작됐다. 전 세계가 팬데믹의 소용돌이에 휘말렸고, 또 하나의 병이 종의 경계를 넘어 물감을 떨어뜨린 듯 빠르게 지구를 물들였다. 이 병은 숫자와 익숙지 않은 용어들로 번역되기 시작했다. R값, 역학조사, 바이러스 수치, 집단 면역, 사회적 거리 두기, 개인 보호장비, 방역 차단 조치⋯ 그리고 다시 록다운! 세상을 움직인 건 과학의 경고가 아니라 정치의 긴박함이었다. 거리에서 발자국이 사라지고 하늘은 숨죽였다. 사람들은 인터넷으로 채소 씨앗을 주문하고 닭장은 불타나게 팔려나갔으며 화장지를 두고 실랑이를 벌였다. TV에서는 〈노멀 피플〉이 방영되고 2011년 영화 〈컨테이전〉[신종 감염병에 따른 공포와 혼란을 그린 영화]이 다시 등장했다. 사람들은 앱을 깔고 마스크를 쓰고 신속항원검사를 받았다. 사망자 수는 하루 단위, 주 단위로 갱신됐다. 유행병학자는 셰프보다 자주 화면에 등장하는 인물이 됐다. 영국에서는 국가 기능을 축소하려던 보수당의 꿈이, 유리 파편으로 목을 긁는 듯한 고통을 안긴 바이러스 앞에서 맥없이 무너졌다.

윈난성 깊은 산속 동굴에서 사냥꾼이 그물로 관박쥐 몇 마리를 잡아 자루에 담고 집으로 돌아왔을지 모른다. 그 박쥐들을 라쿤, 악어, 개구리, 원숭이, 원숭이올빼미, 거북, 뱀, 작은 사슴, 여우, 페럿, 새끼 돼지, 오소리, 공작, 새끼 늑대, 대나무쥐, 호저, 천산갑, 오리, 개, 고양이, 그리고 박쥐까지 거래되는 생물시장(이름부터 기묘하다)에 내다 팔았을 것이다. 시장은 저마다 세균과 곰팡이, 바이러스를 품은 작은 생태계이고 그 조화는 수 세기 동안 별 탈 없이 이어졌다. 그러다 돌연변이 하나가 특정 바이러스에게 종을 뛰어넘어 새로운 숙주로 건너갈 수 있는 능력을 부여했고, 기회를 엿보던 바이러스는 우한에서 횡포를 부리기 시작했다. 외딴 동굴에서 고속열차, 보잉 747기를 타기까지. 한국, 이란, 이탈리아. 바이러스는 정신없이 지구를 덮쳤다.

박쥐는 5000만 년 동안 수많은 바이러스와 함께 진화한 포유류로 대단히 신기한 매개체다. 많은 수가 모여 서식하고 장거리 비행을 할 수 있으며 독특한 면역 체계를 지녔다. 비행 중 대사율이 급격히 오르고 그 과정에서 세포를 손상할 수 있는 이온이 생성되지만, 박쥐는 이를 견뎌낼 다양한 항체를 갖고 있어 바이러스에 대한 저항력이 뛰어나다. 인간은 박쥐와 섞이면 안 된다. 바뀌어야 할 대상은 관박쥐, 닭, 돼지가 아니다. 바로 인간이다. 박쥐도 원숭이도 천산갑도, 지금 있는 그 자리에 내버려두면 된다. 가축 또한 바이러스의 자연 숙주다. 과밀 사육 방식에서는 바이러스가 변이하고 진화해 인간에게 옮겨가기 쉽다. 전염병은 진화의 압축판이다. 지금은 한 사람의 뒷마당에서 시작된 불씨가 순식간에 담장을 넘어 번지는 시대다. 우리가 경고를 듣지 못했던 게 아니다.

1997년 홍콩에서 세 살배기 남자아이가 바이러스성 폐렴으로 세상을 떠났다. 단순한 폐렴이 아닌 H5N1, 조류 인플루엔자였다. 여섯 명이 사망하고 사육 거위 3억 마리와 닭 150만 마리가 도살됐다. 1999년 말레이시아 숭아이 니파 마을에서는 돼지를 매개로 치명적인 뇌염이 번지자 주민들이 도망쳤고, 동원된 군 병력이 돼지를 전부 살처분했다. 니파 바이러스는 박쥐에서 돼지를 거쳐 인간에게 전파된 사례다. 사스 또한 박쥐에서 비롯됐다. 시장에서 사향과 고기용으로 거래되던 흰코사향고양이를 통해 사람에게 옮았다. 2002년에 처음 확인된 사스는 이듬해 7월 자연스럽게 사라졌다. 이제 끝났다고 생각한 사람들은 안도했다. 그러나 H7N7, H1N1, 신종플루가 차례로 이어졌고, 마침내 메르스(중동 호흡기 증후군)가 등장했다. 이번에는 사우디아라비아에서 급격히 늘어난 낙타 개체수가 주요 원인으로 지목됐다.

코로나19는 어느 날 갑자기 덮쳐왔다. 하지만 놀라운 일은 아니었다. 우리는 새로운 질병이 인간과 동물 사이의 무질서한 관계에서 비롯되며, 대규모 이동 인구를 통해 빠르게 퍼진다는 사실을 알고 있다. 가축을 좁은 우리에 가둬 키우고 야생동물의 터전을 집요하게 파헤친 끝에 새로운 질병을 인간 세계로 끌어냈다. 공장식 축산은 병원균이 자라기 딱 좋은 배양접시를 층층이 쌓아 올린 정글과 같다. 우리는 그 위험을 알기에 항생제를 퍼부었다. 하지만 그 방법은 항생제 내성을 키워 인간에게 꼭 필요한 약마저 무력하게 만든다. 풀을 먹던 반추동물에게 고기와 뼛가루를 먹인다는 발상은 또 어땠는가? 그렇게 광우병, 즉 소해면상뇌증(BSE)이 탄생했고, 오염된 조직을 섭취한 사람에게는 몇 년 후 변종 크로이츠펠트-야콥병(vCJD)이라는 정말 끔찍한 이름으로 돌아왔다. 병은 공기와 체액, 살점까지 매개로 삼아 퍼진다. 그 모든 전파 경로가 한데 모이는 곳, 병원체가 서로 만나 가장 활발히 교류하는 공간이 바로 공장식 축산 농장과 야생동물이 거래되는 시장이다.

에이즈, 지카바이러스 감염증, 큐열, 에볼라 출혈열, 뎅기열 모두 종의 경계를 넘은 인수공통감염병이다. 교활한 광견병 바이러스에 감염된 개는 사람을 물고 싶어 한다. 최근 10년 사이 동물에서 인간으로 넘어온 병원체의 수는 세 배로 늘었다. 놀랍지만 뜻밖의 일은 아니다. 역사를 되돌아보면 가축에서 디프테리아, 신종 인플루엔자 A, 홍역, 볼거리, 백일해, 로타바이러스 감염증, 천연두, 결핵이 전파됐다. 유인원에게서 비롯된 감염병은 B형 간염과 HIV/AIDS가 있고, 벼룩을 옮기는 설치류에게서 페스트와 발진티푸스가 퍼졌다. 제1차 세계대전 말기에 인플루엔자는 2000만~5000만 명의 목숨을 앗아갔다. 흑사병은 유럽 인구의 4분의 1을 삼켜버렸다. 보이지 않는 병원체는 구세계가 신대륙을 정복하는 데 쓴 가장 치명적인 무기였다. 아메리카 원주민, 아즈텍과 마야, 태평양의 섬 주민들까지, 토착 인구의 90퍼센트가 싸움 한번 해보지 못하고 쓰러졌다. 천연두 바이러스는 3000년 동안 인류와 함께했다.* 이집트 파라오 람세스 5세의 미라 얼굴에는 천연두 농포의 흔적이 있다. 바이러스의 최초 숙주는 아프리카의 설치류였을 것으로 추정된다. 영국에서 보고된 마지막 환자는 1978년 연구용 샘플에 노출된 의료 사진가였다. 세계보건기구(WHO)의 폐기 권고에도 러시아와 미국은 연구 목적이라며 여전히 바이러스 샘플을 보유하고 있다. 냉동 창고에 보관된 유리병 속 천연두 딱지는 가끔 예상치 못한 모습으로 나타난다. 2003년 미국 산타페의 한 도서관에 있는, 1888년 발간된 남북전쟁 시기 의학을 다룬 도서에서 천연두 딱지 조각이 든 봉투가 발견됐다. 1985년 의학 저널 《란셋》은 서늘하고 건조한 곳에 묻힌 시신의 천연두 바이러스가 100년 가까이 살아남을 수 있다는 논문을 발표했다.

말라리아는 암컷 아노펠레스, 즉 얼룩날개모기를 통해 전파된다. 인류 역사상 가장 많은 목숨을 앗아간 병이다. 조류 기생충에서 비롯되었을 가능성이 있지만 그 시작이 수천 년 전인지, 아니면 인간과 침팬지가 공통 조상에서 갈라지기 전인 수백만 년 전인지는 확실하지 않다. 선페스트는 인류와 수천 년을 함께했다. 5000년 전 사람의 유전자에서도 흔적이 나왔다. 당시 사람들은 보이지도 않는 적이 이토록 빠르게 퍼질 수 있다는 걸 상상조차 하지 못했다. 페스트균 예르시니아 페스티스*Yersinia pestis*를 지닌 로스차일드벼룩은 검은쥐 라투스 라투스*Rattus rattus*의 몸을 타고 중국에서 유럽까지 퍼져나갔다. 육로를 따라 이동하기도 하고 배 밑바닥에 숨어들기도 했다. 17세기 흑사병이 한창일 때 유럽 의사들은 망토로 온몸을 감싸고 부리 모양의 가면을 썼다. 가면 안에는 계피, 몰약, 꿀, 약

---

* 1980년 세계 천연두 퇴치 프로그램 덕분에 인류는 마침내 이 병과의 싸움에 마침표를 찍었다.

초 따위를 넣어 병든 공기를 정화하려 했다. 2020년 7월 몽골에서는 한 청소년이 감염된 마멋 고기를 먹고 선페스트로 사망했다. 오늘날 미국에서도 해마다 약 일곱 건의 선페스트가 보고된다. 라임병은 진드기가 옮기는 세균성 감염병이다. 미국에서 삼림을 벌목하면서 사슴을 통해 빠르게 확산했다. 진드기와 숙주의 포식자가 사라진 환경은 병원체가 번지기 좋은 조건이다. 이제는 바짓단을 양말목 안으로 넣지 않고 풀밭에 누워 티모시 풀[주로 풀밭이나 길가에서 볼 수 있는 여러해살이풀 큰조아재비의 다른 이름]을 씹을 수 있는 시대가 아니다.

'인간의 건강과 동물의 건강은 서로 긴밀히 연결되어 있으며, 이들이 살아가는 생태계의 건강과도 관련이 있다.'[193] 호모 사피엔스는 날카로운 팔꿈치로 밀어내듯 다른 종의 터전을 침범했다. 숲의 40퍼센트가 사라지면 병원체가 퍼질 가능성이 최고조에 이른다.[194] 생물다양성이 파괴될수록 생태계는 취약해지고 병이 번질 위험이 커진다. 반대로 다양한 생물이 어우러진 환경에서는 이른바 희석 효과가 작용해 특정 병원체가 퍼지거나 우세하기 어렵다. 우리가 겪는 문제는 압력솥처럼 동물과 인간 사이에 쌓인 긴장에서 비롯됐다. 첫 번째 록다운이 이어지던 어느 날, 재택근무 중이던 라디오 진행자 사라 몬태규는 창밖에서 자신을 보고 있는 사슴과 눈이 마주쳤다. 그 무렵 세계 곳곳에서 자연이 돌아왔다는 소식이 쏟아졌다. 웨일스 란디드노 거리에는 흰바위산양이 나타났고, 아비브에는 자칼, 뉴욕 센트럴파크에는 라쿤, 뉴델리의 텅 빈 고속도로에는 물소, 하이파에는 야생 멧돼지, 산티아고에는 퓨마가 모습을 드러냈다. 숲 깊이 머물던 동물들이 세상 밖으로 나왔다. 차도 소음도 사라진 몇 주는 동물들에게도 낯설었다. 조용한 환경은 번식에 좋은 조건이었고, 알바니아 석호에서는 홍학 개체수가 3분의 1 늘었다. 새들의 노랫소리와 평화로운 하늘, 낯선 이가 건네던 친절을 우리는 얼마나 오래 기억할 수 있을까?

나는 짖기로 했다

> 세상을 직접 겪어보지 않은 이들의 세계관이야말로 가장 위험하다.
>
> _알렉산더 폰 훔볼트

환경운동가environmentalist, *유의어*, 보전주의자, 보존주의자, 생태학자, 녹색주의자, 자연애호가, 생태운동가; *비격식, 경멸적* 환경광, 환경 괴짜, 나무 포옹인.

한때는 런던의 이층 버스 위층에서 담배를 피울 수 있었다. 나는 길 위를 내달리는 버스 뒤편 열린 플랫폼에 몸을 던지듯 뛰어오를 때의 짜릿함을 좋아했다. 버스가 코너를 돌 때 전속력으로 달려가 손잡이를 잡고 몸을 끌어올려 탑승했다. 그러고는 담배를 피우기 위해 위층으로 갔다. 스무 살 무렵 나는 담배를 즐겼다. 하지만 위층 공기가 숨이 막힐 정도로 탁해 나는 늘 창문을 열었다(그때는 창문을 열어 바람 좀 쐬는 게 허용되던,

한결 너그럽던 시절이었다). 그런데 꼭 누군가 창문을 닫아달라고 했다. 이해되지 않는 암묵적인 규칙. 담배 연기로 숨 쉬기 힘든 건 괜찮고 찬바람은 안 된다는 식이었다. 내가 말하고 싶은 건 바로 이 지점이다. 왜 우리는 늘 어떤 기준이 다른 기준을 눌러버리는 세상에서 살아야 할까? 정돈된 상태, 경제 논리, 일자리, 닫힌 창문 같은 것들 말이다.

언제나 단기적인 편의가 장기적인 가치를 밀어낸다. 생태계를 무너뜨리는 건 제초기 한 대, 전기톱 한 자루, 불도저 한 대, 기득권 세력 하나, 대통령 한 명이면 충분하다. 하지만 생태계를 지키려면 수십 년에 걸친 과학 연구, 끝이 보이지 않는 시위 행렬, 10만 명의 서명이 필요하다. 거기에 운까지 따라줘야 한다. 셰필드 시의회는 100년 된 나무 5500그루의 벌목 허가를, 위럴 시의회는 해변에 제초제를 뿌릴 수 있는 허가를 받아냈다. 마치 기후 변화도 생물다양성 위기도 오염 문제도 들어본 적 없는 사람들처럼 굴었다. 회색머리지빠귀 떼가 열매를 찾아 머리 위를 날아다니는 동안 생울타리는 예초기에 갈기갈기 찢겨 병든 그루터기만 남는다. 우리는 자연을 미워하기라도 하는 걸까? 그런 풍경은 많은 이들에게 정신적으로, 육체적으로, 뱃속 깊은 곳에서부터 머릿속까지, 심장 깊숙한 데까지 고통을 준다. 그런데도 우리는 왜 늘 제초제, 예초기, 그리고 깔끔해야 한다는 논리에 지는 걸까? 한때 꿀벌과 꽃, 새 소리로 가득하던 영국 시골 정원은 이제 데크와 인조잔디, 바비큐 그릴로 채워졌다. 마당은 자연이 숨 쉬는 공간이 아니라 실내의 연장선이 되어버렸다. 하지만 그런 변화는 허용된다.

못됐네, 정말

생태적 감각은 언제나 탐욕스러운 이윤의 논리 앞에서 밀려난다. 지구를 살릴 것인가, 경제를 살릴 것인가. 선택지는 매번 후자다. 호모 에코노미쿠스 콘수미쿠스 인사시아티쿠스 *Homo economicus consumicus insatiaticus*[이익만 좇고 끝없이 소비하며 만족할 줄 모르는 인간을 빗댄 표현]. 우리가 사는 세상은 단기적 이익을 바탕으로 쌓아 올린 구조물이다. 이곳에서 충분하다는 말은 미덕이 아니다. 이윤의 그늘에 감춘 생태적 손실(외부효과*)은 불편한 진실이기 때문에, 진실을 얘기하는 사람을 조롱하는 편이 훨씬 쉽고 효과적이다. 세상의 종말을 운운하는 자, 환경 비관론자, 파멸론자, 교묘하게 푸념만 늘어놓는 위선자, '환경 탈레반'[195], 얼간이, 히피, 에코라라 eco-la-la['라라랜드'처럼 비현실적이라는 뉘앙스로 생태주의자를 조롱하는 표현], 양말이나 뜨며 자급자족을 꿈꾸는 유토피아 감성충, 환경 파시스트, 환경 나치, 환경 테러리스트, 급기야 그냥 테러범이라는 말까지 나온다! 토끼를 껴안고 다닌다느니, 맹수까지 감싸안는다느니, 온갖 비아냥이 따라붙는다.** 영미권에서는 환경주의자를 '수박'이라 부르며 희화화한다. 겉은 초록이지만 속은 빨갛다(공산주의자)는 뜻이다. 그런 딱지를 붙이고 나면 상대를 특권층이니 순진한 도시 엘리트니 인간 혐오자니 몰아붙이며 입을 틀어막는 건 순식간이다. 요즘 세상에서는 유행어 몇 개면 충분하다. '선한 척'이라거나 '리와일딩' 같은 단어면 누구든 궁지에 몰아넣고 침묵하게 할 수 있다. 자연을 되살리고 야생을 회복하자는 뜻의 '리와일딩'을 지역 경제에 도움이 될 만한 곳에서도 금기어처럼 여긴다. '어디서 굴러온 사람들인데, 자기들이 뭔데 여길 이렇게 바꾸겠다고 나서? 결국은 황야로 만들어 놓고 우리더러 굶으라는 거잖아.' 리와일딩이 식량 생산지를 빼앗는다는 비난이 쏟아지지만 골프장이나 경마장, 꿩 사냥터, 뇌조 사냥터, 자동차 경주장을 두고는 아무도 그런 말을 하지 않는다. 실제로 리와일딩은 생산성이 높은 땅에서는 거의 이루어지지 않는다. 이 단순한 사실은 늘 외면당한다.*** 물론 우리도 먹고 살아야 한다. 하지만 그렇게까지 파괴적이고 독하고 잔인하고 위험하고 값비싸고, 눈앞의 이익만 좇으며 토양을 망치고 미생물을 쓸어버리는 방식이어야 할까? 리와일딩은 땅을 버리자거나 부자들의 전용 놀이터를 만들자는 뜻이 아니다. 우리가 기대어 살아가는 생태 기반을 거의 무료로 되살리는 일이다. 약간의 손길만 보태면 나머지는 동물들

* 외부효과란 오염처럼 상업활동이 초래한 결과의 비용을 말하는데, 시장 가격에는 반영되지 않고 누구도 그 값을 치르지 않는다.
** 윌 트래버스는 1997년 고생물학자이자 보전운동가 고 리처드 리키(Richard Leakey) 박사가 짐바브웨 하라레에서 열린 CITES(야생 동·식물종의 국제 거래에 관한 협약) 회의에 참석했던 날을 기억한다. 각국 대표들이 상아 거래를 두고 격론을 벌인 자리였다. 그날 리키는 단상에 올라 이렇게 말했다. "오늘 이 자리에 있는 누군가는 제가 동물 한 마리 한 마리를 얼마나 소중하게 여기는지, 가족을 이끌고 온갖 위험을 헤쳐 나가는 암컷 코끼리에게 얼마나 깊은 존경과 애정을 느끼는지 보고 … 아마 이렇게 생각할 겁니다. 저 사람, 토끼나 끌어안고 다니는 부류라고…." 잠시 말을 멈춘 그는 재킷 안주머니에서 작은 토끼 인형을 꺼내 들어 보이며 말했다. "맞습니다. 저는 그런 사람입니다!"(윌 트래버스, 〈리처드 리키 박사를 기리며〉, 본프리재단, 2022년 1월 5일)
*** 현재 영국에서 자연 복원 사업(리와일딩)이 이루어지는 면적은 국토의 1퍼센트, 약 250제곱킬로미터에 불과하다. 반면 꿩과 자고새 사냥터는 12퍼센트, 무려 3만 제곱킬로미터이고 뇌조 사냥터는 8퍼센트, 골프장은 2퍼센트를 차지한다.

이 한다. 풀을 뜯고 배설하고 땅을 뒤흔들고 숲에 숨통을 틔우고 씨앗을 옮겨 생명으로 넘실대는 역동적인 터전을 일군다. 곤충 붕괴, 토양 건강, 탄소 격리, 홍수 완화 같은 우리가 직면한 중대한 문제들을 상당수 해결할 수 있다. 가장 흥미롭고 실제로 효과적인 환경 해법이다. 비난하는 사람들은 '선한 척'이라며 몰아붙이지만 그건 흠이 아니라 미덕이다. 보호받는 자연이 너무 적기 때문에 평범한 이들이 직접 지켜야 한다고 느끼는 것이다. 안타까운 건, 자연을 지켜야 하는 이유를 생물의 본질적 가치가 아닌 인간의 이익을 기준으로 설명해야 하는 현실이다. 우리는 제정신일까? 어디선가 누군가는 본질을 놓치고 있다. 어쩌면 그게 나일지도 모르겠다.

친한 친구 대부분이 인간이에요

인간 혐오자Misanthrope라는 단어는 종종 강력한 낙인이 된다. 《체임버스사전》에서는 '인류를 미워하는 사람'이라 정의하지만 그 정의에 들어맞는 사람은 드물다. 그런데도 이 단어를 너무 쉽게 쓴다. 내가 보기에 '인간 혐오자'라 불리는 이들 대부분은 인간이라는 종 자체가 아니라 무의미하게 잔혹한 행위, 서식지 파괴, 생명의 낭비 같은 인간이 드러내는 어두운 면에 환멸을 느끼는 쪽에 가깝다. 하지만 이 말이 입에 오르면 대화는 엉뚱하게 흘러간다. 인간이 싫다고? 굶주린 아이는 외면하면서 동물만 챙기겠다는 말이야? '인간 혐오자'라는 말은 질문 하나 던질 자유조차 가로막는 족쇄가 된다. 인간은 본래 자비롭고 협력적인 존재일까, 아니면 본능적으로 폭력적이고 이기적인 존재일까. 답은 하나다. 우리는 둘 다. 고 에드워드 오스본 윌슨은 이 불편한 진실을 '구석기시대의 저주'라 불렀다. 그는 이 모순이 인간 본성에 각인되어 있다고 보았다. 수렵과 채집으로 살던 시절에는 경쟁이 생존에 유리했지만, 지금처럼 협력이 생존의 조건이 된 시대에는 도움이 되지 않는다는 것이다.[196] 우리는 협력하고 경쟁한다. 우리는 마을을 이루고 살아왔기 때문에 다른 마을이나 부족에게 신경 쓰기 어렵다. 종이 다른 생명과 연대하는 일은 더더욱 어렵다. 개나 고양이처럼 우리 무리에 속한다고 여기는 동물이 아니라면 말이다. 인간도 다른 동물처럼 익숙한 방식에 갇힌 존재다. 부족주의 사회에서 우리는 엉터리 약장수나 과학의 경고를 외면하는 종교, 정치 지도자들의 쉬운 먹잇감이 된다. 많은 세계 지도자를 만나본 스웨덴의 젊은 환경운동가 그레타 툰베리는 기후 위기에 대한 그들의 이해 수준이 "생각보다 훨씬, 정말, 매우 낮다"고 단호히 말한다.[197] 누군가 등교 거부 시위로 무슨 성과를 거뒀느냐고 물었을 때, 그레타는 모든 문제를 아이들에게 떠맡기는 듯한 그들의 태도에 당황한다. 인간의 본성은 과거가 물려준 유산이다. 그 본성이 드러나는 방식은 공동체와 우리가 사는 터전에 해가 될 수 있다. 그렇게 생겨나는 것이 굳이 말하자면 인간 영혼의 내적 갈등이다. 우리는 야누스 같은 존재다. 고결하면서도 비열하고, 사랑하면서도 공격적이다. 이 모순과 긴장은 우리의 시적 충동과 희극, 비극을 낳았으며 셰익스피어, 타고르, 안젤루Angelou, 오키프O'Keeffe, 사포Sappho, 피카소 같은 이들을 길러냈다. 우리는 어떻게든 시인들이 노래할 수 있는 세상을 지켜야 한다.

　　1968년 처음 나온 스튜어트 브랜드의 반문화 잡지《전 지구 카탈로그Whole Earth Catalog》의 표지는 우주에서 바라본 푸른 지구의 사진이다. 광막하고 어두운 우주에 떠있는 우리의 집. 브랜드는 이 이미지가 사람들 마음에 어떤 울림을 남길지 잘 알고 있었다.《전 지구 카탈로그》는 웹이 없던 시절에 등장한 일종의 아날로그 구글로서 정보 혁명을 일으켰다. 브랜드는 생활 기술을 환경주의와 결합하고 친환경 도구로 문화와 자연을 이어 근사하게 보여주고자 했다. 이 잡지는 자급자족과 생태, DIY를 아우르는 백과사전이자 실용서였다. 전자기기에서 양봉까지 온갖 기술을 다뤘고 환각성의 약물류 정보까지 소개했다. 잘 알려진 첫 문장은 이렇다. '우리는 신과 같은 존재다. 그러니 그 능력을 제대로 익혀야 한다.' 브랜드는 41년이 흐른 2009년 생태 실용주의를 선언한 저서《전 지구 훈련Whole Earth Discipline》에서 이 구절을 이렇게 바꿔 썼다. '우리는 신과 같은 존재다. 이제는 그 역할을 해내야 한다.' 반박의 여지가 없는 말이다. 하지만 멸종 문제만큼은 예외다. 브랜드가 내놓은 대책은 우울하기 짝이 없다. 그는 사라진 동물을 다시 불러내야 한다고 믿는다. 남아있는 DNA를 복제하고 생명공학 기술을 동원해(막대한 비용까지 감수하면서) 나그네비둘기부터 털매머드까지 과거의 생명을 되살리려는 구상이다. 우리는 질문해야 한다. 과연 이게 우리를 위한 걸까, 아니면 그들을 위한 걸까? 복제로 태어난 개체가 안게 될 건강 문제는 차치하고라도 멸종을 불러왔던 원인, 이를테면 서식지 상실 같은 문제는 여전히 해결되지 않았다.*

1980년대 에드워드 오스본 윌슨이 가장 두려워한 건 경제 붕괴도, 국지적인 핵전쟁도, 전체주의 정권의 지배도 아니었다.

> 그러한 재앙은 끔찍하지만 몇 세대 안에 회복할 수 있다. 하지만 1980년대에 진행 중인, 자연 서식지의 파괴로 유전적 다양성과 생물종이 함께 무너져 내리는 것은 되돌리는 데 수백만 년이 걸릴 것이다. 이 어리석음만큼은 우리의 후손이 용서하지 않을 것이다.[198]

모든 이야기는 하나의 지점으로 모인다. 이 책, 그리고 인간과 동물의 뒤틀린 관계. 우리는 알고 있지만 언제나 다르게 행동한다. 내 삶에 조충[편형동물 계열 기생충]이 들어왔다고 상상해 보자. 아무리 흥미롭고 재치 있고 희귀한 존재라 해도 나는 끝내 없애고 말 것이다. 위계는 분명히 존재한다. 하지만 진짜로 중요한 것은 무엇을 왜 어떻게 했는지, 그로 인한 모든 결과가 무엇인지이다.

1984년 출간된 희망 어린 책 《가이아 아틀라스: 지구를 살

---

*   이에 비해 백브리딩은 오늘날 가축에 남아있는 먼 조상의 유전자를 되살려, 더 거칠고 강인한 동물을 길러내려는 시도다. 이들이 서식할 수 있는 야생의 무대는 아직 남아있다. 1930년대에 헥 소를 탄생시킨 것처럼 타우로스 프로그램도 1627년 사냥으로 멸종한 오록스(어깨높이 1.8미터)를 되살리려 한다. 오록스와 유전적으로 가까운 품종들을 선별해 교배하며, 가능한 한 본래 모습에 가까우면서 자립적인 야생 초식동물을 만들어 내려는 것이다. 한때 생태계에서 중대한 역할을 했던 대형 초식동물의 부재를 메우려는 시도이기도 하다.

리기 위한 청사진》은 문제가 많은 당시 세상을 그리고 있지만, 지금에 견주면 돌아가고 싶은 시대상이다. 책 속 세계 산림 분포도를 보면 보르네오섬 전역이 짙은 열대우림을 가리키는 녹색이다. 계획과 자발적인 목표가 줄을 이었지만 이를 뒷받침할 강제력은 없었다. 생물다양성 과학기구, IPBES라는 이름을 들어본 적이 있는가? 생물다양성 분야에서 IPCC(기후 변화에 관한 정부 간 협의체)쯤 되는 기구로, 정식 명칭은 '생물다양성 및 생태계 서비스에 관한 정부 간 과학·정책 플랫폼'이다.[199] (이름만 들어도 사람들이 등을 돌릴 법하다.) 이제는 '멸종'이라는 단어에도 무감각해졌다. 몸집 큰 코뿔소를 지켜내지 못하고, 상어 지느러미 수프를 상어보다 가치 있게 여긴다. 피부에 바르는 크림 한 통이 오랑우탄보다 중요하다. 임계점은 이미 지났다. 국립공원은 밀렵꾼을 자석처럼 끌어당기고, 동물에게 부착한 위치추적장치를 사냥꾼이 해킹한다. 초대형 저인망 어선은 바다 전체를 휩쓸고 아무것도 되돌려놓지 않는다. 내가 감정적이라고? 맞다. 하지만 이보다 더 이성적인 반응도 없을 것이다. 이성과 과학이 아무리 외쳐도, 생물권을 파괴하는 세계(그 주체가 누구든 간에)는 멈출 기미가 보이지 않는다.

―※―

세상이 온통 하얗다. '동쪽에서 온 야수'[2018년 영국을 덮친 기록적 한파 때 널리 쓰기 시작한 표현으로 시베리아발 한파를 가리킨다]라 불리는 거센 겨울 폭풍이 계곡을 덮쳐 눈이 7.5센티미터나 쌓였다. 땅은 얼어붙었다. 나는 기적 같은 야생의 존재들에 놀란다. 새 모이대는 아수라장이다. 모이를 아무리 부어도 금세 바닥이 드러난다. 초원을 따라 흐르다 얼어붙은 개울 가장자리에 떼까마귀, 회색머리지빠귀, 요즘엔 좀처럼 보기 힘든 댕기물떼새까지 몰려든다. 서리 내린 풀밭, 물기가 스며 살짝 녹은 그 자리가 몇 킬로미터 안팎에서 유일하게 먹이를 찾을 수 있는 곳이다. 해가 지면 댕기물떼새는 몸을 잔뜩 웅크린 채 살얼음 낀 물 위로 번지는 희미한 빛을 좇아 물가에 바짝 다가선다. 무겁게 드리운 회색 하늘 아래에서 밤새 울음을 토해낸다. 아기 울음 같기도 하고 굶주린 혼령이 내는 소리 같기도 하다.

아침에는 정신없이 밀웜을 쟁반에 담고 자루째 씨앗을 나른다. 오후에는 언덕 꼭대기로 설경을 보러 간다. 한 집을 지나치는데, 예전에 모이로 가득하던 모이대가 텅 빈 걸 봤다. 마음이 쓰인다. 언덕 위에서 우연히 그 집의 새 주인을 만난다. 군복을 입은 남자다. 우리는 몇 마디 말을 나눈다.

"새들이 먹을 게 없어서 걱정이에요." 내 말에 그는 군인 특유의 말투로 대답한다.

"아, 새들은 아주 튼튼해요."

"그래요?" 말은 했지만 마음은 다르다. 속이 부글부글 끓는다.

"그럼요. 열흘 정도는 안 먹어도 삽니다." 군인이 장담하듯 말한다.

"그건 아닌 것 같은데요." 내가 말한다.

"정말입니다. 믿으셔도 됩니다." 그가 말한다.

대화는 메마르기 짝이 없다. 화가 불쑥불쑥 치밀어 오른다. 훈련병 대하듯 야생의 새들을 보는 태도. 끝까지 버티지 못하면 도태된다는 논리. 나는 쿵쾅거리며 집으로 향했다. 전쟁이며 무기에는 해박한 사람이 자기가 지켜야 할 이 세상의 생명에 대해서는 어쩌면 그리 무지할 수 있을까. 하지만 학교에서 가르치지 않고 정치인은 눈길조차 주지 않으며 어디에서도 중요하다고 말하지 않는데, 그가, 아니 누구든 그걸 꼭 알아야 할까? 나는 씩씩대며 걸었지만 동시에 윤리적 딜레마를 느꼈다. 인간으로서, 같은 생명체로서, 내가 해야 할 일은 무엇일까? 따뜻한 방에서 텔레비전을 보며 케이크를 먹는 사람과, 차가운 몸으로 얼어붙은 빈 땅을 긁고 있는 새가 한 화면처럼 겹친다. 쿵, 쿵. 내 안에서 무언가가 소용돌이친다. 20년 동안 우리 마을은 정원이 줄고 주차장이 늘고 생울타리 대신 가지런한 담장이 들어섰다. 새 모이대는 줄고 고양이는 늘고, 이제 골목 끝에는 정신 나간 여자, 내가 있다. 박새 같은 작은 새는 혹독한 겨울밤을 견디기 위해 체중의 30퍼센트에 달하는 에너지를 몸에 채워야 한다. 아무리 건강한 개체도 48시간 굶으면 버티기 어렵다. 그 안쓰러운 남자에게 야생조류의 생존력에 관한 인쇄물을 건넸더니 그는 예의 있게 받아주었다. 하지만 눈으로 덮인 모이대는 여전히 텅 비어있다.

―※―

텅 비어있는 건 고통스럽다. 누구에게나 마음이 가는 장소가 있다. 땅을 소유하고 싶어서가 아니다. 사랑하고 세심하게 살피고 그곳에 누가 사는지 아는 것이다. 가장 의미 있는 풍경은 우리 가까이에 있다. 문 앞까지 다가온 야생은 우리 마음에 애정을 심고 우리의 삶을 자연과 잇는다. 들판의 어느 모퉁이, 강이 휘어지는 지점, 하얀 하트 얼굴을 한 올빼미가 머리 위에 내려앉았던 곳. 그런 장소는 마음을 어루만지는 풍경이 된다. 그러다 문득 발길이 뜸해지는 날이 온다. 한 친구가 가장 좋아하는 길을 걷다가, 들판을 가로질러 산토끼를 쫓고 있는 랜드로버 한 대를 보았다고 했다. 차가 멈추자 한 남자가 총을 들고 뛰어내리더니 방아쇠를 당겼다. 총알은 빗나갔다. 하지만 말로 설명할 수 없는 무언가가 친구의 가슴을 꿰뚫었다. 들판 위에 토끼가 쓰러지는 모습을 상상하는 순간 그 길에 밴 생명의 숨결이 사라진 것 같았다. 이제 용기를 내어 방향을 틀어야 한다. 우리 안의 더 나은 본성에 관해 이야기할 시간이다.

LOVE, ACTUALLY

렌 그웬돌린 하워드는 무대에 서는 비올리스트였다. 제2차 세계대전이 터지자 런던을 떠나 서식스 시골로 이사했다. 렌은 정원의 들새들에게 자신의 오두막을 내어주었다. 그녀에 대한 두려움을 거두게 된다면 새들이 본래의 모습을 보여줄 거라고 믿었다. 상자 속을 들여다보거나 지켜보는 대신 함께 살자고 마음먹었다. 새들이 조금씩 경계를 풀면서 렌은 새마다 각기 다른 기질을 지닌 것을 알게 됐다. 그래서 렌은 그들을 관찰하고 그들의 삶 이야기를 기록하기로 했다. 여름에도 겨울에도 새들은 자유롭게 날아들었고, 다시 제 길을 따라 날아갔다.

창가에 선 하워드 양이 열린 창문 너머로 손을 내밀고 있다. 손끝에는 노랑배박새 한 마리가 앉아있다. 그녀는 요정이 쓰는 것처럼 뾰족하고 턱 아래로 끈을 묶은 천 모자를 쓰고 있다. 플랜태저넷 왕조[12세기 중반~15세기 영국의 중세 왕조] 시절 궁정의 유모 같기도 하고, 빅토리아 시대 박물관 유리 진열장 속 드레스를 입은 생쥐 박제를 연상시키기도 한다. 렌은 1940년부터 세상을 떠난 1973년까지 오두막에 날아드는 새들의 전기를 써 내려갔다. 푸른박새, 진박새, 울새, 유라시아대륙검은지빠귀, 개똥지빠귀, 그리고 가장 총명하다고 여긴 노랑배박새까지. 전쟁 중 배급받은 식량을 나누고 이웃 고양이를 내쫓았으며, 시리얼 상자를 잘라 둥지를 만들고 비바람이 몰아쳐도 채광창을 항상 열어두었다. 오두막을 둘러싼 덤불과 나무는 사람 손을 타지 않아 무성하게 자랐다. 입구는 풀숲이 가렸고 그 앞 작은 팻말에는 이렇게 적혀있었다.

출입 금지
새들이 둥지를 틀고 있어요
소란스러운 행동을 삼가세요
휘파람 금지

오두막 안은 '새들을 위해 꾸민' 공간이었다. 렌의 하루는 '새들의 리듬에 맞춰 흘렀고' 새들은 자유롭게 날아와 렌 곁을 맴돌았다. 한 마리는 타자기를 두드리던 렌의 어깨 위에 앉았고 또 한 마리는 신발끈을 물고 장난을 쳤다. 코코넛 껍질에서 잠든 굴뚝새, 상자 둥지에 앉은 박새도 있었다. 집 안은 늘 엉망이었다. 소파 안감은 뜯기고 전등갓은 너덜너덜했으며 신발에는 구멍이 뚫렸다. 렌은 가구 위에 천을 덮고 바닥에 신문지를 깔아두곤 했지만, 집에 돌아와 보면 종잇조각이 온 바닥을 뒤덮고 있었다. 렌이 쓴 묘한 모자도 머리를 보호하는 장비였을지 모른다.

(남성 조류학자들의 말에 따르면) 렌의 작업은 '아마추어' 조류 연구였다. 1940년부터 1973년까지 렌은 하루도 빠짐없이 새들의 혈통을 정리하고 행동을 세심히 관찰했으며 오두막 식구들의 삶을 하나하나 기록으로 남겼다. 새들의 탄생과 죽음, 기회와 상실은 한 편의 장편 드라마였다. 두 집 살림을 차린 새, 짝을 버리고 떠난 새, 홀로 새끼를 돌보는 어미, 얽히고설킨 삼각관계, 다리를 절뚝이며 기어다니는 어린 새, 거미 사냥, 다툼과 이별, 영역을 두고 벌이는 신경전, 대담한 개체와 사소한 일에도 쉽게 놀라는 개체, 지나치게 들뜬 새, 그리고 둥지를 습격해 새끼들을 모두 휩쓸어간 이웃 고양이까지(비극의 상당수는 그 고양이에게서 비롯되었다). 새가 알을 품고 있던 시기에는 구청에서 생울타리를 베어내고 말았다(여러 차례 미뤄달라고 부탁했건만). 1944년 태어난 암컷 노랑배박새 '스타'는 1953년까지 살면서(노랑배박새의 평균 수명은 3년이다) 짝 네 마리와 함께 수많은 새끼를 남겼다. 렌 하워드가 얼마나 특별한 사람이었는지는 다음 이야기만 봐도 알 수 있다.

6월 17일 저녁 오두막에서 800미터쯤 떨어진 숲속을 걷고 있을 때였다. 새끼 네 마리를 데리고 이쪽으로 날아오는 노랑배박새 한 마리가 눈에 들어왔다. 조심스레 손을 내밀자, 새는 잠시 날카로운 눈빛으로 나를 바라보고는 열여덟 달 만에 다시 만났는데도 망설임 없이 내 손에 내려앉았다.[200]

렌은 음악가답게 새소리의 미묘한 떨림과 음색을 놓치지 않았다. 날개를 털거나 꼬리를 툭 치켜올리는 동작, 턱을 살짝 드는 몸짓, 입을 빠르게 열었다 다무는 리듬, 부리로 무언가를 톡톡 건드리는 제스처, 망설이다 내는 희미한 소리. 렌은 그런 찰나마다 새들의 언어를 읽었다. 사람 사이에도 설명할 수 없는 눈빛과 표정, 기척이 있듯이, 렌은 새들의 미묘한 변화를 포착했다. 그리고 기억, 인지, 공포, 날갯짓, 지능, 노랫소리에 관해 놀라울 만큼 자세히 썼다. '새의 마음은 노래에 담겨 있다. 그 노래를 온전히 이해하려 애쓴다면 새라는 존재를 조금 더 가깝게 느낄 수 있을 것이다.'[201] 새들의 장난기 어린 몸짓과 반짝이는 호기심도 기록했다. 노랑배박새가 성냥갑을 여는 사진, 포장끈을 푸는 사진, 사랑앵무 인형을 뚫어지게 바라보는 사진, 그림 그리는 렌의 펜 위에 앉은 사진, 신발 속을 뒤지는 사진도 있다. 버터를 담은 접시를 눈앞에 놓으면, 새는 먼저 접시를 살피고 렌의 얼굴을 올려다보았다. 그러곤 다시 접시를 보았다. 렌이 다정하게 "괜찮아!"라고 말하면 조심스럽게 쪼아 먹었고, 단호하게 "안 돼!" 하면 곧장 뒷걸음질 쳤다. 목소리를 조금 높여 "안 된다니까!" 하면 창문으로 날아가 버렸다. 나는 그 모든 소통이 진짜였다고 믿는다.

금빛 이음선

나무를 심기에 가장 좋은 때는 20년 전이었다.
그다음으로 좋은 때는 바로 지금이다.

중국 속담

알 게 뭐람

유리문에 툭 무언가가 부딪힌다. 오래전 한 장면이 되감기듯 떠오른다. 작은 갈색 날개 한 쌍이 날아왔던 날. 살짝 스쳤을 뿐인데, 설마 죽은 건 아니겠지? 문 앞 돌바닥 위에 깃털로 덮인 조그만 수레바퀴 하나가 빙글빙글 돌고 있다. 한쪽으로 기운 축을 중심으로, 남은 힘을 다해 둥글게 돌고 또 돈다. 나는 그 회전이 느려지고 여린 몸이 떨리는 것을 바라본다. 내 희망이 사라지기 시작한다. 점점 고요해진다. 작은 새. 하지만 아직 숨이 붙어있고 미세하게 떨고 있다. 어떤 새인지 분간이 가지 않는다. 부리는 바닥에 닿아있고 밤색 날개는 펼쳐져 있다. 나무껍질처럼 얼룩진 무늬는 마치 나방의 날개 같다. 참새는 아니다. 바위종다리일까? 확신이 없다. 손에 올려보면 알 수 있을지도 모른다. 하지만 지금은 그저 유리문 너머에서 무릎을 꿇은 채 바라보고 기다린다. 마음이 무겁고 서글프다. 사람 손길이 이 작은 생명의 마지막 순간을 더 힘겹게 만들지 않기를 바란다. 잠깐 눈을 돌린 사이였을까. 새가 벌떡 몸을 일으켰다. 정말 작았다. 그래서 미처 알아차리지 못했다. 나무발바리다. 가늘게 휜 부리, 하얀 가슴. 그 자리에 그대로 앉은 채 숨만 쉰다. 1분, 또 1분. 나는 문을 열 수가 없다. 새가 다시 쓰러질까 봐 겁이 난다. 저 새가 알 속에 있었을 때를 상상해 본다. 그때 저 부리는 어땠을까. 나무 틈에서 태어나 어미와 아비가 파리며 개미, 딱정벌레, 거미 같은 자잘한 곤충을 날라다 먹였겠지. 20분 동안 우리는 그렇게 앉아있었다. 새가 눈을 한 번 깜빡인다. 그의 머릿속에 잃어버렸던 나무발바리의 세상이 펼쳐진다. 생명의 힘이 눈가로 스민다. 23분째, 갈색 날개를 후드득 떨며 날아오른다!

안도하는 마음으로, 탁 트인 하늘이 비치는 유리문 앞에 개암나무 가지를 매달았다. 하늘이 반사되는 유리창에 부딪히는 새는 영국에서만 해마다 1억 마리로 추정되며 그중 3분의 1은 죽는다.[202] 미국에서는 10억 건으로 추정한다. 실감이 나지 않는 숫자다.* 계산상 집마다 매해 한두 마리씩 죽는 셈이다. 반사 유리창은 새들에게 치명적이다. 유리창 아래에서 하늘로 부리를 향한 채 다리를 길게 뻗은, 아직 온기가 남아있는 몸통을 발견하는 것은 끔찍하다. 그날 늦은 오후에, 거미줄에서 착안해 새의 충돌을 줄이는 유리 코팅 기술에 대해 알게 됐다. 이른 아침 이슬 맺힌 초원에서는 동심원과 자전거 바큇살, 가로지르는 선 형태로 완벽하게 짜놓은 왕거미의 거미줄을 볼 수 있다. 새들은 그 틈을 조심스레 더듬으며 곤충을 찾는다. 새들이 거미줄에 부딪치지 않는 이유는 왕거미가 거미줄 일부에 자외선을 반사하는 실인 흰띠줄을 덧대어 놓기 때문이다. 흰띠줄은 사람 눈에는 안 보이지만 새는 볼 수 있다. 거미줄은 곤충 같은 거미의 먹잇감 눈에는 띄지 않아야 하고, 새처럼 위협이 될 수 있는 존재에게는 보이거나 방해물이 되어야 한다.[203]

독일의 한 유리 회사는 유리 표면에 자외선을 반사하는 선을 촘촘하게 넣은 유리를 개발했다. 영국 린디스판 홀리섬의 오래된 망루 꼭대기에는 이 유리로 사방을 두른 전망실이 있다. 이 섬에는 해마다 수만 마리 새들이 날아와 겨울을 나고, 그보다 더 많은 철새 떼가 하늘을 가로질러 이동한다.

아름다움을 찾아서

1969년 조르주 바르지방George Bargibant[프랑스령 누벨칼레도니의 과학자]이 현미경으로 바다맨드라미를 들여다보던 중 산호와 똑같이 생긴 작디작은 피그미해마를 처음 발견한 순간을 상상해 보자. 망막을 타고 들어온 미세한 신호가 뇌를 스치듯 번쩍였을지 모른다.

피그미해마는 산호와 너무도 흡사하게 생겨 오랫동안 눈에 띄지 않은 채 살아왔다. 수컷의 보육낭에서 부화한 새끼는 길이가 고작 2밀리미터이다. 바르지방이 발견한 피그미해마는 서식하는 산호에 따라 분홍색 결절이 솟은 보라색이거나 주황색 결절이 있는 노란색이다. 다 자라도 2센티미터 정도다. 피그미해마 수컷은 암컷이 보육낭에 알을 맡기면 직접 수정한

---

* 새가 제 수명을 다하지 못한 채 죽는 가장 흔한 원인은 세 가지다. 고양이, 유리창, 자동차. 고양이는 미국에서만 해마다 14억에서 많게는 37억 마리를 잡아먹는다고 한다.

다. 그래서 자기 자식을 분명히 알 수 있는 몇 안 되는 생명체 중 하나다.

지구는 살아있는 존재들이 있어야 비로소 살 만한 곳이 된다. 우리가 들이마시는 공기, 필요한 영양분, 생존을 위한 온도는 지구의 '생명'들이 끊임없이 밀어내고 순환시키기에 가능하다. 바다도 생명이 떠받친다. 종이 많을수록 대자연은 회복력을 얻고 생태계는 단단해지고 세상은 풍요로워진다. 뼈를 으스러뜨리는 포식자에서 썩은 살점을 먹는 청소부까지, 그 사이의 무수한 생명들. 그들이 서로 얽히고설켜 살아간다는 사실을 우리가 이해할 때, 다윈이 말한 '가장 아름답고 끝없는 생명의 형상들'은 더 아름다워진다. 이해는 관심을 부른다. 그리고 세상을 보는 눈이 달라진다. '뒤얽힌 둑'[다양한 식물이 얽혀있고 덤불에서는 새들이 노래하고 곤충들이 날고 축축한 땅속에서 지렁이가 기어다니는 둑. 다윈이 《종의 기원》에서 한 표현]은 꽃을 피우고 생명으로 가득 차, 이제는 더 이상 훼손하지 않고 바라봐 줄 이들과 마주한다.

자연을 적이 아닌 친구로 보는 것은 얼마나 큰 위안이 될까. 그렇다면 살아있는 세상을 유지하는 이 구조의 작동 원리를 배우는 일보다 더 중요한 교육이 있을까? 원리를 전혀 모른다면 어떻게 지킬 수 있겠는가? 나는 학교에서 헨리 8세의 여섯 아내 이름과 운명, 즉 이혼, 참수, 죽음, 이혼, 참수, 생존에 대해 배웠지만 스텔러바다소의 운명에 대해서는 배우지 못했다. 지금 우리에게 필요한 역사 수업은 무엇일까? 인류의 지식은 앞선 세대가 남긴 놀라운 유산이고 수많은 천재의 두뇌 능력이 축적한 것이다. 정보는 압축, 저장, 공유되어 이제는 그 어느 때보다도 많은 사람의 눈과 귀에 닿을 수 있다. 눈 깜짝할 새에 피그미해마가 화면 위에 짠 나타나는 세상이다. 믿음은 왜 바뀌어야 하는지를 이해해야 변한다. 하지만 어떤 진실은, 소수에게 불편하다는 이유로 다수가 알기 어렵다. 지식은 아름다움을 낳고, 아름다움은 돌보고 싶다는 마음을 부르고, 그 마음은 행동으로 이어진다. 자부심은 부끄러움보다 큰 만족감을 준다. 자연과 인간의 관계를 새롭게 바라보는 이들이 점점 늘고 있다. 그리고 많은 용감한 사람들, 평범한 사람들이 다른 생명을 위해 기꺼이 삶을 내어준다. 느리게 타오른 불씨와 깨달음. 생각을 바꾸고 삶이 달라진 사람들.

독실한 자이나교 신자인 라탄랄 말루는 인도 북부 라자스탄 키찬 마을에 들르는 쇠재두루미들에게 40년 동안 곡식을 나눠주었다. 쇠재두루미들은 유라시아와 몽골에서 남쪽으로 이동하는 철새다. 그는 우아한 회색 깃털에 검은 목깃이 흘러내리듯 가슴을 감싼 이 작은 두루미들에게 마음을 빼앗겼고, 먹이를 주기로 마음먹었다. 처음에는 참새와 공작들과 함께 그가 준비한 저녁을 먹는 쇠재두루미가 12마리였으나 다음에는 80마리로 늘었다. 쇠재두루미는 9월이면 날아와 2월이면 떠났는데 해마다 무리가 커졌다. 라탄랄은 마을 개들이 두루미 무리를 쫓기 시작하자 새들을 지키기 위해 높이 1.8미터 울타리를 두른 먹이터 '추가 가르'를 세웠다. 뜻을 함께한 자이나교 신자들이 힘을 보태 곡식을 저장할 창고도 만들었다. 40년 뒤 키찬 하늘을 수놓는 두루미는 1만 5000마리를 넘어섰다. 장관을 보기 위해 관광객들의 발길도 이어졌다. 2007년 라탄랄은 세상을 떠났지만, 해마다 어김없이 찾아오는 두루미들에게 곡식을 나누는 키찬의 아름다운 전통은 지금도 이어지고 있다.

제이 와일드는 더비셔에 있는 0.7제곱킬로미터 규모의 작은 농장에서 태어나고 자랐다. 아버지에게 물려받은 땅이었다. "어릴 때는 어른들이 하는 걸 따라 하게 되죠. 특히 아버지처럼 절대적인 존재가 곁에 있으면 더 그렇고요." 제이는 담담하게 말했다. 하지만 그는 유제품 생산을 접고 유기 축산으로 방향을 틀었다. 어미와 송아지를 떼어놓을 때 그들이 겪는 고통을 더는 지켜보기가 힘들었다. 그는 소에게도 감정이 있고 소마다 다른 성격을 지녔다는 사실을 깨달았다. 일을 해야 한다는 책임감과 소 하나하나가 독립된 생명이라는 인식 사이에 선을 긋는 일이 점점 더 어려워졌다. 도축장으로 소를 데려가는 것이 배신 같고 영혼이 무너지는 느낌이었다. 아버지가 세상을 떠난 뒤에야 다른 길을 택할 수 있었지만 그런 자유도 두려웠다. 사람들은 그의 농장을 퍼니 팜[정신병원을 뜻하는 속어]이라 불렀다.

2017년 어느 날 제이는 더는 소들을 도축장으로 보낼 수 없다고 생각했다. 그래서 보내지 않았다. 그는 소 대신 채소를 기르기로 했다. 노퍽에 있는 힐사이드동물보호소에서 기적처럼 그의 소들을 받아주었다. 그는 소 열두 마리를 남겨 오래된 초지에 방목하며 소의 배설물을 거름으로 썼다. 힐사이드로 간 소들은 하나의 무리를 이루고, 어미와 송아지가 헤어지지 않고 평생을 함께할 수 있게 됐다. 제이는 이 선택으로 한 해

수입을 포기해야 했지만, 오랫동안 가슴을 짓눌러 온 고통에서 처음으로 벗어났다. 얼마 지나지 않아 젊은 영화감독 알렉스 락우드가 농장을 찾았다. 그는 제이의 이야기를 담은 무예산 다큐멘터리 〈73마리 소 73 Cows〉를 만들었고 이 작품은 영국 아카데미 영화상을 받았다. 제이의 아내 케이트 와일드는 지금 자신들이 정말 멋진 일을 해내고 있다고 말했다. 락우드의 따뜻한 시선이 담긴 영화에서 그들 부부의 멋진 삶을 볼 수 있다. 제이는 이 영화가 사람들이 세상을 먹여 살릴 더 나은 방법에 대해 생각해 보는 계기가 되기를 바란다. 락우드도 자신만의 방식으로 변화를 만들어가고 있다. 그의 최근작 〈착취의 종말 The End of Medicine〉은 팬데믹과 공장식 축산업 사이의 연결고리를 추적한 다큐멘터리다.

2019년 1월, 데번에서 양을 키우는 예순 살 농부 시발링감 바산타쿠마르는 9000파운드[약 1700만 원]어치 양을 실은 트럭을 몰고 도축장으로 가다가, 핸들을 돌려 320킬로미터 떨어진 우스터셔의 굿하트동물보호소로 향했다. 제이 와일드가 그랬던 것처럼 말이다. 평생 양을 키워왔지만, 시발링감은 더 이상 자신이 기른 생명이 도살장 앞에 줄지어 서는 것을 지켜볼 수 없었다. 그도 축산업을 접고 채소 농사를 시작했다. 그러나 남들과 다른 길을 선택하는 게 쉬운 일은 아니었다.

―※―

메리 바턴은 베티라는 이름의 오소리로 분장하고 매주 런던의 환경식품농촌부 건물 앞으로 가서 정부가 추진하는 전국 오소리 도태 정책에 반대하는 시위를 벌인다. 손에 든 팻말에는 '죽이지 말고 백신을' '총이 아닌 방역을' '나는 무죄입니다'라고 적었다. 환경식품농촌부의 한 직원은 그녀가 스컹크 분장을 했다고 착각해, 이 부처가 영국 야생동물에 대해 얼마나 무지한지 증명했다. 메리는 우결핵(bTB)이 사슴, 고양이, 페럿, 폭스하운드, 양을 비롯한 여러 포유류에서 발견되고, 주된 전파 경로는 소에서 소로 감염인데 왜 오소리만 도태시키는지 이해할 수 없었다. 메리는 소를 다른 농장으로 옮기기 전에 좀 더 정확한 인터페론감마 분비 검사로 감염 여부를 확인하고 백신도 접종해야 한다고 주장한다. 시위가 없는 날이면 편지를 쓰지만 답장은 좀처럼 오지 않는다(데이비드 애튼버러만 빼고. 이 정도면 말 다 한 거 아닌가?). 사람들이 비웃는 걸 모르지 않는다. 그럼에도 메리는 블로그를 이어가고 1인 시위를 멈추지 않는다. 당시 환경식품농촌부 장관 조지 유스티스는 늘 그녀를 피해 다녔다. 그러던 어느 날 멸종저항 시위대가 뒷문을 막는 바람에 메리 옆을 지나갈 수밖에 없었다.

    메리: "아, 장관님이시군요."
    조지 유스티스: 어정쩡한 미소.
    그는 발걸음을 멈추지 않았고, 메리는 그를 따라 걷기 시작했다.
    메리: "왜 오소리를 죽이는 거죠?"
    유스티스: 또다시 어색한 미소.
    걸음을 재촉하며 다시 묻는 메리: "왜 소들에게 백신을 안 놓는 건가요?"

유스티스: "놓고 있습니다."
메리: "그건 백신 접종이 아니에요. 일종의 실험일 뿐이죠. 이미 효과가 입증된 백신이 있는데 왜 그걸 안 쓰나요?"
유스티스: 여전히 어색한 웃음.
메리: "왜 액티파지 디바 검사[잠복 감염까지 조기에 탐지할 수 있는 최신 PCR 기반 결핵 진단법] 같은 정확한 진단법을 안 쓰나요?"
유스티스는 대답 없이 달아나듯 문 너머로 사라졌다. 메리는 분노와 좌절감에 울음을 터뜨렸다….[204]

우결핵은 농부의 생계를 무너뜨릴 수 있는 무서운 병이다. 해마다 소가 3만 마리 가까이 희생된다. 누구도 이런 사태를 바라지 않는다. 비용도 막대하다. 오소리를 포획하고 도태하는 데도 어마어마한 예산이 들지만, 과학적 근거가 빈약해도 정부가 뭔가 조치하고 있다는 인상을 준다. 연구에 따르면 오소리 도태는 실효성이 거의 없으며 오히려 상황을 악화시킬 수 있다. 위협을 느낀 오소리들이 사방으로 흩어지면서 감염 범위가 넓어지기 때문이다. 현재 널리 사용하는 피부반응검사는 신뢰도가 낮다. 감염된 소가 음성 판정을 받아 다른 농장으로 이동하며 질병이 확산하기도 한다. 환기가 안 되는 헛간, 썩은 분뇨, 과밀한 사육 환경은 우결핵의 위험을 높인다. 사일리지[풀이나 작물을 발효해 만든 사료]를 먹이며 실내에서 사육한 소는 풀밭에서 방목한 소보다 우결핵에 걸릴 확률이 두 배나 높다. 야생동물이 드나들며 배설할 수 있는 생울타리가 있으면 발병률이 37퍼센트 낮지만 이런 사실은 좀처럼 주목받지 못한다. 영국 전국농민연합(NFU)은 여전히 오소리를 도태하는 것만이 해답이라고 믿는다. 오소리를 병의 주범으로 여기는 이들에게는 이 정책이 설득력 있다.* 권위 있는 과학자도, 심지어 데이비드 애튼버러도 그들을 설득할 수 없다. 문제의 본질이 오소리가 아니라 농장의 사육 환경과 소의 이동 방식에 있다는 사실을 받아들이면 축산 체계를 처음부터 다시 손봐야 하기 때문이다. 그 변화는 너무나 크고 누구도 부담하려 하지 않는다. 이미 70퍼센트 이상 예방 효과를 보이는 백신과 기존의 것보다 더 정확한 검사법도 있지만, 전국농민연합은 오소리 도태 없이는 어떤 대안도 받아들일 수 없다는 태도다. 지난 7년 동안 도태한 오소리는 16만 4000마리에 이르고 투입된 예산은 8000만 파운드[약 1500억 원]가 넘는다. 세 지역에서 수거한 오소리 사체를 분석해 보니 전염성 우결핵에 감염된 개체는 1퍼센트 미만이었다. 글로스터셔에서는 대규모 도태 이후 우결핵 발생률이 60퍼센트까지 줄었지만 2018년에는 130퍼센트나 치솟았다. 게다가 이 프로그램에는 도태된 오소리를 검사하는 절차도 없다.[205]

2020년 메리는 코로나19에 걸려 생사의 갈림길에 섰지만 끝내 살아남아 지금도 계속 싸우고 있다.

LOVE, ACTUALLY

뜻밖의 자연 지킴이

물비늘이 반짝이는 호숫가에 통나무 오두막이 있다. 소나무와 자작나무가 보초처럼 지키고 있고, 문명 세상에서 가려면 하루는 걸릴 만큼 외진 곳이다. 오두막의 남쪽 끝은 물가에 닿아있어 잔잔한 호수가 오두막을 거울처럼 비춘다. 박공지붕 아래 물가에는 나뭇가지들이 비버 굴처럼 수북이 쌓였다. 실제로 비버의 보금자리다. 오두막 안에도 비슷한 나뭇가지 더미가 있고, 흙바닥 아래 두 더미를 연결하는 터널이 뚫려있어 비버가 오가기에 알맞다. 지금 우리가 있는 곳은 캐나다 서스캐처원 북부, 침엽수 빽빽한 원시림 속에 자리한 프린스앨버트국립공원의 아자완 호수다. 이곳의 '비버오두막'은 수수께끼 같은 인물 그레이 아울이 그가 돌보던 비버들, 젤리 롤과 로하이드와 함께 지낸 마지막 보금자리다.

술 장식이 달린 사슴가죽 재킷에 챙이 넓은 모자를 쓴 그레이 아울이 굽이도는 좁은 물목을 따라 카누를 저어 다가온다. 거의 100년 전 비버의 행동을 담은 첫 단편 무성영화 속 한 장면이다.[206] 물가 초목이 강물 위로 쏟아질 듯 무성하고, 키 큰 소나무 그림자가 물결에 어지럽게 흔들린다. 그는 노로 수면을 툭툭 치고는 두 손을 입에 대고 무언가를 부른다. 흰 물결

---

* 그러나 오소리 개체수가 늘어난 시기는 공교롭게도 꿩 사육을 위해 옥수수 재배 면적을 급격히 늘린 시기와 정확히 겹친다.

위로 곡선을 그리며 다가오는 까만 코 하나. 그레이 아울은 나뭇가지를 붙잡고 카누를 멈춘다. 배를 기울여 가장자리를 수면 가까이 낮추자 비버 한 마리가 폴짝 뛰어오른다. 젤리 롤이 나뭇가지를 갉는다. 젤리 롤과 로하이드가 강둑에 있다. 첨벙, 물속으로. 다시 카누 위로. 물살을 가르며 헤엄치고, 종이상자 속에서 사과를 꺼내 훔친다. 털을 고르고 등을 긁고 두 발로 선다. 비버 굴을 짓는 작은 앞발이 쉴 새 없이 바쁘게 움직이고 꼬리는 물고기 가죽처럼 반질거린다.

길게 땋은 머리에 강렬한 인상의 이 남자는 자신을 아파치족과 스코틀랜드인의 후손이라 했지만, 몇 년 뒤 그가 1888년 영국 헤이스팅스에서 태어난 아치볼드 스탠스펠드 벨라니라는 사실이 밝혀졌다. 아치는 열일곱 살 때 캐나다 황야에서 살아가겠다는 꿈 하나로 고향을 떠났다. 오지브웨족 사이에 섞여 들어가 모피 사냥꾼으로 생계를 이어가며 자신을 새롭게 빚어갔다. 그가 떠난 자리에는 '아내'라 불리던 여자들과 아이들이 남았다. 그러다 1925년 여름 포니라는 애칭의 불길처럼 강렬한 기운을 지닌 열아홉 살 모호크족 소녀를 만나며 그의 삶은 송두리째 바뀐다. 아치는 그녀를 아나하레오라 불렀다. 당시 그는 서른여섯 살이었다. 아나하레오는 설피를 신고 퀘벡 북부 깊은 숲속까지 그를 따라 들어갔다. 그리고 사냥터에서 벌어지는 무분별한 학살을 직접 목격하고 충격에 휩싸였다. 모피 사냥꾼이자 문명 밖의 이방인, 중혼자, 술에 기대어 떠돌던 아치 벨라니가 작가이자 연설가, 자연보호운동가 그레이 아울로 다시 태어난 건, 그가 설치한 덫에 어미를 잃은 비버 새끼 두 마리를 아나하레오가 구조하면서부터였다. 어린 비버들 맥기니스와 맥긴티(근면한 아일랜드계 철도 노동자들의 이름을 따서 지었다)는 묽은 우유와 죽을 먹으며 기적처럼 살아났고 아치의 마음속 깊은 곳에 자리 잡았다. 순하고 믿음 어린 눈빛, 끝없는 호기심, 쉴 새 없이 이어지는 수다, 야영지 이곳저곳을 뛰어다니며 해맑게 즐거워하는 모습, 익살스러운 몸짓과 애정 표현은 바라보는 이의 마음마저 사르르 녹였다. 그렇게 넷은 어느새 한 가족이 됐다.

예전에는 물건 취급하며 수백 마리를 아무렇지 않게 죽였는데, 그 동물들이 이렇게 사랑스러운 존재였다니. 낯설고 마음이 어지러웠다. 언제나 이들의 천적이던 내가 이토록 강한 보호 본능을 느끼게 될 줄이야. … 이들은 감정을 지니고 있을 뿐 아니라 섬세하게 표현할 줄도 안다. 말을 걸고 애정을 주고받고 기쁨과 외로움까지 느낄 줄 아는 존재들. 아니, 이건 그냥 작은 인간들이 아닌가! 비버라면 아마 다 그럴 것이다.[207]

아치는 비버가 이 광활한 황야에서 어떤 본질적인 가치를 상징하는 존재라는 사실을 점점 깨닫게 됐다. 하지만 비버는 온타리오의 26만 제곱킬로미터에 달하는 땅에서 오래전에 자취를 감췄다. 비버 굴 몇 곳만이 비버가 살았다는 사실을 증명해 줄 뿐이었다. 그는 점차 사라져가는 캐나다의 야생에 관해 글을 쓰기 시작했다. 다만 사람들의 마음을 열기 위해서 그레이 아울이라는 이름이 필요하다고 믿었다. 그렇게 보낸 원고들은 《캐내디언 포레스트 앤드 아웃도어》나 영국의 《컨트리라이프》 같은 잡지에 실리기 시작했다. 1920년대 후반 야생 비버와 함께 살아가는 말 잘하는 '인디언'의 이야기를 듣고 싶어 하는 이들은 생각보다 많았다. 그레이 아울의 글은 사람들의 마음에 불을 지피고 상상력을 깨웠다.

그레이 아울이 평생을 바쳐 비버를 지키기로 마음먹은 건 1929년 봄 어린 비버 둘, 일명 '맥'들이 사라진 날부터였다. 그날 저녁 맥기니스와 맥긴티는 평소처럼 툴라디 호수로 헤엄쳐 나갔다. 그레이 아울이 부르자 둘은 반가운 듯 맑고 경쾌한 울음소리로 응답했다. 물살을 가르며 나아가는 비버들 뒤로 V자 모양의 은빛 물결이 퍼져나갔다. 황혼이 드리운 호수 속으로 몸을 감춘 둘은 다음 날 아침이 되어도 돌아오지 않았다. 그레이 아울은 그의 책 《야생의 순례자들》에서 비버들을 찾기 위해 장대비가 쏟아지던 날 모기가 들끓는 개잎갈나무 늪을 헤치며 걸었다고 회고한다. 어디선가 들려올지 모를 비버의 인사를 기다리며, 찰랑이는 물소리에도 바스락거리는 나뭇잎 소리에도 귀를 기울였지만… 끝내 찾지 못했다. 며칠이 지나고 몇 달이 흘렀다. 어느 밤 아나하레오가 잠결에 중얼거렸다. "걔들은 우릴 사랑했어." 그레이 아울이 바란 건 맥기니스와 맥긴티를 아나하레오의 곁으로 데려오는 일뿐이었다. 그는 비버가 인간을 신뢰했지만 인간이야말로 믿으면 안 되는 존재였음을 느끼며, 마음속에 비버 사냥꾼에 대한 '적의'가 끓어올랐다고 고백했다. 날마다 비버들을 찾아다녔지만 끝내 찾지 못했다.

남은 건 속죄뿐이었다. 그레이 아울은 살아있는 비버들을 돌보고 지키는 일에 삶을 걸었다. 사라져 버린 생명들의 빈자리를 메우기 위해서였다. 비버가 어떤 동물인지, 자연의 건축가라 불리는 이 놀라운 생명체들이 얼마나 신비롭고도 경이로운 존재인지 세상에 알리고 싶었다. '죽음은 생명을 부른다.' 그가 남긴 이 말처럼 젤리 롤이라는 새끼 비버를 위탁 보호하게 됐고, 곧이어 한쪽 발이 불편한 수컷 비버 로하이드도 가족이 됐다. 이 두 비버는 세간의 관심을 한 몸에 받는 존재가 됐다. 그레이 아울의 글이 유명세를 타자 1930년 캐나다 공원청은 젤리 롤과 로하이드, 그리고 그가 돌보는 비버들과 함께 살 수 있도록 깊은 숲속에 통나무집을 지어주겠다고 제안했다. 활동비도 지원하겠다고 했다. 그레이 아울을 자연 보호의 상징으로 삼으려는 의도였다. "이번만큼은 제대로 선택한 것 같았어요." 훗날 그레이 아울은 그렇게 말했다. 그가 설계한 통나무집, 땅속 통로를 갖춘 비버오두막은 젤리 롤과 로하이드, 그 새끼들에게 아늑한 보금자리가 됐다. 그리고 바로 그 숲에서 그레이 아울은 캐나다 전역에서 가장 유명한 '원주민' 자연 지킴이가 됐다.

'걸어 다니는 제재소' 두 마리와 함께 지내는 일은 만만치 않았다. 비버들은 식탁과 의자의 다리를 연필 깎듯 날카롭게 씹고 문짝마다 이빨 자국을 남겼다. 통나무집 구석구석 나뭇가지며 덤불을 쌓고 레슬링 경기를 벌이고 몸이 젖은 채 침대로 뛰어들었다. 그레이 아울은 이 야행성 비버들과 시간을 보내며 그들의 습성과 성격, 함께한 삶에 관해 글을 썼다. 무엇이든 제 것인 양 여긴 젤리 롤에게는 여왕님이라는 별명을 붙였다.

… 젤리 롤은 움직이고 말하고 행동했다. 지금껏 어떤 동물에게도 기대한 적 없는 방식으로 내게 반응했다. 오래전부터 어렴풋이 의식하고 있었고 시간이 흐를수록 또렷해진, 내 삶의 어떤 결핍을 채워주는 듯했다. 결혼을 통해 잠시나마 충족했지만, 다시 혼자가 된 지금 더 강렬한 감정으로 되살아났다. 다정하고 집을 좋아하고 장난기 많고 부지런하며 감정을 표현할 줄 아는 이 비버는 오직 나와 닮은 인간만이 채워줄 수 있으리라 믿었던 외로움을 달래주었다.[208]

1932년 그레이 아울과 아나하레오 사이에서 딸 셜리 돈이 태어났다. 애틋한 마음은 여전했지만 두 사람은 고단한 사랑의 풍랑을 이겨내지 못했다. 아나하레오와 헤어진 뒤, 젤리 롤은 그레이 아울에게 점점 사람 같은 존재가 됐고 실제 행동도 그랬다. 두 발로 꼿꼿이 서서 부지런히 움직이거나, 나르고 쌓고 감추고 고치고 지었다. 그레이 아울이 글을 쓰기 시작하면 그의 무릎에 머리를 얹고 졸면서 '이상한 언어'로 중얼거리곤 했다. '이 관계에서 손해를 봤다고 느낀 적은 없다. 설령 내가 우위에 있다고 해도 그걸 내세우고 싶지는 않았다. 젤리 롤이 뭔가를 망가뜨리려 할 때 막으러 나섰던 몇 번을 빼고는.'[209]

영국에서 온 모피 사냥꾼은 마음과 몸, 영혼까지 그레이 아울로 거듭나 남은 삶을 오롯이 비버에게 바치기로 마음먹었다. 그렇게 아자완 호숫가는 국립공원 영역으로 비버들이 퍼져나가는 여정의 중심지가 되었다. 젤리 롤은 영화 속 주인공이자 세계에서 가장 유명한 비버가 됐다. 젤리 롤과 해피, 홀

리건, 벅샷, 와키누, 슈가로프 등 그의 가족이 보여준 엉뚱하고 사랑스러운 몸짓은 사람들의 마음을 사로잡고 비버를 향한 시선까지 바꿔놓았다.

이름이 알려지면서 그레이 아울은 쉴 틈 없이 전국을 돌며 연단에 섰고, 강연장에는 3000명 넘는 청중이 모였다. 흰 술이 달린 사슴가죽 재킷을 입고 깃털을 단 머리띠를 하고 긴 머리를 땋은 모습으로 단상에 올라 비버를 이야기했다. 비버를 향한 그의 헌신은 단 한 번도 흐트러진 적이 없었다. 캐나다와 미국 전역을 누비며 강연을 이어갔고, 영국을 방문해 조지 6세와 엘리자베스, 마거릿 공주 앞에서도 마이크를 잡았다.

그레이 아울의 삶은 자기 자신을 새롭게 빚은 한 인간의 이야기이다. 어쩌면 허구에서 태어난 정체성일지도 모른다. 여기저기서 주워 모은 조각들로 자신을 지어냈으니 말이다. 그러나 중요한 건 그가 '거짓말'을 한 사실이 아니라 어떤 사람이 되었는지, 어떤 삶을 살았는지이다. 지켜내고자 했던 동물의 고유한 존재성과 삶을 들여다보는 긴 여정 끝에, 그는 자신이라는 존재의 본질에도 가까워졌다. 수평선 너머 어둠 속으로 사라져간 맥기니스와 맥긴티의 마지막 모습은 그의 숨결을 붙든 영혼의 불씨가 됐다. 비버를 지키겠다는 다짐은 그 순간 시작됐다. 그레이 아울은 1938년 4월 13일 마흔아홉의 나이에 폐렴과 탈진으로 세상을 떠났다. 그의 무덤은 아자완 흐숫가 비버오두막 뒤편에 있다. '은빛 물결이 찰랑이던' 그곳에는 지금도 젤리 롤과 로하이드의 후손이 살아가고 있다.

약탈적인 벌목으로 황폐한 숲의 그루터기와 흩어진 나무 조각을 향해 저주를 퍼붓던 그때, 그레이 아울은 이미 알도 레오폴드와 21세기에야 겨우 뿌리내린 리와일딩의 정신을 앞질렀다. '여기에는 늑대조차 없었다. 늑대가 사라진 땅은 결정적인 무언가가 빠진 듯했다. 나는 그들의 거칠고 장엄한 합창이 그리웠다. 긴장감을 잃고 나태한 사슴들은 움직일 이유나 몸을 단련할 기회가 없었고, 숲 곳곳에서 토끼처럼 죽어갔다.'[210] 10년 뒤 레오폴드는 '상처투성이 세상에 홀로 사는 것'이 생태학자에 대한 벌이라고 썼다.[211] 오늘날 세계 곳곳에서 자연 복원을 위한 움직임이 일고 있다. 가능한 곳부터 조금씩 되돌리려는 마음이 국경을 넘어 천천히 퍼져간다. 우리가 살아가는 데 필수인 영양 순환에서 동물이 맡은 역할과 함께 생태계가 어떻게 작동하는지 이해하고자 한다. 이제 지도자들이 나설 때다. 정치인들이 머뭇거리는 사이 평범한 사람들이 나서고 있다. 어떤 곳은 자연이 제힘으로 일어서고 있다….

무인지대

1970년대를 산 사람이라면 누구나 기억할 것이다. 거대한 몸집에 화려한 휘장을 두르고 가슴에는 각종 훈장과 금빛 장식이 번쩍이던 우간다의 포악한 군사독재자. 그가 스스로 붙인 칭호를 쓰자면, 영원한 대통령 각하, 원수, 알하지[메카 성지순례를 마친 무슬림 남성에게 붙는 경칭], 박사 이디 아민 다다, 빅토리아 십자훈장·영국 무공훈장·전공 십자훈장을 받은 대영제국의 정복자, 대지의 모든 짐승과 바다의 모든 물고기를 다스리는 지배자, 아프리카 전역, 특히 우간다에서 대영제국을 무너뜨린 정복자. 이디 아민은 매독에 걸린 정신병자이자 국민을 장난처럼 죽이던 기괴한 살인마였다. 수십만 명을 죽였고, 정적의 머리를 잘라 궁전 냉장고에 보관하기도 했다. 동물사냥 집착도 유별났다. 그는 나일강 기슭 머치슨 폭포 아래 자리한 고급 사파리 숙소인 파쿠바 로지를 징발해 자신만을 위한 사냥 별장으로 꾸몄다. 전하는 바에 따르면, 그는 특히 악어 사냥을 즐겼고 실각한 장관이나 장애인을 악어 밥으로 던졌다. 1979년 그가 축출된 뒤 파쿠바 로지는 버려졌고 그 자리는 천천히 숲과 야생동물의 품으로 돌아갔다. 무너진 테라스와 라운지 바, 레스토랑에는 하이에나들이 어슬렁거리고, 개코원숭이가 창문으로 넘나들고, 낡은 주방은 혹멧돼지 가족의 보금자리가 됐다. 무인 카메라에는 사자와 호저, 천산갑까지 포착됐다. 이 소식을 접한 BBC 취재진은 2018년 이곳을 찾아 우리가 천적이라 여긴 동물들끼리 평화롭게 어울려 살아가는 놀라운 모습을 촬영했다.[212] 가장 인상적인 순간은 표범 한 마리가 주방 안으로 성큼 들어서는 장면이다. 바닥에는 새끼 혹멧돼지 한 마리가 웅크린 채 잠들어 있다. 표범이 다가가 코끝으로 냄새를 맡자, 새끼는 놀라 비명을 지르며 구석으로 도망친다. 표범은 그 쉬운 먹잇감을 잠시 바라보다가 고개를 돌려 사라진다. 다음 날 아침, 카메라는 여전히 돌아가고 있다. 어미 혹멧돼지가 돌아왔고 새끼들 모두 무사히 아침을 함께했다.

※

세계 곳곳 폭력의 역사를 쓴 땅들이 인간이 물러간 사이에 야생으로 되돌아오고 있다. 한반도를 가로지르는 길이 243킬로미터, 너비 4킬로미터 땅은 수많은 지뢰가 묻혀있고 1953년 9월 6일 이후 사람의 발길이 끊겼다. 남한과 북한 사이를 가로막는 이 비무장 지대(DMZ)는 산과 계곡, 풀숲 우거진 다랑논을 따라 이어진다. 한때 세계에서 가장 위험한 장소였던 이곳에는 감시탑이 줄지어 섰고 이중 철조망이 둘러싸고 있지만, 남과 북 모두 인구 밀도가 높아지면서 밀려난 생명들의 피난처가 됐다.* 대한민국 환경부는 이곳에서 반달가슴곰, 스라소니, 고라니, 담비, 멸종 위기의 산양, 재두루미, 두루미, 독수리, 흰꼬리수리, 저어새 등 5000종의 동식물을 확인했다. 인간의 피로 물들었던 땅이 야생 동식물의 안식처가 됐다. 아이러니하게도 이곳의 가장 큰 위협은 평화다.

수만 킬로미터 이어진 팬아메리칸 하이웨이는 알래스카 북단의 프루도만에서 시작해 아르헨티나 최남단 우수아이아에 닿는다. 그러나 이 고속도로에 끊긴 구간이 있다. 파나마와 콜롬비아 사이 약 80킬로미터에 걸친 국경지대에는 도로가 놓이지 않았다. 세계에서 가장 험준하고 가혹한(인간에게는) 밀림과 습지, 산악지형이 가로막고 있기 때문이다. 도로가 없다는 건 중앙정부의 손이 닿지 않는 땅이라는 뜻이다. 그래서 파나마의 다리엔국립공원은 콜롬비아 정부에 맞선 반군과 마약 밀매조직의 은신처가 됐다. 이 지역은 5750제곱킬로미터에 달하며 유네스코 세계자연유산으로 등재됐다. 공원은 재규어, 부채머리수리, 검은머리거미원숭이, 큰초록마코앵무 같은 멸종 위기 야생동물을 보호 중이다. "도로가 완공되지 않은 게 다행인지도 모르죠." 파나마 야생동물보전기구에서 보전 프로그램 자문을 맡고 있는 리카르토 코레아 박사가 말했다.[213] 범죄와 빈곤이 개발의 발목을 잡는 동시에 지역의 생물다양성 보전에 힘을 보태는 것이다.

제2차 세계대전 이후 유럽을 이념과 철조망으로 갈라놓은 철의 장막 역시 거대한 생태 통로였다. 북쪽 바렌츠해에서 남쪽 흑해와 아드리아해까지, 이 국경지대는 서유럽과 동유럽 공산 국가로 대륙을 가르며 1만 2500킬로미터에 걸쳤다. 지뢰

밭과 감시탑, 벙커, 기관총 진지, 철조망으로 둘러싸인 이 무인지대는 농사를 짓지도, 농약을 뿌리지도 않아 곤충이 번성하고, 지뢰로 팬 웅덩이에 빗물이 고여 작은 연못이 생겨났다. 배수가 되지 않은 습지, 강 풍경도 그대로였다. 먹황새, 비버, 곰, 벌잡이새, 늑대, 스라소니가 이 삼엄한 경계의 그늘에 깃들고, 불가리아와 그리스의 접경지대에는 흰죽지수리가 날아와 둥지를 틀었다. 1989년 철의 장막이 무너지고 개발 움직임이 일자, 국경을 접한 24개국이 머리를 맞대 2003년 국립공원과 생물권보전지역, 자연보호구역을 하나로 잇는 세계 최장의 생태 네트워크, 그린벨트 이니셔티브를 시작했다. 일부 구간이 개발의 위협에 놓여있긴 하지만 자연을 지켜내는 존재 역시 인간이다. 바이에른과 보헤미아 사이 장벽이 철거된 지 18년이 지난 뒤에도 사슴들은 옛 국경선을 넘으려 하지 않았다. 몸으로 익힌 지형(학습된 경계)이 그들 문화의 일부가 된 것이다.

킨츠기, 또는 금빛 이음선. 깨진 도자기를 이어 붙이는 일본 예술이다. 깨진 부분을 가리는 것이 아니라 금가루를 섞은 옻칠로 금이 간 자리를 메운다. 흔적을 도드라지게 드러냄으로써 도자기는 더 아름답고 단단해진다. 킨츠기는 변화를 받아들이는 방식이다. 수리한 자리에는 덧없음을 받아들이는 마음과 겸허함이 깃든다. 그래서 우리는 깨진 조각을, 빛나고 새로운 무언가를 만들 기회로 바라보게 된다. 킨츠기는 우리의 시각을 뒤집는다. 상처가 남은 자리마다 회복이 움튼다. 유럽

---

*   북한 인구는 약 2600만 명, 남한 인구는 5100만 명이 넘는다.

을 가르던 옛 철의 장막, 한반도의 허리를 죄는 비무장 지대, 짙은 멍이 남은 체르노빌(언젠가는 아물기를), 그리고 아직 피어나지 못한 생태계의 폐허까지. 푸른 행성 곳곳의 균열에 언젠가 초록빛 이음선을 두를 수 있을지 모른다. 우리는 이 세계 전체를 킨츠기로 다시 이어 붙일 수 있을지 모른다. 오랜 채석장과 황폐한 공터에서 출발해 더 크고 담대한 꿈에 닿기까지.

초록빛 이음선마다 새로운 이야기가 피어난다. 지구의 육상 생태계에서 야생동물군이 온전히 남아있는 곳은 2.9퍼센트뿐이다. 이제 모두가 나서야 할 때다.* '생태계 조성자'라 불리는 몇몇 동물만 돌아와도 더 쉽게 적은 비용으로 더 뛰어난 결과를 얻을 수 있다. 비버, 멧돼지, 들소, 땅거북, 엑스무어 포니, 회색기러기, 흰개미는 역동적으로 영양을 순환하고 서식지를 조성하고 생물다양성에 이바지한다. 다양성이 곧 풍요다. 초여름 언더힐에는 두꺼비들이 바글바글해 호수 주위를 걸을 수 없을 정도다. 풀뱀이 수면 위를 지나고 논병아리가 잠수하고 새호리기는 단숨에 날아들어 잠자리를 낚아챈다.

《내셔널 지오그래픽》은 2030년까지 지구 면적의 30퍼센트를 보호하기 위한 '지구 최후의 야생지 보전 이니셔티브'를 시작했다. 그 활동의 하나로, 아메리칸 프레리 재단은 몬태나 일대의 땅을 사들여 북미 대평원의 초원 서식지를 복원 중이다. 들소 떼가 다시 초원을 누비고 프레리도그의 굴도 곳곳에 생기고 있다. 러시아 북동부의 플라이스토세공원은 세르게이 지모프가 설립하고 그의 아들 니키타가 함께 운영 중인 가족 기업이다. 공원 측이 북극 툰드라에 풀어놓은 사하 말, 칼미크 소, 말코손바닥사슴, 사향소, 야크, 순록, 들소는 과거 매머드의 역할을 대신해 초원 생태계에 거름을 공급한다. 이는 영구동토층의 탄소 저장고를 지키려는 실험이기도 하다.

월드 랜드 트러스트는 전 세계 여러 프로젝트와 협력해 지금까지 20개국의 멸종 위기 서식지 약 9000제곱킬로미터를 보호하고 있다. 아르헨티나 북부의 광활한 습지에는 1만 3245제곱킬로미터 규모의 이베라국립공원이 있다. 크리스와 더글러스 톰킨스 부부가 자선기금을 들여 땅을 매입하고 생태관광에 투자한 덕분에 규모가 커졌고 리와일딩이 진행 중이다. 맥, 큰개미핥기, 페커리, 재규어(70년 만에 다시 모습을 드러냈다), 홍금강앵무(19세기 이후 이곳에서 자취를 감췄다)가 이곳으로 귀환했다. 피스 파크스 재단, 팬테라, 곤드와나 링크 같은 단체도 생태계 회복을 꾀하고 있다. 세계 생물다양성의 5퍼센트를 담당하는 코스타리카는 국가 차원에서 지속 가능한 정책을 시행하고 있다. 케냐에 있는 250제곱킬로미터 규모의 케냐 레와 야생동물보호구역은 이전에 목장이었다. 베를린에는 수많은 밤꾀꼬리가 산다. 도시 안에 야생을 들였기 때문이다.

복원에 실패하더라도 다른 방법은 있다. 아프리카의 녹색장성(GGW)은 대륙을 가로지르는 8000킬로미터 길이의 방풍림을 조성하겠다는 꿈에서 출발했다. 그러나 계획이 비현실적이고 실행력이 떨어져, 심어 놓은 묘목이 몇 달 만에 거의 시들

---

* 에드워드 오스본 윌슨의 《지구의 절반》은 우리가 끝까지 지켜야 할 마지막 야생지를 하나하나 짚어준다. 세계자연보전연맹(IUCN)에 따르면 전 세계에 지정된 야생보호구역은 4만 4000곳이 넘고, 면적은 약 1400만 제곱킬로미터에 이른다. 하지만 보호 수준이나 실효성은 천차만별이다. 육지의 15퍼센트, 바다의 10퍼센트가 보호구역이지만 대부분 인간의 손길이 닿지 않는 험준한 산악지대나 외딴 해역에 있다.

었다. 그래서 재생 농법과 오랜 지혜, 토착 농업 기술로 방향을 틀었다. 부르키나파소의 농부 야쿠바 사와도고는 '자이'라 부르는 전통 기법을 썼다. 땅에 얕은 구덩이를 파고 그 안에 거름을 넣으면 흰개미가 찾아오고 개미가 뚫은 굴을 따라 빗물이 스민다. 바싹 말라붙은 흙이 그렇게 숨쉬기 시작한다.[214] 그가 되살린 숲은 20년 넘게 자라 약 0.25제곱킬로미터에 이르렀고 위성 사진에도 잡힐 만큼 우거졌다. 사람들은 이 숲에 방르라가, 즉 지혜의 숲이라는 이름을 붙였다.* 녹색장성도 지역 공동체가 힘을 보태며 서서히 다채로운 풍경으로 바뀌고 있다.

  호화요트나 슈퍼카보다 잃어버린 녹음을 되찾는 일이 훨씬 더 흥미롭고 의미 있다는 사실에 눈을 뜬 억만장자도 있다. 덴마크의 의류 재벌 안데르스 포블센은 이제 스코틀랜드에서 가장 넓은 땅의 주인이다. 사냥터로 조성돼 사슴만 우글거리던 환경을 바꾸고, 페시강을 따라 구주소나무와 자작나무, 향나무, 마가목을 심었다. 늑대와 스라소니까지 돌아온다면 복원은 훨씬 수월해질 것이다. 스코틀랜드의 케언곰스산맥은 늑대 무리가 다시 자리 잡아 지역 자연에 생동감을 불어넣기에 가장 적합한 곳이다. 하지만 한때 혁신과 진보의 상징이던 영국인들조차 여전히 중세의 공포[늑대에 대한 오랜 두려움]에서 벗어나지 못하고 있다.

  내 삶에서 깊은 울림으로 남은 순간 중 하나는, 늑대와 곰의 발자국이 숲길에 찍힌 것을 시작으로 유럽 전역에 대형 동물이 다시 돌아오고 있다는 사실을 알았을 때다. 지금 유럽에는 불곰 1만 7000마리, 늑대 1만 2000마리, 스라소니 9000마리가 프랑스와 독일, 네덜란드까지 서식지를 넓히며 인간 곁을 확보하고 있다. 더는 스페인과 포르투갈 국경 어귀에서 한 마리 늑대가 외롭게 울부짖는 시대가 아니다. 물론 모든 생명이 평화롭게 어울리는 건 아니다. 하지만 생태관광이 가난한 시골 마을에 일자리를 만들고 자연 회복의 물꼬를 트며 사람들의 생각도 바꾸고 있다. 언더힐의 자투리땅에서부터, 수익을 내지 못하던 서식스의 14제곱킬로미터 크네프 영지, 토지 주인들과 손잡고 2만 3000제곱킬로미터에 걸쳐 여덟 곳의 복원지를 운영 중인 비영리 단체 '리와일딩 유럽'에 이르기까지, 리와일딩은 그 이점과 책임감을 깨달은 사람들에 힘입어 확산하고 있다. 유럽 최대 습지인 5800제곱킬로미터 규모 다뉴브강 삼각주는 제방과 댐, 관개 수로를 철거하자 물길이 되살아났다. 본류와 지류, 호수는 범람원과 연결됐고 한동안 막혔던 강물도 제 흐름을 되찾았다. 맑은 물이 돌고 물고기 떼가 돌아왔으며 자연은 물을 다스릴 힘을 스스로 회복했다. 이곳은 유럽에서 가장 다양한 어종이 서식하는 지역으로 철갑상어 네 종이 함께 살고 있다. 사다새, 황새, 적갈색따오기, 저어새, 가마우지 같은 주요 철새들의 중간 기착지로, 세계에서 손꼽히는 거대 비행 조류이자 멸종위기종인 달마시안사다새도 돌아왔다. 들판에서는 코닉 말과 타우로스 소, 물소가 어우러져 풀을 뜯고, 비버는 물길을 돌보며 터전을 지킨다. 관광객(그리고 수많은 파리 떼!)도 많이 찾는다.

    다음 세대는 이 세상을 얼마나 설레는 마음으로 살아가게

---

*   사와도고는 이 방식으로 사막화와 가뭄에 시달리던 토양을 되살렸고 2018년에 유엔환경계획(UNEP)으로부터 지구의 챔피언 상을 받았다. 자이 기법을 적용한 지역의 지하수 수위는 평균 5미터, 깊은 곳은 17미터에 이른다.

될까. 기술이 자연과 조화하고, 일하는 것이 의미 있고 즐거운 차원을 넘어 가치가 있는, 진정으로 강하고 건강한 녹색 경제가 실현된다면 말이다. 농업은 땅을 되살리는 방식으로 바뀌고, 끝없는 확장 대신 내실 있는 성장을 지향한다. 쓰레기는 역사의 뒤안길로 사라진다. 록다운 동안 '억눌린' 저축(물론 그럴 여유조차 없는 이들이 더 많지만)이 소비 광풍으로 바뀌어 단기적인 경기 회복에 도움 되기보다, 억눌린 에너지가 생태적 감수성의 고양과 배움으로 이어지길 바란다. 호모 사피엔스의 창의성과 협력에는 한계가 없다. 웨일스가 코스타리카처럼 푸르게 거듭난다고 상상해 보라. 1만 6000제곱킬로미터 규모의 복원된 생태계와 자연의 순리를 따르는 농지가 어우러진 풍경을 상상해 보라. 온 세상이 숨죽이고 바라보지 않을까? 그곳은 특별한 여행지이자 살아 숨 쉬는 일터가 되고, 상상력과 생명력이 흐르는 터전이 되며, 끝없는 가능성을 품은 공간이 될 것이다. 야생이 돌아오고 소음은 사라지고 고요 속에 새소리가 은은할 것이다. 그게 경제를 망치는 일인가? 정말 그런가?

공동의 풍요

'거래'라는 건 인간만이 고안해 낸 제도인데, 숲이 인간에게 산소를 제공하니 숲을 지키는 비용은 우리가 함께 내야 하지 않을까? 지구 전체를 위해 모두가 동참하는 세계 공동기금. 그런 상상을 해보는 건 어떨까? 수백 년 전 조상들이 제 이익만을 좇아 저지른 일들의 책임을 이제 와서 가난한 나라들에 아무런 대가 없이(혹은 터무니없이 적은 보상만으로) 떠넘기기만 해도 괜찮은 걸까? 크고 과감하며 실질적인 해양보호구역은 인근 해역까지 되살릴 수 있다. 대형 저인망 어업, 해저 준설 작업, 주낙 어업이 단숨에 사라지길 기대하긴 어렵다. 그렇다면 바다의 절반을 사람의 손이 닿지 않는 출입금지구역으로 정하는 건 어떨까? 인위적인 소음은 사라지고 물고기 떼가 들끓는 파란빛 이음선. 그런 바다를 상상해 보라. 뉴질랜드에서는 오래전부터 그 효과를 입증해 왔다. 단속 요원이 배에 올라 검수하고 규정을 어긴 어획물을 압수한다. 단호하고 확실하다. 물론 뉴질랜드라고 비판에서 자유로운 건 아니다. 수명이 250년에 이르는 심해어 납작금눈돔을 오렌지러피orange roughy라는 그럴듯한 이름으로 바꿔 부르며 마구 잡아들였다. 그 결과 이 고대 생물은 멸종 위기에 놓였다. 200년 된 생명을 10달러짜리 생선 살로 튀겨내는 건 이해하기 어렵다. 몇 년 전 웨일스에서 휴가를 보내던 조너선은 피시가드 북쪽 펨브룩셔 해안에서 수경을 쓰고 하루에 한 시간씩 헤엄쳤지만 한 마리의 물고기도 보지 못했다. 그는 펨브룩셔 공원관리국에 이메일을 보내(정말 그렇게까지 했다) 왜 이곳에는 어업금지구역이 없느냐고 물었다. 공원 측은 자문과 조사가 진행 중이라는 원론적인 답변을 보내왔다. 조너선은 다시 회신했다. 남아있는 게 없는데 뭘 조사한단 말입니까. 그 뒤 아무런 답장이 오지 않았다. 파란빛 이음선. 굴, 홍합, 조개가 사는 바다! 뉴욕은 빌리언 오이스터 프로젝트를 통해 항만의 굴 암초를 되살리고 있다. 깨끗한 물, 홍수 조절, 서식지 복원, 그리고 아침 식사까지, 굴이 할 수 있는 일이 정말 많다. 파란빛 이음선으로 살아나는 바다.

다음으로 이야기할 건, 생울타리가 선사하는 공동의 풍요다. 진짜 생울타리 말이다! 꽃이 피고 열매를 맺고, 줄기에 겨울잠을 자는 벌이나 곤충알이 숨어있는 풍성한 생울타리. 생명의 기척은 사라지고 바람만 드나드는, 보기 좋으라고 네모로 다듬어 놓은 엉터리와는 다르다. 지금도 영국에는 80만 킬로미터에 이르는 생울타리가 버티고 있다. 떠올려 보라. 곤충이 오가고 작은 동물이 안심하고 지날 수 있는 초록빛 고속도로가 펼쳐지는 장면을. 이쯤 되면 내가 생울타리에 지나치게 집착하는 사람처럼 보일지 모르겠다. 사실 맞다. 생울타리의 가치는 과소평가 되었다. 건강한 생울타리는 우리가 잃어버린 고대 숲을 대신할 수 있다. 초록빛 이음선처럼 말이다. 우리 동네 석회암 계곡 인근 농장들은 벌과 나비, 들새를 위해 밭 가장자리에 꽃과 풀을 심기 시작했다. 하지만 그런 노력도 대형 살충제 살포기의 긴 팔 아래에서는 한순간에 무너지고 말 것이다. 금빛 이음선. 화사하게 꽃이 만발한 밭두렁에 푸른머리되새, 밭종다리, 노랑멧새, 바위멧새, 붉은가슴방울새 무리가 바람을 타고 날아든다. 농부들이 베푼 씨앗을 얻은 보답으로, 새들은 황폐한 땅에 생명력을 불어넣고 농부들에게 자부심과 호기심, 기쁨을 선사한다. 참으로 아름다운 일이다.

영국에는 4000제곱킬로미터에 이르는 정원이 있다. 놀랍지 않은가! 분홍, 노랑, 주황, 빨강, 초록이 조화로운 정원. 말끔하지만 병든(그리고 못생긴) 정원이 아니라 엉성하지만 아름다운 정원. 예초기의 굉음 대신 낫이 스치는 소리, 바람에 흔들리는 키 큰 풀밭, 반딧불이가 찾고 거미줄이 집을 짓는 정원이다. 풀을 몽땅 깎아버리기보다는 길 하나만 내자. 누가 당구

대처럼 생기 없는 초록 잔디밭을 좋아하겠는가? 민망할 따름이다. 이제는 한 걸음 물러서자. 손질한 정원 대신 자연 그대로의 모습을 더 사랑하자. '다듬은'이라는 말은 이제 좀 덜 써도 괜찮다. 생울타리 아래 그대로 썩게만 두어도 딱정벌레와 굴뚝새에게 훌륭한 식량 창고이자 보금자리가 될 텐데 왜 모든 걸 태워 없애려 드는가? 구석구석 정리하고 모조리 태워버리면 무당벌레는 어디서 겨울잠을 자란 말인가? 페르시안 카펫 조각을 잇듯 금빛 이음선으로 하나하나 이어 붙여보자. 엽서 속 그림만 봐도 반가운, 꽃과 콩꽃이 하늘거리고 벌이 날아다니던 조부모 세대의 시골 정원을 다시 불러오자. 정원은 누구나 함께 누리는 풍요다. 더 큰 꿈을 위해 푸르게 자라도록 두자. 더 큰 용기, 더 섬세한 보살핌, 더 큰 책임, 더 큰 사랑이 필요하다. 말이 나온 김에, 유럽의 본프리 코끼리보호구역을 생각해 보자. 제 무리에서 떼어놓고 오랫동안 오해해 온, 크고 예민한 생명들에 대한 속죄와도 같은 곳이다(자연이 스스로 생태계를 되살리는 효과는 덤이다). 상상해 보라! 0.09제곱킬로미터 남짓한 자투리땅에서부터, 수익이 나지 않아 방치된 넓은 영지까지 되살리다 보면, 그 모든 노력이 모여 커다란 흐름이 된다. 죽은 땅에 보조금을 들여가며 오염을 더하느니 그대로 내버려두는 편이 낫다. 이제는 '리와일딩'을 비웃는(그리고 그 말의 본뜻을 흐리는) 행위를 멈춰야 한다. 초록빛, 파란빛, 금빛, 다채로운 이음선으로 이 땅을 되살려야 한다.

사무실은 온통 베이지색이다. 벽도, 그림도, 책상도. 여자가 문을 열고 들어선다. "스위처 박사님?" "들어오세요. 손 씻고 있거든요." 화장실 안쪽에 박사의 뒷모습이 보인다. 여자는 살아있는 채로 상자 안에 갇힐까 봐 두려워하고 있다. 스위처 박사는 첫 5분은 진료비가 5달러이고 그 뒤로는 추가 요금이 없다고 설명한다. "너무 좋은데요? 믿기지 않네요." 여자가 웃는다. 스위처 박사는 5분도 채 걸리지 않을 거라고 장담한다. 현금이나 수표만 받는다며 거스름돈은 없다고 덧붙인다. "좋아요." 여자가 웃으며 고개를 끄덕인다. 스위처 박사가 시계를 본다. "그럼 시작하죠!" 여자는 산 채로 상자에 갇힐까 봐 두렵다고 말한다. 스위처 박사는 누가 실제로 그렇게 하려 한 적이 있느냐고 묻는다. "아뇨, 그런 적은 없어요." 여자가 대답한다. 그러면서도 상자처럼 밀폐된 공간은 도저히 못 견디겠다고 한다. "그렇다면 폐소공포증이군요." 스위처 박사는 이제 한 단어를 들려줄 테니 잘 기억해서 일상에 적용하라고 말한다. 여자가 가방을 뒤적이며 메모할 공책을 꺼내려 하자, 그는 그 정도는 대부분 기억할 수 있다고 말한다.

"네."

"준비됐죠?" 몸을 앞으로 기울인 스위처 박사가 소리 지른다. "그만하세요!" 그러고는 다시 의자에 등을 기댄다.

"네?"

"그만하세요!"

"그만하라고요?"

"맞습니다. 그. 만. 하. 세. 요."

"무슨 뜻이죠? 그냥 그만하라는 말씀이세요?"

"정확해요. 살아있는 채로 상자에 갇히는 상상을 하면서 살아가고 싶진 않잖아요? 상상만 해도 끔찍하잖아요."

여자가 고개를 끄덕인다. "맞아요."

"그렇죠. 그러니까 그만하세요!"

여자는 남은 시간까지 상담을 계속 받고 싶다고 말한다. 하지만 어떤 이야기를 꺼내도 돌아오는 대답은 똑같다. 그만하라는 말뿐이다. 결국 여자가 불만을 드러내자, 스위처 박사는 그러면 열 단어를 주겠다며 받아 적어도 좋다고 한다.

"그만 안 하면, 당신 산 채로 상자 안에 가둬버릴 거야!"[215]

밥 뉴하트의 상담 콩트는 인간에게 단호하고도 꼭 필요한 조언 하나를 던진다. 그만하라는 것이다. 무위無爲라는 말이 있다. 아무것도 하지 않는다는 뜻이다. 도교에서는 이 태도를 귀하게 여긴다. 바람에 흔들리는 대나무처럼 세상의 흐름에 몸을 맡기고, 억지로 방향을 바꾸려 들지 않는 삶. 우리도 동물과 그들의 서식지를 그냥 내버려둬야 하지 않을까. 우리의 건강과 기후, 미래를 위해. 무엇보다도 그 생명들을 위해서. 하지만 스위처 박사를 찾아간 환자처럼 인간은 좀처럼 그만두지 않는다.

세계는 코로나19 대응에 12조 5000억 달러[약 1경 7525조 원]라는 천문학적인 금액을 쏟아부었다.[216] 하지만 팬데믹 예방에는 거의 손대지 않았다. 예방에 성공하면 막아낸 게 뭔지 눈에 보이지 않기 때문이다. 우리는 공장식 축산과 산림 파괴가 질병과 기후 변화를 부르고 동물의 삶을 위협한다는 것을 알고 있다. 동물이 사라지면 또다시 새로운 병이 찾아온다는 것도 안다. 그런 행위를 하지 않았다면 지금의 기후 위기, 오염, 항생제 내성, 건강 악화, 생물종 붕괴, 서식지 소멸이 이토록 심각하지 않았을 것이라는 사실도 안다. 공장식 축산만이 전 세계 가장 가난한 이들에게 저렴한 식량을 공급할 유일한 방법이라고 믿고 있다면 그건 착각이다. 공장식 축산은 너무도 값비싼 방식이다. 가장 가난한 이들은 치킨 너겟이나 햄버거, 초콜릿 스프레드를 먹지 않는다. 숲에 기대어 살아가는 사람들은 직접 잡은 야생동물의 고기를 먹는다. 이 세계는 이렇듯 불평등하다.

    생태계를 파괴하는 건 기업의 선택이다. 얼마 전 한 의사가 라디오에 나와 소비자가 변하면 공급자도 변할 거라고 말했다. 틀린 말은 아니다. 우리가 정말로 변한다면. 하지만 사람은 쉽게 바뀌지 않는다. 변하지 않으면 안 되는 순간이 닥치기 전까지는. 게다가 소비자 개인에게 책임을 떠넘기는 방식이 온당한가? 팜유 제품을 사지 않으면 팜유 농장도 사라질 거라고 한다. 말은 쉽다. 그런 제품 없이 하루라도 살아보라. 팜유의 이름은 436가지가 넘는다. 예를 들면 CBS(코코아 버터 대용지), 혹은 식물성 기름이라고도 표기한다. 법적으로는 문제없지만 소비자가 알아차리기 어렵다. 한 가지 요령은 있다. 성분명에 스테아르stear, 라우르laur, 글리세glyc 같은 어근이 들어가 있다면 팜유에서 유래했을 가능성이 크다. 예를 들어 알루미늄스테아린산염, 암모늄라우릴설페이트, 에틸헥실글리세린 같은 성분은 슈퍼마켓 제품의 50퍼센트에 들어있다. 불쌍한 조너선. 이제 배스 올리버 과자[전통 영국 비스킷]는 영영 못 먹겠다. 팜유 전에는 뭘 썼을까? 유지방, 올리브유, 해바라기씨유·홍화유·면실유·포도씨유 같은 종자유, 소기름과 돼지기름, 닭과 오리의 지방, 아보카도, 고래 지방. 소비자의 선택에 달린 문제라지만 피부 크림, 초콜릿 스프레드, 배스 올리버 과자를 만들기 위해 오랑우탄이 멸종해도 괜찮겠냐고 아무도 묻지 않았다. 누구도 늘 옳은 선택만 하며 살아가지는 않는다. 삶은 그렇게 단순하지 않다. 스위처 박사를 찾아간 환자만 봐도 알 수 있다. 아일랜드에서 공공장소 흡연이 사라진 건 사람들이 특별히 현명하거나 도덕적이어서가 아니다. 법으로 금지했기 때문이다. 모두가 그만두어야 했기 때문에 그만둔 것이다. 안전띠도, 오존층을 파괴하는 스프레이도 마찬가지다. 록다운 기간에 사람들이 집에 머문 것도 시민의식이 뛰어나서가 아니라 법이 명했기 때문이다. 한숨이 절로 난다. 공익을 위해 멈춰야 할 행동이 있고 그 이유를 이해한다면 그리 나쁜 일은 아니다. 정말 두려운 건, 멈추지 않을 때 생기는 결과다. 그러니 우리는 지구에 가하는 부담을 줄여야 한다. 그러지 않으면 스위처 박사가 우리를 산 채로 상자에 가둬버릴지도 모른다.

그게 죄는 아니잖아

팬데믹이 시작되기 1년 전 여름, 축제가 한창이던 어느 포근한 날이었다. 나는 커다란 샹들리에 아래 황금빛 행사용 의자에 앉아있었다. 연설에 나선 조조 메타[환경운동가, '스톱 에코사이드' 창립자]는 지금까지 들어본 환경 보호 대책 가운데 가장 현실적이고 실행에 옮길 수 있는 제안에 관해 설명했다. 생태계 파괴 행위를 국제 범죄로 규정하자는 내용이다. 세상을 바꿀 수 있는 법. 아니, 세상을 구할 수도 있는 법. 단순하고 아름다웠다. 이는 메타의 친구이자 2019년 50세의 젊은 나이로 세상을 떠난 변호사 폴리 히긴스의 아이디어였다. 히긴스는 에코사이드ecocide, 곧 생태 학살이 인류에 대한 범죄임을 인정받고자 했다.

무언가를 지키려면 형법의 테두리 안에 넣어야 한다. 새로운 법을 제정하는 것은 매우 어렵다. 숱한 절차와 장벽을 넘어야 하고, 성공 가능성도 거의 없다. 그러나 기존 법률에 조항을 더하는 일이라면 이야기가 달라진다. 국제법에는 간단한 개정 절차가 있다. 전쟁 범죄, 반인도적 범죄, 집단 학살, 그리고 최근에 추가된 침략 범죄까지 포함하는 '평화에 대한 범죄' 항목에 다섯째로 에코사이드를 추가하자는 것이 히긴스의 제안이다. 그녀는 이 하나의 목표를 위해 집을 팔고 안정적인 수입이 보장되는 법정 변호사 자리도 내려놓고 길고 외로운 여정을 시작했다. 2010년 히긴스는 국제법위원회에 에코사이드의 예비 정의를 '생태계에 심각한 손실과 피해, 파괴가 발생하여 해당 지역 주민들이 평화롭게 살아갈 권리를 현저히 침해했거나 그럴 가능성이 있는 경우'라고 제출했다. 주민들이라는 표현이 마음에 든다. 포용과 평등의 의미가 녹아있고 경계를 넓혀가는 언어의 섬세함이 배어있다. 히긴스는 네 가지 기준을 제시했다. 심각한가? 광범위한가? 장기적인가? 그리고 치명적인가? 2011년 그녀는 이 네 가지 기준에 따라 모의재판을 열었다. 결과는 분명했다. 이 법은 현실에서 충분히 작동할 수 있었다.

국제형사재판소(ICC) 규정에 따르면 어느 국가의 원수든 개정안을 제출할 수 있다. 일단 상정하면 누구도 거부권을 행사할 수 없다. 각국 지도자는 기권하거나 서명을 통해 찬성 의사를 밝히면 된다. 개정안을 채택하려면 전체 회원국 3분의 2 이상이 동의해야 하며, 그렇게 채택한 조항은 이를 비준한 국가에서 법적 효력을 갖는다. 비준한 국가는 그 내용을 자국법에 반영해야 한다. 기후 변화로 심각한 피해를 본 섬나라들이 적지 않았다. 에코사이드를 범죄로 규정하자는 법안은 이들에게 생존과 직결된 절박한 요구였다. 그래서였을까. 필요한 지지를 얻는 데 큰 어려움은 없었다. 2017년 히긴스와 메타는 스톱 에코사이드 캠페인을 시작했다.

그렇다면 지구를 오염시키고 아마존을 파괴하며 산호초 위에 준설토를 버리는 기업들은 어떻게 될까? 바로 보험이 해결할 수 있다. 섬나라들이 충분한 서명을 모아 개정안을 상정하면 가장 먼저 반응하는 쪽은 보험사다. '이제 이런 오염 행위에는 보험을 제공하지 않는 편이 낫지 않을까?' 이어 은행도 움직인다. '이 흐름이 대세가 된다면 우리도 이런 산업에 지원하는 일을 다시 생각해 봐야 하지 않을까?' 보험을 거절당하고 은행이 등을 돌리면 기업은 새로운 규제를 따르지 않을 수 없다. 정말 멋진 일이다.

미국, 브라질, 중국처럼 개정안에 서명하지 않았거나 중도에 탈퇴한 국가들에게는 이 법이 적용되지 않는다. 하지만 그런 나라의 기업인이나 정부 관료가 이 조항이 유효한 국가에 가는 순간 상황은 달라진다. 피노체트[1973~1990년 칠레 대통령. 독재자]를 떠올려 보자. 1998년 반인도적 범죄 혐의로 스페인 판사가 발부한 체포 영장에 따라 그는 영국에서 체포됐다. 나중에 내무장관 잭 스트로의 결정으로 석방되긴 했지만 결과는 얼마든지 달라질 수 있었다. 국제형법은 서명하지 않은 국가들을 세계의 변두리로 밀어낸다. 국경을 넘는 일이 까다롭고, 최소한 평소처럼 사업하기 불편할 수 있다. 더 중요한 것은 어떤 행위를 범죄로 명시하면 무엇이 용인되는지에 관한 인식이 바뀐다는 점이다. 조조 메타는 이 과정을 '규범의 전복'이라 불렀다. 한때 아무런 제재 없이 강 하구를 오염시키거나 해저를 파헤칠 수 있었다는 사실이 놀라운데, 그런 둔감함이 무법 상태의 본질이다. 법은 문화적 도덕성과 깊은 관련이 있다. 노예무역도 과거에는 합법이었다. 에코사이드를 범죄로 규정할 때 특히 주목할 점은, 이 법이 다룰 수 있는 범위가 매우 넓다는 데 있다. 위협을 하나하나 나열하지 않아도 된다. 독성 물질 유출, 생물다양성 붕괴, 대기오염 등을 모두 하나의 신중한 정의 안에서 다룰 수 있다.

2021년 1월 영국의 인권 전문 법정변호사이자 왕실고문 변호사인 필립 샌즈가 에코사이드를 법적으로 정의하기 위한 국제전문가위원회 공동의장으로 임명됐다. 그는 국제재판소 경험이 풍부하고 집단 학살 범죄를 정의하는 데 얼마나 어려움이 많은지 잘 알고 있는 인물이다. 이 일을 맡기에 가장 적합한 사람이 있다면 바로 필립이다. 그리고 이번에는 그를 움직인 특별한 동기도 있었다.

필립을 처음 만난 건 2017년이다. 우리는 과거 법정의 실마리들이 이상하리만치 오늘의 현실로 이어진다는 사실을 알고 있었다. 1945년 '집단 학살'과 '반인도적 범죄' 개념이 처음 등장한 뉘른베르크 재판의 기원을 따라가는 그의 책《인간의 정의는 어떻게 탄생했는가 East West Street》는 지금도 그의 내면에 깊은 울림을 주고 있다. 나치의 만행에 맞서 인류는 처음으로 권력자를 국제재판소에 세우는 전례를 만들었다. 그전까지는 상상조차 어려운 일이었다. 이 재판을 통해 오늘날 국제 사법 체계의 초석이 마련됐다. 하지만 당시에는 원자폭탄 투하와 그로 인한 참상을 목격했음에도, 범죄로 다뤄야 할 여타 잔학 행위의 개념이 잡혀있지 않았다. 그리고 1962년 레이첼 카슨의《침묵의 봄》이 출간됐다. 무분별하게 살포한 DDT가 생물권 전체에 어떤 재앙을 불러왔는지 고발한 이 책은 환경 문제를 처음으로 공적인 논의의 장으로 끌어냈다. 카슨은 치명적인 화학물질이 표적 생물만이 아니라 생태계 전체에 어떤 영향을 미치는지 밝혔다. 예를 들어 DDT가 먹이사슬을 따라 축적되면 흰머리수리의 알껍데기가 점점 얇아지고 새끼는 부화할 수 없다. 그 피해가 인간만 비껴갈 리 없다. 인간이 생태계와 분리된 존재가 아니기 때문이다. 60여 년이 흐른 지금도 인간은 제 둥지를 스스로 더럽히고 있지만, 이제는 이런 문제에 관해 잘 알고 있다. 인간의 생태계 파괴가 별다른 제재 없이 계속되는 가운데, 환경 파괴 행위를 범죄로 규정해야 한다는 목소리도 커지고 있다. 《인간의 정의는 어떻게 탄생했는가》가 필립의 마음을 예열해 온 것 같았다.

나는 필립에게 왜 위원회의 공동의장직을 수락했는지 물었다.

"1944~1945년 렘킨*의 순간이 다시 찾아온 것 같았습니다. 무언가 끔찍한 일이 벌어지고 있었죠. 국제형법으로 이 문제를 해결할 수 있다고 생각했습니다. 무엇보다 이 문제에 깊이 공감했고, 그래서 기여하고 싶었습니다."

아이들의 응원도 한몫했다. 이제는 행동에 나설 때였다. 그는 해결해야 할 세 가지 쟁점이 있다고 했다. 첫째는 침해의 성격이다. 손해가 일시적인가, 영구적인가? 전체적인가, 부분적인가? 국지적인가, 국경을 넘는가? 둘째는 가해자의 인식이나 의도, 법적으로 범의犯意라고 하는 부분이다. 해당 행위가 고의인가, 중과실 또는 미필적 고의에 해당하는가, 아니면 과실인가? 최근에는 범의 요건이 충족되지 않더라도 책임을 물을 수 있는 경우가 많아졌다. 몰랐거나 인지하지 못했다는 사정은 면책 사유로 받아들이지 않는다. 셋째는 피해가 복수의 행위 또는 공동불법행위에 해당하는 경우다. 기후 변화나 과도하게 살포한 화학비료의 하천 유입으로 조류 번식을 유발하는 영양염 오염 사례 등이 해당한다. 위원회가 할 일은 이러한 쟁점들을 포괄해 정의하는 일이다.

우리는 생태계가 얼마나 정교하고 촘촘하게 맞물려 돌아가는지 알았다. 수달 가죽을 사고파는 시장이 어떻게 다시마 숲과 그곳에 사는 모든 생물, 심지어 10톤 무게의 스텔러바다소까지 멸종시키는지, 수력 발전 댐이 왕연어가 산란을 위해 거슬러 오르던 강줄기를 어떻게 끊는지, 범고래는 왜 먹이를 바꿔야 했는지. 한 생태계의 붕괴는 또 다른 생태계의 붕괴를 부른다. 우리는 고래의 배설물이 바다 깊은 곳에서 끌어올린 철과 질소를 수면에 흩뿌린다는 사실을 알았다. 그 배설물이야말로 식물성 플랑크톤을 키우는 자양분이다. 이 플랑크톤이 해양 먹이사슬의 토대를 이루고, 해마다 수십억 톤의 이산화탄소를 흡수하며 지구 산소의 절반을 만든다.[217] 파란빛 이음선. 더 많은 고래, 더 많은 식물성 플랑크톤, 탄소 제거 확대, 더 풍부한 물고기 먹이, 생명 다양성 확대, 더 많은 고래, 더 많은 고래 배설물⋯ 이른바 고래 펌프. (맞다. 반복한 거다.)

대왕고래 한 마리를 생각해 보자. 지구 역사에 등장한 생명체 가운데 가장 큰 동물이다. 지금 우리는 그 생명과 같은 시대를 살아가고 있다. 심장은 소형차만 하고, 울음소리는 188데

---

*   라파엘 렘킨은 '집단 학살genocide'이라는 용어를 처음 쓴 폴란드 출신 변호사다.

시벨로 제트 엔진 소리(140데시벨)보다 우렁차다. 기록상 가장 무거운 대왕고래는 190톤이다. 연료와 승객을 가득 실은 보잉 757 여객기보다, 코끼리 서른 마리를 합친 것보다 무겁다. 30미터 길이의 임신한 고래라면 무게가 더 나갈 수 있다. 그 고래가 생태계에 끼치는 영향은 얼마나 될까? 죽는다면 또 어떨까? 90년 이상 산다고 가정하면? 새끼를 열 마리 낳고, 그 새끼들이 다시 열 마리씩 낳고, 그다음 세대도 열 마리씩 태어난다면…. 고래를 살려야 바다가, 바다를 살려야 지구가 산다. 고래는 정말 우리를 구하러 올지도 모른다. 이 모든 이야기의 끝에는 질문 하나가 남는다. 고래를 죽이는 행위에 걸맞은 책임이 따르고 있는가? 지금도 일본, 노르웨이, 아이슬란드는 상업적 포경을 멈추지 않고 있다. 혼획으로 잡히거나 바다에 버린 어구에 걸려 해마다 고래류 30만 마리가 목숨을 잃는다. 건강보조식품용 글루코사민을 얻기 위한 크릴 남획도 계속되고 있다. 국제전문가위원회 앞에 놓인 과제가 가볍지 않다.

생울타리를 뽑고 악취구덩이를 미끼 삼아 놓고 라운드업 제초제를 마구 뿌려대는 사람을 법정에 세우고 싶지만, 그러면 우리 모두 피고석에 앉게 될지도 모른다. 에코사이드를 범죄로 규정하는 목적은 대규모 환경 파괴에 대한 권력층의 책임을 분명히 하는 데 있다. 기업은 오염을 일으키는 제품의 폐기와 소비의 책임을 소비자에게 슬며시 떠넘겼다. 그러면서 뒤로는 막대한 자금을 쏟아부어 소비를 부추기기에 바빴다. 하지만 이 법의 목적은 도덕을 강요하거나 기업인을 감옥에 보내는 게 아니다. 단지 그 행위를 그만두게 하는 것이다. 처벌을 이야기할 때는 보상도 함께 논의해야 한다. 친환경 기준은 수많은 녹색 일자리를 제공할 수 있다. 그 일자리에서 펼쳐질 노동과 상상력이 새로운 경제를 이끌 것이다. 필요는 발명의 어머니다. 그래서 법이 필요하다. 기업은 이익을 추구하느라 억눌렀던 창의력을 다시 발휘해야 한다. 이제는 배의 방향을 돌릴 때다.

2021년 6월 필립과 동료들은 마침내 에코사이드의 법적 정의를 이렇게 확정했다. '환경에 심각하고 광범위하거나 장기적인 피해를 줄 개연성이 상당함을 인식하면서도 위법하거나 무분별하게 저지른 행위.' 조조 메타는 역사적 순간이라면서, 이 정의가 생태계를 지키는 데 꼭 필요한 조치와 각국이 현실적으로 받아들일 수 있는 기준 사이에서 절묘한 균형을 이루었다고 말했다.[218] 필립은 이 정의의 진짜 의미가 인간의 의식을 바꾸는 데 있다고 본다. 이로써 우리가 환경과 깊이 연결되어 있고 우리의 삶이 그 위에 놓여있음을 깨닫게 된다는 것이다.

호랑이, 호랑이

___

한 마리 생쥐도 숱한 무신론자의 믿음을 흔들기에 충분한 기적이다.

_월트 휘트먼, 〈나 자신의 노래〉

'도대체 어떤 곤충이 이걸 빨아먹을 수 있지?' 찰스 다윈은 1862년 큐왕립식물원 부원장이자 친구인 조지프 후커에게 보낸 편지에 이렇게 적었다. 마다가스카르에서 온 난초, 앙그레쿰 세스퀴페달레 *Angraecum sesquipedale*의 꽃을 묘사한 것인데, 하얗고 윤기 나는 별 모양 꽃잎 뒤에 믿기 어려울 만큼 가늘고 긴 초록빛 관[꿀주머니]이 달려있고 그 길이는 30센티미터에 이르렀다. 깊숙이 있는 꿀에 닿으려면 혀가 아주 긴 생물이어야 했다. 다윈은 어딘가에 이 꿀을 빠는 수분자가 존재할 것이라 믿었다. 그 예측이 현실로 드러나기까지 41년이 걸렸고, 그 난초에서 꿀을 빠는 장면을 영상에 담기까지는 130년(1992년)이 필요했다. 예언대로 나타난 존재는 마다가스카르에 서식하는 크산토판박각시나방이다. 몸길이 6~7센티미터, 날개폭 16센티미터, 흡관의 길이는 25센티미터에 달했다. 1903년 이 나방에는 크산토판 모르가니 프레딕타 *Xanthopan morganii praedicta*라는 학명이 붙었는데, 이는 과학적 직관으로 적중한 예측에 바치는 찬사다[프레딕타는 라틴어로 '예견하다'라는 뜻이다].*

이 야행성 나방의 세계로 들어가 보자. 매혹적인 꽃에 다가가서 날갯짓을 계속하면서 자기 몸길이의 네 배가 넘는 30여 센티미터 흡관을 풀어 꽃잎 사이 작은 구멍에 정확히 맞추고, 초록빛 관을 따라 꿀이 가득한 곳까지 밀어 넣는 모습을 상상해 보라. 정밀한 조준, 시각, 조절. 나방은 얼마나 대단한 생명인가. 난초도 마찬가지다. 곤충학자 이안 키칭은 말총 한 올을 부들레야 꽃에 정확히 꽂아보라고 말한다. 불가능한 일이다. 그런데 꼬리박각시나방은 같은 꽃을 두 번 건드리지 않고 이 일을 0.5초마다 정확하게 해낸다. 이게 나방의 지능이다.

마다가스카르에서 온 난초와 크산토판박각시나방의 관계는 자연선택과 공진화의 눈부신 사례이고, 한때 신의 설계라 여긴 자연의 색과 형태, 향기가 지닌 아름다움이 왜 경이로운지 설명한다. 어쩌다 혀가 길게 태어난 나방은 어쩌다 꿀주머니가 길게 자란 난초에서 쉽게 꿀을 구할 수 있었다. 나방은 꿀주머니가 긴 꽃의 꽃가루를 비슷한 구조의 다른 꽃으로 옮겼고 결국 서로를 위해 진화했다. 자물쇠와 열쇠처럼 들어맞는 이로운 동맹이 됐다. 나방은 긴 혀 덕분에 꿀을 채취할 수 있는 유일한 존재가 됐고, 난초는 나방 덕에 같은 종에게 정확히 꽃

---

*   이 나방을 발견하고 이름 붙인 사람은 월터 로스차일드다(그의 동료 칼 요르단이 함께했고 표본은 샤를 오베르투어와 폴 마빌이 채집했다).

가루를 옮길 수 있게 됐다.

이 나방의 흡관은 놀랍게도 액체를 끌어당기는 힘과 밀어내는 힘이 절묘하게 조화를 이루어, 꿀처럼 끈적한 액체를 흡수하면서도 흡관 표면을 깨끗하게 유지한다. 이 성질은 인간에게도 아이디어를 준다. 예컨대 법의학에서 쓰일 가늘고 유연한 탐침이나, 오염 없이 여러 번 사용 가능한 백신 주사기 같은 발명으로 이어질 수 있다…. 그렇게 마다가스카르에서 온 난초와 그를 찾아온 나방은 수백만 년 동안 함께 진화했다. 하나가 사라지면 다른 하나도 사라질 수밖에 없다. 여파는 그쯤에서 멈추지 않을 것이다.[219]

―※―

오늘 아침 붉은솔개 한 쌍이 우리 집 지붕 위 하늘을 돈다. 바람을 감듯 원을 그리며 점점 더 높이 올라간다. 수컷으로 보이는 한 마리가 들고 있던 먹이를 툭 떨어뜨리고는 급강하해 낚아채더니 같은 동작을 반복한다. 허세는 또 얼마나 심한지. 그래도 날갯짓 하나는 끝내준다. 영국 하늘에서 이런 생명을 볼 수 있다는 게 믿기지 않는다.

1935년 웨일스에서 번식하는 붉은솔개는 두 쌍뿐이었는데 지금은 1800쌍이다. 인간과 새의 끈기에 찬사를 보낸다. 자연 고갈이 심각한 나라인 영국*에서도 쫓겨났던 생명들이 돌아오고 있다. 솔개와 흰꼬리수리, 소나무담비, 멧돼지(그중 몇몇은 스스로 귀환했다). 노퍽의 습지에는 키가 1.2미터에 이르는 검은목두루미가 풍성한 꽁지깃을 흩날리며 우아하게 거닌다. 나팔 소리 같은 울음소리가 5킬로미터 밖에서도 들린다.** 데번강가에서는 비버가 다시 댐을 쌓고, 홍부리황새는 잉글랜드 남부의 참나무 위에 둥지를 튼다. 한때 멸종 직전까지 몰렸던 흰머리수리는 다시 미국의 하늘을 누비고, 늑대의 울음소리가 스페인의 산등성이에 울려 퍼진다. 그리고 대왕고래가 어미와 새끼를 이끌고 사우스조지아섬 인근 남대서양으로 돌아왔다. 지구상에서 숨 쉬는 가장 큰 동물이 고래잡이로 거의 자취를 감췄다가 60년 만에 나타난 것이다.***

생명은 세상을 움직이는 힘이다. 생명이 다양할수록 자연은 더 강한 회복력을 지닌다. 생물학이 세상의 이치를 밝힌다면 물리학은 그 결과에 가깝다. 생태계는 서로에게 기대어 살아가는 존재들의 발전기와 같다. 그렇기에 우리는 벌레에서 곰에 이르기까지 모든 생명과 맺고 있는 관계를 먼저 되돌아봐야 한다. 기후 위기와 오염, 전염병과 홍수, 기근, 서식지 붕괴까지, 이 모든 재난은 지구에 함께 살아온 이웃들과 관계가 끊기고 오해가 쌓인 데서 비롯됐다. 만약 그들을 고유한 존재, 경이로운 생태 조율자로 인정하고 그들의 터전과 미래, 바다,

---

*   세계 218개국 가운데 영국의 생물다양성 순위는 189위이다. 세계자연기금이 발표한 지구생명보고서에 따르면, 영국의 일곱 토착종 중 한 종은 멸종 위기에 놓였고 절반 이상은 개체수가 줄고 있다.
** 호메로스의 《일리아스》에서는 철새 떼의 울음소리를 전장을 향해 다가오는 군대의 발소리에 비유했다.
*** 대왕고래는 무분별한 포경으로 1970년 전체 개체수의 1퍼센트만 생존했다. 이후 반세기 동안 단 두 차례 목격되었는데, 2020년에는 사우스조지아섬 인근 해역에서 55마리가 관찰됐다. 남극해에 서식하는 대왕고래는 1960년대 1000여 마리에서 현재 3000여 마리로 늘었다(1926년에는 12만 5000여 마리였을 것으로 추정). 현재 전체 개체수는 1만~2만 5000마리로 추정된다.

강, 초원, 숲, 습지를 보호한다면 그 안에서 자라는 어린 생명들에게 더 나은 기회와 미래가 열릴 것이다. 동물이 사라진 야생을 상상할 수 있을까? 우리는 너무 똑똑해서 에덴동산에서 쫓겨나는 벌을 받고 싶지 않다. 선과 악을 알게 된 뒤 찾아온 저주 속에서, 한때 가능했을지도 모를 세계를 잃은 채 살아가고 싶지 않다. 해답은 동물에게 있다. 동물은 다양성과 풍부함이 장점이다. 우리를 구할 존재는 이미 곁에 있다. 호랑이들의 금빛 이음선이 나타나리라.

빛나는 불꽃

지구 위의 생명을 지키기 위해 평생을 바치는 사람들이 있다. 2010년 열린 상트페테르부르크 호랑이 정상회담에서는 부탄과 중국, 인도, 네팔, 러시아가 2022년 호랑이의 해까지 야생 호랑이 개체수를 두 배로 늘리겠다는 목표를 세웠다.* 인도는 개체수를 두 배 이상 늘려 현재 약 3000마리에 이르고, 네팔 역시 121마리에서 235마리로 회복하며 목표에 거의 도달했다. 러시아에서는 시베리아호랑이가 약 540마리로 늘었고 이 가운데 100마리는 새끼를 데리고 있다. 2010년 중국 전역에서 확인된 호랑이는 20마리뿐이지만 지금은 55마리다. 부탄의 호랑이도 103마리로 늘었고, 잘 보존된 숲 덕분에 아시아코끼리의 개체수 또한 513마리에서 678마리로 증가했다.[220]

'비인간' 이웃들과 더 평화롭게 공존할 방법은 많다. 시선을 그들의 세계, 움벨트로 넓혀볼 차례다. 내가 문어의 피부, 늑대의 털을 가졌거나 내 입이 나방의 흡관처럼 생겨서 꽃을 탐색하는 상상. '오이코스oikos'라는 말은 가족과 집을 뜻한다. 생태학ecology과 경제economy라는 단어의 뿌리이기도 하다. 복잡해 보이는 생명도 어떤 면에서는 꽤 단순하다. 우리처럼 공간과 물, 음식과 쉼터, 짝을 원할 뿐이다. 나는 결코 공중에 떠 있어서는 안 될 바다코끼리가 허공에서 몸부림치며 추락하는 모습을 보고 싶지 않다. 유전적으로 변형한 동물을 사육하는 공장을 통해 밥상을 차리고 싶지도 않다. 깊은 밤 문득 잠에서 깨면, 4만 4742제곱킬로미터 규모의 우드버팔로국립공원에 숨은 비버 댐이 떠오른다. 이곳은 아메리카들소 5000마리와 미국흰두루미의 터전이며 세계 최대 규모의 내륙 담수 삼각주 생태계의 하나다. 1941년 미국흰두루미는 21마리뿐이었지만 지금은 800마리에 이른다. 인간은 지구에서 가장 높은 지능을 지닌 동물이며 그에 걸맞은 도구도 갖고 있다. 기술도 이 세계를 잇는 데 중요한 역할을 할 수 있다. 동물은 우리에게 영감을 준다. 지금 이 순간에도 그렇다.

─※─

조너선과 나는 스코틀랜드 서쪽 바다 멀섬의 부두 위쪽 캠핑카에 있다. 폭우가 내리는 가운데 차 한 잔과 케이크 한 조각, 그리고 영국 왕립조류보호협회의 데이브 섹스턴과 함께

---

*   이 프로젝트는 XT2라 불린다. 100년 전만 해도 야생에 10만 마리 넘는 호랑이가 살았지만 지금은 4000마리 남짓으로 줄었다.

다. 데이브는 20년 동안 이 섬에서 흰꼬리수리를 관찰하며 둥지를 보살펴 왔다. 그의 노력이 열매를 맺어 흰꼬리수리는 섬에 매년 800만 파운드[약 150억 원]에 이르는 관광 수입을 안기고 있다. 흰꼬리수리가 돌아왔다. 흰꼬리수리는 황홀할 정도로 멋있다. 끝이 손가락처럼 갈라진 날개를 펼치면 너비 2.5미터로 문짝만 하다. 겨자색 발과 뼈도 으깰 듯한 부리를 지녔고, 수면 가까이 미끄러지듯 내려가 사냥감을 낚아챈다. 수컷과 암컷은 하늘을 나는 도중 발톱을 맞잡은 채 빙글빙글 돌며 하강하다, 지상 몇 미터 허공에서 서로 떨어져 위로 솟구치는 구애 비행을 선보인다.

1918년 셰틀랜드 해안 절벽에 홀로 앉아 짝을 기다리던 마지막 흰꼬리수리가 총에 맞아 쓰러졌다. 그로부터 100여 년이 흐른 지금 우리는 다시 그 땅에 서있다. 흰꼬리수리의 옛 이름인 에른Ern은 지금도 영국의 지명 속에 남아 이 위대한 새가 과거에 누빈 서식지를 증언한다. 에른, 언Earn, 이스Eas, 아른Arn, 아르Ar, 아일Ayl. 이 모두에 흰꼬리수리에 관한 기억이 배어있다. 예를 들면 아른, 아른우드, 아른클리프, 에일포드 등이다. 얼리Earley나 알리Arley는 독수리 터를, 언쇼Earnshaw와 헌쇼Hernshaw는 독수리 숲을, 아놀드Arnold는 독수리 은신처를, 이글몬트Eglemont와 이즈던Easdon은 독수리 언덕을 뜻한다. 야너컴Yarnacombe은 독수리 계곡을 뜻하고, 얀버리Yarnbury 성에도 그 흔적이 남았다. 물론 북아일랜드의 로흐 에른Lough Erne과 서머싯의 크루케른Crewkerne에도….

1985년 데이브는 스코틀랜드에서 70년 만에 자연 부화한 새끼가 12주 뒤 둥지를 떠날 때까지, 비바람을 맞으며 텐트에서 지냈다. 모든 일은 철저히 비밀리에 진행됐고 외부에는 아비새 조사 명목으로 알려졌다. 데이브는 '축축하고 끔찍했다'고 했다.

"새끼를 데려가려 한 사람은 없었어요?" 내가 물었다.

"없었어요!"

우리는 웃음을 터뜨렸다. 그 오랜 시간 동안 별다른 일은 없었다. 이제는 은신처에 숨어 둥지를 관찰할 수 있는 관광 프로그램까지 생겼다. 처음에 '멀 이글 워치'는 흰꼬리수리 보호 목적이었지만, 지금은 매년 약 2만 5000파운드[약 4700만 원]의 수익을 올리는 관광 프로젝트가 됐다. 이 수익은 '이글 펀드'로 모여 지역 청소년 모임이나 걸스카우트 같은 단체에 돌아간다. 지역 공동체로 환원하는 구조다. 이를 통해 사람들은 흰꼬리수리를 가치 있는 존재로 여기게 됐다. 바람이 방향을 바꾸듯 야생을 향한 우리의 시각도 바뀌고 있다.

모두 같은 생각은 아니다. 흰꼬리수리가 건강한 새끼 양을 잡아먹는다는 믿음은 여전히 뿌리 깊다. 전국농민연합이 그렇게 주장하고, 농업 관련 언론이 부추긴다. 실제로 그런 일이 일어날 수 있을까. 아예 없다고는 할 수 없다. 가능성은 있다. 하지만 극히 드물다. 흰꼬리수리는 죽은 동물을 치우는 청소부 같은 존재다. 데이브가 아는 한 아직까지 흰꼬리수리가 건강한 양을 죽이는 영상은 없다. 죽은 새끼 양을 나르거나 둥지 안에 사체를 둔 사진이 증거로 등장하지만, 자세히 보면 피도 거의 없고 눈은 다른 동물이 먼저 파먹은 상태다. 전국농민연합은 피를 흘리며 쓰러진 새끼 양 곁에 흰꼬리수리가 서있는 사진을 퍼뜨렸지만, 길들인 수리를 데려와 연출한 장면으로 밝혀졌다. 흰꼬리수리가 양을 잡아먹는 포식자라면 확실한 증거가 나왔을 테지만 그런 사례는 찾아보기 어렵다. 데이브 섹스턴은 20년 동안 증거를 찾기 위해 노력했다. 흰꼬리수리 주변을 매일 맴돌고, 새끼 양이 태어나는 시기에는 양 떼 근처에 하루 열두 시간씩 숨어있었다. 그는 흰꼬리수리가 양들 사이에 있는 회색기러기를 덮치는 장면을 보았다. 가넷이나 수달을 쫓아 먹이를 토하게 하는 모습도 목격했다. 하지만 건강한 새끼 양을 죽이는 모습은 본 적이 없다. 다른 목격자도 없다.* 그렇다고 해도 한번 마음을 굳힌 이들을 설득하기란 쉽지 않다. 이유는 간단하다. 죽은 새끼 양 곁에 나타난 거대한 새를 보면 누구라도 그 새를 범인으로 지목하고 싶을 것이다. 그런 장면은 오해를 부르기 쉽고, 누군가에게 책임을 묻고 싶은 마음은 자연스럽다. 지금도 흰꼬리수리는 범인으로 내몰리고 있다. 우리가 100년 전 흰꼬리수리를 잃게 된 것도 같은 이유였다. 와이트섬에서도 전국농민연합은 흰꼬리수리를 다시 불러오는 계획을 어떻게든 늦추려 했다.** 지역사회에 흰꼬리수리에 대한 부정적인 인식이 퍼져나가고 농민들의 반발도 만만치 않았다. 공청회가 열리자 사람들은 맥주잔을 든 채 날 선 질문을 쏟아냈고, 뒷자리에 서있던 데이브는 "우리 섬에서 꺼져"라는 말까지 들었다. 하지만 주민 대다수는 흰꼬리수리 귀환의 의미를 이해했고, 1780년 마지막 번식을 끝으로 와이트섬에서 사라진 이 새가 고향으로 돌아오기를 바랐다.***

영국의 흰꼬리수리는 우리에게 야생과 함께 살아가는 길을 다시 알려준다. 데이브는 멀섬에 처음 둥지를 튼 암컷 블론디****부터 그 혈통이 이어지며 블론디의 고손들이 멀의 언덕과 호수 위를 나는 모습까지 쭉 지켜보았다. 그리고 삶을 긍정적으로 바라보고 희망을 품게 됐다. 이제 농부들 대부분은 흰꼬리수리 둥지를 기꺼이 받아들인다. 데이브는 한 농부가 새끼 한 마리가 위험해 보인다고 전화한 일화를 들려주었다. 데이브가 현장에 도착했을 때, 날개가 부러진 흰꼬리수리 새끼가 둥지 근처에서 큰 소리로 울고 있었다. 어미가 곁에서 먹이를 주고 있었지만, 새끼는 금세라도 숨이 끊어질 듯 위태로워 보였다. 데이브는 새끼를 '슈퍼 수의사'라 불리는 야생동물 전문가에게 데려갔다. 새끼는 두 번의 수술과 6개월간의 치료(인간에게 익숙해지지 않도록 격리)로 완치되어 다시 날 수 있게 됐다. 데이브는 새끼를 데리고 고향으로 돌아와 호수가 내려다보이는 모래톱 위에 조심스레 놓아주었다. 그 순간 놀라운 일이 벌어졌다. 어미가 곧장 날아들었다. 데이브는 혹시 공격받지 않을까 긴장했지만 어미는 훌쩍 자란 새끼 옆에 내려앉았다. 커다란 새 두 마리가 나란히 앉아 울음소리를 주고받으며 흰꼬리수리만의 언어로 대화하는 듯했다. 이산가족의 재회였다.

2020년 거센 폭풍이 몰아친 후 또 한 통의 전화가 왔다. 절벽 위 둥지가 한쪽으로 기울어 흔들리고 새끼가 보이지 않

---

*   네덜란드에서도 흰꼬리수리 개체수가 꾸준히 늘고 있지만, 수년간 관찰해온 연구자 누구도 새끼 양이 공격당한 사례를 확인하지 못했다. 아일랜드에서도 마찬가지다.
**   이 프로젝트는 영국 산림청과 로이 데니스 야생동물재단이 함께 추진하고 있으며, 5년에 걸쳐 흰꼬리수리 60마리를 순차적으로 방사할 예정이다.
***   흰꼬리수리는 오랫동안 생태계에서 청소부로 살아왔다. 덕분에 물고기를 노리는 가마우지의 수가 자연스레 조절되었고, 연어는 그 균형 속에서 보호받을 수 있었다.
**** 노르웨이에서 날아온 어린 흰꼬리수리 무리 중 한 마리였다.

는다고 걱정하는 농부의 신고였다. 데이브는 새끼가 이미 죽었을 거라고 생각했다. 하지만 몇 주 뒤 흰꼬리수리 한 쌍이 새끼를 돌보는 듯한 행동을 하는 것을 보았고, 먹이를 달라고 조르는 새끼의 울음소리를 들었다. 데이브는 망원경으로 절벽을 훑었다. 믿기 어려운 광경이 눈에 들어왔다. 새끼는 추락을 견디고 살아남았을 뿐 아니라 날개가 다 자라지 않은 몸으로 바위 능선을 기어올라 더 높은 바위틈에 있었다. 어미와 아비의 보살핌 속에서 새끼는 살아있었다. 데이브는 늦여름이 되어서야 새끼를 다시 볼 수 있었다. 멀리서 울음소리가 들려 쳐다보니 어린 흰꼬리수리 한 마리가 하늘을 날고 있고, 그 뒤를 어미와 아비가 바짝 따라가고 있었다.

"한동안 세 마리가 늦여름 햇살 아래 유유히 날아다녔습니다. 정말 완벽한 가족사진이었어요. 그러다 서서히 시야에서 사라졌죠. 인생에서 손에 꼽을 만큼 벅찬 순간이었습니다. 험하고 거친 환경에서 살아남는 흰꼬리수리의 놀라운 능력을 봤거든요."[221]

'동쪽에서 온 야수'와 함께 또다시 거센 냉기가 밀려오던 어느 날, 조너선에게서 전화가 왔다. 거의 울음을 삼키는 듯한 목소리였다. 트랙터 창고 앞에 원숭이올빼미 한 마리가 죽어있다는 것이다. 어린 새인지, 아니면 우리가 원숭이올빼미 호텔(단열이 완벽하고 발코니가 있고 근처에 들쥐 가득한 초원이 있는 5성급 숙소)이라 부른 둥지에 머물던 성조인지 알 수 없었다. 조너

선은 죽은 올빼미를 손바닥 위에 올려보았지만 마치 깃털 한 줌 같아서 무게를 느낄 수 없다고 했다. 원숭이올빼미는 부드러운 깃털 덕분에 소리 없이 비행하는데, 깃털에 방수 기능이 없어서 악천후가 지속되면 견디기 어렵다. 예전에는 농부가 쥐를 잡으라고 열어놓은 건초 헛간에서 밤을 보낼 수 있었지만 이제 그런 은신처는 거의 없다.

이듬해 봄, '호텔' 안에서 거칠고 콧소리 섞인 새끼 올빼미만의 투박한 울음소리가 들렸다. 우리는 안도했고 고마웠다. 동시에 앞으로 무엇을 해야 할지 깨달았다. 새끼들이 호텔을 차지하면 성조가 쉴 곳이 필요했다. 그래서 횃대, 건초 더미, 들쥐가 드나들 수 있게 병아리 모이를 담아둔 상자, 올빼미가 낮에 쉴 수 있는 어둑한 상자를 갖춘 전용 헛간을 짓기로 했다. 효과는 즉각적이었다. 부모 올빼미가 카메라에 모습을 드러냈고, 횃대 아래에 먹이를 토한 흔적이 있었다. 비가 내리는 밤 어스름 속에 가만히 앉아있으면, 호텔 발코니에서 날아올라 헛간 안으로 사라지는 올빼미들을 볼 수 있었다.

―※―

동물은 참 좋은 사고의 도구다. 우리는 동물을 통해 형상을 떠올리고 비유하고 암호를 만들고 우화를 짓고 교훈을 얻는다. 동물은 같이 놀 수 있고 벗이 되고 위안을 준다. 심지어 조금 이상하게도 우리는 동물로 우리 자신을 정의하기도 한다. 하지만 동물이 자기 자신을 어떻게 인식하는지는 전혀 모른다. 인간이 지핀 프로메테우스의 불이 21세기에도 우리를 집어삼키도록 두어서는 안 된다. 이제는 동물도 고유한 이야기를 품은 존재로 보아야 한다. 존재 자체를 존중해야 한다.

우리 또한 '호랑이'다. 멀리서 몰려오는 천둥과 퍼붓는 비의 냄새를 맡을 수 있는 콧구멍을 지니고, 자줏빛으로 짙게 드리운 구름이 얼마나 더 버틸지 가늠하려는 눈을 가진 호랑이다. 달려, 피하자! 비는 신처럼 대담하게 다가온다. 창처럼 꽂히는 빗줄기, 초당 몇 리터씩 퍼붓는 백색소음, 나뭇가지가 흠뻑 젖고 잎사귀 위로 물보라가 일며 흙냄새가 코로 스민다…. 우리는 아주 오래전 오소리였던 시절처럼 그 냄새를 들이마신다. 비는 메마른 틈새로 스미고 지렁이의 피부를 적신다. 어제도 맡은 듯한 흙냄새가 폭발하듯 퍼져나간다. 살아있다. 여기 '뒤얽힌 둑'에서. 숨은 새들, 몸을 웅크린 곤충들, 주위를 살피는 작은 생명들 사이에서. 30억 년에 걸쳐 피어난 '가장 아름답고 끝없는 생명의 형상들.'[222] 나는 문어가 은빛 물고기를 가지고 놀던 모습을 생각한다. 송아지가 혀끝으로 눈송이를 받던 순간을 생각한다. 어딘가에서 굴뚝새 한 마리가 공기 방울처럼 맑고 투명하게 지저귄다.

LOVE, ACTUALLY

나는 지에진카에서 좀처럼 발걸음을 떼지 못한다. 다시는 이곳에 올 수 없으리라는 걸 알고 있다. 이 풀밭 위를 뒹굴던 사랑스러운 생명들이 떠오른다. 시모나와 레흐가 앉아있던 나무 베란다, 코라섹이 쉬던 자리, 자브카가 잠자던 곳, 레흐가 오소리 새끼들을 품에 안았다가 하늘로 던지며 놀아주던 곳, 시슴이 다가와 코를 대고 숨을 골랐던 곳, 여우가 시모나의 어깨를 밟고 지나가던 곳, 햇살에 취해 몸을 뒹굴던 스라소니 애거사가 하늘을 향해 발톱을 뻗던 곳. 레흐의 정원에 있던 연못은 이제 야생딸기 덤불에 빽빽하게 둘러싸여 있다. 나는 공터 한가운데 서있는 자작나무 두 그루를 향해 걸어간다. 시모나와 레흐가 이곳에 도착한 초창기에 함께 심은 나무들이다. 레흐는 나란히 자라며 서로를 향해 가지를 뻗은 모습이 자신들과 똑 닮았다고 했다. 나는 거친 나무껍질에 기대어 숲 너머를 바라본다.

시모나는 새끼 사슴의 코에 입을 맞춘다. 각진 턱선이 도드라진 옆모습, 봉오리처럼 다문 입술, 내려앉은 눈꺼풀. 어딘가 사랑을 머금은 듯하면서도 투명한 표정이 카메라에 담긴다. 렌즈 너머에는 레흐 빌체크의 눈이 있다. 그리고 그보다 한참 더 멀리에, 우주 탐사선처럼 떠있는 나의 눈이 있다. 시모나의 손바닥에 거꾸로 누운 코라섹의 사진을 기억한다. 반짝이던 장난기 어린 눈과 쭉 뻗은 두 다리가 눈에 선하다.

참고 자료

이 책의 집필에 참고한 자료 중 일부는 아래 웹사이트에서 확인할 수 있다.
keggiecarew.co.uk
canongate.co.uk/beastly

주석

1   팀 플래너리(Tim Flannery), 《지구 위에서: 행성의 자연사(Here on Earth: A Natural History of the Planet)》, Allen Lane, 2010, 96~7쪽.
2   칼 하겐베크(Carl Hagenbeck), 《야수와 인간: 야생동물과 함께 한 반세기의 기록(Beasts And Men: Being Carl Hagenbeck's Experiences For Half A Century Among Wild Animals)》, 휴 S.R. 엘리엇(Hugh S.R. Elliot)·A.G. 새커(A.G. Thacker) 옮김, Longmans, Green & Co., 1910, 64쪽.
3   칼 하겐베크, 앞의 책, 291쪽.
4   팀 플래너리, 앞의 책, 59~60쪽.
5   윌리엄 도널드 해밀턴(William Donald Hamilton), 〈내가 선택한 매장 방식과 그 이유(My intended burial and why)〉, 《동물행동·생태·진화학 학술지(Ethology, Ecology & Evolution)》 제12권, 2000, 111~112쪽에 재수록. 최초 게재는 《곤충관(The Insectarium)》, 1991.
6   《뉴 킹 제임스 성경(New King James Bible)》, 이사야 34:4-17.
7   리사 켐머러(Lisa Kemmerer), 〈대동: 도교, 비인간 동물, 그리고 인간 윤리(The Great Unity: Daoism, Nonhuman Animals, and Human Ethics)〉, 《비판적 동물연구 학술지(Journal for Critical

Animal Studies)》, 제7권, 제2호, 2009, 74쪽.

8   '… 식물은 동물을 위해, 동물은 인간을 위해 존재하도록 창조되었다. 길들인 동물은 우리의 삶과 생계에 쓰이며, 야생동물 또한 대부분 우리의 먹거리나 의복처럼 유용한 목적에 맞춰 존재한다. 자연은 아무것도 불완전하거나 헛되이 만들지 않기에, 이 모든 존재는 필연적으로 인간을 위한 것이라 할 수 있다. …' 아리스토텔레스(Aristotle), 《정치학(A Treatise on Government)》, 제1권, 제8장.

9   배리 로페즈(Barry Lopez), 《늑대와 인간에 대하여(Of Wolves and Men)》, Scribner, 1978, 236~239쪽.

10 배리 로페즈, 앞의 책, 240쪽.

11 수이브네(Suibhne)라는 이름은 9세기 문헌에 처음 등장하지만, 현존하는 《수이브네의 광기(Buile Suibhne)》는 12세기 말경에 기록된 것으로 추정된다.

12 셰이머스 히니(Seamus Heaney), 《스위니의 방랑(Sweeney Astray)》, Faber & Faber, 1984.

13 프란치스코 교황(Pope Francis), 국제형법학회 연설, 바티칸, 2019년 11월.

14 르네 데카르트(René Descartes), 《방법서설(Discourse on Method)》, 1637.

15 피터 해리슨(Peter Harrison), 〈데카르트의 동물관(Descartes on Animals)〉, 《철학 계간지(The Philosophical Quarterly)》, 제42권, 제167호, 1992년 4월, 219~227쪽.

16 〈그물에서 풀려난 혹등고래의 놀라운 감사(Humpback Whale Shows AMAZING Appreciation After Being Freed From Nets)〉, Great Whale Conservancy, 2011, 유튜브.

17 길버트 화이트(Gilbert White), 《셀본의 자연사(The Natural History of Selborne)》, Little Toller Books, 2014, 149쪽. 원숭이올빼미를 흔히 흰올빼미라고 불렀다.

18 장자(Chuang Tzǔ), 《장자: 신비주의자, 도덕가, 그리고 사회개혁가(Chuang Tzǔ: Mystic, Moralist and Social Reformer)》, 허버트 앨런 자일스(Herbert Allen Giles) 옮김, Bernard Quaritch,

1889. Project Gutenberg 전자책 《장자》, 제18편.
19 알렉산더 폰 훔볼트(Alexander von Humboldt)·에메 봉플랑(Aimé Bonpland), 《신대륙 적도 지역 여행의 사적인 기록, 1799~1804년(Personal Narrative of Travels to the Equinoctial Regions of the New Continent, During the Years 1799 – 1804)》, 제4권, 505~506쪽. Darwin Online, 〈darwin‑online.org.uk〉.
20 알렉산더 폰 훔볼트·에메 봉플랑, 앞의 책, 217쪽.
21 윌리엄 빙글리(Rev. William Bingley), 《동물 열전(Animal Biography)》, 제1권, 1829. 리처드 메이비(Richard Mabey)의 《조향사와 말뚝버섯(The Perfumier and the Stinkhorn)》(Profile Books, 2011, 78쪽)과 키스 토마스(Keith Thomas)의 《인간과 자연 세계(Man and the Natural World)》(Penguin, 1984, 58쪽)에서 재인용.
22 프랜시스 다윈(Francis Darwin) 엮음, 〈조지프 돌턴 후커에게 보낸 편지(1844년 1월 11일)〉, 《찰스 다윈의 생애와 편지들(The Life and Letters of Charles Darwin)》, 제2권, John Murray, 1887, 23쪽.
23 벤저민 디즈레일리(Benjamin Disraeli), 《탠크레드(Tancred)》, 제1권, 1847, 225~226쪽. 린 바버(Lynn Barber)의 《자연사의 전성기 1820~1870(The Heyday of Natural History 1820 – 1870)》(Doubleday, 1980, 215쪽)에서 재인용.
24 수마야 엘자헤르(Sumaya El‑Zaher), 〈진화론의 아버지: 알자히즈와 《동물의 서》(The Father of the Theory of Evolution: Al‑Jahiz and His Book of Animals)〉, Mvslim, 〈mvslim.com〉, 2018년 10월 9일.
25 찰스 다윈(Charles Darwin), 《종의 기원(On the Origin of Species by Means of Natural Selection)》, Murray, 1859, 214쪽. Darwin Online, 'Online Variorum of Darwin's Origin of Species', 〈darwin‑online.org.uk〉.
26 찰스 다윈, 앞의 책, 61쪽.

27 헉슬리(Thomas Henry Huxley)가 친구 다이스터(Dyster)에게 보낸 편지에서 인용. 린 바버의 《자연사의 전성기 1820~1870》 (274~275쪽)에서 다시 소개. 인간이 유인원에게서 '진화했다'는 흔한 오해는 인간과 유인원이 공통 조상에서 갈라져 나왔다는 점을 간과한 데서 비롯되었다. 이 둘이 갈라진 시점은 약 600만~1000만 년 전으로 추정된다.

28 찰스 킹즐리(Charles Kingsley), 《물의 아이들(The Water Babies)》, MacMillan & Co, 1891, 154쪽.

29 레웰린 포위스(Llewelyn Powys), 〈연못(A Pond)〉, 《대지의 기억(Earth Memories)》, Redcliffe Press, 1983, 37~40쪽. 존 그레이(John Gray)의 《동물의 침묵: 진보와 현대의 신화들(The Silence of Animals: On Progress and Other Modern Myths)》(Allen Lane, 2013, 175~176쪽)에서 재인용.

30 기원전 4세기 중국 철학자 장자가 사상가 혜자(Hui Tzǔ)에게 한 말. 《장자》 제17편.

31 찰스 포스터(Charles Foster), 《짐승으로 존재하기(Being a Beast)》, Profile Books, 2016, 20쪽.

32 거거 리(Gege Li), 〈낡은 머리들로 모자를 만드는 이상한 애벌레(Weird caterpillar uses its old heads to make an elaborate hat)〉, New Scientist, 2020년 6월 24일. 애벌레 대부분은 유전적으로 수컷이거나 암컷이지만 생식기는 번데기가 되어야 발달한다.

33 콘라트 로렌츠(Konrad Z. Lorenz), 《솔로몬왕의 반지(King Solomon's Ring)》, Methuen & Co. Ltd, 1952, 2쪽.

34 맷 서머빌(Matt Somerville), 〈beekindhives.uk〉.

35 리처드 W. 버크하트(Richard W. Burkhardt), 《행동의 패턴: 콘라트 로렌츠와 니콜라스 틴베르헌, 그리고 동물행동학의 탄생(Patterns of Behaviour: Konrad Lorenz, Niko Tinbergen, and the Founding of Ethology)》, University of Chicago Press, 2005, 11쪽.

36 '로봇 스파이 고릴라, 야생 고릴라 무리에 침투하다(Robot spy gorilla infiltrates a wild gorilla troop)', 〈야생의 스파이(Spy in

the Wild)〉, BBC, 2020년 1월 23일.

37 올리비아 레메스(Olivia Remes), 〈할로의 원숭이를 옹호하며: 사랑의 본질을 밝히려 한 실험에 대한 변론(In Defence of: Harlow's Monkeys, Olivia Remes defends Harlow's experiments on the nature of love)〉, Varsity, 2013년 11월 1일. 레메스에 따르면 원숭이가 절망의 구덩이에 가장 오래 갇힌 기간은 무려 15년이다. 관련 내용은 앨리슨 J. 베넷(Allyson J. Bennett)의 〈할로는 죽고, 생명윤리학자들은 분노했다(Harlow Dead, Bioethicists Outraged)〉[스피킹 오브 리서치(Speaking of Research), 〈speakingofresearch.com〉, 2014년 8월 3일]에서도 확인할 수 있다.

38 스티븐 핑커(Steven Pinker), 《우리 본성의 더 나은 천사들(The Better Angels of Our Nature)》, Penguin, 2012, 669쪽.

39 제인 구달(Jane Goodall), 《희망의 이유: 영적 여정(Reason For Hope: A Spiritual Journey)》, Grand Central Publishing, 2003, 66쪽. (1844년 라이베리아에 있던 선교사 토마스 새비지(Thomas Savage)는 침팬지가 돌을 이용해 견과류를 깨는 모습을 관찰했다고 한다.)

40 마이클 L. 윌슨(Michael L. Wilson) 외, 〈침팬지속의 치명적 공격성은 인간의 영향보다는 적응 전략으로 이해하는 편이 더 타당하다(Lethal aggression in Pan is better explained by adaptive strategies than human impacts)〉, 《Nature》, 제513호, 2014년 9월 18일, 414~417쪽.

41 시 몽고메리(Sy Montgomery), 《유인원과의 산책: 제인 구달, 다이앤 포시, 비루테 갈디카스(Walking With the Great Apes: Jane Goodall, Dian Fossey, Biruté Galdikas)》, Chelsea Green Publishing, 2009, 123쪽.

42 시 몽고메리, 앞의 책, 185쪽.

43 시 몽고메리, 앞의 책, 190쪽.

44 시 몽고메리, 앞의 책, 54쪽.

45 다이앤 포시(Dian Fossey), 〈산악 고릴라와 친구 되기(Making Friends with Mountain Gorillas)〉, 《National Geographic》,

1970년 1월 호.

46 마이클 브룩스(Michael Brooks), 《불확실성의 끝에서: 과학을 뒤흔든 11가지 발견(At The Edge of Uncertainty: 11 Discoveries Taking Science by Surprise)》, Profile Books, 2015, 36쪽.

47 프란스 드 발(Frans de Waal), 《우리는 동물이 얼마나 똑똑한지 알 만큼 대단히 똑똑한가?(Are We Smart Enough to Know How Smart Animals Are?)》, Granta Books, 2016, 15쪽.

48 프란스 드 발, 앞의 책, 15쪽.

49 애덤 러더포드(Adam Rutherford), 《인간의 책(The Book of Humans)》, Weidenfeld & Nicolson, 2018, 63쪽.

50 프란스 드 발, 앞의 책, 228쪽. 해당 실험은 영장류학자 사라 보이센(Sarah Boysen)이 수행했다.

51 프란스 드 발, 앞의 책, 145, 229쪽.

52 캐서린 카루소(Catherine Caruso), 〈침팬지는 타인의 마음을 이해할 수 있을까(Chimps May Be Capable of Comprehending the Minds of Others)〉, Scientific American, 2016년 10월 6일.

53 '영장류(Primates)', BBC 다큐멘터리 〈영장류를 보호하라(Protecting Primates)〉, 시즌 1, 2020년 5월 1일.

54 칼 사피나(Carl Safina), 《언어를 넘어: 동물의 생각과 감정(Beyond Words: What Animals Think and Feel)》, Souvenir Press, 2016, 192쪽.

55 돌핀 케이(Dolphin Cay)의 부대표(2018)였던 테드 터너(Ted Turner)는 '조작적 조건화'를 신봉하는 '동물행동학자'로, 켈리의 행동은 보상을 통해 학습된 결과일 뿐이라고 본다. 그는 동물이 개성을 지닌 존재라는 생각에 동의하지 않는다. 로즈 에벨레스(Rose Eveleth), 〈당돌한 돌고래 켈리(Kelly, the Sassy Dolphin)〉, Hakai magazine, 〈hakaimagazine.com/〉, 2018년 10월 2일.

56 야크 판크세프(Jaak Panksepp)·제프리 버그도르프(Jeffrey Burgdorf), 〈'웃는' 쥐와 인간 기쁨의 진화적 기원?("Laughing" rats and the evolutionary antecedents of human joy?)〉, 《생리와 행동(Physiology & Behavior)》 제79권, 2003, 533~547쪽. 두 저

자는 2010년 논문 〈웃는 쥐?(Laughing Rats?)〉에서 이렇게 적었다. '우리의 잠정적 결론은 다음과 같다. 쥐는 실제로 웃으며, 그 웃음을 유도하는 장난을 분명히 즐긴다.'

57 프란스 드 발, 앞의 책, 10쪽.

58 에릭 스톡스태드(Erik Stokstad), 〈문답: 어업 규제, 왜 새로 손봐야 하나(Q&A: Why fishery managers need to overhaul recreational rules)〉, Science, 〈Science.org〉, 2019년 3월 20일. 관련 내용은 〈야생 어획량 연도별 통계(Numbers of fish caught from the wild each year)〉[Fishcount, 〈Fishcount.org.uk〉, 2019]에서도 확인할 수 있다.

59 폴 마크스(Paul Marks), 〈친환경 기계: 물고기처럼 움직이는 풍력단지(Green Machine: Wind farms make like a fish)〉, New Scientist, 2010년 9월 23일. / 켄트 해링턴(Kent Harrington), 〈수직축 풍력발전기, 업계 거물들과의 정면승부(Vertical Axis Wind Turbines Ready To Go Mano-A-Mano Against Industry Heavyweights)〉, ChEnected, 〈aiche.org〉, 2015년 10월 14일.

60 헬렌 스케일스(Helen Scales), 《물고기 떼의 눈: 바다와 생명 그리고 모든 것에 대하여(Eye of the Shoal: A Fishwatcher's Guide to Life, the Ocean and Everything)》, Bloomsbury Sigma, 2018, 153쪽.

61 헬렌 스케일스, 앞의 책, 290~293쪽.

62 '조 애치슨이 들려주는 굴뚝새 이야기(Joe Acheson on the Wren)', 〈오늘의 지저귐(Tweet of the Day)〉, BBC 라디오 4, 2018년 2월 19일.

63 〈Springwatch 2020〉, 제2화, BBC 2, 2020년 5월 28일.

64 '흰고래, 사람처럼 말하다(Beluga Whale Sounds Like a Human)', 〈World News Now〉, ABC, 2012년 10월 23일, 유튜브.

65 조너선 스위프트(Jonathan Swift), 《걸리버 여행기(Gulliver's Travels)》, Wordsworth Editions Ltd, 1992.

66 알렉시 톤티(Alexi Tonti), 〈허버트 테라스, 언어의 진화를 연구하다(Herbert Terrace Studies Evolution of Language)〉,

《Columbia College Today》, 2012~2013년 겨울호.

67   피터 싱어(Peter Singer), 〈님 침스키의 고단한 삶(The Troubled Life of Nim Chimpsky)〉, The New York Review, 2011년 4월 18일.

68   제임스 마시(James Marsh) 감독, 〈프로젝트 님(Project Nim)〉, Roadside Attractions, 2011.

69   엘런 라비노비츠(Alan Rabinowitz), 〈인간과 짐승(Man and Beast)〉, 캐서린 번스(Catherine Burns) 엮음,《모스: 50편의 놀라운 실화(The Moth, 50 Extraordinary True Stories)》, Serpent's Tail, 2015, 43~50쪽.

70   타임지가 이 표현을 썼다. 브라이언 월시(Bryan Walsh), 〈야생 동물 보호계의 인디애나 존스(The Indiana Jones of Wildlife Protection)〉, Time, 2008년 1월 10일.

71   《체임버스사전(Chambers Dictionary)》, 1993.

72   팀 버크헤드(Tim Birkhead),《가장 완벽한 시작: 새알의 안팎(The Most Perfect Thing: Inside (and Outside) a Bird's Egg)》, Bloomsbury, 2016, 230쪽(주석 17).

73   제럴드 더렐(Gerald Durrell),《나의 가족 그리고 다른 동물들(My Family and Other Animals)》, Penguin, 2016, 36쪽 내용을 바탕으로 재구성.

74   애플사전(Apple dictionary for Mac online)에서 인용. 마지막 문장은 여러 사전에서 발췌한 구절을 모은 것이다.

75   테드 휴스(Ted Hughes), 〈칼새(Swifts)〉,《계절의 노래(Season Songs)》, Faber, 1976. / 엘리자베스 비숍(Elizabeth Bishop), 〈무스(Moose)〉,《엘리자베스 비숍 시 전집 1927~1979(The Complete Poems, 1927-1979)》, Farrar, Straus and Giroux, 1980.

76   로빈 월 키머러(Robin Wall Kimmerer),《향모를 땋으며: 토박이 지혜와 과학 그리고 식물이 가르쳐준 것들(Braiding Sweetgrass: Indigenous Wisdom, Scientific Knowledge and the Teachings of Plants)》, Penguin, 2020, 55쪽. 이어지는 문단의 마지막 문장

은 같은 책 211쪽 내용을 바탕으로 재구성한 것이다.
77 리처드 메이비, 〈나이팅게일과 소노그램(The Nightingale and the Sonogram)〉,《조향사와 말뚝버섯》, Profile Books, 2011, 91쪽.
78 캘럼 로버츠(Callum Roberts),《생명의 바다(Ocean of Life)》, Allen Lane, 2012, 41쪽.
79 헬렌 스케일스,《시간 속의 나선: 조개의 비밀스러운 생과 기이한 사후(Spirals in Time: The Secret Life and Curious Afterlife of Seashells)》, Bloomsbury Sigma, 2015, 91~98쪽.
80 프랜시스 백하우스(Frances Backhouse),《한때 모자였던 존재들: 위대한 비버를 찾아서(Once They Were Hats: In Search of the Mighty Beaver)》, ECW Press, 2015, 85쪽.
81 프랭크 게리(Frank Gehry) 인용문. 짐 크럼리(Jim Crumley)의 《자연의 건축가: 야생으로 돌아온 비버(Nature's Architect: The Beaver's Return to Our Wild Landscapes)》[Saraband, 2015, 1쪽]에서 재인용.
82 〈캐나다 비버 서식지와 분포 조사(Exploring Beaver Habitat and Distribution in Canada)〉, EcoInformatics International Inc, 〈geostrategis.com〉. /〈세계에서 가장 큰 비버 댐(World's Largest Beaver Dam)〉, 우드버팔로국립공원(Wood Buffalo National Park), 캐나다 공원청(Parks Canada), 〈pc.gc.ca〉.
83 프랜시스 백하우스, 앞의 책, 143쪽.
84 안드레아 울프(Andrea Wulf),《자연의 발명: 과학의 잊힌 영웅, 알렉산더 폰 훔볼트(The Invention of Nature: The Adventures of Alexander von Humboldt, The Lost Hero of Science)》, John Murray, 2015, 285쪽.
85 에릭 콜리어(Eric Collier),《황야에 맞선 세 사람(Three Against the Wilderness)》, TouchWood Editions, 2007, 15~16쪽.
86 엘모 W. 헤터(Elmo W. Heter), 〈비행기와 낙하산을 이용한 비버의 이주(Transplanting Beavers by Airplane and Parachute)〉,《야생동물관리학회지(The Journal of Wildlife Management)》, 제14권 제2호, 1950년 4월, 143~147쪽. / 스티

브 리벤탈(Steve Liebenthal) 인터뷰, 서맨사 라이트(Samantha Wright) 진행, '비버를 낙하산으로? 아이다호 황야에서 실제로 벌어진 일(Parachuting Beavers Into Idaho's Wilderness? Yes, It Really Happened)', 보이시 주립대 공영라디오(Boise State Public Radio), 2015년 1월 14일. / 〈낙하산으로 투하한 비버들(Parachuting Beavers)〉, 아이다호 어류·야생동물국(Idaho Department of Fish and Game), 1950년경, 유튜브.

87 고드프리 모건(Godfrey Morgan, 트레데가 경)의 목격 증언, 〈경기병대의 돌격(The Charge of the Light Brigade)〉, 플린트셔 옵서버, 플린트·덴바이 카운티 광업 및 종합 광고지(Flintshire Observer, Mining Journal and General Advertiser, for the Counties of Flint and Denbigh), 1897년 11월 4일, 6쪽.

88 〈Today〉, BBC 라디오 4, 2019년 8월 27일.

89 데이브 서드버리(Dave Sudbury), 〈로마의 왕(The King of Rome)〉, 준 테이버(June Tabor) 녹음.

90 '비둘기의 은밀한 삶(The Secret Life of Pigeons)', 〈Open Country〉, BBC 라디오 4, 2019년 12월 7일.

91 피트(Pete Petravicius)는 스쿠터 뒤에 장착할 수 있는 비둘기장을 만들어 비둘기들에게 귀소 훈련을 시켰고, 네이서니얼(Nathanial Mann)과 함께 각종 행사에서 비행 오케스트라 공연을 선보였다. 〈비둘기 호루라기(The Pigeon Whistles)〉, BBC 라디오 4, 2017년 7월 25일.

92 월리스(Alfred Russel Wallace)가 베이츠(Henry Walter Bates)에게 보낸 편지, 1847년 10월 11일. (당시 익명으로 출간된) 로버트 체임버스(Robert Chambers)의 《창조의 자연사가 남긴 흔적들(Vestiges of the Natural History of Creation)》이 제시한 종 변형 이론의 메커니즘을 연구하고자 하는 열망을 담고 있다. J.M.S. 피어스(J.M.S. Pearce), 〈Alfred Russel Wallace〉, Hektoen International, 〈hekint.org〉, 2019. 관련 내용은 존 반 와이(John van Wyhe)의 〈섬세한 조정: 아마존의 월리스와 베이츠 그리고 '종의 기원 문제'(A Delicate Adjustment: Wallace and Bates on

the Amazon and "The Problem of the Origin of Species")〉[《생물학사 학술지(Journal of the History of Biology)》, 제47호, 627~659쪽, 2014, Darwin Online, 〈darwin-online.org.uk〉]에서도 확인할 수 있다.

93 앤드루 베리(Andrew Berry) 엮음, 《무한한 열대: 앨프리드 러셀 월리스 선집(Infinite Tropics: An Alfred Russel Wallace Anthology)》, Verso, 2002, 141~145쪽. 이 문단에 인용한 월리스의 발언은 모두 해당 페이지에 수록되어 있다.

94 앤드루 베리 엮음, 앞의 책, 136~138쪽.

95 크리스틴 하먼(Kristyn Harman), 〈해설: 태즈메이니아 집단학살의 증거(Explainer: the evidence for the Tasmanian genocide)〉, The Conversation, 2018년 1월 17일.

96 리처드 스톡턴(Richard Stockton), 〈호주의 수 세기에 걸친 원주민 집단학살(Australia's Centuries-Long Genocide Against Aboriginal People)〉, all that's interesting, 〈allthatsinteresting.com〉, 2016년 11월 16일.

97 오랑우탄은 17세기 자바에서 활동하던 네덜란드 의사 야코부스 본티우스(Jacobus Bontius)에 의해 처음 알려졌고, 그의 동료 니콜라스 튈프(Nicolaes Tulp)는 앙골라에서 온 침팬지에 이 이름을 붙였다. 튈프가 1641년 〈호모 실베스트리스: 오랑우탄(Homo sylvestris; Orang-Outang)〉을 발표한 이후, 후대 저자들은 인간을 닮은 모든 유인원을 '오랑우탄'이라 불렀다. 그 무렵 유럽 사회는 유인원을 관찰과 해부학, 소문과 우화, 탐험담과 신화가 뒤섞인 존재로 보았다. 고릴라는 1840년, 보노보는 1930년에 이르러서야 별개의 종으로 분류되었다. 존 반 와이·피터 C. 케르가드(Peter C. Kjaergaard), 2015년 6월.

98 찰스 다윈, 〈Notebook C〉, 1838, 79행, 196~197행. 다윈은 티에라델푸에고 제도의 수렵채집민 야간족을 짐승에 가까운 야만인으로 보았고, 그런 인식은 유인원이 인간과 가까운 친척일지도 모른다는 생각으로 이어졌다. Darwin Online, 〈darwin-online.org.uk〉.

99 라이엘(Charles Lyell)이 다윈에게 보낸 편지, 1863년 3월 15일,

다윈 서신 프로젝트(The Darwin Correspondence Project), University of Cambridge, 〈darwinproject.ac.uk〉.

100 조지 W. 이블레스(George W. Eveleth)가 에드거 앨런 포(Edgar Allan Poe)에게 보낸 편지, 1847년 1월 19일, 볼티모어 에드거 앨런 포 학회(Edgar Allan Poe Society of Baltimore), 〈eapoe.org〉.

101 바다오리는 수명이 긴 바닷새로, 여섯 살 무렵이 되어야 번식을 시작하고 한 번에 한 알만 낳아 부부가 함께 정성껏 기른다. 지금까지 가장 장수한 개체는 43세까지 살았다. 애덤 니컬슨, 《바닷새의 울음: 바다쇠오리와 가넷 그리고 다른 바다 여행자들의 삶과 사랑(The Seabird's Cry: The Lives and Loves of Puffins, Gannets and Other Ocean Voyagers)》, William Collins, 2017, 156~157, 159쪽.

102 팀 버크헤드, 앞의 책, 71쪽.

103 팀 버크헤드, 앞의 책, 209~210쪽.

104 〈벰튼의 클리머들(The Climbers of Bempton)〉, Community RSPB website.

105 〈1869년 바닷새 보호법(The 1869 Sea Birds Preservation Act)〉, Iberia Nature, 〈berianature.com〉, 2009년 8월 20일.

106 '120미터 절벽 위, 새끼 바다오리의 아찔한 도약(A guillemot chick's heart-stopping leap from 400 feet)', 〈하일랜드: 스코틀랜드 야생의 심장(Highlands-Scotland's Wild Heart)〉, BBC Scotland, 2016년 5월 18일.

107 존 벨러미 포스터(John Bellamy Foster)·브렛 클라크(Brett Clark), 〈자연의 약탈(The Robbery of Nature)〉, Monthly Review, 2018년 7월 1일.

108 '성공 사례: 존스턴 환초 화학물질 폐기 시설(A Success Story, Johnston Atoll Chemical Agent Disposal System)', 미 육군 화학물자국(US Army's Chemical Materials Agency) 보도자료, 2005년 9월 21일.

109 도나 J. 해러웨이(Donna J. Haraway), 〈에덴의 유인원, 우주의 유인원(Apes in Eden, Apes in Space)〉, 《영장류의 시선: 현대 과

학에서의 젠더, 인종, 자연(Primate Visions: Gender, Race, and Nature in the World of Modern Science)》, Routledge, 1989, 138쪽. 인용문 출처는 《영장류(The Primates)》(Time Life nature Library series).

110 미리암 로스차일드(Miriam Rothschild), 〈Desert Island Discs〉, BBC 라디오 4, 1989년 4월 28일.

111 미리암 로스차일드·Y. 슐라인(Y. Schlein)·K. 파커(K. Parker), C. 네빌(C. Nevil)·S. 스타인버그(S. Sternberg), 〈벼룩의 도약(The Flying Leap of the Flea)〉, 《Scientific American》, 제229권, 제5호, 1973년 11월 1일. 로스차일드는 벼룩이 무릎을 이용해 뛰어오른다고 생각했지만, 최근 케임브리지 연구진은 벼룩이 발가락 끝을 딛고 도약한다는 사실을 밝혀냈다.

112 앤서니 터커(Anthony Tucker)·나오미 그린(Naomi Gryn), 〈Dame Miriam Rothschild〉, The Guardian, 2005년 1월 22일.

113 맷 카트밀(Matt Cartmill), 《죽음을 마주한 아침: 사냥과 자연에 대한 역사적 성찰(A View to a Death in the Morning: Hunting and Nature Through History)》, Harvard University Press, 1993, 165~166쪽. 관련 내용은 160~188쪽에서도 확인할 수 있다.

114 시모나 코사크(Simona Kossak), 《비아워비에자 숲의 전설(The Białowieża Forest Saga)》, 엘리자베스 코발레브스카(Elżbieta Kowalewska 옮김, Muza SA, 2001, 90~93쪽.

115 '모시치츠키와 괴링의 사냥 – 비아워비에자 1935~1937(Mościcki I Goering na polowaniu – Białowiez ˙ a 1935 – 37)'. Pathe 1939. / '괴링의 사냥 별장에서(Goering at His Hunting Lodge)', British Pathé, 1938. / 〈괴링 장군, 사냥을 주최하다(General Goering Gives A Shoot)〉, British Movietone News, 1936.

116 루크 데일해리스(Luke Dale-Harris), 〈루마니아 농촌에서 불곰이 공공의 적 1호가 되기까지(How the brown bear became public enemy number one in rural Romania)〉, The Guardian, 2017년 11월 22일.

117 에드워드 오스본 윌슨(E. O. Wilson), 《인간 본성에 대하여(On

Human Nature)》, Harvard University Press, 2004, 104쪽.
118 맷 카트밀, 앞의 책, 9쪽. 로버트 아드리(Robert Ardrey)의 《사냥 가설(The Hunting Hypothesis)》(Atheneum Books, 1976)을 인용함.
119 맷 카트밀, 앞의 책, 225쪽.
120 밴스 부르제일리(Vance Bourjaily), 《낯선 적: 사냥에 관한 에세이(The Unnatural Enemy: Essays on Hunting)》, Dial Press, 1963, 169쪽.
121 찰스 킹즐리, 《산문 목가: 옛것과 새것(Prose Idylls, new and old)》, 1873. 팀 애덤스(Tim Adams)의 〈멋쟁이 여우 씨(Fantastic Mr Fox)〉[《Granta》 제90호, 2005년 여름호]에서 재인용.
122 케빈 피테르슨(Kevin Pietersen), '사냥당한 트로피(Trophy Hunted)', 〈인간 안의 짐승(Beast of Man)〉, BBC 팟캐스트, 2019년 6월 7일.
123 '트로피: 맹수 사냥을 둘러싼 논란(Trophy: The Big Game Hunting Controversy)', 〈Storyville〉, BBC 4, 2018년 1월 29일. 라디카 상하니(Radhika Sanghani)가 공개적으로 트로피 사냥을 즐기는 필립 글래스(Philip Glass)를 인터뷰한 방송.
124 리바이브 연합(Revive Coalition)은 스코틀랜드의 뇌조 사냥터 개혁을 촉구하는 단체들의 연합으로, Raptor Persecution UK, 지구의 벗 스코틀랜드(Friends of the Earth Scotland), OneKind, Common Weal, 잔혹 스포츠 반대 연맹(League Against Cruel Sports) 등이 함께한다.
125 정부 및 업계 자료에 기반한 수치. 앤디 와이트만(Andy Wightman)·루스 팅게이(Ruth Tingay), 〈스코틀랜드 뇌조 사냥터 관리 강화(The Intensification of Grouse Moor Management in Scotland)〉, 2015.
126 시셀로 음바타(Sicelo Mbatha)·브리짓 피트(Bridget Pitt), 〈놓아주기(Letting Go)〉, Channel, 〈channelmag.org〉, 2021년 7월 12일.
127 안젤라 킹(Angela King)·존 오터웨이(John Ottaway)·안젤라

포터(Angela Potter), 〈사라지는 수달: 보호를 위한 안내서(The Declining Otter: A Guide to Its Conservation)〉, Friends of the Earth Otter Campaign, 1976, 30쪽.

128 슈퍼마켓에서 판매 중인 야생동물 고기 샘플에서 소고기·돼지고기·닭고기에 적용되는 법적 기준보다 최대 76배나 많은 납이 검출됐다. 〈세인즈버리 매장에서 납에 오염된 야생동물 고기 판매(Lead-contaminated game meat found for sale on Sainsbury's shelves)〉, Wild Justice, 〈wildjustice.org.uk〉, 2021년 12월 9일. / 〈웨이트로즈·해러즈 야생동물 고기에서 고농도 납 검출(High lead levels in Waitrose and Harrods game meat)〉, 같은 기관, 같은 사이트, 2021년 12월 18일. / 빅토리아 길(Victoria Gill), 〈식용으로 판매되는 꿩고기 대부분에서 '납탄 발견'(Most pheasants sold for food "contain lead shot")〉, BBC 뉴스, 2021년 2월 24일.

129 데니스 하비(Denis Harvey), 〈마법을 짜는 손길(Plaiting the Magic)〉, 1991. 미출간 원고, 댄 하비(Dan Harvey) 제공.

130 데니스 하비, 앞의 글.

131 P. 바이에(P. Weihe)·P. 그랑장(P. Grandjean)·F. 데베스(F. Debes)·R. 화이트(R. White), 〈들쇠고래 섭취로 인한 중금속 및 PCB 노출이 페로 제도 주민의 건강에 미치는 영향(Health implications for Faroe Islanders of heavy metals and PCBs from pilot whales)〉, 《통합 환경 과학(Science of the Total Environment)》 186권 1~2호, 1996년 7월 16일, 141~148쪽. / P. 바이에, H. D. 요엔센(H. D. Joensen), 〈페로 제도에서 들쇠고래 고기와 지방 섭취에 관한 식이 권고(Dietary requirements regarding pilot whale meat and blubber in the Faroe Islands)〉, 《국제 극지 보건 학술지(International Journal of Circumpolar Health)》, 제71권 1호, 2012년 7월 10일.

132 '고래 사냥꾼들(The Whale Hunters)', 〈스테이시 둘리의 심층 취재(Stacey Dooley Investigates)〉, BBC 3, 2020년 5월 3일.

133 〈상어를 지켜라(Save This Shark)〉, THIS. Film Studio·National Geographic, 2020년 7월. 예고편은

⟨savethisshark.com⟩에서 확인할 수 있다.

134 앨런 와이즈먼(Alan Weisman), 《인간 없는 세상(The World Without Us)》, Virgin Books, 2007, 264쪽. 홍콩에서는 상어 지느러미 수프 한 그릇이 100달러에 팔리기도 한다. 연간 상어 1억 마리를 죽인다는 것을 믿기 어렵지만, 《내셔널 지오그래픽》《스미스소니언》《알자지라》등 여러 매체도 이 수치를 인용한다.

135 알도 레오폴드(Aldo Leopold), 《샌드 카운티 연감 그리고 이곳저곳의 스케치(A Sand County Almanac and Sketches Here and There)》, Oxford University Press, 1968, 130~132쪽.

136 알도 레오폴드, 앞의 책, 204쪽.

137 '벤 포글, 대형 야생동물 사냥의 실상을 말하다(Ben Fogle on the Reality of Big Game Hunting)〉', 〈Good Morning Britain〉, 2016년 4월 20일.

138 상아 소각은 적잖은 논란을 낳았다. 케냐는 가난한 나라지만 케냐타(Kenyatta) 대통령은 미래 세대의 판단에 맡기겠다며 이렇게 말했다. "코끼리를 잃는다는 건 우리 유산의 핵심을 잃는 일입니다. 우리는 그런 일을 그냥 두고 보지 않을 겁니다. … 그런 일이 벌어질 때 그저 지켜보기만 한 아프리카인으로 남지는 않겠습니다." Nuwer, 2016년 4월 30일. 1989년 국제 상아 거래 금지는 초기에 효과를 보았으나 1999년과 2008년에 '일회성' 판매를 허용하면서 수요가 다시 살아났고 불법 상아 세탁 통로까지 열려 밀렵이 급증했다. 이날 케냐가 소각한 상아는 당시 아프리카 전역에 보관된 재고의 5%에 불과했다. 관련 내용은 다음에서도 확인할 수 있다. 〈합법적인 상아 거래의 이면, 기승을 부리는 암시장(Behind the Legal Domestic Ivory Trade, a Black Market Flourishes)〉, 캐슬린 개리건(Kathleen Garrigan), 아프리카 야생동물 보호재단(African Wildlife Foundation), ⟨awf.org⟩. / 〈합법 상아 거래 실험 이후, 늘어난 수요와 낮아진 위험 속에 활개 치는 암시장(After legal-ivory experiment, black markets thrive from greater demand, less risk)〉, 모건 켈리(Morgan Kelly), Princeton University, ⟨princeton.edu⟩, 2016년 6월 14일.

139 아르잔 싱(Arjan Singh), 《고양이 왕자(Prince of Cats)》, Jonathan Cape, 1982. 관련 내용은 〈빌리 아르잔 싱을 만나다(Meet Billy Arjan Singh)〉[《Sanctuary Asia》 제20권 9호, 2000년 9월, Sanctuary Nature Foundation, 〈sanctuarynaturefoundation.org〉]에서도 확인할 수 있다.

140 존 아이헬버거(John Eichelberger)·제프 프라이뮐러(Jeff Freymueller)·그레이엄 힐(Graham Hill)·매트 패트릭(Matt Patrick), 〈핵 관리: 그리 멀지 않은 섬에서 얻은 교훈(Nuclear Stewardship: Lessons from a Not-So-Remote Island)〉, Geotimes, 2002년 3월.

141 숀 B. 캐럴(Sean B. Carroll), 〈불가사리를 던진 생태학자(The Ecologist Who Threw Starfish)〉, Nautilus, 2016년 3월 7일. 관련 내용은 캐럴의 《세렝게티 법칙: 생명의 원리와 그 의미를 찾아서(The Serengeti Rules: The Quest to Discover How Life Works and Why It Matters)》[Princeton University Press, 2016]에서도 확인할 수 있다.

142 게오르크 빌헬름 슈텔러(Georg Wilhelm Steller), 《바다 짐승들에 대하여(De Bestiis Marinis)》, Typis Academiae Scientiarum, 1751, 43쪽. 영어 번역본은 제니 에머슨 밀러(Jennie Emerson Miller)와 폴 로이스터(Paul Royster)가 옮겼으며, DigitalCommons@University of Nebraska-Lincoln, 〈https://digitalcommons.unl.edu〉에서 열람할 수 있다.

143 브리짓 카츠(Brigit Katz), 〈탐욕스러운 보라성게, 북미 서해안의 다시마 숲을 집어삼키다(Voracious Purple Sea Urchins Are Ravaging Kelp Forests on the West Coast)〉, Smithsonian Magazine, 2019년 10월 25일.

144 다니엘 폴리(Daniel Pauly), 〈바다의 변화하는 기준선(The ocean's shifting baseline)〉, TED 강연(TED Talk), 2010년 4월, Sea Around Us, 〈seaaroundus.org〉.

145 데이브 굴슨(Dave Goulson), 〈드러난 진실: 우리 들판을 덮친 농약의 화학 폭격(Revealed: the chemical blitz of pesticides

in our fields)〉, Ecologist, 2014년 1월 30일. 영국 환경식품농촌부(DEFRA)의 통계에 따르면 2016년 영국의 모든 농경지에 농약이 평균 16.4회 살포됐다(굴슨, 2021, 88쪽). / 옐머 바위스(Jelmer Buijs)·아드 라하스(Ad Ragas)·마르흐리트 만팅(Margriet Mantingh), 〈조류 보호 프로그램에 참여한 네덜란드 축산 농가에서의 농약 및 살생물제 검출과 곤충상에 미치는 잠재적 영향(Presence of pesticides and biocides at Dutch cattle farms participating in bird protection programs and potential impacts on entomofauna)〉, 《통합 환경 과학(Science of the Total Environment)》 제838권(Part 3), 2022년 9월 10일.

146 데이브 굴슨, 《침묵의 지구(Silent Earth)》, Jonathan Cape, 2021, 89~90쪽. '호주, 멕시코, 우크라이나, 카나리 제도 등 다양한 지역에서 진행한 연구에 따르면' 오염물질에는 DDT, 유기염소계 살충제, 폴리염화비페닐류(PCBs)가 포함된다.

147 BirdLife International Data Zone, 〈http://datazone.birdlife.org/sowb/casestudy/vultures-are-under-threat-from-the-veterinary-drug-diclofenac〉. 관련 내용은 토니 주니퍼(Tony Juniper)의 《자연이 보내는 손익 계산서(What Has Nature Ever Done for Us?)》[Profile Books, 2013, 135쪽]에서도 확인할 수 있다.

148 브라이언 바르스(Brian Barth), 〈박쥐, 딱정벌레, 나비… 꿀벌이 아닌 수분 매개자들(그리고 그들을 끌어들이는 방법)[Bats, Beetles, Butterflies... And Other Pollinators That Aren't Bees (and How to Attract Them)]〉, Modern Farmer, 2017년 6월 20일.

149 〈걱정하라(Be concerned)〉, 《Nature》, 제511권 7508호, 2014년 7월 10일, 126쪽.

150 마수미 야마무로(Masumi Yamamuro)·타카시 코무로(Takashi Komuro)·히로시 카미야(Hiroshi Kamiya)·토시쿠니 카토(Toshikuni Kato)·히토미 하세가와(Hitomi Hasegawa)·유타카 카메다(Yutaka Kameda), 〈네오니코티노이드에 의한 수생 먹이망 교란과 어획량 감소(Neonicotinoids disrupt aquatic food webs

and decrease fishery yields)〉, Science, 제366권 6465호, 2019년 11월 1일, 620~623쪽.

151 배리 코모너(Barry Commoner)는 《원은 닫혀야 한다(The Closing Circle)》(1971)에서 생태학의 네 가지 법칙을 제시했다. 첫째, 모든 것은 연결되어 있다. 둘째, 모든 것은 어딘가로 간다. 셋째, 자연이 가장 잘 안다. 넷째, 공짜 점심이란 없다. 에드워드 오스본 윌슨의 《지구의 절반: 생명을 위한 지구의 투쟁(Half Earth: Our Planet's Fight for Life)》(Liveright, 2016, 106쪽)에서 재인용.

152 에드워드 오스본 윌슨, 앞의 책, 57쪽.

153 데이비드 쾀멘(David Quammen), 《도도의 노래(The Song of the Dodo)》, Scribner, 1996, 11쪽.

154 〈민물담치의 비밀스럽고 위태로운 삶(The Secret & Endangered Lives of Freshwater Mussels)〉, living on earth, 〈loe.org〉, 2019년 7월 12일.

155 리사 H. 시데리스(Lisa H. Sideris)·캐슬린 딘 무어(Kathleen Dean Moore) 엮음, 《레이철 카슨: 유산과 도전(Rachel Carson: Legacy and Challenge)》, State University of New York Press, 2008, 20쪽.

156 레이철 카슨, 《침묵의 봄(Silent Spring)》, Penguin Modern Classics, 2000, 142쪽.

157 프란시스코 산체스 바요(Francisco Sánchez-Bayo)·크리스 A. G. 바이크하위스(Kris A. G. Wyckhuys), 〈전 세계 곤충상 감소: 그 원인에 대한 고찰(Worldwide decline of the entomofauna: a review of its drivers)〉, 《생물학적 보전(Biological Conservation)》 제232권, 2019년 4월, 8~27쪽.

158 'Insectageddon', 〈Apocalypse How〉, BBC 라디오 4, 2020년 12월 2일.

159 데이브 굴슨, 앞의 책, 91쪽. 꼼수 하나. 규제를 피하려면 제품의 화학식에서 두 군데만 슬쩍 바꾸고 그럴듯한 새 이름을 붙이면 된다.

160 사이먼 아미티지(Simon Armitage), 〈그렇게 펠로톤은 지나갔다

(So the Peloton Passed)〉, The Guardian, 2019년 11월 21일.

161　연간 약 370억 톤으로 전 세계 이산화탄소 배출량의 40%에 해당하며, 나무 1조 7천억 그루가 흡수할 수 있는 양과 맞먹는다. 제프리 오진(Geoffrey Ozin), 〈기후위기에 맞서는 고래의 놀라운 해결책(A Whale of a Solution to Climate Change)〉, Advanced Science News, 2019년 10월 9일. 관련 내용은 다음에서도 확인할 수 있다. 라베니아 라트나라자(Lavenia Ratnarajah)·앤드류 보위(Andrew Bowie)·인디 호지슨 존스턴(Indi Hodgson-Johnston), 〈고래의 똥이 바다를 살린다(Bottoms up: how whale poop helps feed the ocean)〉, Science Alert, 2014년 8월 11일. 마이크 섀너핸(Mike Shanahan), 〈고래 배설물이 말하는 포경 반대의 이유(How Whale Poop Could Counter Calls to Resume Commercial Hunting)〉, Scientific American, 2018년 8월 28일.

162　대니 그로브스(Danny Groves), 〈고래의 값어치가 드러나다(Financial worth of whales revealed)〉, Whale and Dolphin Conservation(WDC), 〈uk.whales.org〉, 2019년 9월 27일.

163　'동물은 언제나 역사의 희생자였고, 공장식 축산 농장 속 가축들이 겪는 고통은 아마 인류가 저지른 최악의 범죄일지도 모른다.' 유발 노아 하라리(Yuval Noah Harari), 〈인류가 저지른 최악의 범죄, 공장식 축산(Industrial farming is one of the worst crimes in history)〉, The Guardian, 2015년 9월 25일.

164　존 J. 맥글론(John J. McGlone), 《틀-그 역사와 효과(축사, 칸, 우리, 상자 등)[The Crate (stall, case, cage, box, etc) - Its History and Efficacy]》, Pork Industry Institute, Texas Tech University, 2002.

165　마크 코프먼(Marc Kaufman), 〈좁은 틀에 가둔 사육 방식, 돼지 농장에 쏟아지는 비판(The Use of Narrow Crates Puts Hog Farming Under Scrutiny)〉, Washington Post), 2001년 7월 8일, Laboratory of Animal Behavior, Physiology and Welfare, 〈depts.ttu.edu〉.

166　매튜 프레스콧(Matthew Prescott), 〈비좁고 비참한 돼지우리, 번

식농가가 불허(Pork Producers Prohibit Painful Pig Pens)〉, Live Science, 2014년 6월 20일.
167 존 J. 맥글론, 앞의 책, 2002, 11쪽. 신문 사진 설명에서 인용.
168 〈Farming Today〉에 출연한 돼지 농장주 인터뷰, BBC 라디오 4, 2021년 2월 11일. 영국 환경식품농촌부(DEFRA)의 현행 지침은 '돼지 복지에 관한 실천 지침(Code of practice for the welfare of PIGS)'(〈gov.uk〉)에서 확인할 수 있다.
169 로널드 M. 로클리(Ronald M. Lockley), 《이른 아침의 섬(Early Morning Island)》, George G. Harrap & Co. Ltd, 1939, 96쪽. 원문에서는 바닷가재를 민물가재라 부르지만(지역적 표현으로 보인다), 실제로는 민물가재가 아니므로 이름을 바꿔 표기했다.
170 루츠 괴데(Lutz Goedde)·마야 호리(Maya Horii)·수닐 상기비(Sunil Sanghivi), 〈식품·농업 관련 산업의 세계적 기회 모색(Pursuing the global opportunity in food and agribusiness)〉, McKinsey & Company, 〈mckinsey.com〉, 2015년 7월.
171 조너선 새프런 포어(Jonathan Safran Foer), 《동물을 먹는다는 것에 대하여(Eating Animals)》, Penguin Books, 2010. 책의 속표지에 존 맥스웰 쿠시(J.M. Coetzee)는 이렇게 썼다. '공장식 축산의 일상적 참상을 이토록 생생히 그려내고 그 체계를 운영하는 사람들을 이처럼 설득력 있게 고발한 책은 드물다. 이 책을 읽고도 그 산업의 제품을 소비한다면, 그 사람은 무정하거나 이성이 통하지 않거나, 아니면 둘 다일 것이다.' 《동물을 먹는다는 것에 대하여》는 반드시 읽어야 할 책이며 이 장 전체를 관통하는 사유의 토대가 된다.
172 웨인 파셀(Wayne Pacelle), 〈160개국에서 금지된 락토파민, 왜 미국산 돼지고기엔 쓰일까?(Banned in 160 Nations, Why is Ractopamine in U.S. Pork?)〉, Live Science, 〈LiveScience.com〉, 2014년 7월 26일.
173 메리웨더 루이스(Meriwether Lewis), 〈루이스와 클라크 탐험대 일지(Journals of the Lewis and Clark Expedition)〉, 1804년 9월 17일 기록. lewis and clark journals, 〈lewisandclarkjournals.unl.edu/〉에서 열람할 수 있다.

174 게이브 브라운(Gabe Brown), 《흙에서 토양으로: 한 가족의 재생 농업 여정(Dirt to Soil: One Family's Journey into Regenerative Agriculture)》, Chelsea Green, 2018, 64쪽.

175 로자먼드 영(Rosamund Young), 《소의 비밀스러운 삶(The Secret Life of Cows)》, Faber & Faber Ltd, 2017.

176 티모시 커밍스(Timothy Cummings), 양계업자 대상 칠면조 회의 연설(미시시피주 스타크빌, 아칸소 양계협회 주최), 2007년 9월 21일. '부리 자르기는 이제 멈춰야 한다(Debeaking Birds Has Got to Stop)'. United Poultry Concerns(UPC), Poultry Press, 2007년 겨울.

177 〈산란계 복지(The Welfare of Laying Hens)〉, 영국 왕립동물학대방지협회(RSPCA), 2018년 8월, 〈www.rspca.org.uk〉, 2쪽.

178 레베카 모렐(Rebecca Morelle), 〈400살 그린란드 상어, '가장 오래 사는 척추동물'(400-year-old Greenland shark "longest-living vertebrate")〉, BBC 뉴스, 2016년 8월 12일. / 〈클램게이트: 밍의 대서사(Clam-gate: The Epic Saga of Ming)〉, 같은 매체, 2013년 11월 14일.

179 팀 플래너리, 앞의 책, 159쪽.

180 팀 플래너리, 앞의 책, 154~159쪽.

181 데이브 포버트(Dave Fawbert), 〈환경불안: 증상 파악과 대처법("Eco anxiety": how to spot it and what to do about it)〉, Our Planet Matters, BBC 3, 2019년 3월 27일.

182 존 클레어(John Clare), 〈스워디 웰의 탄식(The Lament of Swordy Well)〉, 81~84행.

183 캐슬린 맥컬리피(Kathleen McAuliffe), 〈현생 인류가 그렇게 똑똑하다면, 왜 뇌는 작아지고 있을까?(If Modern Humans Are So Smart, Why Are Our Brains Shrinking?)〉, Mind 섹션, Discover Magazine, 2011년 1월 20일.

184 더글러스 애덤스(Douglas Adams)·마크 카워다인(Mark Carwardine), 《마지막으로 만날 기회(Last Chance To See)》, William Heinemann, 1990.

185 조나단 머스키(Jonathan Mirsky)의 〈중국의 환경 파괴(China's Assault on the Environment)〉[ChinaFile NYRB China Archive, 〈chinafile.com〉, 2001년 10월 18일]에서 재인용. 관련 내용은 조디스 샤피로(Judith Shapiro)의 〈마오쩌둥의 자연과의 전쟁: 중국 혁명기의 정치와 환경(Mao's War Against Nature: Politics and the Environment in Revolutionary China)〉[Cambridge University Press, 2001]에서도 확인할 수 있다.
186 1949년 78rpm 음반에 녹음된 자료. 사본은 Ngá Taonga Sound and Vision archives에 소장.
187 마이클 사보(Michael Szabo), 〈신성한 새, 후이아(Huia, the Sacred Bird)〉, 《New Zealand Geographic》, 제20호, 1993년 10~12월, 38쪽.
188 마이클 사보, 앞의 잡지, 37쪽.
189 엘리자베스 콜버트(Elizabeth Kolbert), 《여섯 번째 대멸종: 인위적인 역사(The Sixth Extinction: An Unnatural History)》, Bloomsbury, 2014.
190 리틀배리어섬(Little Barrier Island), 아비베이스 – 세계 조류 데이터베이스(Avibase – The World Bird Database), 〈avibase.bsc-eoc.org〉.
191 Galapagos Conservancy, 〈멸종을 피해: 에스파뇰라땅거북의 기나긴 귀향길(Escaping Extinction: The Long Road Home for the Española Tortoise Species)〉, 2020년 6월 28일, 유튜브. 관련 내용은 〈번식 프로그램 종료 후 고향으로 돌아간 에스파뇰라땅거북(Española Tortoises Return Home Following Closure of Successful Breeding Programme)〉[같은 단체, 〈galapagos.org〉, 2020년 6월 15일]에서도 확인할 수 있다.
192 짐 크럼리(Jim Crumley), 〈자연에 필요한 건 기술의 확대가 아니라 축소다(Nature needs less technology not more)〉, The Courier, 2016년 6월 14일.
193 One Health 개념, 세계동물보건기구(OIE).
194 미아 로젠바움(Mia Rozenbaum), 〈인수공통감염병 증가: WHO,

원인과 시기(The Increase in Zoonotic Diseases: the WHO, the Why and the When?)〉, 2020년 7월 6일, Understanding Animal Research, 〈understandinganimalresearch.org.uk〉. / 같은 필자, 〈코로나19가 동물에 정착하지 못하도록 막아야 하는 이유(Why we must stop Covid-19 gaining a foothold in animals)〉, 2020년 11월 25일, 같은 기관. 관련 내용은 van Tulleken(2021년 3월)에서도 확인할 수 있다.

195 조지 오스본(George Osborne, 2012년 영국 재무장관)의 발언으로 알려졌다. 〈'환경 탈레반', 녹색주의자를 겨냥한 최신 모욕("Environmental Taliban" is the latest in a series of insults aimed at the greens)〉, The Guardian, 2012년 10월 19일.

196 에드워드 오스본 윌슨, 《인간 존재의 의미(The Meaning of Human Existence)》. Liveright, 2015, 178쪽. '집단 내 이기적 행동은 경쟁에서 우위를 가져다주지만, 집단 전체에는 대체로 해롭다.'

197 저스틴 로랫(Justin Rowlatt), 〈그레타 툰베리: 기후변화는 코로나만큼 '시급하다'(Greta Thunberg: Climate change "as urgent" as coronavirus)〉, BBC 뉴스, 2020년 6월 20일.

198 에드워드 오스본 윌슨, 《드러난 자연: 1949~2006년 선집(Nature Revealed: Selected Writings, 1949-2006)》, Johns Hopkins University Press, 2006, 618쪽. 노먼 마이어스(Norman Myers)가 엮은 《가이아 지구 관리 아틀라스: 내일의 지구를 책임질 오늘의 우리에게(The GAIA Atlas of Planet Management: for Today's Caretakers of Tomorrow's World)》[Pan Books, 1985]에서 재인용.

199 마크 라이너스(Mark Lynas), 《신의 종(The God Species)》, Fourth Estate, 2011, 51쪽. 2010년, 생물다양성 과학기구(IPBES)는 '자연과 조화롭게 살기'라는 10년 전략 계획을 세워 각국이 사회 전반에 '생물다양성 보전을 반영하고' 서식지 복원·보전·종 회복 프로그램을 추진하도록 했다. 그런데 2022년 현재, 우리는 인조잔디조차 금지하지 못하고 있다.

200 렌 하워드(Len Howard), 《새들과 함께 살아가며(Living with

Birds)》, Collins, 1956, 119쪽.
201 렌 하워드, 《한 마리 한 마리 새답게(Birds as Individuals)》, Collins, 1952, 166~167쪽.
202 영국조류협회(British Trust for Ornithology, BTO) 통계.
203 '거미와 유리창(Spider and window glass)', 〈우리를 더 똑똑하게 만든 동물 30종(30 Animals That Made Us Smarter)〉, 패트릭 아리이(Patrick Aryee) 진행, BBC 라디오 4, 2019년 7월 29일.
204 '좋은 놈, 나쁜 놈, 포근한 놈: 애튼버러, 유스티스, 베티(The Good, The Bad and the Cuddly. Attenborough, Eustice and Betty)', Betty Badger Blog, 〈bettybadger.blogspot.com〉, 2020년 9월 5일.
205 토머스 E.S. 랭턴(Thomas E.S. Langton)·마크 W. 존스(Mark W. Jones)·이언 맥길(Iain McGill), 〈영국 고위험 지역에서 오소리 살처분이 우결핵에 미친 영향 분석, 2009~2020(Analysis of the impact of badger culling on bovine tuberculosis in cattle in the high-risk area of England, 2009 – 2020)〉, 《Vet Record》, British Veterinary Association, 2022년 3월 18일. 톰 랭턴(Tom Langton)의 글(2019) 참조. 랭턴이 제시한 해결책은 SICCT 검사와 함께 액티파지 검사를 도입하는 것이다. 랭턴, 〈DIVA 우결핵 검사는 혁신인가?(Is DIVA bovine TB test a breakthrough?)〉, Ecologist, 2020년 9월 9일.
206 윌리엄 J. 올리버(William J. Oliver) 감독, 〈비버족(Beaver People)〉(9분), National Parks of Canada, 1928. (성체 비버의 크기를 고려할 때, 제작 연도가 1930년일 가능성이 크다는 주장도 있다.)
207 그레이 아울(Grey Owl, 《야생의 순례자들(Pilgrims of the Wild)》, Dundurn Press, 2010, 62~63쪽.
208 그레이 아울, 앞의 책, 185쪽.
209 그레이 아울, 앞의 책, 185쪽.
210 그레이 아울, 앞의 책, 226쪽.
211 알도 레오폴드, 《순환의 강(Round River)》. Oxford University

Press, 1972, 165쪽.

212 이디 아민의 버려진 별장(Idi Amin's abandoned lodge), '나일강(Nile)', 〈위대한 강(Earth's Great Rivers)〉, 시즌 1, BBC 2, 2019년 1월 2일.

213 존 웬들(John Wendle), 〈체르노빌과 인간이 사라진 땅에서 번성하는 야생동물(Chernobyl and Other Places Where Animals Thrive Without People)', National Geographic, 2015년 10월 9일.

214 마이크 음웬다(Mike Mwenda), 〈사막화를 막아낸 아프리카 농부, 야쿠바 사와도고(Yacouba Sawadogo, the African farmer who stopped the desert)〉, Lifegate, 〈Lifegate.com〉, 2019년 7월 19일.

215 밥 뉴하트(Bob Newhart) 출연, '그만하세요(Stop It)', 〈MADtv〉, 시즌 6, 24화, 2001년 5월 12일, 유튜브.

216 〈IMF "코로나19 팬데믹 비용, 12조 5000억 달러 전망치 초과할 듯"(IMF sees cost of COVID pandemic rising beyond $12.5 trillion estimate)〉, Reuters.com, 2022년 1월 20일.

217 제프리 오진, 앞의 기사(주석 162 참조). 관련 내용은 제시카 알드레드(Jessica Aldred)의 〈귀중한 배설물: 고래가 만드는 지구 냉각 효과(Priceless poo: the global cooling effect of whales)〉(China Dialogue Ocean, 〈chinadialogueocean.net〉, 2020년 4월 24일)에서도 확인할 수 있다.

218 하룬 시디크(Haroon Siddique), 〈전 세계 법률 전문가들, '역사적' 에코사이드 정의 마련(Legal experts worldwide draw up "historic" definition of ecocide)〉, The Guardian, 2021년 6월 22일.

219 J. 아르디티(J. Arditti) 외 논문, 2012년 7월. / 에리카 맥알리스터(Erica McAlister), '강력한 구기(Mighty Mouthparts)', 〈변태 - 곤충이 바꾼 세상(Metamorphosis – How Insects Transformed Our World)〉, BBC Radio 4, 2012년 3월 2일.

220 〈멸종위기 호랑이, 5개국에서 놀라운 회복세(Endangered tigers have made a remarkable comeback in five countries)〉, New Scientist, 2020년 7월 28일.

221 일로나 에이모스(Ilona Amos), 〈'기적의' 새끼 흰꼬리수리, 무너진 둥지 딛고 하늘로 날아오르다("Miracle" sea eagle chick flying high after nest destroyed)〉, The Scotsman, 2020년 6월 28일.
222 이 표현은 찰스 다윈의 1859년 저서 《종의 기원》 마지막 문장에 나온다. '… 가장 아름답고 가장 경이로우며 끝없는 생명의 형상들이 진화해 왔고, 지금도 진화하고 있다.'

감사의 말

비아워비에자의 깊은 숲에서 따뜻하게 맞아주고 이모 시모나 코사크와 레흐 빌체크의 이야기를 들려준 조안나 코사크에게 깊이 감사합니다. 레흐의 사진이 없었다면 이 책은 훨씬 빈약했을 것입니다. 그의 놀라운 시선을 담은 작품을 함께 나눌 수 있도록 허락해 준 이다 마티세크, 저를 조안나와 이어주고 방대한 사진 자료를 함께 살펴준 야생 사진가 야로스와프 히라에게도 감사합니다. 다큐멘터리 감독 휴고 스미스, 작가이자 방송인 아담 와이락, 환경운동가 아우구스틴 미코스에게도 고맙습니다. 루마니아에서 따뜻하게 보살펴 준 제임스와 레이철 드 캔돌, 미하이 그리고레, 카타리나 쿠르메스, 냇 페이지, 그리고 비범한 밥 기번스에게도 감사합니다. 포르투갈의 파이아 브라바 보호구역을 안내해 준 와일드 코아의 파울로 마르티뉴에게도 특별한 감사를 전합니다. 멀섬의 데이브 섹스턴, 헤실헤드 야생동물 구조센터의 앤디와 게이 크리스티, 그리고 우리를 연결해 준 폴리 풀라에게도 감사합니다. 록다운으로 폴리를 만나러 가지 못하고, 청설모들이 온몸을 타고 오르는 짜릿한 순간을 경험하지 못한 것이 못내 아쉽습니다.

본프리재단의 윌 트래버스는 예상보다 훨씬 오래 제 질

문을 들어주었습니다. 고맙습니다. 에코사이드에 대해 들려주고, 왜 정확한 법적 정의가 중요한지 짚어준 필립 샌즈에게도 감사합니다. 풍부한 지식과 자료를 제공해 준 로비 마슬랜드, 따뜻하게 맞아준 캐롤린 로버트슨에게도 고맙습니다. 런던에 머무는 동안 방을 내어준 헤더 스튜어트에게도 감사합니다. 그 방은 운하를 따라 ZSL 프린스 필립 동물학 도서관까지 이어지는 길에 있어 머리를 식히며 산책하기에 더없이 좋았습니다. ZSL의 훌륭한 사서분들께도 감사하며, 특히 아르잔 싱을 소개해 준 제임스 고드윈에게 감사합니다. 아르잔의 놀라운 사진을 제공해 준 뉴델리 타이거 헤이븐 협회에도 깊이 감사합니다.

록다운을 한 달 앞두고 《야생의 존재》와 저는 믿기 어려울 만큼 낭만적인 호손든 성에서 시간을 보냈습니다. 펠리시아 얍, 리디아 시슨, 크리스 메러디스, 카린 클레비던스, 니나 폰 슈타펠트와 함께 벽난로 불 앞에 앉아 소용돌이치는 눈을 바라보고, 협곡을 가르며 내려오는 송골매를 지켜보며, 맛있는 저녁을 함께한 시간은 제게 큰 영광이었습니다. 책임자 헤이미시 로빈슨에게 깊이 감사하며, 이 자리를 성사시켜 준 후원가 고 드루 하인츠에게도 마음 깊이 감사합니다. 그리고 함께해 준 모든 분께 감사의 뜻을 전합니다. 2018년에는 아름다운 글래드스톤스 도서관에서 체류 작가로 활동할 수 있는 소중한 기회를 얻었습니다. 그 기회를 준 피터 프랜시스, 루이자 예이츠, 에이미 섬너, 앨런과 로빈 캐드월러더, 그리고 데이비드 클러프 교수에게 진심으로 감사합니다.

아버지의 이야기를 제게 맡겨준 댄 하비에게 감사합니다.

깊이 있는 야생벌 지식을 나눠준 매트 서머빌에게도 고맙습니다. 수달과 커먼그라운드 활동으로 많은 영감을 준 수 클리퍼드와 안젤라 킹에게도 특별한 감사를 전합니다. 존재만으로도 힘이 되고 따뜻한 선물까지 챙겨준 수지 알렉산더, 통찰과 바우어새 이야기를 전해준 마이클 브룩스에게도 고맙습니다. 다양한 도움과 따뜻한 환대를 베풀어 준 톰 랭턴, 안나 마리아 터킷, 소피 에즈먼드, 리처드 커리지, 리처드 볼러, 데이비드와 세라 버넷, 로리 베넨슨, 피프 모건, 조너선과 레슬리 캐번디시, 구스타보 몬테스 데 오카, 개러스 에번스, 찰리 버렐, 이자벨라 트리, 캐서린 시먼즈, 데이브 굴슨, 조 해시먼, 개러스 해리스, 사이먼 스마트에게도 감사합니다. 트위터에서 끝없이 흥미로운 동물 이야기를 해준, 지칠 줄 모르는 존 오버그(@JohnOberg)와 사이언스걸(@gunsnrosesgirl3), 그리고 훌륭한 팟캐스트 〈동물 알아가기 Knowing Animals〉를 진행한 시오반 오설리번 박사에게도 깊이 감사합니다.

이 책에 (글로는 다 담아낼 수 없는 것들을 전하기 위해) 신중히 고른 사진과 인용문들을 실었습니다. 저작권과 사용 허가를 조율하는 과정이 쉽지 않았지만, 기꺼이 허락해 준 분들께 특별한 감사를 전합니다. 데이비드 하센트, 사이먼 아미티지, 존 번사이드, 벤저민 제퍼나이아, 존 베비스, 마이클 매카시, 고 로빈슨 제퍼스의 손녀 린지 제퍼스, 고 그레이스 잉골드비 시인의 가족 루시 하트, 패트릭 아벨슨, 에드워드 아벨슨에게 깊이 감사합니다. 귀한 다과회 사진을 보내준 고 로널드 로클리의 딸 앤 마크, 흰코뿔소와 사육사의 따뜻한 사진을 제공해 준 구르차란 루프라에게도 감사합니다. 또한 플로리다대학교의 조지 A. 스매더스 도서관, 뉴질랜드 테 파파 통가레와 박물관, 리사 무어, 캐롤 벡위스, 안젤라 피셔 그리고 앤 셰리던에게도 감사합니다.

훌륭한 독립출판사 캐논게이트의 모든 분께 감사합니다. 제이미 빙, 프랜시스 빅모어, 안나 프레임, 제니 프라이, 로레인 매캔, 그리고 애슐링 홀링과 앨리스 숏랜드에게 고마움을 전합니다. 함께 일할 수 있어 큰 기쁨이었던 교열자 헬렌 블렉, 더없이 뛰어난 클레어 라이더먼, 고마움을 거듭 전하고픈 레일라 크루익셴크에게도 깊이 감사합니다. 무엇보다 언제나 제 정신을 붙들어 주고 책을 만드는 소용돌이 속에서 늘 고요한 등불처럼 함께해 준 편집자 사이먼 소로굿에게 특별히 감사합니다. 미국에서 《야생의 존재》를 담당해 준 에이브럼스 프레스의 제이미슨 스톨츠에게도 감사합니다.

퓨 리터러리 에이전시의 존 애시와 마거릿 핼턴에게도 고맙습니다. 그리고 제 삶에 지대한 변화를 준, 비할 데 없는 에이전트 패트릭 월시. 어떻게 감사를 다 전할 수 있을지 모르겠습니다. 그가 제 에이전트이자 친구라는 사실은 무엇보다 큰 행운입니다. 그래서 이 책을 패트릭에게 바칩니다. 그가 아니었다면 이 이야기는 제 머릿속에서 번거로운 생각으로만 남았을지도 모릅니다.

그리고 조너선. 변함없는 믿음과 따뜻한 마음, 사랑에 깊이 감사합니다.

야생의 세계와 그 모든 생명이여, 영원하라.

사진 및 인용문 출처

사진

출처를 따로 표시하지 않은 사진은 모두 저자 소장본이다.
시모나 코사크(Simona Kossak), 코라섹(Korasek), 자브카(Zabka) 사진 ©Lech Wilczek, Ida Matysek 제공.

I: 야생의 존재

시베리아에서 발견된 털매머드, 1903. ©뉴욕 공립 도서관 / Science Source 제공.

III: 내면의 동물

콘라트 로렌츠(Konrad Lorenz). Wilamette Biology(Flickr), flic.kr/p/7wNbPp/ (CC BY-SA 2.0).
코코(Coco)와 퍼커(Pucker)와 함께 있는 다이앤 포시(Dian Fossey). ©Robert I.M. Campbell / Nat Geo Image Collection 제공, Heather Campbell에 감사.

V: 공유지의 비극

비버 낙하 사진. ©아이다호 어류·야생동물국 / Wildlife Restoration Program.
비둘기. Bundesarchiv, Bild 183-R01996 / CC-BY-SA 3.0.
밧줄과 새알 바구니를 든 네 남자, 영국 이스트라이딩 오브 요크셔 플램보로 절벽, 1926년 7월. Historic England Archive 소장.
MR-2 비행용 생체실험 좌석에 앉아있는 침팬지 햄. 미국 항공우주국(NASA) MSFC 6100114 / Wikimedia Commons.
트링에서 거북 등에 올라탄 월터 로스차일드(Walter Rothschild). ©런던 자연사박물관 이사회 / NHM Images 제공.

VI: 죽인 자, 먹을지어다 – 1

괴링(Goering). Bundesarchiv, Bild 146-1979-145-04A / CC-BY-SA 3.0.

아우구스트(August)와 실비아 폰 스피스(Sylvia von Speiss). 촬영자 미상, 1911년 추정.

강을 건너는 빌리 싱(Billy Singh). Mike Price 촬영, Tiger Haven Society 소장, Brinda Dubey에 감사.

VIII: 죽인 자, 먹을지어다 – 2

소의 뿔을 붙잡고 있는 딩카족 아이, 남수단. ⓒCarol Beckwith, Angela Fisher / Photokunst 제공.

바닷가재와 말똥가리와 함께 있는 어린 앤 로클리(Ann Lockley). 로널드 로클리(Ronald Lockley) 《이른 아침의 섬(Early Morning Island)》 수록 / Ann Marks(구 Lockley) 제공, Little Toller Books에 감사.

공장식 농장의 어미 돼지. ⓒJo-Anne McArthur / Animal Equality, We Animals Media 제공.

IX: 돌이킬 수 없다는 분노

후이아 온슬로(Huia Onslow), 1891년, 뉴질랜드, 제작자 미상, Te Papa (O.009440).

돌보는 사람과 함께 있는 코뿔소. ⓒGurcharan Roopra / 작가 제공.

렌 하워드(Len Howard), 잉글랜드 서리(Surrey), 1957년, David Moore 촬영. ⓒLisa, Michael, Matthew and Joshua Moore / Moore 가문 제공.

X: 금빛 이음선

그레이 아울(Grey Owl)과 카누에 탄 비버, 1931년. Library and Archives Canada, 등록번호 1989-455, e008300732.

인용문

사이먼 아미티지(Simon Armitage) 〈그렇게 펠로톤은 지나갔다(So the Peloton Passed)〉, ⓒ사이먼 아미티지, 2019. 시인과 David Godwin Associates의 허락을 받아 사용.

존 베비스(John Bevis), 《새의 노래 백과(An A – Z of Birdsong)》, ⓒ존 베비스, 1995. 저자와 Coracle Press의 허락을 받아 사용.

존 번사이드(John Burnside), 〈정당한 사냥(The Fair Chase)〉, 《Black Cat Bone》, ⓒ존 번사이드, 2011. 저자, RCW, Graywolf Press를 대리한 The Permissions Company LLC의 허락을 받아 사용(graywolfpress.org).

제럴드 더렐(Gerald Durrell), 《나의 가족 그리고 다른 동물들(My Family and Other Animals)》, ⓒ제럴드 더렐, 1956. 제럴드 더렐 유족을 대리한 Curtis Brown Group Ltd, London의 허락을 받아 발췌.

W.D. 해밀턴(W.D. Hamilton), 〈내가 선택한 매장 방식과 그 이유(My Intended Burial and Why)〉, 《동물행동·생태·진화학 학술지》, ⓒDipartimento di Biologia, Università di Firenze, Italia. Dipartimento di Biologia, Università di Firenze, Italia를 대리한 Taylor & Francis Ltd의 허락으로 재수록(tandfonline.com).

데니스 하비(Denis Harvey), 〈마법을 짜는 손길(Plaiting the Magic)〉(미발표작), Dan Harvey의 허락을 받아 사용.

그레이스 잉골드비(Grace Ingoldby), 〈돌아갈 수 없는 곳의 흑새들(Blackbirds from the point of no return)〉, ⓒ그레이스 잉골드비 유족. Edward Abelson, Lucy Hart and Patrick Abelson 제공.

로빈슨 제퍼스(Robinson Jeffers), 〈대머리수리(Vulture)〉, ⓒ로빈슨 제퍼스, 1963. 사후 출간된 시로, Jeffers Literary Properties의 허락을 받아 사용.

프란츠 카프카(Franz Kafka), 《변신(Metamorphosis)》, ⓒDavid Wyllie(번역), 2002. Project Gutenberg 제공.

조지 오웰(George Orwell), 《동물농장(Animal Farm)》, ⓒ조지 오웰, 1945. 미국 HarperCollins 출간, A. M. Heath의 허락으로 재수록.

데이브 서드버리(Dave Sudbury), 〈로마의 왕(The King Of Rome)〉 가사, Cloud Valley Music 출간. 허락을 받아 사용.

벤저민 제퍼나이아(Benjamin Zephaniah), 〈벌거벗은 나(Naked)〉, 《너무 검고, 너무 강하다(Too Black, Too Strong)》(Bloodaxe Books, 2001). 저자와 출판사의 허락을 받아 사용.

찾아보기

1080(플루오로아세트산나트륨) 547
73마리 소(다큐멘터리) 603
8자 춤(꿀벌) 168~70

DDT 312, 374, 386, 451, 452~3, 455, 635~6
FOXP 220

가드너, 앨런과 베아트릭스 226
가르시아, 존 197
가이아 83
가축 45~8, 237~9
가톨릭교회 116
각인 163
간디, 마하트마 94, 95
갈라파고스 제도 136~7, 553
감정 194~6
개 44, 120, 121, 195, 435
개오지 259~60
개코원숭이 60
갤럽, 고든 G. 196
거북 137, 163, 325, 553
거울 실험 196~7
걸리버, 레뮤얼 221~6
게리, 프랭크 264

결박틀 479~80
경기병대의 돌격(영화) 281
경제 논리 630~1
고기 33, 34, 507~10
　고래 386~9
　돼지 471~5, 478~81, 484~9, 490~2
고대 그리스 99~101, 531
고든, 팀 524~5
고래 121~3, 422~3, 424, 637~8
　사냥 386~90, 461~4, 638
　의사소통 218, 219
고릴라 62, 67, 175~7, 185~91, 231~3
고슴도치 447, 551~3
고양이 197, 256, 317~8, 380
고통 208~9
곤살레스, 오메로 고메스 437~8
곤충 117, 126, 296
　급감 454~7
　살충제 438~42, 452~7
　참새 432~3
　행동 193~4
　; 또한 나방, 나비, 벌, 잠자리 참조
곰 345~52, 356~9, 449, 622
곰베 182~4
공장식 축산 501~3, 505~7, 603, 629~30

관광 188~9, 275, 395, 565~6, 623
광야; 황야 참조
괴링, 헤르만 341~4
괴테, 요한 볼프강 폰: 파우스트 130, 329
구달, 제인 182~5, 194~5, 221
구아노 316~7
국제포경위원회(IWC) 461~3
국제형사재판소(ICC) 633~5
군마 280~1
굴드, 존 137
굴슨, 데이브: 침묵의 지구 453~4
굿맨, 래리 508
그레이 아울 607~15
그레이트 배리어 리프 464, 465
그리핀, 도널드 161
그린드 386~90
그린란드 463, 503~4
그린피스 418
글래스, 필립 362
기독교 51, 89~93, 98~9, 101~4, 113~6
   베스티어리 109~10
   진화론 137, 138, 144~5, 146~7
   페일리, 윌리엄: 자연신학 133
기린 59, 62
기어리, 데이비드 534
기억력 198~9, 206, 211
기준선 이동 증후군 426~8
기후 변화 446, 583, 633
기후 위기; 기후 변화 참조

길, A.A. 395
깁스, 윌리엄 315
깃털 284~6, 540~3
깃털 수입(금지)법(1921) 286
까마귀 73, 74~9, 154~6, 195, 198, 200, 202, 204, 206, 218, 653~4
   동물 농장 97

나방 294, 296, 459~60, 640~2
나비 294~5, 296, 297, 434, 435~8, 442
나의 문어 선생님(다큐멘터리) 64~5
나치 독일 167, 168, 172, 333, 341~4, 635
낙타 60, 573
난초 640~2
남수단 476~8
남아메리카 130~3, 136~7, 618
남아프리카 57, 81, 372~4, 520
남획 460~5
내셔널 지오그래픽 188, 231, 391, 620
네오니코티노이드 438~41, 442, 454
네이글, 토머스 160, 161
네페시 103
노르웨이 462, 463, 479, 638
노아 92~3, 135, 321
노예제 260, 321, 635

노자 94
녹색장성(GGW) 621~2
놀래기 197, 211
농업 45~8, 314~5, 485~92, 497~501
    돼지 471~5, 478~81, 484~9, 490~2
    살충제 432~3, 438~42
    ; 또한 가축, 공장식 축산 참조
뇌조 사냥 368~71, 378
뉴질랜드 254~6, 428, 474, 625
    보전 활동 546~9, 554
    알바트로스 516~9
    ; 또한 멸종>후이아 참조
뉴펀들랜드(캐나다) 258
늑대 43~4, 49~53, 98, 103, 110~1, 392~4
    리와일딩 622
    비아워비에자 숲 555~62, 564, 569
    아일랜드 113, 115
    옐로스톤국립공원 424~5, 562~3, 565~6
늑대는 어떻게 강을 바꾸었는가(영상) 424~5
늑대인간 110~1
니컬슨, 애덤: 바닷새의 울음소리 29
님 침스키(침팬지) 227~31

다뉴브강 삼각주 623
다마지오, 안토니오: 데카르트의 오류 194
다비, 마이클 126
다시마 417, 418, 419, 420, 422, 423, 637
다윈, 이래즈머스: 동물학 134
다윈, 찰스 133, 134, 135, 136~8, 140~4, 146, 298, 423
    난초 640~2
    오랑우탄 304
    인간과 동물의 감정 표현 194
닭 46, 491, 501~3
담치; 홍합 참조
대구(물고기) 258~9
대한민국 463, 617~8
더렐, 제럴드 241
덩샤오핑 536
데카르트, 르네 119~20, 121, 196
도가 94
도구 182~3, 197~9
도레, 귀스타브 49, 515
도마뱀 116~7
도브 286
도살 505~6, 602~3
도즈, 루어리 맥켄지 82, 327
도축; 도살 참조
독수리 435, 530~1
돌고래 197, 203, 204~5, 218, 535~8
동굴 벽화 30~2, 39~41

동물
  감금 59~68
  감정 194~6, 205~7
  급감 427~34
  리와일딩(재야생화) 617~24, 642~50
  멸종위기종 543~5
  복지 505~7
  분류 124~6
  사육 45~8, 484~92
  선사시대 30~9
  소리 127~8, 218~20, 246~7
  아리스토텔레스 99~101
  우주선 529
  은유 241~6
  의사소통 218~21
  인간의 영향 523~6, 527, 529~31, 532~3
  인지 194~207
  종교 89~94, 98~9, 102~4, 115~6
  지칭 237~41
  진화 134~47
  질병 572~6
  추적 562~5
  행동 119~20, 159~72, 173~81, 192~207
  훔볼트, 알렉산더 폰 130~3
  훼손 473
  ; 또한 곤충, 물고기, 바닷새, 사냥, 새, 개별 종 참조
동물 로봇 175~7

동물원 59, 61~3, 66, 186

돼지 46, 97, 194, 238~9
  니파 바이러스 573
  복지 506~7
  양돈 471~5, 478~81, 484~9, 490~2
두루미 601~2
듀스, 피터 63
드 발, 프란스 160, 200, 201, 206, 220
디즈니, 월트 332, 333~6
디즈레일리, 벤저민: 탠크레드 139
디짓(고릴라) 186~8
디킨 훈장 288
딩카족 476~8
땅에는 평화를(애니메이션) 336~8

라비노비츠, 앨런 234~6
라슨, 개리 95, 161
라운드업 437, 638
라이너, T. 유얼 479
라이엘, 찰스; 135,.136, 137, 143, 304
  지질학의 원리 135
라임병 576
라파르게, 스테파니 227
락우드, 알렉스 603
락토파민 491~2
러브록, 제임스 83

러시아 341, 462, 575, 620~1, 644
런던동물원 62, 65~6, 67, 304, 384
럽튼, 조지 308, 311
레몬, 에타 285~6
레비스트로스, 클로드 31
레오폴드, 알도 272, 392~4, 415, 424, 615
레이첼 카슨: 침묵의 봄 452~4, 635
로드하우섬(호주) 550~1
로렌츠, 콘라트 163~8, 171~2
로마 제국 58~9
로메로, 라울 에르난데스 438
로버츠, 캘럼: 생명의 바다 257
로스, 랄라 271~2
로스차일드, 미리암 323~7
로스차일드, 월터 경 46, 297, 323, 325~6
로스차일드, 찰스 323~4
로이드, 윌리엄 포스터 256~7
로클리, 앤 482~4
로페즈, 배리 111, 218
루마니아 345~52, 356~9
루스벨트, 프랭클린 D. 318
르완다 185~91
리비히, 유스투스 폰 315
리와일딩 327, 580~2, 617~27, 642~5
리키, 루이스 180~1, 183, 185, 186, 189
리키, 리처드 박사 581
리틀배리어섬(뉴질랜드) 548, 554

린네, 칼 폰: 자연의 체계 124~6

마녀사냥 111
마르크스, 카를 314, 315, 320
마슬랜드, 로비 370
마시, 제임스 230
마시, 조지 퍼킨스: 인간과 자연 269~70
마오리 256, 538~43, 546, 548
마오쩌둥 434, 536, 537~8
마음 이론(ToM) 200~1
마이브리지, 에드워드: 달리는 말 31
마카만(미국 워싱턴) 415~7
만, 네이서니얼 292~3
말 53~4, 218, 221~6, 276~84
말라리아 575
말레나와 클레페탄(황새) 80~1
말레우스 말레피카룸 111
말루, 라탄랄 601~2
말브랑슈, 니콜라 120
매머드 33, 34~8
매카시, 마이클: 나방의 눈보라 429
매커빈, 메건 219
맥기니스와 맥긴티(어린 비버) 609~10
맥케나, 버지니아 65, 66~7
맬서스, 토머스: 인구론 138, 143
머스크, 일론 531~2
먼로, 마릴린 278~9
메뚜기 434

메르스 573
메이비, 리처드 127, 247
메타, 조조 632~4
멕시코 436~8
멘델, 그레고어 143, 145
멜드럼 크릭 270~2
멧돼지 71, 72, 74, 76~8, 79, 154, 490~6
  동물농장 96
멸종 38~9, 135, 584, 585, 586
  바이지 535~8, 543, 545
  스텔러바다소 417~20
  후이아 538~43
모기 452, 575
모리스, 리처드 197
모아 255~6
모유 수유 125
모퍼고, 마이클: 워 호스 281~2
모피 무역 261~3, 266, 267~8
몬비오, 조지 424
몬산토 437
무역 259~60, 261~3, 267~8
문어 63~5, 198~9
물고기 164~7, 208~12, 257~9, 625
  리와일딩 623
  비료 318
  소통 247~9
  자원 427, 428
  ; 또한 놀래기, 뱀상어, 상어, 연못송어 참조
미국 260~3, 268~70, 272~4, 576

고래 463
구아노법 317, 318
농업 497~501
리와일딩 620
말 278~80
양돈 473~4, 487
오염 450
; 또한 옐로스톤국립공원 참조
미국 식품의약국(FDA) 267, 492
미국 항공우주국(NASA) 264, 532
미국 환경보호청(EPA) 440, 441, 453
민속 107~11, 112~5
밀랍 186~8, 235, 335, 394~5, 396, 520, 559, 586
밍(조개) 504

바다오리알 306~12
바다코끼리 354, 526
바닷가재 482~4
바닷새 295, 306~13, 515~9, 646~50
바렛, 데이비드 360~1
바르지방, 조르주 599
바산타쿠마르, 시발링감 603
바우어새 192~3
바이러스 569~76
바이엘 438~41, 442
바이오필리아 80
바이지 535~8, 543, 545

바턴, 메리 603~5, 606
박쥐 572
밤비(애니메이션) 331~6, 338~9
방사능 319, 519~20, 521~2
배설물 314~7, 460, 637
백브리딩 585
 타우로스 프로그램 585
 헥 소 345, 585
뱀상어 481~2
뱅크스, 조지프 경 296
버그도르프, 제프리 205~6
버크헤드, 팀 310
벌 168~71, 440, 442
벌러, 월터 경 540, 542
범죄 632~9
법률 632~7, 638~9
베르고글리오, 호르헤 마리오 교황 116
베링섬 419~22
베스티어리 109~10
베이츠, 헨리 월터 298
베트남 57
벤담, 제레미 209
벨라니, 아치볼드 스탠스펠드; 그레이 아울 참조
벨리즈 235
벰튼 절벽 308
벼룩 323~4
보르네오 301, 305, 586
보리소프, 표트르 522
보키치, 스테판 80~1

본프리재단 67
볼테르 120
봉플랑, 에메 130
부치와 선댄스(탬워스 돼지) 238~9
북극곰 68
북미모피경매사(NAFA) 268
북부흰코뿔소 543~5
분만틀 472, 473, 478, 486, 488, 490
불가사리 415~7, 465
불교 94
불우렁쉥이 505
브라운, 게이브 497~501
브랑겔섬(러시아) 35
브랑쿠시, 콩스탕탱: 태초 306
브랜드, 스튜어트: 전 지구 카탈로그 584
브로디파쿰 550
블론디(흰꼬리수리) 648
블루보트 이니셔티브 463
비글호, 영국 해군 함선 135, 136~7, 297
비둘기 140~2, 286~93
비둘기 경주 141, 289~90
비료 314~8
비룽가산맥 185~9
비버 261~7, 268~9, 270~5, 607~14
비아워비에자 숲(폴란드) 71~9, 151~7
 늑대 555~62

사냥 339~44
비트겐슈타인, 루트비히 160, 161
빅토리아 여왕 304~5
빌리언 오이스터 프로젝트 625
빌체크, 레호 70~9, 154~7, 492~6, 652~3
빙글리, 윌리엄 134
빨간 모자(그림 형제) 49
뼈 거래 57, 315, 543~5

사냥 32~4, 43~4, 54, 354~63, 372~8
  고래 386~9, 461~4, 638
  곰 347~52
  규칙 366~8
  말 279~80
  밤비 331~5, 338
  비버 261~3, 266~8, 610
  비아워비에자 숲 339~44
  사자 55~9
  여우 364~6
  오랑우탄 301~2
  폴란드 568~9
  ; 또한 뇌조 사냥 참조
사냥터지기 368~71
사스 바이러스 573
사슴 106, 362~3, 377, 576, 604, 619
  늑대 393, 425, 567
  코사크, 시모나 73, 79, 157~9, 653
  ; 또한 밤비(애니메이션) 참조
사와도고, 야쿠바 622
사우투올라, 마리아 산스 데 30
사운더스, 마누 박사 456~7
사육틀 99, 507
사자 55~9, 65, 68, 362, 395
산림 파괴 270
산불 270~1, 272
산업적 어업 257~9
산체스 바요, 프란시스코 455
상아 33~4, 36, 395~6
상어 390~2, 464, 481~2, 503~4
새 69~70, 80~1, 117, 134, 253~4, 623
  각인 163
  깃털 284~6
  뉴질랜드 254~6
  먹이 587~8
  소리 218, 219, 246~7
  스위니 112~5
  알 306~12
  월리스, 앨프리드 러셀 299, 300
  유리창 충돌 597~9
  조류 인플루엔자 571
  행동 589~92
  ; 또한 까마귀, 뇌조 사냥, 두루미, 바닷새, 바우어새, 비둘기, 왜가리, 잿빛개구리매, 참새, 멸종>후이아, 흰꼬리수리 참조
샌즈, 필립 635~6, 639

생물다양성 18, 244, 435, 457, 586
생울타리 446~7, 626~7
생태 학살; 에코사이드 참조
생태계 415~25, 524~6
생태학 116, 377, 445
샬러, 조지 박사 235
서머빌, 맷 170~1
선드버그, 폴 473~4
선사시대 30~5, 39~41
성 조지 105~8
성게 417, 418
성경 89, 91~3, 102, 103
세계보건기구(WHO) 575
세벅, 토머스 233
세이버리, 앨런 499~500
섹스턴, 데이브 645~50
셰르 아미(비둘기) 288
셸드릭, 데이비드와 대프니 65~6
소 46, 99, 103, 237~8, 602~3
 광우병 574
 남수단 476~8
 방목 498~501
 백브리딩 585
 우결핵 604~6
 인도 94, 435
솔라스탤지어 523~6, 527
쇼베 동굴(프랑스) 39~41
수달 374~5, 379~85; 해달 참조
수분 435~6, 440~2
수수두꺼비 448
수이브네의 광기(스위니의 방랑) 111~5
수족관 63~4
수화 226~30, 232~3
숭기르 유적지(러시아) 33~4
슈텔러, 게오르크 419~20
스니더르스, 프란스: 생선 시장 257~8
스라소니 267, 268, 342, 356, 618, 619, 622
 코사크, 시모나 556, 559, 653
스미스, 휴고 556, 558, 560~2
스위프트, 조너선: 걸리버 여행기 221~6
스카이랜드보호소(미국 뉴저지) 238
스케일스, 헬렌: 시간 속의 나선 260
스코틀랜드 368~71, 551~3, 568, 622, 645~50
스텔러바다소 419~22
스투라, 마이크 238
스페스, 어거스트 롤랜드 폰 356~9
스페인 277~8
시바(침팬지) 199~200
시비우(루마니아) 105~8
시셰퍼드 388
시클리드 164~7, 208
시턴, 어니스트 톰슨 15, 263~4
식물성 플랑크톤 460, 461, 463, 637
실레로, 클라우디오 559, 561
심슨, 조지 262~3

싱, 아르잔 396~9
싱어, 피터 230, 237

아나하레오 608~12
아르헨티나 136, 618, 621
아리스토텔레스 99~101, 118, 119, 139
아미티지, 사이먼 458~9
아민, 이디 616
아슈르바니팔 55~7
아시시의 성 프란치스코 103, 116
아우구스트 3세(폴란드 국왕) 340
아이슬란드 463, 638
아인슈타인, 알베르트 519
아일랜드 112~3
아프리카 39, 180, 187, 395, 520, 545, 621~2; 또한 케냐, 남아프리카, 탄자니아, 우간다 참조
아힘사 942
악마 109, 110, 130
악어 40, 372~4
악취구덩이 368
알렉산드라(영국 왕비) 286
알렉산드르 2세(러시아 황제) 341
알바트로스 515~9
알브레히트, 글렌 523
알자히즈: 동물의 서 139~40
알타미라 동굴(스페인) 30~2
알타이산맥(시베리아) 44
암치트카섬 417~8

애덤스, 더글러스 537, 543
애덤슨, 조이와 조지 65
애치슨, 조 219
애트우드, 마거릿: 떠오름 410, 411
애튼버러, 데이비드 189, 525~6, 604, 606
앤더슨, 롤랜드 64
야생동물 및 전원보호법(영국) 413
야생의 스파이(TV 프로그램) 175~7
야생조류보호법(영국) 311
야성의 엘자(영화) 65, 66
양 46, 47, 51~2, 89~90, 93, 98, 603, 647~8
어셔, 제임스 대주교 134
어울리지 않는 사람들(영화) 279
어치 253~4
언어 215~21, 237~49; 수화 참조
얼룩말 46, 59~60
에덴동산 90, 98
에스테스, 제임스 418, 422
에코사이드 632~9
역지시 과제 199
연못송어 448~9
연체동물 259~60, 416, 450~1
염소 46, 103, 213, 553
염소(화학) 491
영, 로자먼드 501
영국 국립자연사박물관(런던) 294~7
영국 농장동물복지위원회(FAWC)

487~9, 490
영국 양돈협회(NPA) 478, 480, 490, 507
영국 왕립조류보호협회(RSPB) 286, 433, 434
영국 전국농민연합(NFU) 606, 647~8
영국 환경식품농촌부(DEFRA) 603~5
영리한 한스(말) 218, 219, 232, 233
영장류 동물학 181, 182~91, 199~201, 226~33
영혼 120, 121, 130
예술 260~1, 266; 또한 동굴 벽화, 조각 참조
옐로스톤국립공원(미국 와이오밍) 270, 424~5, 448~9, 562~3, 565~6
오듀본, 존 제임스 269
오랑우탄 301~2, 304~6, 458
오르테가 이 가세트, 호세: 사냥에 관한 성찰 355
오버그, 존 451, 491
오소리 603~6
오언, 리처드 145, 147
오염 450~54, 464~5
오웰, 조지: 동물 농장 96~7, 104~5, 286~7
오잉크(새끼 돼지) 474~5
와이락, 아담 567~9
와일드, 제이 602~3

완보동물(물곰) 527~9
왜가리 409~13
외래종 447~9, 547~8, 549~51
요엔센, 호그니 데베스 387
요한 바오로 2세 교황 116
용 105~8
우간다 201, 616
우결핵(bTB) 604~6
우드버팔로국립공원(캐나다) 265, 645
우엑스퀼, 야콥 폰 159~60, 167
우주비행 321~3, 529, 532
울프, 안드레아: 자연의 발명 130
움벨트 159~62, 167, 170~1, 206, 645
워쇼(침팬지) 226
원숭이 173~5
원숭이올빼미 650~1
원주민 303~4
월드 랜드 트러스트 621
월리스, 앨프리드 러셀 143~4, 298~302, 307
웨어, 필립 374
바이크하위스, 크리스 455
윌리엄스, 윌리엄 카를로스 450
윌버포스, 사무엘 145
윌슨, 에드워드 오스본 80, 354, 445, 458, 583, 585
지구의 절반 621
유대교 103
유스티스, 조지 275, 604~5

유인원 144~6, 180; 또한 침팬지, 고릴라, 오랑우탄 참조
은유 242~6
음바타, 시셀로 372~4
의식에 관한 케임브리지 선언 194, 212
의인화 177~8, 197
이끼 527
이베라국립공원(아르헨티나) 621
이솝 42
인간 104~5, 120, 199~201, 304, 582~4
   뇌 533~4
   언어 217, 218~20
   영향 523~6, 527, 529~33
   인분 314~5
인간 전시 61, 303~4
인간중심주의 102~3
인간 혐오자 582
인간의 유래와 성 선택(다윈, 찰스) 146
인구 증가 457~8
인도 94, 396~9, 435, 601~2
인도네시아 427
인증제 490~1
일본 462, 463, 481, 520, 638
임신틀 473~4, 478, 507
잉거솔, 밥 228~9
잉골드비, 그레이스; 돌아갈 수 없는 곳의 흑새들 27
잊혀진 꿈의 동굴(다큐멘터리) 39~41

자궁 내 동족 포식 481, 483
자바 304
자브카(멧돼지) 79, 154, 157, 492~6, 652
자연선택; 진화 참조
자이나교 94, 601
잘텐, 펠릭스: 밤비: 숲속의 삶 332
잠자리 82~3, 327
장강 535~8
장자 129, 151
재규어 126, 235~6
재야생화; 리와일딩 참조
잿빛개구리매 378
전복 423, 520
전염병 571~6
전쟁; 제1차 세계대전, 제2차 세계대전, 군마 참조
정어리 208~11
정치 54, 258, 263, 453, 454, 478, 485~7, 526, 571, 583
제1차 세계대전 287, 288
제2차 세계대전 287~8
제니(오랑우탄) 304
제로니모(비버) 274
제퍼스, 로빈슨 530~1
젤리 롤과 로하이드(비버) 607~8, 611~4
조각 55~7, 306~7

조지 5세(영국 국왕) 540, 542~3
존스턴 환초 318~20
존슨, 벨마 279~80
존재의 대사슬 101
존재의 사다리 100
종교; 불교, 기독교, 힌두교, 자이나교, 유대교 참조
종의 기원(다윈, 찰스) 142, 144, 146
주체크 67
중국 94, 290~1, 292, 456, 572
    의학 58, 545
    장강 535~8
    중국주걱철갑상어 538
    참새 536
    해삼 520
중세시대 109~11, 280
쥐 179~80, 196, 197, 205~6, 547, 549~51
지구 최후의 야생지 보전 이니셔티브 620
지모프, 세르게이와 니키타 620
지에진카(폴란드) 71~9, 157, 492, 494, 652
지질학 134~5, 136, 139
진화 134~5, 136~47
집시 378, 379

차우셰스쿠, 니콜라에 349~52
착취의 종말(다큐멘터리) 603

참바리와 곰치 211~2
참새 428~34, 443~4, 536
창조의 자연사적 흔적(익명) 138~9
천연두 278, 574~5
'천천히'라 불린 코끼리(영화) 65
철의 장막 618~9, 620
체리개러드, 앱슬리 297
초지 497~8, 499~501
촘스키, 노엄 220, 227
친차 제도(페루) 315~7
침입종; 외래종 참조
침팬지 182~5, 199~202, 226~31, 233, 321~3

카르타이야크, 에밀 26
카워다인, 마크 537, 543
카워드, 토머스 알프레드: 브리튼 제도 조류도감 429
카인과 아벨 89~90
카쿠, 미치오 532
캐나다 264~5, 270~2, 463, 607~14
캐시먼, 데이비드 359
커리, 티에라 450
커티즈, 마이클 281
케냐 65~6, 395, 396, 621
케냐타, 우후루 396
켄셋, 존 프레더릭: 조지 호수 261
켈리(돌고래) 204
켈피(수달) 379~85
코끼리 46, 58, 60, 61, 197~8

감금 65~7, 68
사냥 360, 395, 396
코라섹(까마귀) 73, 74~9, 154~7, 494, 652~3
코로나19 팬데믹 571~2, 573, 576~7, 606, 629, 631
코만치족(아메리카 원주민) 278
코모너, 배리 445, 451
코모두스 황제 58
코벳, 윌리엄 426, 427
코사크, 시모나 73~9, 154~9, 492~6, 652~3
늑대 555~6, 558~62
코사크, 조안나 79, 153~6, 492, 555
코스타리카 621
코엘링, 로버트 197
코코(고릴라) 231~3
콜로세움(로마) 58~9
콜리어, 에릭 270~2
콜리지, 새뮤얼 테일러: 노수부의 노래 513, 515
쾀멘, 데이비드 446
쾰른동물원 186
퀴비에, 조르주 135, 305
크럼리, 짐 263~4, 564, 565
크리스티, 앤디와 게이 552
크림 전쟁 280
클레어, 존 529~30
키머러, 로빈 월 245
킨츠기 619~20
킹, 안젤라 374

킹즐리, 찰스: 146, 359~60
물의 아이들 146

탄소-14 519
탄슬리, 아서 423
탄자니아 57, 180, 182~5, 395
탐험대 297, 298~301, 419~22
태즈메이니아(호주) 303~4
테라스, 허버트 박사 227~31
토끼 147~8, 368, 371, 580, 581
토마스 아퀴나스 103
토머스, 에드워드: 봄을 찾아서 69~70
토양 황폐화 314~5, 531
톰킨스, 크리스와 더글러스 621
톱셀, 에드워드: 네발짐승의 역사 119
통조림 사냥 57
툰베리, 그레타 126, 583
트라야누스 황제 58
트래버스, 빌 65, 66~7
트래버스, 윌 67, 394, 581
트럼프, 도널드 126
트로피 사냥 58, 347~8, 350, 360~2, 394~6
트루가니니 303~4
티에, 장 264
틴베르헌, 니콜라스 171~2

파나마 618
판 레이우엔훅, 안토니 123~4
판크세프, 야크 205~6
팜유 458, 630~1
패닝, 믹 390~2
패션 284~6
패터슨, 페니 231~2
팬아메리칸 하이웨이 618
팬테라 236
퍼세익강(미국 뉴저지) 450
페로 제도 386~90, 463
페르디난트 1세(루마니아 국왕) 356
페인, 로버트 415~8
페일리, 윌리엄: 자연신학 133
페트라비시우스, 피트 291~3
페티토, 로라 앤 228
포, 에드거 앨런: 모르그가의 살인 305
포니아토프스키, 스타니스와프 340
포르투갈 51~3
포블센, 안데르스 622
포스터, 찰스 161
포스터, 크레이그 64~5
포시, 다이앤 185~91
포식 375~6, 393, 415~6, 422~3
포위스, 레웰린 147~8
포유류 124~5
포지, 로이 479
포타와토미족(아메리카 원주민) 245~6

폴리, 다니엘 426~7
폴리폴리(코끼리) 65~6
표범 396~9
푼스트, 오스카 219
프란치스코 교황 116
프로이트, 지그문트 311
프로젝트 님(다큐멘터리) 230
프리슈, 카를 폰 168, 171
플라스틱 451~2, 517~8
플라톤 531
플래너리, 팀 38
플린, 에롤 281
피그미해마 599~600
피시바호, 마이클 121~3
피아트라크라이울루이국립공원 351
피지올로구스 110
피테르슨, 케빈 360
핑커, 스티븐 179~80

하겐베크, 칼: 야수와 인간 59~62
하딘, 개릿 257
하라리, 유발 노아 472
하마 45, 58, 60, 146
하마나, 헤나레 537
하버, 프리츠 318
하비, 데니스 378~85
하스트수리 255~6
하워드, 렌 그웬돌린 589~93
하이젠베르크, 베르너 195

하천 모니터링 403~6
할로, 해리 173~5, 178
해달 418, 422~3
해리향 110, 111, 266~7
해밀턴, 빌 83~5
해부 120
해삼 520~1
핵무기 319, 418, 519~22
핵심종 18, 417~8, 461
햄(침팬지) 321~3
행동주의 177, 178, 179, 194, 195, 206
행동학 159~72, 192~207
허드슨 베이 회사(HBC) 262~3, 268
헉슬리, 줄리언 384, 521
헉슬리, 토머스 145~6, 147
헤어조크, 베르너 39~40
헤이스, 키스와 케이시 226
헤터, 엘모 273
호랑이 48, 57, 68, 399, 644
호바이터, 캣 202
호주 390~1, 464~5, 550~1
홀데인, 잭 19
홍합 19, 416, 450~1
화석 135
화성 531~3
화이트, 길버트: 셀본의 자연사 127~8
화학무기 320
황새 80~1

황야 92, 133
후커, 조지프 138, 640
훔볼트, 알렉산더 폰 128, 130~3, 270, 298, 316
  신대륙 적도 지역 여행의 사적인 기록, 1799~1804년 133
휩스네이드야생공원(영국 잉글랜드) 66
흰꼬리수리 646~50
히긴스, 폴리 632, 633
히니, 셰이머스: 스위니의 방랑 112~5
히포의 아우구스티누스 102
힌두교 94

야생의 존재
BEASTLY

초판 1쇄 발행 2025년 12월 15일

지은이	케기 커루
옮긴이	정세민
발행인	박희선
편집	권명희
디자인	조성미

발행처	도서출판 가지
등록번호	제25100-2013-000094호
주소	서울 서대문구 거북골로 154, 103-1001
전화	070-8959-1513
팩스	070-4332-1513
전자우편	kindsbook@naver.com
블로그	www.kindsbook.blog.me
인스타그램	www.instagram.com/kindsbook

ISBN 979-11-93810-09-5 (03300)

이 책의 한국어판 저작권은 EYA Co., Ltd를 통한 Canongate Books Limited 사와의 독점계약으로 가지출판사가 소유합니다. 저작권법에 의하여 한국 내에서 보호를 받는 저작물이므로 무단전재와 무단복제를 금합니다.